Johannes
Maria
Höcht

*Träger
der Wundmale
Christi*

**Maria,
der Königin
der Martyrer,
deren Herz
unter dem Kreuz
von einem Schwert
durchbohrt wurde,
in Dank
und Ehrfurcht.**

VIA·VERITAS·VITA

Johannes Maria Höcht

Johannes Maria Höcht (Foto auf der Rückseite) wurde am 7. Februar 1901 in Wiesbaden geboren. Sein Vater war Postbeamter und gedachte, seinen Sohn Maschinenbauer werden zu lassen. Deshalb trat er nach dem Abitur 1920 in die Maschinenfabrik Augsburg-Nürnberg, Werk Gustavsburg, ein. Doch schon bald erkannte der ideal veranlagte Werkpraktikant, daß er zu anderem berufen war. So studierte er in Frankfurt und München Wirtschafts- und Sozialwissenschaften sowie Philosophie. Nach dem 7. Semester mußte er infolge einer schweren Erkrankung sein Studium abbrechen und oblag auf dem Krankenlager viele Jahre hindurch privaten Studien, auch auf dem Gebiet der Theologie. Gerade diese Zeit körperlicher Leiden reifte ihn und vertiefte seine geistig-seelischen Erfahrungen. Er wurde Publizist und arbeitete an zahlreichen katholischen Zeitungen und Zeitschriften mit. 1934 erschien sein erstes Buch. 1935 folgte die Übersetzung des französischen Werkes über «Thomas Morus, Lordkanzler, Märtyrer und Held» von Henri Bremond. Unter Hitler mußte er schweigen. Sein Werk «Träger der Wundmale Christi» wurde verboten, er selbst verfolgt und in Gestapo-Haft genommen. Seine Gesundheit wurde in dieser Zeit stark geschwächt und er hat sich nie mehr ganz erholt, wenn auch sein Arbeitseifer niemals darunter zu leiden schien. Nach dem Zusammenbruch des Dritten Reiches wirkte er sofort am Wiederaufbau der katholischen Kirchenpresse mit. 1949 gelang es ihm, den Credo-Verlag und seine Zeitung «Der Große Ruf» zu gründen. Neben seiner schriftstellerischen Tätigkeit fand er noch Zeit, Autoren von internationalem Ruf zu gewinnen und eine reiche Produktion katholischen Schrifttums, vor allem marianischer und geschichtstheologischer Natur, zu entfalten. Besonders bekannt geworden ist sein Buch «Fatima und Pius XII.», das großes Aufsehen und höchste kirchliche Anerkennung gefunden hat. Er galt als einer der bedeutendsten Kenner auf dem Gebiete der Mariologie und sein Name ist weit über die Grenzen der Bundesrepublik bekannt geworden. Die eigentliche Triebkraft für sein unermüdliches Wirken war sein unerschütterlicher Glaube und aus diesem heraus die besondere Verehrung der Gottesmutter Maria. Am Muttergottesfest Maria Heimsuchung 1966 wurde er von Gott heimgesucht und in die ewigen Wohnungen geleitet.

JOHANNES MARIA HÖCHT

Träger
der Wundmale Christi

Eine Geschichte der Stigmatisierten

Herausgegeben und ergänzt von
Arnold Guillet

CHRISTIANA-VERLAG
STEIN AM RHEIN

Imprimatur:
Die kirchliche Druckerlaubnis wird hiermit erteilt.
Limburg an der Lahn, den 5. September 1964
Dr. Höhle

Die kirchliche Druckerlaubnis für die von Arnold Guillet verfaßten Beiträge
wurde vom Bischöflichen Ordinariat des Bistums Basel
in Solothurn erteilt am 27. September 1974.

Bildnachweis:
Erste Umschlagseite: Links oben: Hl. Franziskus in Ekstase vom italienischen Maler
Giovan Battista Crespi, genannt Cerano, Sammlung Poletti, Mailand.
Oben rechts: P. Pio aus «Pater Pio, Der Glaube und die Wunder eines Gottesmannes»,
Christiana-Verlag, 1970, Stein am Rhein.
Aus dem gleichen Werk stammen auch die folgenden Bilder:
Unten links: Therese Neumann. Unten rechts: Hl. Theresia von Avila.
Buchrücken: Hl. Katharina von Siena.
Ausführliches Bildverzeichnis und Quellennachweis auf Seite 520.

CIP-Kurztitelaufnahme der Deutschen Bibliothek
Höcht, Johannes Maria: Träger der Wndmale Christi: e. Geschichte d. Stigmatisierten / Johannes
Maria Höcht. Hrsg. u. erg. von Arnold Guillet. – 4. Aufl., 11.–13. Tsd. – Stein am Rhein:
Christiana-Verlag, 1986. 3. Aufl. u. d. T.: Höcht, Johannes Maria: Von Franziskus zu Pater
Pio und Therese Neumann. ISBN 3-7171-0596-5

4. Auflage 1986: 11.–13. Tausend

© CHRISTIANA-VERLAG
CH-8260 STEIN AM RHEIN/SCHWEIZ

Printed in Switzerland.

Buchdruckerei: Schmid-Fehr AG, CH-9403 Goldach SG

ISBN 3-7171-0596-5

Inhaltsverzeichnis

Vorwort des Verlegers

1946 war ich Herrn Johannes Maria Höcht, dem Verfasser dieses Buches, zum ersten Mal begegnet. Ich war damals Leiter des Schweizer Hilfswerkes im zerbombten Mainz. Dort, auf dem Schloßplatz, wo sich das Barackendorf des Schweizer Hilfswerkes befand, besuchten mich zwei Herren aus dem nahegelegenen Wiesbaden: Herr Höcht und Herr Franz M. Widerstein vom Ecclesia-Verlag.

Seit 1949 standen wir dann in geschäftlicher Verbindung und wir trafen uns Jahr für Jahr an der Frankfurter Buchmesse. Johannes Maria Höcht war ein glühender Christ, ein Charismatiker, nicht nur sehr gebildet, sondern auch ein aktiver Kämpfer, der als Schriftsteller und Verleger im Kampf für das Reich Gottes sich restlos verausgabte. Ich freue mich, sein Hauptwerk nun in vierter Auflage verlegen zu dürfen.

Ein Modellfall aus der Gegenwart

Wie der Titel schon aussagt, beginnt dieses Werk mit dem hl. Franziskus, der als eine Art Prototyp der Stigmatisierten in die Kirchengeschichte eingegangen ist. Um dem Leser den Übergang zu erleichtern und um ihm zu zeigen, daß mystische Phänomene nicht nur im Mittelalter vorkamen, möchten wir ihn zu Beginn mit einem Fall aus der Gegenwart konfrontieren. Wir meinen Adrienne von Speyr, die große geistige Tochter Basels, die dem Verfasser dieses Buches noch kaum bekannt war und ihn sogar um ein Jahr überlebt hat.

Im Leben der Adrienne von Speyr hat ein Einbruch der Gnade stattgefunden, der die Nachwelt in Staunen versetzt. Sie war eine stadtbekannte Ärztin, nacheinander Gattin zweier hochangesehener Professoren, und Charismatikerin! Tagsüber eine vielbeschäftigte Ärztin, nachts in Gebet und Visionen versunken, diktierte sie ihrem Seelenführer, Hans Urs von Balthasar, über 80 Bücher, von denen bis zu ihrem Tod bereits 37 erschienen sind. 1985 waren von ihr 59 Bände lieferbar.

Adrienne von Speyr wurde 1902 in La Chaux-de-Fonds geboren, väterlicherseits einem berühmten Basler Geschlecht entstammend, mütterlicherseits einer Uhrmacherfamilie aus Genf und Neuenburg. Adrienne war zweisprachig, alemannische Gemütstiefe und französischen Charme und Kultur in sich vereinend, ein temperamentvolles, unerhört intelligentes Mädchen, von ihrer Mutter nicht verstanden, in stiller Verehrung zu ihrem Vater, der Augenarzt war und im Kind schon früh ärztliche Fähigkeiten entdeckte und förderte. Der protestantische Religionsunterricht sagte ihr gar nichts, sie sehnte sich heimlich nach der sakramentalen Beichte und führte unter der Leitung ihres Engels ein innerliches Leben. Während ihres Medizinstudiums an der Universität Basel musste sie es erleben, wie ein Arzt seine Schuld am Tod eines Patienten auf eine Schwester abschob; Adrienne hat seine Vorlesung durch alle Studenten so lange boykottieren lassen, bis jener Dozent den Basler Lehrstuhl aufgeben mußte. 1931 eröffnete sie bei der mittleren Rheinbrücke in Basel eine ärztliches Praxis, die sie bis in die Mitte der Fünfziger Jahre voll in Beschlag nahm. 1940 konvertierte sie bei Hans Urs von Balthasar, fast gleichzeitig mit Albert Béguin.

Sie lernte beten, ein wahrer Dammbruch der Gnade setzte ein, sie hatte oft mystischen Kontakt mit der Mutter Gottes und vielen Heiligen, besonders ihrem geistlichen Vater Ignatius; 1942 erhielt sie sogar die Stigmata.

Ihr Seelenführer, Hans Urs von Balthasar, schreibt darüber in seinem Buch «Erster Blick auf Adrienne von Speyr» (2. Auflage, 227 Seiten, Johannes-Verlag, Einsiedeln):

«Aber vorher war noch etwas Auffallendes, für Adrienne Erschreckendes geschehen. Vorbereitet wurde es (im Frühjahr 1941, kurze Monate nach der Konversion) durch einen Engel, der nachts an ihr Bett trat und sehr ernst sagte: Nun werde es bald beginnen. Und in den folgenden Nächten wurde ihr ein Jawort abgenommen, das sich sichtlos auf alles erstrecken sollte, was Gott über sie verfügen könnte. Ich war von Basel abwesend, sie schilderte mir in Briefen, was vorging. Nun wußte ich, daß ich zurückkehren mußte. Und es begann die erste jener 'Passionen', die mit der für Adrienne bezeichnenden großen Erfahrung des Karsamstags endeten, und sich fortan Jahr für Jahr, auf immer neue Weisen, andere theologische Zusammenhänge bloßlegend, wiederholten. Es ging in diesen Passionen viel weniger um die Schau der historischen Leidensszenen in Jerusalem — daraus gab es nur zuweilen Ausschnitte, wie zur Erläuterung — als vielmehr um das Erleben der inneren Leidenszustände Jesu in ihrer Fülle und Differenziertheit — ganze Landkarten des Leidens wurden ausgefüllt, dort, wo nur ein weißer Fleck oder ein diffuser Begriff vorhanden schien —, und Adrienne konnte während des Leidens selbst, in Pausen zwischendurch und auch nachträglich das Erfahrene in eigenen, klaren und eindringlichen Worten schildern. Ich habe diese Passionen aus dem Strom des Tagebuchs herausgenommen und zu einem eigenen Buch: 'Kreuz und Hölle' zusammengestellt. Ein Jahr später aber, nach den Kartagen, im Juli 1942, erfolgte die äußere Stigmatisation, unter Umständen, die mich davon überzeugt haben, daß echte Stigmen jedenfalls nicht 'psychogen' sind. Für Adrienne war das Ganze ein Anlaß tiefer Angst, man könnte etwas davon sehen (trotz der anfänglich verbundenen Hände haben mehrere die — nicht großen — Wunden gesehen), noch mehr ein Anlaß von Verdemütigung und Schande: daß das ihr, der Sünderin, Zugestoßene irgendetwas mit dem Leiden des Herrn zu tun haben könnte. In späteren Jahren geht, auf ihr flehentliches Bitten hin, die Sichtbarkeit der Wunden zurück, sie erscheinen nur noch zuweilen an Passionstagen, aber oft ist der Schmerz so stark, daß Adrienne es kaum glauben kann, daß ihr zum Beispiel das Blut nicht sichtbar von der Dornenkrone über die Stirn rinnt, weil sie es genau rinnen spürt. Das Schwergewicht all ihrer Leidenserfahrungen liegt auf dem 'geistigen' Sinn der Erlösungsereignisse, die aber, wie bei Christus, alle auch für sie bis ins letzte inkarniert sind . . .»

Adrienne von Speyr hatte eine große geistige Ausstrahlungskraft. Hans Urs von Balthasar gesteht, daß er geistig mehr von ihr empfing, als er ihr zu geben ver-

Adrienne von Speyr (1902—1967)

Ärztin und Konvertitin von Basel
Die «jüngste» Stigmatisierte dieses Buches

mochte, daß viele seiner Bücher und Vorträge von ihr inspiriert und bereichert worden sind. «Mystik ist eine besondere Sendung, ein besonderer Dienst für die Kirche, die nur im rastlosen Von-sich-weg, Sich-vergessen und magdlichen Bereitschaft zum Wort Gottes hin richtig ausgeformt wird.» Bei alledem hatte sie noch Zeit, sich die ganz zeitgenössische Literatur, vor allem die französische, anzueignen. Sie war gut befreundet mit Paul Claudel, Albert Béguin, Gabriel Marcel, Reinhold Schneider. Sie starb nach einem reicherfüllten Leben am 17. September 1967, dem Tag, an dem die Kirche das Fest der Wundmale des hl. Franz und das Fest der hl. Hildegard, ihrer grossen geistigen Freundin, feiert. Adrienne von Speyr hinterließ das größte schriftstellerische Werk, das je eine Schweizerin verfaßt hat. Gegenwärtig sind 62 Bücher von ihr lieferbar.

Ein Imperativ zur Freude

Christus hat uns zwar am Kreuz erlöst, aber sein Kreuzesopfer wird Tag für Tag, vom Aufgang bis zum Niedergang der Sonne, auf allen Kontinenten in jedem Meßopfer sakramental gegenwärtig. Genau so ist es mit seinem Leiden, das wesentlich zum Opfer gehört. Christus ist zwar in der Herrlichkeit des Vaters, aber er leidet weiter in den Gliedern seines mystischen Leibes, wie es Paulus in seinem Brief an die Kolosser 1,24 schreibt: «Nun freue ich mich der Leiden für euch und will das, was an Christi Drangsalen noch aussteht, ergänzen an meinem Fleisch zum Besten seines Leibes, das ist die Kirche.» Dieses Wort des Völkerapostels gilt zwar für alle Christen, aber es erfüllt sich in besonders augenfälliger und plastischer Art an den Stigmatisierten.

Das Opfer Christi hat unendlichen Wert, aber auch sein Leiden hat globales Ausmaß und füllt die Landkarten aller Kontinente. Die Stigmatisierten sind die engsten Vertrauen Christi auf der Via Dolorosa, die durch alle Jahrtausende führt; sie sind weder Dubletten noch Kopisten, sie leiden schöpferisch, sie sind lebendige Zeugen dafür, daß es Gott mit der Erlösung der Menschen blutig ernst ist. Die katholische Kirche hat das Gedächtnis an die Stigmatisation des hl. Franziskus in einem eigenen Fest am 17. September festgehalten und sie betet in der Oration: «Herr Jesus Christus, Du hast an den Gliedern des hl. Franziskus die heiligen Wundmale Deines Leidens erneuert, um in dieser erkaltenden Welt unsere Herzen mit dem Feuer Deiner Liebe zu entzünden.»

Was Dr. Josef Stimpfle, Bischof von Augsburg, von den Heiligen geschrieben hat, das gilt im besonderen Maße von den Trägern der Wundmale:

«Das Antlitz eines jeden Heiligen ist verschieden vom andern; aber hinter all den verschiedenen Gestalten scheint das unverwechselbare Antlitz des verklärten Herrn auf, der seine Auserwählten gekrönt hat. Wie das Licht der Sonne sich in den verschiedenen Farben des Regenbogens bricht, so künden ungezählte Heilige von der Fülle Christi, so setzt sich aus allen Heiligen wie in einem Mosaik der ganze Christus zusammen.»

Lassen wir uns von Petrus anstecken, für den die Passion ein Imperativ zur Freude ist: «Freuet euch vielmehr der Gemeinschaft mit den Leiden Christi, damit auch ihr beim Offenbarwerden seiner Herrlichkeit jubelnde Freude erlebt» (1. Petrus 4,13).

Arnold Guillet

Geleitwort

Bücher haben schon vor ihrem Erscheinen ihr Schicksal! Endlich kann nach einer langen Kette von Mühen und Schwierigkeiten die vorliegende Geschichte der Stigmatisierten herauskommen, die der Verfasser nach zehnjähriger Vorarbeit in den Jahren 1935—1938 in ihren Grundzügen niederlegte und die nunmehr in gestraffter und gegenwartsnaher Form vor den Leser tritt. Schon 1938 stand das Buch vor dem Druck. Aber gerade war die „Einführung" des Werkes unter dem Titel „Größe, Erhabenheit und Beurteilung der Stigmatisation" (Waldsassen 1938) erschienen und der vorliegende historische Hauptteil in Satz gegeben, als dem Verfasser eine vertrauliche Nachricht zukam, daß dieser Einführungsteil schon auf dem Schreibtisch des Propagandaministers liege und die Beschlagnahme bevorstehe. Da mußte wohl oder übel der Weiterdruck eingestellt werden, zumal auch der Verleger durch Verbot seiner Zeitschrift der nötigen finanziellen Mittel beraubt war. Aber selbst das Manuskript war noch den Verfolgungen des Dritten Reiches ausgesetzt und mußte — zugleich vor dem Hagel der Bomben — in die Einsamkeit des Westerwaldes geflüchtet werden. Mit Mühe gelang es dabei dem Verfasser, durch geheime Anweisungen aus dem Gestapogefängnis das unersetzliche Text- und Bildmaterial dem Zugriff der Staatspolizei zu entziehen.

Um so mehr darf der Verfasser Gott danken, daß das Werk nun herauskommen kann. Es soll ein bekennerisches Dokument sein für den Gekreuzigten und für die Erhabenheit der Gnaden, die Er auch heute noch in seinen Auserwählten wirkt. G o t t l e b t ! Und in besonderer Weise lebt er in seinen Heiligen. Nirgends aber vermag Christus und seine Opfertat auf Golgatha lebendiger vor unsere Seele zu treten als in den Trägern seiner Wundmale und in ihrer Passion. Das gerade ist das Bedeutsame in der Geschichte der Stigmatisierten, daß hier seit 700 Jahren Christus der Gekreuzigte gleichsam als lebendige religiöse Wirklichkeit unter uns hintritt. Deshalb ist auch die Kette der Wundmalträger so geeignet, der Welt die Mission Seines Opfertodes in ihrer ganzen Größe vor Augen zu stellen. *Und wahrlich, wenn die Opfertat Christi auf Golgatha und die Nachfolge des Gekreuzigten das zentrale Anliegen des Christentums sind, dann ist das Leben der Stigmatisierten ein einzigartiger Wegweiser hierzu.* Der Einbruch des Übernatürlichen, der sich mit der Einprägung der Wundmale in unserer Welt vollzieht, wird zu einem ergreifenden Appell an die Kirche und an einen jeden von uns. Zugleich muß er unseren Glauben machtvoll beflügeln.

Aber die Träger der Wundmale sollen uns nicht nur zu der ganzen Wirklichkeit Gottes und seines Opfertodes auf Golgatha hinlenken und uns damit neue Kraft und Stärke im Glauben vermitteln. Sie sollen uns zugleich den beispielhaften Weg zeigen, wie wir persönlich am innigsten mit Christus vereinigt werden. In ihrem Leben sprechen *Kreuz* und *Leiden* die entscheidende Sprache. Sie sind uns damit starke Künder jenes *königlichen Weges des Kreuzes*, der uns am sichersten zur Gemeinschaft mit Christus führt und der uns die weithin verkannte Macht des Gebetes, der Buße und der Sühne als entscheidende Kräfte der Gottvereinigung vor Augen rückt. *Das Leiden ist die stärkste Macht, die uns mit Christus verbindet.* In nichts zeigt sich daher deutlicher die erzieherische Bedeutung der Geschichte der Träger der Wundmale als in dieser Hinführung zum Geheimnis des mystisch-leidenden Leibes Christi, in den wir uns bewußt eingliedern sollen. Die Geschichte der Stigmatisierten hat darum zugleich eine hohe aszetisch-missionarische Aufgabe. Sie soll unsere Aufmerksamkeit keineswegs auf das Periphere und Außergewöhnliche, sondern auf den zentralen Weg zu einem wesenhaften Christentum lenken. Dieses wahrhafte Christentum kann sich nur in inniger Verbindung mit Christus dem Gekreuzigten entfalten, dessen geheimnisvoll leidender Leib in den Trägern der Wundmale in einzigartiger Weise sichtbar wird. So dient dieses Buch denn keineswegs einem einseitigen Spezialistentum oder gar der Neugierde, sondern allein dem Fruchtbarmachen des ungeheuren Gnadenkapitals von Golgatha, das hier erneut der ringenden Menschheit vermittelt werden soll. Es wurde daher kein entscheidender Wert auf das Außergewöhnliche und Merkwürdige gelegt, das vielfach in den Biographien der Stigmatisierten aufleuchtet, sondern im Gegenteil auf das Erstreben eines wahrhaft christusförmigen Christentums in all unserem Ringen und Kämpfen. Wir vermeiden daher auch die methodisch unzulängliche Art eines Imbert-Gourbeyre, der, so große Verdienste er als erster Gestalter einer Geschichte der Stigmatisierten hat, sich dennoch in einer vielfach untragbaren Häufung des Wunderbaren erging [1]). Es wurden vielmehr der innere aszetische Aufstieg der Stigmatisierten, ihre Tugend und ihr Opferweg, ihre Demut und ihr Gehorsam als entscheidend herausgestellt, mit einem Wort: jene wesentlichen Merkmale einer echten Nachfolge Christi, die in Wahrheit die Träger der Wundmale zu klassischen Zeugen und Interpreten ihres Herrn und Meisters machen. Damit erst bedeutet ihre Geschichte einen nicht zu unterschätzenden Weg zu den wahren Tiefen des Christentums und nicht zuletzt zu den Quellen aller Gnaden, zu den kostbaren Wunden des Herrn, von denen der Strom der göttlichen Liebe seinen Ausgang nahm. Nur so auch ist eine Geschichte der Stigmatisierten vertretbar: als bedeutsamer Wegweiser zu dem innersten Mysterium Christi, so wie ähnlich die Marienverehrung nur zu verteidigen ist, wenn sie in klarer Christozentrik auf die Verehrung des göttlichen Sohnes hinlenkt, und wie die Mystik nur dann gesund und echt ist, wenn sie zu einer vertieften Gottvereinigung und Gottesliebe führt.

Und wahrlich, wer mit diesem Ernst die folgenden Kapitel auf sich wirken läßt — ihm ist es, als ob Christus in den Wundmalen der Stigmatisierten

---

[1]) Wir versäumen dennoch nicht – nach kritischer Sichtung –, das Wertvolle und Bleibende seiner Studien zu verwenden.

noch einmal seine durchbohrten Hände über der Welt erhebe. Ihr will er erneut die Größe seiner Liebe verkünden. Freuen wir uns daher, wenn es endlich gelingt, das Leben der Träger der Wundmale vor unserem Volke zu entfalten. Lesen wir sie nicht als «interessanten» Stoff zur Geschichte der Psychologie der Religion, sondern als verpflichtenden Anruf an jeden einzelnen von uns; als Ruf Gottes zur Kenntnis der Größe der Gnaden, die er der Menschheit zugedacht; als Ruf, uns durch eine gleichstarke Hingabe und Opferbereitschaft in den mystischen Leib Christi einzugliedern und aus der Kreuzesgnade die Kraft zu einem wahrhaft apostlischen Wirken zu gewinnen.

Mögen uns schließlich zu guter Letzt die Träger der Wundmale lehren, daß die Sache Christi immer siegt, trotz scheinbarer äußerer Widerstände. Mögen sie uns mit dem frohen Bewußtsein erfüllen, daß Gott auch in den schwersten Zeiten der Gottesferne mit uns ist und uns nicht verläßt. Das wird uns gerade auch das Bild der Stigmatisierten der Neuzeit beweisen. Fassen wir aus dem Leben der Mitdulder des Herrn neues Vertrauen in Christus und Seine göttliche Liebe, und schöpfen wir daraus für unser eigenes Christsein ein neues Sendungs- und Siegesbewußtsein!

Dreizehn Jahre später:

Die Aufnahme der beiden Bände meines Werkes war eine so wohlwollende, ja begeisterte, daß es in kaum drei Jahren vergriffen war. Leider verhinderten die hohen Kosten seitdem eine Neuauflage. Sie kann erst jetzt auf dem günstigeren photomechanischen Wege erfolgen, der allerdings einen unveränderten Abdruck bedeutet. Leider wirkte, theologisch gesehen (vielleicht) etwas störend, daß die beiden geschichtlichen Bände nicht zusammen mit der wissenschaftlichen «Einführung» erschienen, die bereits 13 Jahre früher (1938) herausgekommen war und die der Geschichte der Stigmatisierten wissenschaftliche Grundlage und Panzer gegen ungerechtfertigte Angriffe verleihen sollte. Der Verfasser stellte darin fest, daß die Stigmatisation «an den großen Prinzipien des christlichen Vollkommenheitsideals und einer heroischen christlichen Aszese überprüft» und «Kriterien der Heiligkeit, der Gottesliebe, und der mystischen Gottvereinigung in ihrem Verhältnis zur Stigmatisation zum Zielpunkt der Untersuchung werden müssen».

Jedenfalls darf noch das eine gesagt werden: Bei der Lektüre des eigenen Werkes nach mehr als zehn Jahren Abstand, hat mich selbst erneut das Übermaß der göttlichen Barmherzigkeit erschüttert, das uns in den Trägern der Wundmale vor Augen tritt. Und es drängte sich mir der Eindruck auf, daß es für unsere gottferne und lieblose Zeit wichtig sei, an den Beispielen dieser «Großen» erneut die unendliche Liebe des Gekreuzigten aufzuzeigen, der durch die Wundmale der Stigmatisierten wieder und wieder die Größe seiner Opfertat auf Golgatha vor aller Welt sichtbar macht.

Im August 1964   Johannes Maria Höcht

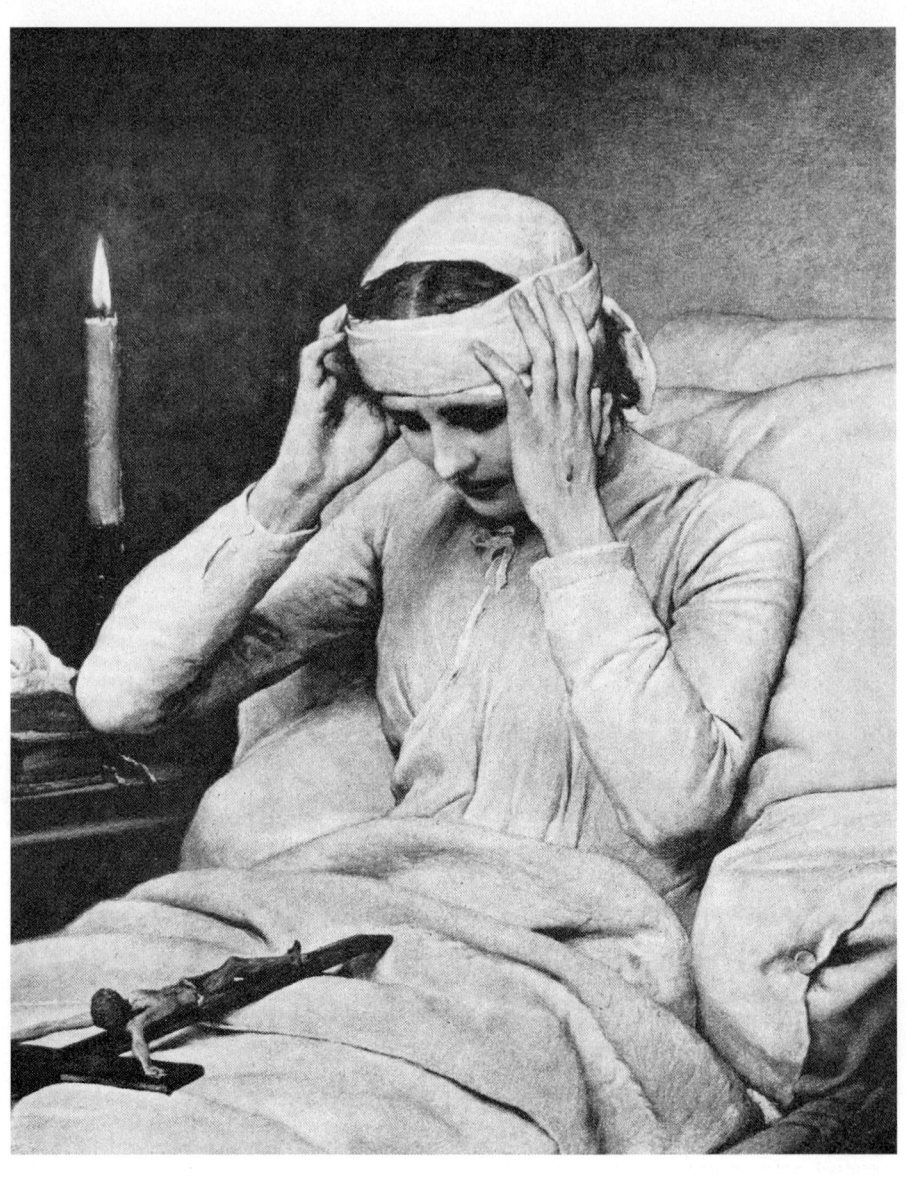

Anna Katharina Emmerich
Gemälde von G. Max

Joseph von Görres

zur

„Christlichen Mystik"

als gleich bedeutsam der Geschichte der Stigmatisierten vorangestellt.

Wir wollen unser Werk nicht beginnen, ohne der bedeutsamen Worte eines Joseph von Görres zu gedenken, die er einst seiner „Christlichen Mystik" voranstellte und die so recht verdeutlichen, ein wie Großes und Erhabenes in der Geschichte der Mystik und der Stigmatisation vor uns hintritt. Wie in visionärer Schau hat Görres in der Vorrede des zweiten Bandes die Erkenntnisse und Ergebnisse seines großen Werkes vorweggenommen. Er zeigte, wie sich hier ein neuer Blick in jene Welt des Übernatürlichen eröffnet, die so wenigen näher bekannt und vertraut ist, in eine Welt höherer Wirklichkeit, deren Tatsachen auf das glänzendste — und zwar in vieler Hinsicht weit solider und besser als sonstige Ereignisse in der Geschichte — garantiert und bezeugt sind.

„Wie es den Spaniern zu Mut gewesen, als sie jenseits des Weltmeeres, dessen viele Jahrtausende hinhaltende Hemmnis sie zuerst zu durchbrechen gewagt, eine neue Welt gefunden, wo von anders geformten Bergeszügen namenlose Wasser niedergingen, ein fremdes Rauschen aus den Wäldern sie begrüßte, andere Blumen sie anlachten, andere Vögel, andere Tiere neugierig zu ihnen auf- und niedersahen, und ein anderes Geschlecht der Menschen in unverständlichen Tönen sie willkommen hieß, *so ungefähr auch mag es dem größeren Teil derjenigen ergehen, die einen Blick in die Wunderwelt (der Mystik) hinüberwerfen, die sich ihnen hier eröffnet, und deren Dasein und Verständnis ihnen durch eigene Schuld in langer hartnäckiger Leugnung und Verleugnung gänzlich abhanden gekommen,* wie ja auch die alte Atlantis im Grunde nur durch Versäumnis in Vergessenheit untergegangen.

Ich nenne es eine Wunderwelt, und wie niemand dagegen Einspruch zu tun geneigt sein möchte, frage ich weiter: wo ist seit Jahren ein Buch erschienen, das alle höheren Rücksichten einstweilen auf die Seite gesetzt und bloß in wissenschaftlicher Beziehung eine solche Masse der allerüberraschendsten Erscheinungen, der allerwichtigsten, furchtbarsten, inhaltsschwersten Tatsachen, der merkwürdigsten, folgereichsten Begebnisse in sich befaßt hätte: Tatsachen, Handlungen und Ereignisse, die den freiesten Blick in das Innerste der Seele wie der Leiblichkeit eröffnen und, indem sie ihre Tiefen bis ins Verborgenste aufdecken, allein die eigentliche Metaphysiologie und Metapsychologie begründen können? *Und alle diese reichen Metallstufen (in die Tiefen dieser Geheimnisse) haben offen zu Tage am Wege gelegen, und niemand hat sich bücken mögen, um sie einzusammeln. Umsonst hat die reichste Ernte mit allen ihren Ähren gewinkt: niemand hat die Sichel anzulegen sich bemüht. Denn sie haben sich untereinander weisgemacht, es sei alles eitel Verblendung und eine Spiegelfechterei des Aberglaubens und es schicke sich nicht und mache schon lächerlich, auch nur darauf hinzusehen. So ist denn seit Menschenaltern alles vorbeigestolpert,* emsig den Staubwolken nachjagend, die der Wind immer aufs neue in der Fahrstraße aufweht.

Aber nur recht zugesehen, wie unbeschreiblich elend ist es doch um den Grund dieses Interdikts (d. h. Verbotes) beschaffen, das die Welt auf die ganzen Regionen aller dieser wundersamen Erscheinungen der christlichen Mystik gelegt. Es ist eben nichts als eine Verzweigung jener, durch alle Gebiete durchgreifenden, betrüglichen Wechselreiterei, in der sich diese Zeiten so ungemein gefallen und in der sie die besten Geschäfte zu machen glauben.

Die Wechsel, die das geistige Unvermögen, der freche Bettelstolz und die nüchternste, flachste Geistesarmut ausgestellt, wurden anfangs nur dem Scheine nach von den verbundenen Genossen honoriert und darauf zu Markt gebracht, um die Gimpel, die kein Urteil haben, damit zu fangen...

So hat in allen Gebieten des Wirkens und Erkennens jene Unzahl betrüglicher Banken sich aufgetan, die ihre Sache rein auf nichts gestellt, und nun, den lebendigen Stamm alter Religion, Sittlichkeit und gesellschaftlicher Ordnung wie Schmarotzerpflanzen umwuchernd und aussaugend, seine Solidität bankbrüchig zu machen unternommen.

Begreiflich bin ich an den Tischen dieser falschen Wechsler vorbeigegangen *und habe mich an das gottgegründete alte Haus gehalten;* seltener jetzt, denn ehemals besucht, hat es mir willig seine geschlossene Pforte aufgetan, und ich habe gleich denen, die durch die Steinwand in das Innere des Berges eingegangen, die Erlaubnis erlangt: *von den Schätzen, die ich dort ausgestellt fand, so viel ich fassen und bergen konnte, mitzunehmen,* und die Münzprüfer werden das Gefundene in seinem edlen Gehalte und seiner rechten Währung leicht erkennen.

Denn weit die meisten Wahrheiten, die hier ausgelegt sind, und die größte Zahl der Tatsachen, die diese Wahrheiten in sich beschließen, sind erstens durch Zeugen ohne Zahl in allen wesentlichen Umständen bekräftigt. Diese Zeugen (des Übernatürlichen) sind über achtzehn Jahrhunderte (was die allgemeine Geschichte der Mystik betrifft) verteilt; sie sind über die ganze bewohnte Erde ausgebreitet und aus den verschiedensten Völkern ausgegangen; und obgleich sie, durch Zeit und Raum voneinander geschieden, häufig in keinem Verkehr miteinander gestanden, ist doch ... ihr Zeugnis gänzlich übereinstimmend ausgefallen und bei jedem neuen Falle immer wieder auf dasselbe Ergebnis hinausgegangen.

Diese Zeugen (der christlichen Mystik) sind ferner die unverwerflichsten gewesen, die irgend aufgefunden werden mochten. Wenn dem geistlichen

Stande angehörig, mußten sie sich schon durch die Pflichten dieses Standes zur *Wahrhaftigkeit und Gewissenhaftigkeit* verbunden fühlen; die allenfallsigen Vorurteile, die man bei diesem Stande vorauszusetzen pflegt, haben dann ihre Berichtigung durch die Laien gefunden, die mit ihnen gleichfalls zum Zeugnisse zugelassen wurden; und wenn bei der durchgängigen Frömmigkeit und Religiosität der also Zugelassenen doch noch etwa ein Verdacht leicht täuschbarer Befangenheit zurückgeblieben, hat man auch Widersacher und Leugner des Wunderbaren nicht ausgeschlossen: überzeugt, daß auch sie zuletzt notgedrungen der Wahrheit die Ehre zu geben sich veranlaßt finden würden. *Alle haben das Zeugnis, das sie abgelegt, in allen wichtigen Fällen mit ihrem Eid erhärtet,* eine Form der Beteuerung, die bei solchen, die lieber den Tod hingenommen, als wissentlich eine Unwahrheit auszusprechen, ihrer Glaubwürdigkeit wenig hinzugefügt, bei den Widerstrebenden aber allerdings die ebenfalls mangelhafte Überzeugungskraft ihres Zeugnisses ergänzen kann.

Sie haben weiter auch in der günstigsten Lage sich befunden, um gehörig zuzuschauen und dann ein richtig Zeugnis abzulegen. Es sind nämlich etwa ganze Gemeinden gewesen, die, bei irgendeiner gottesdienstlichen Handlung vereinigt, *Augenzeugen einer wundersamen Erscheinung geworden;* und diese, von so vielen Menschen, aus so vielen Gesichtspunkten gesehen, hat sich dann notwendig in allen ihren verschiedenen Seiten herausgestellt, die nun alle insgesamt zu einem vollständigen Bilde in der Gesamtbeobachtung sich einigen. *Oder es waren Genossenschaften, denen die Beobachteten (d. h. die mystisch Begnadeten) angehört, die ihnen auf jedem Schritt und Tritt zu folgen die Gelegenheit gehabt, vor deren spähenden Augen sie kaum irgendein Geheimnis, viel weniger einen Trug verbergen mochten,* und bei denen in gar manchen Fällen oft genug eine bedeutende Zweifelsucht, ja bisweilen gehässige Leidenschaft aller Art den mißtrauischen Blick geschärft. Wieder finden wir unter den Zeugen (der Mystik) solche, die aus der Mitte dieser Corporationen oder auch von anderwärts her in einem besonders vertraulichen Verhältnisse zu den Beteiligten gestanden und dadurch noch nähere Veranlassung hatten, ihr ganzes Innere zu durchschauen. *Wir begegnen ferner Ärzten, die schon durch ihren Beruf und die Erfahrungen, die sie in ihm gemacht, gewitzigt und in der Regel nicht leicht künstlichen Täuschungen unterliegen. Wir sehen endlich in diesem Kreise die Oberen und Vorgesetzten, vor allem aber ihre Beichtväter und Gewissensräte, vor denen ihr ganzes Herz und ihre Seele offenliegt, und die unter Umständen in dasselbe schauen, wo jede geflissentliche Täuschung zum Sakrilegium würde, jede Selbstbetörung aber durch die nachteiligsten Folgen im Leben des Geführten sich rächen und verraten würde.*

So ist also der Tatbestand in diesen Sachen durch den strengsten und gründlichsten Zeugenbeweis, der in menschlichen Angelegenheiten irgend gefordert und mit menschlichen Kräften geleistet werden kann, hergestellt: ihn nicht anerkennen und das durch ihn Ausgemittelte als Trug und Täuschung verwerfen, heißt die Wahrheit selbst aufgeben und aller Möglichkeit, sie auszufinden und zu bewähren, völlig entsagen. Leugnet mir, was die Beteue-

rung der Besten und Glaubwürdigsten in allen Zeitaltern wiederholt festgestellt, und ich leugne auch die ganze Weltgeschichte vom Anfang bis zum
Ende ab; ja selbst was ihr mit eigenen Augen davon gesehen zu haben beteuert,
gilt mir nichts, weil, wer Treue und Glauben nicht an andern ehrt, gleiche
Ehrung auch nicht für sich selber in Anspruch nehmen kann.

*Aber noch mehr: diese Tatsachen kommen z w e i t e n s nicht etwa ver-
einzelt und abgerissen zum Vorschein,* sondern *liegen uns auch in durchgängig
ausführlichen Beschreibungen dieses Lebens vor Augen. Es sind uns also Ver-
gleichungspunkte von Anlagen, Tatsachen und Anlagen zu Tatsachen in hinreichender Menge gegeben, um ein sicheres Urteil zu begründen;* und es wird
nur eines einigermaßen geschärften Taktes bedürfen, um sich zu überzeugen,
ob uns im vorliegenden Fall Wahrheit oder Lüge geboten wird; indem sich die
Wahrheit durch die vollkommene Harmonie aller dieser Momente leicht zu
erkennen gibt, die Lüge sich aber durch den inneren Widerspruch ebenso
leicht verrät. *Auch hier können alle echten und rechten authentischen Lebensbeschreibungen der Heiligen die strengste Probe bestehen.*

Endlich wird eine d r i t t e Gewähr in der Weise gefunden werden, wie
wir die Erscheinungen hier dargestellt und geordnet haben. Diese Weise ist
nämlich eine *wissenschaftliche,* über den kreatürlichen, natürlichen und irdischen
Grund in seinen verschiedenen Gliederungen erbaut. Solcher Methoden
folgend, ... sind sie eben dadurch in einen ganz anderen, großen, sie alle zu-
sammenfassenden Zusammenhang gekommen, der der Prüfung neuerdings
reichliche Anhaltspunkte bietet und das allenfalls noch ungewiß schwankende
Urteil vollends befestigen muß.

Es ist nämlich ohne weitere Auseinandersetzung für sich selbst einleuchtend,
daß alle die Zeugen, die in den früheren Jahrhunderten ihre Zeugnisse in
der Sache (der Mystik) niedergelegt, von einer solchen inneren organisch
lebendigen Verkettung der Erscheinungen und dem Gesetze ihrer Assoziation
keine Ahnung gehabt, weil dergleichen nur als das Resultat späterer wissenschaftlicher Forschungen und Anschauungen ... möglich geworden. Haben sie
also aus dem Ihrigen und nicht aus der Wahrheit gezeugt, sind sie ihrer
Phantasie und ihren Einbildungen gefolgt, haben sie sich durch grobe oder
feine Täuschungen berücken lassen oder gar selbst aus irgendeiner sträflichen
oder auch borniert frommen Absicht geflissentlich getäuscht: dann wird sich
jetzt, wo die Richtschnur des Urteils zutage liegt, der Trug nicht ferner mehr
verbergen können; die Tatsachen werden gegeneinander schreien, die Prinzipien, mit denen sie sich einigen sollen, werden sie ausstoßen und ihre Falschheit
Lügen strafen, und in der inneren Disharmonie aller Teile wird das Trugbild
leicht zerfließen. Haben sie aber recht gesehen, in Einfalt und naiver Hingebung nur dem Augenscheine folgend und sich streng an die Wahrheit
haltend, dann wird es gar nichts verschlagen, daß sie den inneren Zusammenhang nicht gewußt, auf den es ihnen gar wenig angekommen; er hat
sich ohne ihr Zutun von selbst herzugefunden und wird sich in der allgemeinen

Harmonie, dem Einklange der gemachten Erfahrungen und der gesetzlichen Folge des ganzen Verlaufes leicht ermitteln lassen.

Nun wird aber jeder, der diesem Buche und seiner Darstellung nur mit einiger Aufmerksamkeit gefolgt, wenn er irgendeine Unbefangenheit sich bewahrt, zu dem Resultate gelangen müssen, daß das letztere hier in einem eminenten Grade der Fall sei und die Echtheit und Wahrhaftigkeit jedes einzelnen Zeugnisses sich im andern wie im Zeugnisse des Ganzen in einer ganz unwidersprechlichen Weise bestätige und bewähre. Die Erscheinungen, in wievielen Kombinationen, unter wieviel verschiedenen Gesichtspunkten sie immer zusammengestellt werden mögen, bejahen sich gegenseitig: die Tatsachen, aus den allerverschiedensten Quellen geschöpft, an den allerverschiedensten Persönlichkeiten hervortretend, den allerfernsten Zeitaltern angehörig, stehen doch an ihrer Stelle im Organismus des Ganzen, als seien sie eben dort gesät worden und aufgewachsen.

So ist also, gänzlich abgesehen von der Gewähr der Kirche, die für alle, die ihr angehören, schon allein entscheidend sein muß, auch für die andern durch äußere Zeugnisse die Tatsache in allem Wesentlichen mit schlagender Evidenz festgestellt, und wir werden hoffentlich keines der Ernsteren, Einsichtigeren, fortan jene absprechende Leugnung und Verwerfung mehr zu hören haben, wie sie der Dünkel, die Flachheit und die Seichtigkeit der jüngst vergangenen Zeiten von vornherein ohne alle Untersuchung festgestellt. Hat diese flache und freche Ansicht der Dinge zuvor, mit wegwerfender Verachtung, alle die als einfältige, borniert, weltunkundige Toren erklärt, welche solche Dinge glaubhaft gefunden, und sie nur in die Klassen der Betrüger und der Betrogenen abgeteilt, *dann sind diese Vorwürfe jetzt auf die Häupter derjenigen zurückgewiesen, die sie gemacht, und die Wahrheit ist wieder in ihrem unbestreitbaren Rechte eingesetzt.*

Das ist, was ich zunächst in diesen vorredenden Worten als das letzte Resultat dieses Teiles der Mystik aussprechen wollte. . . . Möge der gegenwärtige (Band) . . . bei vielen eine ernste Erwägung finden!

München, im Jahre 1838

Joseph von Görres

Ein Wort zur Einführung[1]

Mystik ist ein erfahrungsmäßiges Bewußtwerden des dem Christen meist unbewußten Gnadenlebens. Dieses Gnadenleben ist ja eine Vergöttlichung der Seele und eine Anteilnahme am Leben Christi, die nur durch den Glauben erfaßt werden. Aber manche Menschen läßt Gott diesen übernatürlichen Zustand auf wunderbare Weise fühlen und wahrnehmen. Diese recht seltene Gabe — es gab und gibt selbst unter den großen Heiligen solche, die keine Mystiker waren oder sind, und noch mehr andere, für die mystisches Erleben wenigstens nicht zu beweisen ist — ist eine erhabene Gnade, die zwar dem normalen Gnadenstande nicht wesentlich und für das christliche Leben nicht notwendig ist, die aber desungeachtet von ihrer inneren Bedeutung nichts einbüßt. P. Garrigou-Lagrange hat die tiefen Zusammenhänge zwischen „Mystik und christlicher Vollendung" in seinem gleichnamigen Werke meisterhaft klargelegt.

Wie die Mystik eine an sich nicht wesentliche Begleitgabe des christlichen Gnadenlebens ist, so hat sie auch ihrerseits Begleiterscheinungen, die in analoger Weise — gegenüber dem mystischen Kernerlebnis — als sekundär und unwesentlich zu bezeichnen sind, aber dennoch von Gott mit aller Absicht gesetzt werden. Es sind diejenigen ihrer Auswirkungen, um die nicht nur der Empfänger, sondern auch der Außenstehende weiß. Ekstasen, Schweben, Lichtglanz, Tränengabe, Herzensschau, Weissagung, Nahrungslosigkeit gehören zu ihnen. Nicht alle, aber mehrere finden sich meist bei dem gleichen Mystiker vereint. Welch große Wirkungen Ekstase und Vision in Verbindung mit dem mystischen Kernerlebnis in ihr hervorgebracht haben, hat die hl. Theresia in ihrer Selbstbiographie begeistert geschildert. So schreibt sie:

„Desungeachtet (d. h. obwohl die Visionen von manchen als Täuschung angesehen wurden und ihr Ruf gefährdet war) konnte ich es nie bedauern, diese himmlischen Visionen geschaut zu haben; ja, ich hätte nicht auch eine einzige von ihnen um alle Güter und Freuden der Welt daran gegeben. Ich hielt sie immer für eine große Gnade des Herrn und für einen kostbaren Schatz, und auch der Herr flößte mir oft diese Sicherheit ein. Sah ich mich ja in der Liebe zu ihm gar sehr gefördert..." (Leben 29, 5). Und an anderer Stelle sagt sie: „Die Glorie dieser Verzückung war überaus groß, und ich blieb während der Feiertage meistens so außer mir, daß ich nicht wußte, was ich tun sollte, noch auch wie ich der Gegenstand einer so großen Gunst und Gnade sein könnte. In dieser großen innerlichen Freude hörte und sah ich sozusagen nicht mehr.

---

[1] Leider ist der wissenschaftliche Einführungsteil des Werkes, der unter dem Titel erschien „Größe, Erhabenheit und Beurteilung der Stigmatisation. Eine Einführung in die Geschichte der Stigmatisation" (Waldsassen 1918), seit langem vergriffen. Obiges Geleitwort möge eine bescheidene Handreichung zur Einordnung der Probleme der Stigmatisation in das Gesamtgebiet der Mystik sein.

Von jenem Tage an gewahrte ich ein außerordentliches Wachstum der Liebe Gottes und eine besondere Kräftigung in den Tugenden. Gelobt und gepriesen sei Gott in Ewigkeit!" (Leben 38, 6)

Ein besonders eindrucksvolles dieser Charismen, das, wenigstens nachweisbar, als erster der hl. Franz von Assisi erhalten hat, ist die Stigmatisation, von deren Trägern das vorliegende Buch handelt.

Insoweit die mystischen Begleiterscheinungen das innere Gnadenleben nicht mehren, können sie mit Recht als unwesentlich bezeichnet werden, zumal für den Empfänger die sinnliche Weiterwirkung als unbedeutend und klein vor dem Kernerlebnis der Beschauung zurücktritt.

Es kommt hinzu, und das betonen die großen Mystiker hinsichtlich der mystischen Begleitphänomene sehr stark, daß mit diesen die Gefahr der Täuschung verbunden ist. Diese Täuschung wird meist auf Rechnung des von vornherein oder infolge der mystischen Erlebnisse verfeinerten Nervensystems zu setzen sein, gelegentlich auch auf Rechnung teuflischer Einflüsse, denen nicht zwar der Geist, wohl aber die breite Trieb- und Sinnensphäre zugänglich ist. Darum auch wird der Kirchenlehrer der Mystik, der hl. Johannes vom Kreuz, nicht müde, in seinem grundlegenden, 1578—1583 verfaßten Werk, dem „Aufstieg zum Berge Karmel" — in dem er allerdings das Problem der Stigmatisation noch nicht behandelt — den Mystiker zu mahnen, diese Begleiterscheinungen als unwesentlich anzusehen, ja, sie nach Möglichkeit zurückzudrängen, damit sie vom Haupterlebnis der einfachen Gottvereinigung nicht ablenken. Falls Gott sie dennoch dem sich Sträubenden geben will, weiß er sich schon durchzusetzen und wird das nicht als Ehrfurchtslosigkeit anrechnen, was bloße Demut und Vorsicht war. —

In der Richtung dieser Vorsicht verweist gleichfalls die Geschichte der Mystik. Mystische Erscheinungen sind sehr häufig vorgekommen, von mancher Seite wird behauptet: häufiger unechte als echte. Erregte Zeiten kriegerischer Ereignisse, Perioden des wirtschaftlichen, kulturellen, religiösen Niedergangs haben pseudomystische Phänomene des Schauens und Weissagens wie Pilze aus dem Boden schießen lassen. Nicht nur einfache Gläubige, auch Priester, Bischöfe, Kardinäle und Päpste haben manchmal bewußten oder unbewußten Trug nicht durchschaut. Selbst da, wo die gläubige Vernunft zur Annahme der Echtheit neigt, bleiben meist noch ungelöste Fragen und Zweifel, wenngleich natürlich in diesen Dingen auch durch Hyperkritik gesündigt worden ist.

Dieser Hyperkritik gegenüber tut es not, die Begleiterscheinungen der Mystik nicht einfachhin als belanglos beseitezuschieben, sondern ihren wahren Wert aufleuchten zu lassen. Das gerade ist der Sinn und Zweck des vorliegenden Buches. Auch diese Begleiterscheinungen sind Großtaten Gottes, tiefe Erlebnisse des Empfängers, heilsame Ausstrahlungen auf die Umwelt. Ein Franz von Assisi mit seinen Wundmalen wirkt häufig mehr als eine glänzende Predigt oder ein tiefdurchdachtes geistliches Buch. Wie durch ihn, will Gott durch andere Stigmatisierte, die er bekannt werden läßt — nicht wenige sind ganz oder fast ganz unbekannt gestorben —, einem engeren oder weiteren Kreis große Gnaden der Bekehrung und Heiligung vermitteln. Die Vereinigung dieser imposanten Schar von meist unbekannten „Christusträgern" zu einem großen historischen Gemälde ist eine lohnenswerte Arbeit, die das religiöse Leben vieler befruchten wird. Und selbst, wo bei einzelnen Mitduldern des Herrn das Miterleiden seiner Passion sich nur auf die stigmatischen Schmerzen oder auf das innere (geistige oder physische) Erdulden seiner Wunden begrenzte, ohne daß äußere Wundmale zutage traten, ist der Wert dieser Mitdulderschaft ein hoher, so daß wir bewußt auch eine Reihe dieser nicht im äußeren Sinne Stigmatisierten als „Mitdulder" der Passion Christi in unsere Geschichte der Kreuzesträger aufgenommen haben.

Anregung für vorliegendes Werk bot das Buch des französischen Arztes und Professors der Medizin Imbert-Gourbeyre. Weil zu breit und nicht mehr auf der Höhe der neuesten Forschung stehend, mußte jedoch zu einer völligen Neugestaltung der Stigmatisationsgeschichte geschritten werden. Der Verfasser will jedoch über die einzelnen Stigmatisationen ein theologisch oder naturwissenschaftlich endgültiges Urteil nicht fällen. Er beansprucht nur jene Glaubwürdigkeit, wie gute Wahrscheinlichkeitsgründe sie rechtfertigen. So hofft er der Erbauung zu dienen, ohne die Wahrheit zu beeinträchtigen, und einen bescheidenen Beitrag zur Geschichte jener Gnaden und Gaben zu liefern, die uns den unermeßlichen Reichtum der Erbarmungen Gottes und die Größe seiner Liebe in den Erscheinungen der Mystik vor Augen führen.

1. Kapitel

Der heilige Franz von Assisi

*„Als die Welt zu erkalten begann, hast du, um unsere Herzen mit
dem Feuer deiner Liebe zu entflammen, am Leibe des hl. Franziskus
die heiligen Wundmale deines Leidens erneuert."*

Liturgie des 17. September, des Festes der Wundmale des hl. Franziskus

Die Geschichte der Stigmatisierten wird eingeleitet von einer der hervorragendsten, wenn nicht überhaupt größten Heiligengestalt der Geschichte, von
FRANZ VON ASSISI. Weithin auch von Nichtkatholiken als der große Herold
christlichen Geistes anerkannt, der die Forderungen des Evangeliums in bis
dahin nie geahnter Weise verwirklichte, bietet sein Leben eine Fülle außerordentlicher Gnadenschätze, die immer aufs neue zu verkünden und zu enthüllen
der Kenner nicht müde werden wird. In ihm leuchtet vor uns auf, was katholischer Idealismus und Heroismus der Menschheit zu geben vermögen. Noch
mehr aber, was es bedeutet, in den mystischen Leib Christi sühnend und
leidend eingegliedert zu sein und damit dem Reiche Gottes jene gewaltigen
Erneuerungskräfte zu vermitteln, die nach einem Worte des hl. Paulus das
Kreuzesleiden des Herrn bis an das Ende der Tage in steigendem Maße ergänzen. Sankt Franziskus eröffnet damit den gewaltigen Chor jener sühnenden
und opfernden Seelen, die fortan in der Kirche Christi zu immer tieferer
Bedeutung gelangen sollten. Er wird richtungweisend für die große Opfer-
und Sühnebewegung, in die die Träger der Wundmale in hervorragendem
Maße eingeschrieben sind. Symbolhaft überstrahlt sein Leben die Geschichte
der Stigmatisierten.

So verstehen wir, daß Höhepunkt und Krönung seines Lebens jenes große
Geschehnis vom Berge Alverna war, das in der Einprägung der Wundmale
unseres Herrn seinen sichtbaren Ausdruck fand. Diese erhabene Gnade, die er
zwei Jahre vor seinem Tode in wunderbarer Weise empfing, erhielt er als
göttliches Siegel und Aufgabe zugleich: *als ein Siegel des Herrn* auf sein
beispielhaftes Streben nach christlicher Vervollkommnung und Heiligkeit; noch
mehr aber *als gewaltige, in die Jahrhunderte weisende Aufgabe: zur Wiedererweckung der großen Liebe des Gekreuzigten in einer erkaltenden und
schwankend gewordenen christlichen Welt.*

Als Franz von Assisi in die Welt trat, da hatte die christliche Idee bereits
die Zentren des Abendlandes erobert; sie stand fast im Zenit ihres Wirkens.
Aber schon drohten die Völker und die Träger der geistlichen Gewalt von der
Höhe des Erreichten herabzusinken. Da war es der große Heilige von Assisi,
der die Welt wieder zurückführen sollte zur Ursprünglichkeit und Einfachheit
des Evangeliums, zur ganzen Größe der christlichen Liebe, zu jener Liebe der

Brüder unter Brüdern, die nichts anderes wissen will als „Jesus, und zwar Jesus den Gekreuzigten". Und hier rühren wir an die welthistorische Bedeutung seiner Stigmatisation!

„Als die Welt zu erkalten begann, hast du, um unsere Herzen mit dem Feuer deiner Liebe zu entflammen, am Leibe des hl. Franziskus die heiligen Wundmale deines Leidens erneuert", so betet die Kirche am Gedenktage dieses großen Geschehnisses. Und wirklich! Erst durch die Einprägung der Wundmale wurde Franziskus zu jener letzten unsagbaren Glut der Gottesliebe entzündet, die ihn zum großen Erwecker und Erneuerer der Kirche machen sollte. Das Ereignis vom Berge Alverna ist zum Beginn und Markstein einer neuen Gnadenepoche der Kirche geworden! Einer Epoche der vertieften Liebe zu Christus, dem Gekreuzigten, und jenes großen „Zeitalters der Stigmatisierten", das von nun an (1224) in außergewöhnlicher Weise das innerste Gnadenleben der Kirche befruchtete.

Franziskus war geboren als Sohn eines reichen Kaufmanns zu Assisi. Seine Jugend hatte er in der Liebe zur Welt verbracht, bis ihn die große Stunde der Bekehrung zu Gott hinwendete, und zwar in einer Weise, wie sie einmalig ist seit den Tagen der Apostel. Fünfundzwanzig Jahre war er alt, als er das Gewand der Buße nahm und den Strick um seine Lenden gürtete und somit den Grund legte zu dem Orden der Minderbrüder (Franziskaner und Kapuziner), die einen ungeheuren Einfluß auf das geistige und religiöse Europa, ja auf die ganze Welt nehmen sollten. Franziskus wurde kaum 50 Jahre alt. Aber was hat dieser glühende Verehrer der Armut, die er zu seiner Braut erkor, alles in den wenigen Jahren bis zu seinem 1226 erfolgten Tode geleistet! Drei große Orden gründete er, sein Leben aber war ein einziges Stürmen zum Himmel, zu dem er Tausende und Abertausende mitriß. Neun Jahre nach seinem ersten Wirken hatte er bereits 5000 Brüder um sich geschart, die bei seinem Hinscheiden schon in der ganzen Welt missionierten.

Wir sagten, daß im Höhepunkt seines Lebens jenes ergreifende und alles überstrahlende Geschehnis vom Berge Alverna stehe, das, von bedeutenden Wundern begleitet, nicht nur für seine Orden zu einem unaussprechlichen Impuls, sondern auch zu einem gewaltigen Mark- und Scheidepunkt in der Geschichte der Kirche geworden ist: Franz von Assisi wurde damit in der Tat zum Ausgangspunkt jener Fülle außerordentlicher Tatsachen und Ereignisse, mit denen von nun an der Herr seine heranreifende Kirche unter dem Zeichen der Wundmale in herrlicher Weise schmückte. Zum ersten Male senkte sich damit auf Hände, Füße und Seite eines Menschen die erschütternde Symbolik des Opfertodes des Herrn auf Golgatha.

Hören wir über dieses einzigartige Ereignis die bedeutendsten Quellen der Geschichte. Zunächst, als wichtigsten Zeugen, den *hl. Bonaventura* [1]):

„Gewohnheit war es dem engelgleichen Manne Franziskus geworden, im

---

[1]) Wir folgen zunächst der Übersetzung von Erhard Schlund O. F. M. in Ecce Mysterium, Die Wundmale des hl. Franz von Assisi (München 1926) S. 29 f. und ergänzen später nach dem Urtext.

Der Berg Alverna
Ort der Stigmatisation des heiligen Franziskus

Höhle auf dem Berg Alverna
Hier betete der heilige Franz vor seiner Stigmatisation

25

Guten niemals müßig zu sein. Gleich den himmlischen Geistern auf der Jakobsleiter stieg er zu Gott empor oder zum Mitmenschen herab. Denn er verstand die Zeit, die ihm zum Erwerb von Verdiensten zugedacht war, sehr klug einzuteilen; einen Teil widmete er der fruchtbaren Arbeit am Heile des Nächsten, den anderen der ruhigen Pflege des beschaulichen Lebens. Hatte er, wie Ort und Zeit es gerade geboten, in den Niederungen menschlichen Alltags am Heile anderer gearbeitet, so zog er sich wieder aus dem wogenden Treiben der Menge zurück an einsame, stille Plätze, dort wieder freieren Verkehrs mit dem Herrn zu pflegen, sich wieder zu reinigen vom Staube, der etwa aus dem Verkehr mit Menschen an ihm haften geblieben.

Zwei Jahre vor seinem Hinscheiden führte ihn die göttliche Vorsehung nach vielerlei Arbeiten auf einen einsamen, hohen Berg, Alverna. Der Heilige begann sein gewohntes vierzigtägiges Fasten zu Ehren des Erzengels Michael. Mehr denn je durfte er die Süßigkeit himmlischer Beschauung kosten, und wie noch nie entbrannte in ihm die Flamme himmlischer Sehnsucht. Er fühlte gleichsam, wie ihm die himmlischen Gnadengaben sich immer reicher in sein Herz einsenkten. Sein Geist erschwang Himmelshöhen, nicht um in sträflicher Neugier den erdrückenden Glanz göttlicher Majestät zu erforschen; nein, als kluger und treuer Knecht wollte er Gottes heiligen Willen ergründen; ihm sich ganz gleichförmig zu machen, brannte verlangend sein Herz.

Da ward seiner Seele die göttliche Eingebung, Christus werde ihm beim Aufschlagen des Evangelienbuches enthüllen, was Gott in und von ihm am liebsten habe. Franz betete mit großer Andacht, nahm dann das Evangelienbuch vom Altare und ließ es im Namen der Heiligsten Dreifaltigkeit von einem frommen, heiligen Bruder öffnen. Dreimal öffnete er das Buch, und dreimal stießen sie auf die Leidensgeschichte des Herrn. Da wußte der gotterfüllte Mann genug: Wie er Christus im tätigen Leben nachgeahmt, so sollte er vor seinem Tode auch noch gleichförmig werden in leidender Qual. Das strenge bisherige Leben hatte Franz körperlich fast gebrochen. Und doch! Franz erschrak nicht. Er war freudig entschlossen, das Martyrium zu erdulden. Bis zur Unüberwindbarkeit war die flammende Liebe zum guten Jesus in seinem Herzen emporgewachsen."

Die Stunde der Ekstase, unaussprechlicher Gottvereinigung, war gekommen. Die inneren Wirkungen, die seine Seele erquickten, hoben seinen Körper mehr oder weniger in die Luft. Man hörte ihn mit Gott sprechen, bald mit Furcht und Zittern, bald wie ein Freund, der mit seinem Freunde spricht. Und in diesem Zustande höchster Entflammung traf ihn das große Ereignis der Stigmatisation: Als er so ... „durch die seraphische Glut seiner Wünsche zu Gott erhoben und durch die Bewegungen eines zarten und liebreichen Mitleidens in den verwandelt wurde, der durch das Übermaß seiner Liebe für uns gekreuzigt werden wollte, sah er, wie ein Seraphim mit sechs glänzenden und feurigen Flügeln vom Himmel zu ihm herabstieg. Dieser Seraphim kam in sehr schnellem Fluge herab in des Heiligen Nähe, und da erschien zwischen seinen Flügeln die Gestalt eines gekreuzigten Mannes mit ausgestreckten Händen und Füßen,

Stigmatisation des heiligen Franziskus
Nach dem Fresko von Giotto in San Croce in Florenz

27

die an ein Kreuz geheftet waren. Als Franziskus dies sah, war er außerordentlich überrascht; eine Freude, die mit Trauer und Schmerz vermischt war, strömte in seine Seele. Die Gegenwart Jesu Christi, der sich ihm auf so wunderbare, so vertraute Weise unter der Gestalt eines Seraphims zeigte, verursachte ihm unendliche Wonne. Aber bei dem schmerzlichen Anblick seiner Kreuzigung fühlte er sich wie von einem Schmerze durchbohrt, der ihm wie ein Schwert durch die Seele drang. Er erstaunte zutiefst, daß die Schwachheit der Leiden unter der Gestalt eines Seraphims erschien, wohl wissend, daß sich dies nicht mit seiner Unsterblichkeit vertrage und — er konnte die Erscheinung nicht begreifen. Bis Gott ihn innerlich wie einen Freund belehrte, daß er sich ihm vor Augen stelle, um ihn erkennen zu lassen, daß er nicht durch das Martyrium des Fleisches, sondern durch die Entflammung der Seele in die vollkommene Ähnlichkeit mit Christus, dem Gekreuzigten, verwandelt werden solle. Die entschwindende Vision ließ in seiner Seele eine seraphische Glut zurück und prägte seinem Körper ein Abbild der Wundmale ein, als wenn sein Fleisch gerade wie weiches und vom Feuer geschmolzenes Wachs die Einprägung von Siegelzeichen erhalten hätte. Denn sofort begannen die Zeichen von Nägeln an seinen Händen und Füßen sichtbar hervorzutreten, und zwar ganz so, wie er sie an dem ihm erschienenen Bilde des gekreuzigten Gottmenschen gesehen hatte. Seine Hände und Füße waren in der Mitte von Nägeln durchbohrt; die runden und schwarzen Nagelköpfe waren auf dem Rücken der Hände und Füße zu sehen, während die ziemlich langen Spitzen auf der anderen Seite zum Vorschein kamen und umgebogen waren und das übrige Fleisch, aus dem sie heraustraten, überragten. Auch hatte er an seiner rechten Seite eine rote Wunde, als wäre er von einer Lanze durchbohrt, und oft floß Blut daraus hervor, das sein Unterkleid und alles, was er auf den Lenden trug, durchtränkte."

Aber nicht nur, daß an den Gliedern des Heiligen selbst wunderbare Zeichen erschienen. Das unaussprechliche Geschehnis hatte darüber hinaus *die ganze Natur in der Umgegend des Berges Alverna in Feuer entflammt und entzündet!* Wir lesen in den „Blümlein des hl. Franz": „Da erschien auch der ganze Berg Alverna von leuchtender Flamme zu brennen, und sie glänzte und erhellte rings alle Berge und Täler, als stünde die Sonne über dem Lande." Hierfür besitzen wir das *Zeugnis von Hirten*, die in jenem Lande wachten, „und sich darob entsetzten, da sie den Berg in so vielen Flammen und so viel Licht ringsum gewahrten, — wie sie es nachmals den Brüdern erzählt haben". Dabei berichteten sie, „daß diese Flammen um den Berg Alverna wohl in der Zeit einer Stunde gewährt haben". Und der Bericht fügt bestätigend hinzu: „Desgleichen erhoben sich bei diesem Scheine, der durch die Fenster in die Herbergen des Landes strahlte, etliche Maultiertreiber, die nach der Romagna zogen, dieweilen sie glaubten, die Sonne sei aufgegangen, und sattelten und beluden ihre Saumtiere. Und wie sie dahinzogen, gewahrten sie das Schwinden jenes Lichtes und den Aufgang der natürlichen Sonne" [2]). So ließ Gott sogar

---

[2]) Vgl. die Übersetzung von Thode als Anhang seines Werkes Franz von Assisi und die Anfänge der Kunst in Italien, Wien 1934, S. 774—775.

Franziskus empfängt die Wundmale
Nach einem Gemälde von Albrecht Altdorfer

die Natur an dem gewaltigen Ereignis der ersten Stigmatisation eines Heiligen teilnehmen.

Wir besitzen über die Stigmatisation und die Wundmale des hl. Franz eine ganze Reihe zuverlässiger Berichte. Wohl der bedeutendste ist der des Bruders *Thomas von Celano,* eines Augenzeugen der Stigmata, auf dessen Beschreibung auch derjenige des hl. Bonaventura fußt. Er führt u. a. aus: „Seine Hände und Füße waren in der Mitte wie mit Nägeln durchbohrt, die Köpfe der Nägel traten an der innersten Seite der Hände und der oberen Seite der Füße hervor, die Nagelspitzen auf den entgegengesetzten Seiten. Es waren jene Zeichen der inneren Hände rund, außen (d. h. auf dem Handrücken) aber länglich" [3].

Der *hl. Bonaventura,* der später schrieb, befragte über diesen Gegenstand einige noch lebende Schüler des hl. Franziskus. Seine Beschreibung erwähnt im Anschluß an die des Thomas von Celano, des ersten Biographen, noch eine weitere erstaunliche Besonderheit: „Die Nägel waren von schwarzer Farbe und wie von Eisen und so mit dem Fleisch verwachsen, *daß, wenn sie auf einer beliebigen Seite gedrückt wurden, sie sogleich wie zusammenhängend und fest an der entgegengesetzten Seite heraustraten.* Die rote Wunde der Seite aber, die durch Zusammenziehung des Fleisches auf eine kreisrunde Form gebracht wurde, schien eine schöne Rose zu sein." — Wie man ersieht, waren die Nägel, von denen die Rede ist, keine wirklichen Nägel aus Eisen, wie verschiedentlich angenommen wurde, sondern Gebilde aus Fleisch, allerdings von der Farbe und dem Aussehen gewöhnlicher Nägel [4].

Der große Tag der ersten Stigmatisation eines Gliedes der Kirche Christi läßt sich ziemlich genau fixieren: Franz erhielt die Stigmata nach Thomas von Celano in der Zeit zwischen dem 15. August und dem 29. September 1224; Bonaventura schreibt „um das Fest der Kreuzerhöhung". Und der Tradition gemäß empfing er sie am frühen Morgen dieses Festes. Das eigentliche Fest

---

[3]) Er fügt dem hinzu: „Und ein Stückchen Fleisch, welches hervorragte über das andere Fleisch, war zu sehen, wie die umgebogene und umgeschlagene Nagelspitze. Auch die rechte Seite war wie von einer Lanze durchbohrt, mit einer Narbe bedeckt, aus der oft Blut floß, so daß seine Tunika und die Hosen öfters mit hl. Blute benetzt waren." Schlund, S. 39.

Und im Bericht der „Drei Gefährten" finden wir noch diese Beschreibung: „Nach dem Tode nämlich sahen sie an seinen Händen und Füßen nicht gewissermaßen die Spitzen von Nägeln, sondern die Nägel selbst, die aus seinem Fleische bestanden und dem Fleische selbst verwachsen waren; sie waren von schwarzer Farbe, wie Eisen; die rechte Seite aber, wie von einer Lanze durchbohrt, war wirklich und deutlich sichtbar von einer roten Wundnarbe durchzogen, die auch, während er lebte, oft heiliges Blut vergoß."

[4]) Vgl. auch hierzu Imbert-Gourbeyre, La stigmatisation et l'extase divine (1908) I, S. 5: Aus Obengesagtem geht mit aller Deutlichkeit hervor, daß bereits Thomas von Celano die Wundmale genau so beschreibt, wie die späteren Augenzeugen. Die sichtbar ausgeprägten Nägel und Nagelköpfe in den Wunden waren also nicht Erfindung späterer Biographen, sondern von Anfang an da, womit die ganzen Angriffe von Hase, Hampe, Jacobi usw. in sich zusammenfallen. Man vergl. hierzu auch unsere späteren Ausführungen.

Dreifaltigkeitsbild mit Stigmatisation des heiligen Franziskus

Gemälde eines unbekannten florentiner Meisters

der Stigmatisation des hl. Franz aber wurde von Papst Benedikt XI. auf den 17. September festgelegt.

Auf die Dauer konnte naturgemäß die Stigmatisation des Heiligen als ein außerordentliches und nie vordem gekanntes Ereignis während der zwei Jahre, die St. Franz noch lebte, nicht verborgen bleiben; so sehr derselbe auch versuchte, seine Wundmale zu verheimlichen. Und so haben denn tatsächlich eine große Anzahl seiner Brüder deren Vorhandensein bestätigt. Darüber hinaus aber waren mehrere Kardinäle Augenzeugen seiner Wundmale und feierten und verherrlichten dieselben auf jede Weise. Ja kein Geringerer als Papst Alexander IV. hat in einer Predigt im Beisein der Minderen Brüder bestätigt, daß er selbst die Wundmale des hl. Franz zu dessen Lebzeiten gesehen hat. Der hl. Bonaventura ist es, der Zeuge dieser Predigt gewesen ist und hierüber berichtet. Wir besitzen ferner als ein weiteres gewichtiges Zeugnis für die Existenz der Wundmale eine Urkunde aus dem Jahre 1226, in der insbesondere Nicht-Franziskaner ihre Tatsächlichkeit noch *vor dem Tode* des Heiligen bestätigen! [5]

Bezeichnend ist auch, daß Franziskus sich seit dem Tage der Einprägung nicht mehr die Hände wusch und daß er nicht mehr zu gehen vermochte, weshalb er sich eines Lasttieres bediente. Hände und Füße trug er von nun an verhüllt. Der Heilige kam über dieses sein „regelwidriges" Verhalten sogar in Gewissensnöte. Aber er schilderte auch einigen vertrauteren Brüdern, wie Bonaventura berichtet [6], mit großer Furcht den Hergang der Vision. Und von Bruder Rufin, der einer der Glücklichen war, der die Wundmale des Heiligen selbst gesehen, berichtet Celano ein sehr bezeichnendes Geschehnis, das gleichfalls für die Existenz der Stigmata vor dem Tode des Heiligen zeugt: „Als er (Rufin) ihn (Franz) wusch, glitt seine Hand aus, dabei berührte er die Seitenwunde des Heiligen, was diesen nicht wenig schmerzte, so daß Franz die Hand Rufins von sich stieß mit dem Ausrufe: „Der Herr schone deiner" [7].

Bei seinem Tode trat dann das lange verhüllte Geheimnis offen zutage. Mehr als fünfzig Brüder, die hl. Klara und alle ihre Mitschwestern sowie eine bedeutende Anzahl anderer Personen haben an seiner sterblichen Hülle die Tatsächlichkeit der Stigmata festgestellt [8]. Die Wunden bluteten noch. Das mit seinem Blut betropfte Tuch wird noch heute im Kloster von Assisi aufbewahrt.

Und jetzt auch verbreitete man in tiefer Bewunderung und Ehrfurcht die

---

[5] Vgl. auch den Schluß dieses Kapitels. H. Felder O. F. M. schreibt hierüber in „Die Ideale des hl. Franziskus von Assisi" (Paderborn 1923, S. 28): „In dieser bisher noch nicht genügend beachteten Studie veröffentlicht Prof. Pennachi eine notarielle Urkunde aus dem Jahre 1226, in welcher eine Anzahl Personen — sämtlich außerhalb des Franziskanerordens stehend — bezeugt, die Wundmale teils während des Lebens, teils nach dem Tode des hl. Franziskus gesehen zu haben. Gemäß den Angaben dieser Augenzeugen wird dann eine genaue Beschreibung der Wundmale beigefügt, die sich vollständig deckt mit derjenigen des Thomas von Celano (I, n. 95)."

[6] In den Leg. Min. „De transitu mortis" lect. 4 „de Stigmatibus sacris".

[7] Vgl. Schlund, S. 41.

[8] Vgl. Bonaventura, Leben des hl. Franziskus (Bol. 4. Oktober).

Stigmatisation des heiligen Franziskus

Nach einem Gemälde von Peter Paul Rubens

außerordentliche Nachricht der Stigmatisation in alle Welt. In einem Rundschreiben des *Bruders Elias*, das damals erging, wird es mit unumstößlicher Sicherheit verkündet. In diesem heißt es: „Und nun verkünde ich euch eine große Freude und ein ganz neuartiges Wunder. Solange die Welt steht, ist ein solches Zeichen unerhört, außer beim Sohne Gottes, der ja Christus ist, Gott. Nicht lange vor seinem Tode zeigte sich unser Bruder und Vater als Gekreuzigter mit fünf Wunden am Körper, welches wahrhaft Stigmata Christi sind: denn seine Hände und Füße hatten so etwas wie Nagellöcher, welche auf beiden Seiten beigebracht waren, Narben zurückließen und dunkle Nagelfarbe aufwiesen. Seine Seite aber zeigte sich durchbohrt von einer Lanze und sonderte oft Blut ab" [9]).

Faßt man alle Zeugnisse der Zeitgenossen des hl. Franz zusammen, so darf man mit vollem Rechte sagen, daß kaum etwas historisch besser bewiesen erscheint als die Tatsächlichkeit und Wirklichkeit seiner Stigmata. Sie sind zudem — außer von den besonderen Biographen des Heiligen — von einer ganzen Reihe zeitgenössischer Historiker bezeugt, so von Lukas, dem Bischof von Tudo, Johannes Mariana, Vincent von Beauvais, Mathieu von Paris und dem hl. Antonius, dem großen Prediger. Für die Echtheit derselben setzen sich in gleicher Weise die Bollandisten ein, die als ebenso bedeutende wie strenge Kritiker bekannt sind. U. a. schreibt auch Chalippus in der besonderen Geschichte der Stigmata des hl. Franziskus, die der Vita desselben hinzugefügt ist (2. Band), „daß derjenige, der allen diesen angeführten Zeugen nicht beitreten will, mit nicht geringerer Torheit auch den Glauben an jede menschliche Geschichte verweigern kann."

Von entscheidender Bedeutung aber ist, daß die Stigmatisation des hl. Franz die offizielle Bestätigung der Kirche gefunden hat, die ihrerseits diese Phänomene mit beispielloser Gewissenhaftigkeit zu untersuchen gewohnt ist. Und Schlund sagt über diese Tatsache mit Recht: „Ohne jeden Zweifel steht über allen menschlichen Zeugnissen, was die Echtheit eines Wunders betrifft, die Autorität der Kirche; sie hat über die unzweifelhafte und unveränderliche Tatsache der Stigmatisation ihr Urteil gefällt, indem sie, um das Andenken an das Wunder von Alverna zu erhalten, ein jährliches Fest am 17. September angeordnet und Franziskus in die Zahl der Heiligen aufgenommen hat. Kein gläubiger Katholik wird dieses Urteil wohl ohne die zwingendsten Gründe verwerfen [10]." Und so wächst in der Tat das Ereignis der Stigmatisation des hl. Franz zu säkularer Bedeutung in der Geschichte der Kirche empor.

Franziskus aber wurde bereits im Jahre 1228 heiliggesprochen, und zwar, das ist das Beachtliche, mit besonderem Hinblick auf seine Wundmale. Die Heiligsprechung geschah durch Papst Gregor IX., der ein persönlicher und vertrauter Freund des Heiligen gewesen war. In der Kanonisationsbulle heißt es unter anderem: „Da nun die berühmten Zeichen Uns aus dem häufigen ver-

---

[9]) Vgl. Schlund, S. 38.
[10]) Wir zitieren nach Schlund, S. 62.

Der heilige Franziskus von Assisi

Nach dem Fresko von Cimabue in der Unterkirche von San Francesco, Assisi

trauten Umgang, den er mit Uns pflegte, als Wir noch ein geringeres Amt bekleideten, völlig bekannt waren und Uns der vielfältige Glanz der Wunder durch geeignete Zeugen durchaus beglaubigt wurde ... beschlossen Wir, ihn selbst dem Verzeichnis der Heiligen einzufügen."

Und doch sollte, wie kaum anders zu erwarten, die Stigmatisation des Heiligen von Assisi schon als erste der Geschichte sogleich ihre Gegner finden Aber diese Angriffe bewirkten nur eine um so nachdrücklichere Bestätigung ihrer Wirklichkeit. Als man nämlich Bilder des hl. Franz verbreitete, auf denen er die heiligen Wundmale trug, wandte sich der Bischof von Olmütz in übertriebenem Eifer gegen diese Darstellung. Zu gleicher Zeit trat ein Dominikaner zu Oppau in Mähren gegen die Stigmatisation auf. Gerade die Opposition aber sollte noch klarere Entscheidungen bzw. Erlasse der Kirche herbeiführen. Am 31. März 1237 erließ *Gregor IX.* ein erstes Dekret, und zwar an den genannten Bischof. In dieser heißt es unter anderem: „Viele der glaubwürdigsten Personen, welche die göttliche Güte zu Zeugen dieses Wunders berufen hat, bestätigen dessen Wahrhaftigkeit, und es ist von der Kirche anerkannt, die darin und in einer großen Anzahl anderer mit gebührender Feierlichkeit nachgewiesener Wunder den hauptsächlichsten Beweggrund gefunden hat, den Bekenner in das Verzeichnis der Seligen aufzunehmen. Was also müßt Ihr auf diese geradezu der ganzen Welt offenkundigen und deswegen auch Euch wohlbekannten Dinge antworten, außer Ihr beleidigt, indem Ihr die eigene Meinung allem vorzieht, was die Einsicht und Vernunft gebietet, Uns oder vielmehr Gott selbst? Dazu beunruhigt Ihr noch unklugerweise den Orden der Minderbrüder, der uns sehr teuer ist, sowie jene, die ihm geneigt sind. Geht darum alsbald in Euch, die Ihr Eure Stimme gegen den Himmel erhoben habt; gebraucht mehr Vorsicht und wendet Euch zur reuevollen Buße, damit Ihr den Zorn des höchsten Richters besänftigt ...[11]."

Am gleichen Tage erließ der Papst ein Schreiben an die Prioren des Predigerordens, in dem er mit großer Schärfe das Vorgehen des genannten Predigers verurteilte. Mit unverkennbarer Schärfe schreibt damals der erste und oberste Bischof der Kirche: „Was sollen Wir mehr sagen? In solcher Weise weder unserem Herrn Jesus Christus, der den heiligen Mann mit dem Vorrechte seiner Wundmale an den Händen, Füßen und in der Seite begnadigt hat, noch Uns Glauben schenkend, verstieg er sich (der Dominikaner Evechard) *obgleich Wir ihn (d. h. Franziskus), hauptsächlich durch dieses große, wie durch alle übrigen als echt und unumstößlich nachgewiesenen Wunder bewogen, in das Verzeichnis der Heiligen aufgenommen haben, in seinem Hochmut zu solch wahnsinnigen Äußerungen,* daß er mit kecker Unklugheit seine Jünger vor dem ganzen Volke als eigennützig befangene Menschen und trügerischer Prediger darstellte ... Da er nun nicht bloß in derartiger Weise Böses und Falsches geredet, sondern noch viel anderes Schlechtes hinzugefügt hat ..., so befehlen und tragen Wir Euch kraft des Gehorsams mittels dieses

---

[11]) Wir zitieren nach Schlund, S. 62.

Der heilige Franziskus von Assisi
Nach einem Gemälde von Peter Paul Rubens

apostolischen Schreibens ausdrücklich auf, diesen Mönch, wenn Ihr die Sache in Eurer Klugheit als wahr befindet, vom Predigtamte zu entfernen und ihn hierher zu senden, damit er bestraft werde, wie er es verdient hat." [12])

Das dritte Schreiben aber, das Gregor IX. am 2. April 1237 an die ganze Kirche, „universis Christi fidelibus", richtete, enthält die bezeichnende Stelle: „Wir halten es für überflüssig, brieflich zu erklären, durch welch ein verdienstliches Leben der ruhmreiche Bekenner des Herrn, der hl. Franziskus, zum Vaterland der ewigen Herrlichkeit voranschritt, da dies zur Kenntnis der einzelnen Gläubigen gekommen ist. Gleichwohl haben Wir es nicht für unwert erachtet, Euch das große und einzigartige Wunder, womit Unser Herr Jesus Christus, der Glanz und der Ruhm der Heiligen, ihn selbst wunderbar geschmückt hat, insgesamt zum Ausdruck zu bringen: daß nämlich derselbe Heilige, da er noch den Abschnitt des gegenwärtigen Lebens durcheilte, und nachdem er es glücklich vollendet hatte, an den Händen, der Seite und an den Füßen nach Art der Wundmale (Christi) auf göttliche Weise ausgezeichnet wurde. Nachdem dies zu Unserer und Unserer Brüder Kenntnis gebracht und seine übrigen Wunder durch glaubwürdige Zeugen feierlich bestätigt wurden, haben Wir daher einen besonderen Grund gehabt, denselben Bekenner nach dem Rat der genannten Brüder und aller Prälaten, die beim Hl. Stuhle sind, dem Verzeichnis der Heiligen einzufügen."

So ist denn die Stigmatisation des hl. Franz in drei unzweideutigen Dokumenten des zeitgenössischen Papstes auf das Glänzendste bestätigt.

Aber auch *Papst Alexander IV.*, der 1254 auf Gregor IX. folgte und ebenfalls Zeitgenosse des Heiligen gewesen war und die Stigmata zu dessen Lebzeiten gesehen hatte, verfehlte nicht, diese herrlichen Zeichen göttlicher Gnade noch nachdrücklicher zu bezeugen. In einem Rundschreiben an alle Bischöfe der katholischen Welt, drohte er allen jenen Kirchenstrafen an, die ihre Wirklichkeit leugnen würden [13]). *Nikolaus III.* ahmte sein Beispiel nach und bestätigte die Bulle Gregors IX. Aber dies war ihm noch nicht genug für den Ruhm der Stigmata: Obgleich Benedikt IX. diese weihevollen Zeichen in dem Offizium des Festes des hl. Franziskus besonders erwähnte, wollte er nunmehr zur eigenen Verehrung des Gedächtnisses dieses wunderbaren Ereignisses das Fest der hl. Wundmale des Heiligen einsetzen. *Sixtus V.* selbst hat das Gedenken dieses Wunders für den 17. September verfaßt, wie man aus dem

---

[12]) Wir zitieren nach Schlund, S. 63.
[13]) Die Briefe Alexanders sind zu finden im Verzeichnis der Römischen Bullen, Bd. I, unter folgendem Titel: Comprobatio veritatis stigmatum S. Francisci de Assisio, cum poenarum impositione adversus aliter affirmantes. — Über die Wundmale sagt er folgendes: „Daher müssen diese wunderbaren und schönen Zeichen dieser neuen göttlichen Kundgebung den Christen zu einer wahren Fülle großer Andacht und zum Kleinod einer unschätzbaren religiösen Verehrung in dem geistlichen Gnadenschatze der gemeinsamen rechtgläubigen Kirche gereichen: da aus diesen der aufrichtige Glaube Christi annehmen kann, daß auch jene ohne äußere Verfolgung Teilhaber des Leidens Christi sein können, die aus Liebe zu ihm ihr Fleisch mit den Lastern und Begierden freiwillig kreuzigen. Wenn wir freilich für den vorgenannten Heiligen

Hl. Franziskus in Ekstase

Unbekannter italienischer Meister. Foto-Archiv Christiana.

Römischen Martyrologium ersehen kann. Die Erlaubnis zur Feier dieses **Festes** war zuerst nur den Minderen Brüdern gewährt worden; später machte es *Paul V.* zu einer Verpflichtung für die ganze Kirche. In einer Bulle, die die Privilegien aufführt, die der Kirche von Assisi gewährt wurden, spricht schließlich *Benedikt XIV.* von dem durch so viele Wunder verherrlichten Leibe des hl. Franziskus: „Singularibus signis atque prodigiis de coelo illustratum", „daß er durch einzig dastehene Zeichen und Wunder des Himmels ausgezeichnet worden sei". So hat das Papsttum in einem Zeitraum von 500 Jahren mit Nachdruck das Wunder vom Alverner Berge bestätigt. Außer den Wundern der Evangelien hat, glauben wir, kaum ein anderes so viele Beweise der Echtheit erhalten.

Erst dem 19. Jahrhundert, dem Zeitalter der „Aufklärung" und des Materialismus, blieb es dann nach den schnell in sich zusammengebrochenen Versuchen der unkundigen Kritiker des 13. Jahrhunderts vorbehalten, die Echtheit und Übernatürlichkeit der Wundmale des hl. Franziskus zu leugnen und sie sogar als betrügerische Manipulationen oder als Äußerungen der Suggestion oder der Hysterie zu deuten. Noch Luther hatte sich (nach Hase) über die Verehrung der Wundmale also geäußert: „Franziskus ist ohne Zweifel ein frommer Mann gewesen, hat nicht gedacht, daß ein solch Superstition und abergläubisch Wesen aus seinem Leben kommen sollte" (Luthers Tischreden III, 287). Den ersten umfassenden Angriff unternahm Karl von Hase im Jahre 1856 in seinem Buche „Franz von Assisi" (vgl. dessen Anhang S. 142—202), in dem die Stigmatisation desselben einer besonderen Kritik unterzogen wird. Nach Hase habe Bruder Elias dem Leichnam des hl. Franz Stigmen beigebracht, eine Meinung, die nach den Worten Jacobis (Die Stigmatisierten, München 1923, S. 22) „den Quellen widerspricht" und „heute als widerlegt bezeichnet werden kann". Nach Sabatier und anderen sowie Merkt suchte man denn weiterhin die Einprägung der Wundmale auf auto-suggestivem Wege zu erklären, ließ aber hierbei völlig das Wesen der Ekstase beiseite, während der ja Franziskus die Wundmale empfing. Erinnern wir uns hier an eine Tatsache: Die Ekstase geht — zumal in der außerordentlich gesteigerten Form der Stigmatisationsekstase — unter vollständiger Bindung des gesamten doppelten Nervensystems vor sich bis zur vollständigen Steifheit und Unempfindlichkeit des Körpers (vgl. die klassischen Merkmale der Ekstase, z. B. dargestellt bei Poulain, Handbuch der Mystik (1925) S. 174 ff., und bei Alois

---

dies ernstlich beanspruchen, so folgen wir nicht irgendwelchen ungelehrten Fabeln oder den Verirrungen eitler Erfindung: Da Uns vor kurzem eine völligere Glaubwürdigkeit zuteil wurde, dadurch daß Wir Uns — die Wir, als Wir noch in geringerem Amte standen — aus göttlicher Gnade schon eine vertraute Kenntnis dieses Bekenners hatten — auf die persönliche damalige Umgebung Unseres genannten Vorgängers Gregorius stützen." Danach ermahnte er alle Prälaten der Kirche und fordert sie durch apostolisches Schreiben auf, die Verdienste eines so ausgezeichneten Bekenners sowohl durch jährliche Feier als auch durch häufige Predigt und beständige Verehrung zu feiern und ihre Untergebenen zur selben Andacht anzueifern und die Verkleinerer seines Ruhmes streng zu bestrafen (Bollandisten).

Blutreliquie des heiligen Franz
Leinwand mit Blut aus der Seitenwunde

Segen des heiligen Franziskus
Unmittelbar nach der Stigmatisation unterzeichnet

Beide aufbewahrt in San Francesco, Assisi

Mager in Lexikon für Theologie und Kirche III. (1931), Sp. 609 ff), so daß für eine autosuggestive Tätigkeit des Geistes oder Willens während derselben überhaupt kein Platz mehr bleibt. *Nur die vollständige Unkenntnis der Erfahrungstatsachen der Mystischen Theologie (in diesem Falle „Ekstase") konnte Mediziner und Historiker auf die völlig abwegige suggestive Erklärung bringen.* Auch die Behauptung *Jacobis,* der hl. Franz habe sich „in der Ekstase" (a. a. O. S. 13) auf dem Alvernaberge die Wundmale selbst beigebracht, erledigt sich damit von selbst. Nicht besser ergeht es den Behauptungen von *Hampe* und anderen, die — zusammen mit denen der vorgenannten Kritiker — nachdrücklich von Michael Bihl O.F.M., Königer und anderen Gelehrten zurückgewiesen wurden.

Ganz wesentlich aber müssen wir darauf hinweisen, daß einzig und allein das liebevolle Eindringen in die Gesamtpersönlichkeit des hl. Franziskus den Vorgang der Stigmatisation als übernatürlicher Krönung seines erhabenen Weges der Abtötung und Tugend verständlich machen kann. Ehe Wissenschaftler daher diese Einzelfrage behandeln, muß ein gründliches Studium Franz' von Assisi *des Heiligen* vorausgehen! Dann wird man auch nicht wieder zu solch absurden Behauptungen wie der der suggestiven Erzeugung oder der Selbstbeibringung gelangen, die der Persönlichkeit und Heiligkeit einer so gewaltigen Heiligengestalt wie der des hl. Franz von Grund auf widersprechen! [14])

---

[14]) Zur Vertiefung in das Leben und Wirken des hl. Franz von Assisi empfehlen wir vor allem die Biographien von Sabatier (teils mangelhaft), Jörgensen, Schnürer, Görres, Le Monnier, Christen, Cuthbert, ferner das vorzügliche, schon zitierte Werk von Felder. Unerläßlich ist ferner das Studium der Fioretti, der „Blümlein des hl. Franz" (in den verschiedensten Ausgaben, am bekanntesten die des Insel-Verlages und der Insel-Bücherei). Einen Überblick über die gesamte Franziskusliteratur gibt Sebastian Krebs O. F. M. (Franziskusliteratur zum Jubiläumsjahr 1926/27, Wiesbaden, 1926, Rauch). Zur Frage der Stigmatisation vergleiche man im einzelnen· K. von Hase, Ges. Werke, 5 Bd., Heilige und Propheten, Leipzig 1892. — P. Michael Bihl O. F. M., Die Stigmata des hl. Franz von Assisi. Hist. Jahrbuch der Görresgesellschaft, 28. Bd. Jahrg. 1907. — Karl Hampe, Die Wundmale des hl. Franz von Assisi. Histor. Zeitschrift, begr. von Sybel, der ganzen Reihe 96 Bd. N. F. 60 Bd. München und Berlin 1906. — Ders. Die frühesten Stigmatisationen und der hl. Franz von Assisi. Intern. Wochenschrift IV, 1919. — Ders. Altes und Neues über die Stigmatisation des hl. Franz von Assisi. Archiv für Kulturgeschichte, hrsg. von G. Steinhausen, 8. Bd., Leipzig und Berlin 1910. — Merkt, Die Wundmale des hl. Franziskus von Assisi, Leipzig und Berlin 1910, in den Beiträgen der Kulturgeschichte des MA. u. d. Renaiss., ed. Goetz. — Vgl. hierzu die Erwiderung von Königer, Neueste Forschungen über die Stigmen des hl. Franz von Assisi im Hist. Jahrbuch der Görresgesellschaft 31, Bd. 1910. — Seeberg, Zur Charakteristik des hl. Franz von Assisi in Deutsche Literaturzeitg. 32. Jahrg. 1911. — Léon le Monnier, Les stigmates de St. François d'Assise, 1908 — Cotelle, St. François d'Assise. Etude médicale, Paris 1905. — Gassenmeyer, Die Form der Stigmata des hl. Franz von Assisi und ihre bildliche Darstellung. Arch. für christliche Kunst, 1903. Am bedeutendsten unter der neueren Literatur ist schließlich Facchinetti, P. Vitt. O. F. M., Le stimmate di S. Francesco d'Assisi, Mailand 1924, das nicht weniger als 64 Darstellungen zur Stigmatisation des hl. Franziskus aus der Kunst von sieben Jahrhunderten bringt. Vgl.

Kloster San Francesco zu Assisi

Blick auf die dreifache Kirche von San Francesco

Wollten wir aber noch das Zeugnis der Kunst für die historische Tatsächlichkeit und Echtheit der Stigmatisation des hl. Franz anführen, wir würden kein Ende finden. Mit Recht schreibt Imbert-Gourbeyre, daß sie aus der Tatsache seiner Stigmatisation die größten Anregungen geschöpft hat. Als großartigen Beweis für diese Feststellung müßten wir hier das ganze bedeutsame Werk des Protestanten Thode ("Franz von Assisi und die Anfänge der Kunst der Renaissance") zitieren, der mit großer Ehrfurcht und Liebe diesen Zusammenhängen nachgegangen ist. Die Architektur, die Malerei und die Poesie wetteiferten darin, auf ihre Weise die Echtheit und Tatsächlichkeit der Wundmale des hl. Franz zu bestätigen und zu verherrlichen. Wer kennt nicht die wunderbare Wiedergabe seiner Stigmatisation in der Geschichte der Malerei? Und auch die Baukunst tat das Ihre, die Einprägung der Wundmale der Nachwelt zu überliefern [15]). Auf dem Alverner Berge wurde ein großes Gastkloster errichtet und ebenso eine Kirche an derselben Stelle, wo der seraphische Vater stigmatisiert wurde. Während um diese Heiligtümer eine ganze religiöse Malerschule entstand, besangen vier große Dichter den hl. Franziskus: der unsterbliche Dante, Petrarca, Jacopone und Lope de Vega. Dante hat ihm ausführliche Verse gewidmet, worin er seine Vermählung mit der Armut und das Wunder von Alverna feiert,

Nel crudo sasso intra Tevere ed Arno.

"In dem rauhen Felsen zwischen Tiber und Arno
empfing er von Christus das letzte Siegel,
das seine Glieder zwei Jahre trugen."
(Paradies, 11. Gesang)

Neben diesen Huldigungen der Kunst gingen seit Jahrhunderten ununterbrochen die Huldigungen des Glaubens einher. Und heute gibt es in der Tat nur wenige Kirchen und Klöster oder christliche Häuser, die nicht Altäre, Statuen, Bilder oder Gemälde des hl. Franziskus besitzen: so gut wie immer finden wir ihn hierbei dargestellt mit der Fünfzahl seiner hl. Wundmale. Und so hat die Kunst ein dauerndes Zeugnis für die Allgemeinheit des Glaubens an die Tatsächlichkeit seiner Stigmatisierung gegeben [16]).

Die ergreifendste Dichtung aber, die wir über die Stigmatisation des hl. Franz besitzen, ist der "Segen an Bruder Leo" und jener Lobgesang, den der Heilige selbst, und zwar unmittelbar nach seiner Stigmatisation, nieder-

---

ferner die im Lexikon für Theologie und Kirche, Bd. IV. Freiburg 1932 angegebene Literatur (Artikel Franz von Assisi).

[15]) Wir bringen in diesem Werke neben Photographien der historischen Stätten der Stigmatisation des hl. Franz auch einige berühmte Darstellungen dieses großen Ereignisses aus der Kunst alter und jüngster Zeit. Eine treffliche Zusammenstellung der vereinten Wirkung der Künste für die Verherrlichung der Stigmatisation des hl. Franz bringt das bereits zitierte Werk von Facchinetti O.F.M.

[16]) Vgl. hierzu auch Imbert-Gourbeyre, I., S. 9.

legte. Kostbare Autographe, die wir auf dieser und der folgenden Seite (das eine in bildlicher Wiedergabe, das andere in deutscher Übersetzung) veröffentlichen (vgl. auch unser Foto auf später folgender Bildtafel). Um dem Leser zu ermöglichen, den Worten des Heiligen selbst zu folgen, geben wir hier die Übersetzung des (untenstehenden) Autographs, das zugleich das ausgezeichnetste historische Dokument über die Stigmatisation des großen Heiligen von Assisi ist:

Benedicat tibi dñs [et] custodiat te. ostē dat faciem suā tibi [et] misereatur tui. cōvertat vultu suū ad te [et] det tibi pacē
Dñs benedicat f. le ote

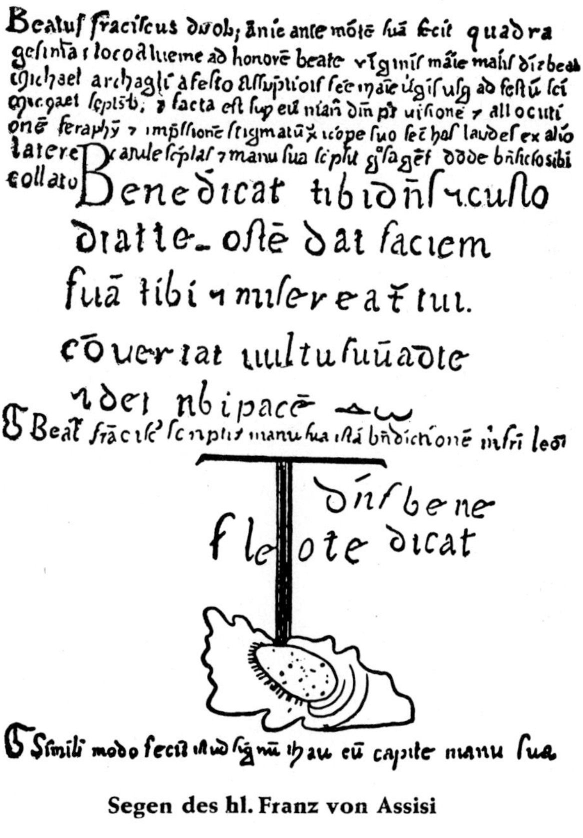

Segen des hl. Franz von Assisi

Zunächst lautet die in kleinerer Schrift wiedergegebene Notiz des Bruders Leo zum Autograph folgendermaßen:

„Der selige Franziskus hielt zwei Jahre vor seinem Tode ein vierzigtägiges Fasten an dem Orte Alverna zu Ehren der seligen Jungfrau und Gottesmutter Maria und des seligen Erzengels Michael von dem Feste der Aufnahme der hl. Jungfrau Maria in den Himmel bis zum Feste des hl. Michael im September, und die Hand des Herrn legte sich auf ihn: Nach der Erscheinung und Anrede des Seraphs und der Einprägung der Wundmale Christi an seinem

Körper verfaßte er dieses Lobgedicht, welches auf der anderen Seite des Kärtchens geschrieben ist und das er mit seiner Hand schrieb, indem er dem Herrn für die ihm erwiesene Gnade Dank sagte [17]).“

Es folgt nun in großen Buchstaben der eigentliche Segen des hl. Franz:

„Es segne dich der Herr
und bewahre dich.
Er zeige dir sein Antlitz
und erbarme dich deiner!
Er wende sein Antlitz zu dir
und gebe dir den Frieden.“

Hierauf einige Worte des Bruders Leo in kleiner Schrift:

„Der selige Franziskus schrieb mit eigener Hand diesen Segen für den Bruder Leo.“

Und dann noch eine Zeile des hl. Franz in großer Schrift zusammen mit dem griechischen Buchstaben T (Tau), den der Heilige meist als Unterschrift benutzte und der hier in Verbindung mit der Zeichnung eines der Wundmale des hl. Franz steht:

„Der Herr segne dich, Bruder Leo“.

Diesem fügt Bruder Leo bestätigend die weiteren Zeilen hinzu:

„In ähnlicher Weise machte er dieses Zeichen Tau (T) mit eigener Hand auf sein Haupt.“

Auf der Rückseite dieses kostbaren Dokumentes aber findet sich das Gedicht des seraphischen Heiligen, das sogleich nach der Stigmatisation, in der Glut tiefster Dankbarkeit für die erhaltene Gnade, seinem übervollen Herzen entströmte. Mögen wir aus diesen ergreifenden Worten, die aus dem Munde eines der Größten der Geschichte kommen, dessen ganze Demut und tiefe Erschütterung vor der Gegenwart Gottes und seiner Allmacht erkennen; nicht minder aber jene vollendende Umwandlung im Feuer der göttlichen Gnade und Liebe, die als entscheidende Frucht der Stigmatisation fortan alle echten Träger der Wundmale Christi begleitet.

Sankt Franziskus aber jubelt in jauchzendem Lobgebete zum Herrn empor:

„Du bist heilig, Herr Gott, allein,
der Du Wunder wirkest.
Du bist stark, Du bist groß,
Du bist allerhaben!
Du bist der allmächtige König,
heiliger Vater, und herrschest
im Himmel und auf Erden!

---

[17]) Vgl. Schlund, Ecce mysterium, S. 40.

Du bist dreifaltig und dreieinig,
Herr Gott: alles Gute birgst
Du in Dir.
Du bist das Gut, das ganze Gut,
das höchste Gut, lebendiger,
wahrer Gott und Herr!
Du bist die Milde, die Liebe!
Du bist die Weisheit!
Du bist die Demut!
Du bist die Geduld!
Du bist die Sicherheit!
Du bist die Ruhe!
Du bist die Freude und der Jubel!
Du bist die Gerechtigkeit!
die Mäßigkeit,
Du bist der Reichtum,
allen zur Genüge.
Du bist die Schönheit!
Du bist die Sanftmut!
Du bist der Schutzherr!
Du bist der Wächter und Verteidiger.
Du bist die Stärke.
Du bist die Erfrischung.
Du bist unsere Zuversicht.
Du bist unsere große Süßigkeit!
Du bist unser ewiges Leben,
Du großer, wunderbarer,
allmächtiger Herr und Gott,
unser erbarmungsvoller Heiland!"

So steht denn die Stigmatisation des hl. Franz vor uns mit einer Geschlossenheit, Sicherheit und Zuverlässigkeit der historischen Dokumentation, wie selten ein Ereignis in der Geschichte der Kirche und der Mystik. Nicht nur, daß wir die Vorgeschichte der Einprägung der Wundmale des hl. Franz auf das Genaueste kennen, nein auch die Stigmatisation selbst und die Stigmen sind uns in einer Genauigkeit der Beschreibung — und zwar von zuverlässigen Zeugen — überliefert, die jeglichen Zweifel sowohl an der Echtheit, Tatsächlichkeit als auch Übernatürlichkeit ihrer Verleihung ausschließen. Wie aber schreitet nach Franz von Assisi die Geschichte der Stigmatisierten weiter?

Grab des heiligen Franziskus
Unterkirche San Francesco, Assisi

2. Kapitel

Der Aufbruch der deutschen Mystik

Franz von Assisi ist der erste Stigmatisierte des Mittelalters, und sogleich treffen wir in seinem Gefolge im 13. Jahrhundert eine ganze Anzahl von Trägern der Wundmale Christi und stigmatisch Begnadeter. Wir stehen damit bereits mitten in jener Hoch-Zeit der Mystik des Mittelalters, in jenem Zeitalter tiefster Gläubigkeit, Frömmigkeit und Gotthingabe, das in allen Ländern Europas so reiche Früchte der Gottesliebe gezeitigt, sich vielleicht aber nirgends mit solcher Tiefe und Innigkeit ausgewirkt hat wie in unserem deutschen Vaterlande! Wunderbar erblühte gerade die Mystik in deutschen Landen. Kein Volk darf sich zu dieser Zeit einer so innigen Gottverbundenheit und einer solchen Tiefe der Begnadung erfreuen wie das unsere.

Und so mag es nach dem eben Gesagten kaum überraschen, daß gerade die weite deutsche Landschaft in jener Zeit eine ganze Fülle hochbegnadeter Seelen und Stigmatisierter aufweist — Begnadete, die leider nur allzuwenig unserem deutschen Volke bekannt sind. Alles, was deutsche Glaubens- und Gemütstiefe und deutsche Frömmigkeit im vertrauten Umgange mit Gott, im Gebete und der heroischen Nachfolge Christi damals hervorbrachten, ist ein unzerstörbarer und kostbarer Schatz der deutschen Nation, der gerade heute, da wir uns dieser Gnadenzeit unseres Volkes mit ganzer Freude erinnern, wieder tiefer erforscht und zu neuem Leben erweckt werden sollte. Denn was kann es in dem Dasein eines Volkes Edleres und Höheres geben als diese innersten Regungen seiner *Seele*, die sein Leben heiligen und verklären und die es hinausheben über die Trivialität des Nur-Materiellen und des Sich-selbst-Gefallens? Treffen wir in der Geschichte unseres deutschen Volkes jemals wieder eine solche Zeit innigen Verwachsenseins mit Christus — nicht zuletzt mit Christus dem *Gekreuzigten* — wie es uns die Geschichte der deutschen Stigmatisierten der damaligen Zeit — und überhaupt die der mittelalterlichen deutschen Mystik — offenbart? Das große Zeitalter einer Hildegard von Bingen, eines Meisters Eckhardt, eines Tauler, Seuse, Ruysbroek, einer Gertrud der Grossen und einer hl. Mechtild offenbart uns die wahren Seelentiefen der deutschen Nation, Tiefen des deutschen Glaubens, Fühlens und Denkens, die wir gar nicht genug ins helle Licht zu rücken vermögen! Es ist eine Zeit hochgemuter deutscher Vergeistigung und Verinnerlichung, der es wieder mit aller Macht zur Anerkennung zu verhelfen gilt. Die innige Heilandsliebe, wie sie damals nicht nur in den Klöstern, sondern auch draußen im gesamten Volke wurzelte und wirkte, sie ist uns Erbe und Aufgabe zugleich und sollte uns auch heute wieder heiligste Herzenssache werden. Wenn wir im folgenden hören, wie stark und wie groß sie gerade in den deutschen Klöstern als den Zentren des deutschen Geisteslebens erblühte, an jenen Stätten, denen das deutsche Volk seine ganze Geistigkeit, seine himmelstürmenden Hochziele und seine kulturelle Tradition verdankt, so mag dies Grund genug für uns sein, uns mit ganzer Liebe in dieses große Zeitalter deutscher Frömmigkeit und deutschen christlichen Volkstums zu versenken.

Schon der erste Nachfolger des hl. Franz als Träger der Wundmale ist ein Norddeutscher aus dem Zisterzienserkloster Mariengarten in Friesland, DODO VON HASKE (oder Hascha), an dem erst nach seinem Tode (1332) die Wundmale Christi entdeckt wurden [1]). Und an ihn schließen sich eine reiche Zahl von Mitduldern der Passion und Träger der Wundmale Christi, unter denen wir bedeutsame deutschstämmige Namen treffen. Wir nennen hier nur eine MARGARETE VON YPERN, eine HL. LUITGARD VON TONGERN, eine ELISABETH VON SPAELBECK und IDA VON LÖWEN; ferner eine CHRISTINE VON STOMMELN und LUKARDIS VON OBERWFIMAR in Thüringen — neben so manchen Außerdeutschen, wobei wir allerdings auch eine gewisse Zahl von „Mitduldern" der Passion Christi einbeziehen. Wir denken hier z. B. an Namen wie MARGARETA COLONNA, KONRAD VON ASCOLI und MARGARETA VON CORTONA, bei denen wir jedoch teils nicht auf Stigmatisationen im strengsten Sinne stoßen. Wir können bei einer größeren Zahl dieser Begnadeten, über die außerordentlich wertvolle Tatsachen zu berichten wären, nicht länger verweilen, zumal das kritisch verwertbare Material über sie nicht allzu reich ist [2]). Wie überhaupt die Stigmatisationen der damaligen Zeit bei weitem nicht so reich dokumentiert sind wie in der Neuzeit.

„Mitdulder" der Passion Jesu Christi! Schicken wir an dieser Stelle noch das eine Wichtige voraus, daß wir in unserer vorliegenden „Geschichte der Stigmatisierten" jene großen Dulder und Dulderinnen nicht vergessen wollen, die durch *stigmatische Schmerzen* an der Leidenstat Unseres Herrn auf Golgatha teilnahmen, d. h. die *nur innerlich die Wunden Jesu Christi trugen* [3]).

Gewiß, am eindeutigsten tritt die Stigmatisation da hervor, wo sie wie bei Franz von Assisi in blutenden Wunden nach außen aufbricht. Aber nicht geringer haben *wohl jene mit Christus am Kreuze* gelitten, die in der nicht min-

---

[1]) Die Auslegung Debongnies in dem Artikel „Les stigmatisations au moyen-âge" (Etudes Carmélitaines, 20, II, Oct. 1936, 28 f), als habe es sich hierbei um Verletzungen gehandelt, die er bei dem Zusammensturz seiner Klausurzelle erhalten, dürfte denn doch die kritische Unterscheidungsgabe des Mittelalters als zu gering einschätzen!

[2]) Auch hier müssen wir feststellen, daß die Kritik Debongnies (a. a. O.) weit über das Ziel hinausgeht. Denn nicht nur die historische, sondern auch die mystisch-theologische Kritik und der religiöse Standpunkt ist hier am Platze. Und sie werden gar manches anerkennen, was der in Sachen der Mystik ungeschulte Historiker zu einseitig beurteilen mag.

[3]) Imbert-Gourbeyre sagt, daß diese „Mitdulder" nicht weniger wirkliche Stigmatisierte seien als die eigentlichen Träger der äußeren Wundmale, und zwar aus folgenden Gründen: Zunächst gibt es eine ganze Anzahl von Stigmatisierten, die die Stigmata hatten, die aber auf ihre Bitten wieder verschwanden, während die inneren Schmerzen blieben. Sodann, weil die „Mitdulder" ohne äußere Wundmale alle die Schmerzen an den entsprechenden Stellen hatten, und so sei es erlaubt, eine Art innerer Stigmatisation anzunehmen. (Vgl. La stigmatisation II, S. 3.)

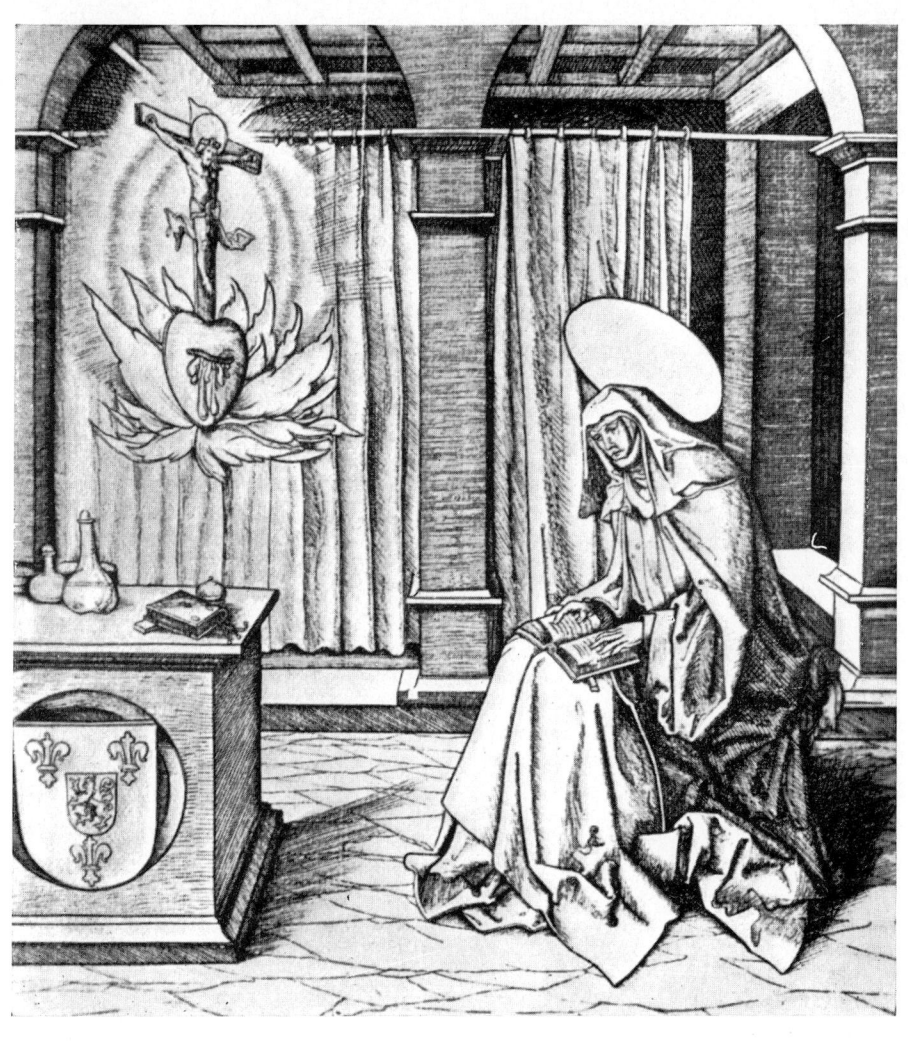

Gertrud die Große
Holzschnitt eines Nürnberger Meisters (1517)

der heiligen Form der *inneren,* ja oft *geistigen* Stigmatisation an seiner heiligen Passion teilnahmen. Kann doch die letztere nach einem Worte des hl. Johannes vom Kreuz *) noch tiefer die *Seele* erfassen und verwunden, da hier die Liebe Gottes nicht durch die begrenzte Leidensfähigkeit des Körpers gehemmt ist. Dazu ist das Leben dieser „Mitdulder", wie sie Imbert-Gourbeyre nennt, nicht minder zu Herzen gehend als das der Träger der äußeren Wundmale Unseres Herrn. Und gerade in der Geschichte der deutschen mittelalterlichen Mystik werden wir eine Reihe ergreifender Beispiele dieser Art finden.

Daß es im übrigen in der Mehrzahl das zartempfindende weibliche Geschlecht ist, dem die größere Zahl der Träger der Wundmale Christi angehört, soll uns nicht wundernehmen. Tiefer wird ohne Zweifel derjenige die Schmerzen der Passion unseres Herrn erfahren, dessen Konstitution an sich schon feiner und fühlsamer ist. Nichtsdestoweniger sind unter den 321 Stigmatisierten, die Imbert-Gourbeyre aufzählt, mehr als 40 männliche Stigmenträger zu verzeichnen. Wie es sich andererseits bei der Mehrzahl der 61 von der Kirche heilig- bzw. seliggesprochenen stigmatisierten Frauen zeigt, daß sich bei diesen nicht geringere Garantien für die Echtheit ihrer Begnadung finden als bei den Männern! Dabei werden wir gerade in der Seele der *deutschen Frau* des Mittelalters ein Mitdulden der Passion Jesu Christi finden, das von einer Reife und Tiefe ist, das weit über das psychologisch Erklärbare hinausgeht.

Doch wenden wir uns sogleich jener eigentlichen *Hoch-Zeit der deutschen dominikanischen Mystik des Mittelalters* zu, aus der eine stattliche Anzahl bedeutender Stigmatisierter hervorging. Voll tiefer Ehrfurcht stehen wir vor diesen Persönlichkeiten und Heiligen unseres Volkes, deren Gedächtnis zu erneuern geradezu als eine bedeutsame nationale Pflicht erscheint. Haben doch diese Träger der Wundmale Christi neben der großen deutschen spekulativen und visionären Mystik eine Unsumme von Gnaden auf das deutsche Volk herabgezogen und es eigentlich erst so recht in jenes vertraute Verhältnis mit Gott gebracht, wie es als fast einzigartig in der Geschichte der Frömmigkeit dasteht, und wie wir es seit der Hoch-Zeit des Mittelalters kaum wieder in deutschen Landen erleben durften.

---

*) Vgl. unsere „Einführung" (Größe, Erhabenheit und Beurteilung der Stigmatisation". Waldsassen 1938), Kap. III, 3.

Mystik und Stigmatisation
im deutschen Dominikanerorden

Sprechen wir zunächst von jener großen Bewegung christlicher Aszese und Mystik, die sich im 13. Jahrhundert in den süddeutschen Klöstern des Dominikanerordens entwickelte. Eine erste Zusammenstellung ihrer Geschichte verdanken wir Dr. Greith, dem späteren Bischof von St. Gallen, der sie in seinem wertvollen Buche „Die deutsche Mystik im Predigerorden" zur Darstellung brachte [1]). Im Anschluß an den Orden des hl. Dominikus werden wir dann auf die hl. Gertrud und ihren Kreis zu sprechen kommen.

Im Jahre 1245 war der Predigerorden bereits in der ganzen katholischen Welt verbreitet: er zählte dreißigtausend Mitglieder. Von Anfang an hat er einen beträchtlichen Aufschwung in den Ländern deutscher Zunge genommen, und zwar unter der Leitung des *sel. Jordan von Sachsen*, der im Jahre 1221 Ordensgeneral wurde. Zu Ende des 14. Jahrhunderts gab es in Deutschland 51 Männerklöster, an deren Spitze Köln mit seiner berühmten Ordensschule stand [2]). Die Klöster der Dominikanerinnen waren noch zahlreicher. Unter ihnen stehen an erster Stelle das berühmte Kloster von *Unterlinden,* das 1232 in Colmar gegründet wurde; *Katharinenthal* (1230) bei *Diessenhofen* im Thurgau, wo HELENE BRUMSIN lebte; *Adelhausen* bei Freiburg im Breisgau, eine wahre „Oase von Stigmatisierten und Ekstatischen"; *Ötenbach* (1238) in der Grafschaft Rheinfeld, wo ELISABETH VON EYCKEN den Schleier nahm, *Töß* (1233)

---

[1]) Dieses heute noch überaus wertvolle Werk empfehlen wir nachdrücklicher Beachtung. Greith (gest. als Bischof von St. Gallen im Jahre 1882) veröffentlichte es unter dem Titel: Die deutsche Mystik im Predigerorden (von 1250—1350) nach ihren Grundlehren, Liedern und Lebensbildern, aus handschriftlichen Quellen. Eine Fülle von herrlichen Zeugnissen deutscher Gottinnigkeit begegnet uns hier. Neuerdings hat Hieronymus Wilms O. Pr. die Studien Greiths noch vervollständigt in seinem bedeutsamen Buche „Das Beten der Mystikerinnen, dargestellt nach den Chroniken der Dominikanerklöster zu Adelhausen, Diessenhofen, Engelthal, Kirchberg, Ötenbach, Töß, Unterlinden und Weiler" (Leipzig 1916 und 2. Auflage Freiburg i. B.). Man vergleiche ferner Wilms' weitere Arbeiten: Geschichte der deutschen Dominikanerinnen, 1920, und Das Tugendstreben der Mystikerinnen, Vechta i. O. 1926; ferner zum Folgenden: Strauch, Die Offenbarungen der Adelheid Langmann, Straßburg 1878. — Denifle, Das Geistliche Leben, Blumenlese aus den deutschen Mystikern und Gottesfreunden des 14. Jahrhunderts, Graz 1926. — Die Chronik der Anna von Munzingen (Freiburger Diözesanarchiv, Freiburg i. B. 1880, Bd. XII. Katharina von Gebesweiler, Vita primarum sanctarum sororum de subtilia (Unterlinden) in Columbaria (Pez. Bibliotheca ascetica, t. VIII).

[2]) Die bedeutendsten Philosophen und Mystiker des Mittelalters erhielten hier ihre Ausbildung. Wir erinnern nur an Albertus Magnus, Thomas von Aquin, Meister Eckhardt.

bei Winterthur, wo MECHTILD VON STANS durch ihre Heiligkeit glänzte, eine Begnadete, die *Elisabeth Stagel* Biographen hatte, die geistliche Freundin des sel. Heinrich Seuse. Diesen verschiedenen Brennpunkten des mystischen Lebens muß man noch das Kloster *Maria-Medingen* bei Dillingen anfügen, dessen Ruhm MARGARETE EBNER ist.

Martin Grabmann hat noch in jüngster Zeit auf den außerordentlichen Reichtum und die innere Schönheit der deutschen dominikanischen Frauenmystik des Mittelalters hingewiesen [3]). Ein eingehendes Studium widmet er der großen Zahl der Aufzeichnungen und Dokumente aus dem Kreise der deutschen Frauenklöster der damaligen Zeit, die ein geradezu großartiges Bild deutscher Innigkeit und Seelengröße bieten. Mit tiefer Bewunderung spricht er von den Chroniken all der genannten Klöster, der von Unterlinden und Adelhausen [4]), Töß, Ötenbach, Katharinen- und Engelthal usw., von dem außerordentlichen „Leben der Sammlung, des Gebetes, der Abtötung und Entsagung", das die Frauen für Christus führten, von ihren Tugenden, Visionen, Ekstasen und sonstigen erstaunlichen Erfahrungen des inneren Lebens. Mit Ehrfurcht berichtet er u. a. von *Elsbeth Stagel*, der hochgebildeten Verfasserin des Lebens der 40 Schwestern von Töß, deren Anregung wir die Entstehung von Seuses „Leben" oder Selbstbiographie verdanken, „des wohl schönsten und innigsten Werkes der deutschen Mystik". In der Chronik von Kirchberg aber sei besonders bemerkenswert, daß sie ausführliche, „an spätere Darstellungen der hl. Theresia gemahnende Beschreibungen höherer Formen des mystischen Gebetes" (besonders des Gebetes des Jubels) enthalte. Nicht zu vergessen die Chronik von Engelthal, die von „ergreifenden Formen der Passionsmystik" erzählt und „bei außerordentlichen ... Erscheinungen nachdrucksvoll den ethischen Zweck betont" [5]). Wir verdanken Grabmann damit ein wahrhaft authentisches Urteil über den sittlich hohen Stand dieser dominikanischen Mystikerinnen des Mittelalters, unter denen wir eine ganze Anzahl bedeutender Stigmatisierten treffen. In diesen bevorzugten Klöstern erhob sich in der Tat die christliche Aszese unter der geistlichen Leitung des Ordens vom hl. Dominikus zu großen Höhen.

Und neben diesen deutschen Frauen — welche Meister des geistlichen Lebens! Wir erwähnen einen WALTER DEN STIGMATISIERTEN, den HL. ALBERT DEN GROSSEN, HUGO VON SAINT-CHAR, den SEL. SUSO [6]) und einen EHRW.TAULER. Auch

---

[3]) Vgl. seinen Sammelband Mittelalterliches Geistesleben, Abhandlungen zur Geschichte der mittelalterlichen Scholastik und Mystik, München 1926, S. 469 ff.

[4]) Vgl. E. Krens, Die Mystik zu Adelhausen, Münster 1904.

[5]) Aus der reichen Literatur, die über all diese Zentren mystischen Lebens bestehen, erwähnen wir noch Bihlmeyers Schrift über das Dominikanerinnenkloster zu Weiler (1916). Verweisen müssen wir ferner noch auf die Aufzeichnungen der Margarete und Christine Ebner und der Adelheid Langmann in Engelthal. Alles in allem herrliche Dokumente deutscher Innigkeit und vertrauter Hingabe an Gott, die viel mehr als bisher die Beachtung der deutschen Katholiken verdienen.

[6]) Von Interesse ist, daß diesem großen Mystiker, der eine der liebenswürdigsten Gestalten in der deutschen Mystik des Mittelalters ist und der, ähnlich wie der

MEISTER ECKHARDT, der große Lehrer der spekulativen Mystik, darf an dieser Stelle nicht vergessen werden. Und so viele andere, deren Namen mit ihren Werken Gott allein kennt! Diese hervorragenden Arbeiter im Garten Jesu Christi — so schreibt Imbert-Gourbeyre — gruben den Boden um, brachten Dünger herbei, legten Samenbeete an, jäteten Unkraut und bewässerten das Land. Schließlich war es Gott, der diese Kulturpflanzen durch fruchtbaren Regen und die lebenspendende Sonne zum Erblühen brachte. Die Blumen sproßten auf unter dem wachsamen Auge Gottes und unter den wärmenden Gluten der göttlichen Gnadensonne. In weiten Zwischenräumen sah man außergewöhnliche Abarten mit sichtbaren Blutflecken auf den Blütenkronen, während andere wiederum sie unsichtbar trugen, ähnlich den halbgeöffneten Lilien, die ihre Goldstigmata verbergen [7]). Doch nennen wir die wichtigsten dieser Begnadeten:

Zwei Blumen von der zweiten Art gehörten zu dem *Kloster Unterlinden:* GERTRUD VON BRUCH und AGNES VON BLOTZENHEIM. Beide, die ständig das bittere Leiden betrachteten, sahen eines Tages den gekreuzigten Heiland; sie hörten die Hammerschläge, die ihn an das Kreuz anhefteten: sie sahen das Blut aus seinen Wunden fließen und nahmen in ihrer Seele wie an ihrem Körper teil an den göttlichen Schmerzen. Diese Vision durchbohrte sie mit einem derartigen Schmerz, daß sie krank wurden: Agnes starb schließlich daran.

Wir finden eine dritte Mitdulderin im *Kloster Katharinenthal,* HELENE BRUMSIN (oder Brumsi). Zu Schaffhausen aus vornehmer Familie geboren, befiel sie nach ihrem Eintritt in den Orden eine furchtbare Krankheit, in der sie sich tröstete durch die Betrachtungen der Leiden des Kalvarienberges. Trotz ihrer schwachen Gesundheit bat sie demütig den Herrn, sie an den Schmerzen der Geißelung teilhaben zu lassen; ihre Bitte wurde ihr gewährt. Sie starb im Jahre 1285.

Aber welch eine Pflanzschule von Begnadeten war das *Kloster Adelhausen,* dessen Geschichte uns ANNA VON MUNTZINGEN hinterlassen hat, die nach 1318 starb [8]). Ekstasen, verbunden mit Visionen und vertrautem Umgang mit Gott, zeigten sich in all diesen beschaulichen Einzelleben oder es trat die Teilnahme an den göttlichen Schmerzen hinzu.

Grünburg von Kastelberg war sehr gelehrt und geschickt im Abschreiben der Handschriften. Ihre Liebe zum Leiden des Erlösers war so groß, daß sie gewürdigt wurde, die fünf Wundmale unseres Herrn unter großen Schmerzen an Händen und Füßen zu erhalten. Eines Tages hatte sie im Chor die Vision

---

hl. Franziskus, durch namenlose Abtötung und Strengheiten gegen seinen Körper in sich den leidenden Heiland nachzubilden versuchte, ebenfalls der Gekreuzigte in Form eines Seraphs erschien; er empfing jedoch nicht die Wundmale, sondern las nur auf den Flügeln desselben die Worte: „Empfange Leiden willig, trage Leiden geduldig, lerne leiden christförmig" (Greith, S. 310).

[7]) Vgl. zu Obigem und Folgendem Imbert-Gourbeyre I. S. 19 ff.

[8]) Vgl. zu folgenden Namen die „Chronik" der Anna von Muntzingen aus dem Jahre 1318.

des Gekreuzigten. „Isaias", so fügt die Chronik hinzu, „wäre unfähig gewesen, die Leiden des Erlösers zu beschreiben, die er seine bevorzugte Braut sehen ließ; und so lernte sie zu leiden".

Eine andere Stigmatisierte, LUGGI LÖSCHERIN, hatte die Seitenwunde mit dem bedeutsamen Umstand, daß die Wunde sich mit einem Häutchen bedeckte, wenn sie sich mit den Dingen der Erde beschäftigte, wo hingegen sie wieder frisch wurde, wenn sie sich göttlichen Dingen zuwandte.

AGNES VON NORDERA hatte nur stigmatische Schmerzen an Händen und Füßen. Durch flehentliches Gebet hatte sie diese Gnade erlangt: sie war mit sieben Jahren in das Kloster eingetreten.

Anfangs fiel es ADELHEID VON BREISACH schwer, jeden Freitag die Schmerzen des Erlösers mitzuerdulden. Jedesmal an diesem Tage machte sie die Teilnahme an den göttlichen Schmerzen außerordentlich krank und hinderte sie, der hl. Messe beizuwohnen. Es entstand eine große Erregung bei den Dominikanern, die das Kloster leiteten und die wahrscheinlich nichts von diesem Zustand verstanden. Sie mußte im Kapitel erscheinen, erhielt einen Verweis und wurde als Häretikerin behandelt. Aber kaum hatte sie den Kapitelsaal verlassen, als sie fröhlich das „Laudate Dominum omnes gentes" anstimmte, und alle Töchter des Klosters stimmten in ihr Loblied ein.

GUTA TÜSCHELIN wurde in jeder Fastenzeit mit den Schmerzen der Passion begnadet, die sie zwangen, das Bett zu hüten.

Aber welche Lehre gibt uns GERTRUD KÜCHLIN, die einen Augenblick auf dem schmerzhaften Wege schwach wurde! Seit langem verlangte sie, an den göttlichen Schmerzen teilzuhaben. Eines Tages nun, da sie vor einem Kruzifix betete, neigte sich der Herr herab und ließ sie an seinen Schmerzen teilnehmen. Sie waren so stark, daß Gertrud, die sie nicht mehr ertragen konnte, den Erlöser bat, sie wieder zurückzunehmen. Aber plötzlich erschien er ihr, gekreuzigt und blutend inmitten eines himmlischen Lichtes, und sagte zu ihr: „Du kannst also aus Liebe zu mir nicht ein wenig leiden?" — Zugleich faßte er sie bei der Hand und zeigte ihr seine Wundmale: „Siehe", sagte er, „was ich gelitten habe für dich!" Von diesem Augenblick an war das Leiden leicht für Gertrud. Der Anblick des Erlösers am Kreuze erfüllte so sehr ihre Seele mit Schmerz, daß es ihr während eines ganzen Jahres unmöglich war, das Bild des gekreuzigten Heilandes anzuschauen.

Vom Kloster Adelhausen gehen wir zu dem Kloster der Dominikanerinnen zu *Töß* in der Schweiz, wo wir eine andere Mitdulderin, SOPHIE VON KLINGNAU treffen. Sie bat, so berichtet Elisabeth Stagel, seit langem den Heiland, sie teilhaben zu lassen an den Schmerzen Unserer Lieben Frau. Eines Tages nun, als sie im Gebete war, wurde sie plötzlich von heftigem Schmerze ergriffen; es schien ihr, als habe ein Nagel ihr Herz durchbohrt; sie stieß fortwährend Klagerufe aus. Sie wurde in das Krankenzimmer gebracht, da man glaubte, sie sterbe. Sie wollte die Sakramente empfangen: kaum hatte sie kommuniziert, als sie fühlte, daß der Nagel aus ihrer Brust zurückgezogen wurde; sie **wurde sofort geheilt.**

Mechtild von Stans

MECHTILD VON STANS, die Dominikanerin in Töß war, bietet einen der bedeutsamsten Fälle mittelalterlicher Stigmatisation:

Ihr Leben ist überreich an aufrichtiger Tugend, an hohem Eifer für Gott und an hohen mystischen Gnaden. Bischof Dr. Greith schilderte uns ausführlich ihr von tiefer Christusliebe erfülltes Leben. Er stützt sich hierbei auf handschriftliche Quellen, die uns ihr Frömmigkeitsleben in herrlichen Zügen enthüllen [9]. Unter den außerordentlichen Gnaden, die sie empfing, war eine der bedeutendsten die ihrer Stigmatisation. Mechtild hatte darum gebeten, der Herr möge ihr die eine oder andere seiner fünf Wunden schenken. Und tatsächlich sollte sie erhört werden! Als sie sich eines Tages — es war am Tage der hl. Katharina, kurz vor der Mette — in Ekstase befand, hörte sie in der Verzückung eine Stimme vom Himmel, die zu ihr sprach: „Schwester Mechtild, du sollst wissen, daß Gott deine Begierde erhören will, und wie du begehrt hast, daß er dir etliche seiner Minnezeichen zu tragen gebe, das will er dir gewähren. *Du sollst sein Zeichen an dem Herzen* empfangen und es tragen um seiner Liebe willen, solang du lebst! *Und sogleich empfand sie der Wunde Schmerz an ihrem Herzen.* Da hob sie das Skapulier auf, um nachzusehen, und sah und empfand, daß *ihr Herz durchwundet war*, und sah, daß die Wunde in der Breite wohl eines Fingers Maß breit und so tief war, daß sie bis in den Rücken ging und zwei Runsen (d. h. kleine Blutflüsse) daraus flossen, eine von Wasser und eine von Blut. Da dachte sie: „Ach, wie sollst du dies immer heimlich tragen?" und bat unsern Herrn gar inniglich, daß er ihr die Wunden auswendig abnehme, ihr jedoch den Schmerz im Herzen lasse, den wollte sie gerne tragen. — Und plötzlich, als sie das begehrte, kniete ein Engel vor sie hin, und sogleich ward die Wunde von außen zugeheilt... Unterdessen wurde zur Matutin geläutet. Die Schwestern des Klosters wollten gerade zum Chorgebet gehen; aber Mechtildens Schmerz war so unerträglich geworden, daß sie laute Wehrufe ausstieß und ins Bett gebracht werden mußte. Gleichwohl enthüllte sie noch nicht ihr Geheimnis.

Der Herr gab ihr offenbar später auch die übrigen Stigmata. Nichts hätte man von diesen gemerkt, wenn nicht ihr Gang sie verraten hätte: „Jeder Schritt schien ihr neuen Schmerz zu bereiten. Ihre Hände waren zu jeder Arbeit, und mochte sie noch so gering sein, unfähig. Kaum daß sie die kleinsten Gegenstände aufheben konnte. Es war ihr unmöglich, die Finger ihrer Hand zu beugen. Eine alte Chronik der Predigerbrüder sagt zusammenfassend, daß sie an ihrem Körper die Schmerzen ihres gekreuzigten Bräutigams litt.

Mechtild empfing viele andere Gnaden. Während eines Jahres und dreizehn Wochen blieb sie fast täglich in einer tiefen Verzückung von der Non bis zur Vesper. Sie hatte außerdem die Gabe der Tränen und war, wie so viele andere Stigmatisierte, diabolischen Angriffen ausgesetzt. Sehr groß und

---

[9] Vgl. a. a. O. S. 450 und ferner Wilms, Beten der Mystikerinnen, 1916. S. 169 ff. sowie Margarethe Weinhandl, Deutsches Nonnenleben, München 1921.

heroisch aber waren allerdings auch ihre Abtötungen, die sie erst zu so hoher Begnadung führten. Und die Größe ihrer Heiligkeit sollte von Gott selbst bestätigt werden: Sie wurde nach ihrem Tode durch zahlreiche Wunder verherrlicht.

Es ist noch eine andere Dominikanerin, ELISABETH VON EYCKEN, aus dem *Kloster Oetenbach*, zu erwähnen, die an den Schmerzen der Dornenkrönung teilnahm. Auch fühlte sie zwanzig Jahre einen Schmerz, als durchbohre ein Schwert ihre Seite. — Im folgenden Jahrhundert wird noch die Rede sein von der Dominikanerin MARGARETE EBNER, der großen Begnadeten des Klosters Maria-Medingen.

So sehen wir denn, wie schon allein im deutschen Ordenszweige des hl. Dominikus unserem Volke eine reiche Fülle höchster Begnadungen geschenkt wurden. Es würde zu weit führen, an dieser Stelle außer ihrer charismatischen Begnadung auch nur ein annäherndes Bild der geistigen Bedeutung und der aszetischen Lebenshöhe dieser deutschen Frauen geben zu wollen. Dazu lese man die einschlägigen Arbeiten von Wilms über das „Beten der Mystikerinnen" oder die prächtigen Neuausgaben ihrer Biographien, wie z. B. Weinhandls „Deutsches Nonnenleben". Wie reich aber Gott den deutschen Dominikanerorden der Ausgießung seiner Gnaden gewürdigt hat, das ersehen wir schon allein aus der Tatsache, daß zwei Drittel der stigmatisch Begnadeten im 13. Jahrhundert dieser Ordensfamilie angehören. Und mit Stolz dürfen wir feststellen, daß gerade die deutschen Dominikanerklöster Stätten der ausgezeichnetsten Gnadengaben waren!

Die Kreuztragung
Federzeichnung von Rembrandt

58

3. Kapitel

Gertrud die Große und ihr Kreis

Und jetzt gelangen wir zu drei Begnadeten, die neben der hl. Hildegard von Bingen der eigentliche Ruhm der deutschen Frauenmystik des Mittelalters sind: zu den drei großen Frauen von *Helfta*, deren Namen unauslöschlich in die Geschichte der deutschen Kultur, der deutschen Mystik und Frömmigkeit eingeschrieben sind: zur HL. GERTRUD DER GROSSEN, der SEL. MECHTILD VON HACKEBORN und zur Schwester MECHTILD VON MAGDEBURG. Drei Hochbegnadete, von denen zwei in besonderer Beziehung zur Geschichte der Stigmatisation stehen. „Eine liebliche Heimstätte gottinnigen Lebens und eine bevorzugte Gnadenstätte der Herz-Jesu-Verehrung in den letzten Jahrzehnten des 13. Jahrhunderts" nennt *Karl Richstätter S. J.* in seinem großen Herz-Jesu-Werk [1] das sächsische Zisterzienserinnenkloster Helfta, das zwei Kilometer von Eisleben, dem Geburtsort Luthers, gelegen ist. „Es bietet eine einzigartige Erscheinung in der Geschichte des gesamten Mittelalters", so schreibt dieser verdiente Erforscher der deutschen Mystik. „Mit dem Höhepunkt mittelalterlicher Frauenbildung vereinigte sich dort der Höhepunkt herrlichen Tugendstrebens und außergewöhnlicher Gebetsgnaden. So kann jenes Stift für jene Zeit als die Krone der deutschen Frauenklöster gelten. Mehrere Ordensfrauen Helftas werden für immer eine Zierde der deutschen Frauenwelt bleiben. Die Schriften, die sie verfaßten und die in mittelhochdeutscher oder lateinischer Sprache zum Teil noch erhalten sind, werden mit Recht als die zartesten Blüten der mittelalterlichen Mystik bezeichnet. Der Duft einer bräutlichen, großmütigen Liebe zum Erlöserherzen, der aus ihnen weht, nimmt den Leser unwillkürlich für die Verehrung des göttlichen Herzens gefangen."

Daß man dortselbst als Vater des Ordens neben dem hl. Benediktus den hl. Bernhard verehrte und daß gelehrte Söhne des hl. Dominikus aus dem naheliegenden Predigerkloster zu Halle die Seelsorge versahen, macht es verständlich, wie Richstätter meint, daß sich in Helfta „die erhabene Pracht benediktischer Liturgie mit der zarten Jesusmystik eines hl. Bernhard und der Leidensmystik des Dominikanerordens verbinden konnte, um Werke zu schaffen, die zu den schönsten Erzeugnissen der Mystik aller Zeiten gehören".

Neben Paray-le-Monial lasse sich keine Gnadenstätte nennen, wo der Herr großmütiges Tugendstreben in ähnlicher Weise durch das Verständnis für sein heiligstes Herz belohnt habe.

Die hervorragendste jener begnadeten Ordensfrauen ist ohne Zweifel die *hl. Gertrud die Große.* Eng befreundet mit ihr war die ihr geistesverwandte *selige Mechtild von Hackeborn.* Menschlich anders geartet aber scheint *Mechtild*

---

[1] Die Herz-Jesu-Verehrung des deutschen Mittelalters, München 1924, S. 75 f. Das große Werk der hl. Gertrud der Großen ist erschienen unter dem Titel «Gesandter der göttlichen Liebe», nach der Ausgabe der Benediktiner von Solesmes übersetzt von Johannes Weißbrodt, Christiana-Verlag, Stein am Rhein.

von Magdeburg als dritte der großen Mystikerinnen, deren Geistesart jedoch wiederum so eng mit jener der anderen verknüpft ist, daß sie kaum voneinander zu trennen sind. Grund genug, sie an dieser Stelle gemeinsam zu behandeln [2]). Zwei dieser Begnadeten aber gewährte der Herr eine besonders innige Teilnahme an den Gnaden und Schmerzen seiner hl. Passion: des sel. Mechtild und Gertrud der Großen.

Mechtild von Hackeborn stammte aus vornehmer Familie und war im Jahre 1241 geboren. Sie wurde mit sieben Jahren in das Kloster gebracht, in dem ihre Schwester seit ihrem neunzehnten Lebensjahre Äbtissin war, und wollte dort den Rest ihrer Tage verbringen. Sie empfing von Gott außerordentliche Gunsterweise, deren Bericht in ihrem „Buch der besonderen Gnade" aufgezeichnet ist. Man weiß nicht, zu welchem Zeitpunkt die Gnadengaben, deren Gegenstand sie war, begannen. Erst im Alter von fünfzig Jahren machte Mechtild die Geheimnisse der göttlichen Liebe bekannt. Sie vertraute sie zwei anderen Personen des Klosters an, die ihre Freundinnen waren und unter denen sich auch Getrud die Große befand. Letztere hat denn auch nach ihrem eigenen Zeugnisse das „Buch der besonderen Gnade" überarbeitet und redigiert. Um kurz einiges über den Inhalt dieses Buches vorauszuschicken:

„Der Inhalt desselben ist in der Tat des Namens wert: der Weg zu Gott, das Wesen der christlichen Tugend, die Herrlichkeit eines begnadeten Lebens und der Gemeinschaft der Seele mit Gott. Der Höhepunkt ist das mystische Erlebnis als solches: das Lebensgefühl der Verschmelzung mit Gott wie auch bei anderen Mystikern; wie sie den Herrn eines Tages bittet, er wolle ihr ein Erinnerungszeichen geben, da zieht er ihre Seele ganz in sich und vereinigt sie also mit sich, daß es ihr vorkam, sie sehe mit Gottes Augen und höre mit seinen Ohren und rede mit seinem Munde und empfinde, daß sie kein anderes Herz habe als Gottes Herz." Und so geschah es ihr von da an öfter (2, 34). Die Seele wird in erhabener, rein geistiger Weise zur „Braut" des Herrn. Um ihre „mystische Brautschaft" aber ist ihr ganzes Gnadenleben zentriert, mit der aufs engste ihre Mitdulderschaft mit Christus verknüpft ist. Zum ersten Mal ist es, daß wir hiermit in der Geschichte der Stigmatisierten auf die „mystische Brautschaft der Seele" und damit auf jene so zarte und innige „Brautmystik" des Mittelalters stoßen, von der wir nicht nur in der damaligen deutschen Mystik, sondern auch in der aller weiteren Jahrhunderte eine Fülle von Beispielen finden. Sie ist zudem aufs engste mit der Geschichte der Träger der Wundmale Christi verknüpft. Denn Brautmystik ist nicht zuletzt Leidensmystik: der Wille, mit dem geliebten Herrn zu leiden, um dem Bräutigam der Seele gerade auch im Kreuztragen innerlich gleichförmig zu werden.

Bei allen großen deutschen Begnadeten der Dominikanerorden treffen wir diese bräutliche Mystik; in herrlichster Entfaltung aber ist sie in dem Kreise der Mystikerinnen von Helfta. Ihren eigentlichen Ausgang hatte sie von der Auslegung des „Hohen Liedes" bei Bernhard von Clairvaux genommen, wo

---

[2]) Wir werden daher auch des näheren auf Mechtild von Magdeburg eingehen.

dieser in mystisch-symbolischer Weise die Kirche als die Braut Unseres Herrn bezeichnet. In gleicher Weise tritt in der eigentlichen Brautmystik die *Einzelseele* in ein bräutliches Verhältnis zu Gott: Ganz in der Ausdrucksweise des „Hohen Liedes" schildern die Begnadeten, wie ihre Seele in eine übernatürliche, rein geistige Vereinigung mit Gott tritt, wie die Seele gleichsam in Gott ihren „himmlischen Bräutigam" findet und wie sie in ekstatischer Gottesschau einen Vorgeschmack jener himmlischen Vereinigung erhält, die denen vorbehalten ist, die hienieden den Weg der Gebote Gottes und der christlichen Vollkommenheit gehen. Es ist ein ungemein feines und inniges Verhältnis, in das die gottliebende Seele auf diesen Höhenpfaden des inneren Lebens tritt, von Gott zudem oft durch die sog. „Mystische Verlobung" und „Mystische Vermählung" in visionärer Schau belohnt. Sie ist jedoch unendlich viel inniger, als es die aus dem menschlichen Leben genommenen Begriffe der „Verlobung" und „Vermählung" auszudrücken vermögen, die im Grunde nur sinnbildliche Ausdrucksweisen hierfür sind [3]). Denn tatsächlich ist die sog. „geistliche Brautschaft der Seele" eine höhere Art geistig-ekstatischer Vereinigung mit Gott, und die „geistliche Vermählung" ist die nach vielen seelischen Leiden und Läuterungen gewährte „dauernde und umwandelnde Vereinigung" mit ihm [4]).

Die höchste Ehre der Braut Christi aber ist, gemeinsam mit dem Herrn leiden und dulden zu dürfen. Und so wurde auch Mechtild von Hackeborn bald „Mitdulderin". „Zur Zeit der Passion des Herrn", so berichtet die hl. Gertrud, „wurde sie von einem wunderbaren Mitleiden ergriffen, bis zu dem Punkte, daß sie nicht davon sprechen konnte, ohne Tränen zu vergießen, und wenn sie sich von dem Leiden oder der Liebe Christi unterhielt, wurde sie von einer solchen Glut entbrannt, daß ihr Gesicht und ihre Hände rot wurden [5]). Was uns zur Annahme berechtigt, daß sie sehr oft ihr Blut geistigerweise für Christus vergoß."

---

[3]) Wer einen Begriff von dieser Innigkeit erhalten will, der möge sich in die später zitierte Hauptschrift der hl. Gertrud vertiefen. Aber es ist, wie wir schon betonten, *ein rein geistiges und rein übernatürliches Verhältnis zu Gott* und hat mit Körperlichem oder gar Sexuellem, wie von unkundiger moderner Seite oft unterstellt wird, nicht das mindeste zu tun. Wir weisen damit energisch zurück, was noch kürzlich von antireligiöser Seite gegen diese Tatsachen rein mystischer Art gesagt wurde. Wir betonen an dieser Stelle noch einmal mit allem Nachdruck: Die Begriffe der sog. „Mystischen Verlobung" und „Mystischen Vermählung", deren Bedeutung wir bereits in unserer „Einführung" kennen lernten, werden hier nur in ganz übertragenem Sinne gebraucht und bedeuten den höheren Grad mystischer Vereinigung mit Gott. Wer also, wie es die Psychoanalytiker tun, die mystische Brautschaft mit Sexuellem zusammenbringt (vgl. z. B. auch Heiler in „Das Gebet", S. 331 f.) oder als leidenschaftliche Trunkenheit „mystischer Erotik" bezeichnet, geht völlig fehl und an der Sache selbst vorbei.

[4]) Vgl. über die Gesamtfrage die klaren Ausführungen von Tanquerey, Grundriß der mystisch-aszetischen Theologie, Brügge 1932 N. 14—81 a. a. O. sowie die klassischen Darlegungen Theresias der Großen.

[5]) Michael, „Geschichte des deutschen Volkes im 13. Jahrhundert", (II. Bd., S. 180) schreibt „blutigrot", nach dem Liber spec. grat. 140—41.

Zum ersten Male in der Geschichte der Stigmatisation finden wir jedoch konkreter bei Mechtild die Durchbohrung der Seele mit einem Pfeil, also eine Art geistiger Stigmatisation, so wie wir sie noch oft in diesem Werk antreffen werden [6]. Als eine große Verehrerin des hl. Herzens Jesu — wird doch von ihr die erste bedeutende Herz-Jesu-Vision der Geschichte berichtet! — hatte sie einst dieses Gesicht, das alle Anzeichen einer echten, wenn auch rein geistigen Stigmatisation an sich trägt. „Einstmals war sie im Geiste verzückt und sah sich in einem Hause von wunderbarer Schönheit. Sie erkannte es als das Herz Christi, da sie schon oft in dasselbe eingegangen war. Zur Erde niederfallend, fand sie ein großes Kreuz auf dem Boden, und ihre Seele fiel auf das Kreuz. Und siehe da, von der Mitte des Kreuzes ging ein scharfes goldenes Geschoß aus und durchbohrte ihre Seele. Dann hörte sie den Herrn sprechen: „Alles irdische Wesen vermag nicht eine einzige Seele zu erfreuen. Das ganze Heil und die höchste Glorie besteht in Pein und Widerwärtigkeit. Die Seele jedoch begann sehr traurig zu werden und sich zu ängstigen, weil sie den einzig Geliebten wohl hörte aber nicht sah. Da sie mit großem Verlangen sich nach ihm sehnte, erschien er ihr sogleich, ergriff ihre Hand und redete sie freundlich an". Und hierauf erklärte er ihr den tiefen Sinn und Wert des Leidens für Christus, und daß deshalb auch „die gläubige Seele ein bitteres Leiden nicht zurückweisen solle", denn gerade dadurch werden alle ihre Tugenden geadelt und ihre Verdienste unendlich vermehrt. Diese Vision aber war für Mechtild das Vorspiel einer schmerzvollen Krankheit, von der sie bald heimgesucht wurde. (Michael, III, S. 179.)

Aber wer ist diese Schwester MECHTILD, jene andere Schrittmacherin der Verehrung des heiligsten Herzens, von der wir bereits sprachen? Wenigstens in aller Kürze wollen wir auf ihr Leben eingehen — obwohl es nicht direkt unter das der Stigmatisierten gerechnet werden darf —, da es von so großer Bedeutung auch für jene dritte Begnadete des Helftaer Kreises — eine heilige Gertrud — geworden ist und treffend die hohe geistige Art widerspiegelt, die in diesem Kreise geherrscht hat. Eine Art, die Helfta zu einem der glänzendsten und großartigsten Mittelpunkte der deutschen Mystik für immer gemacht hat. Ort und Zeit ihrer Geburt sind uns unbekannt. Man weiß nur, daß sie mit zwölf Jahren die Gabe der Offenbarung erhielt, daß sie dreißig Jahre *in Magdeburg* als fromme Jungfrau oder Begine lebte und daß sie in ihren zwölf letzten Lebensjahren in das Kloster Helfta aufgenommen wurde, wo sie im Jahre 1293 starb. Dort schrieb sie den Schluß ihrer Offenbarungen nieder, und zwar unter dem Titel *„Das fließende Licht der Gottheit*, fließend in alle Herzen, die da leben ohne Falschheit". Dieses Werk, das einen Dante in seiner

---

[6] Wir erinnern an Gertrud die Große, bei der wir auf diese Tatsache noch ausführlicher eingehen werden, an Theresia die Große, ferner an eine der jüngsten deutschen Stigmatisierten: Emilie Schneider von Düsseldorf (gest. 1859); vgl. hierzu Richstätter, Eine moderne deutsche Mystikerin, Leben und Briefe der Schwester Emilie Schneider, 5.—7. Auflage 1928, S. 103 f.

„Göttlichen Komödie" inspiriert haben soll [7]), war bis zum Jahre 1861 verschollen, bis Dr. Greith in seinem Buch über die „Deutsche Mystik im Dominikanerorden" Auszüge aus ihm brachte, und zwar nach der Handschrift von Einsiedeln, die bald darauf (im Jahre 1869) von Dom Gall Morel veröffentlicht wurde [8]).

Eine gewaltige Frau muß Mechtild gewesen sein. Karrer nennt ihr Werk „die erste größere Dichtung religiöser Art in deutscher Sprache" und „die großartigste der mittelalterlichen deutschen Mystik überhaupt". Wobei er allerdings wohl von der — in lateinischer Sprache verfaßten — gewaltigen Schöpfung der hl. Hildegard von Bingen absieht, die als Frau mit ihrem monumentalen Werk „Scivias" (Wisse die Wege) — als prophetischer Mystik — den vielleicht hervorragendsten Platz in der deutschen Geistesgeschichte des Mittelalters behauptet [9]). Wie er auch besser von den „Offenbarungen" Mechtilds, denn von einer „Dichtung" gesprochen hätte. Doch braucht Mechtild von Magdeburg neben einer hl. Hildegard nicht zu verblassen: „Philosophische, prophetische und bräutliche Mystik sind vom Genius der Dichtung in einer stark ausgeprägten Persönlichkeit zu einer Einheit verschmolzen, deren Ausdruck auch heute — nach 500 jähriger Verschollenheit und nach einer klassischen Blütezeit deutscher Dichtung — seine Anziehung nicht verfehlt" [10]). Und Heinrich von Nördlingen, der bedeutende Seelenführer der Margarete Ebner, der Mechtilds Offenbarungen ins Oberdeutsche übersetzte, urteilt: „Es ist mir das lieblichste Deutsch und der innigsten, rührendsten Minne Frucht, die ich in deutscher Sprache je gelesen habe." Karrer sagt, daß Heinrich nicht mit Unrecht so urteile: „Das Fließende Licht" bezeichnet einen Höhepunkt mystischen Lebens im Mittelalter und zugleich einen Höhepunkt deutscher Frauenbildung. Mit der Einheit und Klarheit des Denkens eint sich die zarte und innige Empfindung mit der kindlichen und naiven Auffassung wahrer Erhabenheit des Gemütes. Einem Dante vergleichbar, durcheilt „Matilda" (wie er sie nennt) die jenseitigen Räume: Hölle, Fegfeuer, Himmel, über alle diese Kreise eigentümliche Zeichnungen entwerfend, bis sie „in hoher Andacht und demütigen Sinnes" (Greith 57) in der Betrachtung der Gottheit versinkt und in

---

[7]) Wie überhaupt beide Mechtilden; man vergleiche zu dieser Streitfrage den im folgenden genauer zitierten Oehl, S. 20 ff.

[8]) Vgl. für die Geschichte und Auffindung der Handschrift W. Oehl, Deutsche Mystiker Bd. II, Mechtild von Magdeburg, in dem eine kritische Auswahlübersetzung des „Fließenden Lichts der Gottheit" geboten wird. — Wir verweisen ferner nachdrücklich auf die jüngst erfolgte Auffindung einer weiteren Handschrift des „Fließenden Lichtes" in Würzburg, die größere Auszüge aus der oberdeutschen Übersetzung Heinrichs von Nördlingen bietet und von *W. Schleussner* in einem geschmackvollen textkritischen Bande, dem auch der entsprechende mittelhochdeutsche Text beigegeben ist, herausgebracht wurde. (Das Fließende Licht der Gottheit, nach einer neu aufgefundenen Handschrift herausgegeben und übersetzt, XI. und 184 S., Mainz 1929, Matthias Grünewald-Verlag).

[9]) Vgl. die meisterhafte Ausgabe von Maura Böckeler O. S. B. im Augustinus-Verlag, Berlin 1926.

[10]) Otto Karrer, Die große Glut, München 1926, S. 185.

bräutlichen Wonnen den geheimnisvollen Wechselverkehr zwischen der unendlichen Liebe und dem „schnöden Menschenwurm" besingt [11]). „Eine selten starke Frauennatur, bei aller glühenden Innigkeit ihrer Minne", fährt er fort, „so stellt sich uns Mechtild dar". „Schon die Tatsache, daß sie erst spät und unter dem Zwang der äußeren Umstände den Weg ins Kloster — den gewöhnlichen für die frommen Frauen des Mittelalters — ging, scheint auf eine große Selbständigkeit zu deuten... Das ist der beherrschende Ton in den Mitteilungen Mechtilds: Die Seligkeit und Herrlichkeit der Gottesminne. Bald ist es die Stimme der Sehnsucht in Verlassenheit, bald des Jubels in der bräutlichen Vereinigung. Sie ist die Genialste im Chor der mystischen Bräute. Kein Minnegespräch kann großartiger sein als das zwischen Christus und der minnenden Seele in Mechtilds Munde... Alles Hohe und Tiefe, was im Menschenherzen lebt, zieht heran mit einer Fülle, einer Kraft der Empfindung, einer Beweglichkeit des Gefühls und in so unerhörter Kunst der Rede, daß es auch für den heutigen Leser das Gefühl der Nähe und Gegenwärtigkeit gewinnt und hohen Genuß des Geistes auszulösen vermag" (ebenda).

Aber wie wir schon sagten: Mechtild trug nicht die Stigmata. Dafür war sie um so unzertrennlicher in die Dreizahl der großen Frauen von Helfta eingegliedert und übte einen nicht geringen Einfluß auf die dritte der dortigen Begnadeten aus, die als *die Große* in der Geschichte weiterlebt: auf GERTRUD VON HELFTA, die wohl als die bedeutendste der drei begnadeten Mystikerinnen gelten darf. Vereinigt sich doch in ihr die Lieblichkeit des Gemütes mit einer so großen Innigkeit der Gottesliebe und Vertrautheit des Umganges mit Gott, daß sie für alle Zeiten in der Geschichte der Mystik das leuchtende Vorbild *eines beispiellosen Gottvertrauens* bleiben wird. Und gilt doch ihr Werk, der *„Gesandte der Göttlichen Liebe"*, durch das sie zugleich zur bedeutendsten Vorkämpferin der Verehrung des Herzens Jesu in Deutschland geworden ist, gerade in dieser Hinsicht als eines der wenigen großen Bücher der mystisch-aszetischen Literatur der Welt. Was uns aber in unserem Zusammenhang besonders erfreuen wird: Sie ist nicht bloß „Mitdulderin" der Passion Jesu Christi, sondern eine ausgesprochene Stigmatisierte gewesen.

Gertrud wurde an Epiphanie, am 6. Januar 1256, geboren, gleichsam „als sollte durch sie der Herr aufs neue unter uns erscheinen". Mit fünf Jahren trat sie in das Kloster zu Helfta ein, wo sie sich früh mit dem Studium der Grammatik und dann der Theologie beschäftigte. Mit fünfundzwanzig Jahren empfing sie ihre ersten Offenbarungen. Von der hl. Mechtild, die fünfzehn Jahre älter war als sie, wurde sie auf diesem gefahrvollen Wege geführt. Acht Jahre später, am Gründonnerstag, dem 25. März 1289, begann sie, angetrieben vom Hl. Geist, den wunderbaren Bericht ihrer Offenbarungen zu schreiben, jenen „Gesandten der Göttlichen Liebe", der in der Geschichte der Mystik eine so außerordentliche Bedeutung erlangt hat. „Es sind Bekenntnisse", so schreibt der Protestant W. Preger in seiner „Geschichte der deutschen Mystik im

---

[11]) Ebenda S. 186.

Mittelalter" (I, 1874), „in ergreifender Sprache, auf der Höhe stärkster Empfindung und hellster Erkenntnis geschrieben, welche die großen ihr zuteil gewordenen Gaben in der liebenswürdigsten Demut preisen". Sie geben „einen ergreifenden Einblick in ihre ungetrübt-reine, kindlich-fröhliche, liebenswürdig-einfältige und dabei doch hochsinnige, kraftvolle und liebeglühende Seele" (A. Zimmermann), die, durch vielseitige Leiden und Krankheiten geprüft, das Bild eines Lebens innig-zarter Gottvereinigung und Heilandsliebe bieten. „Sieben Jahre hatte bei Gertrud die mystische Versunkenheit gedauert, bis sie zum Herold der göttlichen Liebe wird. Dann aber entquillt aus dem eifersüchtig gehüteten Innenleben mit unwiderstehlicher Kraft der mitteilende, nimmer endenwollende Strom der tätigen Liebe, des Werbens für Gottes Ehre" (Karrer).

Diesem innig-vertrauten Verkehr mit Gott entspringen denn auch jene Gnaden der Stigmatisation, von denen die Heilige ausführlich berichtet und die sie in die innigste Vereinigung mit dem leidenden Herrn bringen sollte. Dabei mögen wir beachten, daß die Einprägung der Wundmale bei ihr nicht die Formen annimmt, wie bei dem ersten großen Träger der Stigmen — wie bei Franz von Assisi — und auch nicht wie bei den heutigen bedeutenderen Fällen der Stigmatisation, d. h. die Form offener, blutender Wundmale. Ihre Durchbohrungen waren mehr innerer, wenn nicht geistiger Natur [12]).

Die erste dieser Gnaden empfing sie im Gefolge ihres eigenen, wiederholten Gebetes, wahrscheinlich im Jahre 1282 oder 1283; die zweite durch fremdes und eigenes Gebet, und zwar sieben Jahre später, also etwa 1289 oder 1290.

Gertrud äußerte sich über die Reihenfolge dieser verschiedenen Geschehnisse wie folgt: „Zur Zeit dieser Erstlingsgnaden, im ersten, wie ich glaube, oder zweiten Jahre, in der Winterszeit", so schreibt sie in ihren Offenbarungen (Buch II, Kap. IV), „fand ich in einem Buch ein kleines Gebet, das in folgende Worte gebracht war [13]):

,O Herr Jesus Christus, Sohn des lebendigen Gottes, gib mir, mit ganzem Herzen, mit vollkommenem Verlangen und durstender Seele nach Dir zu seufzen, nach Dir, dem Süßesten und Lieblichsten, aufzuatmen, und mit meinem ganzen innern Wesen nach Dir zu lechzen, der Du wahre Glückseligkeit bist. Schreibe, o barmherziger Herr, mit Deinem kostbaren Blute Deine Wunden in mein Herz, damit ich in ihnen Deinen Schmerz wie Deine Liebe lese, das

---

[12]) Wobei jedoch von neueren Kritikern auch auf das bestimmteste die Meinung vertreten wird, daß Gertrud die hl. Wundmale in aller Wirklichkeit in ihrem Herzen empfangen habe. (Vgl. den Herausgeber der Werke der hl. Gertrud in ihrer Pariser Ausgabe [Präfatio XXIV] und P. Willibrord Lampen OFM in seinem Aufsatz: De spiritu S. Francisci in operibus S. Gertrudis Magnae-Archivum franciscanum historicum 1926). Dem fügt P. Ansgar Volmer OFM in seiner neuen Biographie (Die hl. Gertrud die Große von Helfta, Kevelaer 1937) mit Recht hinzu, daß ein abschließendes Urteil hierüber wohl nicht mehr gefällt werden kann.

[13]) Vgl. Gesandter der Göttlichen Liebe, übersetzt von Johannes Weissbrodt, Christiana-Verlag, Stein am Rhein 1979.

Andenken an Deine Wunden im Innersten meines Herzens beständig bleibe, das Mitleiden mit Deinem Leiden in mir geweckt und Deine Liebesglut in mir entzündet werde. Gib mir auch, daß alles Geschaffene mir gering und Du allein in meinem Herzen mir süß werdest!'

Dankend nahm ich dies Gebet auf und wiederholte es öfter. Und Du, der Du das Verlangen der Demütigen niemals verschmähest, warst bei diesem Gebete, um es wirksam zu machen.

In der genannten Stunde (es war kurze Zeit später) hatte ich die Empfindung, als seien jene Güter, um die ich in dem vorerwähnten Gebete lange gefleht hatte, mir Unwürdigsten von Gott erteilt worden. *Denn ich erkannte durch den Geist, daß innerlich in meinem Herzen wie an körperlichen Stellen jene anbetungswürdigen Male Deiner allerheiligsten Wunden waren eingedrückt worden, durch welche Du die Wunden meiner Seele geheilt und mir den süßen Trank Deiner Liebe dargereicht hast.*

Aber meine Unwürdigkeit fand den Abgrund Deiner Liebe noch nicht erschöpft; vielmehr empfing ich aus ihr noch ein anderes Geschenk. Sooft ich nämlich an den einzelnen Tagen mir vornahm, mit den fünf Versen des Psalms „Preise, meine Seele, den Herrn..." die fünf eingedrückten Liebeszeichen zu begrüßen, blieb ich niemals ohne eine besondere Wohltat...

Ich gestehe, daß mir hiermit zugleich jenes Gut erteilt wurde, welches in dem Gebet erfleht wird, in den Wunden nämlich Deinen Schmerz wie Deine Liebe zu lesen. Aber ach! nur kurze Zeit währte dies, jedoch nicht Du hast es mir entzogen, sondern ich habe es durch Undankbarkeit und Nachlässigkeit verloren. *Trotzdem hat Deine Barmherzigkeit und Liebe das erstere und größere Gnadengeschenk, nämlich die Eindrückung der Wundmale, mir ohne mein Verdienst bis auf die Gegenwart bewahrt. Hierfür sei Dir Lob und Preis in Ewigkeit!"*

Und Gertrud berichtet weiter: „Sieben Jahre später, vor dem Advent, hatte sich auf Deinen Antrieb, Du Urheber alles Guten, jemand verpflichtet, täglich vor einem Kruzifix für mich im Gebete folgende Worte einzuschalten: ,Durch Dein verwundetes Herz, o liebreichster Herr, durchbohre ihr Herz so sehr mit den Geschossen Deiner Liebe, daß es nichts Irdisches umfassen kann, sondern allein von der Kraft Deiner Gottheit umfaßt werde'. Durch dieses Gebet, wie ich vertraue, aufgefordert, hast Du an dem Sonntage (am dritten Adventssonntag), wo in der Messe gesungen wird: Gaudete in Domino — Freuet Euch im Herrn! — mir gerade beim Hintritte zum Sakramente das Verlangen eingegossen, welches mich zwang, folgende Worte vorzubringen: ,Obwohl nicht würdig, auch nur das geringste Deiner Geschenke zu empfangen, flehe ich dennoch durch die Verdienste und das Verlangen aller Gegenwärtigen Deine Erbarmung an, Du mögest mein Herz mit dem Pfeile Deiner Liebe durchbohren.' Sogleich empfand ich, daß die Kraft dieses Wortes Deinem göttlichen Herzen naheging, sowohl durch die Eingießung der inneren Gnade als auch durch den Erweis eines offenbaren Zeichens an dem Bilde Deiner Kreuzigung:

„Als ich nämlich nach dem Empfange des lebenspendenden Sakramentes zur Gebetsstätte zurückgekehrt war, kam es mir vor, als wenn aus der Wunde der rechten Seite des am Thronsessel gemalten Kruzifixes gleichsam *ein Sonnenstrahl scharf wie ein Pfeil hervorginge,* der, anfangs dem Scheine nach ausgedehnt, sich zusammenzog, dann wieder ausdehnte und so eine Weile lang meine Seele freundlich anlockte [14]). Aber auch so war mein Verlangen noch nicht befriedigt, bis zu dem Mittwoch, wo nach der Messe von den Gläubigen das Andenken an Deine anbetungswürdige Menschwerdung und Verkündigung begangen wird, worauf auch ich meine Aufmerksamkeit richtete. Und sieh! *Du warst plötzlich zugegen, indem Du meinem Herzen eine Wunde eindrücktest mit diesen Worten:* Hier fließe zusammen die Aufwallung aller Deiner Gefühle. All Deine Ergötzung, Hoffnung, Freude, Schmerz, Furcht und die übrigen Affekte sollen gefestigt werden *in meiner Liebe*" [15]).

Wie wirksam aber diese Gnadengaben waren, das ersehen wir erst mit ganzer Sicherheit aus einem späteren großen Dankgebete, das sie oft wiederholte und in dem sie für die bedeutendsten Gnaden Gott lobt und preist:

„Unter diesen Gaben schätze ich jene beiden besonders hoch, daß du meinem Herzen die erhabenen Denkzeichen Deiner heilsamsten Wunden eingedrückt und dazu die Wunde der Liebe *so augenscheinlich und wirksam ebenfalls meinem Herzen eingeprägt hast.* Denn wenn Du mir auch niemals einen größeren inneren noch äußeren Trost gegeben hättest, so hast Du mir doch in diesen beiden eine solche Seligkeit mitgeteilt, daß ich, *wenn ich auch tausend Jahre leben sollte,* hieraus zu jeder Stunde Trost, Unterweisung und Stoff zur Danksagung mehr als genug schöpfen könnte" [16]). Und in einem späteren Teile desselben Gebetes, in dem sie sich des Undankes anklagt gegenüber der Verleihung so großer Gaben — eine Art demütiger Selbstanklage, die wir oft bei großen Heiligen finden — spricht sie noch einmal von ihrer Stigmatisation „als der lieblichsten Ausschmückung meines Innern, durch die Eindrückung Deiner allerheiligsten Wunden, durch die Offenbarung Deiner Geheimnisse, worin Du mich süßere Wonnen des Geistes verkosten ließest, als ich je in körperlichen Genüssen hätte finden können, wenn ich vom Aufgange bis zum Niedergange um die Welt gereist wäre...". Nicht genug kann sie in diesen herrlichen Gebeten die überfließende Barmherzigkeit Gottes rühmen, die ihr in all diesen Gnaden geworden.

---

[14]) Imbert übersetzt (offenbar nach der lateinischen Ausgabe von Solesmes) „Denn ich sah, daß aus der Wunde der rechten Hand des Kruzifixes ein Feuerstrahl in Form eines spitzen Pfeiles hervorkam, der sich gegen mich ausdehnte und dann sich auf hinreißende Art wieder zurückzog, wie um meine Wünsche noch zu steigern."

[15]) Wir zitieren auch hier nach Weissbrodt, II, 5, S. 84/85. Der Text bei Imbert-Gourbeyre, La stigmatisation I, ist an dieser Stelle ungenau.

[16]) Wir zitieren nach der Ausgabe von Weissbrodt, II, Buch, 22. Kap., S. 117. Aus dieser Stelle dürfte hervorgehen, daß diese Wundmale mehr waren als eine bloße „Empfindung, die sich in der Entstehung der Wundmale in eine äußere Sinneswahrnehmung fortpflanzt" (Karrer, „Die große Glut", 1926 S. 223); daß sie vielmehr wirkliche reale Gnadengaben Gottes waren.

So viel in aller Kürze über diese großen Geschehnisse ihres Lebens. Jeder, der ihren „Gesandten der Göttlichen Liebe" mit Aufmerksamkeit liest, wird ermessen können, welch ein wahrhaftes Feuer der Liebe der Herr mit diesen großen Gnadengaben in ihrem Herzen entflammt hat. Gaben und Gnaden, die so groß waren, daß von ihr und ihrem geistigen Vermächtnis wahre Ströme der Gottesliebe in die Gnadengeschichte der Kirche flossen und wir Gertrud die Große heute *die* Heilige des Vertrauens und vertrauender Liebe nennen!

Gertrud starb nach Vollendung ihres Werkes im Jahre 1302.

Möge gerade heute die erhabene Geistesart der drei großen Frauen von Helfta — nicht minder aber die der großen deutschen Dominikanerinnen des Mittelalters — wieder unsere deutsche Frömmigkeit zu ganzer Tiefe und Höhe entflammen!

4. Kapitel

Christine von Stommeln
Die große Stigmatisierte des deutschen Rheinlandes

Auch das deutsche *Rheinland* hat in der Hoch-Zeit des Mittelalters eine bedeutende Stigmatisierte gehabt, die zwar in der Geschichte der Mystik ob ihrer erstaunlichen Gaben vielfach erwähnt wird, leider aber im deutschen Volke nur wenig bekannt ist. Dabei besitzen wir von ihr — dank der Aufzeichnungen ihres rührigen Biographen Petrus von Dazien — sehr ausführliche Berichte über ihr reich begnadetes Leben [1]). Denn dieser Priester hat sie trotz der großen Strapazen der Reise von Schweden her oft besucht. Gerade aber vom Standpunkt der mystischen Theologie ist Christine von Stommeln einer der außerordentlichsten Fälle mystischer Begabung, nicht zuletzt durch die erstaunliche Art ihrer Sühneleiden. Im Mittelpunkt unseres Interesses steht naturgemäß ihre Stigmatisation, die allerdings nur *eine* Seite ihres vielseitigen Gnadenlebens ist. Wir können damit zum ersten Male seit Franziskus in der Geschichte eine Einprägung der Wundmale verzeichnen, die sowohl in dem Reichtum ihrer Berichte wie in ihren äußeren Formen mit den uns bekannten neueren Stigmatisationen vergleichbar ist.

Christine wurde im Jahre 1242 zu Stommeln (Stumbela), einem Dorfe bei Köln, als Tochter des wohlhabenden Landwirtes Heinrich Bruso geboren. Noch heute läßt sich anhand von Mauerresten die Stelle ihres Geburtshauses nachweisen. Sie war ein gewecktes Kind und hatte bereits in ihrer frühen Jugend, ähnlich wie ihre mehr als 500 Jahre später lebende westfälische Leidensgenossin Anna Katharina Emmerich, auffallende Erscheinungen des Jesusknaben, der sie zu einem gottergebenen Leben und zu echter Frömmigkeit anleitete [2]). In ihrem 10. Lebensjahre wurde sie dann einer Erscheinung Christi gewürdigt, die für ihr Leben entscheidend wurde. Sie berichtete später dem Dominikaner Petrus von Dazien darüber, daß sie den Herrn im Glanze solcher Herrlichkeit und in solcher Schönheit gesehen habe, „daß es ein menschliches Auge nicht zu ertragen vermag. Deshalb kam ich von Sinnen, und drei Tage und drei Nächte war ich für alle körperlichen Wahrnehmungen unempfänglich". Schon bei dieser Erscheinung war es, daß sie sich der Herr zu ewiger Jungfräulichkeit anverlobte. Er bedeutete ihr, daß sie zu den Beginen gehen solle, einer Gemeinschaft frommer Frauen, die sich dem Gebet und guten Werken widmeten. Und so eilte sie mit 13 Jahren ohne Vorwissen ihrer Eltern nach

---

[1]) Dasselbe umfaßt bei den Bollandisten (Acta Sanctorum Junii, IV, 270—454) nicht weniger als 184 Seiten. Ein ausführliches Leben bietet A. Steffens, Die selige Christine von Stommeln, Fulda 1912. Dortselbst reiche Literaturangaben. Ebenso bei Debongnie, Les stigmatisations au moyen âge, Etudes Carm. 20, II, S. 44).

[2]) Wir folgen im wesentlichen den Studien von A. Steffens.

Köln und fand dort Aufnahme in einem Beginenhause. Als sie dort eines Tages in der älteren Magdalenenkirche in die Betrachtung der Passion Unseres Herrn versenkt war, wurde sie abermals im Geiste entrückt und blieb drei Tage in diesem Zustande. Man mußte sie nach Hause tragen.

Mit diesen Gnaden aber stellten sich bereits zu dieser Zeit schwere dämonische Anfechtungen ein, durch die Christine von Stommeln in der Geschichte der Mystik zu seltener Berühmtheit gelangt ist. „Man findet sich hier einem Problem der mystischen Psychologie gegenüber, für das alle unsere Erinnerungen aus der Geschichte der Heiligen kaum eine Parallele bieten", so schreibt P. Thurston in einer speziellen Studie über sie [3]). Von Interesse ist, was E. Michael S. J. zusammenfassend über die erste Zeit dieser Prüfungen berichtet:

„Zunächst hatte sie heftige Versuchungen zum Selbstmord. Es folgten Versuchungen gegen den Glauben. Eine dritte Prüfung bestand darin, daß sie auf den Speisen, die ihr vorgesetzt wurden, schmutzige Tiere sah. Es verwandelten sich wohl auch die Speisen selbst in Tiere, so daß es ihr, trotz der Mahnung des Beichtvaters, unmöglich war, zu essen. Sie glaubte, vor Hunger und Ermattung sterben zu müssen. Jede dieser drei Versuchungen währte ein halbes Jahr" [4]). Mit 17 Jahren kehrte darauf Christine nach Stommeln zurück, wo inzwischen ebenfalls eine Niederlassung der Beginen entstanden war. Dort wohnte sie die ersten drei Jahre im elterlichen Hause. Und hier in Stommeln wurde sie zum ersten Male der Visionen der Passion Unseres Herrn gewürdigt. Sie sah, wie der Herr vor ihren Augen getötet wurde. Ihre Glieder wurden während der Vision starr, und sie konnte fast keine Nahrung mehr zu sich nehmen. Darüber hinaus aber dauerten auch in Stommeln die schweren dämonischen Angriffe fort, so daß weder ihre Eltern noch die Beginen sie bei sich dulden wollten. Da erbarmte sich der Pfarrer des Dorfes und nahm sie im Jahre 1267 in das Pfarrhaus auf, wo seine Mutter und Schwester den Haushalt führten.

Zu jener Zeit aber war es, als Gott ihr einen weiteren frommen Priester schickte, der für ihre mystischen Zustände und Prüfungen Verständnis hatte: *Petrus von Dazien*, der schon 21 Jahre dem Orden der Dominikaner angehörte und dessen „Dazischer Provinz" entstammte, unter welchem Namen man damals die Gebiete von Dänemark, Norwegen und Schweden zusammenfaßte. Er war keineswegs ein unerfahrener junger Ordensmann, sondern ein allseitig durchgebildeter urteilsfähiger Theologe, der durchaus nicht unkritisch den Erscheinungen, die sich bei Christine zutrugen, gegenüberstand [5]). Ein

---

[3]) The case of the blessed Christine of Stommeln, in The Month, Cl II, 1928, S. 298 und 425 ff.

[4]) Vgl. E. Michael S. J., Geschichte des deutschen Volkes während des XIII. Jahrhunderts, Bd. III., S. 165 f. Wir werden noch näher auf diese außerordentlichen Erscheinungen zurückkommen.

[5]) Dies zur Korrektur der Bemerkungen Michaels und Debongnies, welch letzterer Petrus ganz mit Unrecht eine „träumerische Seele" nennt. Man vgl. hierzu auch die Bemerkungen Steffens, S. V. und 27; derselbe schreibt u. a.: „Petrus von Dazien

Christine von Stommeln
Statue am Kölner Dom

welch hohes Ansehen er in seinem Orden besaß, beweist seine Stellung als „Lesemeister", d. h. als Lehrmeister in Schweden, wo er auch später Prior wurde. Petrus weilte im Laufe der Jahre nicht weniger als fünfzehnmal bei Christine in Stommeln. Und er beauftragte in der Zwischenzeit den dortigen Lehrer, der später selbst Priester wurde, Christine auf das genaueste und schärfste zu beobachten. Er solle sich kein Wort und keine Handlung entgehen lassen, ihr Benehmen abwägen und alles Erfahrene genau und gründlich aufschreiben. Wir haben also über die mystischen Gnaden Christinens vorzügliche Zeugnisse, zumal auch der Pfarrer Johannes und viele andere Geistliche und die zahlreichen Mitbrüder des Petrus, die durch ihn nach Stommeln kamen, Augenzeugen ungezählter Vorgänge und Begebnisse geworden sind.

Der erste Besuch des Paters Petrus fiel in den Advent des Jahres 1267. In Köln hatte er von den wundersamen Ereignissen in Stommeln gehört, und er wurde sofort Zeuge der schwersten dämonischen Angriffe, in deren Folge Christine mehrfach verwundet wurde [6]). Bei seinem zweiten Besuch in der Fastenzeit 1268 beobachtete er sie dann zum ersten Male in der Ekstase. Nicht nur, daß sie am ganzen Körper starr und unempfindlich wurde, auch der Atem hörte vollständig auf. Petrus war von dem Anblicke tief bewegt. Die Art aber, wie der Dominikaner diese Ekstase schildert, zeugt von einer derartigen Schärfe und Sicherheit der Beobachtungsgabe, daß schon hier die Behauptungen einer ungerechten Kritik auf das Nachdrücklichste in die Schranken ge-

---

war ein gewissenhafter Schriftsteller, der außerordentlich sorgfältig arbeitete. Die ungemein zahlreichen, in dem Buch vorkommenden Orts- und Zeitangaben, desgleichen die Angaben über Persönlichkeiten und Zeitverhältnisse, überhaupt alle Angaben, die eben nachgeprüft werden können, erweisen sich als zutreffend, so daß kein Grund ist, Dingen, die sich der Nachprüfung entziehen, die Glaubwürdigkeit abzusprechen. Er berichtet getreulich und umständlich, was er gesehen und gehört..... Man tut ihm... Unrecht, wenn man sagt, er habe alles Außergewöhnliche gleich für Teufelswerk gehalten. Im Gegenteil forschte er mitunter nach, ob nicht äußere Ursachen, etwa mutwillige Menschen, die Vorgänge bewirkt hätten. Daß auch innere Ursachen im Spiel sein konnten und einzelne Vorgänge als Krankheitserscheinungen sich deuten lassen, scheint ihm freilich nie in den Sinn gekommen zu sein, weil eben Christine nicht krankhaft veranlagt war."

[6]) Die Angriffe des bösen Feindes auf Christine waren derart furchtbar, daß sie sich in aller Kürze kaum wiedergeben lassen. Man vgl. des näheren die Ausführungen von Steffens S. 40 ff, S. 67 ff. Wollersheim, ein älterer Biograph der sel. Christina, stellt fest, daß diese durch Steinwürfe nicht weniger als viermal am Kopf, sechsmal an den Knien und fünfmal am Rückgrat verwundet worden sei. (Das Leben der ekstatischen und stigmatischen Jungfrau Christine von Stommeln, Köln 1850, S. 132 und S. 358). Diese Verwundungen waren z. T. „durch glühende Nägel, die in sie eindrangen, verursacht". Wir werden im Laufe unserer Ausführungen noch auf diese Erscheinungen zurückkommen. Selbst ein so strenger Kritiker wie P. Thurston S. J. muß darüber urteilen, „daß diese Tatsachen zahlreiche Zeugen haben, die dem eigentlichen Kreis um Christine fremd gegenüber stehen, so daß es sehr schwer ist, dieselben zu verwerfen. Selbst wenn man der natürlichen Übertreibung von Menschen, die innerlich gerührt sind, allen Anteil läßt, sieht man nicht, wie man auch nur die teilweise Wirklichkeit der seltsamen Phänomene verwerfen könnte, die sie erzählen". (Vgl. The Month, a. a. O. S. 292 und 432).

wiesen werden. Der Bericht Pater Petrus' lautet nach Görres [7]): „Petrus war mit Gerhard von Greif, ihrem damaligen Beichtvater, am 24. Februar 1264 nach Stommeln gegangen, und der dortige Pfarrer hatte ihn mit seinem Gefährten, dazu auch Christina zu Tisch geladen. Während des Essens hatte er sorgsam ihr Wesen und ihr Tun und Treiben beobachtet und sich erfreut, wie er sie, in allem enthaltsam, heiter, demütig, in Selbsterniedrigung fröhlich, nur sparsame, aber nie müßige, immer erbauliche Reden führend, befunden, und an Haltung, Kleidung und Benehmen weder Überflüssiges noch gesucht Spärliches an ihr wahrgenommen. Als die Gesellschaft aufgestanden und der Pfarrer zum Besuch eines Kranken ausgegangen, sang eine der gegenwärtigen Personen aus Andacht den Jubelgesang des hl. Bernhard, wie es scheint, ins Deutsche übersetzt, worüber sowohl Petrus als auch mehrere der Anwesenden öfter zu Tränen gerührt wurden. Plötzlich wurde Christine verzückt, so daß sie, in allen ihren Sinnen unbeweglich und an ihrem ganzen Leibe erstarrt, kein Lebenszeichen von sich gab und, was alle, die zugegen waren, noch mehr in Verwunderung setzte, zu atmen aufhörte. Ich gestehe — so setzt der Berichterstatter hinzu, dem dergleichen noch gänzlich fremd gewesen — daß ich bei diesem Anblick vor Freude weinte und vor Verwunderung außer mir war, für eine so große Gabe dem göttlichen Geber Dank sagend. Denn was hier vor sich ging, konnte ich keiner natürlichen Ursache noch menschlicher Einwirkung zuschreiben; ich erkannte darin vielmehr die Nähe Gottes... Ich hatte dergleichen noch nie an einem Sterblichen wahrgenommen und dachte, hier geschehe, was der Apostel andeutet, wenn er schreibt: Sive mente excedimus, d. h. mögen wir im Geiste entrückt sein, denn es schien mir keinem Dinge von allem, was ich gesehen, ähnlich zu sein. Und ich begann nun desto genauer alle Geschehnisse zu beobachten, auf alle Worte zu hören, die geredet wurden, und auf jede Bewegung und Gebärde zu merken, die sich zeigte. Da sie also etwas angelehnt an eine Bank, Gesicht und Hände in den Schleier gewickelt, etwa drei bis vier Stunden gesessen hatte, seufzte sie unter Schluchzen auf, so daß sie am ganzen Leibe etwas in Bewegung kam. Dann begann sie ein wenig aufzuatmen, jedoch ging dies leichter und minder tief vor sich, als gemeinhin bei Menschen zu geschehen pflegt. Die Bewegung beim Atmen war jedoch so gering, daß es besonderer Aufmerksamkeit bedurfte, um sie wahrzunehmen, weil es dabei nicht auf die gewöhnliche Weise zuging. Es war nämlich, wie gesagt, die Bewegung beim Atmen geringer und die Zwischenzeit zwischen Einatmen und Ausatmen größer. Da sie in solchem Zustande etwa zwei Messen lang gesessen hatte, fing sie allmählich an, tiefer aufzuatmen nach der Weise, wie Menschen gewöhnlich zu atmen pflegen. Dann begann sie zu reden, aber so leise, daß man beim schärfsten Hinhören sie kaum vernehmen konnte, und auch nicht in vollständigen Sätzen, sondern in einzelnen Ausrufungen voller Liebe und Süßigkeit wie: Geliebtester! Süßester! Herz-

---

[7]) Christl. Mystik, Bd. II, S. 249—51. Wir verbessern gelegentlich nach der Übersetzung von Steffens (S. 45—48).

innigster, trautester Bräutigam! Sie war dabei in solchem Jubel bewegt, daß sie, am ganzen Leibe zitternd, länger als es den Lachenden geschieht, die ganze Zeit eines Miserere hindurch in einem Einziehen des Atems beharrte und dann ebenso lange unbeweglich blieb. Es dauerte aber dies Aufjubeln und Jauchzen, oder wie ich es nennen soll, da ich nie sonst dergleichen gesehen, zweier Messen Dauer hindurch.

Als auch diese Weise vorübergegangen, die die Umsitzenden durch die damit verbundene Inbrunst und Liebe zum Weinen bewegte, begann sie mehr Worte zu verbinden und Reden wie aus einem Ganzen zusammenzusetzen, worin sich Dank und Lobpreisen zu erkennen gaben. Sie erwähnte einigermaßen des Zustandes, in dem sie gewesen, sowie der Gaben im allgemeinen, die sie empfangen, obgleich sie auf Einzelnes sich nicht einließ. Es war ungemein lieblich zu hören, wie sie ihre eigene Nichtigkeit erkannte und ihres Geliebten ungemeine Freigiebigkeit und vertrauliche Milde. Und indem ihre Rede also zwischen Selbsterniedrigung und Preisen von Gottes Liebe wechselte, dauerte diese Weise wieder etwa eine Messe lang, worauf sie dann, in großer Bitterkeit des Herzens und Vergießung vieler Tränen, die Nöte dieses Elends zu beweinen anfing; in solcher Art, wie ich zuvor nie weinen gesehen, so daß, da ich früher wohl im Glauben die Tränen verstanden, mit denen das Weib des Herrn Füße benetzt, ich sie jetzt aber erst an diesem Exempel recht dem Herzen eingedrückt. Da auch diese Stunde vorübergegangen, begann sie, gleich einem andächtigen Menschen, alle, die ihr lieb waren, Gott aufs angelegentlichste zu empfehlen. Ich führe dies an, weil ich hier zum ersten Male wahrnahm, daß sie wieder von menschlichen Motiven und Zwecken bewegt wurde, wie ich es wohl sonst auch, obgleich nach einem kleineren Maßstabe, unter den Menschen wahrgenommen. Und nachdem sie Freunde und Wohltäter aufs eindringlichste empfohlen, betete sie auch für ihre Feinde mit dem größten Nachdruck zu Gott, daß er ihnen vergebe, ob sie auch aus Unwissenheit oder mit Vorsatz sich an ihr versündigt. Darauf begann sie, den Menschen, die sie fragten, Rede zu stehen, in nichts dessen, was vorgefallen, erwähnend, so daß es sie wohl eher zu ängstigen schien, wenn sie jemand davon reden hörte." — Es ist eine der ergreifendsten Schilderungen der Ekstase aus der Geschichte der Mystik, die wir kennen und die zudem alle Kennzeichen der Echtheit an sich trägt.

Am Vorabend des 25. März 1268 traf Petrus zu einem dritten Besuche in Stommeln ein. Er war in Begleitung eines anderen Ordensbruders. Hierbei sah er zum ersten Male ein merkwürdiges Stigma an Christinens linker Hand: „Während sie nun im Geiste ergriffen war, öffnete sie ihre linke Hand, und ich erblickte in ihr etwas, wie ich es in meinem Leben nicht gesehen hatte ... In der weißen Hand der Jungfrau sah ich das Kreuz unseres Herrn von blutroter Farbe. Es war aber nicht wie mit Farbe oder Blut gemalt, sondern durch sichtbare Wunden in das Fleisch eingeprägt ... Bruder Karl sah auch das Kreuz und war von allem, was er gesehen hatte und gehört, höchlich erbaut."

Die *eigentliche Stigmatisation* trat dann in der Passions- bezw. Karwoche ein. Es zeigten sich zunächst acht Tage vor Gründonnerstag die Dornenkrone, in der Nacht des Gründonnerstags der Blutschweiß und am Karfreitag selbst die fünf Wundmale. Was jedoch ihre Stigmatisation so eigentümlich und bedeutsam macht, ist die Tatsache, daß dieselbe mitten in den schwersten *Zweifeln, ob der Herr wirklich am Kreuze gelitten habe,* auftrat! Sowohl also der Glaube an die Existenz und Wirklichkeit der Passion Jesu Christi, wie auch ihr eigenes Nacherleben derselben waren auf das empfindlichste gestört. Und so erscheint gerade bei ihr eine „psychogene" Stigmatisation — aus dem seelischen Erlebnis der Leiden Christi — unwahrscheinlich.

Wie aber kam es zu ihrer Stigmatisation, die gegen alle seelischen Voraussetzungen erfolgte und die sich dann bis zur vollen Einprägung der fünf Wunden auswirkte? Folgen wir in ihrer Schilderung im Anschluß an Steffens dem Bericht des Pfarrers Johannes: [8]

An und für sich war die Betrachtung des Leidens Christi Christinens liebste Andachtsübung. Sie brachte ihr immer Trost und Erquickung. Aber gerade dagegen stürmte der böse Feind und versuchte, ihr diese Andacht zu verleiden. Und es gelang ihm! Er quälte sie, wie der Pfarrer Johannes berichtet, in dieser Fastenzeit mit langwierigen Versuchungen wider den Glauben an das Leiden Christi. Und so kam ihr der Gedanke, daß Gott überhaupt nicht gelitten habe. — Wenn sie in die Kirche eintrat und das Kreuz erblickte, dachte sie bei sich: „Das ist ein Bild, was soll dies? Es liegt nichts Wahres zu Grunde." Sie hatte großes Leid über diese Versuchung, und ihr Herz mühte sich ab in der Bekämpfung dieser Zweifel. Dann sprach der Versucher zu ihr: „Glaubst du, dein Gott habe gelitten? Es ist nicht wahr. Alles, was man davon erzählt, ist erlogen, mögen die Geistlichen sagen, was sie wollen." — Wenn sie die hl. Kommunion empfing, blieb sie ohne Erquickung, und beim Gebete verspürte sie keinen Trost. Mitten aber in diesen furchtbaren Zweifeln zeigte sich die Stigmatisation! Am Donnerstage nach dem Weggange der beiden Brüder, als sie sich noch immer in tiefsten seelischen Qualen befand — es war acht Tage vor Gründonnerstag —, betete sie in ihrer Not in der Mette in diesen Worten zum Heiland: „O mein Geliebter, du bist allzeit mein Helfer gewesen und du weißt, daß dein Leiden für mich immer ein Trost war, befreie mich nun von dieser Plage; denn ich kann diesen Unglauben nicht länger ertragen." Und alsbald empfing sie an ihrem Haupte die Wunden der Dornenkrone. Diese wurde ihr derart stark eingedrückt, daß das Blut über Gesicht und Hals herabfloß ... Und alsbald kam sie außer sich. Als sie aber zu sich kam, war jene Versuchung entschwunden [9]. Von diesem Augenblick an bis Ostern konnte sie nichts anderes denken als an das Leiden des Herrn. Am Gründonnerstag fing sie abends spät auf einmal an, beängstigt zu werden und am ganzen Körper

---

[8]) Vgl. Steffens S. 51 f.

[9]) Die ersten Stigmata waren also — wie wir sehen — in einem Zeitpunkt hervorgetreten, in dem ihr Inneres denkbar indisponiert war gegen das Passionserleben. Und erst aus der offenbar ganz übernatürlichen Einprägung der Dornenkronen-Stigmata ging auch die weitere Stigmatisation hervor.

zu zittern. Blutstropfen begannen schließlich von ihrem Körper zu rinnen. Die Angst war so groß, daß sie glaubte, alsbald sterben zu müssen, und dieser Zustand dauerte bis zur Non, d. h. bis Nachmittag drei Uhr des Karfreitags. Da öffneten sich die fünf Wundmale, und zwar an ihrer Seite, an den Füßen und an den Händen, und am Haupte erschien die Dornenkrone. Auch wurde sie mit Galle getränkt, und ihr Mund war davon mit solcher Bitterkeit erfüllt, daß sie keinerlei Speise verkosten konnte. Wie halbtot lag sie die ganzen Tage bis zum Ostertage da, wo sie in einen solchen Jubel der Seele geriet, daß es wunderbar war [10]). Seit jener Zeit kam sie, sooft sie an das Leiden des Herrn dachte oder davon reden hörte, jedesmal, wenn nicht gerade besondere Prüfungen sie heimsuchten, außer sich.

Wunderbar auch waren die Folgen ihrer Stigmatisation: Hinfort hatte sie eine solche innere Erleuchtung, daß die hl. Schrift ihr weit besser verständlich wurde als seither. Zudem glaubte sie, von Gott alles erlangen zu können, was sie begehrte. Wenn aber jemand mit ihr ein Gespräch anknüpfte, so erkannte sie innerlich, in welcher Absicht dieses geschah. Es handelte sich um nichts anderes als die *Gabe der Herzenserkenntnis* (Kardiagnosie), die sie erhalten hatte.

Wichtig ist, daß wir über den Verlauf der Stigmatisation, außer der Schilderung des Pfarrers Johannes, auch einen Bericht des Petrus von Dazien besitzen, der unter der ganzen Frische des Erlebnisses geschrieben ist. Steffens faßt denselben folgendermaßen zusammen [11]):

„Am Karsamstag sagte ihm der Prior, er solle mit Bruder Gerhard vom Greif abermals nach Stommeln gehen; denn der Pfarrer hatte um Aushilfe gebeten. Freudig gehorchte Petrus, und er machte sich nach Tisch mit seinem Gefährten auf zu einem vierten Besuche in Stommeln. Als sie ins Pfarrhaus eintreten wollte, kam ihnen die Mutter des Pfarrers, eine hochbetagte Frau, entgegen und sagte zu Petrus, den sie von früher ja kannte: „O liebster Sohn, schade, daß du gestern nicht hier warest. Du hättest Gottes Wunderwerke geschaut, wenn du hier gewesen wärest." Gleichsam scherzend entgegnete Petrus: „Vielleicht kann ich morgen auch dergleichen sehen." — „Nein", sagte sie, „niemals ist in unserer Zeit auf dieser Erde so etwas gesehen worden und wird auch wohl nicht mehr gesehen werden." Da ich merkte, schreibt Petrus, daß sie etwas Wichtiges uns mitteilen wollte, fragte ich sie: „Was ist denn Neues geschehen, wovon du so viel Aufhebens machst?" Da begann sie zu erzählen und sprach: „Gestern sind an einem Mädchen hier im Dorfe die Zeichen des bitteren Leidens deutlich erschienen", und sie fügte dann noch einiges über die Umstände des Vorganges hinzu. Petrus wurde darob sehr gerührt und wäre am liebsten sofort zu Christina ins Haus der Aleidis gegangen. Allein sein Gefährte war zu müde, um mit ihm gehen zu können. Am Ostertage ging Christina ganz in der Frühe zur hl. Kommunion. Nach Tisch gingen der

---

[10]) Also eine ganz ähnliche Wiederherstellung und Osterfreude, wie bei den Passionsekstasen der Therese Neumann!

[11]) Vgl. Steffens S. 52—53.

Pfarrer und Petrus zu ihr. Sie lag zu Bett und hatte das Gesicht sorgfältig mit dem Schleier bedeckt. Petrus hatte von der Mutter des Pfarrers gehört, Christinas Gesicht sei ganz blutig unterlaufen, wie wenn es mit Stöcken wäre zerschlagen worden. Er setzte sich deshalb zu Füßen des Bettes, um womöglich einen Blick in das Gesicht tun zu können. Der Pfarrer, der sich zu Häupten gesetzt hatte, begann zu Christine zu reden vom Osterlamm; denn dieses habe sie am Morgen genossen. Und als die beiden hierüber einige herzliche Worte wechselten, traf es sich, daß Christina sich räuspern mußte, wobei sie den Schleier etwas lüftete. Da ich am Fußende saß, schreibt Petrus, sah ich ihr Angesicht unter dem Schleier, und wahrlich, es war nicht wie das Angesicht eines Engels, sondern eher wie das Angesicht des ewigen Hohenpriesters, und gar wehmütig anzuschauen. Denn es war ganz blutrünstig, ja fast schwarz. Bald darauf sah ich es noch einmal, und meine Augen wurden starr beim Anblick. Staunen ergriff mich, und ein wunderbares Mitleiden mit dem leidenden Heilande ergriff meine Seele..." [12]).

Am Nachmittag des Osterfestes und am Ostermontage weilte dann Pater Petrus abermals am Bette der Stigmatisierten; und bei dem letzten Besuche hatte er endlich mit drei anderen Dominikanern Gelegenheit, ihre Wundmale genauer zu sehen. Nachdem sie mit ihr die Tageszeit zum Hl. Geist gebetet hatten, ließen sie sich vor ihrem Bette nieder:

„Während wir nun mit ihr aßen", schreibt Petrus, „habe ich dreimal in ihren Händen die Wundmale Christi beobachtet. Mitten in der inneren Fläche einer jeden Hand sah ich eine Wunde, sie war rund, hatte den Umfang eines Sterlings, das rohe Fleisch war sichtbar, und nicht zuletzt sah sie nicht aus wie gemalt, sondern sie war in etwa ins Fleisch hineingedrückt. So sahen die Wunden auch die ganze Osteroktav hindurch aus mit dem Unterschiede, daß sie jeden Tag etwas kleiner wurden. Auch auf dem Rücken der Hand war eine Wunde, die sich der inneren gegenüber befand, ihr an Größe entsprach, als ob sie die Spur eines die Hand durchdringenden Nagels gewesen wäre." ·

Christina selbst jedoch sprach kein Wort mit Petrus über die Wundmale. Dieser aber verhörte sorgfältig im einzelnen Christinas Vertraute, die alles gesehen und gehört hatten, und zwar Hilla vom Berge, des Pfarrers Schwester Gertrud, die blinde Aleidis und eine andere Jungfrau weltlichen Standes aus Stommeln. Und alle diese bekundeten übereinstimmend folgendes: „Am Gründonnerstag, als die Mette vom Karfreitag beendigt war, zur Zeit der Abenddämmerung, geleiteten wir Christina zur Wohnung der Aleidis. Da begann sie in einer uns ungewohnten Weise zu reden und sprach: „Geliebte Gefährtinnen, ich weiß nicht, was mit mir vorgeht." Und als sie dies gesagt hatte, begann sie zu zagen und innerlich bestürzt zu werden. Die Angst nahm derart zu, daß sie kurz vor Mitternacht Blut schwitzte, und diese Bestürzung dauerte fort bis zum nächsten Tage, wo wir wegen des Gottesdienstes alle zur Kirche gingen. Die Aleidis aber, die wegen ihrer Blindheit und Körperschwäche allein bei

---

[12]) Steffens, S. 52—53.

Christina zurückblieb, sagte folgendes: „Ich habe ein Krachen gehört, wie wenn ein Mensch derart ausgereckt würde, daß alle Knochen aus den Gelenken gerissen würden [13]). Auch habe ich Stimmen und Worte gehört, die ich in meinem Leben nicht offenbaren werde."

Wir sehen, daß Petrus von Dazien sich durch genaue Zeugenaussagen informieren ließ; und schwerlich können wir ihn der Leichtgläubigkeit zeihen. Dafür spricht auch das nunmehr zu schildernde Erlebnis, bei dem wir ihn in der Gesellschaft eines sehr gelehrten italienischen Ordensbruders in Stommeln treffen und das die ruhige, objektive Art seines Beobachtens zeigt.

Petrus von Dazien hatte in der Folge noch drei weitere Besuche in Stommeln unternommen, und zwar am Feste der Kreuzauffindung, an Pfingsten und am Feste Maria Magdalena. An letzterem Tage hatte er einen italienischen hochgelehrten und sehr gebildeten Dominikaner aus Toskana, Aldebrandino (Hildebrand), bei sich, der sich sehr für Christine interessierte, aber betreffs ihrer Stigmatisation sehr skeptisch war. Sogleich aber mußte dieser einen schweren dämonischen Angriff auf Christina mit eigenen Augen miterleben. Die Stigmatisierte mußte deshalb im Bett verweilen. Hier empfing sie auch des Morgens die hl. Kommunion, nach der sie gewöhnlich in Ekstase geriet und ganz starr wurde, so daß man kaum mehr ihren Atem wahrnehmen konnte. Als aber Aldebrandino diese Starre nicht gleich konstatieren konnte, geriet er in seiner feurigen Art in Zorn und ging, von Lüge sprechend, erbost hinweg. Um so wertvoller ist es, wie sich dieser zweifelnde Dominikaner bekehren mußte:

„Nach Tisch ersuchte Aldebrandino den Petrus, ihn zu Christina zu begleiten. Petrus aber wollte nicht. Aldebrandino aber ließ nicht nach mit Bitten, und so entschloß sich Petrus doch schließlich dazu, mit ihm zu Christina zu gehen. Auch der Pfarrer ging mit. Christina lag noch gerade so da, wie am Vormittage, das Gesicht zur Wand gerichtet. Aldebrandino stellte sich zu Häupten des Bettes und beobachtete alles genau. Da er nun kein Lebenszeichen mehr an ihr wahrnahm und auch kein Atemholen mehr bemerken konnte, legte er noch einmal seine Hand auf ihre Schulter und fand diese so starr, als wenn der Tod eingetreten wäre. Die Härte, die er wahrgenommen, brachte sein Herz zur Erweichung. Doch schwieg er einstweilen still. Nachdem sie noch eine Weile schweigend dagesessen, kam Christina in etwa zu sich, jedoch nicht so, daß sie mit den Sinnen etwas wahrnahm, sondern bloß, daß sie atmete und der Körper sich regte. Da fügte es sich, daß sie den linken Arm ausstreckte, wobei ihre Hand sich etwas öffnete. Als nun Aldebrandino, der scharf aufpaßte, in der Handfläche das oben beschriebene purpurrote Kreuzchen erblickte, rief er, von Rührung übermannt, laut aus: „Wehe mir Ungläubigem! Daß ich es jemals gewagt habe, wider eine solche Heiligkeit zu reden! Nie habe ich so etwas gesehen, und keinem würde ich es glauben, wenn ich es

---

[13]) Vgl. hierzu zum Vergleich ähnliche Vorgänge bei der Stigmatisation von Pfaffenhofen, Bärbl Ruess, 1946. Vgl. Konnersreuther Lesebogen 1949, Nr. 5. Pfaffenhofen-Sondernummer.

nicht mit eigenen Augen geschaut! Wehe mir! — wie konnte ich so unsinnig sein, wider eine solche Heiligkeit zu reden! Wahrlich, die ganze Welt vermag nicht, ein solches Kreuz zu bilden! Während Aldebrandino dieses und ähnliches aus Herzensdrang in großer Aufregung sprach, weinten alle vor Rührung. Auch Aldebrandino weinte bis zur Vesper, machte bald sich selbst Vorwürfe, pries bald Gottes Wunderwerke und ging einher wie trunken im Geiste." Zur Vesperzeit gingen alle in die Kirche. Als sie am Fronhofe vorbeikamen, trafen sie die Äbtissin an der Türe des Hauses sitzen. Auf deren Frage, ob sie Christina gesehen, sprach Bruder Aldebrandino: „Gottes herrliche und wunderbare Werke haben wir heute geschaut. Nie hätte ich geglaubt, daß solches zu unseren Zeiten geschehe." Und er erzählte dann den ganzen Hergang.

Wie aber boten sich zu damaliger Zeit die Stigmata Christinens dem aufmerksamen Beobachter dar? Folgen wir in der Schilderung einem genauen Berichte des Paters Petrus, den er im Anschluß an seinen 13. Besuch in Stommeln im Jahre 1269 niederlegte, ein Besuch, den er in Gemeinschaft mit drei anderen Dominikanern unternommen hatte. Christina hatte damals gerade durch einen großen Blutverlust einen Ohnmachtsanfall erlitten. Und hierbei bot sich Petrus von Dazien die beste Gelegenheit, ihre Wundmale einer eingehenden Prüfung zu unterziehen. Über seine Beobachtungen schreibt er des näheren:

„Ich sah nämlich in der jungfräulichen Hand fünfzehn Zeichen (Stigmata) mäßigen Umfanges und von dunkelrotem Aussehen, von runder Form und von geordneter Lage. In der Mitte des Handtellers war ein rotes Zeichen, kleiner als ein Sterling, aber größer als alle anderen Zeichen, um das herum vier nach Art eines Kreuzes auf diese Weise angeordnet waren, etwas kleiner als das erste, aber größer als die zehn übrigen, so daß sie, um wieviel sie von dem ersten übertroffen wurden, um so viel die übrigen übertrafen. Diese fünf waren in dem Fleisch abgebildet, die übrigen zehn aber waren über die fünf Finger der Hand so verteilt, daß an jedem Finger zwei waren, in der Mitte jener Glieder, die dem Handteller am nächsten waren, und zwar so, daß jedes Glied nur von einem Zeichen geschmückt wurde; was so außerordentlich schön anzuschauen war, daß ich glaube, noch nie eine Hand von solcher Schönheit gezeichnet gesehen zu haben ... Und ich sagte darauf dem Plebanus (seinem Begleiter) ... „Strecke denn deine Hand aus und berühre ihre Fußsohle in meiner Gegenwart." Er tat dies sehr furchtsam und zog die Hand, ganz von Blut befleckt, zurück, und ich sagte: „Wir wollen ein Mädchen rufen, das die äußeren Enden der Füße enthülle, damit wir sehen können, was dies bedeutet" ... Ich rief Hilla vom Berge und bat sie, die äußeren Enden der Füße Christinens bloßzulegen. Sie entschuldigte sich zunächst, aber dann, durch Bitten und die Vernunft besiegt, tat sie, worum ich bat. Und wir vier haben gesehen, was ich beschreibe: in der Mitte des rechten Fußes, und zwar sowohl auf dem Fußrücken wie auf der Sohle war eine Wunde, etwas größer als ein Sterling, von der vier Blutbäche nicht zu den Fußfesseln, sondern quer zum Fuße flossen, und zwar in nicht geringer Breite. (Der Blutfluß aus den Wundmalen geschieht oft bei Stigmatisierten entgegen den Gesetzen der Schwerkraft! Vergl. auch Imbert-Gourbeyre, II. Bd., sowie die Beobachtungen Freiherr von Aretins bei Therese Neumann. Berliner Hefte 1946. Der Herausg.) Wir kehren (später) in das Haus Christinens zurück und fanden noch kein Lebenszeichen bei ihr: Sie atmete weder, noch bewegte sie sich, sondern war noch immer ganz starr. In meiner Gegenwart versuchte der Priester, am rechten Ohr das Haupt zu entblößen, und soweit ich bemerken konnte, haben wir dort keine Zeichen finden können. Da er aber den oberen Teil des Kopfes enthüllt hatte, fanden wir drei Blutbäche, die wie aus einer Quelle herausflossen, von denen jeder die Breite von zwei Fingern hatte: von denen die beiden äußersten zu den Schläfen hinstrebten, der mittlere aber in die Mitte zur Nase hin ... Nach dem Ostertage aber hörten wir von ihren vertrauten Freundinnen, daß ihr unterstes Gewand, das dem Körper am nächsten war, von Blut bis zur Breite eines menschlichen Handtellers durchtränkt war, an jener Stelle, wo es die Stelle des Herzens berührte [14]). Aber auch die Zeichen, die an ihren Händen innen und außen ganz anschaulich hervortraten und die breiter als ein Sterling und dabei rund waren, haben wir alle die ganzen acht Tage sorgfältig betrachten können." (Boll. S. 297).

Auch am Karfreitag, dem 22. April 1272, empfing Christine die fünf Wunden wie in den früheren Jahren, und wieder wurde sie am heiligen Osterfeste überreichlich getröstet. An diesem Tage verschwanden sogar die Narben der Wundmale, worüber sie sich besonders freute. Inzwischen aber war ihr geistlicher Führer Petrus von seinem Orden nach Skenninge in Schweden versetzt worden, wo er an Lichtmeß 1272 wohlbehalten angelangt war. Und so besitzen wir aus der Folgezeit einen überaus wertvollen Briefwechsel zwischen beiden. Da aber Christine von den verschiedensten Schicksalsschlägen getroffen worden war, eilte Petrus noch einmal im Jahre 1279 zu ihr, nachdem er erst 1278 in seiner Geburtsstadt Wisby auf Gotland Lehrmeister geworden war. Mit übergroßer Freude wurde er empfangen. Wieder aber hatte Christine unter einem schweren dämonischen Angriff zu leiden. Wieder sah Petrus das früher am St. Christinatage erhaltene Malzeichen der linken Hand. Beim Abschiede geriet Christina in Ekstase; so endete der 15. Besuch jenes Mannes, der der gewissenhafte Biograph dieser großen, aber so sehr verkannten deutschen Stigmatisierten geworden ist.

Aber wir besitzen über die außerordentlichen Tatsachen dieser Stigmatisation nicht nur das Zeugnis des P. Petrus, sondern noch zahlloser anderer Zeugen. Wir müssen uns kurz fassen. Erwähnen wir hier nur noch die Worte, die ein anderer Ordensmann über ihre Ekstasen geäußert hat:

Als am Weißen Sonntag des Jahres 1269 mehrere Obere des Dominikanerordens zum Generalkapitel nach Paris reisten und Stommeln besuchten, da sprach Prior Hermann von Köln, der Christine in der Ekstase gesehen, das

---

[14]) Also in ganz ähnlicher Weise, wie es zahllose Besucher bei der Passionsekstase Therese Neumanns beobachtet haben, wo das Blut sogar die äußere weiße Jacke durchdringt.

Tasche
und Handschuhe
der Christine von Stommeln

Grab der
Christine von Stommeln
in Jülich

bezeichnende Wort: „Dieses Antlitz ist nicht dasjenige eines Menschen, der auf Erden wandelt." Petrus von Dazien stimmt übrigens diesem Urteil bei und fügt hinzu: „Über dieses Antlitz war auch körperlich ein Anflug von Glanz ausgegossen, wie ich ihn nie im Angesichte eines sterblichen Menschen, mit Ausnahme eines einzigen — er meinte den Fürsten der Scholastik, den hl. Thomas von Aquin — wahrgenommen habe."

Noch vieles Wunderbare wäre aus dem Leben Christinas von Stommeln zu berichten. Von ihrer ekstatischen Kommunion, ihrer Enthaltsamkeit, ihren Nachtwachen, Leiden, Kämpfen und Triumphen, insbesondere von ihrem Siegen in hartem, oft grausamem Kampf mit den dämonischen Mächten, die ihr ungeheuer zu schaffen machten und 1283 ihren Höhepunkt erreichten.

Gerade diese letzteren Geschehnisse aber, die sich in unerhörten Gewalttätigkeiten, ja Besudelungen des bösen Feindes äußerten, möchten wir der privaten Lektüre des Lesers in ihren ausführlichen Biographien überlassen [15]).

---

[15]) Über die Tatsächlichkeit und Möglichkeit dieser und noch weit schlimmerer Art dämonischer Anfechtungen, die wir gerade bei Christine von Stommeln in überreichem Maße treffen, gibt uns die Geschichte der Mystik eine erdrückende Zahl unleugbarer und auf das einwandfreieste erwiesener Zeugnisse und Augenzeugenberichte. Diese im Anklang an Magdalena von Pazzi in dem Leben der Heiligen mit „Löwengrube" bezeichneten Vorgänge sind die, man möchte sagen, notwendigen Begleiterscheinungen echter Heiligkeit und Stigmatisation, die den erbitterten Kampf des Dämons gegen diese hervorrufen, da der böse Feind erkennt, daß ihm in den Heiligen und Stigmatisierten die gefährlichsten Gegner erstehen, die ihm durch ihre Buße, ihre Sühne und ihr Gebet den Verlust einer Unzahl sonst verworfener Seelen bedeuten. An diesen Tatsachen der Dämonie in der Geschichte der Stigmatisierten vorbeigehen zu wollen, hieße an den letzten Konsequenzen ihrer Übernatürlichkeit vorbeisehen. In der Tat sind die Stigmatisierten die an hervorragender Stelle stehenden Kämpfer gegen die Mächte der Finsternis, und je höher die Gnaden sind, die ihnen Gott verleiht, um so furchtbarer äußert sich die Wut der Hölle gegen die Träger der Wundmale Christi. Poulain sagt darüber: „Der außergewöhnlichen Gnadenerweisung Gottes geht eine außergewöhnliche Einwirkung des Teufels zur Seite. Die Erde ist das Schlachtfeld. Die zwei Heere der guten wie der bösen Geister streiten nebeneinander um dieselben Seelen" (Poulain II, 198). „Deshalb lehren die Meister des Geistes, daß für solche, durch die passive Reinigung zu den höchsten Stufen des Gebetes geführte Seelen derartige außergewöhnliche und greifbare Plagen von seiten des Satans nicht als Ausnahme, sondern als feststehende Regel gelten." (Jeiler, Kreszentia Höss, S. 63). Eine Unmasse von Beispielen hierzu bringt Görres im III. Band seiner Christl. Mystik (S. 340—470), und auch Imbert-Gourbeyre weist im II. Band seines Werkes (S. 145 ff.) an zahlreichen Belegen nach, daß dämonische Vexationen eine wesentliche Begleiterscheinung der Stigmatisation darstellen. Prof. Dr. Ludwig Fischer sagt in seinem trefflichen Bändchen über die Bamberger Stigmatisierte Columba Schonath (Vom verborgenen Heldentum, Bamberg 1922) hierzu: „Gewiß schreibt Zahn mit vollem Recht: ‚Wer nicht gleichgültig ist gegenüber dem wahren Wohl der Gläubigen und der Ehre der Kirche, wird jedenfalls dringend wünschen, daß kritiklose Weitergabe aller möglichen Spukgeschichten der Vergangenheit angehöre'." Im Interesse des „wahren Wohls der Gläubigen und der Ehre der Kirche" ist aber ebenso dringend zu wünschen, daß der Theologe nicht aus Menschenfurcht den wirklichen Tatsachen im Leben der Heiligen aus dem Wege gehe. Diese Tatsachen offenbaren die ganze Furchtbarkeit des Kampfes, den die Heiligen gegen die Mächte der Finsternis führen mußten. Der hl. Pfarrer von Ars hatte volle 35 Jahre hindurch die

Nicht zu vergessen sind ferner ihre Sühneleiden für die Bekehrung der Sünder und für die Befreiung der Armen Seelen. Im Jahre 1288 war Petrus von Dazien gestorben, Kriegswirren umgaben die Heimat Christinens. Im ganzen aber verlebte sie dennoch einen friedvollen zurückgezogenen Lebensabend in Stommeln, wo sie hochbegnadet am 6. November 1312 im Alter von 70 Jahren starb. Noch bewahrt man dortselbst die Lederhandschuhe, mit denen sie am Ostertage, wenn sie zur Kommunion ging, die Hände verhüllte, damit die nicht ganz vernarbten Wundmale den Blicken der Neugierde entzogen würden. Sie sind mit ein Beweis, daß ihre Stigmatisation noch bis zum Tode angehalten hat. Glorreich war ihr Grab, das durch viele wunderbare Heilungen ausgezeichnet war. Ihre Gebeine wurden 1342 nach Niedeggen in der Eifel übertragen und von da 1583 in ein ihr errichtetes Grabmal nach Jülich gebracht. Ihre Verehrung als Selige hat sich in Stommeln bis auf den heutigen Tag erhalten [16]). Im Jahre 1889 stellte der Erzbischof von Köln bei der Ritenkongregation den Antrag ihrer kirchlichen Anerkennung, und nach gründlicher Prüfung wurde sie am 11. August 1908 durch Papst Pius X. gutgeheißen. Am 18. März 1909 wurde Christina in das kirchliche Kalendarium der Erzdiözese Köln eingetragen und eigene Meßgebete zur Begehung ihres Festes genehmigt. Möge das deutsche rheinische Volk nie seine große Stigmatisierte am Rhein vergessen und immer mehr ihre Verehrung fördern! Denn Christina ist in der Tat ein hoch emporragender Gipfel des Übernatürlichen in der religiösen Geschichte unserer deutschen Heimat. Ein Zeugnis für erstaunliche Gnadenwirkungen Gottes unter uns Menschen, aber auch ein Beispiel, mit welch zähem, ja unglaublichem Opfermut die Heiligen um ihre Begnadung ringen müssen!

Plackereien des Dämons zu ertragen (Vianney-Sleumer 78 ff.). Furchtbar ist, was die sel. Kreszentia von Höss von Keufbeuren (Jeiler 63—72), noch furchtbarer, was Klara Moes (Barthel 223—261) seitens des Dämons erdulden mußte. Einen guten Überblick über diese Tatsachen bietet Fischer a. a. O. S. 27.

[16]) Vgl. eine Notiz des „Katholik" 1936 über ihre Verehrung!

5. Kapitel

Margarete Ebner

Die innige süddeutsche Dulderin

Und nun gelangen wir zu einer Begnadeten, deren Namen wir schon des öfteren rühmend erwähnt haben, zu MARGARETE EBNER, in alter Zeit auch Margarete *Ebnerin* genannt. Sie ist eine der eigentümlichsten, aber auch liebenswürdigsten Gestalten, die wir unter den deutschen Begnadeten des deutschen Mittelalters finden. Eigentümlich, weil sie ihr Leben lang mit den schwersten und unbekanntesten Leiden zu kämpfen hatte, liebenswürdig, weil sie trotz ihres Elends die ganze Güte und Milde, ja den unzerstörbaren Frohmut ihres echt deutschen Gemütes bewahrte, das sich immer aufs neue zu treuer Hingabe und lauterer Gottesliebe entflammte und aus dessen innig-vertrautem Verkehr mit Gott unendliche Schätze seelischer Kraft und innersten Trostes auch heute noch hervorströmen.

Noch jüngst ist in dankenswerter Weise Professor Martin Grabmann ihrem aszetisch-mystischen Entwicklungsgang nachgegangen [1]) und nennt sie eine der markantesten und hochbegnadetsten Gestalten der deutschen Frauenmystik des 14. Jahrhunderts, die den großen dreifachen Weg der Reinigung, Erleuchtung und Einigung in allen Stufen beschritten habe gemäß den Worten des sel. Heinrich Seuse: „Ein gelassener Mensch muß entbildet werden der Kreatur, gebildet werden mit Christo und überbildet werden in der Gottheit." In Anlehnung an Pummerer S. J. (Stimmen aus Maria Laach, 1911, II) gibt er einen fesselnden Überblick über die Hauptphasen ihrer mystischen Höhenentwicklung, in denen uns nach seinem Urteile „die von der hl. Theresia und dem hl. Johannes vom Kreuz beschriebenen Formen und Stufen der mystischen Beschauung, des Gebetslebens, der via unitiva (d. h. des Einigungsweges)... lebendig und innig entgegentreten" (S. 482) [2]).

Margarete Ebner war außerordentlich begnadet. 1291 zu Donauwörth als Kind angesehener Eltern geboren, trat sie bereits mit 15 Jahren in das Dominikanerinnenkloster zu Maria-Medingen ein, das nahe ihrer Vaterstadt gelegen war. Und bald begannen ihre unsagbaren Leiden, und gleichzeitig mit ihnen (1312), im 21. Jahre ihres Lebens, ihre mystischen Zustände und Geisteserhebungen. Drei Jahre litt sie an einer „großen, verborgenen Krankheit", bis sie zuletzt

---

[1]) Vgl. dessen verdienstvollen Aufsatz über die Deutsche Frauenmystik des Mittelalters in seinem Sammelbande Mittelalterliches Geistesleben, I., 1926, S. 479 f.

[2]) Wir bedauern, seine ausgezeichneten Ausführungen hier nicht wörtlich wiedergeben zu können (vgl. ebenda S. 479—84). Im folgenden geben wir einen Überblick über jene Teile ihres mystischen Lebens, die mehr mit ihrer Stigmatisation in Zusammenhang stehen.

Grab der Margarete Ebner
Kloster Maria Medingen bei Donauwörth

Margarete Ebner
Gemälde aus dem 17. Jahrhundert, Maria Medingen

85

dalag, „als sei sie tot, ohne zu essen, ohne zu trinken", wie sie in ihren Lebensaufzeichnungen berichtet [3]).

„Danach befiel mich der große Schweiß. Ich hatte ihn zwanzig Wochen lang, über Tag einmal und über Nacht einmal. Er war unglaublich stark. Man schöpfte ihn von mir aus mit hohlen Händen, große Becken voll. Kurz darauf besserte sich mein Befinden." Aber „nachdem ich wieder etwas gehen konnte, blieb ich dreizehn Jahre (bis 1326) so schwach, daß ich mehr als die Hälfte des Jahres schwer leidend zu Bette lag. Ich war oft in Todesnöten, so daß ich selbst wähnte, ich läge in den letzten Zügen. Auch die Schwestern, die bei mir waren, meinten oft, meine Augen seien bereits gebrochen und ich läge bereits im Sterben" (ebda. S. 54/55). Aber, „da verlangte sie nach größeren Krankheiten zur Sühne". Und Gott schenkte sie ihr in überreichem Maße. Mit ihnen aber auch jene großen Gnadengaben der Gottvereinigung, die wir mit Recht an ihr bewundern dürfen. Was tut es hierbei, daß sie, rein äußerlich betrachtet, krank ist?, so fragte mit Recht Otto Karrer, der in seinem Werke ihr einen außerordentlich anerkennenden Abschnitt widmet [4]). „Die Heiligen haben Fleisch und Knochen wie andere Menschen, und Nerven, die meist viel feiner und reizbarer sind. Sie können nervöse Anfälle haben, sie können auch kranke Nerven haben — und können doch außerhalb ihrer Krisen freundliche, liebenswürdige Anmut zeigen, eine geistige Tiefe, einen seelischen Schwung, eine Würde in ihrer Haltung und Fülle in ihrer Einsicht, die um so sicherer unsere Sympathie gewinnt, als wir den Tribut kennen, den ihre menschliche Gebrechlichkeit für solche Gaben entrichten mußte. Seht ihre leibliche Schwäche — seht ihre seelische Kraft der Geduld, des Vertrauens, der freundlichen, mitfühlenden Liebe: und segnet, wenn schon nicht ihre Schwäche, so doch die seelische Kraft, die sie die Schwäche überwinden ließ!"

„Und doch", fährt Karrer fort, „welch eine innige, feurige Liebe zu Christus das Seelenleben Margaretens beherrscht, ist jedem klar, der ihre Aufzeichnungen liest. Wenn ein örtlicher Brauch ihr die Ehren einer Seligen zuweist — eine andere Berechtigung ließe sich gewiß nicht denken, als ihre mystische Christusfrömmigkeit, das tiefe Mitleiden mit dem Erlöserleiden. . . . Sie kann sich nicht genug tun in dem Verlangen, mit Christus gleichgestaltet zu werden durch Leiden, die ihr die Liebe fortwährend in Honig verwandelt."

[3]) Wir zitieren im folgenden nach der jüngsten Ausgabe ihrer Offenbarungen und Briefe: Der sel. Margarete Ebner Offenbarungen und Briefe, übertragen und eingeleitet von P. Hieronymus Wilms O. P., Vechta i. O. 1928 (V. Bd. der Sammlung Dominikanisches Geistesleben. Zur Einführung in die religiöse Ideenwelt des Dominikanerordens. Vgl. zu Obigem S. 50—53).
[4]) Vgl. Die mystische Glut, München 1926, S. 232 ff. Wir betonen das insbesondere im Hinblick auf Jacobi, der sie nur als Kranke und sexuell Verirrte behandelt (S. 17/18). Margarete Ebner ist nicht zu beurteilen, wenn wir nicht in ihr die tiefe Christusliebe als das Dominierende erblicken. „Von ‚Hysterie' verächtlichen Sinnes in solchen Fällen zu reden, erscheint als Entweihung, als mangelnde Ehrfurcht vor dem Heiligen", sagt Karrer; „Nervenkrankheiten können sich sehr wohl, wie jedes andere Leiden, mit heiligem Leben, heroischer Tugend und großen Gnaden vertragen." Vgl. hierzu auch das übernächste Zitat aus Karrer.

So kann es uns nicht wundern, daß ihre Leiden, aber auch die ihr verliehenen Gnaden wachsen und wachsen bis zu jenem Grade, den wir auch bei anderen Stigmatisierten treffen. Und merkwürdig, sie steigerten sich auch bei ihr in den Rhythmen des Kirchenjahres, um jeweils am Karfreitag ihren Höhepunkt zu erlangen. Sie leidet auf mystische Weise die Leiden des Heilandes mit. In einer Fastenzeit steigert es sich so, daß sie in ihren ungelenken Worten berichtet: „Wenn ich das heilige Leiden meines Herrn beim Predigen oder beim Lesen höre, oder so ich es sonst erwähnen höre, so wird mein Herz wie von einem kräftigen Stoß getroffen. Der verteilt sich in all meine Glieder. Ich werde innerlich und äußerlich gefangen und gebunden und vermag mich nicht zu regen. Das währt zuweilen einen halben Tag. Ich vermag auch kein Wort zu sprechen und kann nicht leiden, daß mich jemand anrühre." Zu dieser Zeit (1339) empfing sie auf mystische Weise die Wundmale: „Item, zu dieser Zeit war mir eines Nachts gegeben, daß ich an mir die heiligen fünf Minnezeichen sah, an Händen, an Füßen und im Herzen. Und ich empfand die allergrößte Gnade, wenn ich daran dachte!" Ob sie hierbei physisch stigmatisiert wurde und die Wundmale länger trug, läßt sich aus den Quellen heute nicht mehr mit Sicherheit erkennen. Jedenfalls steigerte sich ihr Mitleiden in jener Fastenzeit noch bedeutend [5]): „Am Palmsonntag hörte ich den Konvent die Psalmen singen. Da kam mir das gewöhnliche Schweigen und das währte an mir, bis man die Passion während der Messe las. Der größte Jammer und der empfindlichste Schmerz seines gegenwärtigen Leidens durchdrang mein Herz und alle meine Glieder. Es packte mich so kräftig, daß ich an mich halten mußte. Dann brach ich mit klagender, weinender Stimme in die Worte aus ‚O weh, o weh! Mein Herr Jesus Christus, o weh, o weh! Mein herrliches Lieb Jesus Christus!'" Am Karfreitag aber verließ sie auf einmal das schwere Siechtum, sie konnte an Ostern wieder zur Messe gehen.

„In der folgenden Fastenzeit kam das Leiden erneut und schwerer über sie. Wieder lag sie auf den Tod krank danieder: ‚Als ich die Metten anfing, überkam mein Herz der allergrößte Schmerz und ein Leid, so bitter, als ob ich wirklich in der Gegenwart meines geminnten herzinnigst Geliebten (Heilandes) gewesen wäre und das schmerzliche Leiden mit meinen Augen sähe und zu der Zeit alles vor mir geschehen wäre. Ich war bis zu dieser Zeit rechten Leides all mein Lebtag noch niemals inne geworden. Mein Schmerz und das bittere Weh waren so groß, daß mich deuchte, keinem Menschen auf Erden wäre je weher geschehen. Ich möchte St. Maria Magdalena nicht ausnehmen.

Als ich in der Matutin drei Lektionen gelesen hatte, konnte ich nicht mehr

---

[5]) Imbert-Gourbeyre datiert das Jahr ihrer Stigmatisation auf 1339. Das Ausmaß ihrer stigmatischen Schmerzen, von denen Imbert berichtet, wird von Görres (II, 424/425) dahin fixiert, daß sie „in dem Haupte wunderliche Schmerzen hatte, als ob es ... durchbrochen und durchstochen wäre". Und sie empfindet des schmerzlichen Brechens in allen Gliedern und sonderlich in der Seite, in dem Rücken und in den Beinen ... „denn daß ich in Todesnöten wäre".

weiterlesen. Das lebhafte Leiden währte, bis daß die Metten gesungen waren. Sie legten mich nieder, und es war mir so weh, daß ich mich dem Tode ergeben hatte, ja es wäre mir nichts in der Welt so begehrenswert und wonniglich gewesen wie der Tod in der Minne und in dem Leid wegen der Leiden meines Herrn.'" (Wilms, S. 124.)

Und immer, wenn vom Leiden des Herrn gesprochen wurde, „dann schoß es mir in das Herz und verteilte sich in alle meine Glieder, und ich ward dann mit dem Schweigen gebunden und immer heftiger gefangen. So sitze ich dann lange, zuweilen länger, zuweilen kürzer. Danach wird mein Herz wie von einem Geschoß mit verborgener Kraft getroffen. Das zieht empor in mein Haupt, es fährt in alle meine Glieder und bricht sie gewaltsam. . . . Zuweilen faßt es mich so kräftig, daß mir davon das rote Blut ausbricht. Dann geschieht mir so weh, daß mich dünkt, ich könnte mit dem Leben nicht mehr davonkommen. Das wäre mir ein großer Trost, in dieser Minne mein Leben zu geben" (Wilms, S. 126/127).

Und wieder wurde sie plötzlich am Karfreitag von allen Leiden geheilt — wir sehen hier merkwürdige Parallelen zur Stigmatisierten von Konnersreuth [6]).

An ähnlichen Nöten aber litt sie das ganze Jahr, und auch in der folgenden Karwoche zeigte sich dieselbe wunderbare Heilung: „Beim Beginn des Auferstehungsamtes am Karsamstag wollte ich niemand bei mir lassen. Ich hieß sie alle in den Chor gehen. Ich war allein. *Da, unter dem Gloria in excelsis strömt mir die allergrößte Kraft zu mit der süßesten Gnade, und zwar eine innere Gnade, worin ich die vollkommene Gesundheit erhielt.* Zugleich ward mir von der getreuen Hilfe Jesu Christi die Eingebung zuteil: Ich hätte mit ihm gelitten, ich solle nun auch fröhlich mit ihm auferstehen" (Wilms, S. 129). Sie stand gesund auf, zum Erstaunen und zur Freude des gesamten Konventes.

Auch für die Stigmatisierung ihres Herzens haben wir ein eigenes Zeugnis: „Als ich danach entschlief, *da weckte mich das minnigliche Leiden meines Herrn*

---

[6]) Dieses Faktum zeigt sehr deutlich, daß es sich in der Hauptsache bei Margarete Ebner um übernatürliche Leiden gehandelt haben dürfte; wobei jedoch ein gutes Teil natürlicher Leiden nicht ausgeschlossen ist. Wie aber überhaupt bei *allen* übernatürlichen Erscheinungen die Natur eine große Rolle spielt, da ja die Gnade stets auf der Natur aufbaut (Thomas von Aquin). Bemerkenswert ist übrigens, daß Margarete Ebner von vornherein gegen ihre Krankheit ankämpfte, also sich nicht ihr willenlos ergab: „In dem ersten Jahr (1312) suchte ich menschliche Arznei; aber ich wurde nur sicher und sicher, *und dies besonders während der Fastenzeit.* Die letzten Wochen der Fastenzeit stieg mein Weh aufs höchste. In diesem ersten Fasten war mir die Zunge wie gebunden, daß ich kein Wort zu sprechen vermochte. Ich hatte aber das erste Jahr das größte Leid innerlich und äußerlich davon, *daß ich mich Gott nicht gänzlich ergab, sondern allzeit nach Gesundheit verlangte.*" (Wilms, S. 51). Deutlich also sieht man hier, wie die Erkrankung gegen ihren Willen ist und wie diese sich auch gegen ihren Willen zu Ostern steigerte, was ganz offensichtlich auf den vorwiegend übernatürlichen Charakter ihres ganzen Leidens hindeutet. Übrigens hat sie auch später noch, auch als sie sich ins Leiden ergeben hatte, um Besserung desselben gebetet (ebda S. 52). Außerdem hatte sie das gesunde Bestreben, sich in der Gewalt zu halten (S. 53), etwas, was ebenfalls gegen den hysterischen Charakter der Leiden spricht.

mit einem geschwinden Schuß (sagitta acuta) seines Minnepfeiles, der mit großem Schmerz mein Herz traf. Und da verstand ich im Wissen und Empfinden seiner Gnaden, daß es die Stunde war, wo meines allerliebsten Herrn Leiden auf dem Berg im Gebet anfing, da er schwitzte den blutigen Schweiß. Das war mir im vorigen Jahr um dieselbe Zeit auch in derselben Weise gegeben worden. Schon die vierzehn Tage vorher empfand ich es in meinem Herzen mit großen Schmerzen zu derselben Stunde, ohne von der Stunde zu wissen; doch hatte ich eine Ahnung, es wäre jene Stunde. Aber das wahre Wissen ist mir nun zu dieser Stunde zum zweiten Male gegeben worden, wie ich soeben geschrieben habe" (Wilms, S. 201/202).

Wir konstantierten also bei ihr eine ausgesprochen innere — vielleicht geistige — Stigmatisation des Herzens.

Alles in allem aber ist ihr Leben ein Bild heroischer Opferliebe, ein Gleichförmigwerden mit Christus, wie wir es nicht allzuoft in der Geschichte der Mystik finden. Das ganze Jahr hindurch leidet sie je nach den Zeiten des Kirchenjahres. Sie ist von einer Teilnahme und einem Mitgefühl an den Leiden des Erlösers, aber auch ihrer Mitmenschen, die ergreifend und erschütternd wirkt und die so recht die Tiefe ihrer deutschen Seele offenbart. Gar oft hat sie denn auch der Herr durch übernatürliche Ekstasen und Visionen in ihren namenlosen Leiden getröstet. Durch die herben Läuterungen aber, denen Gott sie unterwarf, gelangte sie schließlich zu den innigsten Stufen der Gottvereinigung und bis zur mystischen Vermählung[7]). Bei ihren Verzückungen hat man auch bei ihr die Schwebeekstase beobachtet.

Wohl die liebreizendsten Visionen, die ihr Gott während ihrer Leiden schenkte, sind die des Jesuskindes, die sie zugleich für die innige Verehrung belohnten, die sie zu diesem hatte. Ihr Leben ist angefüllt mit einer Unzahl köstlicher Züge ihres geradezu mütterlich liebenden Herzens. Da erhält sie z. B. ein schönes Wiener Jesukind zum Geschenk, das von vier Engeln umgeben war. Des Nachts machte das Kindlein auf einmal Lärm und weckte Margarete; es vergnügte sich in seiner Wiege. — „Warum bleibst du nicht ruhig?" sagte sie zu ihm. „Ich habe doch dein Bett gut gemacht." — „Ich will, daß du mich nimmst", erwiderte ihr das Kind. — Und Margarete nahm es in ihre Arme und sagte zu ihm: „Nun umarme mich, weil du meinen Schlaf erfreut hast."

Eine große Gnade Gottes war es übrigens für Margarete Ebner, daß ihr in entscheidenden Jahren ihrer mystischen Gnaden ein erprobter Seelenführer zur Seite stand. Von 1332 bis zum Ende ihres Lebens unterhielt sie mit dem Dominikaner Heinrich von Nördlingen eine geistliche Freundschaft, ähnlich jener, wie sie von dem hl. Dominikus und der sel. Diana, und zur selben Zeit zwischen dem sel. Heinrich Seuse und Elsbeth Stagel und später auch zwischen

---

[7]) Vgl. Wilms, S. 147. Margarete war zugleich eine große Verehrerin des Herzens Jesu und erhielt aus demselben auf mystische Weise große Gnaden (vgl. Richstätter, a. a. O., S. 110).

Franz von Sales und Franziska von Chantal berichtet wird [8]). Heinrich von Nördlingen war es auch, der Margarete veranlaßte, ihre Offenbarungen aufzuzeichnen. Nachdem ihre Handschriften lange verborgen lagen, sind sie im vorigen Jahrhundert zu gleicher Zeit wie der Briefwechsel Heinrichs mit den Dominikanern veröffentlicht worden. Sie sind ein Denkmal deutscher Geistigkeit, das für die allgemeine und die Kulturgeschichte der Zeit und auch die wissenschaftliche Mystik von kostbarem Werte ist. Auch der große Straßburger Mystiker Johannes Tauler, der der geistliche Vater und Freund Heinrichs von Nördlingen war, verehrte Margarete sehr und hat sie in Medingen besucht.

Am 20. Juni 1351 starb Margarete Ebner. Der Ruf ihrer Heiligkeit drang in alle Welt. Und so wird ihr Grab bis auf den heutigen Tag hochverehrt. Im letzten Jahrhundert sammelte man in einem Buche die zahlreichen Gebetserhörungen, die dortselbst seit mehr als dreihundert Jahren geschehen sind. Im Jahre 1686 billigte der Bischof von Augsburg stillschweigend ihren Kult in Erwartung der formellen Billigung von Rom, die noch nicht gegeben worden war. Jährlich aber pilgert das katholische bayrische Volk in zahlreichen Wallfahrten nach Medingen, um am Grabe der Seligen inständig zu beten.

Möge die große süddeutsche Mystikerin nie von dem deutschen Volke vergessen, nein, mehr und mehr verehrt und angerufen werden, damit der Ruhm deutscher Gottinnigkeit weit hinausdringe in aller Herzen und uns aneifere, in ähnlich hingebender Weise Gott zu dienen, wie sie es getan hat. — Das ist der Wunsch, mit dem wir unseren Bericht über das Leben dieser deutschen Dulderin schließen. Mit ihr ist eine der liebenswertesten und heroischsten Gestalten des Mittelalters dahingegangen.

Nach Margarete ist die Stigmatisation in den Dominikanerklöstern Deutschlands für mehr als dreihundert Jahre unterbrochen worden, aber wir sehen sie wieder aufleben gegen Ende des siebzehnten bis in das achtzehnte Jahrhundert.

---

[8]) Der Briefwechsel Margarete Ebners mit ihrem Seelenführer Heinrich von Nördlingen gilt als die erste Briefsammlung in deutscher Sprache. Man vgl. auch das Lebensbild aus seiner Feder, sowie ihre Selbstbiographie und die Ausgabe ihrer Briefe (bei Wilms zu einem Bande vereinigt).

6. Kapitel

Angela von Foligno

Wir verlassen für einige Augenblicke die Reihe der deutschen Stigmatisierten des Mittelalters, um uns zwei Mitduldern der Passion in Italien, und zwar ANGELA VON FOLIGNO, und dann der wohl hervorragendsten Stigmatisierten des hohen Mittelalters, KATHARINA VON SIENA, zuzuwenden. Kaum

Angela von Foligno (Holzschnitt von 1521)

eine andere hat so meisterhaft wie Angela für jene Zeit zum Ausdruck gebracht, was das Miterleiden der Passion Jesu Christi in seinem tiefsten Kern bedeutet. Ein wahres Hohes Lied des Mitgekreuzigtseins mit Christus ist es, das diese Meisterin des inneren Lebens geschrieben. Sie ist, obwohl nicht mit

Vgl. Angela von Foligno, Geschichte und Tröstungen, nach ihren eigenen Worten aufgezeichnet, Christiana-Verlag.

den äußeren Blutmalen ausgezeichnet, dennoch eine wirkliche „Mitdulderin"
des Herrn (im Sinne der compatients, von denen Imbert-Gourbeyre spricht),
die durch ihre berühmten „Gesichte und Tröstungen" in unauslöschlicher Weise
in die Geschichte der Mystik eingeschrieben ist. Wer je die ergreifenden, inneren Erkenntnisse und Gnadenerlebnisse dieser gotterfüllten Seele gelesen,
wer dieses Kleinod der mystisch-aszetischen Literatur mit der ganzen Tiefe
seiner Seele in sich aufgenommen, der wird die Worte eines Johannes Jörgensen, des großen dänischen Konvertiten verstehen, daß dieses Buch „durch
die Macht seines Inhaltes sechshundert Jahre hindurch zu den Herzen gesprochen hat und eine Quelle der Weisheit und des Lebens für Männer wie
St. Philipp Neri, St. Franz von Sales und St. Alfons von Liguori geworden ist."

ANGELA war 1248 in Foligno geboren. Von großer körperlicher Schönheit
und anziehendem Wesen, ward sie frühzeitig vermählt und wurde bald Mutter
vieler Kinder. Sehr der Welt und deren Zerstreuungen hingegeben, lebte sie
auf ihrem Schlosse ganz und gar dem Diesseits. Da erfaßte sie der Herr in
tiefster Seele mit seiner Gnade. Durch den Tod ihrer Mutter, ihres Gatten
und ihrer Kinder erkannte sie die ganze Oberflächlichkeit ihres bisherigen
Lebens; und indem sie alle ihre Güter verkaufte und den Erlös den Armen
schenkte, entschloß sie sich, der Welt und ihrer Üppigkeit auf immer zu entsagen. Sie nahm das Kleid des Dritten Ordens des hl. Franz, um fortan Gott
und der Hingabe an seine Gebote und damit der Buße und Abtötung zu leben.
Hier, in der „Weisheit des Kreuzes", fand sie in der Tat die großen Reichtümer
echten und wahren Mensch- und Christseins. Gott aber führte sie in einem
heroischen Leben der Sühne von Gnade zu Gnade. Höher und höher schrei-
tend, sollte sie nicht nur die höchsten Stufen der Beschauung und der Gottvereinigung erlangen, sondern auch eine der bedeutendsten Mitdulderinnen
der Passion Unseres Herrn werden. Einst hatte sie den hl. Johannes und die
allerseligste Jungfrau gebeten, dieselben Schmerzen erdulden zu dürfen, die
diese unter dem Kreuz empfunden hatten. In ungeahnter Weise sollte sie erhört werden. In großen Visionen schaute sie das Kreuzesleiden Jesu Christi.

Erschütternd ist, was sie in den „Sieben Offenbarungen über das Leiden
Christi" darüber schreibt. Es gehört mit zu dem Ergreifendsten, das wir aus
dem Munde von stigmatisch Begnadeten kennen: [1]

„Einmal war ich in Betrachtung über das Leiden und die Armut des
Mensch gewordenen Sohnes Gottes. Da zeigte Christus mir seine übergroße
Armut, ich sah, wie er sie mir klar in meinem Herzen vorführte, wie er
wünschte, daß ich zusehen und genau überlegen sollte. Auch sah ich diejenigen,
um deretwillen er sich arm gegeben, was mich dermaßen mit Schmerz und
Entrüstung erfüllte, daß mein Herz fast verzagte. Hierauf zeigte er mir noch
ausgiebiger von seinem Leiden. Ich sah ihn arm an Freunden und Verwandten

---

[1] Wir zitieren im folgenden nach der trefflichen deutschen Ausgabe ihrer „Gesichte und Tröstungen" von Jan v. d. Arend in Sammlung Religiöse Geister, Mainz
1924, die wir nicht warm genug empfehlen können.

und an seinem eigenen Wesen so dürftig, daß er sich nach menschlichem Vermögen nicht helfen konnte."

„Dann stand ich tiefbewegt aufs neue in der Betrachtung über die Leiden des Menschensohnes versunken, der mir noch mehr von seinem Leiden, als ich bis jetzt erfahren hatte, zeigte. Ich erkannte, wie Christus in diesem seinen Leiden alle verstockten Herzen der Gottlosen wider sich gestellt, alle Glieder mit großer Eindringlichkeit an der Vertilgung seines Namens arbeiten sah. Und er sah, wie weit ihre Gedanken und ihr Eifer sich auf diese Vertilgung erstreckten; sah all die Geriebenheit, alle Kniffe und Ränke, von den Gottlosen gegen ihn aufgebracht. Auch die Anzahl ihrer Beratungen und Verleumdungen sah er, all ihren Zorn und entsetzliche Wut, ihr Trachten und Sinnen, ihn noch grausamer zu betrüben. Denn die Grausamkeit seiner Leiden war eine gewaltige. Was er schaute, war Pein, Verletzung und Schmach." Es sind dies Gesichte, die uns lebhaft an diejenigen einer Katharina Emmerich erinnern.

Inständig flehte sie darauf zur Gottesmutter:

„Heilige Maria, schmerzhafte Mutter, sage mir einiges von dem Leiden des gebenedeiten Sohnes Gottes, weil du in deiner ununterbrochenen Liebe zu ihm mehr von diesem Leiden gesehen hast als irgendein anderer Heiliger. Hast du ihn doch angeschaut mit den Augen des Leibes und der Seele, ihn, weil du ihn mit Leib und Seele liebtest, aufs innigste betrachtet."

Angela aber sah sein „Leiden so groß, daß sie es nicht wiedergeben kann". „*Denn meine Seele sah die Leiden Christi so gewaltig, daß,* wenn auch die heilige Maria mehr davon gesehen hat als ein anderer Heiliger, *ich dennoch auf viele Weisen verstehe, daß weder sie noch ein anderer Heiliger diese Leiden in Worten auszudrücken vermag.* Ja, würde jemand das Wort finden, so würde ich zu ihm sagen: Du bist derjenige, der sie erduldet hat."

Und sie fährt fort:

„*Ein anderes Mal ward mir jener scharfe Schmerz, der sich der Seele Christi bemeistert hatte, angekündigt, ein Schmerz so heftig, daß kein Herz ihn bedenken, keine Zunge ihn nennen kann.* Und weil meine Seele in dem Sohne der heiligen Jungfrau so viel Schmerz entdeckte, wurde sie über alles betrübt und in eine Trauer versetzt, wie sie dieselbe niemals vordem gekannt hatte; auch deswegen konnte ich keinerlei Freude finden."

„Alsdann verstand meine Seele die vielen Gründe und Ursachen seines ungeheuer scharfen Schmerzes. War doch seine überaus heilige Seele ohne Sünden und durfte schon deswegen keine Strafe erhalten. Aber es geschah, weil er allein aus einer überquellenden Liebe zu uns Undankbaren, Feindseligen und Unwürdigen, die ihn, während er uns durch seine Leiden erlöste, noch obendrein verhöhnten und verspotteten, die Sünden auf sich nahm. Weil die Sünde der Kreuziger um so größer war, als seine Seele, der eine jegliche Sünde verhaßt und ungefällig, mehr durch sie als durch andere Sünden betroffen ward. Weil so viele Völker, Heiden sowohl als Juden, jene Sünden

begangen, ja der ganze Erdkreis fast an dem Festtage sich gegen ihn verbunden hatte. Wie schwer darum das Leid über alle Nationen!"

Noch „viele andere Dinge aber wurden ihr deutlich gezeigt", worüber sie
weder reden will noch kann. Hierbei aber war es, *wo sie die ganze Wucht
der Kreuzigung Christi miterlebte: „außer mir vor Schmerz geriet ich — so
sagt sie — in das Leidgefühl der Kreuzigung. . . ."* Und bald darauf nahm sie
in noch tieferer Weise an derselben teil:

„Ein anderes Mal dachte ich nach über den großen Schmerz, den Christus
am Kreuze erlitten, *gedachte jener Nägel, die,* wie ich hatte sagen hören, *das
Fleisch seiner Hände und Füße in das Holz getrieben hatten;* und ich begehrte wenigstens etwas von dem Fleische Christi, das mit den Nägeln in das
Holz gedrungen war, zu sehen. *Darauf überkam mich wegen dieser Folterung
Christi ein solcher Schmerz, daß ich nicht mehr stehen bleiben konnte. Ich ließ*
das Haupt sinken und setzte mich."

Und als sie in dieser Weise das Leiden und den Tod des Herrn vor sich
sieht, da wird ihr ein ganz erschütterndes Wort in die Seele geprägt, über das
ihr die ganze Größe der Opfertat Christi bewußt wird: „Dann ward in meiner
Seele das Wort laut: ‚Ich habe dich nicht zum Trug geliebt'. Es versetzte jedoch meiner Seele einen tödlichen Schlag, weil ihre Augen plötzlich geöffnet
wurden und ich einsah, wie aufrichtig wahr das sei, was er sagte. Denn ich
sah die Werke und die Wirkung jener Liebe, alles, was der Sohn Gottes für
diese Liebe tut. Ich sah, was der Gottmensch im Leben und im Tode ausgestanden, er, so ganz Leidenschaft für die unsagbare, herzaufwallende Liebe."

Und dann vergleicht sie ihre eigene Untreue gegenüber dem, der sie mit so
unaussprechlicher Liebe liebt: „In mir erblickte ich hingegen das Umgekehrte:
Keine Wahrheit, sondern nur trügerisches Lieben." Und „dieser Anblick verursachte mir eine Todespein, einen Schmerz, so unausstehlich, daß ich daran
zu sterben glaubte". Als ich dann „aus dem Vorhergesagten seine wahrhaftige
Liebe zu mir entnahm, gewahrte ich, wie alle Zeichen der aufrichtigsten Liebe
in ihm seien, wie er sich ganz und gar hergab, um mir zu dienen, wie er sich
mir zueignete in jener Weise, daß er Menschengestalt angenommen, um desto
besser meine Leiden zu tragen und zu empfinden, und dann gerade das Gegenteil in mir entdeckte, *ergriff mich ein so gewaltiger Schmerz, daß ich fast
daran starb.* Ich fühlte, wie seine Gewalt meinen Brustkorb zersprengte und
mir das Herz zerbrechen wollte. Besonders, als ich über jenes Wort nachdachte:
‚Ich habe dir keine Gefühle von weitem angetragen', und er hinzufügte: ‚Ich
bin deiner Seele weit vertrauter, als sie sich selbst ist'. Aber das hat meinen
Schmerz noch mehr vergrößert, weil ich, je mehr ich Gott in Vertrauen zu mir
sah, desto mehr die Kluft meinerseits erkannte".

Bald darauf aber wurde die Selige zu den Stufen der höchsten Beschauung
geführt; und in ihr wurde ihr erneut das Gesicht des gekreuzigten Gottmenschen, *bei dem sie sich — wie schon vorher beim Anblick seiner hl. Wun-*

den — in einer Art geistiger Stigmatisation von einem scharfen Pfeil durch-
bohrt fühlte:

„Wiederum, als ich während der Erhebung des Leibes unseres Herrn in der
Kirche des heiligen Franziskus war und die Orgel den englischen Lobgesang
Sanctus-sanctus-sanctus verhallen ließ, da ward meine Seele, aufgenommen
und erhoben in jenes unerschaffene Licht, derart angezogen und verschlungen,
daß ich keine Worte dafür finde. Und was auch hierüber gesagt wird, ist vollständig wertlos; keine menschliche Beredsamkeit ist imstande, sich über die
gebenedeite Kreatur jenes unerschaffenen, allmächtigen Gottes zu äußern. Nach
dieser so bodenlos tiefen Versunkenheit in Gott erschien mir, während die vorhergehende Anziehung und Einwirkung fortdauerte, das Bildnis jenes gebenedeiten Gottes und gekreuzigten Menschen, als wäre er soeben vom Kreuze abgenommen, als ströme sein Blut, das rot und sprudelnd aus den Wunden hervorquoll, wie frisches Blut aus frisch geschlagenen Wunden. Dann zeigte sich in
Fugen des hehren Leibes solch eine Lockerung der Gelenke und des Zu-
sammenhanges aller Gliedmaßen, verursacht durch das schauderhafte, grausame Zerren und Verrenken der jungfräulichen Glieder, als sie von den mör-
derischen Händen jener Frevler ans Kreuz genagelt wurden, daß Nerven,
Sehnen und Knochen wie auseinandergerissen, das Gleichmaß des Körpers gestört schien. *Bei diesem Anblick drang ein solches Weh in meine Adern ein, daß*
ich glaubte, mit Leib und Seele in die Leiden des Gekreuzigten verwandelt zu
sein. Bei dem Anblick der abscheulichen Verzerrung der Gelenke und des Aus-
einanderstreckens der Glieder, wodurch alle Nerven wie gerissen und zerlegt,
die Gebeine wie gezählt waren, *wurde ich von einem schärferen Pfeil durch-*
bohrt, als beim Anblick der offenen Wunden, weil mir dadurch besser das Geheimnis seiner Leiden und die entsetzliche Grausamkeit seiner Folter ver-
anschaulicht wurde. Auch erweckte der Anblick des gekreuzigten Leibes des
guten, geliebten Jesus solch ein großes Mitleid, daß nicht nur mein Innerstes,
sondern Mark und Bein vor Schmerz verging; zudem rief er wiederholt neues
Wehklagen hervor und durchdrang die Empfindsamkeit von Geist und Körper
mit einer qualvollen Pein."

Da aber wurde ihr ein wunderbarer Trost, der im Grunde ein herrlicher
Hymnus auf alle Träger Seiner hl. Wunden ist und auf alle, die Seine hl. Leiden mitempfinden:

„Als ich nun so dastand, verschlungen von jenem Schmerze, verwandelt, wie
es schien, in die Leiden des Gekreuzigten, hörte ich, wie er aufseufzte und die
süßesten Segnungen aussprach über diejenigen, die seinem Leiden ergeben
waren, es nachzuahmen suchten und ihn bemitleideten, indem er sagte: „Mein
Vater segnet euch, da ihr Mitleid habt mit mir, meine Trübsal teilet und mir
folget auf meinem Weg; würdig seid ihr, eure Gewänder in meinem Blute zu
waschen. Gesegnet ihr, da ihr würdig befunden worden, mit mir zu leiden,
Armut, Schmerz und Verachtung aus Erbarmen gegen euch selbst zu tragen,
mit mir, der euretwegen von unsäglichen Schmerzen betroffen, gekreuzigt ward,

um euch von ewigen unendlichen Schmerzen zu befreien, zu erlösen. Gesegnet ihr, die ihr meines Leidens, des Wunders aller Zeiten, des Heils und des Lebens der Unglückseligen, der einzigen Zuflucht aller Sünder eingedenk, fromm und mitleidig seid; hierdurch werdet ihr an dem Reiche, an der Glorie und Auferstehung, die ich durch mein Leiden erworben, Anteil haben, sie in alle Ewigkeit mit mir beerben. Gesegnet seid ihr von meinem Vater und dem Heiligen Geiste mit jenem außerordentlichen Segen, den ich beim letzten Urteil gewähre, weil ihr, als ich in mein Eigentum kam, nicht wie meine Verfolger mich zurückgewiesen habt, sondern mich, den einsamen, in eure Herzenskammer mitleidig als Gast aufgenommen; gesegnet ihr, die ihr mitgelitten habt, meine Gefährten sein wolltet, als ich nackt, krank, hungernd und dürstend, sterbend ans Kreuz genagelt hing. Darin habt ihr das wahre Werk der Barmherzigkeit verrichtet. Darum werdet ihr in jener furchtbaren Stunde hören: Kommt, Gesegnete meines Vaters, nehmt das Reich Gottes in Besitz; denn ich hungerte am Kreuze, und ihr wenigstens gabt mir aus Mitleid zu essen."

Für Angela aber kamen ganz tiefe Erkenntnisse aus diesen Schauungen des Gekreuzigten und seiner Leiden:

„Als ich ein anderes Mal betete und mit dem tiefsten Schmerz und Mitleid im Herzen nachdachte über die Leiden Jesu Christi, erwog ich, welch eine Fülle von Ungerechtigkeit in einer jeden meiner Sünden war. Kein Mensch, nicht eine Person, wird sich wegen der Verwahrlosung seines Heiles entschuldigen können, denn zum Erlangen seiner Seligkeit braucht er nicht mehr zu tun, als der Kranke gegenüber seinem Arzt, indem er, besorgt um seine Gesundheit, diesem die Krankheit aufdeckt und sich anschickt, dasjenige zu tun, was der Arzt ihm vorschreibt. So genügt es auch jetzt, daß niemand eine Arznei anwendet, als sich dem Arzte durch Erkenntnis und Beichte seiner Sünden zu eröffnen, alles zu befolgen, was er sagt, und sich vor dem Gegenteil zu hüten."

Und Angela von Foligno erkannte in tiefster Seele, daß das große Heilmittel, die Arznei, die der Herr gegeben, das kostbare Blut Jesu Christi sei, das er am Kreuze für uns dahingegeben ...

In einer letzten Vision wird Angela dann eine letzte hohe Gnade zuteil:

„Einst schaute ich auf das Kreuz und den Gekreuzigten, *und als ich mit leiblichen Augen den Gekreuzigten ansah, wurde meine Seele plötzlich von einer solch feurigen Liebe entzündet, daß sogar die Glieder meines Körpers diese Liebe mit großer Freudigkeit und Wonne empfanden.* Denn ich sah und fühlte, daß Christus die Seele mit dem Arm, der gekreuzigt ward, umschlang, und es durchzuckte mich eine größere Freude, als ich sie jemals gekostet. Und seitdem loderte in mir ein Frohlocken und ein flammendes Leuchten, woraus die Seele das Bewußtsein und die Erkenntnis schöpft, *auf welche Weise dieses unser Fleisch in Gemeinschaft mit Gott geraten ist.* Jene Wonne der Seele ist nicht zu erzählen, das Frohlocken dauert an, und das Leuchten ist heller, als ich anderswo gewahrte. Es verbleibt aber in mir eine solche Sicherheit und Gewißheit meines Zustandes, daß jeder Zweifel über die Herkunft dieses Zustandes und der innerlich vernommenen Einsprechungen aus Gott verschwindet, und ich wundere mich, daß ich bis jetzt daran zweifelte; denn so vollkommen sicher bin ich dieses Zustandes, daß ich nicht glaube, einen Zweifel daran aufkommen lassen zu können, und behauptete um alles in der Welt das Gegenteil. Und welch eine Wonne ergriff mich beim Anblick jener Hand, welche er hinstreckte und mit den Merkmalen der Nägel zeigte, indem er sprach: Seht, das habe ich euretwegen erlitten." So läuterte der Herr die Selige von Foligno *in den namenlosen Leiden des Miterlebens seiner Passion* empor zur letzten Glut der Gottesliebe.

Kein Wunder, daß auch Angela einen großen Einfluß auf ihre Umgebung übte. *Groß ist das Apostolat ihres Lebens:* „Ihre Liebe ist echt und zwingt die Herzen. Eine Reihe von frommen Frauen und Männern schließen sich ihr an und gewinnen einen so nachhaltigen Eindruck vom Ernst ihrer frommen Inbrunst und von der Göttlichkeit ihrer Gnaden, daß sie sich freudig ihrer Leitung unterwerfen. Was sie lehrt, ist keine Theologie, wohl aber eine lebendige, tief empfundene Einsicht: vom ,doppelten Abgrund des Kreuzes und der Allgegenwart Gottes, unterstützt von der tiefen Erfahrung des eigenen Nichts': „Gott erkennen und sich selbst erkennen, das ist unsere Vollkommenheit" [2]).

Und diesen Grundsatz ihres Lebens hat sie bis zum Ende ihrer Tage wahrgemacht. Nach einem Leben voll unerhörter Leiden und Gnaden starb sie am 4. Januar 1309. Ihr Leib ruht in der Kirche zu Foligno.

Gewiß, mag auch Angela von Foligno nicht mit den sichtbaren Wundmalen ausgezeichnet worden sein, sie ist jedenfalls *eine Mitdulderin der Passion, die unsere tiefste Ehrfurcht erweckt* und die, wie selten eine andere, uns den Sinn des Mitleidens der Kreuzigung Christi zu enthüllen vermag!

---

[2]) Karrer, Die große Glut, S. 49.

7. Kapitel

Katharina von Siena

Die große Mystikerin des Apostolates

Und jetzt ist es an der Zeit, zu jener außerordentlichen Stigmatisierten zu kommen, die, in einer Reihe mit Franziskus, Gertrud und Theresia der Großen stehend, ihre Zeit wie ein steiler Gipfel göttlicher Gnade überragt. Nicht umsonst hat Imbert-Gourbeyre das 14. Jahrhundert als das JAHRHUNDERT DER HL. KATHARINA VON SIENA bezeichnet. In ihr wächst erneut die Geschichte der Stigmatisation sichtlich über das Mystisch-Verborgene in das Weltbewegende und Große hinaus. Ist doch die Begnadung und Stigmatisierung der berühmten Sienenserin nur Vorbereitung für ihre eigentliche historische Aufgabe, für jene gewaltige Mission, die sie in der Geschichte der Kirche zu erfüllen hatte: die Zurückführung des Papsttumes aus dem Exil von Avignon nach Rom und damit dessen Errettung aus schwerster Abhängigkeit und Gefahr. Entsprechend ihrer einmaligen Aufgabe aber hat sie Gott mit dem Glanze des Wunderbaren ausgezeichnet, wie kaum eine andere Heilige zuvor. Ja, man könnte ihr bewegtes Leben ein einziges Wunder nennen. Gebete, Abtötungen, Kasteiungen und Visionen begleiten ihren Weg in fast unglaublichem Maße. Durch schwere Krankheiten und Versuchungen hindurch geleitete sie der Herr auf das große Ziel ihres Lebens hin und bestätigte ihre Berufung durch eine wahre Kette von Wundern und übernatürlichen Ereignissen. Mitwirkend mit der Gnade, gelangte Katharina durch ihre Bußübungen, ihre Reinheit und ihre heldenmütigen Tugenden zu den außerordentlichsten Höhen der Heiligkeit. Katharina lebte in einem Eifer für Gott und seine Kirche, der schließlich ihre gesamte physische Kraft verzehrte. Ihr Herz war erfüllt von einem wahren Feuer glühender Gottes- und Menschenliebe: „Die Ehre Gottes und das Heil der Seelen!" — das waren die großen Triebkräfte ihres Lebens! Nicht zu verwundern, daß sie bei dem Grade ihrer Selbsthingabe von Gott mit immer außergewöhnlicheren Gnaden begabt wurde, wie sie in der Geschichte der Mystik nur den größten Heiligen zuteil werden. Im Mittelpunkt all dieser göttlichen Gaben aber steht die Einprägung der Wundmale. Wenn je, so dürfen wir bei Katharina von Siena sagen: „Wunderbar *ist Gott in seinen Heiligen!"* [1]

---

[1] Wir können in diesem Kapitel nur einige wenige übernatürliche Tatsachen aus ihrem Leben herausgreifen. Nicht genug können wir dem Leser ein tieferes Studium desselben empfehlen. Wir verweisen ganz besonders auf die prächtige Biographie von Leclercq-Kaufmann „Die Mystikerin des Apostolates, St. Katharina von Siena", sowie ihre „Briefe" als 7. Bd. der Sammlung „Dominikanisches Geistesleben" zur Einführung in die religiöse Ideenwelt des Dominikanerordens. Beide Schriften im

Katharina von Siena
Nach einem Gemälde von Tiepolo in Wien

KATHARINA wurde als Tochter des angesehenen Färbers Benincasa am 25. März 1347 — also am Hochfeste der Muttergottes — zu Siena geboren. Sie war das jüngste unter 25 Geschwistern. Schon früh zeigte sie einen tiefen Hang zur Verinnerlichung und Frömmigkeit. Mit sechs Jahren bereits liebte sie es, sich in die Einsamkeit zurückzuziehen und in einer Felsengrotte vor der Stadt zu beten. Mit sieben Jahren leistete sie — von Gott dazu angetrieben — das Gelübde der Jungfräulichkeit. Schon damals begann sie mit der Übung des Wachens und des Fastens und zeigte einen glühenden Eifer zur Nächstenliebe. Als man sie — trotz ihrer zurückgezogenen Art — nach damaliger Sitte bereits mit 12 Jahren zu verheiraten wünschte, leistete sie energischen Widerstand, u. a. schnitt sie sich die Haare ab und wurde dafür mit den niedrigsten Magddiensten in dem Hause ihres Vaters bestraft. Aber der Drang des jungen Mädchens zum Gebete, ja zu den härtesten Übungen der Buße, war derart, daß man bald einsehen mußte, daß der Geist Gottes es war, der sie zu alledem antrieb. Von nun an durfte sie sich im elterlichen Hause eine Art Klosterzelle einrichten. Fortan führte sie hier ein Leben immer stärkerer Selbstzucht und Abtötungen, die sie sich trotz der Zartheit und Empfindlichkeit ihres Körpers in immer erstaunlicherem Maße auferlegte. Sie lebt von Brot, Wasser und Kräutern; ihr Nachtlager wird ein Brett, ihr Kissen ein Reisigbündel. Alles und das Letzte, was sie an Annehmlichkeit hat, will sie dem Herrn zum Opfer bringen. Drei Jahre bleibt sie in ihrer Zelle, die sie nur verläßt, um die nahe Kirche der Dominikaner aufzusuchen.

Zusehends begann nun der Herr sie mit immer größeren Gnaden anzueifern. Jetzt auch erhielt sie als Mitglied des Dritten Ordens vom hl. Dominikus in Raymund von Capua einen ausgezeichneten Seelenführer, der an Weisheit wie Heiligkeit hervorragte und später General des Dominikanerordens wurde. Ihn hatte Gott bestimmt, sie in ihrem ungewöhnlichen Streben zu leiten. Er auch ist es, der uns die beispiellose Geschichte ihres Gnadenlebens geschrieben hat, in deren Verlauf Katharina von Stufe zu Stufe emporschritt bis zu den höchsten Höhen der Heiligkeit und der Gottvereinigung. Wie weit sie bereits in ihrem 17. Lebensjahre innerlich vorangeschritten war, das beweist die große erste Eingangsgnade ihres mystischen Lebens: daß sie schon in diesem frühen Alter der großen Gnade der mystischen Vermählung mit Gott gewürdigt wurde.

Es war zur Zeit des Karnevals 1364, des großen Festes der Sinnlichkeit. Katharina befand sich in ihrer Zelie im Gebete. Da erschien ihr Christus, der sich in der Gesellschaft der Gottesmutter und anderer Heiligen befand und sprach zu ihr: „Meine Tochter, um meinetwillen hast du die Eitelkeiten der Welt verachtet, den Freuden des Fleisches entsagt und in mir allein die Lust deines Herzens gesucht. Siehe, darum will ich jetzt, wo sich deine Familie beim Mahle und Feste freut, die Hochzeit deiner Seele feierlich begehen und dich

Albertus-Magnus-Verlag, Vechta i/O. (1929 und 1931). Unter älteren Biographien erwähnen wir als bedeutendste die von E. Chavin von Malan, die im Jahre 1883 in deutscher Sprache (zwei Bände, Regensburg 1874) erschienen ist.

zu meiner Braut im Glauben machen, wie ich dir versprochen habe!"²) Darauf nahm die allerseligste Jungfrau Katharina bei der Hand, stellte sie ihrem Sohne vor und bat ihn, sich mit ihr auf mystische Weise zu vermählen. Der Herr bot ihr darauf in geheimnisvoller Weise den mystischen Brautring dar und sprach u. a. zu ihr: „Also Mut, meine Tochter! Vollziehe von nun an mannhaft und ohne jedes Zögern alle Werke, die die Anordnung meiner Vorsehung in deine Hände legen wird. Ich rüste dich mit der Kraft des Glaubens, du wirst glücklich alle deine Feinde besiegen"³). Darauf verschwand die erhabene Erscheinung. Katharina aber trug immer auf mystische Weise, d. h. nur ihr sichtbar, den kostbaren Ring der mystischen Vereinigung ihrer Seele mit Gott, wie sie oftmals ihrem Seelenführer Raymund von Capua bezeugte. Die Kirche aber gedenkt jenes wunderbaren Ereignisses, indem sie dem Orden des hl. Dominikus gestattet, am Donnerstag nach Quinquagesima den Tag der Vermählung der hl. Katharina von Siena zu feiern.

Zwölf Jahre der Läuterung und schwerer Prüfungen aber sollten vergehen, bis Gott sie vor jene große Aufgabe stellte, zu der er sie von Anfang der Stunde ausersehen. Zu ihrer Vollbringung aber entflammte er ihre Liebe und Tatkraft durch eine ganz besondere Gnade, *durch die der Einprägung der Wundmale!* Eine lange Kette heldenmütiger Taten der Gottes- und Nächstenliebe allerdings sollte sie auf diese erhabene Gnade vorbereiten. Vom Volke begeistert verehrt, wurde sie nicht nur zum Friedensstifter in den grausamen Kämpfen der sich zerfleischenden italienischen Städte und Adelsparteien. Nein, mit noch größerer Hingebung und Liebe, ja in schier grenzenloser Selbstaufopferung weihte sie sich der Pflege der Pestkranken als den Ärmsten der Armen; ohne Rücksicht darauf, etwa selbst ein Opfer dieser furchtbaren Seuche zu werden. Mit diesen Taten eines heroischen Opfermutes hat sie ganz offensichtlich auch die Gnadengabe der Stigmatisation auf sich herabgezogen — soweit Gnaden dieser Art überhaupt verdienbar sind. — Zumindest aber müssen diese erstaunlichen Bußwerke Katharina in entscheidendem Maße für den Empfang der Wundmale geläutert haben.

Ein Ereignis, das ihrer Stigmatisation vorausging, muß in diesem Zusammenhang besonders berichtet werden. Zeugt doch die — wenn auch vorübergehende — Einprägung der Dornenkrone Christi, daß der Herr ihr seine hl. Stigmata sichtlich in engstem Zusammenhange mit ihrem harten Opferleben gewähren wollte:

Andrea, eine Witwe aus dem Dritten Orden der Buße, war von einem schrecklichen Krebs zerfressen; die Wunde war so ansteckend, daß jeder die Kranke mied. Katharina allein verließ sie nicht. Sie wusch und verband morgens und abends ihre Wunde. Eines Tages, als der ausströmende schlechte Geruch in ihr ein Gefühl der Übelkeit hervorrief, wollte sie ihren Widerwillen besiegen und küßte das übelriechende Geschwür. Statt jeder Belohnung ließ

---

²) Wir entnehmen diese Worte der deutschen Ausgabe der „Geschichte der hl. Katharina von Siena" von Emil Chavin von Malan, Bd. I, S. 232.
³) Vgl. hierzu die Übersetzung von Kaufmann.

Gott zu, daß Andrea in innerster Seele schlecht von ihr dachte, den Einflüsterungen des Bösen folgte und sich dazu herbeiließ, ihre Wohltäterin ob ihrer Sitten zu verleumden. Die alten Schwestern von der Buße aber, die sich von der Kranken in der Tat täuschen ließen, riefen Katharina zu sich und warfen ihr ihre Schlechtigkeit vor. Als sie darauf abends in ihre Zelle zurückgekehrt war, legte sie zu Füßen des Gekreuzigten ihre Bitten und ihre Klagen nieder: „Allmächtiger Meister, geliebter Bräutigam meiner Seele", sagte sie, „Du weißt, wie zart und empfindlich der Ruf der Jungfrauen, Deiner Bräute, ist; gabst Du nicht aus diesem Grunde der Heiligen Jungfrau, Deiner Mutter, den hl. Josef zum Beschützer und Bräutigam und scheutest Dich sogar nicht, als ihr Sohn betrachtet zu werden? Du weißt zudem, daß der Vater der Lüge diese Verleumdung erfunden hat, um mich von dieser Kranken zu entfernen, die ich aus Liebe zu Dir bedient habe. Hilf mir, mein Herr und mein Gott! Du, der Du meine Unschuld kennst, laß nicht zu, daß die alte Schlange, die durch Dein Kreuzesleiden besiegt ist, über mich Herr werde." Und Katharina vergoß bei ihrem Gebete Ströme von Tränen. „In diesem Augenblick", so fügt Raymund hinzu, „erschien ihr, wie sie mir im Vertrauen gesagt hat, der Herr und hielt in seiner rechten Hand eine goldene Krone, mit Perlen und kostbaren Steinen geschmückt, und in der linken eine Dornenkrone und sagte zu ihr: ‚Vernimm meine Tochter, daß du diese Kronen zu verschiedenen Zeiten tragen mußt; wähle jene, die dir mehr gefällt. Wenn du in dieser Welt die Dornenkrone nimmst, werde ich dir die goldene Krone für das andere Leben vorbehalten; aber wenn du für jetzt die goldene Krone wählst, wirst du nach dem Tode die Dornenkrone haben.' Katharina erwiderte: ‚Seit langem, o Herr, habe ich auf meinen Willen verzichtet, um nur dem Deinigen zu folgen; es steht mir nicht mehr zu, eine Wahl zu treffen. Aber da Du mir zu sprechen befiehlst, will ich mich stets in diesem Leben Deinem beseligenden Leiden anpassen und um Deinetwillen mit Freuden das Leiden umarmen.' Und indem sie mit beiden Händen dem Herrn die Dornenkrone entriß, drückte sie sich dieselbe so stark auf den Kopf, daß die Dornen überall eindrangen und ihr nach der Vision die heftigsten Schmerzen zurückließen, wie sie selbst eingestand."

Darauf wirkte der Herr ein neues Wunder, um ihre Unschuld zu offenbaren. Als sie ihre Verleumderin verband, umgab sie plötzlich ein himmlisches Licht: Andrea sah sie in der verklärten Gestalt eines Engels. Niedergeschmettert durch dieses Geschehnis, gestand sie ihren Fehler und beweinte ihn bitterlich. Katharina aber fuhr bis zum Ende fort, ihre Sorge an sie zu verschwenden, und auch der Herr setzte seine wunderbaren Offenbarungen fort. Sie wusch eines Tages die Wunde Andreas, und das Geschwür verbreitete einen solch ungewöhnlich stinkenden Geruch, daß es ihr allergrößte Übelkeit verursachte. Aber Katharina will diese neue Versuchung besiegen; sie nimmt das Waschwasser und trinkt es in einem Zuge. Sie gestand später Raymund von Capua ein, daß sie in ihrem Leben noch nie einen so köstlichen Trank getrunken, ebenso auch wie sie noch niemals einen so angenehmen Duft gerochen hat als

Stigmatisation der heiligen Katharina von Siena
Nach einem Fresko von Sodoma in S. Dominico, Siena

an dem Tage, da sie ihre Lippen auf das Geschwür der Andrea legte[4]). Zur Belohnung erschien ihr der Herr von neuem, zeigte ihr seine fünf Wunden und ließ sie in mystisch-geheimnisvoller Weise aus seiner hl. Seite trinken[5]). Raymund von Capua versichert, daß Katharina von dem Augenblick an, da sie aus dieser göttlichen Quelle gekostet hatte, aufhörte, irgendwelche Nahrung zu sich zu nehmen.

Diese Reihe von Wundern, die sich aus Anlaß der Pflege Andreas und der unaufhörlichen Akte des Opfermutes und der Selbstüberwindung immer mehr anhäuften, war nur ein wunderbares Vorspiel zu dem großen Akt der Stigmatisation, die bald darauf zur vollendeten Tatsache wurde.

Es war im Frühling des Jahres 1375. Die Heilige war nach Pisa gekommen, um von den Anstrengungen, die ihr die Pflege der Pestkranken verursacht hatte, auszuruhen. Sie hatte Frieden und Erholung gesucht, mußte aber wiederum tatkräftig in die öffentlichen Wirren eingreifen, um Frieden zu stiften, was ihre Kräfte weiterhin furchtbar aufrieb. Keinen Tag war sie ohne Schmerzen und Schwäche. Ihre glühende Gottesliebe schien sie ganz zu verzehren. Eines

---

[4]) Ähnliche Beispiele schier übermenschlicher innerer Überwindung kennen wir aus dem Leben vieler Heiligen, und stets hat Gott solche Akte freiwilliger Abtötung mit ungeahnten Gnaden belohnt. Eine andere Sache ist es, ob der gewöhnliche Christ solche Akte nachahmen soll. Die Kirche urteilt hierin sehr zurückhaltend. Vgl. z. B. die Ausführungen von E. Hubert in: „Die Nachahmung der Heiligen in Theorie und Praxis" (Freiburg 1912).

[5]) Ein mystischer Vorgang, den wir oft in der Geschichte der Heiligen finden und der in symbolischer Weise zeigt, wie der Herr gleichsam Ströme seiner Gnade und Liebe aus seinem hl. Herzen an seine Auserwählten vergießt. Auch aus dem Leben des hl. Petrus Canisius, des zweiten Apostels der Deutschen, ist dieser Vorgang bekannt. An dem Tage, da er zu Rom vom hl. Ignatius den denkwürdigen Auftrag erhielt, in das durch die Wirren der Reformation tief zerrissene Deutschland zurückzukehren, um erneut den katholischen Glauben zu predigen, erschien ihm Jesus in sichtbarer Gestalt und zeigte ihm sein geöffnetes heiliges Herz. „Da hast du mir, o Herr, in deiner heiligen Brust dein Herz geöffnet, das ich nahe vor mir schaute. Du hießest mich aus Deinem Borne trinken. Ich sollte Wasser des Heiles aus Deinen Quellen schöpfen. Da empfand ich ein heißes Verlangen, es möchten sich daraus Ströme von Glaube, Hoffnung und Liebe in mich ergießen. Ich dürstete nach Armut, Keuschheit und Gehorsam. Ich wagte es, an Dein hochheiliges Herz heranzutreten und meinen Durst aus ihm zu stillen. Daraufhin versprachst du mir ein Gewand, das meine nackte Seele bedecken sollte. Es bestand aus drei Stücken: Friede, Liebe und Beharrlichkeit." Nachher vernahm er mehrere Mal die Worte: „Ecce, ego mitto vos", „Siehe ich sende Euch! Gehet und predigt das Evangelium aller Kreatur!" Die Tage seiner Aussendung von Rom waren tatsächlich frohe Gnadentage für Canisius. War ihm doch zwei Tage vorher nach einer Audienz bei Papst Paul III. eine andere große Gnade zuteil geworden, die er in seinem „Testament" berichtet: „Da gefiel es Deiner unendlichen Güte, o ewiger Hohepriester, daß ich großen Trost und die Gegenwart Deiner Gnade empfand. Auch die hl. Apostel segneten und bestätigten meine Sendung nach Deutschland. Es kam mir vor, als ob sie mir wie einem Apostel Deutschlands ihr Wohlwollen zuzuwenden versprächen. Du, o Herr weißt es, wie sehr und wie oft Du mir an jenem Tage Deutschland empfohlen hast, für welches ich zu leben und zu sterben verlangte. Und so wollte ich zusammenarbeiten mit dem Engel Deutschlands (dem hl. Michael)." Vgl. Richstätter a. a. O. S. 270.

Tages schien sie den letzten Atem auszuhauchen, man hielt sie für tot. Tatsächlich aber war sie nur in Gott entrückt worden. Wieder zu sich gekommen, weinte sie bittere Tränen. Von Raymund von Capua, ihrem Beichtvater, befragt, vermochte sie kaum die ungeheure Beseligung zu schildern, die sie in der Gottvereinigung empfunden hatte. In diesen Tagen der Erleuchtung und Tröstung auch war es, als sie zum ersten Male die Schmerzen Christi am eigenen Leibe erfuhr. Sie schildert ihre Erlebnisse ihrem Seelenführer wie folgt: „In diesen letzten Tagen entzündeten häufige Erscheinungen und unaussprechliche Tröstungen in mir eine so heiße Liebe, daß ich meine Kräfte verlor und im Bett bleiben mußte. In dieser äußersten Schwachheit bat ich den Erlöser Jesus unaufhörlich, mich aus diesem Leibe des Todes zu nehmen, damit meine Seele sich vollkommen mit ihm vereinigen könne. Mein Gebet ward nicht erhört, aber der Erlöser bewilligte mir die Gnade, an meinem Leibe alle seine Leiden im höchst möglichen Grade zu fühlen. Diese Erfahrung des Leidens Jesu Christi ließ mich auf eine wirksamere und vollkommenere Weise erkennen, wie sehr er mich liebte, und das Wachstum seiner Liebe brachte mich zu einer solchen Mattigkeit, daß meine Seele nurmehr nach ihrer Befreiung seufzte. Endlich wollte der, welcher in mir eine so große Glut entzündet hatte, daß meine Liebe stark werde wie der Tod. Mein Herz öffnete und teilte sich, und meine Seele, die von ihrem Leibe getrennt ward, fühlte sich in die Wonnen des Himmels getragen; aber ach — wie kurz erschien mir die Trennung!" Und sie hielt wieder inne um zu weinen [6]).

Da der Herr sie noch nicht für immer zu sich nehmen wollte, sondern ihr bedeutete, daß sie die Zeit ihrer ewigen Pilgerfahrt abwarten müsse, betete sie in jenen Tagen wenigstens um eine andere Gnade. Sie bat darum: „Da Du es willst, mein Gott, so geschehe Dein heiliger Wille. Ich bitte Dich jedoch um eine Gnade: möge ich nämlich während meines übrigen Lebens an den Schmerzen Deines Leidens teilnehmen dürfen, damit, wenn ich noch nicht mit Dir im Himmel vereinigt sein kann, ich doch auf der Erde mit Dir vereinigt sei." [7])

Ihr Wunsch sollte Erhörung finden: sie begann die Leiden des Erlösers während seiner Passion zu fühlen. Und hierin wurde sie endlich die Mitgenossin so vieler anderer Stigmatisierten. Sie schilderte damals diese Vorgänge ihren Schülern mit folgenden Worten:

„Die Schmerzen des Sohnes Gottes waren, wie ich selbst erfahren habe, so herb und heftig, daß es mir unmöglich ist, sie ohne ein fortwährendes Wunder zu ertragen, ohne mehrmals sterben zu müssen. Die Leiden des Sohnes Gottes waren ohne Maß, wie seine Liebe ohne Grenzen war. Also seine Handlungen enthielten soviel Reichtum und Mark, daß jeder, der sie betrachtet, je nach seiner Verfassung die seinem Heile entsprechende Nahrung darin findet. Jesus Christus hatte ein Kreuz des Verlangens zu ertragen, das noch schwerer war

---

[6]) Vgl. Chavin von Malan, Bd. I, S. 110.
[7]) Vgl. Chavin, S. 113.

als sein Kreuz von Holz, wenn er jene Menge von Sündern sah, denen die Vergießung seines Blutes nichts nützen würde. Die beste Weise, die Passion Jesu Christi zu betrachten, ist, ein ernstes Nachdenken über die Liebe anzustellen, womit er sein Blut vergossen hat: so lenkt man die Neigung seines Herzens auf dies anbetungswürdige Blut hin, zieht es an sich durch die Liebe und erwärmt seine Seele an der heißen Glut, womit es vergossen ward[8]).

Endlich aber nahte der große Augenblick der Stigmatisation! Lassen wir das Ereignis von Raymund von Capua berichten, der als geistlicher Vertrauter zugleich Zeuge desselben war. „Es war an einem Sonntag. Ich zelebrierte die hl. Messe in der Kirche der hl. Christina. Katharina wohnte ihr bei, und ich reichte ihr die hl. Kommunion. Bald danach fiel sie, ihrer Gewohnheit gemäß, in Ekstase. Wir, ihre Schüler und ich, warteten mit Ungeduld, daß sie zu sich käme, als wir plötzlich ihren Körper, der ausgestreckt auf der Erde lag, sich wieder aufrichten und sich auf die Knie erheben sahen; sie streckte die Arme und Hände aus; ihr Antlitz war von Licht übergossen. Sie blieb lange und ganz starr in dieser Stellung. Ihre Augen waren geschlossen. Dann fiel sie plötzlich wieder zur Erde, als wenn sie von einer tödlichen Wunde getroffen sei. Endlich kam sie zu sich."

Kaum wieder bei Besinnung, enthüllte sie Pater Raymundus im Vertrauen, was sie soeben erlebt hatte: „,Ehrwürdiger Vater, vernehmt, daß ich durch die Barmherzigkeit Gottes an meinem Leibe die Wundmale unseres Herrn Jesu Christi trage'. Darauf erwiderte ich ihr, daß ich dies aus ihrer Haltung während ihrer Ekstase geahnt hätte, und ich bat sie alsdann, mir zu berichten, wie der Herr dies gewirkt habe."

Und Katharina schilderte ihm auf das genaueste den ergreifenden Vorgang: „,Ich habe', so antwortete sie mir, ,gesehen, wie der Herr, der ans Kreuz geheftet war, von diesem herab auf mich zukam. Er war von einem unaussprechlichen Lichte umflutet. Die Heftigkeit der Bewegungen meiner Seele, ihrem Schöpfer entgegenzueilen, brachte meinen Körper zum Aufstehen. Ich habe dann glänzende Strahlen aus seinen fünf heiligen Wunden strömen sehen, die sich auf meine Hände, meine Füße und auf mein Herz richteten. Ich begriff das Geheimnis und rief aus: Mein Herr und mein Gott, ich flehe Dich an, daß meine Wunden nicht äußerlich erscheinen. Und alsbald verwandelte sich die blutrote Farbe der Strahlen in eine glänzende Farbe; es waren Strahlen reinsten Lichtes, die in meine Hände und Füße und in mein Herz drangen.'

Darauf fragte ich sie: Auf der rechten Seite trafen Dich also keine Strahlen? — ,Nein', erwiderte sie, ,aber wohl auf der linken, direkt über dem Herzen, weil dieser Lichtstrahl, der von der rechten Seite des Herrn ausging, mich ganz gerade und nicht schräg traf.' — Fühltest Du dabei irgendeinen Schmerz? — Katharina antwortete, nachdem sie einen tiefen Seufzer ausgestoßen hatte: ,Der Schmerz, den ich an den Gliedern und besonders am Herzen

---

[8]) Vgl. Chavin, S. 113.

Einzug in Rom
Katharina von Siena führt Papst Gregor XI. zurück in die ewige Stadt

Relief von P. P. Olivieri in der Kirche S. Francesca Romana, Rom

empfinde, ist derart, daß, wenn Gott nicht ein neues Wunder wirkt, es mir unmöglich erscheint, länger zu leben'" [10]).

Katharina wurde erst mit 28 Jahren stigmatisiert, aber sie war ekstatisch seit ihrer Kindheit. Folgen wir noch dem, was Imbert-Gourbeyre zusammenfassend über ihre Ekstasen berichtet: „Oft, wenn sie auf ihr Zimmer ging, um zu beten, sah ihre Mutter, wie sie sich in die Luft erhob, ohne die Stufen der Treppe zu berühren" [11]). Raymund und Stephan von Siena behaupten, sie mehr als tausendmal in Ekstase gesehen zu haben. „Jedesmal, wenn sie sich ihres himmlischen Bräutigams erinnerte", sagt Raymund, „verlor sie den Gebrauch ihrer Sinne; ihre Hände und Füße zogen sich krampfhaft zusammen. Ihre Finger verkrampften sich ineinander oder hefteten sich so fest an den gegriffenen Gegenstand, daß man sie eher hätte zerbrechen müssen, als daß sie das Ergriffene losließen. Ihre Hände, ihre Arme und ihr Hals waren steif. Ihre Mutter, die nichts von der Sache verstand, bemühte sich mehr als einmal, ihr während der Ekstase den Hals wieder aufzurichten, und sie tat dies mit einer solchen Gewalt, daß sie ihr, wäre nicht eine anwesende Freundin dazwischengesprungen, die Halswirbel zerbrochen hätte. — So erklärte die Heilige selbst, nachdem sie aus ihrer Verzückung zu sich gekommen war. Auch ihre Augen waren während der Ekstase geschlossen; sie hörte keinen Lärm, so stark er auch sein mochte, und alle ihre anderen Sinne waren auf dieselbe Weise gebunden. Wenn sie aus ihren Ekstasen, besonders wenn diese länger gewesen waren, zu sich kam, war sie lange wie schlaftrunken, wie jemand, der nicht mehr schläft, aber auch noch nicht ganz wach ist [12]). Einmal, am Feste der Bekehrung des hl. Paulus, blieb sie drei Tage und drei Nächte in Ekstase. Man glaubte, daß sie wie der große Apostel bis in den dritten Himmel entrückt war."

„Ein Umstand", sagt Stephan von Siena, „der bei ihrem ekstatischen Zustand noch besonders zu bemerken ist und den ich mit Ehrfurcht erwähnen muß, ist, daß sie dann, wenn sie am glühendsten betet, sich in die Luft erhebt. Eine große Anzahl ihrer Schüler haben sie oft über die Erde schweben sehen; ich bin selbst Zeuge hierfür gewesen. Diese Erscheinung ist klar in dem von Katharina verfaßten Buche dargelegt worden, das ich teilweise nach ihrem Diktat niederschrieb."

Schon fünf Jahre nach ihrem Tode konnte man in der Verehrung Katharinas einen ersten großen Triumph verzeichnen. Das ganze Siena feierte die feierliche Übertragung ihrer Reliquien. Bereits im Jahre 1461 wurde sie von Papst Pius II. heiliggesprochen. Und nachdem im Jahre 1855 der Leib der

---

[10]) Vgl. La Stigmatisation, I. S. 72.
[11]) Vgl. Die allgemeinen Beobachtungen bei Schwebeekstasen der Heiligen, wie wir sie schon früher anführten.
[12]) Die klassischen Kennzeichen der Ekstase: Herabminderung der Sensibilität, Steifheit der Glieder, Stocken des Blutkreislaufes usw. waren also bei Katharina von Siena in vollendetem Maße vorhanden. Vgl. hierzu dieselben Erscheinungen bei Christine von Stommeln, S. 55 f.

Heiligen in grandioser Prozession in die Kirche Sta. Maria sopra Minerva zu Rom übertragen worden ist, erklärt sie Papst Pius IX. zur zweiten Patronin Roms. Das wunderbarste Zeugnis ihres hochvergeistigten und von Gott erfüllten Lebens aber hat sie uns schriftlich gegeben.

Katharina von Siena hat uns außer ihrem Hauptwerke, dem „Buche der göttlichen Lehre", eine herrliche Sammlung von 375 klassischen, teilweise im Zustande der Ekstase geschriebenen Briefe hinterlassen, die ihr durch ihre „sprachliche Schönheit und Formvollendung in der toskanischen Literatur einen Platz an Dantes und Petrarcas Seite, durch theologische Korrektheit und mystische Tiefe einen Ehrenrang neben Theresia von Jesu sichern" (Wilms). Und in ihnen wirkt sie unter uns fort bis auf den heutigen Tag.

So viel in knapper Zusammenfassung über die Stigmatisation und das ekstasische Leben der großen Heiligen von Siena. Die Einprägung der Wundmale aber war die letzte Vorbereitung auf ihre entscheidende und größte öffentliche Tat: Im Jahre 1376 wurde sie von der Republik Florenz als Gesandtin nach dem französischen Avignon geschickt, wo die Päpste seit vielen Jahren residierten. Ihr politischer Auftrag, der ihr von der Arnostadt geworden, ging dahin, mit dem Hl. Vater Frieden zu schließen. Größer aber war die gottgesetzte Mission, die sie in diesen bewegten Tagen erfüllen sollte: *sie bestimmte Papst Gregor XI., nach Rom zurückzukehren!* Noch am 13. September des Jahrs 1376 brach derselbe zur Ewigen Stadt auf. Und sein Wiedereinzug in die Stadt der Päpste wurde der große Erfolg und Triumph ihres Lebens.

Noch mancherlei wichtige Dienste hat dann Katharina der Kirche geleistet. Ein Urban VI. machte es ihr zur Pflicht, sich zu ihm zu begeben, um das entstehende Schisma des Ostens zu ersticken. Noch wichtiger aber war die von ihrem Einfluß ausgehende und durch Raymund von Capua in die Wege geleitete Reform des Dominikanerordens in Italien und in unserem deutschen Vaterlande. So hat die große Heilige auch auf das geistig-religiöse Leben u n s e r e r Heimat gewirkt.

Aber alle diese Aufgaben, zu denen noch andere politische getreten waren, erschöpften derart ihre Kräfte, daß sie mitten im vollen Wirken dahingerafft wurde. Erschütternd sind die letzten Wochen ihres Lebens. Schon seit langem hatte sie sich morgens nicht mehr vor acht oder neun Uhr erheben können. Da aber findet sie auf einmal auf Befehl des Heilandes wieder Kraft, des Morgens zur Messe zu gehen.

Aber „nach der hl. Kommunion ist sie so schwach, daß man sie wie tot von der Kapelle auf ihr Bett trägt. Dann erhebt sie sich eine oder zwei Stunden danach und geht zu Fuß nach St. Peter, um den ganzen Morgen für die Kirche und den Papst zu beten. Bald muß sie auch darauf verzichten. Sie bleibt zu Bett, in einem Bett, das nur aus einigen Brettern besteht. Ihr Körper ist so ausgemergelt, daß man sie von der Sonne verdörrt nennen müßte, und ihre Leiden erreichen einen solchen Grad, daß sie das Leben vertreiben. Die Schatten des Todes breiten sich über sie aus. ‚Seid versichert', sagte sie zu Pater Bartholomäus Dominikus, ‚daß, wenn ich sterbe, die einzige Ursache

meines Todes der Eifer für die Kirche ist, der in mir brennt und mich verzehrt.' Sie bittet ihre Mutter, sie ein letztes Mal zu segnen. Arme Lapa! Das ist
der stärkste Schlag! Und die alte Frau wirft sich neben dem Bett auf die
Knie, damit ihre Tochter sie ihrerseits segne. Katharina entschläft am 29. April
1380. Sie war dreiunddreißig Jahre alt" [13]).

Früh in der Heiligkeit vollendet, hatte Gott sie über einem Leben voll
Wunder aber auch voll unsagbarer Mühsal und beispielloser Erfolge in den
Frieden seiner e w i g e n Liebe gerufen.

Verzeichnen wir noch, was Imbert-Gourbeyre über das Problem ihrer
Wundmale sagt: „Die Frage der Wundmale der hl. Katharina ist sehr
umstritten worden. Während des Lebens der Heiligen blieben sie allen Blicken
unsichtbar; aber nach ihrem Tode, so sagt man, wurden sie wieder sichtbar,
und man konnte sie tatsächlich und wirklich feststellen. Der Prior von Minerva
schrieb an Raymund von Capua und versicherte ihm, daß er am Tage der Beisetzung der Seligen mit einer Menge Anwesender die ihrem Körper eingeprägten Wundmale gesehen habe. In Venedig, in der Kirche des hl. Johannes und des hl. Paulus, wird ein Fuß der hl. Katharina aufbewahrt, auf
dem man die Einprägung einer Wunde sieht. Im Kloster der Dominikaner vom
hl. Sixtus in Rom wird eine Hand der Heiligen mit einer sehr sichtbaren
Narbe verehrt. Aber die Bollandisten bestreiten dieses schließliche Wieder-
auftreten der Wundmale. Sie berufen sich dabei auf das Schweigen der drei
Hauptbiographen Katharinas: auf Raymund von Capua, Barduccius und Stephan von Siena [14]). Alle drei waren ihre Schüler und ihre Freunde gewesen, und
sicherlich hätten sie nicht unterlassen, eine so bedeutende Tatsache zum Nach-
ruhme der Heiligen zu erwähnen. Barduccius selbst wohnte der Sterbestunde
Katharinas bei. Wenn also über diese Sache ein Zweifel bestehen kann, so
jedoch nicht über die innere Stigmatisation der hl. Katharina von Siena: die
Kirche hat diese wunderbare Tatsache anerkannt.

Von Anfang an stellte der fromme Sinn der Gläubigen die hl. Katharina
auf den Bildern mit den blutenden Wunden dar. Die Kinder des hl. Franziskus
beklagten sich lebhaft — eifersüchtig auf das Vorrecht ihres Vaters — über
diese Gemälde, die festzustellen schienen, daß die Heilige die wirklichen und
sichtbaren Wundmale gehabt hätte [15]). Sie appellierten deshalb an den Papst.
Sixtus IV., der Franziskaner war, verbot im Jahre 1472 die Darstellung der
hl. Katharina mit den blutenden Wundmalen. — Später milderte Clemens VIII.
im Jahre 1599 das Dekret und brachte die Streitigkeiten der Dominikaner und
Franziskaner zum Schweigen. Endlich schnitt Urban VIII. die ganze Streitfrage
ab, indem er in das römische Brevier beim Feste der hl. Katharina den ganzen

---

[13]) Vgl. Leclerq-Kaufmann, S. 63.
[14]) Ob allerdings die genannte Handreliquie die Stigmatisation beweisen kann,
bleibe dahingestellt. Man vgl. zu dem Fragenkomplex das neue Buch von Wilhelm
Schamoni, „Stigmata — Hysterie oder Gnade?", Wiesbaden 1951, Credo-Verlag.
[15]) Auch auf dem von uns veröffentlichten Gemälde von Sodoma trägt Katharina
die Wundmale (vgl. Bildtafel).

Grabmal der Katharina von Siena
In Santa Maria della Minerva, Rom

Bericht ihres Lebens mit dem Gedächtnis des Wunders ihrer Stigmatisation einfügte. Unter Benedikt XIII. erbat sich der Dominikanerorden die Gewährung eines eigenen Offiziums zu Ehren der Einprägung der Wundmale in den Körper der hl. Katharina. Benedikt XIV., der damals Promotor des Glaubens war, wurde, wie er selbst erzählt, von dem Papst beauftragt, die Angelegenheit zu untersuchen. Er bekräftigt, daß er keinerlei Zweifel an der Wahrheit der wunderbaren Tatsache habe, gemäß dem Zeugnis des sel. Raymund von Capua selbst, den die Kanonisationsbulle in ehrender Weise erwähnt hatte. Das eigene Offizium wurde von dem Papste am 18. Juni 1727 genehmigt und auf die Diözesen von Pisa und Siena, wo die Heilige gelebt hatte, ausgedehnt.

So hat sich die Kirche in der Würdigung einer so außerordentlichen und dennoch so umstrittenen Tatsache mit dem einfachen Zeugnis der hl. Katharina von Siena begnügt, das von Raymund von Capua übermittelt wurde. Sie, die gewöhnlich in der Untersuchung der wunderbaren Tatsachen so streng ist, hat nicht gezögert, sich vor dem durch Raymund bezeugten Wort Katharinas und damit vor dem Zeugnis zweier Heiligen zu beugen.

Heute ruft die Kirche in jedem Jahre, wenn das Fest der hl. Katharina wiederkehrt, die Taten ihres Lebens in unser Gedächtnis zurück: Sie berichtet ihre mystische Vermählung, ihre wunderbare Nahrungslosigkeit, ihre Wunder, ihre diabolischen Angriffe, ihre Stigmatisation und ihre verschiedenen Sendungen, und mehr als dreihunderttausend Priester wiederholen an demselben Tage die bedeutsame Lesung des Römischen Breviers, um Gott zu loben, die Erinnerung an die Jungfrau von Siena zu verewigen und den Glauben an all diese wunderbaren Ereignisse zu befestigen."

Dem Jahre 1855 war ein neuer Triumph der großen Sieneserin vorbehalten. Die Kirche Sta. Maria sopra Minerva war mit großer Pracht wiederhergestellt worden. Am 5. August desselben Jahres wurde der Leib der Heiligen dem Rosenkranzaltar entnommen und in einer herrlichen Prozession durch die Straßen Roms getragen, um im Hochaltar beigesetzt zu werden, den Pius IX. mit eigenen Händen geweiht hatte. Die Feier des Gedächtnisses dieser Übertragung wurde vom Papste genehmigt und auf den Donnerstag vor Quinquagesima festgesetzt, dem Tage, da auch das Gedächtnis der mystischen Vermählung unserer Heiligen mit dem Herrn begangen wurde. Einige Tage später, am 17. April 1866, erklärte Pius IX. durch ein Dekret die erhabene Jungfrau von Siena zur zweiten Patronin Roms und machte die Feier ihrer Oktav dem ganzen Orden zur Pflicht.

So ist die große Heilige von Siena, eine der größten Heiligengestalten, die unsere heilige Kirche besitzt, noch über ihren Tod hinaus und lange Jahrhunderte nach diesem in einer Weise geehrt worden, die wir nur in seltenen Fällen bei Heiligen treffen.

Katharina aber wird fortleben in der Geschichte nicht nur als ein Stern erster Größe am Himmel der Heiligen, sondern auch als würdige Empfängerin der Wunden unseres Herrn und damit einer Auszeichnung, die ihrer Heiligkeit für alle Zeit ein einzigartiges Siegel aufdrückt.

8. Kapitel

Dorothea von Preußen

Die Stigmatisierte des deutschen Nordens

Doch kehren wir nach Deutschland zurück! Nach den großen Stigmatisierten des 13. Jahrhunderts treffen wir auch dort im weiteren 14. und 15. Jahrhundert bedeutende Träger der Wundmale Christi, unter denen die erste, die wir hier nennen, zugleich die merkwürdigste ist. Denn einerseits ist sie im germanischen Norden geboren und als solche ein glänzendes Beispiel zur Widerlegung der These, daß die Gabe der Stigmatisation lediglich an die südlichen, d. h. „heißblütigen" Völker gebunden sei, deren „Phantasie" und „nervöse Erregung" eher als die anderer Stämme die Stigmata — und noch dazu auf natürlichem Wege! — hervorbringe. Zum andern aber ist Dorothea von Preussen, in deren Lebensgeschichte wir hiermit eintreten, *verheiratet* gewesen — wiederum also ein treffender Beweis, daß nicht die Abgeschiedenheit und „Psychose" des Klosters mit seiner Verdrängung bzw. Unterdrückung des Sexuellen die Stigmatisierungen erzeugen, sondern einzig und allein jene Kräfte, die außerhalb und über der Natur liegen!

Bedauerlich ist nur, daß diese Stigmatisierte des Deutsch-Ordenslandes, die spätere *Patronin von Preußen*, die sich nicht nur im preußischen Volke einer außerordentlichen Hochschätzung und Verehrung erfreute, in unserer Zeit in so beschämender Weise vernachlässigt wurde, bis jüngst Nieborowski ihr eine größere Arbeit widmete [1]. Grund genug für uns, ihren außerordentlichen Gaben um so liebevoller nachzugehen. Kann sie doch zugleich als ein leuchtendes Beispiel dienen, wie die Bande der Ehe keineswegs ein Hindernis sind, um zu höchster Begnadung und Heiligkeit zu gelangen.

Dorothea ward im Jahre 1347, und zwar zu Montau bei Marienburg im Deutsch-Ordenslande, als Tochter eines von Holland eingewanderten Deutschen namens Wilhelm Schwarze — und einer überaus frommen, ja heiligmäßigen Mutter geboren. Schon von ihrem siebten Jahre an, wo sie durch einen Kessel kochenden Wassers verbrüht ward, begann sie ein erstaunliches Leben der Abtötung und des Gebetes. Aber gerade diese Strengheiten körperlicher Selbstbemeisterung wurden für Gott zum Anlaß, ihr immer größere Gnaden zu

---

[1] „Die selige Dorothea von Preußen. Ihr Heiligsprechungsprozeß und ihre Verehrung bis in unsere Zeiten", Breslau 1933. Von der älteren Literatur beachte man Hipler, Meister Johannes von Marienwerder und die Klausnerin Dorothea von Montau, Leipzig 1865, und das bedeutsame Buch des Protestanten Lilienthal (1744); vor allem aber die Acta Sanctorum (Oct. XIII, 1883), die der Seligen nicht weniger als 112 Seiten widmen.

Dorothea von Preußen
nach einem Holzschnitt von Karweysze (1492)

schenken. Je härter sie ihren Leib kasteite, um so schnellere Fortschritte zeigte ihr inneres Leben. Und bald schon erstrahlte ihre Seele im Glanze der erhabensten Gnadengaben, mit denen Gott ihre heroischen Tugenden in überreichem Maße belohnte.

Es kam hinzu, daß sie schon mit 17 Jahren durch ihren Bruder zur Heirat mit einem viel älteren Manne, einem Schwertfeger, veranlaßt wurde. Sie schenkte diesem nicht weniger als neun Kinder. Welch ein hohes Maß von Sorge sie damit auf sich lud, läßt sich schwerlich beschreiben. Aber nicht, daß sie sich dadurch in ihrem Streben nach Vervollkommnung und Heiligkeit irgendwie beirren ließ! Auch weiter gab sie sich tapfer den härtesten Abtötungen hin. Ihr Beichtvater, der Domherr Dr. Johannes Marienwerder, sagt in ihrer lateinischen Lebensbeschreibung hierüber, daß sie durch 36 Jahre ein freiwilliges und gottgewolltes Martyrium an Leiden trug, wie es unglaublich wäre, „bei Gott möglich, bei Menschen unmöglich" [2]).

Zwei Jahre zeichnete Johannes von Marienwerder im Verein mit dem späteren Bischof von Pomesianien, Johannes Ryman, ihre Gnaden, Gesichte und Offenbarungen auf. Dabei scheute sie sich aber, etwas von ihrem geheimen Bußleben laut werden zu lassen. Schließlich vielfach bedrängt und von den Herren selbst gemahnt, begann sie 20 Wochen vor ihrem Tode von den ungewöhnlichen und erschrecklichen Kasteiungen ihres Lebens zu sprechen, die sie auf sich genommen hatte, um dem gekreuzigten Herrn und Meister ähnlich zu werden und Sühne für die Sünden der Welt zu leisten.

Man mag zu diesen Dingen heute stehen wie man will; der moderne Mensch wird sie vielleicht spöttisch ablehnen oder überlegen als finster bezeichnen. Tatsache aber ist, daß Dorothea nie und nimmer aus natürlichen Antrieben gehandelt, noch dies alles mit natürlichen Kräften erduldet haben würde. Und das ist der beste Beweis des übernatürlichen Ursprungs dieser Aszese, die einen Heldenmut erforderte, der den bloß natürlich denkenden Menschen erschauern läßt, die aber um so riesenhafter vor uns emporwächst, je mehr wir sehen, daß es sich bei diesen Schilderungen keineswegs um „Legenden" handelt, sondern um von vielen Zeugen erhärtete Feststellungen, die ihr unerhörtes Büßerleben, soweit es sich nach außen, d. h. körperlich, kundgab, in zahllosen Einzelheiten beobachtet und bestätigt haben [3]). Johannes Marienwerder hat sieben Bücher über Dorothea hinterlassen, darunter drei lateinische, die immer ausführlicher werden, und eine deutsche Lebensbeschreibung sowie drei wissenschaftliche Werke über sie. In allem bezeugt er Dorotheas harte Aszese. Darüber hinaus besitzen wir im Prozeß von 1404 auch eine ganze Reihe von Aussagen von solchen, die gelegentlich ihr verborgenes Bußleben beobachten konnten. Wir brauchen nur einmal in den Aufzeichnungen ihrer Biographen nachzulesen, um einen Begriff zu erhalten, um was es sich bei ihr handelte:

„Welch eine Heldin die selige Frau Dorothea über ihren Leichnam (Leib) war um Gottes Liebe, mag ein Mensch vernehmen und sich wundern. Denn sie schlug ihren Leib gar oft mit Ruten, ..., Disteln und Geißeln voll Stacheln. Nach dem siebenten Jahre verbrannte sie sich oft mit siedendem Wasser, zu Zeiten auch mit glühendem Eisen ....., verwundete sie sich an mancherlei Gliedern ....., und machte sich mit den vorgenannten ‚Werkzeugen eine Wunde bei der anderen ....., daß ihre Wunden so dicht waren, als wäre es *eine* Wunde ..... Sie versehrte ihre Knie, so sie kniete auf harte Bretter oder scharfe Späne.' Und es ‚wird berichtet, wie sie in ihre Wunden Nesseln und ..... Salzlake u. a. tat, damit sie nicht heilten ..... Sie schlief wochenlang

---

[2]) vgl. Nieborowski, S. 16.
[3]) Nieborowski kommt das Verdienst zu, durch sein Buch vor allem den alten Folianten des Königsberger Staatsarchivs über ihren Seligsprechungsprozeß der Vergessenheit entrissen zu haben. In diesem finden sich ungezählte Zeugenaussagen über ihr Leben.

nicht, und Gott behütete sie, daß sie von ihren Wunden nicht zu Grunde ging und von dem Wachen nicht sinnlos wurde [4].' "

Heute will uns ein solches schier unglaubliches Büßerleben kaum erträglich erscheinen. Und doch knüpfte Gott gerade an die Leiden, die sie sich selber in demütiger Bußgesinnung beibrachte, die herrlichsten Gnaden. Aber zu den Wunden, die sie sich selbst zufügte und die sie, wie ihr Gott offenbarte, nur durch sein wunderbares Eingreifen zu ertragen vermochte, traten andere von noch größerer Bedeutung, die Gott selbst ihr sandte. Und hierin stoßen wir auf die merkwürdigen Tatsachen ihrer Stigmatisation. Dorothea selbst hat diese Wunden streng von denen unterschieden, die sie sich selber beibrachte. Dabei aber verstärkten sich die Schmerzen dieser doppelten Wundmale stets an den Festen der Passion, der allerseligsten Jungfrau und der hl. Martyrer.

Außerordentlich beachtlich ist, daß sich die Wunden göttlichen Ursprungs bei ihr keineswegs an den sonst üblichen Stellen befanden, sondern am Rücken, bei dem Schulterblatt und merkwürdigerweise unter den Armen [5]. Es ist dies die einzige Stigmatisation, die mit dem Gesetz der üblichen Stellen der Stigmata gebrochen hat [6]. Hinzu kommen noch die üblichen Leidensvisionen des Herrn; wie auch Dorothea eine große Ekstatikerin war. Sie war in einem

---

[4]) Nieborowski, ebenda, S. 17.

[5]) Pfarrer Westpfahl, ein in Langelsheim lebender Dorotheenforscher, dem wir eine Anzahl liebenswürdiger Ergänzungen zu diesem Kapitel verdanken, schreibt uns zu diesen merkwürdigen Tatsachen das Folgende:
Seit ihrem 7. Jahre empfing Dorothea, gewöhnlich, wenn sie schlummerte, die — wie sie es nennt — Wunden von Gott, d. h. an ihrem Leibe brachen allmählich oder plötzlich eine oder mehrere sehr schmerzhafte Wunden auf, die sie vor aller Welt verbarg als das Geheimnis des Königs. Sie entstanden an Schultern, Brust, Rücken u. a. und waren bis 1 Finger tief. Sie erneuerten sich oder es kamen andere hinzu, sobald die hohen Feste sich näherten, und blieben bis zu ihrem Tode. Sie sind als etwas den Stigmen Ähnliches anzusehen.
Ab 1378 empfing Dorothea die sogenannten Liebeswunden, die sich im Geiste vollziehen, aber auch körperlich spürbar waren. Dorothea spricht von Pfeilen, Strahlen (Pfeil mit Widerhaken) und Lanzen der Liebe, die sie verwundeten, und zwar nicht bloß gelegentlich, sondern schließlich fast jeden Tag. Der Herr sagte ihr, daß sie dadurch seine Stigmen im Verborgenen, im Herzen und in ihrer Seele trage! Nach dem hl. Johannes vom Kreuz sind die Liebeswunden äußerst selten und finden sich nur bei solchen Seelen, deren Tugenden und Geist sich auf andere geistliche Kinder übertragen soll. Wenn sie nun bei Dorothea so erstaunlich oft auftraten, auch in der Herzensverwundung, so wird Dorotheas geistliche Fruchtbarkeit, d. h. ihr Leiden für andere, sichtbar gemacht.
[6]) Diese Art erscheint dennoch als echte Stigmatisation, denn die Studien des Prager Arztes Dr. Hynek über die Wunden Jesu Christi auf Grund seiner genauen Untersuchungen des berühmten Leichentuches von Turin zeigen, daß der Herr nicht nur die *fünf* hl. Wunden, sondern durch die entsetzliche Marter der Geißelung eine Unmasse Wunden auf dem Rücken und allen Gliedmaßen trug. Die hl. Gertrud nennt in ihren Offenbarungen eine Zahl, die in die Tausende zählt, eine Zahl, die bei längerer Geißelung durch mehrere Schergen mit vielköpfigen Geißeln durchaus möglich erscheint. Vgl. hierzu Hynek, Golgatha im Zeugnis des Turiner Grabtuches, Karlsruhe 1950.

Dorothea von Preußen
Deutsche Ordenskirche Alt-Vogelseifen (Österreich)

Maße von übernatürlichen Gesichten, Offenbarungen und Verzückungen erfüllt, wie es selten in der Geschichte der Mystik ist. Dabei unternahm sie trotz aller Leiden und Bußübungen nach dem Tode ihrer Kinder große Wallfahrten — z. T. gemeinsam mit ihrem Mann — nach Aachen und Rom, bis sie sich schließlich von Danzig, wo sie 26 Jahre gelebt hatte, auf göttliche Weisung nach Marienwerder zurückzog, um dort Klausnerin zu werden. Hier ließ sie sich in eine enge Zelle einschließen, die eigens für sie an den dortigen Dom angebaut wurde. Drei Fenster gaben ihr hier den steten Blick in die Kirche frei. Und hatte sie schon während ihres Lebens in der Welt Ungezählten aufopfernde Werke der Barmherzigkeit erwiesen, so stand sie von jetzt an ihren Mitmenschen in anderer Weise bei. Sie sprach ihnen zu in den Anliegen der Seele, und, angezogen von ihrer Heiligkeit, zog das Volk an ihrer Klause vorbei, niemand aber schied ungetröstet von ihr.

Am Tage ihrer Einschließung, am 2. Mai 1393, war es zudem, als sie — nach Nieborowski zu schließen — die Stigmatisierung ihres Herzens empfing und dieses „von Strahlen der Liebe durchschossen" wurde. Die „herzbrechende Liebe", die ihr Gott hierbei schenkte, ließ sie mehr denn je in unendlicher Sehnsucht den Tag erwarten, der ihr endlich die ewige Anschauung ihres himmlischen Bräutigams bringen sollte [7]). Ihre Liebe war in dem letzten Winter (1393/1394), in dem zahlreiche Menschen auf der Straße erfroren, zu solcher Glut entflammt, daß sie die Kälte nicht im geringsten verspürte. Am 25. Juni 1394 nahm sie der Herr in die Ewigkeit auf.

Würdig reiht sich diese gewaltige Büßerin und Ekstatikerin in die Reihe der großen Seelen dieser Jahrhunderte, einer hl. Hildegard und hl. Gertrud, Margarete Ebner, Angela von Foligno und Katharina von Siena, denen sie in der Härte ihrer Abtötung und dem mystischen Höhenflug ihrer Seele kaum nachsteht. Zumal unter den deutschen Heiligen ragt sie wie ein erstaunlicher Gipfel der Tugend, der Selbstbemeisterung und Heiligkeit empor. Grund genug, daß wir Deutschen ihr auch heute wieder jene Verehrung schenken, die ihr gebührt! Zumal Gott sie und ihr Grab mit einer Kette großartiger Wunder und Gebetserhörungen auszeichnete, deren Protokolle und Akten — wie auch die ihres Heiligsprechungsprozesses — noch bis 1939 in Königsberg ruhten. Stets hat man sie als die besondere Schutzpatronin Preußens und des deutschen Ordens verehrt. Und bezeichnenderweise wird sie — was auf ihre Stigmatisierung hinweist — mit fünf Pfeilen in der Hand dargestellt. Die Wunden, die Gott ihr verliehen, gehörten in der Tat zu den bedeutendsten außerordentlichen Gnadengaben, deren sie gewürdigt wurde. Mögen die Bestrebungen zu ihrer Heiligsprechung, die durch den Niedergang des Deutschen Ordens für Jahrhunderte unterbrochen worden sind, endlich zu einem vollen Erfolge führen, und möge so dem Kranze deutscher Heiligkeit ein neues Blatt des Ruhmes eingefügt werden!

---

[7]) Herr Pfarrer Westpfahl vermerkt hierzu, daß Dorothea wahrscheinlich schon 1390 die sog. „herzbrechende Wunde" erhalten haben müsse. Vielleicht, daß sich dann diese stigmatisationsähnliche Durchbohrung später wiederholt hat.

Marienwerder

Ordensschloß mit Dom, an dem die Zelle Dorotheas angebaut war

9. Kapitel

Elisabeth von Reute — die „Gute Beth"

Eine unbekannte Stigmatisierte aus Württemberg

Eine weitere und überaus begnadete deutsche Stigmatisierte treffen wir in der Wende des 14. Jahrhunderts im Süden Deutschlands, im württembergischen Schwaben. Es ist ELISABETH BONA, von Reute bei Waldsee. Überraschend ist, wie gerade diese Begnadete durch eine andere, neuere Leidensgefährtin wieder in das Bewußtsein unseres Volkes getreten ist, durch ihre Landsmännin, die Stigmatisierte VIKTORIA HECHT, die in der zweiten Hälfte des vorigen Jahrhunderts (1840—1890) lebte und deren eigentliche Beschützerin Elisabeth geworden ist. Wunderbare Gnadenverknüpfungen in der Geschichte unseres Volkes, die zeigen, wie Gott seine segnende Hand viele Jahrhunderte über das deutsche Volk und seine Stämme breitet. Wir werden am Schlusse dieses Kapitels noch ausführlicher auf diese merkwürdigen Gnadentatsachen zurückkommen. Bedeutsam ist zudem bei Elisabeth, daß wir auch bei ihr eine voll und körperlich ausgeprägte Stigmatisation treffen, die gar manche wertvolle Ausblicke auf unsere heutigen Stigmatisationen gestattet. Über ihr Leben besitzen wir ein kostbares Dokument, das von ihrem Seelenführer, Probst Kügelin, selbst in schlichter, frommer Sprache geschrieben ist und dem wir die hauptsächlichsten Daten ihres Lebens entnehmen [1]). Elisabeth von Reute wurde als Tochter der braven Webersleute Achler zu Waldsee geboren. Sie lebt als ELISABETH BONA — so lautet ihr mittelalterlicher Name — in der Geschichte der Mystik und der Heiligen fort, oder besser als die GUTE BETH, denn das waren die hervorragendsten Tugenden ihres Lebens: ihre entzückende Sanftmut und die alles gewinnende Güte ihres Herzens. So war es bei ihrer liebenswürdigen Art und zumal ihrer großen Schönheit zu verstehen, daß ihr Beichtvater, der Augustinerchorherr an dem Stifte zu Waldsee war, sie von früher Jugend an vor den Einflüssen der Welt bewahren wollte: Von Kindesalter an ermahnte er sie, der Welt zu entsagen und sich Gott gänzlich zu weihen. Und tatsächlich trat das Mädchen bereits in einem Alter von 17 Jahren in den Dritten Orden des hl. Franz ein. Wie ein Vater besorgt um ihren Fortschritt zur Vollkommenheit, erbaute dann der heiligmäßige Priester ihr und drei Mitschwestern eine Klause bei der Pfarrkirche zu Reute, und dies sollte die Stätte werden, wo Elisabeth gleichsam im Sturmschritte sich zu den höchsten Höhen der Heiligkeit und Gnade emporrang.

War schon ihre Jugend durch eine große Lauterkeit, Reinheit und Einfalt ihres Herzens ausgezeichnet, so ward in der Zurückgezogenheit der stillen

---

[1]) Vgl. den Text der Biographie Kügelins nach der Übersetzung von A. Baier in Wallfahrtsbuch zum Grabe der guten Betha von Reute, mit dem Text ihres Lebens von Konrad Kügelin, Probst von Waldsee, Rottenburg, 1924, S. 24 ff.

Klause ihr Erstes eine tiefe Reue über ihr vergangenes Leben. Schier unvermittelt begann auch ihr höheres Gnadenleben. Seinen Ausgang nahm es von einer gar merkwürdigen Tatsache, die wir allerdings oft im Leben der Stigmatisierten treffen: sie fühlte sich innerlich angetrieben, ohne jegliche Nahrung zu leben. Und nachdem ihr Beichtvater eine andere heiligmäßige Klausnerin zu Rate gezogen, die erklärte, daß bei Gott kein Ding unmöglich sei, lebte sie fünfzehn volle Jahre und mehr, ohne irgendwelche Nahrung zu sich zu nehmen. Ähnlich wie bei einem Nikolaus von der Flüe war die hl. Kommunion ihre einzige Wegzehrung. Ausgenommen, daß sie — aus Gründen der Klugheit — hier und da mit Besuchern gemeinsam etwas aß, um ihren Zustand zu verheimlichen. Doch erbrach sie dann das Eingenommene später wieder. An dieses ihr übernatürliches Fasten knüpften sich dann die ersten außerordentlichen mystischen Tatsachen ihres Lebens, von denen wir noch ausführlicher sprechen werden: Elisabeth ist von da an, und zwar zeit ihres Lebens, Gegenstand der heftigsten diabolischen Versuchungen und Angriffe geworden [2]).

Weit wichtiger aber war, daß auch Elisabeth bald eine Leidensbraut unseres Herrn wurde. Probst Kügelin hatte sie mit großem Nachdruck auf die „Betrachtung des bitteren Leidens und Sterbens Christi als der obersten geistlichen Arznei vernünftiger Seelen" hingewiesen. Da „hub sie an, all ihren Wandel und was sie vornahm, war es Spinnen, Nähen, Holztragen" ... ganz auf dieses hinzurichten. Darüber aber kam sie zu einem großen Mitleid mit unserem Herrn. Sie kam öfters in ganz schwere Krankheit, wobei „in ihr ein Getöse und Prasseln gehört wurde in der Weise, als ob ihr Gebein in ihrem Leib zerbrochen würde". Man erkannte bald, daß ihre Leiden übernatürlicher Art waren.

Zu dieser Zeit erhielt sie die Wundmale des Herrn. Hören wir darüber den Bericht Kügelins [3]): „Nach ziemlich vieler Zeit aber brach der lieben Bethen die linke Seite auf und nach einiger Zeit brach ihr die rechte Seite auf und floß das rosenfarbige Blut heraus wie von einem Lämmlein. Das habe ich, vorgenannter Probst, oft und viel gesehen und ich nicht allein, sondern auch andere ehrwürdige Priester und Personen beiderlei Geschlechts. Als danach ihre innere Begierde zu Jesus je länger je mehr inbrünstig ward, da sah ich manchesmal ihre Hände und Füße sich auftun und das rosenfarbige Blut in großer Fülle herauslaufen. Ferner habe ich viel ihr Haupt verwundet gesehen, als wäre es mit Dornen gekrönt gewesen. Sodann habe ich und andere mehr gesehen, wie ihr ganzer Leib überall von der Scheitel bis zu den Fersen

---

[2]) Wenn Jacobi in seinen „Stigmatisierten" diese Angriffe lächerlich zu machen sucht (S. 26) und Elisabeth von Reute als Betrügerin bezeichnet, so tut er dies gegen alle die aufs beste beglaubigten Quellen. Die Aussagen einiger Mitschwestern gegen Elisabeth können hierbei gar nicht ins Gewicht fallen, da die hohen Tugenden Elisabeths diese nach einiger Zeit eines Besseren belehrten und die vorherige Abneigung und Feindschaft bald in um so höhere Verehrung verwandelten.

[3]) Wir ändern hierbei nichts an der etwas steifen Ausdrucksweise desselben, die gerade um so wahrheitsgetreuer und urwüchsiger zu wirken vermag. Vgl. Baier, S. 19 ff.

ganz elend versehrt ward, als ob sie mit scharfen Geißeln wäre gegeißelt worden, mit so viel Wunden, die ich nicht zählen konnte, in gleicher Weise wie wir
von Christo lesen, daß er gegeißelt und geschlagen war, und daß ihm vom
Scheitel bis auf die Fersen nichts unversehrt war. Daß ich auch zum Lobe
Gottes die Wahrheit nicht verschweige: ich und die Meisterin, die ihrer pflag,
haben oft und viel die Wundzeichen Christi an ihr gesehen, auch das rosenfarbige Blut daraus fließen, wonach wir sie an den Händen, Füßen, Seite,
Haupt und all ihrem Leib, nachdem sie sich so verblutet, abgewaschen und
getrocknet haben. Die Zeichen Christi wurden oft und viel an ihrem Leib gesehen, etliche Tage zu sechsmal und noch mehr, sonderlich aber am Freitag
taten sich die Hände und Füße, Seite und Haupt auf mit großem Blutausfließen,
aber in der Fastenzeit gewöhnlich fast alle Tage. Und also hat die liebe Betha
ihr Lebtag bis an ihr Ende mit Schmerzen und Leiden in Begierde zu Christus
zugebracht." Kügelin fügt hinzu, daß Betha auch die Wunden der Dornenkrone erhielt. „Die liebe Betha vermeinte auch, ihr wäre von Gott sonderlich
geoffenbart, daß Christo die Dornenkrone in sein heiliges Haupt besonders in
sieben verschiedenen Wunden eingedrückt ward und in jede derselbigen
Wunde vier spitzige lange Dörner dergestalt gegangen seien, daß jede Wunde
zu einem natürlichen Tode genug gewesen wäre. Und dergleichen Wunden
erschienen auch wahrhaftig an der lieben Bethen Haupt" [4]).

Wir dürfen also gegenüber den kritischen Bemerkungen Debongnies betonen, der die Vita (die Lebensbeschreibung) Elisabeths nicht in der Hand
hatte [5]) und der deshalb ihre Stigmatisation nicht für klar gegeben hält, daß
die oftmalige Bezeugung des Probstes, daß er nicht nur das Blut von ihren
Händen, ihren Füßen, ihrer Seite und ihrem Haupte hat rinnen sehen, sondern
daß er auch die stigmatischen Wunden Elisabeths immer wieder (an einem
Tage bis zu sechsmal!) beobachtet hat und „sich auftun sah", eine vollauf
genügende ist, um die Einprägung der Wundmale bei Elisabeth als eine feststehende historische Tatsache zu bestätigen. Auch Betha litt vielfach unter
dämonischen Angriffen. Oft wenn sie durch das Erleben und Erdulden der
Passion „an Händen, Füßen, Seite, Haupt und am ganzen Körper also verblutet war, daß sie ganz und gar keine Kraft mehr hatte" und sie sich in
ihrer furchtbaren Erschöpfung gänzlich mit Gott vereinigen wollte, dann wurde
sie Gegenstand der schwersten diabolischen Plagen und Belästigungen. Es sind
diese dämonischen Vexationen bei Elisabeth von Reute in ähnlicher Weise —
wenn auch nicht in so reichem Maße — durch Zeugen belegt wie bei Christine von

[4]) Vgl. Baier, S. 42. Wir verweisen ferner auf die sonstige Literatur über Betha,
auf die Arbeiten von Niedermeyer (4. Auflage 1904 von Dolfinger), Schürer und Baier
(Die sel. gute Betha in ihrer Bedeutung für Vergangenheit und Gegenwart, Rottenburg 1921). Interessant ist auch das von Lama zitierte Werkchen „Seraphische
Liebesflammen zu Ehren der groß-wundertätig-seligen Elisabeth Bona, einer seraphischen Ordenstochter aus dem Löbl. der oberdeutschen Straßburger Provinz Ord.
min. Convent S. P. Francisci einverleibten Jungfrauenkloster zu Reute in Schwaben".
Cum approb. Sup. gedruckt i. J. 1767 zu Konstanz.
[5]) Nach seinem eigenen Geständnis, vgl. Etudes Carmelitaines, 1936, II, S. 54 f.

Stommeln. Aber der Herr belohnte sie darauf oft mit unaussprechlichen Verzückungen, ja mit dem mystischen Schauen der hl. Dreifaltigkeit. Und diese außerordentlichen Ekstasen waren dann meist der Anlaß zu ihrer völligen körperlichen Wiederherstellung: „Wenn sie dann also fest und beständig blieb, so wurde ihr Geist verzückt. Ob aber derselbige Geist im Leib verblieb oder nicht, das ist mir unbekannt. Danach lag der Leib ohne Sehen, ohne Hören, ohne Atmen, ohne Empfinden, ohne Bewegung und ohne alle leibliche Dinge etwa zwei Tage, manchmal drei, manchmal mehr oder weniger da. Wenn sie also verzückt war, so vermochte der böse Geist dem Leib nichts zu tun. Alsdann ließ man niemand zu ihr, dem ihr Leben nicht bekannt war. Zuletzt regte sie sich und kam so schön und blühend zu sich selber, daß dem Menschen solches unglaublich ist. Oft verbarg sie ihre Hände, weil sie sich über deren Fülle schämte" [6]).

Ihr Schauen der Geheimnisse der Trinität zeigt uns, daß sie *mit den höchsten Stufen des mystischen Lebens begnadet war,* daß wir sie also mit zu den bedeutendsten Mystikern unseres deutschen Vaterlandes zählen dürfen. Wie wir andererseits aus dieser Tatsache auf die Echtheit ihrer Stigmatisation schließen können. Ebenso schlicht in den Worten, wie theologisch prägnant ist ihre Ausdrucksweise über dieses höchste Erlebnis: wenn die Seele in Gott entrückt wird, „so ist dann das erste, daß ihn (den Menschen) Christus in menschlicher Natur mit solchen Ehren und Freuden empfängt, daß davon nicht zu sagen ist. Danach kommt die Himmelskönigin und Jungfrau—Mutter Maria und dankt dem Geist, daß das bittere Leiden und Sterben ihres geliebten Kindes an ihm fruchtbar gewesen ist." Und mit ihr jubeln die himmlischen Heerscharen. Darauf aber wird die Seele der allerheiligsten Dreifaltigkeit ansichtig. „Und da tritt Christus nach seiner menschlichen Natur zurück (discedit secundum humanitatem), insofern als er ein Geschöpf ist von Maria, und wird der Geist mit Gott vereinigt, also daß er eins mit Gott wird und der Geist anders nicht will, denn was Gott will, zu gleicher Weise, wenn ein kalt Eisen in ein Feuer gelegt wird und das Feuer mit dem Eisen sich vereinigt. Und da sind hunderttausend Jahre wie ein Augenblick." Sobald aber Elisabeth aus der Ekstase zurückkam, wurde sie der Armen Seelen ansichtig, für die sie durch ihre Fürbitte gerade in diesen Augenblicken Großes von Gott erlangte.

Noch vieles müßten wir an mystischen Tatsachen aus dem Leben der Stigmatisierten berichten. Begnügen wir uns mit dem Notwendigsten: Wir treffen auch im Leben der guten Betha eine wunderbare Kommunion, ähnlich derjenigen, wie sie Gerlich und Fahsel von Therese Neumann berichten. Ferner Sühneleiden von großer Furchtbarkeit, unter denen der Aussatz wohl das Schwerste war, was sie je erleiden mußte. Sie wurde wunderbar von demselben geheilt. Dreimal wurde Elisabeth in auffallender Weise „klarifiziert", d. h. verklärt. Auch die Kommunion-Ekstase beobachtete man bei ihr

---

[6]) Also eine ähnliche Wiederherstellung der Gesundheit nach der Leidensekstase wie bei Therese Neumann.

und auch hierin ähnelt sie der Stigmatisierten von Konnersreuth. Dazu erkannte sie weit entfernte Geschehnisse, und im Geiste der Prophetie sagte sie die Wahl eines neuen Papstes auf dem Konstanzer Konzil voraus. Gerade damals griff sie mit aller Tatkraft durch ihr Gebet in die Geschichte der Kirche ein, ähnlich wie eine Katharina von Siena, ihre Leidensschwester, die wenige Jahre vor Bethas Geburt (1380) gestorben ist. Hatte diese das Papsttum von Avignon nach Rom zurückgeführt, so erflehte Betha für das Konzil von Konstanz die Beendigung des so verhängnisvollen Schismas.

Hochbegnadet und erst vierunddreißig Jahre alt starb Betha von Reute am 25. November 1420 eines erbaulichen Todes. Ihr Grab aber wurde berühmt durch zahllose Wunder und Heilungen und durch nicht endenwollende Wall· fahrten aus dem deutschen Schwabenlande. Schon im Jahre 1421 besuchte es Kardinal Brando, ein Legat des Papstes, in hussitischen Angelegenheiten. Tief ergriffen hörte er von dem heiligen Leben der Verewigten, von ihren Tugenden und herrlichen Gnadengaben. Weinend vor Staunen stand er vor ihrer letzten Ruhestätte, die in der Mitte der alten Pfarrkirche von Reute errichtet worden war, wobei er in die Worte ausbrach, „daß unter diesem Grabsteine ein kostbarer und für ganz Deutschland trostreicher Schatz verborgen sei!" Auch die beiden Kaiser Ferdinand II. und Ferdinand III. und der tiefgläubige Kurfürst Max von Bayern gehörten neben vielen anderen zu ihren innigsten Verehrern. So braucht es uns nicht Wunder zu nehmen, daß in den folgenden Jahrhunderten die Wallfahrten zu ihrem Grabe nicht aufhörten. Erhörungen auf ihre Fürbitte sind auch heute noch dort zu verzeichnen.

Hatte die Verehrung nach 350jährigem Warten endlich im Jahre 1766 durch die Seligsprechung der „Guten Beth" die Anerkennung und Bestätigung der Kirche gefunden, so sollte noch in jüngster Zeit die Verherrlichung der großen Heiligen Württembergs und Schwabens große Antriebe erhalten. Nicht nur, daß man im Jahre 1909 in ihrer Grabeskirche den großen Zyklus alter Wandgemälde wieder aufdeckte, die eine genaue Darstellung ihres Lebens bieten, so wie es Probst Kügelin niedergeschrieben. Nein, an dem Grabe der Seligen wurde im Jahre 1921 auch ihr 500. Todestag unter großen Feierlichkeiten begangen, ein Jubeltag, der das Gedächtnis der Seligen wieder in aller Herzen aufleben ließ.

Nicht zuletzt aber ersteht das Bild der großen schwäbisch-deutschen Heiligen wieder vor unserer Seele durch die am 17. Dezember 1840 zu Haller geborene und am 17. Februar 1890 im württembergischen Wolpertswende verstorbene Stigmatisierte VIKTORIA HECHT, von der wir bereits im Eingange dieses Kapitels berichteten. Diese wohl jüngste Begnadete des schwäbischen Volkes hat unter dem besonderen Schutze der Heiligen von Reute gestanden, mit der sie durch Gottes Zulassung in geistlichem Verkehr stand [7]). Wir treffen

---

[7]) In deren Auftrag sie u. a. die Marpinger Muttergotteserscheinungen (vom Jahre 1876 in der Diözese Trier) als echt bezeichnete. Man vgl. hierüber und über das Leben Viktorias (im Volksmunde „'s Viktorle" genannt) Lexikon für Theologie und Kirche, Bd. IV., Spalte 850—61.

derartige Tatsachen gegenseitiger Einflußnahme oft in der Geschichte der Stigmatisierten. Wir brauchen nur zu erinnern an die innigen geistlich-übernatürlichen Beziehungen, die eine Columba Schonath von Bamberg (gest. 1787), eine Magdalena Lorger von Hadamar (gest. 1806), eine Anna Katharina Emmerich (gest. 1824), eine Barbara Pfister (gest. 1900) und eine Anna Schäffer (gest. 1925) (und auch Therese Neumann) zueinander hatten, ohne sich natürlicherweise, sei es auch nur durch Bücher oder Personen, zu kennen! Sie beteten, sühnten und opferten miteinander. Stigmatisiert am 13. Aug. 1869, waren die Wundmale Viktorias vom 15. 8. 1869 bis 15. Aug. 1874 sichtbar, wozu ärztlich konstatierte Schlaf- und nur selten unterbrochene Nahrungslosigkeit traten bzw. das ekstatische Miterleben der Passion. Kurzum: Viktoria war in etwa eine zweite „Gute Beth" des Schwabenlandes, die manchem als eine von Gott nach 450 Jahren erneuerte Bestätigung der Heiligkeit und der Gnadengaben Elisabeth Bonas erscheinen mag. So sorgt Gott auf vielfältige Weise, daß seine einmal und einstmals gegebenen Gnaden nicht der Vergessenheit anheimfallen! Möge darum das deutsche Volk der großen Stigmatisierten von Reute auch heute seine Verehrung nicht versagen und nie in der Anrufung ihrer mächtigen Fürbitte nachlassen!

Lidwina von Schiedam
Darstellung der Barockzeit

Elisabeth von Reute
Gemälde in der Klosterkirche von Reute

10. Kapitel

Lidwina von Schiedam

Die heroische Dulderin und Trösterin der Kranken

Eine dritte bedeutende Stigmatisierte kennt der deutsche Raum der damaligen Zeit. Eine der heroischsten Dulderseelen, die die Geschichte der Mystik kennt, treffen wir im 14. Jahrhundert im niederdeutsch - holländischen Sprachgebiet zu Schiedam bei Rotterdam. Es ist LIDWINA, *die große Patronin der Kranken.* Was ist das Leid? Wozu sendet es Gott den Menschen? Wenn je ein Menschenkind seinen erhabenen Sinn erfaßt hat, so ist es diese einsame heilige Seele, deren Ruhm nun schon seit Jahrhunderten in aller Munde ist. Ja, Lidwina ist eines der untrüglichsten Beispiele, welch eine gewaltige Lebens- und Widerstandskraft der Glaube und die göttliche Gnade in das Herz selbst einer 38 Jahre an das Krankenlager gefesselten Kranken zu gießen vermögen, in das Herz einer Dulderin, die gleichsam ohne Unterlaß mit dem Tode rang. Wenn jemals die katholische Welt- und Lebensanschauung sich in ihrer realen und zugleich übernatürlichen Kraft bewährt hat, so war es in den unsagbar schweren, aber geradezu mit übermenschlicher Geduld ertragenen Leiden, die diese wahre Heldin und Märtyrin Christi von früher Jugend bis zu ihrem Tode auf sich nahm. Zum Lohne hat Gott sie mit den kostbarsten Gnadengaben geschmückt, unter denen die Einprägung der Wundmale Christi vielleicht die bedeutendste ist.

Am 18. März 1380 nach acht Brüdern als einzige Tochter geboren, reifte Lidwina schon früh zu großer Schönheit und Tugend heran. Schon mit 13 Jahren umworben, betet sie jedoch inständig darum, ihr jungfräuliches Leben gänzlich Gott weihen zu dürfen. Und Gott wird sie in ganz eigentümlicher Art erhören: er erwählt sie zur Leidensbraut auf wunderbare aber schmerzvolle Weise. Als sie im Alter von 15 Jahren auf dem Eise Schlittschuh läuft, fällt sie so unglücklich, daß sie sich eine Rippe bricht. Und das ist der Anfang ihres unbeschreiblich harten Kreuzweges.

Zunächst bildet sich in ihrem Innern ein Abszeß, der erst nach einem Jahr unter großen Entkräftungserscheinungen aufbricht. Nur mehr auf Knien und Händen kann sie sich fortbewegen; nur gelegentlich noch vermag sie mühsam die Kirche zu erreichen. Nach drei Jahren aber wird sie vollends an das Bett gefesselt, das sie 38 Jahre nicht mehr verlassen sollte! Und damit begann ihr namenloses Martyrium. Lidwinas Krankheiten mehrten sich von Tag zu Tag und wurden schlimmer und schlimmer.

Zu ihrer grenzenlosen Schwäche traten weit schwerere Leiden. Sieben Jahre lang hatte sie schlaflose Nächte. Infolge ihres unheilbaren Geschwüres wurden die benachbarten Organe angegriffen; Würmer traten aus ihren Wunden hervor, die das Schaudern all derer erregten, die sie pflegten oder besuchten. Dazu brannte es wie Feuer in ihren Knochen. Der rechte Arm und die rechte Schulter waren ganz verfault und verrenkt. Sie litt so heftige Kopfschmerzen, daß sie das Gefühl hatte, als sei der Kopf von Nägeln durchbohrt, deren Spitzen bis in das Gesicht und in die Augenbrauen herabreichten. Ihre Augen, ihre Zähne, ihre Kehle, fast alle Glieder hatten verschiedene und besondere Schmerzen. Sie vergoß so viel Blut durch Mund, Nase und Ohren, ja selbst durch die Augen, daß darüber jeder erstaunen mußte. Ihre Lunge war ausgetrocknet und ihre Leber krank. Gallensteine und ein schweres Darmleiden quälten sie. Und doch ertrug sie alles mit außergewöhnlicher Geduld. Aber nicht genug mit alledem: beständig zehrte das Fieber an ihr, keinen Nerv und keine Fiber gab es an ihrem ganzen Körper, der nicht durch einen besonderen Schmerz betroffen und aufgewühlt war.

Bis zum neunzehnten Jahre ihrer Erkrankung aß sie unglaublich wenig, manchmal nur ein Scheibchen eines Apfels, manchmal etwas Brot mit Milch. Als sie vor Schwäche auch dies nicht mehr nehmen konnte, trank sie einige Jahre nur etwas Wein, den sie später noch mit Wasser verdünnte, um schließlich nur noch Wasser zu genießen. Ihr Körper vermochte schließlich nicht die geringste feste Nahrung mehr zu verarbeiten. Aber was noch bedeutsamer war: ähnlich wie Therese Neumann konnte Lidwina keine natürliche Nahrung mehr schlucken; nur die hl. Eucharistie vermochte sie schließlich noch zu sich zu nehmen. Und in der Tat ist sie für viele Jahre einzige Quelle auch ihrer körperlichen Kräfte gewesen [1]).

Aber man bedenke, daß Lidwina in diesem Zustande oder vielmehr in diesem schleichenden, langsamen Tode ein ganzes Menschenalter verbracht hat. Zudem war sie über all diesen Prüfungen schließlich noch bettelarm geworden, war einsam und verlassen; sie hatte niemand als den Herrn, auf den sie blicken konnte [2]).

All diese Einzelheiten würden unglaublich erscheinen, wenn sie nicht durch ein Protokoll bezeugt wären, das von dem Amtmann, dem Bürgermeister, den Schöffen und den Konsuln von Schiedam unterzeichnet wurde und das vom Tage der hl. Magdalena 1420, d. h. dreizehn Jahre vor dem Tode Lidwinas, datiert ist. Die Abschrift dieses offiziellen Aktes ist uns durch den Franziskaner P. Brugman erhalten geblieben, der das Original damals in Händen und gelesen hat [3]). Dieses Protokoll bestätigt zudem, daß die Kranke seit sieben

[1]) Sie steht hier in einer Reihe mit einer Fülle anderer Begnadeter und Stigmatisierter, von denen Nikolaus von der Flüe und Therese Neumann am meisten genannt worden sind.

[2]) J. Brugmann, Franziskaner, hat das Leben der hl. Lidwina geschrieben. Die Akten über Lidwina, von diesem selbst gesammelt und niedergeschrieben, umfassen nicht weniger als hundert Seiten. Man vgl. ferner über sie die Arbeiten von Pösl (Regensburg 1867), A. G. Meyer (Nimwegen 1890), Huysmans (Paris 1901 und 1922), Meuffels (Paris 1925) und Schwester Sixta (Steyl 1929) und neuerdings das wertvolle Büchlein von Gutberlet, auf das wir noch zurückkommen werden.

[3]) Wir folgen in unserer Schilderung im wesentlichen den Acta Sanctorum, die auf den Forschungen Brugmans beruhen, der das erste Lebensbild Lidwinas schrieb. Hierauf auch stützt sich Gutberlet.

Jahren fortwährend auf dem Rücken schlief, da sie nur den Kopf und den einen Arm bewegen konnte. Fast unbeschreiblich sind die Qualen, die sie ohne Unterlaß zu erdulden hatte.

War es da zu verwundern, daß bald zu den körperlichen noch schwere seelische Leiden hinzutreten mußten? In den ersten drei oder vier Jahren ihrer Krankheit hatte Lidwina noch sehr nach Genesung verlangt, und sie weinte, wenn ihre gesunden Gefährtinnen sie besuchten. Sie war trostlos, durch ihre Leiden ein Gegenstand der Schmach und des Widerwillens für die ganze Welt geworden zu sein. Aber Gott schickte ihr einen ehrwürdigen Priester, der ihr zweimal im Jahre die hl. Wegzehrung brachte und der sie ermahnte, ihre Krankheit als eine Fügung Gottes anzusehen und in der ständigen Betrachtung des Leidens des Herrn Trost zu suchen. Er fügte eines Tages, von Gott erleuchtet, hinzu: „Ich habe dich bis jetzt ermahnt, unaufhörlich das Leiden Christi zu betrachten; jetzt will er dich selbst in Person besuchen und dich mit Tröstungen überhäufen." Das wurde für sie der Anfang eines neuen Lebens! Von diesem Augenblick an blieb Lidwina in tiefster Seele so gefaßt und zufrieden, daß sie nichts von Gott erbat als nur die Vermehrung ihrer Schmerzen. Und mit dieser Hingabe in den göttlichen Willen begann ihr eigentliches außerordentliches Gnadenleben.

Fast jede Nacht wurde sie in der Betrachtung der Leiden unseres Herrn und der himmlischen Dinge so beglückt und zu Gott emporgezogen, daß sie in ihr die eigentliche Kraft erhielt, ihre entsetzlichen Leiden mit Mut und Hingabe zu ertragen. Wie anders auch wäre ihr schier übermenschlicher Leidenswille zu erklären, als durch diese unsagbaren Wirkungen der Gnade, die außergewöhnliche Energien ihrer Dulderseele zu lösen begannen? In zahllosen Verzückungen wurde sie von nun an auf das innigste mit Gott vereinigt. Und in diesen Ekstasen ließ Gott sie die außerordentlichsten Dinge schauen, die sonst dem natürlichen Menschen verborgen sind. So allein vermögen wir zu begreifen, daß Lidwina achtunddreißig Jahre ein solches Leben zu bestehen vermochte!

So wurde sie u. a. wie eine Katharina Emmerich im Geiste an andere Orte versetzt, besonders an jene Stätten, die durch die Leiden unseres Herrn für immer geheiligt sind. Hier durfte sie im Geiste seine hl. Passion miterleben und wurde gewürdigt, auf dem Berge Kalvaria sein Kreuz und seine hl. Wunden zu küssen. Sie beschrieb wie jene auf das genaueste die Orte, Bauten und Heiligtümer, zu denen sie geführt wurde, und nannte die Menschen und Klöster, die sie in ekstatischer Weise besuchte, dabei berichtete sie zugleich über die Gnadenerweise, die dortselbst Gott einzelnen Ordensleuten und gottgeweihten Personen erwiesen.

So reifte sie endlich heran für die große Gnadenstunde ihrer Stigmatisation. Gott hatte Lidwina durch die unerhörte Vielgestalt ihrer Leiden bereits über ein Jahrzehnt auf das schwerste geprüft und durch eine Fülle von Gnaden vorbereitet, als er sie für würdig hielt, endlich auch die letzte Vollendung ihres Dulderdaseins zu erlangen, damit sie gänzlich dem leidenden Christus ähnlich werde. Es war in einem Alter von 28 Jahren, also zehn Jahre nach Beginn ihrer Ekstasen, als sie die Leidensmale des Herrn empfangen sollte. Wenn noch in jüngster Zeit die Tatsächlichkeit ihrer Stigmatisation angezweifelt wurde [4]), so erscheint dies in keiner Weise begründet. Denn, wenn je eine Einprägung der Wundmale „verdient" wurde, so ist es die der namenlos leidenden hl. Lidwina gewesen! Dazu ist der ganze Vorgang und seine Tatsächlichkeit durch das Ereignis einer schwebenden, blutenden Hostie dem Vater Lidwinas, der Familie und anderen Zeugen in einer Weise bestätigt worden, die uns für dessen Erweis vollkommen genügend erscheint!

Wie vollzog sich diese Stigmatisation? Stören wir uns bei ihrer Schilderung nicht, daß sie in der Form und dem Gewand einer großartigen himmlischen Vision auftritt. Eine gleiche oder ähnliche Art visionärer Einkleidung dieses erhabenen Vorganges treffen wir bei einer ganzen Reihe von Stigmatisierten.

Es war um die Zeit des Festes des Apostels Thomas. In der Nacht, da sie stigmatisiert wurde — es war zwischen acht und neun Uhr abends — war ihr Zimmer von einem so starken Lichte erleuchtet, so daß ihre erschreckten Verwandten glaubten, es brenne, und herbeieilten, um die Feuersbrunst zu löschen. „Gehet in Frieden", sagte die Selige zu ihnen; „hier ist kein Feuer und also auch keine Gefahr für eine Feuersbrunst. Ich bitte euch, mich allein zu lassen und die Türe zu schließen."

Eine Stunde später vollzog sich dann das wunderbare Ereignis der Einprägung der Wundmale, und zwar auf eine ganz außergewöhnliche Weise. Zunächst nahte sich ihr ein Engel, der, nachdem er sie berührt hatte, ihrem Körper die natürliche Gesundheit und Unversehrtheit zurückgab. Hierauf sah sie in visionärer Schau andere Engel eintreten, die die Insignien der Passion, das Kreuz, die Nägel, die Lanze, die Geißel, die Dornenkrone, das Rohr und die Geißelsäule trugen; sie stellten sich an den Wänden des Zimmers auf, als wollten sie jemandem Platz machen. Tatsächlich trat die allerseligste Jungfrau mit mehreren Seligen ein, und bald zeigte sich auch der Herr, und zwar in der Gestalt, wie er sie in seiner Kindheit hatte. Er betrachtete seine Braut mit großer Zärtlichkeit, dann breitete er seine Arme in Kreuzesform aus und wurde plötzlich zu einem Manne reifen Alters. Sein Antlitz war von fahler Blässe und ganz mit Blut bedeckt; man sah an seinen Händen und Füßen die Wunden der Nägel und eine große Öffnung an der Stelle des Herzens.

Dieser Anblick, so fährt Pater Brugman fort, erzeugte eine mit Schmerz vermischte Freude in der Seele der Seligen. Der Anblick ihres Vielgeliebten [5]) erfreute sie sehr, aber der Anblick seiner Wundmale zerriß ihr das Herz und erfüllte sie mit dem lebhaftesten Mitleid. Während sie, ganz vertieft in dieses doppelte Gefühl, die Male des Herrn betrachtete, sah sie leuchtende

---

[4]) Vgl. die Bemerkungen Debongnies in Etudes Carmelitaines, 20, II, S. 33 f. im Anschluß an Meuffels, Sainte Lidwine de Schiedam (1380—1433), Paris 1925.

[5]) Ein häufiger Ausdruck mystischer Seelen, um Christus zu bezeichnen. Vgl. z. B. Margareta Alacoque.

Strahlen daraus hervorgehen, die sich auf sie hinrichteten und ihr selbst die heiligen Wundmale einprägten. Beim Anblick so offenkundiger Wunden, die sie nicht vor den Augen der Menschen hätte verbergen können, wurde das demütige Mädchen von Furcht ergriffen und sagte zu dem, der ihr diese große Gnade verlieh: „O mein Jesus, was hast Du getan? Die Menschen werden es erfahren, und ich werde von Besuchern überhäuft werden; ihr Beifall wird mir Stolz verursachen. O, ich beschwöre Dich, mache diese Zeichen unsichtbar oder besser nimm sie ganz hinweg; Deine Gnade genügt." Im selben Augenblick bildete sich eine Haut über den Wundmalen, die sie zum Verschwinden brachte. Nur der Schmerz und eine gewisse Blässe der betreffenden Stellen blieben zurück.

Nach vollendeter Stigmatisation nahm die Muttergottes die Leidensinstrumente aus der Hand der Engel, um sie von Lidwina küssen zu lassen, dann verschwand der himmlische Zug, aber am Fuße des Bettes blieb ein Kruzifix mit dem Gekreuzigten zurück. Da strömte das Herz der Seligen über in Danksagungen für die empfangene Wohltat, bis schließlich ihr Vater ihr Beten hörte und in das Zimmer trat. Und jetzt begann die Erscheinung des Kreuzes zu schwinden. Da rief Lidwina aus: „Herr, wenn Du wirklich jener bist, an den ich glaube, so lasse mir, ehe Du Dich entfernst, wenigstens ein sicheres und unfehlbares Zeichen." Daraufhin erschien vor ihr eine blutende Hostie. Der Vater Lidwinas, von Erstaunen ergriffen, rief seine Familie und seine Nachbarn, und alle waren Zeugen dieses Wunders, das die Einprägung der Wundmale bekrönte.

Es scheint, daß in der Folge die Wundmale Lidwinas nicht immer unsichtbar blieben. Burgman berichtet, daß sie, um das Geheimnis Gottes zu verbergen, ihre linke Hand stets mit einem Handschuh bedeckt hatte, der einen wunderbaren Geruch ausströmte. Es ist jedoch von der linken Hand die Rede, da der ganze rechte Arm von ihr an den Körper gehalten wurde und ganz von der Wäsche bedeckt war. Ihr Biograph fügt hinzu, daß eines Tages Lidwina noch während ihres Lebens, mit ihren Wundmalen geschmückt, einem anderen erschien, der große Tröstung hierbei empfand [6]).

Noch eine Unsumme herrlicher und außerordentlicher Geschehnisse müßten wir aus dem Leben dieser wahrhaft großen Heiligen berichten [7]). Über all ihren Ekstasen, Visionen, ihrer Nahrungslosigkeit, ihrer Herzenskenntnis und Unterscheidung des Geweihten vom Ungeweihten — man vergleiche z. B. die Prüfung ihrer Heiligkeit mit einer nichtkonsekrierten Hostie durch einen zweifelnden Priester — werden wir jedoch immer wieder zur Gnade ihrer Gottvereinigung und ihres heldenmütigen Dulderdaseins mit Christus zurückkehren.

---

[6]) Es handelt sich um die sog. Bilokation, die auch bei Therese Neumann und ebenso bei vielen Heiligen der Vergangenheit vorzüglich beglaubigt ist.

[7]) Eine treffliche Zusammenstellung nach den Bollandisten bietet das bereits mehrfach erwähnte Büchlein Gutberlets, Die heilige Lidwina, Trösterin der Kranken (Wiesbaden 1932).

Ein Leben der Gnade, wie Lidwina es führte, konnte naturgemäß auf die Dauer nicht verborgen bleiben, und so ist die Stigmatisierte bald Gegenstand eines starken Zuspruches aus allen Kreisen des Volkes geworden. Sie empfing Besuche aus nah und fern, ja sogar Fürsten und hochgestellte Persönlichkeiten fanden sich an ihrem Leidenslager ein, und alle waren tieferbaut von dem, was sie bei ihr hörten und sahen.

Gott aber wollte seine Dienerin noch im Tode verherrlichen. Ihr Leib, der 38 Jahre hindurch von Geschwüren bedeckt und von Fäulnis zerfressen war, erstrahlte nach ihrem Hinscheiden in unversehrter Schönheit und Gesundheit und verbreitete himmlische Wohlgerüche, so wie es ihre Wunden schon zeitlebens getan. Lidwina starb am 14. April 1433. Ihre Reliquien wurden, nachdem Schiedam in die Hände der Häretiker gekommen, im Jahre 1671 nach St. Gudula in Brüssel übertragen, wo sie sich noch jetzt befinden. Ihre Verehrung aber wurde noch 1890 kirchlich anerkannt.

So ist Sankt Lidwina die große Patronin der Kranken und Leidenden geworden und als solche wird sie noch heute hochverehrt. Durch ihre Fürbitte hat sie gar manche wunderbare Heilungen erwirkt. Noch größer aber sind die Wunder der Geduld, die sie vom Himmel für die Kranken erbittet.

Drei große deutsche Stigmatisierte um die Wende des 15. Jahrhunderts haben wir somit kennengelernt. Aber es ist, wie wenn in der Folge der Herr — nach Einbruch der Reformation — seine Gnade vom deutschen Volke zurückgezogen hätte... Erst im 17. Jahrhundert, in der Zeit der Neubefestigung des katholischen Glaubens in deutschen Landen, erweckte Gott erneut eine reiche Anzahl von Trägern der Wundmale in unserem Volke. Der zweite Halbband wird darüber ausführlich berichten.

Das Zeitalter der Glaubenskämpfe
wirft seine Schatten voraus

Gegen Mitte des 15. Jahrhunderts ist die Flutwelle der deutschen Mystik des Mittelalters im Verrauschen. Die großen Gnaden Gottes wenden sich in der Hauptsache anderen Völkern zu. Das Zeitalter der Reformation und der Glaubenskämpfe wirft seine Schatten voraus. Gewiß finden wir auch jetzt noch und gerade zu dieser Zeit eine hochentwickelte individuelle Frömmigkeit in Deutschland [1]). Dafür aber war der Rückgang der öffentlichen Sitte und Moral um so stärker, der allzubald auch dem religiösen Leben Abbruch tat. Kurzum, der Schwerpunkt der Geschichte der Gnade und der Stigmatisation wendet sich mehr und mehr den romanischen Völkern zu.

So treffen wir denn mit dem heraufsteigenden 15., vor allem aber mit dem 16. Jahrhundert in südlicheren Gebieten eine ganze Reihe bedeutsamer Träger der Stigmen und der stigmatischen Schmerzen. In *Frankreich* war einer hochbegnadeten JOHANNA VON MAILLE (1332—1414) die bedeutsame HL. COLETTA (1381—1447) gefolgt, deren Leben ähnliche außerordentliche Tatsachen aufweist wie etwa das einer Christine von Stommeln. In *Italien* jedoch treffen wir auf eine wachsende Zahl stigmatisch Begnadeter, die sich im 16. Jahrhundert noch bedeutend vermehrt. Wir nennen für das 15. Jahrhundert die HL. LUCIA VON NORCIA († 1430), den SEL. ROBERT VON MALATESTA († 1432), eine HL. FRANZISKA ROMANA (1384—1440), die die stigmatischen Schmerzen erduldete, eine HL. RITA VON CASCIA (1386—1456), die nur am Haupte stigmatisiert war, eine FRANZISKA VON PERUGIA († 1486), eine EUSTOCHIA CALAFATO COLONNA (1437 bis 1491) und schließlich OSANNA VON MANTUA (1449—1505), die große Ekstatikerin, und die HL. KATHARINA VON GENUA (1447—1510), denen dann endlich noch LUCIA VON NARNI (1476—1547) und DOMINIKA VOM PARADIES (1473—1553) folgen (neben PHILIPPA VON GELDERN, 1462—1547, die jedoch wieder dem Norden angehört). Wenden wir uns sogleich den beiden berühmtesten dieser Zeitspanne zu, einer Osanna von Mantua und Katharina von Genua, deren Leben wir ausführlicher betrachten wollen!

---

[1]) Vgl. hierzu das Werk Huizingas, Herbst des Mittelalters.

11. Kapitel

Osanna von Mantua

Eine bedeutende Ekstatikerin der Geschichte

OSANNA VON MANTUA wird unsere ganze Beachtung erwecken, ist doch die Geschichte ihres Lebens durch ihre ergreifenden Ekstasen von außergewöhnlicher Schönheit. Was sie aber noch so besonders wertvoll macht, ist die Tatsache, daß selten eine Stigmatisierte über viele Jahre hinaus von ihrer Umgebung so scharf und anhaltend beobachtet wurde. Es ist eine der bezeugtesten Begnadungen, die wir besitzen [2]). Ihr Leben ist durch zwei Ordensgeneräle, den Frater Sylvester aus Ferrara, einen Dominikaner, und durch Frater Hieronymus, einen Olivetaner, beschrieben worden [3]). Sylvester war lange Jahre ihr Beichtvater; er war damals Prior von Mantua und Vikar der Lombardei und wurde erst zwanzig Jahre nach dem Tode Osannas Ordensgeneral. Aus dem Munde der Heiligen selbst und aus ihrem Briefwechsel sammelte er all jene Tatsachen, die er in ihrer Lebensgeschichte lange vor ihrem Tode niederzulegen begann. Bereits fünf Monate nach ihrem Tode ließ er ihre Biographie in Mailand im Druck erscheinen [4]). Er war also der gegebene Biograph der Seligen, der zudem die vollste Anerkennung der regierenden Fürsten des Landes fand. Der Fürst von Mantua, Franz von Gonzaga und seine Gattin Isabelle d'Este, die große Bewunderer und Freunde Osannas waren und denen er ihre Biographie widmete, huldigten dann auch der Terziarin des hl. Dominikus durch Gewährung des Druckprivilegs und bestätigten, daß man um so mehr Vertrauen in die Schrift des Bruders Sylvester haben könne, als er Augenzeuge ihres Lebens und ihr ständiger Vertrauter gewesen war. Zudem gehörte auch Frater Hieronymus, der zweite Biograph und spätere Ordensgeneral der Olivetaner, zu ihren engsten Vertrauten, war er doch geradezu ihr geistlicher Sohn. Und somit ist auch dessen Werk, das erst 1508 in Mantua erschien, ein Dokument unbedingter Vertrauenswürdigkeit. Der erste Teil dieser zweiten Biographie ist fast ganz von der Heiligen selbst verfaßt; sind es doch gewissermaßen ihre Lebenserinnerungen, während die anderen Bücher ihre geistlichen Gespräche und zweiundvierzig Briefe an Hieronymus umfassen. So gibt es in der Tat nichts Authen-

---

[2]) Dementsprechend widmen ihr auch die Bollandisten in den Acta Sanctorum einen ausführlichen Abschnitt (vgl. Boll. Jun. III, 680 ff.; n21 ff.). Wir folgen unsererseits im wesentlichen der etwas nüchternen Darstellung des Arztes Prof. Imbert-Gourbeyre. Vergl. La stigmatisation, I. S. 116 ff.

[3]) Das von Sylvester geschriebene Leben umfaßt nicht weniger als 48 Folioseiten der Acta Sanctorum; jene des Hieronymus ist noch länger; sie reicht von Seite 725 bis 800.

[4]) Beatae Osannae Mantuae de tertio habitu ordinis Fratrum Praedicatorum, Vita per fratrem Franciscum Silvestrum u. s. w., 1505.

tischeres als diese Dokumente, die uns über die Selige berichten. Wir dürfen also sagen, daß die Selige im Grunde ihr eigener Historiker gewesen ist, und ihre beiden Biographen haben hierbei eher die Rolle von Sekretären gespielt. Das erhöht den Wert ihrer Biographie naturgemäß noch um ein Bedeutendes [5]. Es ist eine der ansprechendsten Biographien, die wir in der Geschichte der Stigmatisierten treffen, da sich ihr Leben mitten in den Sorgen des Alltags, der Familie und der Häuslichkeit vollzog. Zudem aber hat die Begnadete durch ihren Rat Einfluß auf die Geschicke des Staates gewonnen.

Osanna wurde am 17. Januar 1449 zu Mantua aus vornehmer Familie geboren. Auch sie wurde von früher Jugend an von Gott für ihre außerordentliche Lebensaufgabe vorbereitet. Kaum hatte sie das Alter der Vernunft erreicht, als sie auf übernatürlichem Wege Unterweisungen erhielt. Bereits in einem Alter von sieben Jahren machte sie das Gelübde der Jungfräulichkeit, und schon zu dieser Zeit wurde ihr ein Leben voller Leiden vorausgesagt. Zwar nahm sie schon mit vierzehn Jahren das Kleid des hl. Dominikus, aber erst mit fünfzig Jahren legte sie ihr Profeßgelübde ab, da sie wegen ihrer häufigen Ekstasen fürchten mußte, an den öffentlichen Pflichtversammlungen des Ordens nicht teilnehmen zu können. Ein Jahr bereits nach ihrer Zulassung als Tertiarin starben ihre Eltern, und so hatte sie von da an für die Erziehung ihrer Brüder, ihrer Schwestern und ihrer Neffen zu sorgen. Das Wunderbare aber ist, daß Osanna mitten unter den zahlreichen Sorgen einer ebenso klugen wie tätigen Hausverwaltung ein gotterfülltes und erleuchtetes Leben führte, das ganz und gar der Buße, der Ekstase und den Leiden der Stigmatisation gewidmet war. Bezeichnend für die Höhe ihrer Begnadung ist, daß sie schon mit achtzehn Jahren auf mystische Weise Gott vermählt wurde, daß sie also bereits in diesem frühen Alter zu den höchsten Stufen der Gottvereinigung gelangt ist [6]. Bald aber verlangte die neue Braut Christi danach, noch tiefer mit Gott vereinigt zu werden und an den Leiden des gekreuzigten Heilandes teilzunehmen. Inständig flehte sie zu Gott empor. Und obwohl er die Erfüllung ihrer Bitte versprach, hielt er es dennoch für gut, ihr diese Gunst vorerst nur unvollständig zu gewähren. Es war am Tage des hl. Matthias, am 24. Februar 1476, als ihre Stigmatisation begann; Osanna war damals erst sechsundzwanzig Jahre alt. „Wenn ich zu viel verlangt habe", so sagte sie zu dem Herrn in inbrünstigem Gebete, „so gewähre mir wenigstens die Dornenkrone, und lege sie auf mein Haupt, denn ich erflehe sie schon so lange von dir. Du kannst mir keine größere Gnade erweisen." Der Herr erschien ihr darauf und trug eine Krone, die

---

[5] An neueren Darstellungen ihres Lebens vgl. man vor allem die Biographie von Bagolini und Ferretti (Florenz 1905 aus ihren Briefen), ferner M. C. de Ganay, Les bienheureuses dominicaines, Paris 1924.

[6] Silvester von Ferrara datiert die mystische Vermählung der Osanna auf ihr fünfundzwanzigstes Lebensjahr. Hieronymus, der sie auf das achtzehnte verlegt, macht einen Zwischenraum von zwölf Jahren zwischen der mystischen Vermählung und der ersten Stigmatisation. Es liegt hier offenbar ein Irrtum vor, da er an einer anderen Stelle die Heilige sagen läßt, daß sie die Dornenkrone am Feste des hl. Matthias, 1476 erhalten habe.

aus den härtesten und schärfsten Dornen geflochten war. Da sank die Selige auf die Knie, und der Herr legte ihr die Krone auf ihr Haupt; aber der Schmerz war ein derart großer, daß Osanna wie leblos zu Boden sank. „Von nun an", sagte Silvester von Ferrara, „litt sie beständig an heftigen Kopfschmerzen" und trug „für immer auf der Stirn einen breiten sehr sichtbaren Kranz". Ihre Mägde sahen ihn oft, trotz ihrer Bemühungen, ihn geheim zu halten. Wie manches Mal schwoll dieser Kranz an, und man sah, wie schwarzes Blut im Innern zirkulierte!

Doch war dies Osanna noch nicht genug. Sie hatte den inständigen Wunsch, auch die hl. fünf Wunden zu erhalten und bat unablässig um diese Gnade, jedoch unter der Bedingung, daß sie den Menschen verborgen bliebe. Und Gott gewährte ihr nach einigem Zögern auch diese Bitte. Im folgenden Jahre, am 3. Juni, befand sie sich gerade mitten in einem geistlichen Gespräch mit einer ihrer Freundinnen, als sie in Ekstase fiel. Sie wurde einer weiteren Erscheinung des Herrn gewürdigt und trug erneut ihre Bitte vor, wobei sie bat, ihr wenigstens die linke Seitenwunde zu verleihen, da, wie sie sagt, dies die Seite des Herzens sei. Nach drei Stunden glühenden Gebetes ließ sich der Herr erbarmen und sandte an die bezeichnete Seite einen überaus glänzenden Strahl, der aber derart stark und durchdringend war, daß er Osanna ungeheuren Schmerz verursachte. Noch fast ein ganzes Jahr flehte sie um die andern Wundmale. Und der Herr gewährte sie ihr am Donnerstag nach dem Passionssonntag an den Händen und Füßen, indem er von seinen heiligen Wunden ebenso scharfe wie glühende pfeilförmige Strahlen ausgehen ließ [7]). Das Eigentümliche an ihrer Stigmatisation ist, daß ihre Stigmata kaum zu sehen waren. Dafür aber hatte Osanna dauernd stigmatische Schmerzen. Sie waren stärker an den Tagen des Mittwochs und Freitags, aber sie wurden während der Karwoche so heftig, daß sie ohnmächtig davon ward. Besonders litt sie an den Füßen. Ihr Fleisch schwoll derart an, als wären Nägel in sie hineingetrieben. Während der Karwoche wurden manchmal die Wundmale so rot, als wenn direkt unter der Haut das Blut zirkuliere, was ihre Bediensteten ohne ihr Wissen beobachteten. Von diesem Wenigen abgesehen, konnte niemand ihre Wundmale erkennen; sie waren nur für sie allein sichtbar, als wären sie mit einem durchsichtigen, leichten Schleier bedeckt. Sie gestand Bruder Hieronymus, daß die Wundmale auf dem Rücken des Fußes an einem roten Blutflecken von der Größe eines Denars erkennbar seien.

Später bat dann Osanna den Herrn, ihn auch durch seine göttliche Gegenwart in ihrem Herzen besitzen zu dürfen. Und wirklich kehrte er als der Gekreuzigte in ihr Innerstes ein und hinterließ ihr jenen Schmerz, den er in seinem

---

[7]) Die moderne Psychologie würde u. a. diese Stigmatisation unter die „psychogenen", d. h. durch den Willen hervorgerufenen Stigmatisationen rechnen. Wenn wir jedoch ihre Stigmatisation mit der Höhe ihrer mystischen Gottesvereinigung und der Eigenart ihrer — zweifellos übernatürlichen — Ekstasen zusammenhalten, aus denen sie hervorgeht (wir finden ihre Ekstase im weiteren noch eindringlicher geschildert), so müssen wir auch auf den übernatürlichen Charakter ihrer Stigmatisation schließen.

eigenen Herzen am Kreuz empfunden hatte. Die Selige hat oft mit ihren Biographen über diese ihre zahlreichen Schmerzen gesprochen, über die Schmerzen der Dornenkrone und der Wundmale und über ihre Heftigkeit. Aber oft kam sie auf den Schmerz des Herzens zurück, dessen ganze Stärke sie ihnen zu verdeutlichen suchte. Gegen Ende ihres Lebens fürchtete sie sehr, daß ihre Seite sich öffnen werde, wie bei Schwester Lucia von Narni, die kurze Zeit vorher stigmatisiert worden war. Sie wäre vor Kummer gestorben, so wiederholte sie zahllose Male ihrem Seelenführer Hieronymus, wenn dieses Wundmal sichtbar zu Tage getreten wäre. Als eines Tages das Blut aus den Wundmalen ihrer Füße hervorzukommen schien, war sie darüber sehr beunruhigt, weinte und schickte sogleich in mehrere Klöster mit der Bitte um Gebet nach ihrer Meinung ... In Wirklichkeit waren die Wundmale Osannas nur bei unvermuteten Zufällen — und dann nur teilweise — sichtbar, und zwar ohne daß ein Blutfluß hierbei auftrat.

Am großartigsten aber äußerte sich das außergewöhnliche mystische Leben Osannas in der ungeheuren Glut und Wucht ihrer Ekstasen. Sie begannen bereits, als sie sechs Jahre alt war. Schon bei ihrer ersten Ekstase erschien ihr der Herr am Kreuze hängend und mit Blut bedeckt, um sie zu seiner Liebe einzuladen und sie von den Dingen dieser Welt loszulösen. In der Tat sollte ihr ganzen Leben zu einem einzigen Hymnus der Kreuzesliebe werden! Zu Anfang waren ihre Eltern über ihren außergewöhnlichen Zustand sehr beunruhigt. Sie glaubten, daß ihre Tochter die Fallsucht oder eine andere schwere Krankheit habe, und schon wollten sie den Arzt zu Rate ziehen. Da sie indes etwas Göttliches in diesen Ekstasen zu erkennen schienen und da das Kind eine für sein Alter vorzügliche Frömmigkeit zeigte, beschränkten sie sich darauf, sie genauer zu überwachen, um so ihren Zustand besser beurteilen zu können. Sie merkten, daß die kleine Osanna während ihrer Ekstasen stets auf den Knien und in der Haltung des Gebetes war und sich oft zu den Füßen des Altares befand. Von da an dachten sie nie mehr an eine Krankheit. Sie betrachteten Gott als den wirklichen Urheber ihrer Verzückungen und dankten ihm dafür [8]).

Klassisch im Sinne der mystischen Theologie sind die Merkmale der Ekstasen Osannas. Während ihrer Verzückungen war die Selige vollständig ohne Gefühl. Man konnte ihr ohne weiteres die Glieder versengen, sie an der Nase ziehen, ihr die Arme verdrehen, sie ins Gesicht schlagen und ihr die verschiedensten Schmerzen verursachen. Eines Tages stieß ihr eine Frau eine Nadel in den Schenkel, während sie in der Kirche in Verzückung war. Osanna bemerkte es erst, als sie nach Hause zurückgekehrt war. Dazu nahm sie in ihren Verzückungen die verschiedensten Haltungen ein, die für die Echtheit des „Raptus", d. h. des plötzlichen Hingerissenwerdens sprechen, bald sah man sie aufrecht,

---

[8]) Hierzu macht Prof. Imbert-Gourbeyre als Arzt die sehr richtige Bemerkung, man könne nicht hoch genug den gesunden Menschenverstand dieser Eltern loben, die, anstatt ihr Kind einem medizinischen Gremium zur Untersuchung auszuliefern, sich an seine äußeren Frömmigkeitsakte hielten, um den Ursprung seines verzückten Zustandes zu beurteilen.

bald sitzend, bald kniend oder zu Boden geworfen, oder bald in der Form des Gekreuzigten. Die Ekstase überkam sie manchmal beim Spinnen, wenn sie den Spinnrocken in der einen und die Spindel in der andern Hand hielt; zu anderen Malen wieder beim Lesen oder Schreiben. Wenn sie einen Gegenstand in der Hand hielt, war es unmöglich, ihr denselben zu entwinden, so sehr waren ihre Muskeln zusammengezogen. Gewöhnlich war sie unbeweglich und stumm. Manchmal jedoch hörte man sie laute Rufe ausstoßen.

Eigenartig auch war die Leichtigkeit, mit der sie in Ekstase geriet. Sie nahm äußere Eindrücke derart schnell auf, daß der bloße Anblick eines schönen Bildes genügte, um sie in Verzückung zu bringen, so wie ihr dies in der Kirche U. L. Frau zu Mailand geschah. Wenn sie vom Himmel, von der hl. Dreifaltigkeit oder von den Engeln sprechen hörte, war sie alsbald verzückt. Aber nichts wirkte so sehr auf sie, wie das Blut unseres Herrn. Der bloße Anblick menschlichen Blutes brachte sie in Ekstase. Man mußte vermeiden, mit ihr über das Kreuz zu sprechen, sonst geriet sie in Verzückung. Franz von Gonzaga bot ihr eines Tages einen Rosenkranz an, den er am Holze des wahren Kreuzes berührt hatte, und sofort fiel sie in Ekstase.

Für die Tiefe und Wucht ihrer Verzückungen sprechen auch noch andere Umstände: Frater Hieronymus war in seinen geistlichen Unterhaltungen mit Osanna oft gezwungen, die Unterhaltung zu unterbrechen oder zu ändern, um sie nicht in Verzückung geraten zu lassen. Sie wurde einmal in der Fastenzeit im Geiste entrückt und blieb drei Tage in diesem Zustande. Ihr Eintauchen in die göttlichen Dinge war so tief, daß sie nicht wußte, ob ihre Seele noch mit dem Körper vereint war oder ob sie bereits von ihm losgelöst sei [9]). Ihre Seele war so sehr auf Gott gerichtet, daß sie keinen Wunsch mehr hatte — und daß sie nicht mehr daran dachte, in das Elend dieses vergänglichen Lebens zurückzukehren. Und doch mußte sie am dritten Tage aus dem Zustand der Ekstase wieder erwachen, worauf sich ihrer ein unsäglicher Schmerz bemächtigte. Sie hörte nicht auf zu seufzen und zu weinen. Sie schien nur von dem Nachgeschmack der Freuden zu leben, die sie genossen hatte, und konnte sich nicht trösten, sie verloren zu haben, bis der Herr ihr am Himmelfahrtstage nach ihrer Kommunion eine andere Verzückung schickte, die drei Tage, und eine andere an Pfingsten, die ebensolange dauerte. Oft wurden ihre Ekstasen für einige Augenblicke unterbrochen, ohne indes gänzlich aufzuhören. So war sie an Allerheiligen nach einigen Worten, die sie gehört hatte, in Ekstase geraten; als die Stunde, zum Tisch des Herrn zu gehen, gekommen war, erwachte sie plötzlich, empfing die Kommunion, warf sich in einer Ecke der Kirche nieder und hatte eine andere Ekstase, die bis zum Sonnenuntergang dauerte. Als sie zu sich gekommen war, riefen sie ihre Dienerinnen zu Tisch zur Abendmahlzeit. Um ihnen eine Freude zu bereiten, willigte sie darin ein, obwohl sie einen tiefen Widerwillen gegen jegliche Nahrung hatte. Als sie am Ende des Tisches

---

[9]) Es handelt sich hier um den sog. „Geistesflug", der sich mit unerhörter Wucht vollzieht. Wir treffen denselben insbesondere auch im Leben Theresias der Großen, der wir Osanna in dieser Hinsicht voll und ganz zur Seite stellen können.

angelangt war, wurde sie plötzlich, anstatt sich zu setzen, verzückt und blieb drei Stunden an derselben Stelle. Darauf ging sie, so gut sie konnte, in eine Ecke des Zimmers, warf sich auf die Knie und fiel bald wieder in Ekstase; und sie verblieb darin die ganze Nacht, nachdem man sie auf ihr Zimmer gebracht hatte. Wichtig für ihre Beurteilung als Stigmatisierte ist, daß sie während ihrer Ekstasen oft den Szenen der Passion beiwohnte. Oft blieb sie nach ihren Ekstasen ausgestreckt, wie vernichtet; zu anderen Malen wieder war sie so beweglich und stark, daß sie einen langen Weg machte, ohne daß sie die Erde zu berühren schien [10]. Nichts kam ihrer Verwirrung und Demut gleich, wenn man sie im Zustand der Verzückung überraschte, und da ihr dies mehr als einmal in der Öffentlichkeit geschah, empfand sie darüber den heftigsten Schmerz.

Wunderbar ist, was ihre beiden Biographen von der Natur ihrer Ekstasen aussagen und von den Erklärungen, die sie ihnen über diese gegeben hat. Es gehört mit zu dem Besten, was wir an Schilderungen darüber besitzen. Silvester von Ferrara schreibt darüber: „Gleichwie der Dampf sich unter den Sonnenstrahlen in die Luft erhebt, ebenso wurde der Geist Osannas zu den höchsten Dingen, die mit dem göttlichen Licht in Verbindung stehen, emporgetragen. Deshalb begannen ihre Verzückungen mit einem reinen Licht, das ihre Seele durchflutete. Dieses Licht war wie eine glänzende Sonne, die sie ganz in sich aufsog. Manchmal war es weniger heftig. Bald wieder schaute sie in körperlicher Gestalt Gott, Christus, die Bewohner des himmlischen Vaterlandes und unterhielt sich in unbeschreiblicher Freude mit ihnen. Am häufigsten war es eine geheime Zwiesprache mit Gott, wie jene eines Ministers mit seinem König. Oft auch sah sie Gott unbildlich, durch einen einfachen Blick des Geistes. Sie fand darüber ein weit größeres Glück, als wenn die Vision bildhaft war [11]. Sie hatte dann eine Kenntnis der göttlichen und höheren menschlichen Dinge, so weit es nur menschliches Begreifen erreichen kann. Die Unterweisungen, die sie an den Quellen der göttlichen Weisheit schöpfte, waren so erhaben, daß sie, wenn sie wieder zu sich gekommen war, keine Worte finden konnte, sie wiederzugeben. Wenn sie ihren Geist mit Sorgfalt auf die Beschauung vorbereitete, konnte sie die so lang erwünschte Ekstase erreichen; aber oft waren ihre Anstrengungen nutzlos. Andere Male wieder war sie plötzlich von dem göttlichen Lichte umgeben und wurde in dem Augenblick verzückt, wo sie am wenigsten darauf gefaßt war" [12]. „O mein Sohn", sagte Osanna zu Frater

---

[10] Schon als Kind hatte man bei ihr die Schwebeekstase beobachtet.

[11] Es ist eine bekannte Tatsache der Mystik, daß intellektuelle Visionen höher zu werten sind als sog. körperliche, weil sie inniger und wesensgemäßer mit Gott vereinen. Vgl. Poulain, Handbuch der Mystik, Freiburg 1925, S. 287 ff.

[12] Ein sicheres Zeichen für die Echtheit ihrer Ekstasen, die einem höheren Willen unterlagen. P. Lenain S. J. hat dieses Argument für ganz die gleichen Verhältnisse bei den Ekstasen der visionären Kinder von Beauraing herangezogen, an denen er mit deren Echtheit erkannte. Vgl. hierzu das Buch des Verfassers „Die Wahrheit über die belgischen Muttergotteserscheinungen, Beauraing — Banneux — Onkerzele", Wiesbaden 1934, S. 59.

Hieronymus, „welchen Trost und welche Freude gießt Gott in die Seele, wenn er sie an sich zieht, um sich mit ihr zu vereinigen! In solchen Augenblicken sind alle Kräfte des Körpers geschwächt und träge, während die Seele zu gewaltiger Schauung emporsteigt, zu Visionen, die das menschliche Auge nie gesehen, die das Ohr nie gehört hat. Die Seele wird dann in der Süßigkeit dieser Vereinigung weder nach links noch nach rechts abgelenkt; sie erfreut sich einzig der göttlichen Vision und der ewigen Majestät. Dann fühlt der Körper nichts mehr, weil alle seine Kräfte durch die überlegenen Kräfte der Seele gebunden und aufgesogen sind. O mein Sohn, welcher Verstand könnte begreifen, welche Sprache könnte dieses Bild des endlosen Lichtes und der göttlichen Majestät zum Ausdruck bringen? Die Seele, die es verkostet hat, begreift es sehr wohl aus dem Auge des Geistes, der sich nach oben erhoben hat; aber es ist unmöglich, es in irgendeiner Form wiederzugeben, die menschliches Begreifen verstehen könnte."

„Während der Ekstase", sagt Osanna weiter, „fühle ich nicht meinen Körper, es ist gerade, als hätte ich keinen." Sie gestand auch, während dieser Zeit die Schmerzen der Passion, die ihr eine gewohnte Gabe waren, überhaupt nicht zu fühlen. Ihre Ekstasen zogen ihr viele Jahre lang große Trübsale zu. Die Patres der Dominikanerkirche, die den Dritten Orden leiteten, fürchteten, daß man sie öffentlich anschuldigen würde, daß sie Osanna antrieben, die Verzückte zu spielen, um das Volk anzuziehen und sich den Ruf der Heiligkeit zu verschaffen. Sie behandelten sie schlecht, klagten sie der Heuchelei an und behaupteten, daß sie unter dem Einfluß des Dämons oder eines kranken Gehirns handle. Da Osanna aber gegen ihren Willen fortfuhr, in der Öffentlichkeit Ekstasen zu haben, drohten sie, ihr das Tertiarenkleid zu entziehen und wollten nicht mehr ihre Beichte hören. Osanna ertrug diesen Sturm mit Geduld und Demut und siegte schließlich.

So darf es uns nicht verwundern, daß Osanna in Mantua wie in ganz Italien im Rufe höchster Heiligkeit stand. Von allen Seiten wurde sie um Rat gefragt, und man empfahl sich ihrem Gebete. Fürsten, Ordensleute, Priester und Laien, alle nahmen zu ihr ihre Zuflucht. In ihrer Vaterlandsliebe hörte sie nicht auf, angesichts des Unglückes, das damals ihr Land heimsuchte, für dieses zu beten. Ja sie übernahm 1478 in Abwesenheit des Fürsten die Regierung des Landes. Gott hatte sie zudem mit einem schönen und wahrhaft jungfräulichen Antlitz begabt, das so viel Anmut und Lieblichkeit hatte, daß sie alle Herzen an sich zog.

Osanna starb am 18. Juni 1505 im Alter von sechsundfünfzig Jahren. Der Fürst von Mantua und seine Gemahlin, der Kardinal von Gonzaga, sein Bruder und der ganze Hof waren an ihrem Sterbebett zugegen. Ein großartiges Begräbnis wurde ihr bereitet. Einige Tage später, am Feste des hl. Johannes des Täufers, erschien sie einer ihrer Freundinnen und zeigte ihr die Wundmale, die sie während ihres Lebens verborgen hatte. Der Fürst von Mantua ließ ihr einen kostbaren Sarkophag aus Marmor errichten, in dem ihre Überreste im Jahre 1508 beigesetzt wurden. Bei dieser Übertragung wurde ihr

Leib in unverwestem Zustande gefunden. Das Stigma der Seite war rot und von der Größe eines Denars; die Wundmale der Füße waren ebenfalls sichtbar. So war sie schon bald Gegenstand der öffentlichen und feierlichen Verehrung, die Papst Leo X. und Innocenz XII. für den Dominikanerorden und für die Diözese Mantua gestatteten. Dazu wurde sie Patronin ihrer Vaterstadt. Im Jahre 1602, d. h. siebenundneunzig Jahre nach ihrem Tode, öffneten die Dominikaner ihr Grab; die völlige Unversehrtheit ihres Leibes wurde von neuem juristisch festgestellt. Bereits zehn Jahre nach Osannas Tode ordnete Leo X. auf die Bitte der frommen Isabella d'Este hin durch ein Breve die gesetzliche Einleitung ihrer Kanonisation an, was eine außerordentliche Gunst darstellte, da sonst im allgemeinen 50 Jahre verlangt werden. In den diesbezüglichen Akten wird über die Tugenden der Heiligen, ihre Wunder, ihre zahlreichen Ekstasen und den Zustand der Unversehrtheit ihres Leibes berichtet, der schon im Jahre 1508 bei der Überführung in das durch den Fürsten von Mantua errichtete Grab festgestellt worden war. Noch bei einer Öffnung des Grabes im Jahre 1686 konnte man die Tatsächlichkeit der Wundmale an ihrem unverwesten Leichnam konstatieren.

So ist das Leben Osannas von Mantua eines der schönsten, ungetrübtesten und verklärtesten, das wir in der Geschichte der Stigmatisierten treffen; angefüllt mit einem erstaunlichen Reichtum an Tugenden und außergewöhnlichen Gnadengaben; Gaben, die die Selige für alle Zeiten zum Gegenstand hoher Verehrung machen werden!

Katharina von Genua

Erstaunliche Dulderin übernatürlicher Leiden

Wunderbar und außergewöhnlich ist das Leben der HL. KATHARINA VON GENUA, deren Bekehrung zu Gott jeden auch nur einigermaßen Mitfühlenden auf das tiefste erschüttern muß. Eine der großen Frauen ihres Jahrhunderts, ist sie zugleich in geistiger Beziehung von hoher Bedeutung. Kein Geringerer als Joseph Görres nennt sie eine „Meisterin der Gottesminne", „Ein Engel auf Erden, die Augen rein und leuchtend wie zwei himmlische Sterne", spricht „ihr Mund... wie mit Engelszungen Unbegreifliches, ihr ganzes Wesen ist wie in Gott transformiert". Von den Flammen der Gottesliebe getroffen, wurde ihr ganzes Leben zu einem einzigen verzehrenden Feuer der Hingabe an Gott. „Immer flammendere Blitze schlagen, wie sie voranschreitet, in ihre Seele, und so durchdringend sind diese Strahlen der Selbst- und Gott-Erkenntnis, daß sie ihr eigenes Sein zu verzehren scheinen — Gebrechen und Schlacken und alles Eigene" — und immer aufs Neue doch geht sie in diese „Vernichtung" ein [1]). Wie ihre große Namensgefährtin Katharina von Siena übte auch sie einen hinreißenden Einfluß auf ihre Umgebung aus und fesselte durch ihre hervorragenden natürlichen und übernatürlichen Geistesgaben eine ganze Anzahl ernstlich zur Vollkommenheit strebender Zeitgenossen an die Hochziele des inneren Lebens. Um so beachtenswerter ist ihre mystische Begnadung, die tragender Untergrund ihrer Geistigkeit ist und über die wir ausgezeichnete Quellen besitzen [2]).

Katharina wurde gegen Ende des Jahres 1447 in Genua geboren. Sie war eine Tochter des berühmten Hauses der Fieschi, das seinen Ursprung auf ein bayerisches Fürstenhaus des 11. Jahrhunderts zurückführt, also deutsches Blut in sich trug, und das eine ganze Reihe von bedeutenden Persönlichkeiten, von Päpsten und Staatsmännern hervorgebracht hat. Als Enkelkind des Robert Fieschi, des Bruders von Papst Innocenz IV., war sie mit dem Hl. Vater verwandt.

Mit großer Sorgfalt erzogen, übte Katharina schon früh eine ernste Frömmigkeit, wobei sie sich besonders zur Betrachtung der Leiden des Herrn hin-

---

[1]) Vgl. O. Karrer, Die große Glut. Die Mystik des Mittelalters, München 1926, S. 118.
[2]) Wir empfehlen an deutscher Literatur das Lebensbild von H. Michel, St. Catarina von Genua (Sammlung Religiöse Geister, Matthias-Grünewald-Verlag, Mainz 1925), das in sehr feinsinniger Weise dem Leben und Wirken dieser großen Frau nachgeht, allerdings in der Frage der Stigmatisation ziemlich versagt, sowie von L. Sertorius, Katharina von Genua, Lebensbild und geistige Gestalt. Ihre Werke, München 1939. das ebenfalls keine Angaben darüber enthält; ferner das Werk Friedrich von Hügel, **The Mystical Element of Religion as studied in St. C. of Genoa and her Friends** (London 1923).

Seitenkapelle des Domes zu Genua

Hier wurde die heilige Katharina von Genua getraut

gezogen fühlte. Schon mit zwölf Jahren begann in ihr das geheimnisvolle Leben außerordentlicher Gnaden. Damals bereits wurde sie mit den ersten höheren Gaben des Gebetes ausgezeichnet. Dringend wünschte sie zu jener Zeit, in das Kloster Unserer Lieben Frau von der Gnade einzutreten, das von Augustinerinnen geleitet wurde. Aber Gott wollte sie auf ganz anderen, wahrhaft außergewöhnlichen Wegen führen. Gegen ihren Wunsch vermählten sie ihre Eltern mit dem genuesischen Patriziersohn Julian Adorno, um mit dessen Familie nach langem Zwiste eine Versöhnung herbeizuführen. Und diese Ehe war es, die die schwersten Prüfungen in ihr Leben hineintrug, aber auch dessen großen Umbruch herbeiführte. Folgen wir in der Darstellung ihrer erschütternden Lebensgeschichte Ernst Hello [3]), dem Meisterschilderer der großen Genueserin.

Obwohl Katharina schier unüberwindliche Abneigung vor der Ehe hatte, ließ sie sich dennoch durch ihre Eltern verehelichen. „Daraus ging eine Reihe von Katastrophen hervor. Ihr Gemahl war eines der schlechtesten Subjekte seiner Zeit. Er war nicht nur leichtfertig, er war ein Spieler; er war nicht nur lasterhaft, er war spöttisch und boshaft. Dabei war Katharina von seltener Schönheit und von ganz bezauberndem Geiste. Ihr Gemahl dagegen war selbst gegen die äußeren Reize seiner Gattin gänzlich gleichgültig, ja in den Augenblicken, in denen er an sie dachte, ging er nur darauf aus, sie auf jede Weise zu quälen. Die übrige Zeit vergaß er sie, und sein Vergessen war nicht ohne Schuld. Dieser Mann, der im Augenblick seiner Heirat sehr reich war, ließ sich durch seine Laster ruinieren. Nachdem Katharina im Laufe von fünf Jahren der schrecklichsten Behandlung ausgesetzt war, magerte sie derart ab, daß sie nicht einmal mehr von ihren Freundinnen erkannt wurde. Ihre Schönheit schwand gleichzeitig mit ihrer Gesundheit dahin. Ihre gesamte Familie, die über diese Heirat in Verzweiflung geraten war, flehte sie an, daß sie, statt vor Kummer dahinzusiechen, fern von ihrem Gatten in den Vergnügungen dieser Welt Trost suchen solle. Und tatsächlich gelang es ihnen, Katharina, die vom Unglück gänzlich zermürbt war, zu überreden; sie gab ihr inneres Leben auf und führte fünf Jahre lang das Leben einer Frau von Welt."

„Gleichwohl konnte jene, die mit dreizehn Jahren eine Heilige war, nicht alles vergessen. — Es war umsonst, so sagte sie später, daß man alle diese Vergnügungen vereinigt auf mich eindringen ließ, um mein Verlangen zu befriedigen, sie konnten es nicht stillen; meine Seele war von einer unendlichen Aufnahmefähigkeit, alle Freuden der Erde waren in sie eingegangen, ohne sie auszufüllen.

Eines Tages beklagte sich Katharina bei ihrer Schwester Simbania über die schreckliche Leere, unter der sie litt. Diese kannte einen sehr heiligmäßigen Ordensmann, und sie bat Katharina, sich dem hl. Sakrament der Buße zu nähern. Katharina, durch ihre eigenen Erinnerungen erschüttert, sagte nicht nein. Simbania ließ den Priester benachrichtigen, daß es sich um eine sehr

---

[3]) Physiognomie des Saints, Paris, 1875.

große Bekehrung handle und daß jene, die sich vielleicht am nächsten Tage an ihn wenden würde, dazu berufen wäre, Höhenpfade zu gehen. Tatsächlich entscheidet sich Katharina am nächsten Tag; sie begibt sich zur Kirche, verlangt nach dem Priester und kniet in innerer Erwartung im Beichtstuhl nieder.

Hier vollzieht sich ein großes Drama. Ein Lichtstrahl fällt auf Katharina; sie sieht. Sie sieht ihre Vorbestimmung, sie sieht ihr Leben seit ihrem Fall. Die fünf vergangenen Jahre erscheinen ihr ganz so, wie diese im Lichte Gottes aussehen. Katharina verliert Wort und Gefühl. Der Priester, der in den Beichtstuhl gekommen war, glaubt, sie bereite sich schweigend vor und überläßt sie ihrer Sammlung. Das Schweigen dauert an, Katharina war in Ekstase. Die Zeit vergeht. Der Priester wird wegen einer dringenden Angelegenheit gesucht. Er unterrichtet Katharina über seinen Weggang und über seine baldige Rückkehr. Katharina hört nichts. Er geht fort, er kommt zurück; Katharina ist in derselben Haltung und in demselben Schweigen. Er ermahnt sie zum Sprechen. Mit Mühe aus der Ekstase zurückgerufen, macht sie eine ungeheure Anstrengung, aber sie kann nur ein Wort sagen: ,Pater, ich kann nicht sprechen. Wenn Sie wollen, werde ich die Beichte auf später verschieben.'

Sie kehrt in das Haus zurück, wirft ihren Schmuck weit von sich und vergießt Ströme von Tränen. Der Boden ihres Zimmers ist überschwemmt, sichtbar überschwemmt, wie die Erde nach einem Sturm. Es scheint, daß ihr während der Ekstase ein brennender Pfeil in das Herz eingedrungen war. Sie berichtet in ihren Gesprächen, daß sie in ihren Seufzern ein einziges Wort aussprach: ,Ist es möglich, o Liebe, daß du mir zuvorgekommen bist und mir in einem einzigen Augenblick alles enthüllt hast, was Worte nicht auszudrücken vermögen?'"

Die unerhörte Wucht ihrer Bekehrung, die der dramatischen Schürzung nicht entbehrt, läßt uns erkennen, eine welch hochgesinnte Seele Katharina gewesen ist. Und ihre innere Umkehr wurde vollendet, als ihr an einem der folgenden Tage der Herr, das Kreuz auf seinen Schultern tragend und blutüberströmt, erschien, „so daß das ganze Haus sich mit Bächen dieses Blutes zu füllen schien, und all dieses Blut, so begriff sie, war allein aus Liebe vergossen worden" [4]). Hedwig Michel fügt dem hinzu: „Hatte sie zuerst die Güte Gottes nur geistig erfahren, so erfaßte sie hier in einem überanschaulichen Bild, auf welche Weise diese Erbarmung wirksam und greifbar geworden war. Der Eindruck blieb für alle Zeiten in ihrer Seele. Ihr Reueschmerz wurde jetzt zur Tat. Sie lechzte danach, ihrem Schöpfer und Erlöser Genugtuung für ihre Verfehlungen zu leisten." Und damit begann ihr großes Leben der Abtötung und der Buße.

„Sie war ihren Weg nach Damaskus gegangen, sie war niedergeschmettert worden. Nach vierzehn Monaten schrecklicher Buße empfing sie die Versicherung, der Gerechtigkeit völlige Genüge geleistet zu haben. Ihren Biographen

---

) Vgl. a. a. O., S. 42.

zufolge wurde die bohrende Erinnerung an ihre Fehler, die sie bis dahin verfolgt hatte, von ihr genommen" (Hello).

Für immer aber erfüllte das große Erlebnis ihr Denken und Wollen bis in
die tiefsten Gründe ihrer Seele. Ihr Leben wurde fortan ein ergreifendes Beispiel der Hingabe an Gott, heroischer Gottes- und Nächstenliebe und einer
außerordentlichen Selbstverleugnung. Bewundernswert war ihre Selbstbemeisterung im Essen, die sie zweimal im Jahre zu einem 40tägigen Fasten
ausdehnte, eine Abtötung, die sie 23 Jahre beibehielt, und die um so wunderbarer war, als sie während dieser Zeiträume nur von der hl. Kommunion und
hier und da einem Becher Wasser lebte, den sie mit Essig oder Salz mischte
(um ihre innere Glut zu kühlen). Dabei konnte sie während dieser Zeit gegen
ihren Willen zugeführte Speisen nicht bei sich behalten, ja sie sah nach diesen
Fasten blühender aus denn vordem.

Hinzu kam ihre eifrige Aufnahme der Krankenpflege im Dienste des
Annunziatenordens. Sie übernahm ab 1479 die Verwaltung eines ganzen
Spitals, eine Arbeit, die sie bis zu ihrem 49. Jahre (1496) beibehielt, als ihre
Kräfte mehr und mehr zu versagen begannen.

Aber war Katharina von Genua eine Stigmatisierte? Geben wir darüber
Imbert-Gourbeyre das Wort!

„Wurde Katharina", so fragt dieser im Anschluß an die große Tatsache
ihrer Bekehrung, „bei ihrer Ekstase im Beichtstuhl mystisch oder physisch
verwundet? Ich weiß es nicht. Aber von diesem Augenblick an bemächtigte sich
die Liebe Gottes ihres Herzens in einem solchen Grade, daß sie das schönste
Vorbild göttlicher Vereinigung geworden ist. Ihre Biographen berichten, daß
ihre Brust unter dem Einfluß des inneren Feuers, das sie verzehrte, durch und
durch von einer Öffnung durchbohrt war, die die äußere Luft anzog und
wieder zurückgab, d. h., daß sie der Seitenwunde oder des Stigmas der Seitenwunde gewürdigt worden sei. Sie behauptete, daß, wenn man ihr Herz nach
ihrem Tode untersuchen würde, man es in Asche und gänzlich verzehrt finden
würde [5]. Unglücklicherweise hat diese Untersuchung nicht stattgefunden. Man
wagte nicht die Totenschau, weil ihr Leichnam biegsam und ohne Steifheit
geblieben war; man glaubte diesen außergewöhnlichen Zustand achten zu
müssen. Während ihres Lebens war der Brand ihres Körpers derart, daß man
manchmal Flammen daraus hervorgehen sah. Das Wasser, in das ihre Hände
zur Erfrischung getaucht wurden, wurde kochend; das Gefäß, das zu diesem
Zweck gebraucht wurde, schien über das Feuer gehalten worden zu sein. Katharina war zur großen Ekstatikerin geworden."

Das führt uns schließlich zu den letzten großen Steigerungen ihrer Liebe
und den eigentümlichen mystischen Tatsachen, die sie während der letzten zehn
Jahre ihres Lebens und besonders während ihrer Todeskrankheit erdulden
sollte. Von der Furchtbarkeit dieser Leiden können wir uns kaum eine rechte
Vorstellung machen. Sie hatte Zustände und Ekstasen, in denen sie sich wie

---

[5]) Ob es sich um eine Hyperbel in ihrer Ausdrucksweise handelt, läßt sich heute
nur noch schwer feststellen.

Katharina von Genua
Zeitgenössisches Gemälde

getötet, zerstampft, aufgerieben und zerschlagen fühlte und „sich nicht mehr zu regen vermochte".

Sie vom Jahre 1507 ab mit besonderer Heftigkeit ergreifend, waren ihre Krankheiten so seltsam, daß Ärzte, Beichtvater und Freunde in größte Bestürzung gerieten. Sie litt an unerträglicher Hitze, ihr Leib zitterte in starken unerklärlichen Anfällen. Und nach vorübergehender Erleichterung nahte mit dem Jahre 1510 die außerordentlichste Steigerung. Seit Mitte Mai verließ sie das Bett nicht mehr. In einem Anfall verlor sie Gesicht und Sprache und schien Schmerzen zu erleiden, wie wenn glühende Nägel ihr Herz und ihr Innerstes durchbohrten. Der Herr hatte ihr diese Leiden vorausgesagt, während sie auch die Martyrien der Martyrer erduldete. Die Ärzte sahen sich außerstande, die Leiden zu erkennen, noch sie irgendwie zu lindern; sie gestanden deren Übernatürlichkeit. Und in diesem letzten Jahre äußerster Not nahte auch das Mitleiden der Passion: [6]

„Sie hatte einer ihrer geistlichen Töchter vorausgesagt, daß sie vor ihrem Tode die Leiden des Herrn erdulden werde. Diese Voraussage verwirklichte sich am 3. September. Während einer Krise der heftigsten Leiden, die sie je auszuhalten hatte, sah man plötzlich, wie sie die Arme in Form des Kreuzes ausstreckte und Zeichen des stärksten Schmerzes gab. Die Umstehenden begriffen, daß der Herr sie an seiner Kreuzigung teilnehmen ließ. Die Stigmata erschienen nicht äußerlich, aber die Einprägung war nicht weniger wirklich, was die Schmerzen betrifft, die sie begleiteten."

Im Augenblick, da die Schmerzen begannen, sprach Katharina deutlich die Worte aus: „Möge dieses Leiden willkommen sein wie auch jedes andere, das mir der liebenswürdige Wille meines Gottes schicken wird. Es sind jetzt sechsunddreißig Jahre, daß du mich erleuchtet hast, o süße Liebe, und seitdem habe ich stets gewünscht, innerlich und äußerlich zu leiden... Jetzt bin ich im stärksten Schmerz, und ich fühle mich von Kopf bis zu den Füßen zerrissen. Ich glaube nicht, daß ein menschliches Geschöpf diese Strafe aushalten kann, ohne ihr zu erliegen, denn durch ihre Heftigkeit könnte sie einen Körper von Eisen und Diamant zermürben. Aber es ist nicht Dein Wille, daß ich in diesem Augenblicke sterbe, und Deine gerechte und heilige Anordnung erhält das Leben mitten in den unerträglichsten Qualen. Zu gleicher Zeit aber empfinde ich noch ein anderes Wunder: trotz all dieser Leiden fühle ich eine solche Kraft und Fähigkeit in mir, daß ich nicht sagen kann, daß ich leide. Ich fühle mich im Gegenteil in einer so angenehmen und so großen Zufriedenheit, daß ich nicht sagen kann und weiß, wie ich dies in Worte fassen soll."

In der folgenden Nacht führte die übermäßige Spannung der Arme der Heiligen eine Verrenkung herbei; die Glieder wurden überdehnt.

Während des Tages, am 6., fühlte sie in ihrem Körper die Seitenwunde des Erlösers; sie verursachte ihr während zehn Stunden ununterbrochen unsägliche Schmerzen, die von Beklemmung und Krämpfen begleitet waren.

---

[6]) Wir folgen hier des näheren Imbert-Gourbeyre, La stigmatisation, I, S. 132.

An den folgenden Tagen ließ man die geschicktesten Ärzte kommen. Sie erklärten, daß die Kranke gesund sei hinsichtlich des Verstandes, der Zirkulation und der Sprache, aber daß die Leiden, die über sie gekommen seien, menschliches Wissen überstiegen.

Und so starb Katharina von Genua am 15. September 1510, ebenso tief durch Leid geprüft wie hoch begnadet. Sie lebt in der Nachwelt fort durch den Heroismus ihrer Opferliebe, aber auch durch ihre hochvergeistigten Werke, unter denen neben den „Dialogen" [7]) das über das „Fegfeuer", welches sie ja selbst während ihres Erdendaseins bis zur Neige gekostet, berühmt ist. Sie sind, wie Imbert-Gourbeyre sagt, „eine Verneinung der These der Freidenker, die behaupten, daß die Ekstatiker nur Halluzinanten sind".

Ihr Leib jedoch, der so Unaussprechliches erduldet, hat sich über die Jahrhunderte im Zustand der Unverwestheit erhalten; er ruht in Genua.

Vom Volke hochverehrt, wurde die große Genueserin im Jahre 1737 von Klemens XII. heiliggesprochen. Bezeichnend ist, daß selbst eine nichtkatholische Schriftstellerin, Evellyn Underhill, von ihr spricht als von „einem geistlichen Genie ersten Ranges, die eine schöpferische Mystikerin und sowohl tiefe Denkerin als Ekstatikerin, eine ruhige und praktische Philantropin" (d. h. Menschenfreundin) gewesen sei!

---

[7]) Deren Authentizität wird übrigens von Friedrich von Hügel teilweise bestritten (siehe The mystical Element of religion). Man vgl. an weiterer Literatur die neuen Werke von Vallebona (1887), Cervetto (1910) und Prexel (1927) sowie Sertorius (1939).

13. Kapitel

Theresia von Avila

Klassikerin der Mystik und „Stigmatisierte des Herzens"

Wir gelangen zu einer Stigmatisation, die wiederum als eine der bedeutendsten in der Geschichte gelten darf, da sie einer der „klassischen" Mystikerinnen aller Zeiten geschenkt wurde, die zudem neben dem heiligen Johannes vom Kreuz in der Katholischen Kirche als wichtigste Autorität in Fragen der Mystik gilt, zu der Theresias von Avila. Aber nicht nur, daß diese hervorragende Heilige seit Jahrhunderten — wenn auch nur in übertragenem Sinn — den Titel einer „Doctora mystica", d. h. einer Lehrerin der Mystik, trägt und geradezu als „Kirchenlehrerin" auf diesem schwierigen Gebiet bezeichnet wird [1]). Nein, auch die Echtheit und Tatsächlichkeit der Stigmatisation ihres Herzens ist — auf Grund der Reliquie desselben — in einer Weise dokumentiert und auf das untrüglichste bestätigt und anerkannt, wie sie in der Geschichte der Stigmatisation nicht alltäglich ist.

Wer war THERESIA VON AVILA? Joseph Bernhart nennt sie „die größte Gestalt der spanischen Gegenreformation", die, wie Freiherr von Pastor, der große Geschichtsschreiber der Päpste, sagt, „durch den inneren Reichtum wie durch die Vielseitigkeit ihrer ganz einzigen Begabung eine der glänzendsten und liebenswürdigsten Erscheinungen der Kirchengeschichte" ist [2]). Ein Bericht der römischen Rota unter Papst Paul V. aber kennzeichnet ihre Stellung mit den Worten, „Theresia sei der Kirche von Gott als Lehrerin des geistlichen Lebens gegeben. Sie habe die Geheimnisse des inneren, höheren mystischen Lebens, welche von den heiligen Vätern in loser Ordnung und nicht im Zusammenhang behandelt worden waren, mit unübertrefflicher Klarheit dargestellt. Ihre Lehre sei nicht durch eigene Anstrengung erworben, sondern von oben eingegossen" [3]). Und dieses Urteil bestätigt, was Theresia selbst von sich behauptet: „Viele Jahre las ich Schriften über das innere Leben, ohne zu verstehen, was das sei, und nachdem es Gott gefallen, mir darüber Licht zu geben, verging eine lange Zeit, bevor ich Worte fand, um andern dies mitzuteilen. Jetzt hat es mich recht wenig Mühe gekostet; der Herr gibt mir in einem Augenblick das volle Licht und die Fähigkeit, mich darüber auszusprechen. Meine Beichtväter waren außer sich vor Staunen und ich noch mehr als sie, weil ich meine Unfähigkeit besser kannte." Kurzum: Theresia von Jesus, mit Recht „die Große" genannt, hat sich in ihren Schriften, die in der mystischen Literatur an erster Stelle stehen, ein großartiges Denkmal gesetzt, Schriften, die sie zur Klassikerin der Mystik erheben.

---

[1]) Was allerdings keinen *offiziellen* Titel der Kirche bedeutet.
[2]) Vgl. hierzu Karrer, Gott in uns. Die Mystik der Neuzeit, 1926, S. 76.
[3]) Vgl. für dieses und das Folgende Wetzer und Welte, Kirchenlexikon, 2. Auflage, Bd. 10.

Ihre Stigmatisation aber ist das richtunggebende Ereignis ihres Lebens, aus dem sie zu jener vollendeten inneren Reife gelangte, die sie nicht nur zur großen Reformatorin des Karmelitenordens werden ließ, nein ihr darüber hinaus einen ungeheuren Einfluß auf das ganze aszetische und mystische Leben der Kirche der letzten Jahrhunderte einräumte.

Wunderbar aber ist der Weg, auf dem Theresia zu dieser erhabenen Gnade gelangte. Es ist der königliche Weg des Gebetes und der Beschauung, der sie langsam alle Stufen des inneren Lebens emporführte: von dem „Gebet der Betrachtung" und der „Ruhe" zur ekstatischen und schließlich umwandelnden und vollendeten Vereinigung mit Gott, in der sie schließlich jene Gnade der Stigmatisierung ihres Herzens trifft, der an dieser Stelle unser entscheidendes Interesse gilt. Die „Durchbohrung" ihres Herzens ist eines der herrlichsten Zeugnisse übernatürlicher Stigmatisation, die wir in der Geschichte der Mystik besitzen. Der Karmelitenorden feiert dieses Geschehnis an einem eigenen Festtag, dem 27. August.

Ihr stigmatisiertes Herz ist eine der merkwürdigsten Reliquien der letzten Jahrhunderte. Es ruht, von einer kostbaren Kapsel umschlossen, in einer Nische an der Epistelseite des Hochaltars der Karmeliterinnenkirche zu Alba. Man sieht an ihm die berühmte große Wunde, die durch den von einem Seraph entzündeten Pfeil verursacht wurde. Ein himmlischer Wohlgeruch geht von diesem kostbaren Kleinod aus [4]).

Wie aber kam es zur Stigmatisation der hl. Theresia? Erinnern wir uns zur Beantwortung dieser Frage wenigstens der bedeutenderen Daten ihres mystischen Lebens, die der Durchbohrung ihres Herzens vorausgingen:

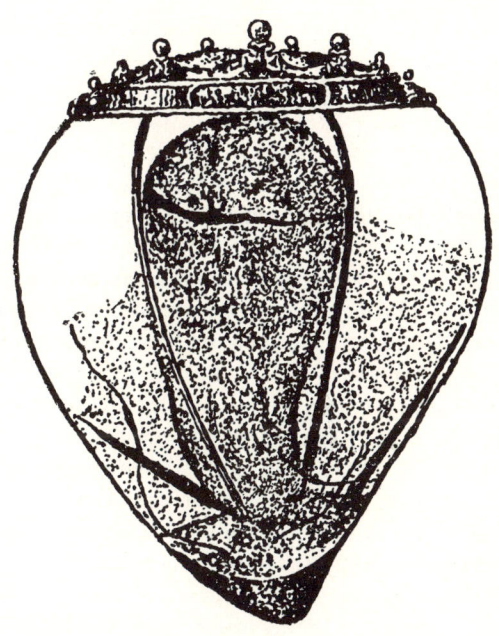

Das stigmatisierte Herz Theresias von Avila
(oben deutlich sichtbar
der transversale Stich der Herzdurchbohrung)

Immer höher war Theresia in ihrer mystischen Begnadung aufwärts geschritten: vom Gebet der Einfachheit war sie durch ihre große Treue gegen die Einsprechungen der Gnade bald zum Gebet der Vereinigung mit Gott gelangt. Und wunderbar waren die äußeren und inneren Wirkungen dieses hohen mystischen Verkehrs mit Gott, wie er sich namentlich in den letzten Jahr-

---

[4]) Vgl. auch den Aufsatz des Verf. im Kathol. Sonntagsbl., Stuttgart, vom 15. 2. 1937.

zehnten ihres Lebens gestaltete: „Zu den tieferen Gnaden des Gebetes traten ekstatisches Schweben, Leuchten ihres Angesichts, Verzückung, im Innern vollständige Loslösung von allem Irdischen, glühender Eifer für die Ehre Gottes, unbedingte Gleichförmigkeit mit dem göttlichen Willen, innere Freude und Wonne" [5]).

Und da trifft sie jenes große Geschehnis. Einige Zeit vorher war sie bereits von der ekstatischen Vereinigung, in der ihr des öfteren die hl. Menschheit Jesu in ihrer Verklärung, d. h. in der Glorie der Auferstehung, oder auch Christus in seinem Leiden am Ölberg, am Kreuze oder mit den heiligen fünf Wunden gezeigt worden, zur „vollkommenen Vereinigung" mit Gott gelangt [6]). Und in dieser höchsten Stufe des mystischen Lebens war es, in der ihre Seele unsagbare Antriebe der Liebe empfing:

„Es entbrannte in mir eine so große Liebe Gottes, daß ich gar nicht begreifen konnte, woher sie kam; denn ich selbst hatte mich nicht darum bemüht, sondern sie war ganz übernatürlich. Ich sah mich hinschmachten vor Verlangen, Gott zu schauen, und wußte nicht anders dieses glückselige Leben zu finden als durch den Tod. Es kamen mir so gewaltige Antriebe dieser Liebe, daß ich, obwohl sie nicht so stark und unerträglich waren wie die früher besprochenen, gar nicht wußte, was ich anfangen sollte; denn nichts konnte mir genügen; ich vermochte mich selbst nicht zu fassen" [7]). Es ist ihr, wie wenn sie plötzlich in ein ungeheures Feuer geworfen und von den Flammen ergriffen werde. Und hier spricht sie zum ersten Male von einem Pfeil, der ihre Seele verwundet: „Die Seele führt nicht selbst den Schmerz herbei, den sie über ihr Fernsein von dem Herrn empfindet, sondern es wird ihr zuweilen ein Pfeil in das Innerste ihres Herzens und ihrer Eingeweide gestoßen, so daß sie nicht weiß, wie ihr ist und was sie will... Man kann unmöglich schildern, in welcher Weise Gott die Seele verwundet, noch wie groß die Pein ist, die sie dabei leidet [8]). Und „diese Pein, vereint mit einer solchen Glorie, machte mich verwirrt, denn ich konnte nicht begreifen, wie so etwas möglich sei. O was ist es doch um den Anblick einer verwundeten Seele! Ja, so fühlt sie sich, daß sie sich in Wahrheit verwundet nennen kann, verwundet von einer so erhabenen Ursache. Zugleich erkennt sie klar, daß nicht sie selbst diese Liebe in sich hervorgebracht hat, daß vielmehr von jener unendlichen Liebe, die der Herr gegen sie trägt, ein Fünklein plötzlich in sie gefallen zu sein und sie ganz in Glut versetzt zu haben scheint. O wie oft erinnere ich mich in diesem Zustande der Worte Davids: „Quemadmodum desiderat cervus ad

---

[5]) Vgl. Wetzer und Welte, 2. Aufl., Bd. 10, Sp. 1351.

[6]) Vgl. hierzu das 29. Hauptstück ihres Lebens, das jüngst in mustergültiger Art von P. Aloysius Alkofer O. C. D. unter Berücksichtigung der neuesten Ergebnisse der Theresienforschung herausgegeben wurde (Das Leben der hl. Theresia von Jesu, als erster Band der Sämtlichen Schriften der hl. Theresia, München 1931). Wir zitieren im folgenden ausschließlich nach dieser neuesten kritischen Ausgabe.

[7]) Vgl. ebenda S. 272 ff.

[8]) Vgl. hierzu die ähnlichen Ausführungen des hl. Johannes vom Kreuz über die „Wunden der Liebe". Vgl. unsere „Einführung", S. 78 ff.

Stigmatisation Theresias der Großen

Nach der Plastik von Bernini in der Kirche Santa Maria
della Vittoria, Rom

fontes aquarum! Gleichwie ein Hirsch verlangt nach Wasserquellen, also verlangt meine Seele nach Dir, o Gott!" (Ps. 41,2.) Denn diese Worte sehe ich, wie mir scheint, buchstäblich an mir erfüllt" [9]).

Und in diesem Zustand der vollendeten Liebesvereinigung mit Gott wird sie stigmatisiert [10]). „Es gefiel dem Herrn, mich in diesem Zustande einigemal mit folgender Vision zu begnadigen: Ich sah neben mir, gegen meine linke Seite zu, einen Engel in leiblicher Gestalt. In dieser Weise sehe ich sie wunderselten. Obgleich mir oft Engel erscheinen, so geschieht dies doch gewöhnlich, ohne daß ich sie sehe, sondern in der Weise wie in der zuerst besprochenen Vision. Hier aber wollte der Herr, daß ich den Engel in leiblicher Gestalt sehen sollte. Er war nicht groß, sondern klein und sehr schön. Sein Angesicht war so entflammt, daß er mir als einer der erhabensten Engel vorkam, die ganz in Flammen zu stehen scheinen. Es müssen dies jene sein, die man Cherubim nennt. Sie sagen mir zwar ihre Namen nicht; aber ich sehe gut, daß im Himmel zwischen den einen und den anderen Engeln ein unaussprechlicher Unterschied ist. In den Händen des mir erschienenen Engels sah ich einen langen goldenen Wurfpfeil, und an der Spitze des Eisens schien mir ein wenig Feuer zu sein. Es kam mir vor, als durchbohre er mit dem Pfeil einigemal mein Herz bis aufs Innerste, und wenn er ihn wieder herauszog, war es mir, als zöge er diesen innersten Herzteil mit heraus. Als er mich verließ, war ich ganz entzündet von feuriger Liebe zu Gott. Der Schmerz dieser Verwundung war so groß, daß er mir die erwähnten Klageseufzer auspreßte; aber auch die Wonne, die dieser ungemeine Schmerz verursachte, war so überschwenglich, daß ich unmöglich von ihm frei zu werden verlangen, noch mit etwas Geringerem mich begnügen konnte als mit Gott. Es ist dies kein körperlicher, sondern ein geistiger Schmerz, wiewohl auch der Leib, und zwar nicht in geringem Maße, an ihm teilnimmt. Der Liebesverkehr, der nunmehr zwischen der Seele und Gott stattfindet, ist so süß, daß ich zur Güte des Herrn flehe, er wolle ihn dem zu kosten geben, der etwa meint, ich lüge hierin."

„Solange dieser Zustand andauerte, ging ich umher, als wäre ich außer mir. Ich hätte weder sehen noch reden, sondern nur in meine Pein mich versenken mögen, die mir eine größere Seligkeit bereitete als alle geschaffenen Dinge. Diese Liebespein empfand ich zuweilen, bis es dem Herrn gefiel, mich in jene großen Entzückungen zu versetzen, denen ich, auch wenn ich unter Menschen war, nicht widerstehen konnte; zu meinem großen Schmerze wurden sie auch allmählich bekannt."

Lange andauernde. und unwiderstehliche Ekstasen folgten diesem außergewöhnlichen Wunder: „Umsonst bemüht sich Theresia, diese verborgen zu halten. Wie ein Riese einen Strohhalm emporhebt — drückt sich Theresia aus —, so wird sie durch die Kraft der Verzückung von der Erde emporgehoben und vor den Augen ihrer Mitschwestern und manchmal auch vor allen Gläubigen, welche die Kapelle der Menschwerdung füllen, freischwebend gehalten.

---

[9]) Vgl. Leben 29. Hauptstück Nr. 13.
[10]) Ebd. Nr. 15/16.

Himmlische Schönheit liegt auf ihren Zügen; ihr ganzes Wesen ist umgewandelt und scheint von Licht umflossen. Indem der Herr die Demut seiner Magd verherrlicht, rächt er sie gleichsam in dieser Weise für das ungerechte Mißtrauen, dessen Zielpunkt sie ist."[11]

In herrlicher Weise hat sie aus der überströmenden Freude dieser Verzückungen heraus ihre Stigmatisation in einem Liede besungen:

„In des Herzens tiefstem Grunde
fühlt' ich einen jähen Stich,
Gottes Schwert drang ein in mich,
Große Tat gab davon Kunde.

Und dies Geschoß sollt' mich verwunden.
Wohl mag diese Wunde tödlich sein,
Mit unvergleichlich Weh verbunden:
Es führt den Tod zum Leben ein!

Doch raubt die Wunde uns das Leben,
Wie kann sie es dann wiedergeben?
Und wie vermag sie Leben spenden,
Um uns dann in den Tod zu senden?

Wie kann verwundend sie uns heilen?
Wie kann man lebend mit ihr weilen?
O Gotteskunst, wohl Jenem eigen,
Der harte Prüfungszeit erlitt;
Der, sieghaft in dem Kampf, kann zeigen
Wie dauernd Großes er erstritt!"[12]

Die „große Tat" aber war das heldenmütige, bis dahin in der Geschichte der Heiligen beispiellose Gelübde, in allem das zu tun, was sie als das Vollkommenere und Gott Wohlgefälligere erkennen würde: „Unser Herr hatte somit das verborgene Werk, an welchem er so lange arbeitete, vollendet. Aus dieser heißblütigen, mitteilsamen Theresia, aus diesem tiefliebenden, lebendigen, empfindsamen Herzen, aus dieser reichen und glänzend begabten Natur hatte er eine Heilige gemacht. Er hatte auf sie Schätze der Gnade und Jahre der Geduld verwandt; er ließ ihr Herz überströmen von Liebe. Aus seinen göttlichen Händen ging aber auch ein Meisterwerk, eine unvergleichliche Heilige hervor."[13]

---

[11] Vgl. Oettingen-Spielberg, Geschichte der hl. Theresia, Regensburg, o. J., I. Band, S. 286 f.

[12] Vgl. u. a. die Übersetzung Oettingen-Spielbergs, Bd. I., S. 288.

[13] Vgl. ebda. S. 299. Auch von Theresia wird also bestätigt, was wir bei Johannes v. Kreuz feststellten, daß auch bei ihr die Stigmatisation aus der vollendeten Gottvereinigung hervorfließt. Siehe unsere Einführung, S. 84, Fußnote 9.

Und jetzt war die große Stunde ihrer Mission gekommen: Aus der Verborgenheit sollte sie heraustreten: „Die Kirche bedurfte der Heiligen. Ihre öffentliche Sendung sollte beginnen und mit dieser Sendung ein Ruf, ein Ruhm, gegen welchen sie sich mit einer unbesieglichen Demut wappnen mußte" [14]). Und so ist wahrhaft die Stigmatisation der hl. Theresia die Geburtsstunde jenes gewaltigen Reformwerkes geworden, das sie fortan im Karmeliterorden zur Durchführung bringen und das sie zu einem der führenden Geister der Wiedergeburt nach den schweren Jahren der Reformation machen sollte.

Doch gehen wir sogleich auf die *körperlichen Wirkungen* ihrer Stigmatisation ein. Hier ist es vielleicht am großartigsten, daß die Durchbohrung ihres Herzens, ganz wie es die Heilige in ihrem Liede betont, nicht nur eine einbildliche, sondern eine physische war. Und zwar war sie von einer Tiefe und Schwere, die ihren wunderbaren Charakter vollkommen deutlich werden läßt. „Wissen die Ärzte nicht — so fragt Imbert-Gourbeyre —, daß das Leben unvereinbar ist mit einer Wunde, die das Herz durchdringt? Therese hat in ihren poetischen Versen mit Recht die These der Unvereinbarkeit verteidigt; *sie hat den Beweis des Wunders geliefert, indem sie dreiundzwanzig Jahre mit einer Wunde lebte, die sie beim ersten Schlag sterben lassen mußte.*" [15])

Tiefer werden wir erst die Tatsächlichkeit dieses Wunders verstehen, wenn wir den näheren Umständen der Stigmatisation und insbesondere ihren späteren physiologischen Prüfungen und Untersuchungen nachgehen.

Zunächst, was die eigentliche Tatsache der Stigmatisation betrifft: die „Transverberation" (zu deutsch „Durchbohrung") fand zum ersten Male im Jahre 1559 statt. Man kennt den Tag nicht, aber man zeigt noch im Kloster der Menschwerdung zu Avila das Zimmer, wo das Wunder geschah. Wahrscheinlich muß man in diese Zeit die große transversale Wunde verlegen, die an dem Herzen zu sehen ist [16]). Die hl. Theresia wurde mehrere Male durch den Pfeil des Seraphs verwundet; dies geht aus ihren Worten, aus der Geschichte und aus der Untersuchung des seraphischen Herzens hervor. Unter anderem wurde sie an Pfingsten 1571 in Salamanca von neuem verwundet [17]).

---

[14]) Vgl. ebda. S. 292/293.

[15]) Vgl. Imbert-Gourbeyre, La Stigmatisation, I, S. 162.

[16]) Ebenda.

[17]) Die Autoren sind sich über das Datum der ersten Stigmatisierung nicht einig. Aloysius Alkofer setzt die erste Durchbohrung um das Jahr 1562 an, die weitere zwischen 1571—1574. (Vgl. sämtl. Schriften der Hl. Theresia von Jesu, I. Bd. Leben, München 1931, S. 280). Alois Mager unterscheidet bei ihr zwischen der „Durchbohrung des Herzens", die sich 1549, und der „Durchbohrung der Seele", die sich 1571 ereignete. Er setzt dem hinzu: „Die Durchbohrung des Herzens ist Abschluß und Vollendung der Seele als Sinnenwesen. Das Herz ist das Instrument des Lebens. Seiner bedient sich das Leben, um Leben zu spenden und zu erhalten. Die Durchbohrung der Seele ist Abschluß und Vollendung der Reinigung der Seele als Geistwesen. Denn die Seele ist Quelle u. Ursprung des Lebens." Vgl. Mager, Mystik als seelische Wirklichkeit. Eine Psychologie der Mystik, Graz (1946), S. 189.

Bei dieser Gelegenheit verfaßte sie das berühmte Gedicht, wo sie in jedem Refrain sagt: „Ich sterbe, da ich nicht sterben kann."

Wie aber steht es mit der Prüfung und Beweisbarkeit der Stigmatisation? Wir müssen uns mit dieser Frage in umfassender Weise beschäftigen, da sie für die Beurteilung des ganzen Vorganges unbedingt notwendig ist. Prof. Dr. Imbert-Gourbeyre hat sie in aller Ausführlichkeit durchdiskutiert. Folgen wir darum zunächst seinen Darlegungen, die wir allerdings an wesentlichen Stellen zu prüfen und zu ergänzen haben [18]).

Das Wunder der Transverberation — so führt er aus — beruht auf drei Arten von Beweisen: dem Zeugnis der hl. Theresia, der Prüfung ihres Herzens und der Entscheidung der Kirche.

Die hl. Theresia ist das erste Zeugnis des Wunders, eine hervorragende Zeugin, weil sie das Objekt selbst ist. Sie hat das Wunder in allen Einzelheiten berichtet, wobei sie die physischen und moralischen Wirkungen bis auf ihre wunderbaren Eigenschaften genau darlegte. Hat sie sich über die Vision des Seraphs täuschen können? Aber sie hatte die Gewißheit durch wiederholte Erfahrungen, durch die Fähigkeit, die sie besaß, falsche von wahren Visionen zu unterscheiden. Dennoch mißtraute sie sich selbst und befragte zu diesem Zwecke ihre bedeutendsten Beichtväter. Der hl. Petrus von Alcantara war der erste, der sie über den Ursprung ihrer Visionen bekräftigen und ihr jeden Zweifel in dieser Hinsicht nehmen sollte. Der Gesang der Transverberation behauptete die Wirklichkeit der Wunde; er war eine Hymne des Glaubens und der Liebe. Drei Jahre nach der ersten Vision des Seraphs, der sie mit seinem glühenden Pfeil verwundete, beschrieb sie die Geschichte dieser himmlischen Gunst in dem Bericht ihres Lebens, der ihr durch den Gehorsam auferlegt wurde. Nach Erscheinen der Lebensbeschreibung fand das Wunder keine ernsthaften Widersacher; vor dem Tod der Heiligen waren ihre Visionen, ihre Offenbarungen, ihr Geist schon von allen hervorragenden Männern der Wissenschaft und Heiligkeit, die Spanien damals besaß, anerkannt. Ribera, ihr erster Geschichtsschreiber, der das Leben der Heiligen im Jahre 1590 erscheinen ließ, berichtete die Vision des Seraphs und erhärtete ihre Tatsächlichkeit durch eine ganze Anzahl wichtiger Argumente.

Das Hauptargument aber ist durch ihr Herz selbst geliefert worden. Dieses glorreiche Herz hat eine lange Geschichte, die noch andauert. Die hl. Theresia war in Alba am 5. Oktober 1582 gestorben. Am 25. November 1585 wurde ihr Leib nach Avila gebracht; aber neun Monate später wurde er auf die Bitten des Herzogs von Alba in das Kloster zurückgeführt, in dem die Heilige ihren letzten Seufzer ausgehaucht hatte. Der Papst, an den man appelliert hatte, hatte sich vorbehalten, später zu entscheiden, ob ihr Leichnam endgültig an dem ursprünglichen Ort bleiben sollte. Die Entscheidung hierüber wurde erst am 10. Juli 1589 gefällt. Während dieser Zeit wurde das Herz der hl. Theresia aus ihren sterblichen Überresten herausgetrennt und für sich auf-

---

[18]) Vgl. La Stigmatisation, I., 163 ff.

bewahrt. Die Ansicht Imberts allerdings, daß eine Schwester die Kühnheit gehabt habe, mit Hilfe von zwei andern Gefährtinnen das Herz aus der Brusthöhle zu entfernen, ist eine Legende. Die Herausnahme geschah durch die Ärzte [19]). Die kostbare Reliquie blieb dem Kloster in Alba erhalten und die Durchbohrung so in der Folge an Ort und Stelle ihres Hinscheidens nachweisbar.

Zahlreich sind die Wunder, die im Heiligsprechungsprozeß der hl. Theresia berichtet werden. Unter jenen, die sich nach ihrem Tode ereignet, stehen in erster Linie die Unverwestheit des Körpers, der liebliche Geruch und die wohlriechende Flüssigkeit, die aus ihm hervorkam. Dieselben wunderbaren Umstände werden dem Arm und dem Herzen der hl. Theresia zugeschrieben, die getrennt aufbewahrt wurden und schon bei einem Besuche der Reliquien im Jahre 1616 erwähnt werden. Am 12. März 1622 wurde die Jungfrau vom Karmel in das Verzeichnis der Heiligen eingeschrieben. Und entsprechend ihrer Wichtigkeit berichtet auch die Heiligsprechungsbulle über das Wunder der Transverberation. Noch in demselben Jahrhundert sprachen die mystischen Theologen Spaniens von der berühmten Wunde; sie beschrieben sie so, wie sie diese gesehen hatten, und stellten genau die wunderbaren Umstände ihrer Entstehung fest.

Man liest ferner bei Benedikt XIV.: „Unter den hervorragenden Gnadenerweisen, durch die es Gott gefiel, die Heiligkeit der hl. Theresia zu manifestieren, ist das berühmteste sicherlich die Wunde, die ihrem Herzen durch den flammenden Pfeil des Seraphims zugefügt wurde, wie die Kanonisationsbulle und das Offizium der Heiligen bezeugen. Als ich noch Promotor des Glaubens war, baten die Karmeliten Spaniens und Italiens um die Erlaubnis, am 27. August das Offizium der Durchbohrung des Herzens der Heiligen feiern zu dürfen. Wenn ich auch die Wahrheit des Gunsterweises zugab, admissa veritate charismatis, vorausgesetzt, daß die Bitte auf die Erhaltung des Herzens in Alba sich gründete, bestand ich darauf, daß es notwendig wäre zu beweisen, daß das Herz noch Spuren der Wunden trage. Die Postulatoren nahmen die Prüfung vor, und daraufhin gewährte Papst Benedikt XIII. am 25. Mai 1726 dem Orden der Karmeliten die Erlaubnis, das eigene Offizium der Durchbohrung des Herzens zu feiern" (De Servorum Dei beat. et canonizatione, I. IV. S. 2, Kap. VIII).

Das Zeugnis der Ärzte spielte eine große Rolle in dem Prozeß von 1725. Der Chirurg Emmanuel Sanchez behauptete — unter anderem —, stets eine Öffnung oder einen Querriß in dem oberen und vorderen Teil des besagten Herzens gesehen zu haben. Sie ist eng, lang und tief, sie hat die Substanz und die Kammern des Herzens durchbohrt. Die Form der Öffnung selbst läßt erkennen, daß sie mit äußerster Kunst und mit einem sehr spitzen, starken

---

[19]) Vgl. hierzu Obras de Sta Teresa de Jesus. ed. P. Silverio de S. Teresa de Jesus, O. Carm., Tomo I, Libro de la Vida; Burgos 1915, S. 234 f. Anm. Diese Feststellung P. Silverios schließt übrigens den Einwand einer künstlichen oder gar unlauteren Verletzung der Herzreliquie bei der Herausnahme in weitgehendem Maße aus.

und langen Instrument gemacht worden ist. Und nur im Innern dieser breiten Öffnung erkennt man einige Anzeichen von Feuer oder Verbrennung.

Die große Wunde existiert noch heute, so wie sie die Kommissäre von 1725 feststellten. Lassen wir die vollständige Beschreibung folgen, die wir einem zeitgenössischen Autor verdanken: „Die Wunde ist am oberen Teil des Herzens und auf der Seite entstanden, in horizontaler Linie, die von rechts nach links geht, in einer Länge von wenigstens fünf Zentimetern. An der Seite des Herzens ist die Wunde breiter oder wenigstens klaffender, an dieser Stelle stehen die Ränder mehr auseinander als anderswo. Fast in der Mitte dieser Öffnung ist ein Riß in dem oberen Rand, was diesem Teil eine größere Ausweitung gibt. Auf der ganzen Länge der Wunde erkennt man mit großer Leichtigkeit augenscheinliche Spuren von Verbrennung. Man stellt sie noch besonders an den beiden Rissen des oberen Randes fest. Daher bieten diese den Anblick einer Verbrennung mittels einer Kohle oder eines geröteten Eisens. Die beiden Ränder sind gerundet und zusammengezogen, was an dem seitlichen Teil mehr hervortritt als im Zentrum des oberen Randes. An diesen beiden Stellen entdeckt das Auge klar eine Art von Verbrennung, die durch den brennenden Pfeil des Seraphs erzeugt wurde . . . Außer der großen Wunde stellte die medizinische Kommission von 1725 an dem Herzen andere kleine Öffnungen fest. Man unterscheidet gegenwärtig vier; die Öffnungen variieren zwischen ein und zwei Millimetern an Breite."

Doch damit sind wir noch keineswegs bei den letzten der Wunder des seraphischen Herzens angelangt. Die Liebesglut, die während des Lebens in ihm wohnte, dauerte bis über den Tod hinaus fort. Das Herz wurde primitiv in einer Metallröhre aufbewahrt. Zahllose Male brachte eine geheimnisvolle Hitze, die sich im Innern entwickelte, das Gefäß zum Zerspringen, und zwar so sehr, daß man gezwungen war, schließlich eine Öffnung im oberen Teil anzubringen, um dieses Fluidum, das einen so starken Druck besaß, herauszulassen. Alle diese Tatsachen sind in dem Prozeß der Transverberation von 1725/1726 berichtet.

Manchmal auch sah man das Herz einen außergewöhnlichen Umfang annehmen. Ein Generalsuperior der Karmeliten stellte dies im Jahre 1650 fest. Philippus von der hl. Dreifaltigkeit erwähnt in seinem Werke „De decore Carmeli" diese zeitweisen Erweiterungen.

Und was noch merkwürdiger ist: das Herz der heiligen Theresia setzt — wie Imbert-Gourbeyre weiterhin schreibt — noch immer seine wunderbare Entwicklung fort: Noch immer strömt dieses Herz seine Wohlgerüche aus. P. Bouix, der die Werke der Heiligen veröffentlichte, hatte das Glück, im Jahre 1849 die ehrwürdige Reliquie in seinen Händen zu halten: er bestätigt, daß ein himmlischer Wohlgeruch von ihr ausging. Zur Zeit der Jahrhundertfeier von 1882 habe ich — so erwähnt Imbert-Gourbeyre — mehrere Pilger gesehen, die mir die Fortdauer dieser außerordentlichen Wirkungen bestätigt haben. Aber seit ungefähr einem Jahrhundert soll sich nach der Angabe von Zeugen noch ein weiteres Phänomen an diesem Herzen vollziehen. Es ist die ungewöhnliche Tatsache des Wachsens von „Dornen". Hier sei — wir folgen auch hier unserem Gewährsmann — die Zusammenstellung dieser aufeinanderfolgenden Erscheinungen gegeben:

Im Jahre 1836, in der Nacht vom 18. auf 19. März entdeckt Schwester Paula von Jesus die beiden größten „Dornen", die nach ihren Angaben 1880 bereits eine Länge von sechs bzw. sieben Zentimetern hatten.

Im Jahre 1864 wird der dritte „Dorn" am 29. August beobachtet, er war 16 Jahre später schon 2½ cm lang.

Im Jahre 1870 schicken die Ordensfrauen an den Pater General des Ordens einen Bericht betreffs dieser außerordentlichen Tatsachen.

Im Jahre 1873 schreiten die Doktoren von Salamanca zu einer Prüfung des heiligen Herzens. Sie stellen die Anwesenheit eines vierten Dornes fest, der 1880 schon zwei Zentimeter lang war.

Am 29. April 1875 beobachtet der Verfasser des Werkes „Santa Theresa de Jesus y las epinas de su corazon" [20]), daß die beiden großen „Dornen" die Form von Nägeln haben und daß ihre Farbe von sehr dunklem Rot ist. — Am 3. Mai entdeckt er am Fuße des großen Dornes einen Dorn mit Häkchen. Am selben Tag entdeckt er zum ersten Male zwei neue Auswüchse. — Am 7. Mai erscheinen fünf neue Dornen, deren Länge wenige Jahre später schon zwischen einem und zweieinhalb Zentimetern variiert. Sodann zwei andere kleinere, die 1898 schon vier Millimeter maßen. Endlich die Entdeckung eines Dornes mit einer kleinen schwarzen Spitze von drei Millimetern. An diesem Tage wie auch am 13. Mai hörte der Verfasser eines Werkes über die Dornen des Herzens der hl. Theresia sehr deutliche Schläge in dem Glasgefäß, das die ehrwürdige Reliquie enthielt. — Manchmal, so sagte ihm eine Ordensfrau, sind diese Schläge so häufig, wenn wir beim Gebete sind, daß sie uns fast daran hindern, uns unserer Andacht zu widmen.

Im Februar oder März 1884 schrieb man von Alba an die „Semaine Religieuse de Toulouse", daß ein fünfzehnter Dorn sich um das Herz der heiligen Theresia gebildet habe, eine kurze Zeitspanne also vor der Veröffentlichung der Bulle Leos XIII. über den Rosenkranz.

Im Jahre 1872 werden die Doktoren Alanzo und Lopez beauftragt, eine neue Untersuchung der Dornen vorzunehmen. Nach einer Prüfung, die über ein Jahr dauert, geben diese Ärzte die Ansicht kund, daß der Staub auf dem Boden des Gefäßes der Niederschlag der äußeren Hülle des Herzens ist; daß aus ihm die Dornen hervorkommen, an Zahl vier, zwei zur Rechten und zwei zur Linken. Die Austrocknung des Herzens wird festgestellt. Sie bemerken, daß der Arm der Heiligen, der unter denselben Umständen wie das Herz aufbewahrt wird, keine Spur von Wachstum bietet. Die Wissenschaft könne weder in hinreichender Weise das Erscheinen noch das Wachsen der Dornen

---

[20]) P. Nemesio Cardellac, Priester eines Missionsordens. Sein Werk wurde im Jahre 1875 zu Valencia gedruckt und 1882 durch Olivier ins Französische übersetzt (Herausgegeben vom Werk des hl. Paulus).

erklären, und sie zögern nicht, diese Tatsache als übernatürlich und wunderbar anzusehen.

Professor Lorenzo, der den Doktoren Alonzo und Lopez von der medizinischen Fakultät von Salamanca beigegeben war, behauptet im Widerspruch zu den ersteren, die auf ihrer Meinung beharren, daß es nichts Übernatürliches in diesen Auswüchsen gebe und daß man nicht sagen könnte, zu welcher Art sie gehören, solange sie nicht aus dem Reliquiar entfernt seien, um sie der Analyse zu unterwerfen; sein Bericht ist vom 23. August 1873. Angesichts dieser Widersprüche befragte die kirchliche Behörde den Dr. Angel Villar de Maciac. In seinem Bericht vom Januar 1874 spricht er sich gar nicht über den Ursprung der Dornen aus und verlangt, daß eine vertieftere analytische Studie des Herzens vorgenommen werde durch Entfernung aus seinem Reliquiar.

Prof. Imbert-Gourbeyre sucht seine Darlegungen, bei denen er sich auf die Seite der Doktoren Alonzo und Lopez stellt, die diese Dornen als von nicht natürlicher Art bezeichnen, mit folgenden Gründen zu beweisen:

Vor 1836 hat kein äußerer Staub in das Reliquiar eindringen können, dessen obere Öffnung mit Wachs verschlossen war; der Niederschlag von Staub hat sich erst nach 1836 gebildet, und andererseits ist das Herz von den vier Ärzten als im vollkommenen Zustand der Austrocknung erkannt worden.

Außerdem zeigt der Arm der hl. Theresia, der unter denselben Bedingungen wie das Herz aufbewahrt wird, kein Wachstum. Imbert schreibt wörtlich: „Es erscheint mir unmöglich, daß aus einem vollkommen trockenen, menschlichen (animalischen) Staub Pflanzenwuchs hervorgehen kann. Unsere anatomischen Museen sind voll ähnlicher Stücke, von Armen und Herzen, die oft im Zustande der Feuchtigkeit aufbewahrt werden. Man sieht sie manchmal in Staub zerfallen und von den Würmern gefressen werden. Aber hat man jemals an ihnen irgendwelche Auswüchse heraustreiben sehen? Es kann sich an ihnen strenggenommen Schimmel bilden, was bei den seraphischen Herzen nicht der Fall ist. Aber hat man jemals an unseren anatomischen Stücken während eines halben Jahrhunderts eine Anzahl Dornen im langsamen und unaufhörlichen Fortschreiten sich entwickeln sehen, von denen zwei insbesondere von viereckigem Schafte sind? Man erzeuge Herzen mit ähnlichem Pflanzenwuchs und ich ändere meine Meinung. Kann dieser Staub von totem Fleisch, der sich in dem Reliquiar aufgehäuft hat, natürlicherweise Leben erzeugen? Wenn dieser Staub wächst, so kann seine Vegetation nur außernatürlich sein.

Und außerdem hat die Geschichte bewiesen, daß seit dreihundert Jahren das Herz der hl. Theresia ein wahrer Herd von Wundern ist. Ich berichte deren zehn:

Eine durchdringende Verwundung des Herzens, die unvereinbar mit dem Leben ist und dennoch von der hl. Theresia dreiundzwanzig Jahre getragen wurde.

Eine Wunde mit verbrannten Rändern, die von dem glühenden Pfeil des Seraphs Zeugnis geben.

Eine Wunde im Herzen, ohne daß der Brustkorb durchbohrt wurde.

Die Unverwestheit des Herzens.

Die Wohlgerüche, die seit dreihundert Jahren aus ihm ausströmen.

Die wohlriechende Flüssigkeit, die im siebzehnten Jahrhundert festgestellt wurde.

Die außerordentliche Hitze des Herzens, die die Glasröhren, in denen es aufbewahrt war, in Stücke zersprengte.

Die plötzliche und mit Unterbrechung vor sich gehende Vergrößerung des Herzens.

Die zahlreichen Bilder, die über dem Herzen beobachtete wurden, und die andern vom Körper losgelösten Reliquien.

Die außerordentlichen Schläge, die in dem Reliquiar des Herzens und am Grabe der Heiligen festgestellt wurden."

Alle diese Tatsachen, die nach Imbert völlig authentisch sind, bezeichnet er im ganzen als „außergewöhnlich, außernatürlich und wunderbar" [21]).

So weit die Darlegungen des Arztes Dr. Imbert-Gourbeyre. Wir dürfen hinzufügen, daß auch heute noch die Reliquie des Herzens mit ihren Verwundungen zu sehen ist [22]).

Vermerken müssen wir noch, daß noch in jüngster Zeit eine umfangreiche Diskussion der Stigmatisation der hl. Theresia unternommen wurde. In dem

---

[21]) Aus Gründen wissenschaftlicher Objektivität sei jedoch darauf verwiesen, daß in neuerer Zeit das Buch Cardellacs, auf das sich Imbert-Gourbeyre hauptsächlich stützt, einer wesentlichen Kritik unterworfen wurde, und zwar von P. Silverio de S. Teresa de Jesus, dem gegenwärtigen General der Unbeschuhten Karmeliten, der u. a. Herausgeber der Prozeßakten und einer mehrbändigen Theresienbiographie ist. Ihm verdanken wir u. a. die Feststellung, daß das Herz der Heiligen keineswegs von Schwestern, sondern von Ärzten, also fachgemäß, herausgenommen wurde (vgl. unsere Darstellung S. 142 oben). Auch er stellt das Vorhandensein der „Dornen" fest, glaubt jedoch, daß diese ihren Ursprung in dem Staub hätten, der durch kleine Öffnungen in das Reliquiar gedrungen sei (man vgl. hierzu P. Silverio, Vida de S. Teresa de Jesus, Bd. 5, S. 610; Burgos 1937). Dem allerdings stehen die kritischen Beobachtungen und Urteile von Ärzten und Personen gegenüber, die eine solche Deutung als unbefriedigend erachten. Zumal ja hierzu wieder die entscheidende Frage gestellt werden muß, ob vegetabile Gebilde völlig unbekannter biologischer Art einfachhin aus Staub entstehen, bzw. plötzlich und ruckartig ihr Wachstum fördern können und dann wieder Jahre und Jahrzehnte innehalten. Übrigens könnte sich Gott jederzeit auch natürlicher biologischer Vorgänge zu seiner Verherrlichung bedienen. Jedenfalls können wir mit Ruhe einer endgültigen Klärung dieser Streitfrage entgegensehen, trifft doch das Problem der „Dornen" in keiner Weise die Bedeutung der Heiligen als solcher, deren persönliche Begnadung zudem hoch über diesen posthumen Vorgängen steht.

[22]) Vgl. hierzu die bereits zitierte Ausgabe ihres Lebens von Alkofer von 1933. Derselbe schreibt u. a. S. 281: „Noch jetzt sind an dem unverwesten Herzen der hl. Theresia, das im Kloster der unbeschuhten Karmelitinnen zu Alba de Tormes in einem sehr kostbaren Reliquiarum aufbewahrt wird, die Zeichen der durch den Engel bewirkten Verwundung, die nicht bloß eine geistige, sondern zugleich auch körperliche war, zu schauen. Man sieht nämlich an diesem Herzen ganz deutlich außer mehreren kleineren Öffnungen, die wohl von wiederholten Verwundungen herrühren mögen, eine große Wunde, die wenigstens fünf Zentimeter lang und sehr tief ist und an den Rändern mehrere Brandmale erkennen läßt."

Theresia von Avila
Gemälde von Peter Paul Rubens

schon öfters zitierten Sonderheft der „Études Carmelitaines" (20. II.) untersucht P. Gabriel de Ste. Marie Madeleine in einem Aufsatz, der betitelt ist „Die theresianische Schule und die mystischen Liebeswunden", des näheren die Stigmatisation der hl. Theresia, wobei er zu der Behauptung kommt, dieselbe sei bei der Vision des Engels nicht körperlich sondern nur geistig stigmatisiert worden und die Verwundung ihres Herzens rühre von ihrem sog. „mystischen Liebestod" in der Sterbestunde her, wo ihr Herz in förmlicher Weise „gebrochen" worden sei [23]). Sie habe ihr Leben in einer wahren „Verzückung der Liebe" (transport d'armour) aufgegeben.

Aber selbst nach eingehender Prüfung seiner Argumente glauben wir uns seiner Meinung nicht anschließen zu können. Und zwar aus folgenden Gründen:

1. Die Art der im Herzen der hl. Theresia gefundenen Wunden, insbesondere die große transversale Wunde, zeigt deutlich,

     a) daß es sich um einen wirklichen (körperlichen) *Lanzenstich* gehandelt haben muß.

     b) daß eine glühende Lanzenspitze tätig gewesen sein muß, da einwandfrei Brandspuren an den Rändern der Wunde vorgefunden wurden.

     c) daß auch die Art der Wunde als Schnittwunde keineswegs vergleichbar ist mit einer solchen, die durch einen Bruch (Aufbrechen des Herzens) zustande gekommen ist.

2. Daß die Biographen der hl. Theresia in der Zeit bis zum 17. Jahrhundert die Wunden des Herzens nicht mit der Vision des Engels, sondern mit ihrem Liebestod in Beziehung brachten, ist lediglich verursacht durch die bis dahin noch nicht mit aller Gründlichkeit durchgeführte anatomische Untersuchung der Reliquie ihres Herzens. Die Untersuchung des Chirurgen Sanchez im Jahre 1726 zeigte dagegen mit aller Eindeutigkeit, daß die „Form des Herzschnittes beweist, daß sie mit äußerster Kunstfertigkeit beigebracht wurde, und zwar mit einem sehr spitzen, soliden und nicht kleinen Instrument", und daß man „an den Rändern des Spaltes einige Spuren des Feuers und der Verbrennung bemerkt" [24]). Und dementsprechend hat auch Papst Benedikt XIV. in seiner Abhandlung über die Heiligsprechung, bezugnehmend auf seine eigene Untersuchung der Sachlage im Auftrag seines Vorgängers, sich dahin entschieden, daß die „Narbe" des Herzens tatsächlich, als von der Einsenkung eines Pfeiles herrührend, noch an der Reliquie existiere und sichtbar sei. Auf Grund genauester Feststellungen dieses Sachverhaltes wurde von der Kirche dem Karmelitenorden das Fest der Durchbohrung des Herzens der hl. Theresia zu feiern erlaubt.

3. Daß es sich um eine Haupt- und vier Nebenwunden an der Reliquie handelt, deutet klar darauf hin, daß diese Wunden von den verschiedenen

---

[23]) Wobei er in Anlehnung an alte theresianische Biographen geradezu von einem „Aufbrechen" („Aufplatzen") des Herzens spricht.

[24]) Wir zitieren nach P. Gabriel (S. 230) bzw. van de Moeren, o. c., n. 1439 p. 430.

Lanzenstichen des Engels, so wie sie Theresia im 29. Kapitel ihres Lebens beschreibt, herrühren.

4. Daß später Theresia noch von mehreren geistigen Stigmatisationen (vor allem im Grade der „mystischen Vermählung")[25] spricht, schließt ganz und gar nicht aus, daß Theresia schon in einem früheren Stadium körperlich verwundet wurde.

5. Daß Theresia in der Tat physisch durchbohrt war, das zeigt ihr Gedicht über ihre Stigmatisation, in dem klar davon gesprochen wird, daß es sich um eine körperliche Wunde handelt, die eigentlich den körperlichen Tod hätte verursachen müssen. Daß Theresia noch etwa 24 Jahre mit dieser Wunde gelebt hat, ist ebenso ein Wunder, wie die Tatsache, daß der Engel ihr Herz durchbohrte, daß aber nach dem anatomischen Befund ihre Seite unversehrt war. Gott hat Theresia und die Liebe ihres Herzens durch mehrere großartige Wunder auszeichnen wollen!

6. Im übrigen ist es durchaus möglich, daß der Tod der hl. Theresia als „mystischer Liebestod" in der Wunde ihrer Stigmatisation, die in einer erneuten, letzten gewaltigen Verzückung *aufbrach,* seine Ursache hatte oder durch eine neue vertiefte Stigmatisation in der Todesstunde verursacht wurde.

Halten wir inne!

Eine überraschende Zahl außergewöhnlicher Ereignisse ist in den Tatsachen der Stigmatisation der hl. Theresia an unserem Auge vorübergezogen. Groß war das Ereignis der Transverberatio der hl. Theresia an sich. Ihrer nicht minder würdig aber sind die erhabenen Zeugnisse Gottes für ihre Tatsächlichkeit. Wenn das wunderbare Leben der Heiligen, das die Jahrhunderte überragt, nicht schon an sich genügt hätte, uns von der Größe und Bedeutung der Heiligen zu überzeugen — die Zeugnisse und Beweise Gottes selbst könnten so manchen eines anderen belehren! Obwohl — das darf hier mit Nachdruck gesagt werden — es der ganzen späteren Erscheinungen an ihrem Herzen keineswegs bedarf, um die Größe ihrer Heiligkeit und ihrer Charismen herauszustellen. Theresia ist groß, auch ohne daß die Reliquie ihres Herzens mit besonderen Zeichen gewürdigt worden wäre. Um so bedeutsamer steht die Durchbohrung ihres Herzens vor uns, die ein physiologisches und äußeres Signum für den inneren Grad ihrer Gottvereinigung darstellt. Sollte sie nicht gerade unserm heutigen Jahrhundert zu denken geben? Insbesondere daß die Stigmatisation eine Tatsache übernatürlicher Ordnung ist, für deren Außernatürlichkeit die Untersuchungen der Wissenschaft eine Reihe gewichtiger Gründe beibringen?

---

[25]) Gabriel zitiert hier u. a. Kp. 11 der 6. Wohnung v. a. m. (vgl. Et Carm. S. 233 f.)

14. Kapitel

Katharina von Ricci

Ein wunderbarer Fall der Einprägung der Wundmale

Auch das Zeitalter der großen Heiligen von Avila, die in der heraufkommenden Gegenreformation und in der Zeit der Wiederherstellung der Kirche als führende Mystikerin an der Spitze der religiösen Bewegung steht, zeigt uns eine Fülle von stigmatisch Begnadeten, von denen wir an dieser Stelle nur die bedeutendsten ausführlicher behandeln können. Im übrigen aber vermögen wir nur die wichtigeren Namen zu nennen. Da treffen wir eine HL. KATHARINA VON RICCI (1522—90), eine ARCHANGELA TARDERA (1539—99), eine FRANZISKA VON SERRONE (1557—1600), eine MAGDALENA VON PAZZI (1566—1607) — die mit Katharina von Ricci eine der berühmtesten Mystikerinnen der Kirche ist —, eine MARGARETE AGULLONA (1536—1600), eine PASSITEA VON SIENA (1564—1615) — auch die „Unvergleichliche" genannt — eine MARIA VON DER MENSCHWERDUNG (1566—1618), eine URSULA BENINCASA (1547 bis 1618) — die einzigartig ist durch die Gründlichkeit der Untersuchung ihres Falles — und schließlich neben einem LEONARDO VON LETTERE (1569—1621) eine AGATHE VOM KREUZ (1546—1621), eine MARINA VON ESCOBAR (1554—1633), eine AGNES VON JESUS (1602—1634) und endlich eine KATHARINA VON RACCONIGI (1486—1547).

An Theresia die Große schließt sich zeitlich eng ein Stigmatisationsfall an, der, wenn auch anders geartet, dennoch unsere besondere Beachtung verdient und zu einer der wichtigsten Einprägungen der Wundmale in jener Zeit gehört; die Stigmatisation der HL. KATHARINA VON RICCI. Sie ist zudem, wie viele nicht wissen, eine Begnadete, die mitten in den Wirren der Reformation geboren, ein ganz besonderes Interesse an den Geschehnissen in unserem deutschen Vaterland gezeigt hat und darum dem deutschen Volke nahe steht. Aus einem der angesehensten Geschlechter von Florenz stammend, finden wir auch bei ihr vorzügliche geistige Qualitäten und nicht zuletzt einen ausgesprochenen Sinn für kirchliche Kunst. Nicht minder bekannt ist ihr geradezu klassischer Briefwechsel mit führenden Persönlichkeiten und Heiligen ihrer Zeit, wie z. B. einem hl. Philippus Neri und Magdalena von Pazzi, wie auch ein Capponi die Heilige zu den „wenigen wahrhaft guten Autoren der zweiten Hälfte des 16. Jahrhunderts" zählt. Ungleich viel wichtiger aber ist ihr heroischer Aufstieg zur Tugend, mit dem sich die erhabensten mystischen Gnaden verknüpften.

Am 23. April 1522 zu Florenz geboren, gehörte sie der erlauchten Familie derer von Ricci an; wie im Leben vieler Begnadeten treffen wir bei ihr ähnliche Entwicklungsstufen: frühes Gebet und Abtötung, die der Herr bald mit mystischen Gnaden, Ekstasen und Visionen beantwortete, ebenso frühe Andacht zum Leiden des Herrn und Sehnsucht nach der Stille des Klosters, das

Katharina von Ricci (1522–1590)
Gemälde von Naldini, Montepulciano, Pinacoteca Communale

sie erst nach hartem Widerstand des Vaters, Erkrankung bis auf den Tod und wunderbarer Heilung — aber schon in einem Alter von 13 Jahren im Jahre 1515 — betritt. Endgültig Dominikanerin bei den Schwestern zu St. Vinzenz in Prato geworden, erwarten sie aber auch hier neue Prüfungen und — nicht minder große Gnaden. U. a. erkrankte sie zweimal schwer und wurde jedesmal durch die Fürbitte des Hieronymus Savonarola geheilt. Hinzu traten schwere dämonische Anfechtungen von außerordentlicher Heftigkeit. Aber alles das vermochte sie nicht auf dem Weg zur Vollkommenheit aufzuhalten. Die Visionen und Ekstasen mehrten sich und wurden bald als echt erkannt. Mit ihrem 14. Jahre begann dann ihr eigentlicher Weg großer übernatürlicher Auszeichnungen.

Anfang April 1541 hatte sie die erste erschütternde Leidensvision [1]) und im Februar 1542 begannen jene denkwürdigen Passionsekstasen, die sich nunmehr bis zum Jahre 1554 — also 12 Jahre lang — in jeder Woche regelmäßig wiederholen sollten. Wir treffen hier zum ersten Male in der Geschichte der Stigmatisierten auf die ausführliche Schilderung dieser bei fast allen Begnadeten dieser Art so grundlegenden Visionen der Leidensgeschichte des Herrn. Visionen, wie wir sie auch bei den Freitagsleiden einer Therese Neumann in neuester Zeit finden und die bei Katharina als Schauungen einer bereits kanonisierten Heiligen interessante Vergleichsmöglichkeiten bieten. Dazu sind diese Ekstasen in der Geschichte der Mystik um so bedeutsamer, als sie in einer ganz ungewöhnlichen Weise die Leiden des Herrn zum Ausdruck bringen. Um zunächst auf ihren *Inhalt* einzugehen, so durchlebte Katharina innerhalb eines Zeitraumes von 28 Stunden alle Stationen des Leidens Christi, angefangen vom Abschied des Herrn von Maria bis zur Grablegung:

Da schaut sie zunächst die rührende Szene der Trennung Jesu von Maria, wobei sie Mutter und Sohn von dem großen Mysterium sprechen hört, das sich vollziehen sollte. Dann sieht sie Jesum sich von Bethanien auf den Weg nach Jerusalem begeben und ist Zeuge der Gespräche, die er unterwegs mit seinen Jüngern führt. Sie vernimmt, wie er ihnen zu ihrer Stärkung und Erbauung alle Einzelheiten der bevorstehenden erschütternden Ereignisse mitteilt. In Jerusalem angekommen, schlägt die Heilige in Begleitung der kleinen Schar die Richtung nach dem Berge Sion ein, wo sie um 5 Uhr mit ihnen das Cönaculum betritt und dem hl. Abendmahl, der Fußwaschung und der Einsetzung des hl. Altarsakramentes beiwohnt und die Abschiedsworte des Herrn bis zu den Worten hört: „Stehet auf, laßt uns von hinnen gehen." Dieser erste Teil ihrer Ekstase dauerte zwei Stunden.

Um 7 Uhr verläßt sie dann den Abendmahlsaal und folgt dem Herrn nach Gethsemane, der fortfährt, die Seinen in liebevollen Worten zu belehren. Hier wacht und betet sie mit ihm, hier sieht sie seinen Blutschweiß und seine Todesangst. Um 11 Uhr nahen seine Feinde. Es folgt die dramatische Szene der Gefangennahme Jesu durch die Kriegsknechte. Sie schaut, wie sie ihn

---

[1]) Wir folgen im wesentlichen H. Bayonne, Leben der hl. Katharina von Ricci, Kevelaer 1911.

binden und mit Kränkungen und Schmähungen überhäufen. Die Jünger aber ergreifen die Flucht. Um Mitternacht wird dann der Herr nach Jerusalem geführt, wo man um 1 Uhr beim Hause des Annas anlangt. Es folgt das Verhör, dann die Vision, wie man den göttlichen Gefangenen vor den Richterstuhl des Kaiphas schleppt und — nach Verlauf von etwa einer Stunde — schließlich zu Pilatus führt. Mittlerweile ist es 4 Uhr morgens geworden. Darauf sieht sie die Verurteilung Jesu, die Geißelung und Dornenkrönung, also Zug um Zug der Leidensgeschichte des Herrn bis zu dem Augenblick, wo sein entseelter Leib vom Kreuze genommen und seiner von unsagbarem Schmerze erfüllten Mutter in den Schoß gelegt wird [2]).

Weit wichtiger aber ist, *wie* diese Schauungen auf die tief ergriffene Begnadete *wirkten* und mit welcher Majestät sich dieselben abspielten — Geschehnisse, wie wir sie selten mit dieser Eindringlichkeit in der Geschichte der Stigmatisierten treffen. Wenn Katharina sich in diesem Zustand der Ekstase befand, trug ihr Antlitz einen so überirdischen Glanz und einen solchen Ausdruck von Erhabenheit, daß es dem eines Engels zu gleichen schien. Jeder, der sie sah, wurde von tiefer Ehrfurcht ergriffen und fühlte sich mächtig zum Himmlischen hingezogen. Diese unbeschreibliche Wirkung ihrer Ekstasen hing aber mit dem eigenartigen, ebenso erschütternden wie majestätischen Gebärdenspiel zusammen, das man während derselben an ihr beobachten konnte. Und hier stoßen wir auf die wesentlichsten Eigenschaften ihres Mitleidens mit Christus, denen wir um ihrer Besonderheit willen ausführlicher nachgehen müssen:

„Während sie in gewöhnlichen Ekstasen, des Gebrauchs ihrer Sinne beraubt, sich nur durch die wechselnde Färbung ihres Antlitzes verriet, nahm ihr Körper in diesen besonderen Verzückungen die Haltungen und Gebärden des heiligsten Leibes Jesu in den verschiedensten Stadien seiner Schmerzen und Qualen an. Sie reichte ihre Hände dar, als sollten sie gefesselt werden, sie richtet sich noch auf in dem Augenblick, wo man vor ihrem geistigen Auge den Herrn an die Geißelsäule band, sie krümmte sich und stöhnte unter den Stößen und Schlägen, die sie ihm geben sah. Während der Dornenkrönung wandte sie den Kopf sanft bald nach dieser, bald nach jener Seite, je nachdem die Kriegsknechte das heiligste Haupt Jesu bald hierhin, bald dorthin stießen. Sollte die Kreuzigung vollzogen werden, so streckte sie erst den rechten, dann den linken Arm aus und legte die Füße fest übereinander, wie der göttliche Heiland tat, als man ihn ans Kreuz schlug. Alle diese Bewegungen vollzog sie mit so großer Anmut und mit so sanftem Ernst, daß man unwillkürlich an die unaussprechliche Sanftmut jenes Lammes gemahnt ward, von dem Isaias sagt, daß es sich ohne Murren dem hingab, der es mordete, und sein Haupt willig dem Schlachtmesser darbot. Durchlebte sie Szenen, worin sich keine äußere Bewegung kundgab, so konnte man an ihren Worten erkennen, mit welchem Teile des religiösen Schauspiels ihre Seele beschäftigt war. Nahte der Augenblick der größten Leiden, so konnte man deutlich wahrnehmen, wie ihre Natur davor schauderte und zurückbebte, auch schrie sie wohl

---

[2]) Zum Vergleich diene Bayonne S. 91.

laut auf und bat Gott, ihrer zu schonen. Bald aber gewann die Gnade wieder das Übergewicht, und man vernahm, wie sie sich großmütig anbot, die Leiden Jesu ganz nach seinem göttlichen Wohlgefallen zu teilen. Ihr Anerbieten wurde angenommen, denn kurz darauf hörte man sie rufen: ‚O Jesu, hilf mir! Ich unterliege der Last deines Kreuzes. Wie hast du es nur tragen können, so zart wie du bist.' Oft nahm sie aus dem Anblick der Leiden Jesu Veranlassung, ihre Mitschwestern in feurigen Worten zur treuen Beobachtung der Regel und zur Übung aller klösterlichen Tugenden zu ermahnen. Sie tat dies mit solcher Einsicht, mit so hohem Gedankenschwung und großer Beredsamkeit, daß man nicht eine gänzlich ungelehrte Frau, sondern einen ausgezeichneten Theologen oder einen Kirchenvater zu hören meinte. Bald sprach sie im Namen Jesu Christi, seiner gebenedeiten Mutter, oder des hl. Dominikus, bald wie aus sich selbst. Dabei verstand sie es so gut, mit der Stimme und der Betonung, je nach der Verschiedenheit dieser Personen, zu wechseln, daß man meinte, die Betreffenden selbst reden zu hören. Oft auch kam es vor, daß sie, von Liebe hingerissen, ihre Dankbarkeit und das Mitleid, das sie mit seinen Leiden trug, in einer Fülle von zärtlichen Ausdrücken äußerte. Ihre Worte glichen dann feurigen Pfeilen. Man konnte sie nicht hören, ohne selbst von Liebe zu Gott entflammt zu werden. Bisweilen richtete sie sich an die Sünder selbst und warf ihnen mit wahrhaft schneidenden Worten ihre Undankbarkeit gegen den liebenswürdigsten Erlöser vor. Dadurch entlockte sie manchem Auge aufrichtige Tränen des Mitgefühls und erweckte manches verhärtete Herz zur Reue und Umkehr. Auch an den göttlichen Heiland richtete sie mit hoch erhobener Stimme Ansprachen. Sie flehte zu ihm für alle ihre Mitschwestern, sagte ihm Dank für die ihnen erwiesenen Gnaden und bat ihn, auch fernerhin seine Barmherzigkeit über ihnen walten zu lassen und ihrer täglichen Fehler und Nachlässigkeiten nicht zu gedenken. Sie betete auch für die Anliegen der heiligen Kirche, die ihr immer am Herzen lag, für die Bekehrung der Sünder und die Verzeihung ihrer Sünden und schließlich für sich selbst, indem sie den Herrn beschwor, sie in seine besondere Hut zu nehmen, damit sie nicht unversehens in Fehler falle, die der böse Feind benutzen könnte, um sie in sein Netz zu ziehen.

In ihren ekstatischen Zuständen hatte sie von dem, was um sie vorging, kein Bewußtsein. Kam es aber vor, daß einer der Anwesenden Gott durch ihre Vermittlung um eine besondere Gabe bat, oder sich den Segen von ihrer Hand wünschte, so erhob sie den Arm und segnete den Betreffenden mit dem hl. Kreuzzeichen, während sie im übrigen unbeweglich verharrte, ja mit keiner Wimper zuckte. Dies war ganz wundersam und erregte bei den Umstehenden jene mit Schrecken gemischte Ehrfurcht, die das sichtbare Eingreifen Gottes in den Seelen hervorruft. Was man im stillen Heiligtum des Herzens vor sein heiligstes Angesicht brachte, das vollzog er augenblicklich durch die Hand seiner Dienerin.

Dieser ekstatische Zustand währte in der Regel volle achtundzwanzig Stunden, und es gab nur eines, das sie demselben für kurze Zeit entrücken konnte, die hl. Kommunion. Wenn es galt, Christum in Brotsgestalt anzubeten, dann kehrte ihr Geist zur Wirklichkeit zurück, doch nahm sie die ekstatische Betrachtung, nachdem sie ihn empfangen, sogleich wieder auf. Vor dem Empfang der hl. Kommunion nahm man oft einen Wohlgeruch an ihr wahr, der, von ihrem Körper ausgehend, ihre ganze Umgebung erfüllte. Die Schwestern gewöhnten sich sogar, diesen Duft als ein Zeichen anzusehen, daß sie die hl. Kommunion zu empfangen wünsche, und beeilten sich alsdann, dem Verlangen ihres Herzens nachzukommen.

„Wie der tapfere Soldat meist mit Wunden bedeckt aus der Schlacht hervorgeht, so trug auch ihr Körper die Spuren der Leiden, die sie im Geiste mit ihrem gekreuzigten Bräutigam erduldete. Die Striemen der Geißelung, die Einrisse der spitzen Dornen, ja selbst die Einschnitte der Stricke, mittels deren man den heiligsten Leichnam Jesu vom Kreuz genommen hatte, waren auf ihrer zarten Haut sichtbar" [3]).

Bezeichnend ist, daß diese berühmten Ekstasen in der Urkunde ihrer Seligsprechung genannt worden sind. Da heißt es: „Vor allem rief das Leiden des Erlösers in ihr erstaunliche Wirkungen hervor. Umgewandelt in das Bild und bis zur vollen Ähnlichkeit mit ihrem leidenden Bräutigam, empfand sie alle Leiden in ihrer Seele, ja sogar die Bewegungen seines Körpers, und zwar derart, daß sie jede Woche von Donnerstagmittag bis um vier Uhr des Freitags, ihrer Sinne entrückt, lebhaft und der Reihe nach alle Folgen dieser blutigen Tragödie wiedergab."

Die letzte Steigerung erfuhr das mystische Leben der Heiligen jedoch erst in ihrer mystischen Vermählung und Stigmatisation. Die erstere, die die nähere Vorbereitung auf die Einprägung der Wundmale bedeutete, ereignete sich am Pfingstfeste des Jahres 1542. Es war am Morgen des großen Festtages. Während sie in ihrer Zelle betete, erschien ihr der Herr in unaussprechlicher himmlischer Glorie. Er trug auf seinen Schultern ein wunderbar strahlendes Kreuz, und sein Haupt war mit einer herrlichen Krone geschmückt. Er war in Begleitung seiner göttlichen Mutter, der hl. Maria Magdalena, des hl. Thomas von Aquin und eines anderen Seligen des Dominikanerordens. Die Zelle wurde mit einem unvergleichlichen Lichte erfüllt. Katharina, die auf das tiefste überrascht war, machte sogleich das Zeichen des Kreuzes, um sich vor einer falschen Vision zu schützen. Sobald sie sich jedoch überzeugt hatte, daß es sich um eine göttliche Vision handelte, warf sie sich zur Erde, um den Herrn in tiefer Ehrfurcht anzubeten. Da bat die Muttergottes ihren Sohn, Katharina als Braut anzunehmen. Darauf zog der Herr von seinem Finger einen kostbaren Ring und steckte ihn an ihren Zeigefinger. In diesem Augenblick erklangen wunderbare himmlische Weisen, und nachdem der Herr noch seine besonderen Ermahnungen an Katharina gerichtet hatte, verschwand die Vision [4]).

[3]) Vgl. Bayonne, S. 92 ff.
[4]) Wir dürfen auch an dieser Stelle betonen, daß diese äußere Vision symbolhaft den inneren seelischen Vorgang in Katharina von Ricci wiedergibt: die mystische Ver-

Daß es sich bei dieser um keinerlei Täuschung und Einbildung gehandelt hat, das beweist nicht nur die Geschichte der Mystik, die diese Art der mystischen Vermählung sehr oft konstatiert ⁵), sondern auch die mystische Tatsache ihres Vermählungsringes, der fortan in herrlichem Glanze an ihrer Hand erstrahlte. Den modernen Menschen mag unsere Schilderung als eine Erfindung oder als Legende anmuten, — das Gegenteil aber beweisen die unumstößlichen Tatsachen und Geschehnisse, die sich mit diesem Ring verknüpften: „Für Katharina war er stets sichtbar, aber nicht in gleicher Weise für die andern. Für jene war er nur von Zeit zu Zeit unter verschiedenen Formen zu sehen, je nach der Frömmigkeit des einzelnen und je nach dem Willen Gottes. Schwester Magdalena Strozzi sah ihn gewöhnlich als roten, erhabenen Reif rings um den Finger, der sich in der Mitte zur Form eines viereckigen Steines erweiterte. Andere Schwestern sahen ihn zuweilen unter dem Schein eines leuchtenden Reifes. Einmal konnte ihn die ganze Gemeinschaft in seiner Form und in seiner natürlichen Schönheit sehen, als man nämlich der Heiligen die Verpflichtung auferlegt hatte, Gott um diese Gunst zu bitten. Andere, die ihn unter verschiedenen Gestalten sahen, merkten zu gleicher Zeit, wie ein himmlischer Geruch von ihm ausging. Als Philipp Salviati, ein reicher Florentiner und geistlicher Sohn Katharinens, an der Existenz des Ringes zweifelte, erschien sie ihm, und als sie ihn gezeigt hatte, sagte sie, daß sie ihm einen Beweis seiner Wirklichkeit geben würde: Sie berührte darauf seine Oberlippe mit der Spitze des Diamanten und ließ Philipp einen heftigen Schmerz verspüren und drückte ihm ein Zeichen auf, das in der Folgezeit jedermann sehen konnte. — Bald gab es im Kloster wie in ganz Toskana nur ein Wort, um Schwester Katharina zu bezeichnen; man nannte sie vornehmlich: Die Braut Jesu Christi. Das Römische Brevier erwähnt den wunderbaren Ring im Offizium der Heiligen" ⁶).

Durch ihre mystische Vermählung aber war Katharina zu tiefer Leidensliebe entflammt, und so bereitete sie der Herr innerlich für jenes andere große Ereignis vor, das sich fünf Tage später an ihr vollziehen sollte, auf die Einprägung der hl. Wundmale. Bayonne berichtet des näheren darüber: An jenem Tage fühlte sie sich bei der wie gewöhnlich eintretenden Ekstase „beim Anblick der Kreuzigung zu tiefstem Mitleid bewegt. Ja, es genügte ihr dieses Mal nicht, die Qualen ihres göttlichen Bräutigams mitzuerleben, sie bot sich sogar

---

mählung als vollendete und umwandelnde Vereinigung der Seele mit Gott. Man vgl. im übrigen unsere Bemerkungen zu den gleichen Vorgängen bei Mechthild von Magdeburg und Katharina von Siena, sowie die grundsätzlichen Ausführungen unserer „Einführung" über die Bedeutung dieser mystischen Geschehnisse.

⁵) Wir dürfen hinzufügen, daß Imbert-Gourbeyre nicht weniger als 77 Geschehnisse dieser Art bis gegen das Jahr 1900 zählt. Alle bedeutenderen Stigmatisierten haben sie empfangen; er nennt neben den genannten unter anderem die hl. Coletta, die hl. Theresia, Magdalena von Pazzi, die hl. Veronika Giuliani und Maria von den hl. fünf Wunden. Im ganzen gehören drei Viertel aller mystischen Vermählungen den Stigmatisierten an!

⁶) Vgl. Imbert-Gourbeyre, La Stigmatisation I, S. 177.

großmütig an, seine Stelle am Kreuz einzunehmen. Da war es ihr plötzlich, als würde sie mit Dolchen durchstochen, sie fühlte so heftige Schmerzen, daß sie meinte, mit Jesus zu verscheiden. Als die Ekstase vorüber war, sah sie leichenblaß aus und schien wie abgemagert; auf ihre Mitschwestern machte sie den Eindruck einer wandelnden Leiche, und sie konnten sich bei ihrem Anblick kaum der Tränen erwehren. Sie selbst aber empfand heilige Freude darüber, daß ihr göttlicher Bräutigam „ihr durch die Mitteilung der hl. fünf Wunden samt ihren Schmerzen ein Mittel gegeben habe, mit noch liebenderem und mitleidsvollerem Herzen sein qualvolles Leiden betrachten zu können." Auch von dieser neuen Gnade der Stigmatisierung war das ganze Kloster Zeuge, obwohl mit Unterschied. Einige der Schwestern sahen die Wunden an ihren Händen wie die Heilige selbst, nämlich ganz durchbohrt und öfter blutend. Anderen, wie z. B. Schwester Magdalena Strozzi, erschienen sie bisweilen so hell strahlend, daß sie geblendet die Augen schließen mußte. Die meisten sahen die Wunden als rote angeschwollene, jedoch vollkommen vernarbte Stellen, in deren Mitte ein runder schwarzer Fleck von der Größe eines Hellers zu unterscheiden war, um dessen Umkreis man Blut zirkulieren sah. In dieser Gestalt sah die ganze Kommunität die Wunden Katharinas am 4. April 1543, dem Vorabend des Festes des hl. Vinzenz Ferrer, als die Heilige im Zustand der Ekstase die Hände erhoben hielt. Die Schwestern benutzten diese günstige Gelegenheit, um ihre Hände mit innigster Andacht zu küssen."

Bayonne fährt fort, indem er auf die Tatsächlichkeit bzw. die verschiedenen Zeugen der Wundmale hinweist: „Auch Weltleuten wurde diese Gunst unter den verschiedensten Umständen zuteil, z. B. der frommen Fiametta, ihrer zweiten Mutter, die sich bei ihr von Zeit zu Zeit einfand, um sich an ihr, die sie nun als Braut Christi und Heilige von Prato verehrte, zu erbauen. Die Wunden ihrer Füße wurden nur wenige Personen gewahr. Ihre Seitenwunde zu sehen, war einzig und allein der treuen mütterlichen Hüterin der Heiligen vergönnt, bei Gelegenheit des Beistandes, den sie Katharina in ihren Krankheiten leistete. Ihren Aussagen nach, war sie größer als die übrigen Wunden und verbreitete bisweilen strahlenden Glanz. Diese sämtlichen Wunden waren unheilbar wie die Liebe, die sie hervorgebracht hatte, und mit stetigen heftigen Schmerzen verbunden, vor allem die Seitenwunde, die nach Katharinas Geständnis so schmerzhaft war, daß sie oftmals glaubte, unter ihrem Druck umsinken und verscheiden zu müssen. „Ausgerüstet mit denselben Waffen, mit denen der göttliche Heiland selbst das Reich des Satans gestürzt hatte", so schreibt einer ihrer Biographen, „sollte Katharina als tapfere Kriegerin das Schlachtfeld fortan nicht mehr verlassen und an ihrem Körper ersetzen, was an dem Leibe Christi noch fehlte, indem sie ihre beständigen Leiden Gott als Sühneopfer für die Sünden der ganzen Welt darbot."

Der Einprägung der Wundmale sollte bald noch ein weiteres folgen: die Gnadengabe der Dornenkrönung. Auch sie wird von Bayonne ausführlich geschildert.

„Eines aber fehlte noch, um in ihr ein vollkommenes Abbild des leidenden Christus herzustellen: das war die hl. Dornenkrone. Doch hatte die seligste

Jungfrau von ihrem göttlichen Sohne schon den Auftrag erhalten, sie auf den Empfang derselben vorzubereiten. Sie erschien Katharina in der Weihnachtszeit 1542, begleitet von der hl. Maria Magdalena, dem hl. Vinzenz Ferrer, der hl. Jungfrau und Märtyrerin Thekla und einer Schar himmlischer Geister. Wie schon oft, reichte sie ihr auch diesmal das göttliche Kind, das Katharina mit ihren verwundeten Händen nur zaghaft entgegenzunehmen wagte, aus Furcht, seine heiligen Gewänder mit Blut zu beflecken. Während sie es sanft an ihr Herz drückte und das Haupt des Kindleins an ihrer noch mehr als gewöhnlich schmerzenden Seitenwunde ruhte, legte die hl. Thekla drei Kronen vor sie hin, eine goldene, eine silberne und eine Dornenkrone. Als die seligste Jungfrau sie nun aufforderte, eine davon für sich auszuwählen, entschied sie sich sofort für die letztere, weil sie in ihr die Krone ihres göttlichen Bräutigams erkannte. Schon wollte sie nach ihr greifen, da schmerzte sie ihre Seitenwunde in diesem Augenblick so heftig, daß sie die doppelte Pein einer Krönung mit Dornen nicht ertragen zu können glaubte und daher der Mutter der Barmherzigkeit die Wahl überließ. Diese ging jedoch keineswegs darauf ein, sondern verwies Katharina mit Strenge ihre Verzagtheit. Eine wahre Braut Jesu Christi, so sprach sie, müsse sich dem Leiden vollkommen hingeben und begierig jede Gelegenheit ergreifen, dasselbe in immer neuen Formen an sich nachzubilden. Sie dürfe, wo es sich darum handele, einen neuen Schmerzensweg zu betreten, nicht anderen die Ehre überlassen, den entscheidenden Schritt auf demselben zu tun. Bei diesen Worten brach Katharina, beschämt über ihre Schwäche, in einen Strom von Tränen aus. Sie fiel, um ihren Fehler wiedergutzumachen, der Himmelskönigin zu Füßen und beugte ihr Haupt demütig und entschlossen, wie um die blutige Krone aus ihrer Hand zu empfangen. Maria aber hob sie huldreich auf und sagte, noch sei die Stunde nicht gekommen, wo ihr eine so hohe Ehre zuteil werden sollte; ihr göttlicher Sohn gebe sein hehres Diadem nicht etwa übereilt und als Belohnung für eine einzige mutige Regung des Herzens, eine so hohe Auszeichnung gebühre nur einer lange erprobten Seelenstärke und Großmut." Und Bayonne fährt fort:

„Von Stund an fühlte Katharina ein bisher ungekanntes Verlangen nach Leiden. Sie nahm alle Prüfungen mit unsäglicher Freude an, und, so schmerzlich sie auch sein mochten, ihr hoher Mut triumphierte über sie. Unter dem Einfluß der ihr verliehenen Gnade erreichte sie bald jenen Heroismus, der die Seele trotz aller Pein und Bedrängnis stets ruhig und heiter erhält und sie nicht nur über alle Regungen der Natur siegreich erhebt, sondern ihr selbst die größten Schmerzen versüßt. Dahin hatte der göttliche Heiland sie führen wollen, ehe er ihr die hl. Dornenkrone verlieh. Wann die geheimnisvolle Krönung sich vollzog, wissen die Lebensschreiber nicht genau anzugeben. Aber alle stimmen darin überein, daß der göttliche Heiland seiner geliebten Braut die Dornenkrone mit eigenen Händen aufs Haupt setzte, wie ja auch irdische Könige bei ihrer Krönung ihre erlauchte Gemahlin gern selbst mit der Krone schmücken. Man sah sie von jener Zeit an öfter mit langen, von Blut triefenden Dornen, die ihr über Stirn und Schläfe herabhingen. Andere Male sah man nur die durch die Dornen gebildeten Wunden ihr Haupt in Form eines Kreuzes umgeben, und zwar erschienen diese frisch blutend, wie wenn man die Dornen soeben herausgezogen hätte. Die Spuren der schmerzhaften Krönung verwischten sich nie, wie es die Laienschwestern bezeugten, die ihr die Haare zu schneiden pflegten; als sie auf dem Totenbette lag, konnte das ganze Kloster sich davon überzeugen" [7]).

Als letzter Beweis der völligen Teilnahme der Heiligen an den Geheimnissen der hl. Passion des Herrn erschien aber, von ihrer Schulter ausgehend, eine schwarzblaue, etwa drei Finger breite Furche, die sich von dieser bis zu ihrem Gürtel dahinzog und bei Gelegenheit ihrer Krankheiten von den sie pflegenden Schwestern bemerkt wurde. Es war dies der Einschnitt, den das schwere Kreuz, das sie allwöchentlich ihrem göttlichen Bräutigam tragen half, in ihrer zarten Haut zurückgelassen hatte.

So war Katharina von Ricci in einer Weise mit dem leidenden Christus vereint, wie es selten eine Stigmatisierte gewesen ist. Es heißt denn auch in ihrer Kanonisationsbulle, daß „der Herr in blutigen Zügen in ihre Seite, in ihre Hände und Füße die Wundmale der Nägel und der Lanze einmeißelte ... und er drückte in ihre Schultern tief die Spuren des Kreuzes ein".

Katharina war erst zwanzig Jahre alt, als sie von Gott mit diesen Wunden ausgezeichnet wurde. *Und sie trug sie ruhmreich siebenundvierzig Jahre ihres Lebens; noch auf dem Totenbette konnte man sie sehen!*

In einzigartiger Weise aber wollte der Herr, daß die außerordentlichen Tatsachen ihres Lebens und insbesondere die Echtheit ihrer Begnadung bestätigt würden. Durch ein erstaunliches Geschehnis wollte er beweisen, daß er selbst der einzige Urheber all dieser Wunder war. Die Schwester Gabriella war in seltsamer Weise damit beschäftigt, zu erfahren, ob alle diese außergewöhnlichen Dinge, die sich an Katharina ereigneten, wirklich himmlische Gunsterweise seien. Sie bat inständig den Herrn, ihre Zweifel in dieser Hinsicht zu zerstreuen. Als sie nun eines Tages an dem Betraum, in dem die Heilige sich befand, vorübergeht, tritt sie ein und sieht sie in Ekstase. Alsbald wirft sie sich auf die Knie, betrachtet Katharina und sieht plötzlich, wie sich ihr Gesicht in dasjenige des Erlösers verwandelt. Die Selige wendet sich zu ihr, zieht sie an sich, und, sie an ihr Herz drückend, fragt sie dreimal, ob sie glaube, bei Katharina oder bei Jesus zu sein. Die Schwester, von Schrecken ergriffen, antwortet ihr mit ziemlich lauter Stimme, um vom größten Teil der Genossenschaft gehört zu werden, daß es wohl Jesus sei, der zu ihr spreche. Als sie in der Folge dieses Geschehnis erzählte, behauptet sie, unter dem Schleier Katharinas wirklich das erhabene Antlitz Unseres Herrn gesehen zu haben, aber es sei von einer so hinreißenden Schönheit gewesen, daß es ihr unmöglich sei, auch nur annähernd eine Beschreibung zu geben.

Imbert-Gourbeyre fügt dem hinzu: „Dieses bedeutsame Wunder ist von der

---

[7]) Ebenda S. 115/116.

Kirche anerkannt worden, da es mit folgenden Worten in der Kanonisationsbulle verzeichnet wird: ‚Da Jesus Christus zeigen wollte, bis zu welchem Grade
zwischen ihm und Katharina die Einheit der Gedanken und des Willens bestehe, legte er ein hervorragendes Zeichen auf ihr Antlitz, indem er es in sein
lebendiges Bild und bis zur vollkommenen Ähnlichkeit in sein eigenes Antlitz
derart verwandelt, daß jeder, der Katharina sah, glaubte, er sähe das Antlitz
des Sohnes Gottes, der zugleich der Menschensohn ist.‘ "

Nicht zu verwundern ist, daß Katharina bei der Höhe ihrer Gnadengaben
außerordentlichen Anfeindungen ausgesetzt war, nicht zuletzt von seiten bedeutender, kritisch denkender Theologen, die den Ursprung der außerordentlichen Tatsachen ihres Lebens und auch den Geist, der sie beseelte, bezweifel-
ten. Aber selbst ein hl. Philippus Neri, der von überaus kritischem Geist beseelt war, mußte — zumal durch eigene Ekstasen darauf hingelenkt — die
Heiligkeit Katharinas anerkennen.

Aus der Kanonisationsbulle erfahren wir noch in gleicher Weise von einer
Anzahl anderer bedeutender übernatürlicher Ereignisse ihres Lebens. Katharina
empfing u. a. eines Tages die hl. Eucharistie aus der Hand des Herrn selbst.
Ihr Leib strömte — besonders während des Betens — einen wunderbaren
Wohlgeruch aus. Hierzu gesellte sich ferner die Gabe der Prophezeiung, der
Unterscheidung der Geister und der Wunder [8]).

So bewährte sich in ihrem Leben die erhabene Gunst und Gnade Gottes,
aber auch ihr Heroismus und ihre Hingabe an Christus in einer Weise, wie
sie selbst in der Geschichte der Stigmatisierten selten ist. Nicht umsonst sagt
die Kanonisationsbulle von ihr, daß die Hand Gottes sichtlich über ihr war:
„Göttliche Verklärung umgab sie mit ihren Strahlen, und jene, die sich ihr näherten, konnten den von ihrem ganzen Körper ausgehenden Glanz beobachten.
Manchmal sogar sah man, wie sie sich über die Erde erhob und lange über der
Erde schwebte."

Bereits in einem Alter von 25 Jahren Oberin ihres Klosters geworden, trug
Katharina dieses Amt bis zu ihrem am 2. Februar 1590 erfolgten Tode. Ihr
Antlitz war im Sarge von überirdischer Schönheit. Obwohl die Heilige 68
Jahre erreicht hatte, machte sie den Eindruck eines jungen blühenden Men-
schen. Ein wunderbarer Duft entströmte ihrem Körper. Als man ihren Leib im
Jahre 1733 ausgrub, waren merkwürdigerweise noch alle jene Teile erhalten,
die die Wundmale trugen. So verherrlichte Gott noch im Tode ihre Stigmati-
sation! Die Kirche aber hat Katharina von Ricci im Jahre 1727 selig- und im
Jahre 1746 heiliggesprochen. Mit Recht können wir auch bei dieser großen
Trägerin der Wundmale Christi sagen, deren Begnadung nicht nur durch die
Gaben der höchsten mystischen Beschauung und Gottvereinigung, sondern auch
durch ihre feierliche kirchliche Kanonisation auf das nachdrücklichste bestätigt
ist: „Wunderbar ist Gott in seinen Heiligen!"

---

[8]) Die Bulle spricht übrigens nur kurz von ihrer Stigmatisation.

15. Kapitel

Magdalena von Pazzi
Eine andere große Mystikerin und Ekstatikerin der Kirche

Wir greifen eine zweite große Stigmatisierte aus der Zeit der hl. Theresia heraus, die HL. MAGDALENA VON PAZZI, wiederum eine merkenswerte Mystikerin, deren Ruhm die Kirche Gottes seit Jahrhunderten kündet. Auch in ihr treffen wir auf ein klassisches Beispiel, bis zu welch erstaunlichen Graden die Liebe zu Gott einen Menschen innerlich umzuwandeln vermag. Ist doch ihr Leben ein einziges hohes Lied der Gottesliebe, der Ekstase und der Gottvereinigung. Wenige Heilige werden wir in der Geschichte der Kirche finden, die so bis zum Überfließen erfüllt waren mit den Gaben der Beschauung und Gotthingerissenheit. Und darum dürfen wir sie in eine Reihe mit einer Katharina von Siena, einer Katharina von Genua und Margarete Alacocque stellen, um nur einige bedeutendere Namen zu nennen.

Auch sie ist, wie so manche andere der vorhergehenden Stigmatisierten, einem hochangesehenen Hause, dem Geschlechte der Pazzi, entsprossen, das, mit der Familie der Medici verwandt, Magdalena seinen größten Ruhm verdankt [1]). Am 2. April 1566 in Florenz geboren, fühlt auch sie sich von frühester Jugend an zu einem Leben des Gebetes, der Buße und aufopfernder Nächstenliebe hingezogen. In der Einsamkeit zu beten, Armen das vom Munde Ersparte zu schenken, ja ihren Gespielen Gebet und Gottesliebe nahezubringen, war schon das Ein und Alles der Siebenjährigen! Was jedoch ihre Jugend am meisten verklärte, das war ihre glühende Liebe zur hl. Eucharistie. Sie durfte bereits in einem Alter von 10 Jahren zum ersten Male zum Tische des Herrn treten. In diesem frühen Alter bereits legte sie das Gelübde ab, immerdar eine jungfräuliche Braut des Herrn zu sein, was einen reichen Strom von Gnaden auf sie herabzog, der von Jahr zu Jahr sich steigern sollte. Auffallend ist ferner, daß sie schon mit ihrem 13. Jahre ekstatisch war; doch erkannte man keineswegs ihren Zustand und glaubte, ihn durch natürliche Mittel beseitigen zu können. Bereits mit einem Alter von 16 Jahren erfolgte dann der Eintritt der früh Gereiften in das Karmelitenkloster „Sankta Maria von den Engeln". Sie gab diesem den Vorzug, da hier die Gewohnheit bestand, den Leib des Herrn täglich zu empfangen. Schon bei ihrer Einkleidung — es war am 30. Januar 1583 — vollzog sich hier in ihr ein bedeutsamer

---

[1]) Man vgl. über Maria Magdalena von Pazzi die Biographie von Cepari-Krebs, Leben der hl. Maria Magdalena von Pazzi, Regensburg 1857, sowie diejenige von Vaussard, Paris 1825, und über ihre Ekstasen Görres, Mystik I und II.

Vorgang. Als man ihr das Kruzifix überreichte mit den Worten: „In nichts anderem will ich mich rühmen als in dem Kreuze Christi", erglühte sie zum ersten Male im Feuer einer sie bis in die Tiefen der Seele erfassenden Kreuzesliebe. Bis zu ihrem Lebensende sollte sie die Glut dieser Liebe in ein ständiges Brandopfer verwandeln. Der große Grundsatz „Pati — non mori", „Nicht sterben — sondern leiden" wurde zum alles überstrahlenden Programm ihres Lebens. Schon bald aber sollte sie bis in die tiefsten Abgründe ihres Seins vom Leide erfaßt werden, das hinfort der hervorragende Anteil ihres Lebens war.

Im Kloster Sankt Marien begann sogleich ihr mystischer Aufstieg: der Weg ihrer berühmten Ekstasen und Verzückungen. Er nahm seinen Ausgang von einer ersten Prüfung, einer schweren Krankheit, die sie im Noviziat befiel. Da man an ihrem Aufkommen zweifelte, durfte sie auf dem Krankenlager die ewigen Gelübde vor der hierzu bestimmten Zeit ablegen. Hierbei geriet sie zum ersten Male in eine tiefe Ekstase, die volle zwei Stunden dauerte. Ihr Gesicht verklärte sich zu wahrhaft überirdischer Schönheit und ward leuchtend wie die Sonne, so daß es dem Antlitz eines Seraphs glich und wie in ein Meer von Licht und Feuer getaucht schien. „Lieblich in Gott ruhend, das Antlitz schön, die Wangen blühend, die Augen auf das Kruzifix geheftet", lag sie da, „es war nicht mehr die bleiche abgemagerte Schwester Maria Magdalena, sondern ein Engel aus dem Paradies" (Joseph von Görres).

Von da an wurde sie vierzig Tage lang jeden Morgen nach Empfang der hl. Kommunion auf gleiche Weise in Gott entrückt. Es waren dies die ersten ihrer sog. „sprechenden Ekstasen", in denen sie mit dem Ewigen Vater, mit dem Inkarnierten Wort, dem Hl. Geiste und der allerseligsten Jungfrau Zwiesprache hielt. In diesen Verzückungen sprach sie so tief über die göttlichen Dinge und die Geheimnisse des Ewigen, daß sie die Bewunderung und Begeisterung aller erweckte, die ihr zuhörten. Ihr Dasein wurde fortan ein Leben langdauernder Ekstasen. Ihre ekstatischen Reden wurden in fünf handgeschriebenen Bänden gesammelt, die noch heute erhalten sind; ihnen sind die „Geistlichen Werke" der Heiligen entnommen.

Indessen aber war bereits ein Jahr nach ihrer Profeß, die am 27. Mai 1584 erfolgt war, an die Stelle der inneren Erleuchtung ein furchtbarer Zustand des Leidens und der Versuchungen getreten, der sie fünf volle Jahre mit schweren Anfechtungen — der Verzweiflung, der Unreinheit, des Ungehorsams, ja der Gotteslästerung — verfolgte und der sie oft jedes fühlbaren Trostes beraubte. Aber gerade in jenen Tagen der inneren Läuterung traf sie das große Ereignis ihrer *Stigmatisation*, das wesentlich dazu beitrug, ihre innere Leidens- und Sühnefähigkeit zu steigern.

Es war in den ersten Tagen der Karwoche des Jahres 1585. Sie hatte sich niedergekniet und wie immer mit leuchtendem Angesicht den Blick auf ein Kruzifix geheftet. Die Arme hielt sie ausgebreitet, ganz so wie man den hl. Franziskus auf dem Berge Alverna dargestellt sieht. Darauf sagte sie fünfmal: „Verbirg mich, o gütiger Jesus, in den Wunden Deiner heiligen Menschheit."

Magdalena von Pazzi
Jugendbildnis der Heiligen

Zu gleicher Zeit wurde ihr Gesicht schöner und leuchtender, und sie sagte so wunderbare Dinge über die Passion des Herrn, daß er ergreifend war, ihr zuzuhören. „Ich habe gesehen", so berichtet sie später ihrem Beichtvater, „wie der Herr mir seine heiligen Wunden gab, indem er gewisse Strahlen, die wie Feuer waren, auf meine Hände, meine Füße und auf meine rechte Seite herniedersandte. Diese Strahlen hefteten sich an die Stellen der Wundmale, als wollten sie ein Siegel aufdrücken. Dann verschwand plötzlich der Schmerz, und ich fühlte mich überaus glücklich, — als ich die Wunden des Herrn an mir sah. Ich sehe sie stets, wenn sie auch anderen nicht sichtbar sind: Nichts ist mir angenehmer!" In der Tat blieben die Stigmata während ihres ganzen Lebens unsichtbar.

Am Gründonnerstag derselben Woche hatte die Heilige eine denkwürdige Ekstase, bei der sie die Gänge des Klosters durcheilte und alle Leidensszenen auf lebendige Weise darstellte. Ihr Mitleiden mit dem Heilande steigerte sich in einem Grade, daß sie selber in aktiver ekstatischer Weise Teile der Passion zu verkörpern schien. Es ist dies das Erleiden der sog. *„mystischen Stationen"*, das wir bereits bei Katharina von Ricci kennen lernten und so oft in der Geschichte der Mystik treffen, wir nennen hier außer jener nur Margarete von Cortona, Magdalena von Trino, Stephanie von Soncino, Helene Ostermayr (eine deutsche Stigmatisierte) und Margarete vom hl. Sakrament [2]).

Am darauffolgenden 4. Mai empfing sie dann auf ebenso geheimnisvolle Weise in voller Ekstase die *Dornenkrönung*, wie aus ihrer Haltung und den hierbei gesprochenen Worten hervorging. Es geschah, als sie den Ring der mystischen Verlobung erhielt. Die Schwestern sahen, wie sie die Hand emporhob und dem unsichtbaren Heilande entgegenstreckte; sie hörten hierbei ihre ganze Zwiesprache mit dem Herrn.

Immer mehr und mehr leiden wollte sie, ja sie verlangte danach, ohne Trost zu leiden. Und der Herr würdigte sie, die ganze Bitterkeit seines Leidenskelches zu kosten, bis er endlich, nach fünf langen Jahren, den Sturm der schrecklichen Versuchungen und Prüfungen von ihr nahm. Es war an einem Pfingstfeste, als Gott sie mit seinen Wonnen überströmte. Und fortan war sie erfüllt von den Gluten einer namenlosen Gottesliebe — als erhabener Frucht ihrer Mitdulderschaft mit Christus! Erstaunlich ist, bis zu welchen Graden sich diese Liebe schließlich in ihr steigert. Einer ihrer alten Biographen schreibt darüber [3]):

„Außer der beständigen Inbrunst, die ihr das Herz schmelzen, sie unablässig an Gott denken, von Gott reden, für Gott wirken machte und sie oftmals ganz von Sinnen brachte und ganz in Gott versetzte, kam sie zuweilen in eine so große Glut, daß diese sich nicht mehr in ihrer Brust verschließen ließ, sondern

[2]) Auf die Leidensekstasen dieser letzteren werden wir im folgenden Halbband noch ausführlich zurückkommen. Der Verfasser hat übrigens diese Art von „Mystischen Stationen" auch bei den drei ekstatischen Kindern von Lokeren gesehen, anläßlich seiner zweiten Fahrt nach Belgien (1934) zum Studium der belgischen Muttergotteserscheinungen (man vgl. das S. 124 zitierte Buch). Ein erstaunlicher Anblick, der allerdings an sich noch nichts für die Echtheit der Geschehnisse von Lokeren besagt.
[3]) Wir folgen der Übersetzung von Karrer (Die große Glut, 130/131) nach Puccini I, 188 f.

sich über ihr Gesicht, in ihr Tun ergoß und in ihren Worten ausbrach. Während sie für gewöhnlich infolge der Bußübung schwach, hinfällig, bleich und abgezehrt war, erstarkte sie ganz, wenn sie von diesen Flammen der Liebe überrascht wurde; ihr Angesicht wurde voll und glühend, ihre Augen wie zwei glänzende Sterne und der Blick heiter und froh wie eines seligen Engels. Sie fand keine Ruhe, kein Bleiben. Um diese Glut auszuschütten, die sie in sich nicht halten konnte, war sie gezwungen, sich zu regen und in wundersamer Weise sich zu bewegen. Da sah man sie in solchen Ausbrüchen schnell von Ort zu Ort laufen; wie rasend vor Liebe ging sie durch das Kloster und rief mit lauter Stimme: „Liebe, Liebe, Liebe!" Und wenn sie einen so heftigen Brand der Liebe nicht mehr ertragen konnte, rief sie: „O mein Herr, nicht mehr Liebe! nicht mehr Liebe! Zuviel, mein Jesus, ist der Liebe, die Du zu den Geschöpfen trägst! Zuviel, nicht für Deine Größe, aber zuviel für das Geschöpf, so armselig, so niedrig!" ... Und ein andermal rief sie: „O Gott der Liebe, o Gott der Liebe! O Gott, der Du Deine Geschöpfe mit reiner Liebe liebst!" — und ähnliche feurige Worte. Manchmal nahm sie in solchen Ausbrüchen der Liebe ein Kreuz in die Hand und, in hellem Liebesausbruch durch das Kloster laufend, rief sie: „O Liebe, o Liebe!" — und hielt dann wieder ein, es inbrünstig zu betrachten oder preßte es mit unsagbarer Innigkeit an ihre Brust und küßte es, indem sie ausrief: „O Liebe, o Liebe, ich werde nie ablassen, mein Gott, Dich Liebe zu heißen, o Jubel meines Herzens, Hoffnung, Stärke meiner Seele!" ... Und zu den Schwestern gewandt, die ihr nachliefen, rief sie: „Wißt ihr nicht, teure Schwestern, daß mein Jesus nichts anderes ist als Liebe ... Du bist ganz lieblich und schön, Du erquickst und tröstest, Du nährst und vereinigst, Du bist Pein und Kühlung, Mühe und Rast, Tod und Leben in einem! Was überhaupt ist nicht in Dir? Du bist weise und huldreich, erhaben und unendlich, wunderbar und unaussprechlich!"

Wie stark sie innerlich von der Kraft und der Liebe Gottes erfaßt war, das zeigt nicht zuletzt die Häufigkeit und Tiefe ihrer Ekstasen, die unablässig und immer stärker über sie hereinbrachen. Nicht minder berühmt als ihre „sprechenden Ekstasen", in denen sie überströmte vom inneren Erleben der Liebe Gottes, ist ihr sog. „ekstatisches Wandeln", das Görres so bezeichnet hat. Nicht nur, daß sie einerseits im Zustand der Gottergriffenheit weiterarbeitete und die feinsten künstlerischen Arbeiten vollendete. Nein, zu anderen Stunden wandelte sie in ihren Ekstasen umher, stieg Leitern auf und ab mit solcher Behendigkeit, daß sie eher zu fliegen als mit Füßen die Erde zu berühren schien. Ja, sie war oft derart hingerissen von der überwältigenden Kraft Gottes, die in ihr wirkte, daß sie mitten in ihren Arbeiten aufhören mußte. Görres berichtet hierüber einige drastische Beispiele:

„Einst knetete sie Teig zum Brotbacken für den Unterhalt der Nonnen und hörte mitten in der Arbeit zur Kommunion läuten. Sie wurde sogleich ekstatisch und lief nun, wie sie war, die Arme bloß, den Teig an den Händen, zu der Stelle, wo die andern versammelt waren, ohne selbst ihren Zustand zu bemerken. So eilte sie ein anderes Mal, mit dem Essen beschäftigt, als das Zeichen zur Beichte gegeben wurde, mit dem Teller und der Speise in den Händen zum Beichtstuhl und beichtete zum Erstaunen der andern, die davon später eidliches Zeugnis ablegten."

„Die Obern wollten sie übrigens, um ihren Geist zu prüfen, an der Ausführung des über die Ordensregeln hinaus Angelobten hindern; sie unterwarf sich ohne Verzug, fühlte aber sogleich in den Füßen einen Schmerz, so daß sie sich nicht aufrechtzuerhalten vermochte. Die Priorin redete ihr zu, sich Gewalt anzutun und umherzugehen; sie versuchte es willig, kam aber bald so weit, daß sie auf Händen und Knien kriechen und zur Kommunion auf den Armen ihrer Mitschwestern getragen werden mußte. Man bestand indessen fortdauernd auf dem Verbote; da aber der Schmerz immer zunahm, sah man doch zuletzt sich gedrungen, nachzugeben. Im Augenblicke, wo sie Schuhe und Strümpfe ausgezogen, fühlte sie die Bindung sich lösen und alle Schmerzen weichen; sie konnte nun ohne Beschwerde wieder gehen und begab sich zum Bilde der Jungfrau, um ihr Dank zu sagen."

Daß sie ganz und gar vom Geiste Gottes erfüllt war, das beweisen diese Geschehnisse zur Genüge. Görres fügt aber noch ein drastisches Beispiel hinzu:

„Wie die äußere Hemmnis sie in diesem Falle in ihren Bewegungen gebunden, so befreite sie dagegen der Geist, wenn sie sich ihm überlassen durfte, in solcher Weise, daß sie keine Gefahr zu scheuen hatte. Am Feste der Kreuzauffindung, dem 3. Mai 1592, durchwanderte sie den Chor und stieg ohne Leiter und ohne irgendeine menschliche Hilfe oben auf den 15 Ellen hohen, nur 8 Zoll breiten Kranz der Kirche; und, ohne Zagen auf ihm stehend, nahm sie das dort befestigte Kruzifix ab, indem sie die Nägel auszog, drückte es an die Brust, stieg dann mit ihm herab, gab es den Schwestern zum Küssen und trocknete das Bild, als hätte sie es im Schweiße gesehen, mit ihrem Schleier; es war schwindelerregend für alle, die als Augenzeugen zugegen waren."

Am stärksten zeigte sich dieser ekstatische Zustand bei ihr „im Jahre 1585, wo er von Pfingsten an acht Tage ununterbrochen dauerte, also daß sie täglich nur zwei Stunden zur Erfüllung ihrer Pflichten zu sich kam. Sie erhielt dann jeden Morgen den Geist unter verschiedenen Formen: als Feuer, Taube, Fluß, Säule, Nebel, Windeswehen und Feuerzunge und wurde dann ganz freudig und erglänzend, daß es ein Wunder zu sehen war" [4]).

Zu dieser Gabe der Ekstasen gesellte sich noch eine Fülle anderer charismatischer Gnadengaben. Nicht zu vergessen, daß Magdalena von Pazzi wie die meisten Stigmatisierten den Geist der Prophetie besaß. So sagte sie einem Kardinal voraus, daß er eines Tages Papst und Vater der Christenheit sein werde. Sie bestätigte dies noch, als der Kardinal von Klemens VII. als Legat nach Frankreich geschickt wurde. Sie bekundete, „daß dieser Prälat eine große

---

[4]) Wir zitieren nach Görres-Bernhart, Mystik, Magie, Dämonie, S. 247—249 bzw. nach Puccini Kap. IV. bzw. Cepari Kap. VI.

Ehre besitze, überdies werde er Papst werden, aber er werde sich nicht lange dieser Würde erfreuen". Tatsächlich folgte der Betreffende als Papst auf Klemens VII. unter dem Namen Leo XI. (im Jahre 1605), aber sein Pontifikat dauerte nur fünfundzwanzig Tage.

Viel wichtiger aber als alle *äußeren* Bekundungen ihrer charismatischen Gaben ist, daß diese aus einer außerordentlichen *inneren* Begnadung hervorgingen, die sie zu den höchsten Graden nicht nur der Kreuzes-, sondern auch der Gottesliebe und mystischen Beschauung emporführte. Magdalena hat diese Rangordnung der Gnaden selbst zum Ausdruck gebracht. Einer der feinsten Züge ihres Lebens ist, daß sie öfter den Ausspruch tat, daß allen Ekstasen, Visionen, Offenbarungen und ähnlichen Erscheinungen bei weitem die Liebe Gottes und die Werke der Liebe vorzuziehen seien. Worte, die mit aller Deutlichkeit auf die Echtheit ihrer Frömmigkeit hinweisen.

Und bis zu welchen Graden der Gottesliebe und Beschauung sie der Herr in der Tat zu sich emporzog, das erfahren wir im Anschluß an die Darstellung ihrer mystischen Verlobung, bei der sie die hl. Dreieinigkeit schauen durfte. Ergreifend ist ihre Selbstschilderung: wie der Herr sie zu seiner geistlichen Braut erkor, wie er ihr die Dornenkrone zur Wahl stellte, ihr die Leidenswerkzeuge, seine hl. Menschheit und seine hl. Wunden gleichsam als Brautgeschenke übergab und wie sie darauf in einer unaussprechlichen Vision den Heiligen Dreifaltigen Gott schaut. Erschüttert blickt sie in die Tiefen der Wesenheit Gottes:

„Und danach gab mir Gott eine so tiefe Erkenntnis seiner Größe und seines Seins und zugleich eine so klare Erkenntnis meiner selbst und meiner Niedrigkeit, daß ich mich nie einer solchen Einsicht für fähig gehalten hätte, so daß ich gerade hinausweinen mußte: ,O Gott, zeige mir mich nicht weiter! Ich kann mich nicht sehen! O, wie groß ist Deine Lauterkeit, der jede geringste Unvollkommenheit beleidigend ist!' Und ich sah mich selber als ein Nichts, ja noch weniger als ein Nichts, und nicht nur mich selber weniger als ein Nichts, sondern auch alle Kreatur gegenüber Gott. Und so groß war dabei mein inneres Leiden, daß ich zu sterben glaubte" [5]).

Nach der hl. Kommunion erwog sie dann noch einmal „die innige Einigung der Seele mit Gott durch das Sakrament, und in einem Augenblick fand ich mich ganz mit Gott geeint, in Gott verwandelt und außerhalb aller leiblichen Empfindung, so daß ich, hätte man mich in einen feurigen Ofen geworfen und verbrannt, nichts verspürt hätte. Ich wußte nicht, sei ich tot oder lebendig, im Leibe oder in der Seele, im Himmel oder auf Erden. Ich sah allein den ganzen, glorreichen Gott in sich selber, sich selber lauter lieben, sich selber unendlich erkennen und alle geschaffenen Dinge in lauterer, unendlicher Liebe umfangen, eine Einheit in Dreien, eine ungeteilte Dreifaltigkeit, ein Gott an Liebe schrankenlos, an Güte allerhaben, unfaßbar und unerforschlich, so daß ich, solange ich

---

[5]) Wir zitieren nach der Übersetzung von Karrer, ebenda II, S. 135, bzw. Puccini.

mit Ihm war, nichts mehr von mir fand, sondern nur mehr das eine sah, daß ich in Gott bin; aber mich sah ich nicht, nur Gott allein" [6]).

Nicht zu verwundern, daß eine Frau von der geistigen Bedeutung einer Magdalena von Pazzi auch ins Große, Kirchliche gewirkt hat. Wir sehen darin erneut, wie der Herr gerade die Erdulder seiner Passion zu großen Erneuerern des kirchlichen Lebens beruft: auf Gottes Befehl diktierte sie in ihren Ekstasen von glühender Liebe zur Kirche erfüllte Ermahnungen an Papst Sixtus V., an die Kardinäle und Bischöfe zur tatkräftigen Reform der Kirche. Und wie sehr sie zu dieser Erneuerungsarbeit berufen war, das zeigte sie in ihrer klugen erzieherischen Tätigkeit im eigenen Orden, bei der sie sich durch scharfe Geistesanlagen und zielbewußtes Denken und Handeln auszeichnete.

Maria Magdalena von Pazzi starb nach einem Leben ebenso heroischer Leiden wie höchster Gnaden am 25. Mai 1607. Als man ein Jahr nach ihrem Tode ihren Leib erhob, war er noch unversehrt und ließ zwölf Tage lang ein wunderbares Öl hervorströmen. Auch heute noch ruht ihr Leib in Carrecci, nahe ihrer Vaterstadt Florenz. Magdalena ist mit ihrem Namen als einem der bedeutendsten in die Geschichte der Mystik eingeschrieben.

---

[6]) Karrer, ebenda, S. 135—136.

16. Kapitel

Passitea von Siena
„Die Unvergleichliche"

Eine dritte Trägerin der Wundmale des Zeitalters der hl. Theresia soll uns eingehend beschäftigen. Es handelt sich um das *„Unvergleichliche Leben der seligen Mutter Passitea von Siena"*, das vollauf seine Bezeichnung rechtfertigt und das, durch Pater Venturi, einen Sienesen und Pfarrer von Olivet, gesammelt und in lateinischer Sprache aufgezeichnet, zu jener Zeit von der Großherzogin von Florenz an die damalige Königinmutter von Frankreich geschickt worden war. Es wurde ins Französische übersetzt nach demselben Exemplar und auf Befehl des Königs in Paris im Jahre 1627 gedruckt. Die Königinmutter war keine andere als Maria von Medici, die schon vor ihrer Verheiratung Passitea kannte und sie zweimal nach Frankreich kommen ließ. Wir folgen in der Schilderung dieser Begnadeten Imbert-Gourbeyre [1]. Es ist einer der ausgeprägtesten Fälle körperlicher Stigmatisation, dem wir begegnen, und deshalb ganz besonderer Beachtung wert.

Passitea von Siena wurde am 13. September 1564 in Siena geboren. Sie war die Tochter des Peter Crogi, eines Malers von Beruf. Schon in ihren frühesten Jahren begannen ihre Ekstasen; umso schwieriger war es für sie, da sie eine schlechte Mutter hatte, die sie mißhandelte und mit häuslichen Arbeiten überhäufte. Des Kindes Herz aber war voller Mitgefühl für die Armen; ihre Nächstenliebe ging schon damals so weit, daß sie durch mehrere Wunder belohnt wurde, unter denen das folgende eines der bezeichnendsten ist: „Eines Abends", so berichtet ihr Biograph, „war sie im Begriff, in das Haus eines Kranken zu gehen, dem sie Brot und einige Eier bringen wollte, die sie in einer Schürze hatte. Ihr Vater geriet hierüber in Zorn und drang mit Drohungen auf sie ein und fragte sie, was sie bei sich trage, wobei er ihr befahl, ihre Schürze aufzumachen. Da antwortete die arme Passitea, die sehr fürchtete, ihr Vater würde sie schlagen, daß sie nur Blumen habe, und, obwohl es Winter war, entsprach ihre Antwort der Wahrheit, denn anstatt mit Brot und Eiern war ihre Schürze mit Blumen gefüllt."

Auch von Passitea wird berichtet, daß ihre Eltern wünschten, daß sie heiratete; aber sie widersetzte sich dem und schnitt ihre Haare ab, was ihr neue Züchtigungen der Mutter eintrug. Nicht zu verwundern, daß diese sie auch am Besuche der hl. Messe zu hindern suchte, um ihrer Frömmigkeit, wo nur angängig, entgegenzuarbeiten. In solchen Fällen aber empfing sie, wie ihr Biograph berichtet, die hl. Kommunion auf übernatürliche Weise.

Aber nicht genug damit, daß sie von häuslicher Seite Verfolgung auf Verfolgung litt. Zu der schlechten Behandlung ihrer Mutter gesellten sich bald

---

[1] Vgl. La stigmatisation, I, S. 199 ff. Dabei belassen wir den Bericht ihres Lebens in der Hauptsache in seiner — zeitbedingten — Ursprünglichkeit.

diabolische Angriffe, die bereits in ihrer Kindheit einsetzten und sich im Laufe ihres Lebens bedeutend häuften [2]).

So war auch Passitea durch schweres Leid geprüft, bis sie von Gott höherer Gnaden gewürdigt wurde.

Doch schreiten wir sogleich zur Hauptsache: Lassen wir Pater Venturi in seinem alten Stil die Art und Weise berichten, wie Passitea zum erstenmal die Stigmata empfing, was im Jahre 1588 im Hause ihres Vaters unter außerordentlichen Begleiterscheinungen geschah [3]).

„Als Passitea seit Palmsonntagabend heftig unter den Schmerzen der Passion zu leiden begann (worum sie gebetet hatte), sollte sie in der Karfreitagnacht von ihren beiden Schwestern geweckt werden, nämlich von ihrer Schwester Maria-Franziska, die etwa 20 Jahre, und von Tilaria, die etwa 15 Jahre alt sein konnte. Da sich am Gründonnerstagabend die ganze Hausgemeinschaft von ihr zurückgezogen hatte und in dem Zimmer unter der Treppe nur Passitea mit ihren beiden Schwestern verblieben war, schlossen sie ein kleines Fenster in dem Zimmerchen und stießen, drinnen bleibend, die Tür auf, ohne ein anderes Licht hereinzulassen als jenes, das Passitea gewöhnlich vor einem kleinen Altar ihres Betstuhles brennen ließ. Aber sie schauten die ganze Nacht durch eine Spalte der Tür dieses Betraumes, um ihre Schwester zu beobachten, und sahen, daß trotz ihrer unglaublichen Qualen und ungeachtet der Verwirrungen, die das Übermaß des Übels ihrem Geist hätte verursachen können, sie in ständigem Gebete die Hände gefaltet hatte und Verzückungen und Ekstasen hatte, die sie aus der Zahl der Sterblichen hinwegzunehmen schienen. Als dann der Karfreitagmorgen, der 31. März des Jahres 1687, gekommen und die Sonne aufgegangen war, bemerkten sie, daß Passitea sich mit eigener Anstrengung erhob und sich auf die Strohmatte kniete, die ihr als Bett diente. Dann wandte sie sich zu ihrem kleinen Altar, und alsbald erschien ihr Jesus Christus, ganz mit Wunden bedeckt und von Blut überströmt, mit Dornen gekrönt und mit in Kreuzesform ausgebreiteten Händen. Er wandte sich zu Passitea und sprach die Worte aus: ‚Meine Tochter, verkoste!' Nachdem er dies gesagt hatte, gingen gleichsam schimmernde Strahlen von den Wundmalen Unseres Erlösers aus, und Passitea fühlte, daß sie zuerst an der rechten, dann an der linken Hand, an beiden Füßen und an der linken Seite durchbohrt wurde. Zu gleicher Zeit wurde ihr der Kopf gleichsam durchbohrt, und es wurden ihm eine Menge Wunden zugefügt, damit sie einen Teil der Schmerzen fühlte, die Jesus Christus bei der Dornenkrönung erlitt. Auf diese Weise empfing Passitea die verehrungswürdigen Stigmata, so wie sie es selbst ausführlich ihrem Beichtvater aus Gehorsam berichtet hat. Aber wie es unzweifelhaft ist, daß durch diese Wunden und durch die Einprägung dieser heiligen Merkmale für den Loskauf der Menschen die Schmerzen dieser armen Dulderin sich erneuerten

---

[2]) Gerade den jugendlichen Ekstatikern entstanden — wie wir wiederholt festgestellt haben — aus dem Unverständnis ihres Erziehungsbefugten Schwierigkeiten und Leiden, die für die kindliche Seele eine große Belastung darstellten.

[3]) Der ursprüngliche Bericht ist in altem Französisch verfaßt.

und heftiger wurden als vorher, so ist es kein Wunder, daß sie hierbei ohnmächtig wurde und auf den Rücken fiel, wobei sie die Arme in Kreuzesform ausstreckte; denn sie hatte die Gewohnheit, stets auf den Knien und Beinen zu sitzen und sich, wenn auch nur wenig, mit dem Körper an ein Tischchen anzulehnen, das hinter ihr an der linken Seite ihres Bettes stand.

Während diese Stigmata und Verwundungen eintraten, vernahmen Tilaria und Maria-Franziska als erstes ein Geräusch, das dieser Erscheinung vorausging und das ganze Zimmer zum Erzittern brachte; danach bemerkten sie das Licht, das sich im ganzen Raum verbreitete... Passitea war ganz von Strahlen umflossen, ... und man bemerkte eine große Menge Blut, das von ihrem Körper herabfloß. Ihre Schwester Maria-Franziska hörte, daß sie seufzte und jammerte, offenbar ein Zeichen der Schmerzen, unter denen sie litt. Aus Mitleid, sie in einem solch bedauernswerten Zustand zu sehen, rief sie ihr zu und bat sie, ihr offen zu sagen, ob sie es wirklich sei, und ihr zu sagen, was über sie gekommen sei und wer sie geschlagen habe. Aber Passitea sorgte sich nicht, irgendeine menschliche Hilfe anzuflehen, im Gegenteil, sie erwiderte kein Wort und blieb taub gegen alle ihre Bitten. Sei es nun, daß diese Taubheit absichtlich oder wirklich war, Maria-Franziska blieb darüber sehr erstaunt, und aus Furcht, es möchte ihrer Schwester Schlimmeres zustoßen, wandte sie sich zur Seite zu Tilaria, um ihr ihre Bedenken mitzuteilen; aber als sie merkte, daß diese nicht mehr da war [3]), wurde sie von so wildem Schrecken ergriffen, daß sie an der Zimmertür zog und sie öffnen wollte, um zu entfliehen; gleichwohl gelang es ihr nicht; sie mußte sehr überrascht über dieses Wunder an dem Ort verbleiben und eine Viertelstunde unbeweglich verharren; in dieser Zeit wurden die Wundmale in Passiteas Körper eingeprägt. Als dies geschehen war, öffnete sich die Tür von selbst. Schwester Maria-Franziska ging hinein und traf Tilaria, mit der sie P. Tullio [4]) auf seinem Zimmer suchte. Nachdem sie ihn gefunden hatten, beschworen ihn beide, schnell in Passiteas Gemach hinabzugehen, da sie sicherlich im Sterben liege.

Tullio war über diese Nachricht sehr bewegt, nahm ohne Zögern eine Kerze, die er anzündete und lief mit seinen Schwestern zu Passitea, die er fast tot und voller Wunden fand... Was Tullio und Maria-Franziska betrifft, so faßten dieselben Mut, sie in ihrer ganzen Haltung näher zu betrachten, und es war ihnen ein leichtes zu beobachten, daß das Blut ihr noch aus den Händen, den Füßen, dem Körper und dem Kopfe floß; sie sahen, mit einem Wort, alle ihre Wunden. Nachdem Tullio einige Zeit sich bei den Erwägungen und Gedanken, woher sie kommen könnten, aufgehalten hatte, wandte er sich zu seiner Schwester und sagte ihr, daß dies wirkliche Stigmata (d. h. Wundmale) seien. Da er aber wußte, daß Passitea, wenn dies verbreitet würde, unwillig darüber würde, bat er Maria-Franziska, keinem Menschen ein Wort darüber zu sagen. Als er sie noch genauer betrachten und alles aufspüren wollte, was es bei diesem wunderbaren Vorfall Besonderes und Bemerkenswertes gäbe, kam Passi-

---

[3]) Dieselbe war auf unerklärliche Weise aus dem Zimmer verschwunden.
[4]) Tullio, der Bruder Passiteas, war Priester.

tea zu sich, und als sie merkte, daß ihre Wundmale von ihrem Bruder und ihrer Schwester entdeckt worden waren, wurde sie von unaussprechlicher Scham ergriffen; und um zu verhindern, daß andere es auch erführen, reinigte sie sorgfältig alles Blut, das sie auf ihrem Bett und dem Boden vergossen hatte. Zu diesem Zweck nahm sie ein Wischtuch, mit dem sie alle Stellen, auf die es gefallen sein konnte, abwischte. Tullio nahm einige alte Lappen und Maria-Franziska holte Wasser, um es auf alle Stellen, die voller Blut waren, zu schütten. Nachdem alles sauber abgewischt war, blieb keine einzige Spur zurück" [5].

„Indessen lief eine (der Nonnen) auf das Gerücht, daß Passitea im Sterben liege, schnell zu ihrem Beichtvater, einem Dominikaner, der ohne Zögern kam und der zudem noch Pater Reio von Siena, den Gründer der Kongregation der hl. Nägel derselben Stadt, mitbrachte. Um die Wundmale bezeugen zu können, sahen alle beide einen Teil des Blutes aus den Wunden der Füße und Hände und aus dem noch blutenden Körper und der Kopfhaube hervorfließen, die von den Stichen, die durch die Dornen verursacht waren, von Blut etwas rot gefärbt war; da plötzlich sahen sie nichts weiter, noch konnten sie von sich aus eine genauere Nachforschung anstellen" [6].

Dieser lange Bericht des Paters Venturi ist voll und ganz aus dem Leben gegriffen; beim Lesen desselben glaubt man sichtlich der Stigmatisation Passiteas beizuwohnen. Von großem Interesse ist des Weiteren die Beschreibung der Stigmata, die uns zeigt, daß wir es bei diesen mit wirklichen und sehr tiefen Wunden zu tun haben: „Als Gott ihr diese ehrwürdigen Stigmata einprägte, konnten weder Tullio noch der Dominikanerpater alle Eigenschaften der Wundmale richtig erkennen; sie betrachteten sie daher, als sie in der höchsten Ekstase war. Die Sache gelang ihnen, wie sie sich vorgenommen hatten; sie sahen, daß die Öffnungen der Löcher sowohl an den Händen als auch an den Füßen im Innern der Hand und am oberen Teil der Füße ganz rund und breit waren wie ein Denar. Auf der anderen Seite war eine Öffnung, die nur so groß war, daß man eine Erbse hinein hätte stecken können. Außerdem war Tullio darauf aus, zu erfahren, ob die Wunden von der einen bis zur anderen Seite hindurchgingen; zu diesem Zweck steckte er ein Stäbchen hinein und fand, daß die Wunden nicht miteinander in Verbindung standen. Gleichwohl drang ein sehr kleiner Stock, der ganz genau paßte, ziemlich tief in die Wunden; dabei bemerkten sie, daß an der linken Seite der Magengegend eine Narbe war, die zwischen zwei Rippen nach Art eines Bogens oder in Form eines Dreiecks sich hinzog; sie war von solcher Länge, daß man zwei Finger hätte hineinstecken können. Am Kopf sahen sie außerdem einen Kranz von kleinen Beulen, aus denen unaufhörlich Blut floß."

Von ihrer ersten Stigmatisation an empfing Passitea in jeder Karwoche

---

[5] Abgesehen von den eigentlichen Wundmalen, die natürlich nicht entfernt werden konnten. Man vgl. die weiteren Ausführungen.

[6] Also ein ähnlicher Vorfall wie bei der Prüfung der Wundmale Gemma Galganis durch einen Arzt, der vom Bischof beauftragt war. Das Nähere bringen wir in dem Kapitel über Gemma Galgani.

aufs neue die Stigmata bis ans Ende ihres Lebens; manchmal öffneten sich auch ihre Wunden an großen Festtagen. Bei jeder Erneuerung wurden die weißen oder blauen Narben der Stigmata rot, entzündet und blutunterlaufen: schließlich schwollen sie an wie eine Blase oder wie große Kirschkerne [7]). Dann kam eine große Menge Blut aus ihnen hervor. Nach den Aussagen der Schwester Felicia, die Passitea ihr ganzes Leben lang pflegte und verband, schieden die Wunden auch eine Flüssigkeit aus, die kein Blut zu sein schien und deren Geruch „angenehmer war als alle Wohlgerüche der Welt". Zuweilen auch bildete sich bei ihren großen Leidensbetrachtungen zugleich mit den Blutflüssen aus ihren Wunden ein übermäßiger Blutschweiß an der ganzen Oberfläche des Körpers. In gleicher Weise erneuerten sich oft die Stigmata der Dornenkrone. Einmal erschien ihr der Herr und hielt in der rechten Hand eine Krone von Blumen, in der linken Hand eine Dornenkrone. „Passitea", sagte er, „welche Krone willst du?" Sie begnügte sich mit der Antwort des Evangeliums: „Wer mir nachfolgen will, nehme sein Kreuz auf sich und folge mir nach." Da setzt ihr der Herr die Dornenkrone aufs Haupt [8]).

Aber nicht nur die Tatsache einer ausgeprägten Stigmatisation treffen wir in Passiteas Leben, sondern auch die der *mystischen Vermählung;* sie ereignete sich am Freitag der Osterwoche des Jahres 1593. Eng mit diesem Geschehnis ist ein anderes verknüpft, das, so erstaunlich es klingen mag, des öfteren in der Geschichte der Stigmatisierten zu beobachten ist und für das wir gerade in Passiteas Leben die vortrefflichsten anatomischen Beweise haben: Einige Tage später nahm ihr der Herr, während sie in Verzückung war, das Herz, ohne ein anderes an seine Stelle zu setzen. „Seit diesem Augenblick", sagt der Biograph Passiteas, „glaubte sie kein Herz mehr zu haben und meinte, Jesus Christus wäre gewöhnlich an'der Stelle ihres Herzens, um alle gewöhnlichen Funktionen des Lebens auszuüben. Und was mehr bedeutet, ihre Schwestern und ihr Beichtvater hatten seitdem denselben Glauben und versicherten dies einer Unmenge Personen. Dies war die Ursache, daß der Bischof von Siena als strenger Verfechter der kirchlichen Kritik nach dem Tod der Ehrwürdigen wirklich Beweise gegen alle vorhandenen Zweifel haben wollte. Er sammelte einige Ärzte und ließ den Leichnam öffnen, und bei der Sezierung fand man nur die Wand, die das Herz umschließt, mit einem kleinen Stück Fleisch, das im Innern ganz vertrocknet war. Eine Tatsache, die mehrere Personen der Gesellschaft sowie Ärzte, die sich darüber stritten, anlockte, um sich Gewißheit darüber zu verschaffen, ob es ihr Herz wäre oder nicht. Einige behaupteten, und dies ist wahrscheinlicher, daß es wirklich ihr Herz sei, das aus Übermaß an Liebe sich derart erschöpfte, daß es soweit zusammengeschrumpft war . . . [9])

---

[7]) Man vgl. hierzu die ähnlichen Vorgänge bei Louise Lateau, der bekannten belgischen Stigmatisierten des 19. Jahrhunderts.

[8]) Diesen Vorgang der Wahl der beiden Kronen treffen wir, wie wir sahen, des öfteren in der Geschichte der Mystik.

[9]) Die Behauptung Passiteas war also keine Einbildung, sondern beruhte auf Tatsachen, die einwandfrei anatomisch feststellbar waren.

Passitea also blieb dreiundzwanzig Jahre seit dieser Vision im Glauben, kein Herz mehr zu haben, und ihre Gefährtinnen verharrten in demselben Glauben."

Verbleibt uns noch ein Wort über die Ekstasen Passiteas zu sagen. Diese waren so häufig, daß „sie mehr im Paradies denn auf Erden zu leben glaubte". Ihr Biograph berechnet, daß sie von fünfzig Jahren ihres Lebens mehr als die Hälfte in der Ekstase verbracht hat! U. a. treffen wir bei ihr auch eine sehr intensive Art der Kommunionekstase. Sie kommunizierte täglich, und nach jeder hl. Kommunion geriet sie fünf oder sechs Stunden in Verzückung; manchmal dauerte die Verzückung den ganzen Tag [10]). Leuchtende Strahlen sah man dann von ihrem Haupte ausgehen, wie ihre Schwester Maria-Franziska berichtet. Ihr Antlitz war hierbei von hinreißender Schönheit. Es genügte z. B. auch, einige Worte religiösen Inhaltes bei ihr auszusprechen, wie z. B. Paradies, Himmel, Jesus, heiliger Franziskus oder heilige Katharina, um sie sogleich in Ekstase zu versetzen.

Die Ekstase ergriff sie sogleich und erfaßte sie in allen Stellungen. Als sie z. B. eines Tages die Schwestern bei der Mahlzeit bediente, wurde sie plötzlich wie starr und geriet in Verzückung, mit dem Napf in der einen und dem Löffel in der anderen Hand. Es war unmöglich, ihr einen Gegenstand, den sie vorher ergriffen hatte, in diesem Zustand zu entwinden. Auch ist die Schwebeekstase bei ihr auf das sicherste erwiesen. Oft wurde ihr Körper mehrere Ellen hoch über der Stelle, wo sie kniete, emporgehoben. Wir besitzen hierüber beglaubigte Zeugenaussagen. Tullio berichtet, daß seine Schwester bei der Unterhaltung mit mehreren Damen der Herzogin Sforza von der Ekstase ergriffen wurde und lange Zeit mannshoch in der Luft schweben blieb. Es wurde ein Protokoll hierüber aufgenommen, das später im Seligsprechungsprozeß Passiteas vorgelegt wurde.

Passitea wurde zweimal, in den Jahren 1601 und 1609, von Maria von Medici nach Frankreich eingeladen. Die Königin hatte sie während ihres Aufenthaltes in Florenz näher kennengelernt. In gleicher Weise wie die hl. Katharina von Ricci hatte sie der Tochter des Großherzogs vorhergesagt, daß sie eines Tages Königin von Frankreich sein würde.

Nicht vergessen wollen wir, aus ihrem Leben eine andere Tatsache anzuführen, die wir noch in jüngster Zeit bei Don Bosco und Therese Neumann treffen: Pater Venturi berichtet in einem Kapitel „wie Passitea, da sie noch in Frankreich war, wirklich in Siena gesehen wurde, wo sie tatsächlich gegenwärtig war, um ihrem Kloster die von ihr verlangte Hilfe zu bringen". Es ist dies ein bemerkenswertes Zeugnis für die Tatsache der Bilokation, die wir sehr oft im Leben der Heiligen und Stigmatisierten finden. — Im übrigen ist das Leben Passiteas derart reich an außergewöhnlichen Gnadengaben und Tatsachen der Mystik, daß es zu weit gehen würde, sie alle zu berichten.

Eine einzige möchten wir noch an dieser Stelle herausgreifen: ihr wunder-

---

[10]) Auch bei Therese Neumann haben wir die Kommunionekstasen; nur sind sie von kürzerer Dauer.

bares Fasten. Bereits vor ihrer Stigmatisation hatte Passitea von ihrem Beichtvater die Erlaubnis erhalten, die Karwoche ohne Essen zu verbringen; sie
empfing in der Tat vom Palmsonntag bis zur Auferstehung keine Nahrung,
sondern nur die Kommunion, die ihr in ihrem Betzimmer durch den Herrn selbst
oder in der Kirche von ihrem geistlichen Vater gereicht wurde. Darüber hinaus
aber war ihr ganzes Leben ein beständiges Fasten; sie fastete vier Tage in der
Woche bei Brot und Wasser und hielt sieben Fastenzeiten unter denselben Bedingungen ein; sie lebte nur von einigen Kräutern; sehr selten von Fisch.
Dabei trank sie niemals Wein und aß kein Fleisch; ja sie empfand Abscheu
vor diesem und sogar vor seinem Geruche. Als man sie eines Tages verpflich-
tete, im Gehorsam Fleisch zu essen, erbrach sie es mit Blut; Dinge, die uns
sehr oft aus der Geschichte der Stigmatisierten berichtet werden.

Nach dem Tode ihres Vaters und ihrer Mutter war schließlich die Zeit gekommen, daß Passitea in Siena zur Gründung eines Kapuzinerinnenklosters
schritt, in das sie mit ihrer Schwester und einer Anzahl Gefährtinnen eintrat.
Dort starb sie am 12. Mai 1615 im Alter von fünfzig Jahren. Sie hatte den Tag
ihres Hinscheidens vorausgesagt. Die zahlreichen Wunder, die sie zeit ihres
Lebens wirkte, setzten sich nach ihrem Tode fort. Gott aber bestätigte noch in
anderer Weise ihre Heiligkeit: bei der Eröffnung ihres Grabes im Jahre 1657
fand man ihren Leichnam unverwest. So ist das Leben Passiteas in der Tat
ein solches, das uns als überirdisch und „unvergleichlich" anmutet. Die Stigmatisierte ist denn auch weithin in aller Welt — in Frankreich, Italien
und am Hofe Maximilians I. von Bayern — als Heilige verehrt worden. Ein-
drucksvoll ist die Art ihrer stigmatischen Wunden, die von seltener Tiefe und
Ausgeprägtheit waren. Für die Echtheit und Göttlichkeit derselben aber spricht,
daß Passitea zu den höchsten Höhen der Beschauung, zur umwandelnden Vereinigung mit Gott gelangt ist. Und von dieser hohen Stufe der Gottesliebe
und Heiligkeit aus ergießt sich ein helles Licht auf alle Einzelheiten ihres
hochbegnadeten Lebens! Um so mehr bedauern wir, daß ihr Seligsprechungsprozeß nie zum Abschluß gelangt ist.

Ursula Benincasa

Ein vorzüglich bezeugter Fall mystischer Begnadung

Eine der bekanntesten Zeitgenossinnen der hl. Theresia ist schließlich URSULA BENINCASA, die in der Geschichte vor allem als Ordensstifterin fortlebt. Sie ist die Begründerin der Theatinerinnen zu Neapel. Noch mehr aber ist sie berühmt als große Ekstatikerin und Trägerin der Stigmata und durch die außerordentlich strengen und rigorosen Prüfungen, denen sie unterworfen wurde. Gerade in diesem Fall haben wir ein hervorragendes Beispiel, daß die Kirche alles andere denn leichtgläubig den Erscheinungen der Mystik gegenübersteht. Und das macht ihr Leben gerade für uns so besonders beachtenswert.

Am 20. Oktober 1547 zu Neapel geboren und schon früh auffallender Gnadengaben gewürdigt — ihre Ekstasen begannen bereits in ihrem 10. Lebensjahre —, war sie bald Gegenstand eines ungeheuren Zudranges des Volkes. Hatte man sie anfangs gezwungen, Heilmittel zu nehmen, um ihre angebliche Krankheit zu bekämpfen, so sah man bald, daß dies zwecklos war. Nicht nur, daß ihre Ekstasen häufiger wurden, nein, sie wurde sogar in ekstatischer Weise in die Luft gehoben, was ihr eines Tages in einer überfüllten Kirche zustieß. Und so erklärt es sich, daß ihr Haus von Ungezählten aufgesucht wurde, sei es, um sie bei der hl. Kommunion in Verzückung zu sehen, sei es, um übernatürlichen Trost bei ihr zu suchen. Hoch und niedrig fand sich bei der Begnadeten ein. Und sogleich begannen auch die ersten jener so nachhaltigen und intensiven Prüfungen ihrer Ekstasen und mystischen Zustände, die — zumal in ihren späteren Etappen — zu den denkwürdigsten Untersuchungen gehören, denen Heilige und Stigmatisierte unterworfen worden sind.

Zunächst versuchte man, sich über die Natur ihrer Ekstasen Gewißheit zu verschaffen. Während des Zustandes der Entrückung wurde sie mit Nadeln gestochen, man brannte ihr das Gesicht mit Fackeln und schüttelte sie heftig, aber sie blieb unbeweglich und ohne Gefühl, wie wenn sie aus Marmor gewesen wäre. Dennoch empfand sie nach Rückkehr in den natürlichen Zustand Schmerzen an den Stellen, an denen man ihr die Mißhandlungen zugefügt hatte. Bald wurde deshalb verboten, sie während ihrer Ekstasen zu berühren. Zudem war die Familie Benincasa kaum mehr Herr im eigenen Hause, bis Ursula sich schließlich der Öffentlichkeit entzog und als Einsiedlerin auf den Berg Sant Elmo bei Neapel flüchtete.

Hier nun konnte sie sich mit ganzer Hingabe den Übungen der Frömmigkeit widmen und eine erste Stätte des Gebetes, eine Kapelle, errichten, die im Jahre 1581 zu einer Kirche erweitert wurde. Neben derselben aber erbaute Ursula später jenes bekannte Kloster, das zur Wiege der beiden Orden der Theatinerinnen werden sollte, die sich besonders die Verehrung der Unbefleckten Empfängnis Mariä zur Aufgabe gesetzt haben. Noch berühmter aber wurde dieses Heiligtum durch die Erscheinung und die großen Offenbarungen der Gottesmutter am 2. Februar 1616, bei denen der Stifterin das Skapulier der Unbefleckten Empfängnis anvertraut wurde, das Papst Clemens X. im Jahre 1671 durch ein Breve anerkannte.

Zu ganzer Größe jedoch wächst das Leben Ursulas erst empor durch die großen Erleuchtungen über die Reform der Kirche, die die Begnadete an dieser geheiligten Stätte von Gott erhielt. Erst nach hartem Widerstreben ging die „Gesandtin Gottes" im Jahre 1582 nach Rom, um dem hl. Vater ein großzügiges Reformprogramm zu unterbreiten. Und diese Sendung ist auf das engste verknüpft mit ihren übernatürlichen Gaben, durch die sie gleichsam ihre hohe Mission vor dem Stellvertreter Christi rechtfertigen und beglaubigen mußte. Papst Gregor XIII. aber beauftragte mit ihrer Prüfung eine Kommission unter dem Vorsitze des Kardinals Santori, und diese Untersuchung ist es, die durch den hl. Philippus Neri sieben Monate lang mit ganzer Strenge durchgeführt wurde und die „hinsichtlich der Exaktheit das Muster einer kirchlichen Untersuchung Lebender" darstellt (L. Fischer). Sie soll uns im folgenden eingehend beschäftigen, da sie das grandiose Vorspiel ihrer Stigmatisation darstellt [1]).

Ursula hatte den göttlichen Auftrag erhalten, sich zum Oberhaupt der Christenheit zu begeben, um mit ihm über die Erneuerung der Kirche und über die besonderen Mittel zur Bekämpfung der drohenden Übel zu beraten. Schon bei der Abreise in die Ewige Stadt verkündete sie, daß sie ein Martyrium erdulden werde. Am 3. Mai des Jahres 1582 kam sie in Begleitung ihrer Schwester Christine, zweier Neffen und einiger geistlicher Töchter dortselbst an. Vor Gregor XIII. vorgelassen, fragte sie dieser, welche Beweise sie für die Echtheit ihrer Mission geben könne. Ursula antwortete, daß Gott ihr das Zeichen der Verzückungen, deren sie sich erfreue, gegeben habe, das man ihr niemals wegzunehmen vermöge. Hierauf ernannte der Papst zu ihrer Prüfung die schon bezeichnete Kommission aus Kardinälen, Prälaten und Ordensleuten, unter denen sich insbesondere der HL. PHILIPPUS NERI befand, der die übernatürliche Gabe der Unterscheidung der Geister besaß.

Berühmt ist der Verlauf der Prüfungen, denen man Ursula unterwarf. Sie waren hart aber wirksam und führten schließlich zu dem gewünschten Ziele. Fassen wir dieselben in aller Kürze zusammen: Man ließ Ursula kommen, und bereits in der ersten Sitzung ergriff der hl. Philippus das Wort und behandelte sie, um ihre Demut auf das nachdrücklichste zu prüfen, als Geistesgestörte, als Hochmütige und als Heuchlerin. Bedürfe Gott einer so niedrigen Person, um ihr eine Mission beim Papste anzuvertrauen? Sie sei, von einem Dämon getrieben, nach Rom gekommen, um sich als Heilige aufzuspielen: „Hüte dich", sagte der Heilige zu ihr, „dein Betragen wird entlarvt und du wirst streng bestraft werden!" Da warf sich Ursula dem hl. Philippus Neri zu Füßen und sagte ihm, daß sie alle Züchtigungen verdiene; sie bat ihn, ihr zu helfen, wenn

---

[1]) Wir lehnen uns dabei im wesentlichen an die Darstellung Imbert-Gourbeyres an (vgl. La stigmatisation I, S. 214 f.).

der böse Geist sie zum Handeln treibe: sie wolle eine gute Christin sein; sie fühle sich glücklich, in Rom zu sein, damit man sie von jedem bösen Geist befreie. Dann geriet sie unverzüglich in Verzückung. Die Mitglieder der Kommission erhoben sich unwillkürlich von ihren Sitzen, um zu sehen, ob die Ekstase echt sei. Es wurde versucht, sie zur Erde zu werfen, man wiederholte die früheren Experimente und durchbohrte ihr Fleisch mit Nadeln; man mühte sich, ihre steifen Arme in eine andere Richtung zu drehen. Man zog sie an den Haaren; man brachte brennende Kerzen an ihre Augen, um zu sehen, ob sie auf Licht reagieren und ob sich die Pupillen schließen würden. Ursula gab nicht das geringste Zeichen von sich. Als sie wieder zu sich kam, machte man ihr aufs neue die demütigendsten Vorhaltungen, ja schließlich warf man ihr vor, um diese Prüfungen auf die Spitze zu treiben, daß sie gar nicht die Heilige sei, von der man so viel gesprochen und daß man sichere Beweise für ihre Heuchelei habe. Ihre Ekstasen seien nur eine Wirkung von Krankheit oder Zauberei und man erwäge bereits, sie für ihre Übeltaten zu bestrafen. Ursula kehrte ruhigen Herzens nach Hause zurück und dankte Gott.

Zwei Tage später wurde sie zum Kardinal von San Severino geführt und empfing in seiner Kapelle die hl. Kommunion. Danach geriet sie in eine Verzückung, die mehrere Stunden anhielt. Nach beendeter Verzückung sprach der Kardinal in großer Zeremonie unter zahlreicher Assistenz den Exorzismus über sie aus, und als er ihr sagte: „Ich befehle Dir im Namen des Vaters, des Sohnes und des heiligen Geistes, mir zu sagen, wer Du bist!" Da erhob sich Ursula ganz gerade mit entflammtem und schrecklichem Gesicht und antwortete majestätisch: „Ich bin, der ich bin, ego sum qui sum!" (Ex. 3, 14.) Die ganze Versammlung war erschüttert. Nachdem sich die Aufregung gelegt hatte, wurde mit dem Exorzismus fortgefahren; auch die Prüfungen wurden fortgesetzt, und zwar ganz in der Art der vorhergehenden Tage. Man sagte ihr, sie verdiene die Todesstrafe, daß sie eine solche Antwort gegeben habe. Schließlich kam der hl. Philippus Neri mit mehreren Oratorianern; er brachte ein Kruzifix mit, das er sehr verehrte. Er hielt es ihr mehrere Male unversehens vor die Augen. Ursula betrachtete es liebevoll, bedeckte es mit Küssen, und als er sie fragte, was dies sei, geriet sie in Verzückung und sagte: „Es ist Jesus!" Die gleichen frommen Aufwallungen traten ein, wenn er geweihte Gegenstände oder Reliquien bei ihr anwandte; sie umfaßte sie mit Inbrunst und lobte die Heiligen und ihre Tugenden. Die Sitzung zog sich sehr lange hin; die Teilnehmer gingen nach Hause, erstaunt über das, was sie gesehen hatte.

In einer anderen Sitzung zeigte man ihr die Evangelien, schlug sie aufs Geratewohl auf und zeigte ihr den erstbesten Vers. Da man wußte, daß sie keinen Unterricht erhalten hatte, befahl man ihr, den Vers zu lesen und seinen Sinn zu erklären. Es war die berühmte Stelle des hl. Paulus: Scio et humiliari, scio et abundare ... Ursula antwortete, sie sei nur eine Unwissende, aber sie wolle gehorchen. Alsbald erklärte sie den Vers aus dem Brief an die Philipper (4, 12) mit solcher Beredsamkeit, daß sie alle ihre Zuhörer in Erstaunen setzte.

Um ihre Mission weiterhin zu prüfen, erklärte man ihr kurze Zeit darauf,

Philippus Neri
Beauftragt mit der Überprüfung der Ursula Benincasa

Nach einem Gemälde von Guido Reni

daß sie in einer völligen Täuschung befangen sei; daß sie aber dennoch nach Neapel in Anbetracht des Auftretens der Malaria zurückkehren könne, daß man sie aber, falls nötig, wieder kommen lassen und daß man inzwischen veranlassen werde, den Papst, der sehr gegen sie aufgebracht sei, zu beruhigen. Ursula weigerte sich, abzureisen und sagte, daß, wenn sie hinsichtlich ihrer Mission in einer Täuschung befangen sei, sie ihre Richter anflehe, sie von ihr zu befreien. Darauf ließ der Kardinal von San Severino, um Ursula auf eine scharfe Probe zu stellen, einen neapolitanischen Beichtvater Ursulas kommen; er unterrichtete ihn, daß der Papst von der heuchlerischen Art ihrer Bußübungen überzeugt und entschlossen sei, sie und die Ihrigen auf einem öffentlichen Platz hinrichten zu lassen und daß sie am nächsten Tag ins Gefängnis geworfen werden sollte. Er mache ihm liebevoll diese vertrauliche Mitteilung, um Ursula Zeit zu geben, noch in derselben Nacht aus Rom zu entfliehen. Der erschrockene Beichtvater stürzte zu ihr und flehte sie an, unverzüglich abzureisen. „Sagt dem Kardinal", antwortete sie, „daß ich nur auf einen von seiner Hand geschriebenen Befehl hin Rom verlassen werde; ich fürchte keine Strafen, wenn ich ein Verbrechen begangen habe. Ich bin bereit, all mein Blut zu vergießen, damit man mich von dem Irrtum und der Täuschung befreie, in die ich geraten sein kann, deshalb bleibe ich hier."

Zwei Tage später ließ der Kardinal alle Personen, die Ursula begleitet hatten, nach Neapel zurückschicken, mit Ausnahme ihrer Schwester Christine und ihres Neffen Antonius; dann trennte er Ursula von ihnen und ließ sie des Nachts als Gefangene zu einem Pfarrer bringen, der bei seinen beiden Schwestern, einer Witwe und einer Ordensfrau, wohnte. Der Pfarrer verehrte bald Ursula und ließ Luc Antonius zu ihr. Da verbrachte sie der hl. Philippus Neri, um sie noch strenger zu prüfen, in ein von ihm geleitetes Ordenshaus mit dem Befehl, sie genau zu überwachen, sie niemals allein zu lassen, sich über ihre Ekstasen lustig zu machen, sie mit Nachdruck zu beleidigen, ja scheinbar zu drohen, was denn auch mit aller Sorgfalt ausgeführt wurde. Aber der ekstatische Zustand dauerte auf die schönste Weise an. Zu gleicher Zeit ordnete Gregor XIII. Gebete in allen Kirchen und Klöstern Roms an, um vom Himmel zu erfahren, von welchem Geiste Ursula erfüllt sei.

Bald darauf erschien ihr Neffe Antonius bei dem hl. Philippus Neri, um neue Nachrichten über seine Tante zu erhalten. Der Heilige antwortete ihm, daß ihre ganze Heuchelei entdeckt sei, daß ihre Verwandten gleicherweise bestraft würden, daß es um ihr Leben gehe und daß sie die Wahrheit eingestehen müßten, dann würden sie die Verzeihung des Papstes erlangen. Antonio begnügte sich damit, die Unschuld seiner Verwandten und Ursulas zu beteuern. Einige Tage später schickte der hl. Philippus Neri unter der Hand einen ehrwürdigen Greis zu der Schwester und dem Neffen mit einer Börse voll Geld. Es war ein Almosen, das ihnen der Überbringer wegen der Armut und großen Verehrung für Ursula anbot. „Gott behüte uns", sagten die Verwandten, „auch nur das geringste Almosen anzunehmen. Ursula hat es uns ausdrücklich untersagt."

Unterdessen setzte der hl. Philippus Neri den Exorzismus fort. Er betete viel und ließ beten und gab sich fortan Bußübungen hin, um den wirklichen Ursprung der Verzückungen entdecken zu können. Da er wußte, daß die Blicke des Priesters dem Dämon schrecklich sind, schaute er eines Tages Ursula fest in die Augen, die daraufhin den Namen Jesus mit solcher Kraft aussprach, daß der Heilige fast erschüttert wurde. Als er ein anderes Mal das hl. Sakrament berührt hatte, hielt er seine Finger unter ihre Nasenlöcher, und unverzüglich geriet sie in Verzückung. Sie mußte von neuem ihre Wohnung wechseln, und man brachte sie bei Ordensfrauen unter, die den Befehl hatten, sie stark zu bedrängen. Dort wurde sie ihrer Kleider beraubt, um zu untersuchen, ob sie nicht an ihrem Körper irgendein diabolisches Zeichen trage. Dann wurde sie einer ärztlichen Kommission vorgeführt, die unter dem Vorsitz des päpstlichen Leibarztes stand. Starke Getränke wurden ihr verabreicht, ohne jedoch die Verzückungen zum Verschwinden zu bringen.

Schließlich wurden Ursula die hl. Messe, die Kommunion, das laute Beten, alle geistlichen Lesungen, das Kreuzzeichen und auch das betrachtende Gebet verboten. Diese Prüfung war die härteste, die ihr zustoßen konnte. Zu gleicher Zeit wies man sie in die Küche, wo sie mit den niedrigsten Arbeiten beschäftigt wurde. Ursula unterwarf sich allem; gleichwohl war sie unaufhörlich von Verzückungen ergriffen, wobei sie zuweilen noch einen Besen in der Hand hatte und mit seraphisch-entflammtem Antlitz über der Erde schwebte. Ihre Prüfung dauerte insgesamt fast drei Monate, als sie eines Tages wie sterbend zur Erde fiel. Es entstand eine große Aufregung; der hl. Philippus eilte herbei; er ist bestürzt und vergießt Tränen. Die Ärzte und Christine werden geholt. Beim Anblick ihrer Schwester jammert Christine und stößt laute Schreie aus und fragt, seit wann sie nicht mehr kommuniziert habe, und als man ihr gesteht, es seien bereits drei Monate her, da bittet sie dringend, ihr unverzüglich die hl. Kommunion zu reichen, da dieselbe das einzige Mittel für ihre Heilung sei. Der hl. Philippus zweifelte an dem Erfolg, die Ärzte erklärten, daß Ursula im Sterben liege. Indessen kommt der Pfarrgeistliche und reicht Ursula die hl. Kommunion; alsbald kehrt sie vom Tod zum Leben zurück und gerät zur Bestürzung aller in Verzückung.

Noch eine letzte Probe wurde vorgenommen, um den Geist Ursulas zu prüfen. Bei der Messe, im Augenblick der Kommunion, reichte ihr der Priester eine Hostie, die nicht konsekriert war. Anstatt ihre gewohnte Ehrfurcht zu zeigen, wich Ursula zurück, und da der Zelebrant sie fragte, ob sie kommunizieren wolle, antwortete sie: „Was gebt ihr mir, ehrwürdiger Vater, im Namen meines Herrn Jesus? Wollt ihr, daß ich eine nichtkonsekrierte Hostie für Gott halte?" Dieselbe Erfahrung war drei Jahrhunderte vorher mit demselben Erfolg gemacht worden, und zwar bei der ehrwürdigen Maria Oignies, bei der hl. Franziska Romana und bei der hl. Lidwina. Gott hatte zugelassen, daß der hl. Philippus Neri bis zum Schluß an dem wirklichen Ursprung von Ursulas Verzückungen zweifelte. Diese letzte Probe öffnete ihm schließlich die Augen; er wurde in derselben Zeit übernatürlich durch eine Erscheinung Unseres Herrn erleuchtet, der ihm die Heiligkeit seiner treuen Dienerin bestätigte.

Die Prüfung der Verzückungen hatte sieben Monate gedauert; wir taten gut daran, sie ausführlich zu berichten, um zu zeigen, daß die Kirche die übernatürlichen Tatsachen nicht leichtfertig zugibt und daß die göttliche Ekstase menschlichen Mitteln zu widerstehen weiß. Es ist bemerkenswert, daß der hl. Philippus Neri seine Zuflucht zur Anwendung von Reliquien nahm, als Ursula in Ekstase war, und ebenso zur Probe mit einer nichtkonsekrierten Hostie: zweier Mittel, die von unbestreitbarem Wert bei der Unterscheidung der Ekstasen sind, die von Gott kommen.

Während ihres ganzen Lebens war Ursula ein Opfer der Sühne, da sie Genugtuung leistete für die Sünden der Welt. Sie trieb ihre Nächstenliebe bis zum Ertragen des Fegfeuers, um die Seelen der Verstorbenen, die sie liebte, zu befreien. Sie hatte den Herrn um die Qualen der Martyrer gebeten, und an jedem Fest dieser Blutzeugen Christi erduldete sie von der ersten Vesper an Schmerzen, die in Verbindung standen mit der Art von Strafen, die sie ausgehalten hatten, wie z. B. das Feuer des hl. Laurentius, das Schinden des hl. Bartholomäus, die Steinigung des hl. Stephanus und die Vierteilung der hl. Katharina. Die Stigmata wurden ihr erst im Alter von 69 Jahren gewährt, zwei Jahre vor ihrem Tode. Von diesem Augenblick an war es ihr unmöglich — wegen der hierbei auftretenden Schmerzen —, sich ihrer Hände zu bedienen oder nur ihren Kopf des Nachts auf ihr Kissen aufzulegen.

Der Herr hatte ihr ein Herz gegeben, das demjenigen ähnlich war, das er einst der hl. Katharina von Siena verliehen hatte. Sie wurde so von heiliger Liebe entzündet, daß sich manchmal ihr Herz erweiterte und ihr heftige Bewegungen verursachte. Es schlug oft so außerordentlich stark, als könne es nicht mehr in der Brust eingeschlossen bleiben, und verursachte ihr starke Schmerzen. Als sie anfing, Verzückungen zu bekommen, hörte das Schlagen des Herzens teilweise auf; aber die Glut in ihrer Brust, die sie auszubrennen schien und die ihr das Herz verzehrte, stieg derart an, daß sie sogar im Winter mit großen Mengen von Eiswasser übergossen werden mußte, um ihr einige Erleichterung zu verschaffen. Als ihr Leib nach ihrem Tode geöffnet wurde, fanden die Ärzte ihr Herz fast ganz verbrannt und verzehrt.

Ursula starb am 20. Oktober 1618. Mit ihr ging eine Stigmatisierte und Heilige dahin, die wahrhaft vom Geiste Gottes erfüllt war. War ihr Leben einerseits eine Kette namenloser Prüfungen, ja ein wahres Martyrium im geistigen Sinne, so war es andererseits ein solches herrlichster Beweise der Übernatürlichkeit ekstatisch-mystischer Begnadung, wie es in seiner Art kaum wieder in der Geschichte der Kirche berichtet wird. Und das weist ihr eine einzigartige Stelle in der Geschichte der Stigmatisierten an.

Ihr Heiligsprechungsprozeß wurde denn auch rechtzeitig eingeleitet. Leider aber ist er bis auf den heutigen Tag nicht wesentlich vorangeschritten.

Margareta vom Hl. Sakrament

Die Stigmatisierte der „Mystischen Stationen"

Ruhte im hohen Mittelalter der Schwerpunkt der Mystik in Deutschland, so hat er sich nach dem Umbruch der Reformation nach Spanien verlagert. Theresia die Große und Johannes vom Kreuz sind die großen Gipfelpunkte der beginnenden mystischen Erneuerung im Zeitalter der kirchlichen Restauration und Gegenreformation. Im 17. Jahrhundert aber tritt eine gewaltige Ausdehnung der mystischen Bewegung hinzu: neben Italien wird Frankreich von den großen Gnadenströmen erfaßt, die aus der Vertiefung in die Mysterien des Gebetes und der Gnade aufbrechen! Es war ein Reichtum und ein frühlinghaftes Erwachen des religiösen Geistes, wie wir es uns heute nur schwer vorzustellen vermögen. Kein Geringerer als *Henri Bremond* hat uns diese Bewegung als den großen Zug einer *„Mystischen Eroberung"*, der „Conquête mystique", geschildert, die damals unser westliches Nachbarland überflutete. Die Geschichte der neuen Orden und Heiligen erfüllte den geistigen Raum der französischen Lande. Es war ein erstaunliches Wachsen und Werden des Gottesreiches, das mit überraschender Schnelligkeit um sich griff und die verschiedensten Schichten des Volkes erfaßte! Bis in die letzten Bezirke des völkischen Lebens schien jener neue Geist zu dringen, der arm und reich, bescheidene Menschen aus dem Volke, aber auch die hochgestelltesten mit sich fortriß. In der meisterhaften Kürze weniger Sätze hat Bremond diesem machtvollen Erwachen der Mystik in Frankreich Ausdruck gegeben: „Mehr als hundert Personen füllen den Schauplatz, fromme Seelen und Krämer aus dem Dorf, Einsiedler, kleine Rentner und reiche Leute, Soldaten, junge Damen der vornehmen Bürgerschaft und des Adels, Bischöfe und Kardinäle, alle gefangen in demselben Netz der Gnade, alle mitsammen an der Arbeit, am Entwerfen und Vollenden von Unternehmungen, die die Mystiker der Ile de France bald aufnehmen werden. Wie soll man einen Eindruck dieses überschäumenden Lebens zu vermitteln vermögen? Und vor allem, wie soll man unter so vielen Phänomenen eine Auswahl treffen? — Sie alle rufen und locken. Aber sie sind zu zahlreich, ich kann sie nicht alle auf unser Ufer herüberholen. Hinter den wenigen Gestalten, die ich festhalten kann, muß man sich die namenlose Menge der anderen denken, ihre Meister, ihre Schüler, ihre Freunde, eine *Wolke von Heiligen"* [1])! Namen wie Franz von

---

[1]) Vgl. Bremond in seiner „Histoire littéraire du sentiment religieux en France", II. Bd., 10. Wir sind der Übersetzung von Engelbert Krebs gefolgt („Der katholische Gedanke" 1930, 3), wo dieser eine treffliche Einführung in das Lebenswerk Bremonds bietet.

Sales, Bérulle, Bossuet, Surin, Lallemant, bis hin zu den Meistern des Gebetes, zu Chardon und Piny, klingen auf. *Margareta vom Hl. Sakrament* aber, zu der wir uns als der ersten stigmatisch Begnadeten jener Zeit wenden, ist unter diesen Erneuerern echter Frömmigkeit eine der begnadetsten gewesen. Auch Bremond behandelt sie in seinem Meisterwerk über die Mystik.

Wir eröffnen damit unseren Zweiten Band mit einer Begnadeten, die in so anderer Art als ihre Vorgängerinnen zu hohem Rufe gelangt ist, und zwar durch das Miterleben der sog. „Mystischen Stationen", die sie in einer sakralen Erhabenheit durchlitt, daß es noch heute jeden, der von diesen Geschehnissen hört, in tiefster Seele erschüttern und packen muß. Gerade in der Eigenart dieses aktiven Darstellens der Szenen des Kreuzweges und der Kreuztragung des Herrn, die sie *nicht auf dem Leidenslager*, sondern in *freier Ekstase*, in symbolisch-erhabener *Handlung* erlebte, reiht sie sich in einzigartiger Weise in die Zahl jener Stigmatisierten, die von Gott ausersehen wurden, eindringlicher als die übrigen Dulderinnen die Passion Jesu Christi zum Ausdruck zu bringen [2]). Nicht weniger bekannt aber ist MARGARETA VON BEAUNE — wie unsere Begnadete auch heißt — durch ihre außerordentliche Andacht zur hl. Kindheit unseres Herrn, die sie faktisch zu einer Vorläuferin ihrer bekannten Landsmännin, der kleinen Heiligen von Lisieux, werden ließ. Nicht zuletzt aber ist sie die hinreißende *Mystikerin*, deren kurzes Leben von einer Glut der Hingabe und einer Höhe der inneren Vergeistigung erfüllt ist, wie wir sie selten in der Geschichte der Kirche treffen. Auch sie wurde, ähnlich wie Theresia vom Kinde Jesu, kaum drei Jahrzehnte alt. Sie ist durchdrungen von den Kräften einer so hohen Geisteserhebung, daß sie Bremond mit vollem Recht als eine der edelsten Blüten mystischer Frömmigkeit in seine „Geschichte der Frömmigkeit in Frankreich" einreiht.

Folgen wir kurz den Daten ihres Lebens, um uns darauf sogleich jener ganz eigenen Art ihres Mitleidens der hl. Passion zuzuwenden. Am 7. Februar 1619 zu Beaune in der französischen Bourgogne als Kind der Familie Parigot geboren, zeigte Margareta vom frühesten Alter an große Anlagen zur Frömmigkeit. Sie gab sich nicht nur eifrig dem Gebete und großen Abtötungen hin, sondern wirkte bereits in ihrer Kindheit in apostolischer Weise. Sie pflegte in heroischem Geiste die Armen und Kranken, deren Wunden sie reinigte und küßte. Schon damals zeigte sich ihre innige Andacht zur Kindheit Jesu, wie sie auch in ihren Kindesjahren, ähnlich wie Katharina Emmerich, den Jesusknaben in visionärer Schau sehen durfte. Nicht minder früh setzten die diabolischen

---

[2]) In ähnlicher, aber meist bei weitem nicht so dramatischer Art, wird aus dem Leben einiger weniger Stigmatisierten ein Mitgehen dieser „mystischen Station" berichtet. Wir erinnern u. a. an die hl. Margaretha von Cortona, an die hl. Johanna von Orvieto, an Veronika von Binesco, an die hl. Katharina von Ricci, an Magdalena von Pazzi, an Helene Ostermayr, an Sankt Maria Franziska von den fünf Wunden, an Louise Lateau und Maria-Julie Jahenny. Imbert-Gourbeyre gibt uns hierüber in La Stigmatisation et l'extase divine, Bd. II. 31. eine Zusammenstellung.

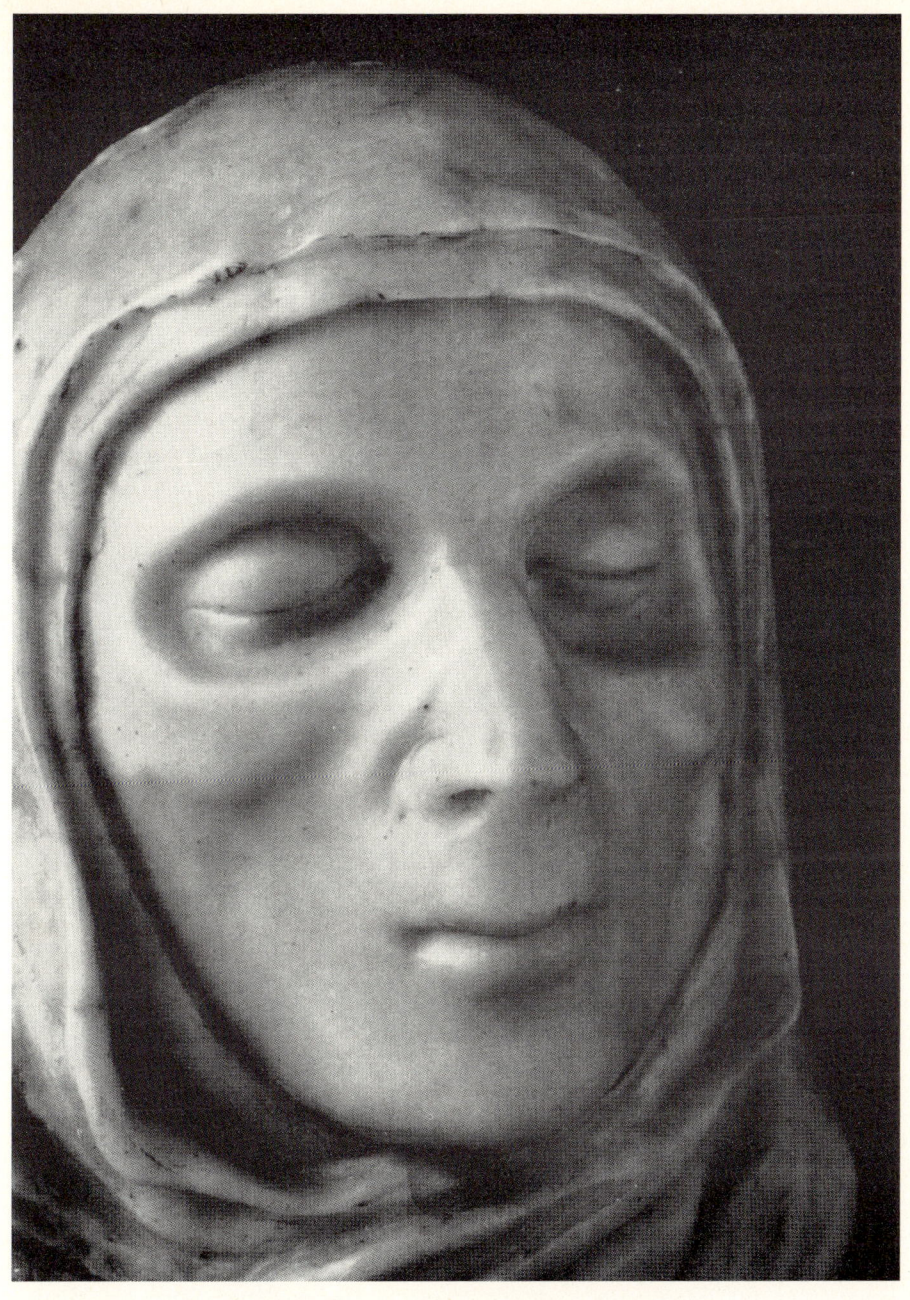

Margareta con Cortona (1247–1297)
Porträt aus Wachs, gebildet nach der in Neapel einbalsamierten Heiligen.
Texthinweis Seite 200

Angriffe bei ihr ein. Als sie dann in einem Alter von 12 Jahren ihre Mutter verlor, trat sie bereits in diesem außergewöhnlichen Alter in das Karmelitenkloster zu Beaune ein, wo sie ein in dieser Art beispielloses Leben der Gnade erwartete [3]).

Bereits acht Monate nach ihrem Eintritt zeigten sich neue außerordentliche dämonische Angriffe, die sich vor allem in schweren körperlichen Leiden und einer Art von Schlafkrankheit äußerten. Die Ärzte wandten alle erdenklichen Mittel dagegen auf, doch vergeblich. Schließlich mußte man nach namenlosen Torturen, denen man sie zu ihrer Heilung unterwarf, die Übernatürlichkeit ihrer Leiden erkennen. Als äußerstes Mittel hatte man u. a. die Audulende Trepanation (d. i. die Auftrennung des Schädels) bei ihr vorgenommen, die sie trotz ihrer zwölf Jahre heldenmütig und ohne Klage erduldete, bis sie schließlich auf wunderbare Weise nach Auflegung einer Reliquie des Kardinals Bérulle und durch die Kraft ihres außerordentlichen Gehorsams geheilt wurde. Zwei Ärzte, Dr. de Salius und Dr. Brunet, haben die Übernatürlichkeit dieser Heilung schriftlich bezeugt.

Schon bald wurde Margareta zu einer hohen Stufe der Beschauung erhoben und in außerordentlicher Weise von der Gegenwart Gottes erfüllt, so daß sie der Außenwelt mehr und mehr abstarb. Darüber hinaus aber war die mystische Aufnahme und Umwandlung im Herzen Jesu, das ihr der Herr als Glutenbrand einer unermeßlichen Liebe zeigte, der Ausgangspunkt zu einer immer tiefer werdenden inneren Gnade. Dazu schöpfte sie in außergewöhnlicher Weise Kraft aus dem Sakrament des Altares. Während ihrer mannigfaltigen Leiden war dieses immer wieder ihre starke Zuflucht. Wie oft aber suchten dämonische Einflüsse gerade ihrer eucharistischen Frömmigkeit entgegenzuwirken.

Gott hatte Margareta zu seinem Sühneopfer erwählt. Daher hatte sie für lange Jahre schwere Leiden zu bestehen, die ihr auferlegt wurden, um der göttlichen Gerechtigkeit Genugtuung zu leisten. Sie waren die Vorbereitung für ihr späteres Miterdulden der Passion. Der Herr forderte sie in einer Schauung zu dieser Mission auf. Und so litt sie für die zahlreichen Sünden, die gegen das Streben zur Vollkommenheit besonders von gottgeweihten Personen begangen wurden. Diese Leiden, die sie vor allem für die katholischen Orden erduldete, wechselten ganz nach der Art der Sünden, also in ganz ähnlicher Weise wie bei Therese Neumann. Interessant ist ein Vorfall, den Poesl berichtet, als Margareta der hl. Messe eines unwürdigen Priesters beiwohnen sollte [4]). Es war unmöglich, sie zu dieser Messe auf den Chor zu tragen. Sechs der Stärksten im

---

[3]) Wir folgen im wesentlichen Amelotte-Poesl, „Leben der gottseligen Schwester Margareta vom Hl. Sakrament", Paris 1654, deutsch, Regensburg 1881. An neueren Werken ist am bedeutendsten Deberre, „Histoire de la vénérable Marguérite du Saint-Sacrament, carmélite de Beaune", Paris 1907. Man vgl. ferner Bremonds Kapitel über Margareta in seiner „Histoire Littéraire du sentiment religieux en France", Bd. V, S. 532—569. Dortselbst auch eine Kritik der verschiedenen Quellen.

[4]) Poesl, S. 92 f.

Kloster wendeten alle ihre Kräfte an, um ihr diesen Dienst zu erweisen, aber es war unmöglich, sie auch nur etwas vom Platze zu bewegen. Indessen litt sie die heftigsten Schmerzen in ihrer Seele, wovon sie aber nichts merken ließ, da sie sich ganz dem Willen der Schwestern überlassen wollte. Endlich befahl die Novizenmeisterin, die als eine Frau von hoher Tugend bekannt war, von ihr abzulassen, weil sie an diesem Ereignis den Finger Gottes erkannte; dann fragte sie die Kleine, was denn in ihr vorgehe: „Die Macht Gottes ist es", sagte sie, „die mich zurückhält, alle menschlichen Kräfte würden nicht vermögen, mich zum Weichen zu bringen, Gott will nicht, daß ich mich jetzt dem Chore nähere, die heiligste Jungfrau gestattet es nicht." Hierauf fügte sie in großer Geistes-erhebung bei: „Diese (Priester-)Seele sollte ein reines und englisches Leben führen; sie war berufen, der heiligsten Jungfrau zu dienen, und sie hat sie unter ihren Schutz genommen; aber sie hat sich davon auf elende Weise getrennt, um der Sünde nachzulaufen, was ihn so schrecklich macht, daß, hielte mich nicht die Macht Gottes, ich bei seinem Anblicke sterben würde." Als sie diese Worte sagte, fiel sie zur Erde, und alles, was ihr die Umstehenden tun konnten, war, daß sie ihren Kopf ein wenig stützten. Durch eine göttliche Einwirkung erlitt sie dann die grausamsten Qualen. In einem Augenblick sah man sie ganz in Schweiß gebadet, völlig zermalmt und sterbend, so daß diejenige, die sie hielt, glaubte, sie hauche schon den Geist aus. Im Augenblick der Wandlung hörte sie, wie alle ihre Gebeine verrenkt wurden, und ihre Haare sträubten sich gleich spitzen Dornen. Nach der Wandlung sagte sie zu der Novizenmeisterin: „Ach, meine Mutter, wie sehr sind wir verpflichtet, für die Priester zu beten! Ach! was ist das für eine schreckliche Sache, daß es in der heiligen Kirche solche Opferpriester gibt!"

Ein anderes Mal mußte sie leiden für die Verachtung der Armen durch die Reichen, eine Tatsache, die uns heute fast wie eine Bestätigung gewisser Teile der Enzyklika Pius' XI. über die soziale Ordnung anmutet. Eines Tages erschien ihr der Herr gekreuzigt, erniedrigt, verwundet am ganzen Leibe, sterbend vor Schmerz wegen der Härte der Reichen gegen seine Armen, und er gebot ihr, seine Peinen für diese Seelen zu tragen, die gegen das Elend der Armen so unempfindlich waren. „Die meisten Menschen", sagte er, „sind so grausam gegen mich, daß sie in der Person meiner Armen mit mir ihr Gespött treiben, sie wür-digen sich nicht allein nicht, mit mir zu sprechen, sondern sie vermeiden es auch, auf mich ihre Blicke zu richten. Auf meine Person sind diese Verachtungen und Undankbarkeiten gerichtet." Da nun ihre reine Seele sich der Interessen ihres Bräutigams annahm, ertrug sie während dreier Wochen außerordentliche Peinen um Ersatz für die Kälte und Abneigung der Begüterten gegen die Armen. Sie wurde starr gleich einem toten Körper, so daß man ihr nicht einmal die äußerste Fußspitze bewegen konnte, ohne zugleich den ganzen Körper in Be-wegung zu setzen. Während dieser Zeit ließ sie der Sohn Gottes nicht nur allein die Schmerzen seines Kreuzes fühlen, sondern auch noch den Stand seiner Armut. Ihr Angesicht erschien so demütig, so sanft, so niedergedrückt, daß es wunderbar anzusehen war. Während ihrer der Armut geweihten Entzückungen bat sie einige Male ihre Mitschwestern um Almosen, und dann sah man in ihr ein Abbild Jesu Christi, wie er unter den Menschen lebte, das herzergreifend anzusehen war. Man vernahm oftmals die Worte aus ihrem Munde: „O mein Heiland, gib den Sündern Gnade, die Armen zu lieben, gib ihnen die Gnade zu erkennen, daß sie wahrhaft deine Glieder seien. Laß sie einsehen, daß man sie wahrhaft lieben und ehrerbietig behandeln müsse; erweiche die verhärteten Herzen derjenigen, welche deine Güter besitzen, damit sie die Armen, meine Brüder, lieben. Die ihren Lebensunterhalt betteln, sind die Augäpfel Jesu Christi" [5]).

Sechs Monate hatten diese schweren Sühneleiden gedauert, durch die sie wie zum Skelett abgemagert war. Da gab ihr der Herr in einer Verzückung die vollen Körperkräfte wieder. „Ihre Eingeweide, welche seit sechs Monaten ganz vertrocknet waren und nicht mehr in Tätigkeit waren, lebten wieder auf zu ihrem ersten Zustande; ihr ganzer Oberkörper, wo die Rippen so hervorgetreten waren, daß es schien, als sei nichts denn Haut und Gebein an ihr, ward in seiner vollkommenen Kraft hergestellt, ihr Angesicht und ihr ganzer Leib erschienen in einer ganz außerordentlichen Völle, und nie befand sie sich so gut und kräftig. Die Novizenmeisterin rief nun mehrere der Schwestern herbei, damit sie Zeugen eines so großen Wunders wären, und sie sahen dieses Kind in der Verzückung mit einem schneeweißen und in wunderbarem Licht erglänzenden Angesichte. Nach und nach kam sie wieder in ihren natürlichen Zustand zurück; die Haut, welche schwarz und welk geworden, nahm wieder eine mit Hochrot gemischte Farbe an und wurde endlich so frisch, wie die eines Kindes [6])."

Als sie darauf am anderen Morgen zur hl. Kommunion ging, sprach der Herr zu ihr: „Ich bin's, der ich belebe und töte, ich bin's, der ich pflanze und ausreiße, ich bin's, der ich niederreiße und aufbaue (vgl. Jer. 1, 10). Alles hat seine Zeit und alles unter dem Himmel geht in seinen Räumen vorüber."

Aber schon kündigte ihr der Herr Leiden anderer Art an. Als er ihr jene Stellen des Körpers, die am meisten vertrocknet waren, segnete, sagte er ihr: „Meine Braut, dieser Körper, den ich dir gebe, wird mein Tempel sein; von nun an wirst du auf eine neue Art meine Schmerzen tragen, und ich werde dir Anteil geben an allen Arten meiner Gnaden [7])."

Damit aber kam sie zu dem großen Miterleiden der Passion Jesu Christi. Es sollte sich vollziehen in der erschütternden Form der „Mystischen Stationen", wohl dem Eindrucksvollsten und Großartigsten, das die Geschichte der Stigmatisierten kennt. In ebenso wunderbaren wie ergreifenden Szenen rollte nunmehr vor den Augen ihrer Mitschwestern noch einmal das Drama der Erlösung ab.

[5]) Vgl. S. 101.
[6]) Vgl. S. 114.
[7]) Vgl. S. 115.

Am Aschermittwoch des Jahres 1632 wurde sie zunächst im Geiste in die Wüste versetzt, an den Ort, wo der Heiland sein vierzigtägiges Fasten hielt. 40 Tage blieb sie dortselbst in der Ekstase entrückt, ohne irgendwelche Nahrung zu sich zu nehmen. Hierauf wurde sie in den Garten am Ölberge geführt, wo ihr der Herr in seiner Todesangst und in den Qualen seiner inneren Verlassenheit gezeigt wurde [8]): „Die Qual ihrer inneren Verlassenheit war so stark und ihre Traurigkeit eine so schwere, daß sie während eines Zeitraumes von zwei Stunden wie in Tränen gebadet schien und ihr Gesicht so blaß und verzerrt war, daß jeder, der sie sah, sagte, daß ihr Herz tief erschüttert sei. Sie begab sich ins Gebet, unseren Herrn nachahmend, und hielt sich eine Viertelstunde ganz gerade aufrecht, mit zum Himmel erhobenen Augen. Dann warf sie sich auf die Knie, rang die Hände, küßte die Erde und blieb während einer Stunde in dieser Haltung, dann beugte sich ihr Körper allmählich nieder, wobei sie die Hände über die Brust gekreuzt hielt, sie geriet dabei in einen solchen Todesschrecken, daß ihr Körper zitterte. Nachdem sie eine Stunde in diesem Zustand gewesen war, fiel sie auf ihr Antlitz und umarmte aus ganzem Herzen das Kreuz."

„Am folgenden Tage stellte sie die Szene der Gefangennahme Jesu im Ölgarten dar. Zunächst gab ihr die göttliche Allmacht ein majestätisches Aussehen, man erblickte Margareta in einem so tiefen Frieden und einer Güte, daß sie wie ein Engel zu sein schien. Kurz darauf wurde sie durch eine plötzliche Mattigkeit wie tot. Ihre Hände klammerten sich fest übereinander, als wenn sie mit Stricken aneinander gebunden worden wären, und die Striemen hiervon wurden so tief in sie eingedrückt, daß die Ränder der Geschwulste sich ganz schwarz zu beiden Seiten erhoben und so die Stelle verdeutlichten, wo die Stricke in das Fleisch eingeschnürt schienen. Um den ganzen Leib war sie gebunden, und ihre Arme waren derart über den Leib gefesselt, daß keine menschliche Kraft sie davon lösen konnte. Derart eingezwängt, konnte sie nur mit größter Mühe gehen, was auch die Ursache war, daß sie, im Geiste im Tale des Wildbaches Cedron angekommen, auf die Knie fiel und daß sie im Augenblicke des Falles sich ganz mit Wasser bedeckt fand, womit auch ihre Kleider durchnäßt wurden."

Auch bei der folgenden Leidensszene, die sie durchlebte — der Vorführung vor Annas und Kaiphas [9]) — zeigten sich bei ihr wiederum die gewalttätigen Spuren der Fesselung. Ihre Hände schwollen bis zum Äußersten an und waren furchtbar anzusehen. In ähnlich körperlich sichtbarer Weise vollzogen sich die Geißelung und die Dornenkrönung [10]).

Erschütternd war dann das Bild ihrer Kreuztragung, das sie nach göttlichem Willen ebenfalls darstellen mußte. Unsichtbar wurde ihr das Kreuz auf die Schultern geladen, dessen Schwere verursachte, daß sie mit dem Angesicht zur Erde niederfiel: „Schnell erhob sie sich wieder, als wenn man sie mit Gewalt

---

[8]) Wir verbessern im folgenden die Übersetzung Poesls nach dem französischen Text von Amelotte; vgl Poesl, S. 123.

[9]) Vgl. Poesl, S. 125 ff.

[10]) Vgl. Poesl, S. 128 und 129.

aufgerissen hätte, und ging einige Zeit ganz gekrümmt, indem sie die eine Hand erhoben hielt, als wenn sie diese schwere Last hielte. Es ward ihr da die Erkenntnis gegeben, mit welcher Wucht die Soldaten dem Herrn das Kreuz aufgeladen, indem sie ihn anfänglich zu Boden warfen und dann zwangen, mit der Kreuzeslast auf der Schulter sich zu erheben. Die Lieblichkeit und Majestät ihres Angesichts bei so vielen Entstellungen und Verunstaltungen durch ihre Leiden waren wunderbar anzuschauen [11]).“

Anderen Tages setzte sie den Kreuzweg fort, sie war am ganzen Körper in Tränen und Schweiß gebadet: „Sie fiel dann unter dem Kreuze und erhob sich wieder mit äußerster Mühe, weil sie niedergedrückt war von der Last, deren Spur an der Schulter tief eingedrückt erschien. Nach ihrem Fall setzte sie den Weg noch ein wenig fort, obwohl mit äußerster Schwäche, und fiel zum zweiten Male, ohne daß jedoch die gegenwärtigen Schwestern auf irgendeine Weise im Stande gewesen wären, sie aufzuhalten, wenn die göttliche Macht sie auf die Erde hinwarf, noch auch sie wieder aufzuheben, wenn sie zu Boden lag. Niemals gelang es ihnen, auch nur im mindesten ihre Stellung zu verändern, in welche sie während ihrer Ekstase durch jene unsichtbare göttliche Macht versetzt worden war. Die Lieblichkeit und Hoheit ihres Angesichts schien von Tag zu Tag zuzunehmen, während neue Abbilder der Peinen auf demselben eingegraben wurden [12]).“

„Als der Karfreitag gekommen war, war sie den ganzen Tag in die Betrachtung der Schmerzen und des Todes des Erlösers entrückt. Aber in der Mittagsstunde nahm sie — immer noch in Ekstase — ein Kruzifix mit einem unvergeßlichen vergeistigten Gesichtsausdruck, kniete sich zur Erde und stützte ihr Haupt an den Fuß desselben, wobei sie das Kreuz mit den Armen hielt. Sie blieb drei Stunden lang in diesem Zustand, ohne daß es möglich gewesen wäre, auch nur ein wenig ihre Haltung zu ändern, in der sie durch eine geheime Macht festgehalten wurde... Um drei Uhr des Nachmittags wurde ihr Körper steif wie der einer Toten, ihr Haupt neigte sich, und ihr Gesicht wurde blaß und verfallen. Wenn man sie anschaute, schien in ihr überhaupt kein Zeichen des Lebens mehr zu sein; ihre Arme und Beine waren so ausgestreckt, daß dies in der Tat ein bewundernswertes Schauspiel war. An den Schmerzen der Wunden unseres Herrn nahm sie unsichtbarerweise teil; sie blieb eine Viertelstunde wie tot und flößte dadurch ihren Schwestern eine tiefe Ehrfurcht gegen den Erlöser und ein heiliges Staunen über so große Wunder ein, welche sie mit eigenen Augen sahen [13]).“

Diese so außerordentlichen Geschehnisse wiederholten sich mehrmals im Leben Margaretas während der Karwoche. Am Karfreitag des Jahres 1647 blieb sie mehrere Stunden am Fuße eines Kreuzes knien, bis sie plötzlich von der Erde erhoben wurde, ganz gerade empor, die Arme in Kreuzesform aus-

---

[11]) Vgl. Poesl, S. 130 ff.
[12]) Vgl. Poesl, S. 132.
[13]) Vgl. Poesl, S. 132/133.

gestreckt, den Kopf leicht zur Linken geneigt, mit blassem verfallenem Gesicht und ohne irgendein Zeichen des Lebens. Die Füße waren der eine über den anderen geheftet, als wenn sie angenagelt wären. Sie brachte so eine Stunde zu, stets im Angesichte der Schwestern, die von der tiefsten Ehrfurcht von dem Tode unseres Herrn ergriffen waren." Zu dem Leiden der Kreuzigung trat also zu gleicher Zeit die erhabene Gabe der Schwebeekstase.

So erlitt Margareta die heilige Passion unseres Herrn in einer ganz seltenen, überaus schweren, aber auch eindrucksvollen Weise; eine Art des Mitduldertums mit Jesus Christus, die sie in die Reihe der hervorragendsten Stigmatisierten rückt. Zwar ward sie nicht der äußeren Zeichen der Wundmale gewürdigt, dafür aber erlitt sie um so tiefer, mit Christus wahrhaft gekreuzigt, die Leiden des Herrn.

Eine ganz besondere Eigentümlichkeit hatte noch die Sühnemission der Schwester Margareta; sie durfte in besonderer Weise teilnehmen an den Marterqualen der Märtyrer, und zwar während eines Zeitraumes von 14 und 15 Monaten.

Daß Margareta vom Hl. Sakrament eine große Ekstatikerin war, braucht nach den gegebenen Berichten kaum mehr betont zu werden. Ihre Ekstasen vollzogen sich fast ohne Unterlaß. Sie hatte dabei deren klassische Merkmale, sie war unempfindlich am ganzen Körper, und sie hörte keinerlei irdische Geräusche mehr, ausgenommen die Glocken des Klosters. Dabei war die Glut der göttlichen Liebe, die sie erfaßte, auch physisch durch ihre Kleider hindurch zu spüren. Manchmal zur Schwebeekstase emporgerissen, wurde sie hierbei entflammt wie ein Seraph. Ihre Verzückungen zeigten sich überall, in der Kirche, in der Zelle, inmitten ihrer Mitschwestern und selbst, wenn sie mit den niedrigsten Arbeiten beschäftigt war. Oft beendete sie während der Ekstase die Arbeit, mit der sie gerade beschäftigt war. Manchmal wurde ihr Körper leuchtend und wirkte wie eine Fackel in der Nacht. Dazu hatte Margareta „die Gaben der Behendigkeit und Vergeistigung. Sie durcheilte im Augenblick große Entfernungen; man fand sie im Chor, in den Krankenräumen, im Exerzitiensaal, ohne daß man sie hätte kommen sehen und ohne daß die Türen geöffnet wurden. Manchmal war sie über dem Boden erhoben und blieb in dieser Stellung, ohne daß sie irgendwie gestützt wurde. Man sah sie die Hand in kochendes Wasser tauchen und glühende Kohlen tragen, ohne daß sie sich verbrannte. Einige Male schien ihr Gesicht ganz in Feuer getaucht, und ihr Mund strömte einen so erlesenen und entzückenden Wohlgeruch aus, daß die Schwestern glaubten, in ihr das Abbild der Herrlichkeiten der Heiligen vor sich zu sehen. Sie blieb oft lange Zeit, ohne irgendwelche Nahrung zu sich zu nehmen; einmal u. a. vier, ein anderes Mal fünfzehn Monate".

Wollten wir jedoch auf die Schönheit, den Reichtum und die Erhabenheit ihres *mystischen Innenlebens* eingehen, wir würden kein Ende finden. Mit den höchsten Stufen des Gebetes und der mystischen Gottvereinigung begabt, war die Glut ihrer Liebe eine wahrhaft seraphische und überirdische. In herrlicher

Weise fügt sie sich in die Reihe der großen Meister des Gebetes und der Mystik ein, die Bremond in seiner „Geschichte des religiösen Geistes in Frankreich" geschildert hat. Gerade in der Erneuerung des Karmelitenordens sind in der Zeit einer Margareta von Beaune — unter der hervorragenden Leitung eines Kardinals Bérulle — unserem westlichen Nachbarlande die herrlichsten Blüten religiöser Erneuerung und Vertiefung geschenkt worden. Margareta ist nicht zuletzt in der fein vergeistigten Art ihrer Kindheit-Jesu-Mystik eine der edelsten Blüten des neuerwachenden Karmelitenordens. So konnte auch ein Eduard Maria Lange in der ersten deutschen — wenn auch gekürzten — Ausgabe des Meisterwerkes von Bremond sagen [14]), daß dessen „Kapitel über die unbeschuhte Karmeliterin, Marguérite de Beaune, deren Religiosität eine besondere kindliche Abwandlung des großen mystischen Karmelstiles ihrer Zeit war, sich lese wie der Bericht über eine Vorläuferin der Heiligen von Lisieux. Manche Zusammenhänge von „reiner Poesie" und „reinem Gebet" erklärte sich Bremond nicht zuletzt durch die Naivität dieser Heiligen und ihrer Kunde des „kleinen Weges", eines volkstümlichen „Bérullismus der Vereinfachung im geistigen Leben" [15]).

Schwester Margareta war früh vollendet. In knapp 29 Lebensjahren so erstaunlicher Gnaden gewürdigt, starb sie am 26. Mai 1648. Gott gab ihr zu erkennen, nachdem sie an einem Karfreitage zu Füßen des Gekreuzigten die Einprägung seines hl. Leidens erhalten hatte, daß sein Leiden ihren Leib und ihr Äußeres vollenden sollte, seine göttliche Kindheit aber ihr Inneres [16]). So hat sie für die Verehrung der göttlichen Kindheit nicht minder mächtige Antriebe gegeben.

Ein wunderbarer Duft ging nach ihrem Tode von ihr aus, ebenso von allen Gegenständen, die sie gebraucht hatte. Zahllose wunderbare Heilungen und Gebetserhörungen wurden ihr zugeschrieben. Nie wird ihr Ruhm, der vor allem ein solcher der tiefen Mitdulderschaft Christi am Kreuze war, in der Kirche Gottes verlöschen!

---

[14]) Es handelt sich um eine Auswahl aus dem VII. und VIII. Band der „Histoire Littéraire du sentiment religieux en France" (La Métaphysique des saints), erschienen unter dem Titel „Das wesentliche Gebet", Regensburg 1936, S. 17 f.

[15]) Einer Richtung, die heute noch weiter durch die Frömmigkeitsart einer Elisabeth von der hl. Dreifaltigkeit (1880—1906) bei uns vorgedrungen ist und die ein Raoul Plus S. J. in besonderer Weise in seinen Schriften über den *in uns wohnenden Gott* („Gott in uns", „In Christus Jesus" usw.) aufgriff und die auch in Deutschland immer tiefer sich durchzusetzen beginnt (Vgl. hierzu „Der Große Ruf" 1949/51).

[16]) Vgl. Poesl, S. 388.

Pater Joseph Surin S. J. (1600–1665)
Stahlstich

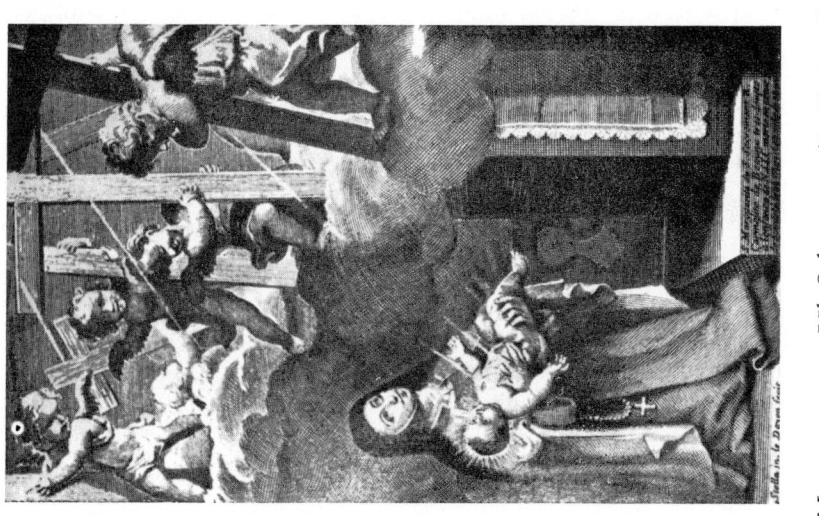

Margareta vom Hl. Sakrament (1619–1648)
Stahlstich

19. Kapitel

Joseph Surin S. J.

Ein Meister des inneren Lebens

Ein zweiter Stigmatisierter hat einen bedeutenden Einfluß auf die Epoche der religiösen Wiedergeburt in Frankreich ausgelöst. Oft schon in der Geschichte der Träger der Wundmale sind wir auf Begnadete gestoßen, die Gott nicht nur zu verborgener Dulderschaft, sondern auch zu einer hohen geistigen Wirksamkeit berufen hat. Der Reihe bevorzugter Seelen dieser Art, die wir von Franz von Assisi bis zu Theresia von Avila verfolgen konnten, schließt sich in PATER SURIN ein Meister des inneren Lebens an, der bis herauf in unsere Tage durch Jahrhunderte tief befruchtend gewirkt hat. Nicht umsonst ist Surin Schüler des in der Geschichte der Aszese und Mystik so gefeierten Paters Lallemant gewesen, der seinen Namen durch seine ehrfürchtige Verehrung des Hl. Geistes — als dem entscheidenden Förderer des inneren Lebens — für alle Zeiten in die Geschichte der Frömmigkeit eingeschrieben hat. Neben P. Grou S. J. waren es Lallemant und Surin vor allem, die in der Zeit des 16. bis 18. Jahrhunderts als Vorkämpfer einer vertieften Frömmigkeit einen nicht geringen Einfluß darauf ausübten, das französische Geistesleben — trotz des äußeren kulturellen Niedergangs — in mystisch-aszetischer Hinsicht auf eine erstaunliche Höhe zu heben [1]). Dazu ist Surin derjenige unter ihnen, der am deutlichsten mit außerordentlichen Gnaden ausgezeichnet war, was wiederum seinen Schriften die kernige Note des Selbsterlebten, des aus eigener Erfahrung Geschöpften verleiht. Seine vielleicht größte Gnadengabe aber, die er empfangen hat, ist seine Stigmatisierung, die ungeahnte Steigerungen der Gottesliebe in ihm hervorbrachte und ohne Zweifel das markanteste Ereignis seines ganzen Vollkommenheits- und Frömmigkeitslebens war.

Im Jahre 1600 zu Bordeaux geboren, legte der früh erleuchtete Knabe, einem inneren Antriebe folgend, schon mit einem Alter von acht Jahren das Gelübde der Keuschheit ab. „Mit dreizehn Jahren enthüllt ihm ein übernatürliches mystisches Licht in unaussprechlicher Weise die Größe und Unbegreiflichkeit des göttlichen Wesens" (Richstätter). Er wurde in Geist und Herz entzündet zu einer verzehrenden und heiligen Glut der Gottesliebe. Es war ein Gnadengeschenk des Hl. Geistes, das alle weiteren Gnaden in sich schloß.

---

[1]) Vgl. auch hierzu das große Werk Bremonds, in dem Surin und Lallemant eingegliedert sind. Viel zu wenig sind diese großen Aszeten der Gesellschaft Jesu in Deutschland bekannt, obwohl sie in ihrer Frömmigkeit ganz außerordentliche Werte übernationaler Art bieten, die noch dazu tief mit der deutschen Mystik des Mittelalters verwandt sind. Für Surin vgl. Bremond, III. Bd. („La conquête mystique") S. 148—310.

„Wenige Monate später folgte ein anderer Gnadentag. Den Dreizehnjährigen ließ Jesus innewerden, wie er sich dessen auserlesene Seele in mystischer Weise als Braut vermählte. Von da ab herrschte Christus als Bräutigam und König über das ganze Leben mit all seinen Wünschen und Handlungen. Oft fühlte der begnadete Knabe sich zu den Worten gedrängt: „Nicht ich lebe, sondern Christus lebt in mir!" Es schien ihm, als habe Jesus ganz und gar von ihm Besitz genommen. Die Folge davon war ein unstillbares Verlangen nach Vollkommenheit [2]."

Ein tiefer Gebetsgeist und Seeleneifer erfaßten den jungen Surin. Und so entschloß er sich schon bald zu dem entscheidenden Schritt seines Lebens: Nach Überwindung großer Schwierigkeiten trat er bereits mit 16 Jahren der Gesellschaft Jesu bei. Und hier war es, wo er nicht nur die Gnade erhielt, in übernatürlicher Geistesschau die Passion des Herrn mitzuerleben, sondern auch durch stigmatische Schmerzen selbst an dem Kreuzestode des Herrn teilzunehmen. Immer mehr steigerte sich sein Wunsch, mit dem Kreuz und der Schmach Christi für immer vereint zu sein. Er sollte erhört werden.

Mit dem 33. Lebensjahr begann für Surin eine 20jährige Leidenszeit ohnegleichen. 1636 wurde er nach Loudun geschickt, wo sich bei Ordensfrauen eigenartige mystische Zustände gezeigt hatten, die man für dämonischen Ursprungs hielt [3]. Während andere den Exorzismus anwandten, verlegte er sich auf die innere Leitung und Heiligung der Seelen, ja, er erbot sich vor Gott, die Leiden der Schwergeprüften selbst zu übernehmen. Dies war der Ausgangspunkt für eine zwanzigjährige Leidenszeit, die in der Art eines „mystischen Feuers" auf ihn wirkte, das wir des öfteren bei Heiligen treffen. Er wünschte die Verachtung und die Schmach, die Christus einstens getroffen, bis zur Hingabe seiner selbst mitzuerleiden, und diese Bitte wurde ihm in überreichem Maße erfüllt. Zeitweise hielten ihn seine Mitbrüder für geistesgestört und behandelten ihn auch danach. Nach den Satzungen seines geistlichen Vaters Ignatius hatte er erfleht, „aus Liebe und innigster Hingabe an Christus dessen Gewand und Ehrenzeichen zu tragen und darum jegliche Verachtung und Schmach zu leiden". Ja, er wünschte, daß man ihn „für einen Toren halte, um seinem Herrn und Schöpfer ein wenig ähnlich zu werden, der Ähnliches für uns auf sich genommen hat". Die Geschichte seines Lebens zeigt, daß Gott ihn voll und ganz beim Worte genommen hat.

Aber gerade in diesen tiefen „Nächten der Seele", die er zu durchringen hatte, wurde sein Inneres tiefer und tiefer geläutert. Aus den schweren Kämpfen

---

[2]) Vgl. Richstätter, Einleitung der Neuausgabe der „Gottesliebe" von Jos. Surin, Mainz, 1925.

[3]) Für dies und das Folgende vgl. Richstätters Einleitung zur Neuausgabe der „Geistlichen Zwiesprache" Joseph Surins (Paderborn 1929). Man vgl. auch die Ausführungen von Bremond, Bd. III, ferner von Görres in „Christliche Mystik", vgl. Auswahl von Bernhart (herausgegeben unter dem Titel „Mystik, Magie und Dämonie", München 1927), S. 547.

und tiefen Erleuchtungen dieser Zeit gingen seine großen aszetischen Meisterwerke hervor, von denen wir heute sein „Geistliches Leben auf Grund der Nachfolge Christi" seine „Geistlichen Zwiegespräche" und die „Gottesliebe" in deutscher einwandfreier Neuausgabe besitzen. Besonders das letztere ist — obwohl erst 1879 in der Gesamtausgabe seiner Schriften veröffentlicht [4]) — eines der trefflichsten Werke der mystisch-aszetischen Literatur und enthüllt mit klassischer Deutlichkeit die letzten Urgründe der Heiligkeit und der geistlichen Lehre des großen Jesuiten. Denn gerade hier zeichnet er „den kürzesten und sichersten Weg, von Gottes Freigebigkeit die reichsten Gnaden und Gaben zu empfangen", und — wie Richstätter betont [5]) — „sogar solche, die über das gewöhnliche Gnadenleben hinausliegen, wenn es so den göttlichen Absichten entspricht". In einem meisterhaften Stufenbau der Aszese und Mystik zeigt der Verfasser, wie durch die Abkehr von allem Geschöpflichen und von irdischem Troste und wie in der vollkommenen Hinkehr zu Gott die Seele schließlich von einem unerschöpflichen Reichtum geistlicher Güter überflutet wird. Der Hl. Geist selbst ist es, der sie die mystischen Stufen der Gottvereinigung emporführt und sie mit unsagbarem Frieden erfüllt.

So kam auch für Surin nach den schweren Prüfungen seiner geistigen Nächte die große Zeit, wo göttlicher Friede seine Seele erfaßte. „Es kam ihm vor, als sei er aus Höllenqualen ins Paradies eingegangen. Im Vergleiche damit schien ihm alles, was er durchlebt, nur gering." „Jetzt erfüllte sich, was der Herr ihm einst versprochen hatte, daß er ihn sein göttliches Sein schauen lasse." Ein unvergleichliches Licht erleuchtete seine Seele, in dessen Tiefe er Dinge schaute, die jedes irdische Verständnis übersteigen.

Jetzt auch war die Zeit gekommen, da Gott ihn der Einprägung der Wundmale für würdig hielt. Es war eine Gnade, die außerordentliche Wirkungen in seiner Seele hervorbrachte. Er erlebte eine solche Steigerung seiner Liebe zu Christus, die ihn in tiefster Seele verwundete, daß er ausrief: „Er (der menschgewordene Heiland) läßt mich tief in Gott versinken und dort wie verloren weilen; die Flammen der göttlichen Liebe, die mich in Seligkeit verzehren, sind so gewaltig, daß ich nicht weiß, wie ich sie ertragen kann, ohne zu sterben!"

Über die Einzelheiten seiner Stigmatisation zitieren wir nach Imbert bzw. Boudon nur dieses [6]): „Eines Tages, als er die Heiligenlitanei mit den anderen Vätern der Gesellschaft Jesu betete, fühlte er sich wie von einem Pfeile getroffen, den ihm der göttliche Bräutigam tief in das Herz senkte und der ihm eine sehr schmerzhafte aber auch sehr liebe Wunde bereitete. Dieser überaus schwere Stich, der von dem göttlichen Meister ausging, brachte Pater Surin in solche Schwäche und Ohnmacht, daß sie ihm die Worte nahmen. Die Patres, die zugegen waren, glaubten, daß er plötzlich in eine schwere Krankheit gefallen sei. Während einer beträchtlichen Zeitspanne erneuerte ihm die göttliche Liebe

---

[4]) Oeuvres spirituelles du P. Jean Joseph Surin S. J., Paris 1879.
[5]) Vgl. Einleitung S. XV.
[6]) Vgl. „La stigmatisation" I. S. 308 f.

einmal am Tage diese so glückliche Wunde, so daß sie ihn seiner Natur immer mehr absterben ließ." Eng verknüpft hiermit aber war ein anderes Ereignis, das wir bei den meisten Stigmatisierten finden: „Es gibt eine außerordentliche Vereinigung", fährt Boudon fort, „die die Meister des geistlichen Lebens die mystische Vermählung nennen und die der göttliche Bräutigam manchmal mit besonderer Feierlichkeit vollzieht, wie wir es im Leben der hl. Katharina von Alexandrien und der hl. Theresia lesen. Diese Vereinigung wurde Pater Surin gewährt in der Vornacht des Himmelfahrtsfestes. Er wurde plötzlich gegen Mitternacht geweckt, und darauf sah er unseren anbetungswürdigen Herrn Jesus Christus mit großer Majestät und Milde in den Raum herabkommen, in dem er war. Er vereinigte sich mit ihm in unaussprechlicher, geistig-mystischer Weise, und seitdem schien es ihm, einen neuen Geist und eine neue Seele zu haben, die ihm wie eine Seele seiner Seele zu sein schien. Er sah Jesus in sich wie ein anderes Selbst." Und diese Vereinigung trat in seinem Gnadenleben noch in besonderer Weise hervor: sie war eine derartig vollkommene und wunderbare, „daß sein Antlitz eines Tages in dasjenige Unseres Herrn verwandelt wurde, wie es auch der hl. Katharina von Siena (und der hl. Katharina von Ricci. Der Verf.) geschehen ist".

Wichtiger aber noch im Hinblick auf sein Miterdulden der Passion Christi und seine Stigmatisierung ist, daß er einigen vertrauten Personen gestand, daß ihm das Kreuz mehrfach in übernatürlichen Gesichten, deren er gewürdigt wurde, angeboten worden sei und daß ihm eines Tages, am Feste der Auffindung des Kreuzes, ein großes Kreuz gezeigt wurde, auf das er tatsächlich auf mystische Weise sich hingestreckt und mit Füßen und Händen unter furchtbaren Schmerzen angenagelt fühlte. Boudon sagt, daß der Herr ihm versprochen hatte, ihm seine heiligen Wunden zu geben, und daß er sie ihm tatsächlich gab, obwohl sie nicht nach außen in Erscheinung traten, sie waren ihm also innerlich eingeprägt.

Aus Surins Leben wäre noch so manches an mystischen Tatsachen zu berichten, das jedoch gänzlich auf dem Gebiet der sekundären Begleiterscheinungen liegt. Da er die Leiden der Schwestern von Loudun übernommen hatte, war auch er schweren dämonischen Vexationen ausgesetzt. Dafür aber tröstete ihn der Herr in außerordentlicher Weise: ähnlich wie bei vielen anderen Stigmatisierten empfing er die hl. Eucharistie auf übernatürliche Weise aus den Händen des Herrn.

Entscheidend aber für die Beurteilung seines Lebens und seiner Begnadung ist seine heroische Tugend: er starb am 21. April 1665 in einem Alter von 65 Jahren im Rufe der Heiligkeit.

So ist in Surin einer der bedeutendsten männlichen Stigmatisierten und ein großer Vorkämpfer der mystischen Erneuerung dahingegangen, dessen Ruhm — mehr noch als durch die innere Einprägung der Stigmata — durch die *geistigen* Großtaten seines Lebens der Nachwelt voranleuchten wird!

Margareta Maria Alacoque

Die große Begnadete des Herzens Jesu — eine Stigmatisierte

Den Höhepunkt der mystischen Eroberung in Frankreich aber bildet eine dritte hervorragende Begnadete, deren Geist in ungeahnter Weise und weit mehr noch als der eines Franz von Sales auf die Frömmigkeit der kommenden Epochen der Kirche einwirken sollte. Im Zuge der großen mystischen Erneuerung des 17. Jahrhunderts wollte der Herr ein neues Manifest seiner Barmherzigkeit an die in ihrer Liebe erkaltende Welt richten. Die Verehrung seines verwundeten göttlichen Herzens sollte die kommenden Jahrhunderte als neue und größere Gabe Gottes überstrahlen, erwärmen und zu Gott zurückführen. Das Werkzeug seiner Barmherzigkeit war eine arme, bescheidene Ordensfrau, die durch die ergreifenden Offenbarungen, die er ihr gab, zu einer der bedeutendsten Vorkämpferinnen der religiösen Erneuerung der Neuzeit wurde. Es war die im Jahre 1920 zur Ehre der Altäre erhobene Heilige von Paray-le-Monial, MARGARETA MARIA ALACOQUE, die er hierzu erwählte. Nicht überraschen wird es uns, daß er auch sie unter die Mitdulder seiner Passion einreihte, ja, von dieser Tatsache aus gesehen, werden wir ihr Leben und ihre Aufgabe um so tiefer verstehen.

Wohl niemand, der je Paray-le-Monial, die „Stadt des Herzens Jesu" im Zentrum Frankreichs, besucht hat, wird sich in deren Herz-Jesu-Heiligtum der tiefen Eindrücke erwehren können, wie sie an dieser Stätte schon so ungezählten Scharen von Pilgern zuteil wurden, die hier jährlich zu Tausenden zusammenströmen, um das geheimnisvolle Fluidum dieses heiligen Ortes in ihre Seele aufzunehmen und es ergriffen hinaus in die Welt zu tragen. Nie wird der Verfasser die Stunde vergessen, da er auf seiner zweiten Lourdesfahrt an einem Maientage das kleine Städtchen betrat. Durch enge Gassen nähert man sich nach manchem Fragen dem etwas versteckt liegenden Kloster der Heimsuchung Mariä. Und als wir schließlich vor den Stufen der kleinen Klosterkapelle standen und unsere Augen aufwärts auf die Rundung des Türfrieses über dem Portale richteten und in eingehauenen Lettern die inhaltsschweren Worte lasen: „En cette église Notre Seigneur revéla son Sacré-Cœur à Marguérite Marie" — „In dieser Kapelle offenbarte der Herr sein hl. Herz der hl. Margareta Maria" —, da ging ein ehrfürchtiges Schauern durch meine Seele: hier standen wir wahrhaft an einer ehrwürdigen Stätte; denn in diesem kleinen unscheinbaren Gotteshause war es, wo sich der Herr einst gezeigt und er die Kostbarkeiten seines heiligen Herzens und seiner unermeßlichen Liebe, wie einst auf Golgatha, offenbarte... Hier erschien er jener Heiligen, der nach den großen deutschen

Herz-Jesu-Verehrern des Mittelalters — einer Gertrud der Großen, einer Mechtild von Magdeburg und einer Gertrud von Hackeborn — die gewaltige Aufgabe zuteil wurde, die längst bereitliegenden Gnaden des göttlichen Herzens einer in der Liebe erkaltenden Welt in noch eindringlicherer Weise bekanntzumachen!

Nur mit tiefer Ergriffenheit traten wir ein. Es ist ein verhältnismäßig kleiner Raum. Aber ehe wir noch seine Einzelheiten unterscheiden, gewahren wir vor allem einen Wald von Fahnen, von Ex-votos und anderen Denkwürdigkeiten, mit denen ganze Generationen von Pilgern diese Kapelle in überströmender Liebe bis zum letzten Pfeiler und Winkel ausgeschmückt haben. Die Sprache dieser Fahnen und Dokumente geht tief zu Herzen, so daß man sich unvermittelt zur Andacht gestimmt fühlt. Und während wir noch, bis in innerster Seele gepackt, verweilen, wandert schließlich der Blick zu dem eigentlichen Heiligtum des Klosters, der kleinen Gnadenkapelle zur Rechten, wo sich das Grab der hl. Margareta befindet. Nie in meinem Leben noch sah ich — vielleicht von der Grabstätte der hl. Bernadette zu Nevers abgesehen — einen geschmackvolleren Sarkophag, als diesen Glasschrein der Heiligen. Er wirkt, obwohl in seinen tragenden Formen aus Gold, dennoch sehr fein und dezent — ein herrlich komponiertes Gehäuse, in dem der Leib der Heiligen aufgebahrt ist — allerdings insoweit ergänzt, als ihre Reliquien nicht mehr erhalten waren. Eine kostbare Ruhestätte ist es, die, die ganze Breite des Altares überhöhend, von einem mächtigen, leuchtenden Herz in Mosaik, dem *göttlichen Herzen*, überstrahlt wird, das seinen Glanz nach allen Seiten sendet. Überwältigend bringt es zum Ausdruck, wie die Erlöserliebe des Heilandes von hier aus ihre Gnaden durch die Vermittlung dieser Heiligen in die Welt und in die Herzen der Menschen aussendet...

Aber noch ein weiterer Anblick harrt unser auf derselben Seite der Kirche: da gewahren wir — als Abschluß des seitlichen Chores der Klosterfrauen — das denkwürdige Gitter, hinter dem sich der Herr vor nunmehr 275 Jahren zeigte, um Margareta die Gnaden seines heiligen Herzens zu offenbaren. Hier sprach er die denkwürdigen Worte: „Siehe da das Herz, das die Menschen so sehr geliebt hat...!"

Wir sind erschüttert, an dieser heiligen Stätte stehen zu dürfen. Und daß die ungezählten Pilger vor uns von ganz ähnlicher Bewegung ergriffen waren, das zeigen zahlreiche Ex-votos in Herzform, die an diesem Gitter in der Art von Buchstaben aneinander gereiht sind und die die Worte ergeben: „Honneur, gloire et pénitence au Sacré Cœur de Jésus!" — „Ehre, Ruhm und Sühne dem Heiligen Herzen Jesu!"

Nur derjenige, der die Herz-Jesu-Verehrung aus eigener Übung kennt, kann ermessen, was in dieser gesegneten Stunde in unserer Seele vorging...

Um so mehr wird der Leser fragen, wer denn Margareta Maria gewesen ist und welche Bewandtnis es um ihre hohen Gnadengaben gehabt hat.

In einem kleinen Dorfe unweit von Paray im Jahre 1647 geboren, war Margareta schon früh von Gott auf die erhabene Mission vorbereitet worden, für die er sie auserwählt hatte. Er übergab sie zunächst der Obsorge der Gottesmutter, der das junge Mädchen mit ganzer Liebe zugetan war. Unter ihrer Anregung begann das aufwachsende Menschenkind die ersten Übungen der Frömmigkeit und einer bald sehr tiefgehenden Abtötung. Und als Margareta am 22. Juli des Jahres 1671 in das Kloster der Heimsuchung zu Paray eintrat, da ahnte sie kaum, daß der Herr ihr hier jene einzigartige Stätte bereitet hatte, die zum Ausgangspunkt ihrer großen Mission werden sollte. Hier war es denn auch, wo ihr eigentliches Gnadenleben begann und wo sie, ganz in der Verborgenheit lebend, die demütige Schülerin des göttlichen Herzens wurde. In Paray wurde ihr Leben, wie P. Gallifet S. J. schreibt, „erfüllt mit den vollkommensten Tugenden. Gott überhäufte sie bis zum Überfließen mit seinen kostbarsten Gaben und den seltensten Gnadenerweisen. Wir haben dafür das geschriebene Zeugnis ihrer Oberin, vor allem aber einen ausführlichen Bericht der Gnaden, die sie von Gott empfangen hat, von ihrer eigenen Hand im Gehorsam geschrieben [1]). Diejenigen, die ihn lesen, werden überzeugt sein, daß diese heilige Tochter Rang hat unter den ausgezeichneten Getreuen Jesu Christi."

Bedeutsam aber ist, daß sie der Herr hier zur Vorbereitung auf ihre außerordentliche Aufgabe teilnehmen ließ an dem Miterdulden seiner heiligen Leiden. In diesem Mitgekreuzigtsein mit Christus wurde sie sich erst der unaussprechlichen Liebe des göttlichen Herzens zu uns Menschen bewußt. Und hierdurch wurde ihr die Kraft zuteil, ihrer großen Berufung gerecht zu werden.

Bereits zwei Jahre nach ihrem Eintritt ins Kloster, im Jahre 1673, wurde sie der ersten großen Offenbarung des Herzens Jesu gewürdigt, und hierbei empfing sie auch die erste körperliche Wunde, und zwar auf eine so eigene Art, wie wir sie selten in der Geschichte der Stigmatisierten treffen. Fortan aber sind ihre Leiden und ihre Wunden der Liebe aufs innigste mit der hehren Mission verknüpft, der ihr Leben galt; ja ihre Sendung sollte sich immer tiefer und glühender an ihrem Mitleiden mit dem Gekreuzigten entzünden.

Wie vollzog sich das große Geschehnis vom 27. Dezember 1673? Es war das Fest des hl. Johannes. So wie der Herr den Lieblingsjünger einst beim hl. Abendmahle an seinem Herzen ruhen ließ, so entflammte auch jetzt der Herr diejenige, die er zur neuen Sendung seiner Liebe unter die Menschen ausersehen, durch ein mystisches Ruhen an seinem hl. Herzen: „Hier enthüllte er mir die Wunder seiner Liebe und die unerklärlichen Geheimnisse seines göttlichen Herzens ... und zwar in einer so deutlichen und zuverlässigen Art, daß er mir keine Möglichkeit ließ daran zu zweifeln [2])." Mit Worten, die nie wieder aus der Gnadengeschichte der Kirche gelöst werden können, sprach der Herr zu ihr:

„Mein göttliches Herz ist von so heißer Liebe zu den Menschen und zu dir im

---

[1]) Wir dürfen hinzusetzen, daß nach der textkritischen Zusammenstellung ihrer Selbstbiographie, ihrer Briefe, Offenbarungen und Unterweisungen ganze Bände daraus geworden sind. Wir verweisen auf die vorzügliche deutsche Übersetzung „Leben und Werke der hl. Margareta Maria Alacoque" 2 Bände, Innsbruck 1926 und 1928.
[2]) Vgl. ihre „Selbstbiographie" in „Leben und Werke", II, S. 54 f.

besonderen erfüllt, daß es die Flammen dieser seiner glühenden Liebe nicht mehr in sich zurückhalten kann und durch deine Vermittlung ausbreiten muß. Es muß sich ihnen offenbaren, um sie mit seinen kostbaren Schätzen zu bereichern, die ich dir enthülle und die jene heiligenden und heilsamen Gnaden enthalten, welche notwendig sind, um sie vom Abgrund des Verderbens zurückzuziehen. Ich habe dich, den Abgrund der Unwürdigkeit und Unwissenheit, erwählt, um diesen großen Plan auszuführen, damit alles durch mich geschehe [3]).“

Es wurde ihr „dieses göttliche Herz“, wie sie an anderer Stelle berichtet [4]), wie auf einem Thron aus Feuer und Flammen gezeigt, von allen Seiten strahlend, leuchtender als die Sonne und durchsichtig wie ein Kristall. Die Wunde, die es am Kreuz empfangen, erschien sichtbar in demselben. Es war eine Dornenkrone um dieses göttliche Herz und ein Kreuz darüber. Mein göttlicher Meister gab mir zu verstehen, daß diese Werkzeuge seines bittern Leidens bedeuteten, daß die unendliche Liebe zu den Menschen die Quelle aller Leiden und aller Verdemütigungen gewesen sei. Daß vom ersten Augenblick seiner Menschwerdung an das Kreuz sozusagen in sein Herz gepflanzt gewesen sei, daß er schon damals alle Schmerzen und Verdemütigungen auf sich nahm, welche seine heilige Menschheit im Laufe seines sterblichen Lebens ertragen sollte, und selbst die Unbilden, denen es die Liebe zu den Menschen bis ans Ende der Zeiten im allerheiligsten Sakrament aussetzen sollte. Er ließ mich sodann erkennen, daß das große Verlangen, das er hatte, von den Menschen vollkommen geliebt zu werden, *ihn bewogen habe, den Entschluß zu fassen, ihnen sein Herz zu zeigen und ihnen in den letzten Jahrhunderten diese letzte Anstrengung seiner Liebe zu geben,* indem er ihnen einen so geeigneten Gegenstand darstellte, um sie zu veranlassen, ihn zu lieben und wahrhaft zu lieben, indem er ihnen alle Schätze der Liebe, des Erbarmens, der Gnade, der Heiligung und des Heiles, die es enthält, erschloß, damit alle jene, die ihm alle Ehre und Liebe erweisen wollten, soweit es ihnen möglich ist, verschwenderisch mit den göttlichen Schätzen bereichert würden, deren ergiebige und unversiegbare Quelle es ist.“

In ihrer Selbstbiographie schildert dann Margareta Maria die eigenartige Verwundung ihrer Seite, die ihr bei dieser Vision zuteil wurde:

„Dann verlangte er mein Herz. Ich flehte ihn an, es zu nehmen; er tat es und legte es in seine anbetungswürdige Brust, wo er es mir zeigte. Da lag es wie ein kleines Atom, das sich in dem glühenden Feuerofen verzehrte. Daraus zog er es als herzförmige Flamme wieder hervor, versetzte es an seinen Platz zurück und sprach: ‚Hier hast du, meine Vielgeliebte, ein kostbares Unterpfand meiner Liebe. Es schließt in deiner Seite einen kleinen Funken ihrer hellodernden Flamme ein und soll dir als Herz dienen und dich bis zum letzten Augenblick verzehren. Seine Glut wird nicht erlöschen.‘ Und er fuhr fort: ‚Zum Zeichen, daß die Gnade, die ich dir eben erwiesen und die nur die Grundlage aller an-

---

[3]) Vgl. ebenda, S 55.
[4]) Ebenda I, S. 179.

deren ist, die ich dir noch erweisen werde, nicht bloße Einbildung war, wird dir, *obgleich ich die Wunde in deiner Seite wieder geschlossen, doch der Schmerz für immer bleiben: und wenn du dir bis heute nur den Namen Sklavin beigelegt, so gebe ich dir jetzt den der vielgeliebten Jüngerin meines heiligsten Herzens [5].*"

Die Wirkungen dieser eigenartigen Stigmatisation war eine ganz außerordentliche: „Nach dieser großen Gnade, die so lange dauerte und während welcher ich nicht wußte, ob ich im Himmel oder auf Erden war, blieb ich einige Tage *wie vom Feuer durchglüht und berauscht und so außer mir, daß ich nicht zu mir kommen und nur mit äußerster Anstrengung zu sprechen vermochte* und mir große Gewalt antun mußte, um mich zu erholen oder zu essen, so daß ich am Ende meiner Kräfte war, um mein Widerstreben zu überwinden. Das verursachte mir eine außerordentliche Demütigung. Ich konnte auch nicht schlafen, *denn diese Wunde, deren Schmerz mir so teuer ist, erzeugt solche Hitze in mir, daß sie mich verzehrt und ich gleichsam bei lebendigem Leibe verbrenne. Und ich fühle eine solche Fülle Gottes,* daß ich meiner Oberin gegenüber nicht ausdrücken konnte, wie ich es gewollt und getan hätte, so tiefe Qual und Beschämung mir auch diese Gnaden verursachen, wenn ich von ihnen spreche, wegen meiner großen Unwürdigkeit, in der ich tausendmal lieber meine Sünden vor aller Welt bekannt hätte [6]."

Diese große Gnade aber, „von der ich eben gesprochen, als ich von dem *Schmerz in der Seite berichtete,* wurde mir an jedem ersten Freitag im Monat auf folgende Weise erneuert: *dieses heiligste Herz zeigte sich mir als leuchtende Sonne blendenden Lichtes, deren ganz glühende Strahlen senkrecht auf mein Herz fielen,* das sich allsogleich von einer solchen Feuerhitze durchglüht fühlte, daß mir war, als würde es zu Asche verbrannt. Und besonders zu dieser Zeit lehrte mich dieser göttliche Meister, was er von mir wollte, und enthüllte mir die Geheimnisse dieses liebenswürdigen Herzens. Und an einem dieser Tage, da ich durch außerordentliche Sammlung aller meiner Sinne und Fähigkeiten mich ganz in mich selbst zurückgezogen fühlte, zeigte sich mir Jesus Christus, mein guter Meister, in Herrlichkeit *erstrahlend, mit seinen fünf Wunden, die leuchteten wie fünf Sonnen.* Und aus dieser heiligen Menschheit brachen auf allen Seiten Flammen hervor, besonders aber aus seiner anbetungswürdigen Brust, die einem Feuerofen glich. Er öffnete sie und zeigte mir sein liebendes und liebenswürdigstes Herz, die lebendige Quelle dieser Flammen. Da tat er mir auch die unaussprechlichen Geheimnisse seiner reinen Liebe kund und ließ mich erkennen, bis zu welchem Übermaß sie ihn angetrieben hatte, die Menschen zu lieben, von denen er aber nur Undank und Verkennung erfuhr. „Und das ist schmerzlicher", sagte er, „als was ich während meines bittern Leidens erduldet, wie ich auch, wenn sie mich ein wenig wiederlieben wollten, gering achtete, was ich für sie getan, und noch mehr tun möchte, wenn es nur

---

[5]) Vgl. 55.
[6]) Vgl. II, 55/56.

möglich wäre. Aber sie haben nur *Kälte und Zurückweisung für all meine eifrigen Bestrebungen, ihnen Gutes zu tun.* Mache wenigstens du mir diese Freude, mir Ersatz für ihren Undank zu bieten, so gut du es vermagst [7])."

Mit diesen Offenbarungen aber verknüpften sich immer neue Verwundungen bzw. Entflammungen ihrer Seele, bei denen sie — in einer Art geistiger Stigmatisation — von Flammen durchbohrt wurde, die vom Herzen Jesu ausgingen. Ihre Schilderungen sind klassische Kommentare zu den Berichten des hl. Johannes vom Kreuz über die Wunden der Liebe und den Glutenbrand der Seele, zu denen sich bei ihr das Mitleiden der Todesangst Christi am Ölberg gesellte:

„Und da ich ihm neuerdings meine Ohnmacht vor Augen stellte, erwiderte er: ‚Siehe, hier hast du Ersatz für alles, was dir fehlt.' Gleichzeitig *öffnete sich dieses göttliche Herz, und es brach eine so glühende Flamme aus ihm hervor, daß ich meinte, von ihr verzehrt zu werden. Denn ich wurde ganz von ihr durchdrungen, konnte sie nicht mehr ertragen und bat ihn, Mitleid mit meiner Schwäche zu haben.* ‚Ich werde deine Stärke sein', antwortete er, ‚fürchte nichts, sondern merke auf meine Stimme und höre, was ich von dir verlange, um dich zur Ausführung meiner Pläne zu befähigen. Erstens sollst du mich im allerheiligsten Sakrament so oft empfangen, als der Gehorsam es dir möglich macht. Was immer an Abtötung und Demütigung für dich daraus erwachsen mag, nimm als Unterpfand meiner Liebe an. Außerdem sollst du an jedem ersten Freitag im Monat kommunizieren. Und jedesmal in der Nacht vom Donnerstag auf den Freitag werde ich dich an der Todestraurigkeit teilnehmen lassen, die ich auf dem Ölberg zu erleiden auf mich genommen hatte. *Diese Traurigkeit wird dich, ohne daß du sie begreifen kannst, in eine Art Todesangst versetzen, die schwerer zu ertragen sein wird als der Tod.* Und um dich in dem demütigen Gebet, das ich damals inmitten aller Ängste meinem Vater dargebracht habe, mit mir zu vereinigen, sollst du dich zwischen elf Uhr und Mitternacht erheben und eine Stunde mit mir verbringen, auf den Boden hingestreckt und das Antlitz zur Erde geneigt, sowohl um den göttlichen Zorn zu besänftigen und um Barmherzigkeit für die Sünder zu flehen, als auch, um die Bitterkeit zu versüßen, die ich empfand, da mich die Apostel allein ließen, so daß ich ihnen vorwerfen mußte, sie könnten nicht eine Stunde mit mir wachen [8])."

Und als sie eines Tages die Passion des Herrn auf dem Ölberg betrachtete, „wie er in Traurigkeit und Todesnot furchtbaren Liebesschmerzes versenkt war", da offenbarte ihr derselbe wie so vielen anderen Stigmatisierten die Schätze seiner heiligen Leiden, und es sagte zu ihr der Herr voll Liebe: „Hier am Ölberg habe ich mehr gelitten als während meiner übrigen Passion, denn ich sah mich ganz und gar von Himmel und Erde verlassen und mit allen Sünden der Menschen beladen. Ich erschien vor der Heiligkeit Gottes, der auf meine Unschuld nicht achthatte, mich in seinem Grimme zermalmte und mir den Kelch

---

[7]) Ebenda II, 56/57.
[8]) Ebenda, II, 57. Vgl. auch I., 84 f.

zu trinken gab, der alle Galle und Bitterkeit seiner gerechten Entrüstung enthielt, wie wenn er den Namen Vater vergessen hätte, um mich in seinem gerechten Zorn zu opfern. Kein Geschöpf vermag die Größe jener Qualen zu begreifen, die ich damals erduldete [9]."

Zugleich aber enthüllte ihr der Herr in prophetischer Weise die Strafe aller derer, die dieser seiner Leiden nicht achten wollen: „Hierauf aber sagte er mir diese Worte: ‚Meine Gerechtigkeit ist erzürnt und bereit, mit offenbaren Strafen die verborgenen Sünder heimzusuchen, wenn sie nicht Buße tun; ich will es dich wissen lassen, wenn meine Gerechtigkeit bereit ist, die Schläge gegen ihre sündigen Häupter zu führen. Es wird dann geschehen, wenn du meine Heiligkeit auf dir lasten fühlst. Dann sollst du dein Herz und deine Hände in Gebeten und guten Werken zum Himmel erheben; du sollst mich unausgesetzt meinem Vater darstellen als Liebesopfer, das für die Sünden der ganzen Welt hingeopfert und dargebracht wurde, und mich wie einen Wall und eine Feste zwischen seiner Gerechtigkeit und den Sündern aufrichten, um Barmherzigkeit zu erlangen [10].‘ "

Kurze Zeit darauf sagte ihr der göttliche Herr, indem er sie erneut in einer Art geistiger Stigmatisation mit seiner Liebe durchflutete: „Meine Tochter, ich habe dir heute eine so große Gnade erwiesen, daß du ihr Ausmaß erst in der Todesstunde erkennen wirst." „Einige Stunden darauf zeigte er mir während einer Betrachtung ein Licht, welches von seiner anbetungswürdigen Seitenwunde ausging und in mein Herz überströmte. Dabei empfand ich eine sehr große Glut, und ich vernahm die Worte: ‚So bewirkt meine Liebe ein beständiges Hinüberfluten in das Herz, das ich dir gegeben habe. Dieses sendet durch ein anderes Hinüberfließen seine Güter in ihre Quelle zurück; diese Gnade wirst du beständig haben.‘ Aber ich gebe hier nicht den Wirkungen Ausdruck, die ich empfand, weil ich es nicht kann [11]."

Das Feuer aber, das die Heilige verzehrte, versetzte sie bereits im Gefolge der weiter oben erwähnten Gnaden in ein schweres und anhaltendes Fieber. Sie sprach nichts davon, bis ihre Kräfte sie völlig verließen. Der Arzt aber erkannte, daß es schon lange angedauert haben mußte: noch über 60 dieser Anfälle erhielt sie. „Aber nie habe ich solchen Trost empfunden. Denn daß ich am ganzen Körper die heftigsten Schmerzen litt, stillte einigermaßen meinen brennenden Durst nach Leiden. Denn dieses verzehrende Feuer nährte und begnügte sich nur mit dem Holz des Kreuzes, mit aller Art Leiden, Verachtung, Verdemütigung und Schmerzen, und nie fühlte ich einen Schmerz, der jenem gleichkam, daß ich nicht genug zu leiden hatte. Man meinte, ich stürbe daran [12]."

Und zum Zeichen, daß der Herr sie an das Kreuz geheftet wissen wollte, empfing sie, wie sie selbst sich ausdrückt, eine weitere „unvergleichliche Gnade".

---

[9]) Vgl. I., 212. Auch einer Katharina Emmerich hat später der Herr die Ölbergnacht als die schwerste Stunde seiner ganzen Leiden geoffenbart.
[10]) Ebenda.
[11]) Ebenda I., S. 212—13.
[12]) Ebenda II., 58.

Es zeigten sich ihr „die drei Personen der anbetungswürdigen Dreifaltigkeit; und sie bereiteten meiner Seele großen Trost. Ich vermochte nicht auszudrücken, was damals vorging. Es schien mir, als ob der ewige Vater mir ein sehr schweres, ganz mit Dornen besetztes Kreuz und alle anderen Marterwerkzeuge des bitteren Leidens zeigte und sagte: ‚Siehe da, meine Tochter, ich mache dir dasselbe Geschenk, wie ich es meinem vielgeliebten Sohne gemacht habe.' — ‚Und ich', sagte mein Herr Jesus Christus, ‚ich werde dich an das Kreuz heften, wie man mich daran geheftet hatte, und dir treue Gesellschaft leisten.' " — „Die dritte dieser anbetungswürdigen Personen sagte mir, sie, die nur Liebe sei, werde mich reinigen und in Liebe verzehren [13]." Ihre Seele aber verblieb in unsagbarem Frieden und in großer Freude.

Schließlich aber schenkte ihr die allerseligste Jungfrau die volle Gesundheit wieder. Sie sagte ihr aber auch „den langen und mühsamen Weg" voraus, den sie noch vor sich habe: *„Du wirst immer an das Kreuz gefesselt bleiben, von Nägeln und Dornen durchbohrt, von Geißelhieben zerfleischt.* Aber fürchte dich nicht. Ich verlasse dich nicht und verspreche dir meinen Schutz."

Dieses Mitleiden mit dem Herrn vollzog sich an ihr in den folgenden Lebensjahren, und zwar meist in der Fastnachtszeit: „An einem Tag in der Faschingszeit zeigte sich mir mein göttlicher Bräutigam nach der heiligen Kommunion als Ecce-homo, mit dem Kreuz beladen, ganz mit Wunden und Beulen bedeckt. Sein anbetungswürdiges Blut floß von allen Seiten herab, und er sprach mit schmerzlich trauriger Stimme: „Gibt es denn niemanden, der Erbarmen mit mir hätte, mit mir leiden und in dem furchtbaren Zustand, in den die Sünder mich versetzen, besonders gegenwärtig, an meinem Schmerz teilnehmen wollte?" — „Ich warf mich in Tränen und Seufzern zu seinen heiligsten Füßen nieder und bot mich ihm an. Sogleich fand ich mich mit einem schweren, von spitzen Nägeln bedeckten Kreuz belastet. Als ich mich durch diese Last niedergedrückt fühlte, begann ich die Bosheit der Sünde besser zu verstehen und verabscheute sie so sehr in meinem Herzen, daß ich mich tausendmal lieber in die Hölle gestürzt hätte, als freiwillig eine Sünde zu begehen. Er zeigte mir, daß es nicht genug sei, das Kreuz zu tragen, *sondern ich müsse mich auch mit ihm an dasselbe heften, um ihm treue Gesellschaft zu leisten* und an seinen Leiden, seiner Verachtung, seiner Schmach und allen übrigen Unbilden teilzunehmen. Ich gab mich sogleich allem hin, was er mit mir und in mir tun wollte, *und ließ mich nach seinem Gutdünken ans Kreuz heften; das tat er durch eine schwere Krankheit, die mich die scharfen Spitzen der Nägel fühlen ließ.* Dieser Zustand des Leidens dauerte gewöhnlich den ganzen Fasching hindurch [14]."

Aber wir treffen bei Margareta Maria nicht nur die Verwundung ihrer Seite, die Teilnahme an der Todesangst Christi, das Mitgekreuzigtsein, sondern auch die Dornenkrönung, die sich ebenfalls in dem ersten Jahre nach ihrem Eintritt

---

[13]) Ebenda I., 55.
[14]) Ebenda I, S. 141.

ins Kloster vollzog: „Ein anderes Mal, als ich zur heiligen Kommunion ging, erschien mir die heilige Hostie so leuchtend, daß sie mir wie eine Sonne vorkam, deren Glanz ich nicht ertragen konnte, und der göttliche Heiland in der Mitte, eine Dornenkrone haltend. Er setzte sie mir aufs Haupt und sprach: ‚Empfange, meine Tochter, diese Krone als Zeichen jener, die dir bald gegeben werden wird zur Gleichförmigkeit mit mir!' Sie begriff im Augenblick nicht, was das bedeutete, aber die Wirkungen, die unmittelbar darauf folgten, waren ihr eine deutliche Aufklärung. Sie empfing zwei furchtbare Schläge auf den Kopf: einen, als sie zwei Wasserkrüge trug, und auf den Stufen, die sie hinanstieg, niederfiel, wobei sie den Kopf gegen einen Quaderstein aufschlug, beim zweiten Mal stieß sie furchtbar gegen einen Balken. Seit jener Zeit schien es ihr wirklich, als sei *ihr Kopf mit einer Dornenkrone umgeben,* so heftige Schmerzen empfand sie, und diese hörten erst mit ihrem Tode auf. Sie fühlte sich ihrem göttlichen Bräutigam für diese Krone mehr verbunden, als wenn er ihr alle Diademe der größten Monarchen der Erde zum Geschenk gemacht hätte; denn sie versetzte sie oft in die glückliche Notwendigkeit, zu wachen und sich mit dem einzigen Gegenstand ihrer Liebe zu unterhalten. Sie konnte den Kopf nicht auf das Kissen legen in Nachahmung ihres göttlichen Meisters, der sein anbetungswürdiges Haupt nicht auf das Kreuz stützen konnte [15]). Es war ihre Freude und ihre Wonne, sich einigermaßen ihm gleichförmig zu sehen. Er wollte, daß sie um dieser Schmerzen willen von Gott, seinem Vater, die Bekehrung erflehe, besonders im Fasching [16])."

So sollte und mußte Margareta Maria zunächst ein wahrhaftes Bild des gekreuzigten Lebens werden, um die Größe der Liebe des Herrn zu uns Menschen zu erfahren und seine überwältigende Barmherzigkeit in die Herzen der Menschen hinauszutragen. Mit aller Deutlichkeit stellte ihr der Herr die letzten Konsequenzen des Gekreuzigtseins vor Augen. Denn er wollte sie wahrhaft zu „einem Bilde seines gekreuzigten Lebens machen". Er habe sie zu einem solchen „erwählt, da es ihm am meisten zusage, sowohl zur Verwirklichung seiner Pläne als auch sie sich gleichförmig zu machen". Margareta aber fühlte dasselbe tief in sich eingeprägt. „Sie fühlte sich von diesem Augenblick an so ganz verändert, daß sie sich selbst nicht wiedererkannte [17])."

Margareta Maria aber verblieb zeit ihres Lebens ein Opferlamm ihres Herrn Jesus Christus. Im Jahre 1674 befahl er ihr, in der Nacht von Donnerstag auf Freitag allwöchentlich die hl. Stunde zu halten, in der er sie an seiner Todesangst teilnehmen ließ. Und sie tat dies bis ans Ende ihrer Tage. Sie litt beständig, und zwar in der vielfältigsten Weise. Mit die härtesten Verdemütigungen erhielt sie hierbei durch schwere Angriffe des bösen Feindes.

---

[15]) Die Studien eines Dr. Hynek über die Kreuzigung Christi zeigen, daß in der Tat Christus mit der Dornenkrone gekreuzigt wurde. Auch Margareta Alacoque hat also dieselben Schmerzen und Qualen wie der Herr am Kreuze erdulden müssen.

[16]) Ebenda I., S. 142/43.

[17]) Vgl. I. 106 und II 114.

Grabkapelle der hl. Margareta Alacoque
Kloster der Heimsuchung, Paray-le-Monial

Margareta Maria Alacoque (1647–1690)
Reliquienschrein in Paray-le-Monial

Daß auch Margareta, ähnlich wie ihre Namensgenossin von Beaune, eine große Ekstatikerin war, braucht nach dem Gesagten kaum mehr betont zu werden. „Gott begnadete mich, so sagt sie, mit seiner göttlichen Gegenwart, aber in einer Art, die ich noch nicht erfahren hatte . . . Ich sah ihn und fühlte ihn ganz nahe; ich hörte seine Stimme. Und das alles viel besser, als wenn es durch die körperlichen Sinne gewesen wäre. Denn den Eindrücken derselben hätte ich mich nicht entziehen können."

Unaussprechlich hoher Gnaden also hat der Herr Margareta Maria gewürdigt. Und tatsächlich ist der Siegeszug der Herz-Jesu-Verehrung, der — nach dem Vorgange einer hl. Gertrud — erneut von ihr ausging, ein gewaltiger und schier beispielloser gewesen. Als die Heilige, die, mit dem Geiste der Prophetie begabt, ihren Tod voraussagte, am 17. Oktober 1690 für immer die Augen schloß — sie war in einem Alter von kaum 43 Jahren —, da ahnten nur wenige, wie schnelle und große Fortschritte die Verehrung des göttlichen Herzens machen sollte. Heute, da die Dienerin Gottes (1925) heilig gesprochen ist, können wir rückschauend mit vollem Recht sagen: die göttliche Liebe ist durch sie und durch die Verehrung des Hl. Herzens erneut und in schier nie gekanntem Maße auf die Erde herniedergeströmt, eine Liebe, die der Herr durch ihre Vermittlung aufs neue austeilen wollte aus den überströmenden Gnadenschätzen der Erlösungstat von Golgatha. O möchten wir doch begreifen, was Gott durch die stille, schüchterne Stigmatisierte von Paray wollte! Auch wir würden unser Möglichstes tun, in ihre Fußtapfen zu treten und der Verehrung des göttlichen Herzens Freunde zu gewinnen!

Damit müssen wir bereits die Mystik Frankreichs verlassen — so anziehend es wäre, dem Verlauf der großen Geistesbewegung im Westen und den weiteren großen Heiligen und Begnadeten der fränkischen Lande nachzuspüren. Doch auch bei anderen Völkern setzte mit der ersten Überwindung der Renaissance ein neues starkes religiöses Leben ein. Verfolgen wir, wie die göttliche Gnade nach der Krise der Reformation in verbreiteter Front in Europa wieder zum Durchbruch kam!

Immer größere Anstrengungen
der göttlichen Liebe

Wie ein wahrer Feuerbrand der Gottes- und Christusliebe ist im Mittelalter die Verehrung des Gekreuzigten über Europa dahingebraust und hat die Herzen der Besten entflammt und entzündet. Nirgends jedoch ist ihr Widerhall ergreifender gewesen, als in den Seelen jener, die in eigener Passion die Glut dieser Liebe erfahren haben. Ja, nirgends schlug sie stärkere Flammen als in den Herzen jener wahren „Ritter des Kreuzes", die der Herr zu Trägern seiner Wundmale erkor, um aus den Tiefen ihrer Wunden die Liebe hinauszustrahlen in eine vielfach erkaltende Welt.

Von Franz von Assisi, dem ersten und markantesten der Stigmatisierten, bewegte sich der Erste Band über die große Zeit der deutschen Mystik und ihre Fülle stigmatisch Begnadeter zu der gefeierten Heiligen von Siena und deren Nachfolgerinnen, um schließlich mit dem Zeitalter Theresias der Großen seinen vorläufigen Abschluß zu finden. Vier Jahrhunderte dieses neuen Charismas in der Heilsgeschichte der Menschheit und ein schier unerschöpflicher Reichtum hoher mystischer Gnaden und Erscheinungen sind damit an uns vorübergezogen. Werden uns auch die jüngeren Jahrhunderte ähnliche Gaben vor Augen führen, wie die Epochen eines Franz von Assisi, der theresianischen Zeit? Nach der erstaunlichen Blüte der Mystik des Mittelalters und des Zeitalters der großen Spanierin werden wir erkennen, daß unsere neuere Zeit bis in die jüngsten Tage nicht minder reich an übernatürlichen Erscheinungen und Gnaden war als die vorhergehende, und daß sich bis zur heutigen Stunde das große Geschehen auf Golgatha — neben der unblutigen Erneuerung im Geheimnis der hl. Messe — in anderer erschütternder Weise gleichsam wiederholt und fortsetzt.

Es ist, wie wenn der Herr — nach seiner weit über 1 000 Jahre vorausgegangenen Erlösertat — in immer *steigendem Maße* und mit den äußersten Anstrengungen seiner Liebe versuche, die Welt in das Reich seiner Gnade heimzuholen! Ja, er stellt der nun kommenden Moderne das Miterleben seiner heiligen Leiden und Wunden um so stärker vor Augen, je mehr das Menschengeschlecht in der heraufkommenden Neu- und Endzeit in der Nacht des Diesseits zu versinken droht!

Das aber ist es, was die Geschichte der Stigmatisation auch in der Neuzeit über die der Mystik und allgemeinen Frömmigkeit hinaushebt: daß hier der Herr das Außerordentliche benutzt, um seinen Getreuen über den Strom der normalen Gnade hinaus eine letzte Spannung und Hochgesinnung zu verleihen. Und er tut es, indem er der erkalteten Welt immer deutlichere Beweise der Erhabenheit seiner Erlösung schenkt. Die Geschichte der Stigmatisierten ist darum alles andere denn eine Geschichte von Tatsachen, die aus der Geschichte der Kirche und der Frömmigkeit „herausfallen" oder die sie im Plane der göttlichen Vorsehung „überflüssig" machen. Ganz im Gegenteil: sie ist eine Kette von Ereignissen, die der Herr mit Absicht *gesetzt* hat und die ihren besonderen Sinn im tiefinneren Aufbau des Reiches der Gnade hat! Zu wenig wurde bisher dieser Faktor des Außerordentlichen erkannt, der der Stigmatisationsgeschichte einen Ehrenplatz in der Geschichte der Mystik sichert und sie in der Tat als einen integrierenden Teil der göttlichen Vorsehung erweist.

Folgen wir in dem weiteren Teil unseres Werkes Schritt für Schritt dieser erhabenen *übernatürlichen Entwicklung* der letzten Jahrhunderte, die ihrer Vollendung in der Endzeit der Kirche sichtlich näher schreitet. Von Frankreich ausgehend, werden wir uns über Italien bald wieder unserem *deutschen Vaterlande* zuwenden, wo der Herr erneut und in noch reicherem Maße als bei anderen Völkern außerordentliche Gnaden gewirkt hat. Es sind vor allem die fünf großen deutschen Stigmatisierten der Aufklärungszeit, die, mit einer Katharina Emmerich an der Spitze, gleichsam im Vordergrund der Stigmatisierten der Neuzeit stehen. Mit ihnen werden wir uns im Anschluß an namhafte französische und italienische Träger der Wundmale eingehend zu beschäftigen haben, um schließlich zu unserer *jüngsten Gegenwart* vorzustoßen, die in so vielfacher Hinsicht das Stigma des Apokalyptischen trägt. Ist es doch, wie wenn der Herr ein letztes Mal mahnend seine Wunden über der ringenden Menschheit emporhebe, bevor die Prüfungen der Endzeit über Kirche und Welt hereinbrechen.

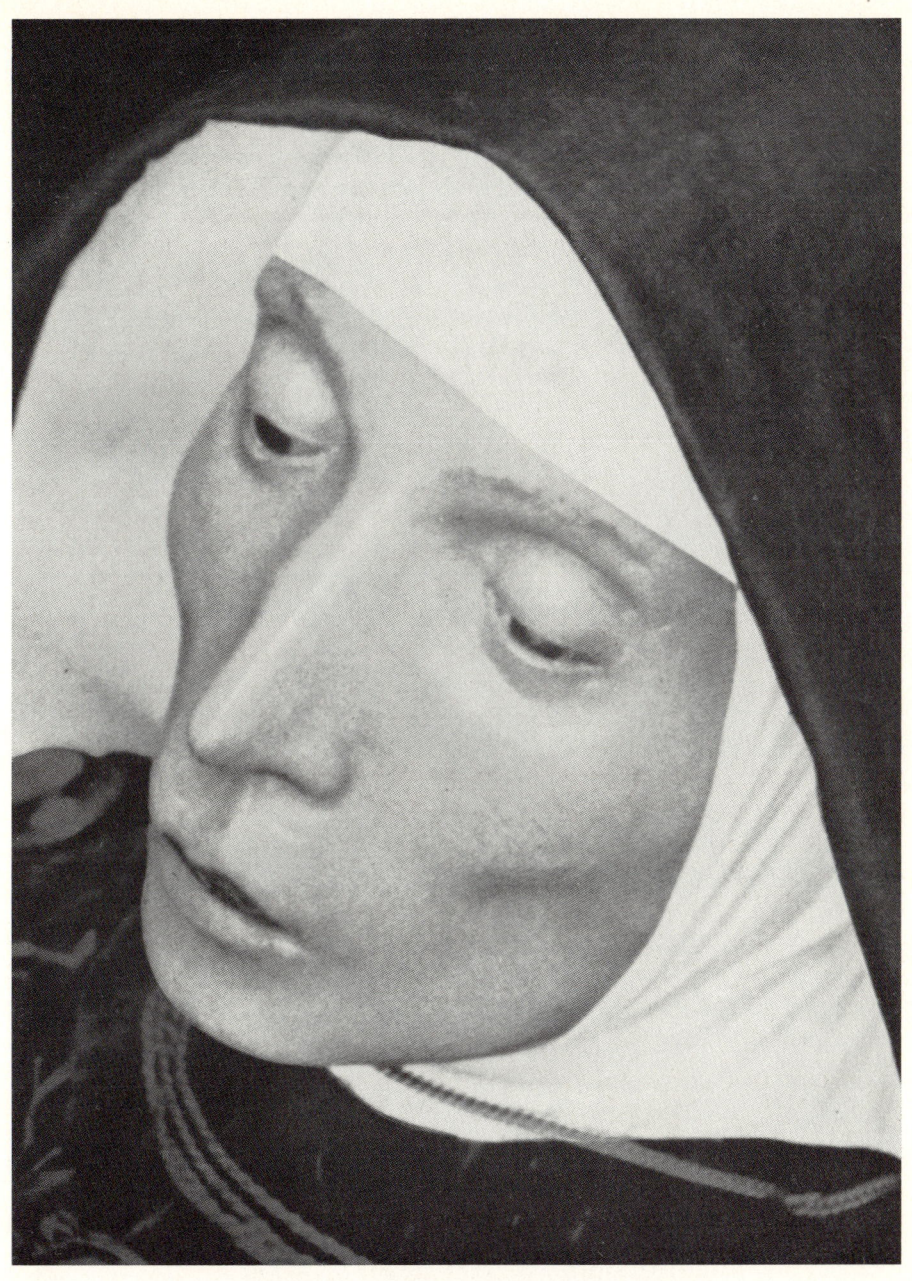

Maria Franziska von den Fünf Wunden (1715–1791)
Totenmaske der Heiligen im Sterbehaus zu Neapel
Trug die Wundmale tief eingeprägt

Italienische Stigmatisierte des 17. und 18. Jahrhunderts

Mit dem 16. und zu Beginn des 17. Jahrhunderts stoßen wir in Italien auf ein Wiederaufflammen der mystischen Bewegung, die noch mächtigere Wirkungen auf die Wiedergeburt der Kirche nach den Wirren des ausgehenden Mittelalters hervorbringen sollte als ihr Wiedererwachen im Westen Europas. Ein wahres „Jahrhundert der Heiligen", ein neuer Frühling der Frömmigkeit überflutete das christliche Abendland und erfaßte nächst Spanien zunächst die Lande südwärts der Alpen. Hatte im iberischen Reiche der Strom der Mystik vor allem von Theresia von Jesus, von Johannes vom Kreuz und Ignatius, dem Gründer der Jesuiten, seinen Ausgang genommen, so fand die göttliche Gnade in italienischen Landen in den Herzen eines Aloisius Gonzaga und Stanislaus Kostka, eines Karl Borromäus und Philippus Neri ihren Widerhall, um schließlich in Kanisius, Franz Borgia und Pius V. und vielen anderen die herrlichsten Früchte zu tragen. Fast alle diese Heiligen haben in engstem Konnex mit der religiösen Erneuerung in der Ewigen Stadt und im Zentrum der Kirche gestanden. Wie vieles war hier, im Mittelpunkt der katholischen Bewegung, an schweren Schäden der Renaissance wiedergutzumachen! So mag es uns schwerlich wundern, wenn Gott zu jener Zeit auch südlich der Alpen eine Anzahl hervorragender Träger der Stigmen erweckte, die für das Zeitalter der katholischen Wiederherstellung von nicht geringerer Bedeutung waren als die Heiligen dieser Zeit: Stigmatisierte, die wegen der Außerordentlichkeit ihrer Gaben unser gespanntes Interesse verdienten. Da finden wir neben einer Johanna vom Kreuz [1]), eine heilige Veronika Giuliani, eine Angela della Pace, eine Pudentiana Zangoni, eine Johanna Maria Bonomi und eine Florida Cevoli und später die ebenfalls heiliggesprochene Maria Franziska von den fünf Wunden [2]), die einer ungemein tiefen und ausgeprägten Stigmatisation gewürdigt wurde, und neben dieser noch viele andere mehr. Leider zwingt uns die Beschränkung des Raumes, uns lediglich mit dem Fall einer heiligen Veronika Giuliani zu befassen, dem wir noch kurze Bemerkungen über eine ähnliche Stigmatisierung des Herzens folgen lassen.

---

[1]) Vgl. die Biographie des deutschen Priesterdichters Beda Weber. „Johanna Maria vom Kreuze und ihre Zeit. Ein Lebensgemälde aus dem siebzehnten Jahrhundert." Regensburg 1858.

[2]) Vgl. die große deutsche Biographie „Leben der hl. Maria Franziska von den fünf Wunden Jesu Christi" nach dem Italienischen bearbeitet von A. Richard. 2. Aufl. Mainz 1881. Maria Franziska von den fünf Wunden (mit dem bürgerlichen Namen Anna M. Nicoletta Gallo), geb. am 25. 3. 1715 zu Neapel und ebenda gestorben 6. 10. 1791, trug eine der ausgeprägtesten Stigmatisationen der neueren Zeit. Ihre Wundmale, zumal an den Händen, waren so tief, daß man durch sie hindurchschauen konnte. Wegen Verweigerung einer Heirat vom Vater schwer mißhandelt, lebte sie, von schweren Leiden heimgesucht, aber mystisch reich begnadet viele Jahrzehnte sehr zurückgezogen. Sie opferte ihr Leben für Sühne für andere und wurde 1843 selig und 1867 heilig gesprochen.

21. Kapitel

Die heilige Veronika Giuliani

Ein streng überprüfter Stigmatisationsfall

Der weitaus bedeutendste Fall einer Einprägung der Wundmale im Zeitalter der Überwindung der Renaissance ist der einer HEILIGEN VERONIKA GIULIANI, der seitens der kirchlichen Autorität mit außerordentlicher Strenge überprüft wurde. An Genauigkeit und Schärfe der Untersuchung steht er in keiner Weise dem der seligen Ursula Benincasa nach, ja er ist, was die eigentliche Prüfung der *Stigmata* betrifft, von kaum mehr zu übertreffender Eindringlichkeit. Wenn schon der Fall der Gründerin der Theatinerinnen (vgl. I. Band, Kapitel 17) für sich genommen genügte, um die Freidenker und Ungläubigen aus dem Felde zu schlagen, die die Ekstase und mystischen Gnadengaben nicht ernst nehmen wollen, so ist der einer Veronika Giuliani noch mehr geeignet, die granitharte Tatsächlichkeit und Göttlichkeit der *Gnadengabe der Stigmatisation* auf das glänzendste zu beweisen. Die heilige Veronika Giuliani gewinnt zudem eine besondere Bedeutung für uns, da wir bei ihr auf eine Stigmatisierte stoßen, die durch ihre Heiligsprechung die vollste Anerkennung der Kirche erlangt hat [1]).

Veronika wurde am 27. Dezember 1660 als siebentes Kind wohlhabender Eltern zu Mercatello im ehemaligen Kirchenstaate geboren. Ihr Lebensweg ist ein einziger steiler Aufstieg zu hoher und vollkommener Gottesliebe. Bereits ihre frühe Jugend ist ausgefüllt mit erstaunlichen Gnadenerweisen, nicht minder aber mit einer Fülle schwerer sinnlicher Versuchungen, durch die Veronika Giuliani unweigerlich auf ganz andere Wege als die der Heiligkeit geführt worden wäre, hätte Gott nicht mit seinem mächtigen Schutze sichtlich in ihr junges Leben eingegriffen. Schon von ihrem ersten Lebensjahre an zeigte die zukünftige Heilige eine für ihr Alter unerklärliche Liebe zu Bildern der Mutter Gottes und des Heilandes. Aus dem innigvertrauten Gebet und Umgang mit

---

[1]) Wir folgen in der Darstellung ihres Lebens im wesentlichen der jüngsten Biographie von P. Thomas Villanova Gerster von Zeil (Sankta Veronika Giuliani. „Lebensbild der hl. Veronika Giuliani, Äbtissin der Kapuzinerinnen", [1660—1727] nach ihrem „Tagebuch zum 200. Todestage", Bolzano 1926) und ergänzen späterhin nach Imbert-Gourbeyre, Bd. I. Wir verweisen ferner auf die ältere deutsche Lebensbeschreibung von Philipp Maria Salvatori (Augsburg 1807); ferner auf die Beurteilung ihrer Stigmatisation durch P. Jul. Bessmer S. J., Stimmen aus Maria Laach, 69. Bd., S. 278—300. Schließlich noch auf die Darstellung ihres Lebens in Stadlers Heiligenlexikon, Bd. V. und bei Lechners „Leben der Heiligen des Kapuzinerordens" Bd. I., S. 368. Auch Wilhelm Schamoni hat neuerdings in „Stigmata -- Hysterie oder Gnade?" Wiesbaden 1951, S. 13ff (Credo-Verlag) Stellung zu ihr genommen.

Christus und seiner heiligen Mutter erhielt sie in der Folge Gnaden, die ihre Angehörigen in Staunen versetzten. In kindlich-inniger Weise plaudert sie mit Jesus, der sich ihr — ähnlich wie einer Katharina Emmerich — in der Gestalt eines Kindes zeigt und der ihr Gespiele in Haus und Garten wird. Es waren Gnaden, die — wie man später erkannte — die allerseligste Jungfrau in immer reicherem Maße auf sie herabzog, um sie schon von Jugend an zu immer innigerer Gottesliebe zu entzünden.

Nicht gering aber waren die Gefahren, die sich, zumal nach dem Tode der Mutter, dem Höhenwege des jungen Mädchens entgegenstemmten. Pfade der Heiligkeit wollen hart erkämpft sein! Und gerade aus der Jugend Veronika Giulianis erkennen wir, ein wie erbittertes Ringen um jede Seele geführt werden muß, bis sie endgültig die Bahnen der Gnade und der Vollkommenheit betritt. Darüber hinaus aber ist es erstaunlich, mit welcher Sicherheit sie der Herr durch alle Fährnisse der Jugend und der Verführung leitete, einem fernen bestimmten Ziele entgegen! Als Tochter eines reichen Finanzbeamten, der ein großes Haus führte und der sie absolut verheiraten wollte, dazu von liebreizender Schönheit, großer Lebhaftigkeit und feurigem Charakter, war sie der Schwarm der jungen Edelleute, die der Vater ihretwegen einlud. Von diesem gezwungen, Vergnügungen und Feste mitzumachen und sich nach der Mode zu kleiden und zu schmücken, war sie allseits bewundert und begehrt. Nicht genug damit, erlernte sie das Fechten und beteiligte sich am Fasching — auf dem sie sogar Männerkleidung trug! Aber trotzdem sie von allen Seiten von einer Flut von Gefahren umgeben war, bewahrte sie der Herr durch eine innere Stimme vor allem Schlechten und vor schwerer Sünde. Ja, trotz der Unzahl der äußeren Ablenkungen und Versuchungen, trotz aller Vergnügungen und Unterhaltungen — denen sie übrigens zum großen Teil widerwillig folgte — und trotz der Bewerbungen ihrer reichen Freier, grub *Gott* sich immer tiefer in ihr Herz und ließ sie im Innersten ihrer Seele immer sicherer erkennen, daß sie zum Ordensleben berufen sei. Sprach sie jedoch bei ihrem Vater davon, so brauste dieser auf und versuchte, sie nur noch mehr den Eindrücken der Welt zuzuführen. Ja er hatte bereits den Mann bestimmt, dem sie die Hand zur Ehe reichen sollte. Aber immer eindringlicher bestürmte Veronika den Vater um die Erlaubnis, in ein Kloster eintreten zu dürfen, und immer schwerer vermochte sich dieser ihrer Bitten zu erwehren. Da fiel sie, als sie durch eine Fügung der Vorsehung nach ihrer Geburtsstadt Mercatello zurückkehrte, in schwere Krankheit. In kurzer Entschlossenheit schreibt sie einen energischen Brief an den Vater, und endlich willigt er — wenn auch in unbestimmten Worten — ein, daß man in mehreren Klöstern anfrage, ob man gewillt sei, sie aufzunehmen. Aber ihr Schritt blieb erfolglos, zumal man mit dieser Methode nur hatte Zeit gewinnen wollen. Und dann erst, nach Verlauf weiterer zweier Jahre, erreichte sie unter noch größeren Schwierigkeiten ihre Aufnahme.

So trat sie — früh gereift — immerhin aber noch vor Vollendung ihres 17. Lebensjahres, am 28. Oktober 1677, in das Kloster der Kapuzinerinnen zu

Mercatello ein, wo sie an Allerheiligen 1678 ihre Profeßgelübde ablegte. Als Novizin überglücklich, harrten ihrer jedoch sogleich neue schwere Versuchungen. Plötzlich erwacht in ihr eine große Liebe zu den Angehörigen, und nur durch die hohen Gnaden, deren sie der Herr immer mehr zu würdigen begann, kehrt der innere Friede wieder zurück. Mit ganzer Hingabe obliegt sie jetzt dem Gebete, den schwersten Abtötungen und vollkommener Armut. In ihrer Zelle befindet sich nichts als ein notdürftiges Lager, ein Tisch, ein Stuhl und ein Kruzifix und als einziges Buch die Ordensregel. Das „Agere contra", d. h. das Handeln gegen jede Befriedigung des Körpers und der Sinne, übt sie in vollendetem Maße. Sie sollte später 33 Jahre in ihrem Konvent das Amt einer Novizenmeisterin bekleiden ...

Aber in Beantwortung ihrer glühenden Gottesliebe erhebt sie der Herr schon jetzt zu den erhabensten Gnaden. Zur übernatürlichen Kenntnis des Herzens tritt das ekstatische Gebet, das sie bald bis zur Schwebeekstase emporriß. Der Herr zeigt ihr in großartigen Visionen die Herrlichkeit Gottes, aber auch den furchtbaren Abgrund der Sünde. Hinzu treten Gesichte über die Gerechtigkeit Gottes und die drohenden Strafgerichte, die sie durch ihre Buße und ihr Gebet abzuwenden versucht.

So erreicht ihr Tugendleben und ihre Gottesliebe schon in einem Alter von 34 Jahren einen solchen Grad, daß sie der vollendeten, umwandelnden Gottvereinigung gewürdigt wird. Vorher aber muß sie nach seiner weisen Anordnung eine Anzahl schwerer Leiden durchkämpfen, die sie für diese letzten Höhen der Gottvereinigung läutern sollen. Und hier treffen wir auf die ersten Etappen ihrer Stigmatisation. Schon aus dem Jahre 1681 datiert eine erste Dornenkrönung aus der Hand des Herrn. „Seit dieser Vision [2] hörte ich nicht mehr auf, Kopfweh zu haben. Jeden Freitag litt ich stärker, und die spitzen Dornen bohrten sich tiefer ein. Oft sagte ich: Herr, noch mehr Schmerzen! Dann fühlte ich plötzlich meinen Kopf wie von Dornen durchdrungen. Es war ein heftiger Schmerz, der mir nur eine Vermehrung meiner Sehnsucht nach Leiden brachte. Viel litt ich während der Fastenzeit und besonders in der Karwoche. Wenn ich für einen Sünder betete, so fühlte ich, wie eine unsichtbare Hand die Dornenkrone auf mein Haupt drückte. Mehrere Tage litt ich unsäglich, und mein Kopf schwoll an, so daß es die Schwestern bemerkten. Ich konnte mich kaum mehr auf den Füßen halten und nur mit Mühe meine Augen öffnen; so außerordentlich groß waren die Schmerzen."

Die zweite, bedeutsamere Krönung aber geschah am 4. April 1693, deren körperliche Male und Schmerzen derart stark waren, daß sie sich nicht mehr verbergen ließen und auf Befehl der Oberin schwere ärztliche Eingriffe zur Folge hatten. Der Klosterarzt Dr. Fabbri und der Chirurg Massani begriffen die Natur des Übels nicht und glaubten zunächst mit einem stark hitzenden Öl und dann mit einem glühenden Brenneisen den beulenartigen roten Kranz von

[2] Vgl. Gerster von Zeil, S. 156.

violetten Malen um ihre Stirn, die Sitz unerträglicher Schmerzen waren, behandeln zu müssen. Mit unerhörter Grausamkeit ging man immer erneut gegen die vermeintliche Krankheit vor. Veronika stand durch diese Stigmatisation die furchtbarsten Qualen aus. Mehrere Monate konnte sie den Kopf nicht niederlegen und schlief nicht. Der Hals war steif. Später machten sich die Schmerzen besonders an Tagen, wo sie für die Sünder betete — an den Tagen weltlicher Lustbarkeiten und des Faschings — geltend. Als schließlich die schärfsten Mittel der Ärzte, wie Zugpflaster und Salben, Glühen und Brennen, ja das Haarseil nichts nutzten, ließen sie endlich von ihr ab.

Am 17. Januar 1694 wurde ihr dann die mystische Vermählung — die erhabenste Form der Gottvereinigung — angekündigt. Aber dieser sollten noch weitere schwere Leiden vorausgehen: am 4. April 1694 wurde sie abermals dornengekrönt, am 6. April wurde ihr durch den Heiland in physischer Form ein schweres Kreuz auf die Schultern gelegt, und am 9. April erlitt sie zum ersten Male die Todesangst, die Geißelung und die Schmerzen des sterbenden Erlösers. Zum Osterfeste glaubte sie der Herr schließlich so weit geläutert, daß er sie durch die mystische Vermählung zur letzten Stufe der Vereinigung zu sich emporhob. In visionärer Schau erlebte sie eine Feier von erhabener Schönheit. Es war ein Bild von unaussprechlicher Herrlichkeit, das sich vor ihr zeigte. Inmitten der himmlischen Heerscharen und der Heiligen sah sie schließlich nur noch ihren göttlichen Bräutigam: „Er war so schön, daß kein menschliches Wort es auch nur im entferntesten ausdrücken kann. Ich weiß nicht, womit er bekleidet war; seine Hände und Füße, seine Seite und seine Wunden glänzten. Eine jede glich einem herrlichen Edelstein. Von seiner geöffneten Seite gingen Sonnenstrahlen aus, aber jede Wunde glänzte für sich heller als unsere Sonne. Im Vergleich zu diesem Licht ist alles menschliche Licht nur Finsternis. In der Seitenwunde sah ich den mir bestimmten Ring. Mein Herz keuchte vor Eile und Sehnsucht, mich für immer in diesem heiligen Herzen zu verbergen. Der Herr erhob seine Rechte und segnete mich. Er stimmte an: ‚Komm, du Braut Christi‘, und die seligste Jungfrau mit allen Engeln fuhr fort: ‚Empfange die Krone, die dir der Herr von Ewigkeit bereitet hat.‘“ Sie wurde mit herrlichen Gewändern geschmückt, und während dieser Zeit vereinigte sich ihre Seele auf erhabene Weise mit Gott. Von nun an sollte sie seinem Willen untergeben sein [3]... Die mystische Vermählung wiederholte sich in ihrem Leben — vom Jahre 1697 ab — noch öfter.

Jetzt war ihre Seele so bereitet, daß ihr der Herr die große Gnadengabe der eigentlichen Stigmatisation verleihen konnte. 1694 hatte sie — im 33. Lebensjahre stehend — die Offenbarung erhalten, daß sie weitere 33 Jahre für den Herrn leiden dürfe. Am 17. Juli 1696 fand eine erste Durchbohrung ihres Herzens statt, an Weihnachten desselben Jahres die förmliche Stigmatisation, zusammen mit einer abermaligen mystischen Vermählung. Sie wurde verzückt. Sie

---

[3]) Vgl. Gerster von Zeil, S. 166—68.

sah sich in der Geburtsgrotte zu Bethlehem, und Jesus lächelte ihr zu; und hierauf erhielt sie das Herzstigma aus seiner Hand. Eigenartig ist ihr Erlebnis: „Das Jesuskind hatte einen goldenen Stab in der Hand, an dessen Ende eine Flamme zu brennen schien, während derselbe am anderen Ende in einer Lanzenspitze auslief. Das Kind hielt die Spitze des Stabes an meinen Kopf und die Lanzenspitze auf mein Herz, und sofort fühlte ich dasselbe mehr und mehr durchbohrt. Auf einmal sah ich nichts mehr in seiner Hand; aber es sieht mich mit Wohlgefallen an ... ich schaute darauf vielerlei Dinge. Als ich wieder zu mir gekommen, war ich wie außer mir, und ich wußte nicht, was mit mir geschehen war. Ich fühlte, daß ich an meinem Herzen eine offene Wunde hatte, aber ich wagte nicht hinzuschauen. Als ich ein Taschentuch in seine Nähe brachte, zog ich es blutbefleckt wieder hervor, und ich empfand dabei einen großen Schmerz. Als Sie (d. h. ihr Beichtvater) mir dann befahlen zu prüfen, ob die Wunde eine wirkliche sei, tat ich es, und ich fand eine offene Wunde. Die Öffnung derselben war so groß wie der Rücken eines breiten Messers, doch blutete sie nunmehr nicht, und man konnte das frische Fleisch sehen. Das ist es, was mir passiert ist. Acht Tage später, am ersten Tage des neuen Jahres, fing die Wunde wieder an zu bluten und blieb auf lange Zeit offen. Alles dies gereiche Gott zur Ehre."

Im Januar 1697 offenbarte ihr dann der Herr, daß er sie zu einer neuen Stufe der Vereinigung führen wolle, und am 29. März sagte er ihr die Einprägung der Wundmale voraus. Endlich am Karfreitag, am 5. April 1797, kündigte er ihr an — und zwar nach abermaligen schweren inneren Prüfungen — daß er ihr, um die innere Umwandlung zu vollenden, das Siegel seiner Wundmale sichtbar aufdrücken wolle. „In diesem Augenblick sah ich aus den fünf Wunden fünf leuchtende Strahlen ausgehen, die sich mir nahten. Sie verwandelten sich in kleine Flammen. In vier derselben sah ich die Nägel und im fünften eine goldene Lanze ganz glühend. Die Lanze durchdrang mein Herz von einer Seite bis zur anderen, die Nägel gingen durch die Hände und Füße. Ich empfand unaussprechliche Schmerzen und fühlte mich wie in Gott verwandelt. Sobald ich verwundet war, kehrten diese Lichtstrahlen wieder in die Wunden Jesu zurück [4]."

Damit war die letzte Etappe der außerordentlichen Gaben, die der Herr ihr zugedacht, vollzogen. Es waren Phänomene so außergewöhnlicher Art, daß sie von nun an Gegenstand der ernstesten Untersuchung von seiten der kirchlichen Oberen wurden. Damit aber treten wir in den zweiten großen Abschnitt des Lebens der Heiligen ein. Das, was der Herr ihr in so reicher und großmütiger Weise gewährt, wurde in einer derart gründlichen, ja rigorosen Weise auf seinen Ursprung geprüft, daß sie fast einzig dasteht in der Geschichte der Stigmatisierten. Wir wollen daher mit größerer Ausführlichkeit diese geradezu klassisch zu nennende Prüfung der Stigmatisierten nachgehen. Wie vollzog sich diese im einzelnen?

---

[4]) Vgl. Gerster von Zeil, S. 190.

Als Veronika die Stigmen erhalten hatte, wurde sie gezwungen, sich einer ersten ernsten Prüfung zu unterziehen. Der Gerichtshof der römischen Inquisition beauftragte hiermit Eustachi, den Bischof ihrer Diözese. Sie geschah zu dem alleinigen Zwecke, sich zu vergewissern, ob die berichteten Tatsachen wahr oder ob sie nur ein schlechter Betrug seien. Die Untersuchung aber wurde in einer Weise unternommen, daß eine betrügerische Handlung unweigerlich hätte entdeckt werden müssen. Vor allem suchte Eustachi zu einem Urteil darüber zu kommen, ob die Begnadete geduldig, demütig und gehorsam sei, da hieraus das Wirken des göttlichen Geistes zu erkennen ist. In dieser Absicht wurde in ganz systematischer Weise vorgegangen. Wir treten damit in die erste Etappe der Untersuchungen ein [5]).

Man entzog ihr zunächst das Amt der Novizenmeisterin und tadelte sie im Sprechzimmer mit so heftigen Worten, daß man es im Kreuzgang des Klosters hörte. Man behandelte sie, wie wenn sie vom bösen Geist besessen oder exkommuniziert wäre, und drohte ihr, sie mit dem Tode zu bestrafen. Nicht genug damit, ließ man sie in eines der Zimmer der Krankenstation einschließen, verbot ihr zu schreiben, ins Sprechzimmer zu gehen, am Chorgebet und an der heiligen Messe teilzunehmen, ausgenommen an Festtagen, und noch dazu zwang man sie, sich an der Pforte wie eine Ausgestoßene aufzuhalten, wobei sie nur von einer Konverse, d. h. Laienschwester, begleitet wurde. Diese hatte den Befehl, sie hart wie eine Heuchlerin oder wie eine der „Schwarzen Kunst" Ergebene zu behandeln und sie nicht mit den anderen Schwestern sprechen zu lassen. Der Bischof beauftragte zugleich mehrere Ärzte, ihre Stigmata zu heilen. Nachdem man ihr die Hände verbunden hatte, zog man ihr Handschuhe an, die man darauf versiegelte. Diese Versuche dauerten bis in den Monat Oktober. Aber ihre Wunden wurden, anstatt zu heilen, nur noch größer. Was die Heilige selbst betrifft, so widersprach sie sich keinen Augenblick, blieb immer demütig und unverdrossen. Schließlich erklärte sich die Untersuchungskommission auf die Berichte des Bischofs hin für befriedigt, und man ließ Veronika in Ruhe.

Veronika bat damals gar manchmal den Herrn, ihr die äußeren Zeichen der Stigmata wieder zu nehmen. Sie erhielt darauf zur Antwort, daß sie diese Gnade erhalten werde, jedoch erst nach drei Jahren. Nach Ablauf dieser Frist, am 5. April 1700, verschwanden tatsächlich die Wundmale, und zwar zu derselben Stunde, in der sie vorläufig eingeprägt worden waren. Sie ließen keine anderen Spuren zurück als einfache rote Flecken ohne Narben. Das Gute aber war, daß die Stigmen während ihres Lebens noch mehrere Male neu auftraten. Und dies ermöglichte es, in gewissen Abständen Experimente überzeugendster Art zu machen, um deren göttlichen Charakter unter Beweis zu stellen. So ist die Stigmatisation der hl. Veronika während zwanzig Jahren Gegenstand beharrlichster Untersuchungen und strengster Kontrolle geworden. Und das be-

---

[5]) Wir folgen im weiteren — teils in engster Anlehnung — Imbert-Gourbeyre La stigmatisation I, 389 ff. Man vgl. zur Ergänzung Gerster von Zeil, S. 190 ff., S. 213 ff. und S. 239 ff.

gründet den außerordentlichen Wert ihrer Stigmatisation in der Geschichte der Mystik.

Aber gehen wir auch diesen weiteren Etappen der Untersuchung nach:

Da Bischof Eustachi mit der ersten langen Prüfung noch nicht zufrieden war und noch besser das Eingreifen Gottes bewiesen haben wollte, ließ er im Jahre 1714 Pater Crivelli von Florenz kommen, einen Jesuiten von Wissen und Ruf. Er setzte ihn von dem ganzen Tatsachenkreis in Kenntnis und ernannte ihn dann, nachdem er den früheren Beichtvater seines Amtes enthoben hatte, zum außerordentlichen Seelsorger des Klosters. Um mit ganzer Gründlichkeit vorzugehen, befahl er ihm, Veronika während zweier Monate auf das genaueste zu prüfen. Die Experimente P. Crivellis sind berühmt geworden. Er hat sie selbst im Kanonisationsprozeß der Heiligen niedergelegt, für den er einer der wichtigsten Zeugen war. Hören wir seinen Bericht:

Eines Morgens ließ er Veronika in den Beichtstuhl kommen und befahl ihr, sich sofort ins Gebet zu begeben und Gott zu bitten, sie erkennen zu lassen, was er, ihr Beichtvater, ihr innerlich befehlen würde. Veronika begab sich ins Gebet. Während dieser Zeit richtete Crivelli im Innersten seiner Seele, und ohne daß die geringste äußere Bewegung seine Gedanken verraten konnte, folgende fünf Befehle an sie: 1. daß ihre Seitenwunde, die damals geschlossen war, sich von neuem öffne und blute wie diejenigen der Hände und Füße; 2. daß sie so lange offen bleibe, wie er es wolle; 3. daß sie sich sofort schließe, wenn er es befehle, und das in seiner Gegenwart und in Gegenwart aller jener, die er willens war, dazu mitzubringen; 4. daß sie vor ihm in sichtbarer Weise, wenn er es für angebracht halte, alle Schmerzen der Passion unseres Herrn leide; 5. daß, nachdem sie die Kreuzigung auf ihrem Bette durchlitten habe, sie dieselbe noch einmal außer demselben und im Freien leide, ganz so, wie es ihr befohlen würde, und zwar vor ihm und jedem andern, den er dazu mitbringen würde.

Nachdem er innerlich diese Befehle formuliert hatte, ließ er sie noch einige Zeit im Gebet und fragte sie dann, ob der Herr sie erhört habe. Sie antwortete frei heraus „Nein". — „Dann begeben Sie sich noch einmal ins Gebet!" Sie tat es, und von neuem befragt, wiederholte sie dem Pater Wort für Wort die fünf Befehle. Nach einigen Tagen kam P. Crivelli wieder in das Kloster und befahl ihr, seinen ersten Befehl auszuführen. Der Erfolg war verblüffend. Ihre Seitenwunde öffnete sich wieder, ganz wie befohlen, und dies während der hl. Messe, die er las und der Veronika beiwohnte. „Während ich die hl. Messe feierte", sagte P. Crivelli, „bat ich inständig Gott, dieses Wunder zu seiner größeren Ehre zu wirken". Nach der hl. Messe rief er die Heilige in den Beichtstuhl und fragte sie, ob die Wunde geöffnet sei. Sie antwortete ihm bejahend. — „Das ist noch nicht genug, antwortete er, legen Sie einen weißen Leinenlappen auf die Wunde und geben Sie ihn mir dann". — Veronika gehorchte und gab ihm den Leinenfleck, der ganz mit frischem Blut getränkt war und einen angenehmen Geruch von sich gab. Dann ging er zum zweiten Befehl über und verbot, daß die Wunde sich schloß, bevor er es erlaubt habe.

P. Crivelli richtete darauf an den Bischof einen Bericht über das, was sich ereignet hatte, und sandte ihm das blutige und wohlriechende Leinenstück. Da ihn die Pflicht nach Florenz rief, blieb er der Stigmatisierten 22 Tage fern. Dann zum Kloster zurückgekehrt, fragte er Veronika, ob die Wunde noch offen sei. Als er eine bejahende Antwort erhält, informiert er hierüber den Bischof. Der Prälat zeigt sich darauf mit dem Beichtvater zusammen am Gitter des Chores; man führt die Stigmatisierte herbei und befiehlt ihr, das Kleid über der Herzwunde aufzuschneiden. Sie gehorcht ohne zu zögern, und der Bischof stellte fest, ebenso wie der Pater, daß die Wunde offen war und blutete. Der Beichtvater befahl darauf, daß die Wunde sich im selben Augenblick schließe, und die beiden Zeugen sahen wirklich, wie die Wunde sich schloß ohne die Spur irgendeiner Narbe. Pater Capelletti hatte neun Jahre vorher denselben Versuch gemacht mit demselben Resultat. Das letzte Experiment wurde gemacht durch P. Guelfi am 19. April 1726, mehr als ein Jahr vor dem Tode der Heiligen.

So war der dritte Befehl getreu ausgeführt worden: es blieb der vierte. Die Dienerin Gottes kam eines Morgens im Monat November zum Beichtstuhl des Paters und meldete ihm, daß die Muttergottes ihr befohlen hatte, ihm zu sagen, daß um 3 Uhr in der Nacht, die dem Feste des hl. Andreas vorangehe, die Leiden der Passion für sie begännen, daß die Muttergottes wolle, daß er hierbei als Zeuge anwesend sei, und daß die Leiden 24 Stunden dauern würden, die sieben Schmerzen der allerseligsten Jungfrau einbegriffen; daß aber nichtsdestoweniger alles aufhöre bei dem Befehl desjenigen, der hier an Gottes Statt stehe. Der Pater antwortete ihr, daß er sehen werde, was Gott wohlgefällig sei; und er ging, nachdem sie ihn verlassen hatte, zu dem Bischof, um ihm von diesem neuen Ereignis Mitteilung zu machen.

In der Tat wurde Veronika genau zur vorhergesagten Stunde von den außerordentlichen Symptomen eines unbekannten Leidens ergriffen; die Heftigkeit desselben war derart, daß man glaubte, sie sei im Todeskampf. Gegen 11 Uhr am Morgen des Festes des hl. Andreas lief man in aller Eile zu P. Crivelli, um diesem zu sagen, daß Schwester Veronika sterbe. Er ging zum Kloster, ohne sich zu beeilen, zusammen mit P. Vecchi, dem Rektor des Kollegs von Castello. Die beiden Patres traten in den Krankensaal ein und fanden Schwester Veronika vollständig angekleidet auf ihrem Bette ausgestreckt und mit einer Leinendecke überdeckt. P. Crivelli tröstete sie und betete ihr Akte des Glaubens, der Hoffnung und der Liebe vor, was sie gewöhnlich in einzigartiger Weise stärkte. Er ließ sie außerdem beichten, woraus sie immer große Kraft schöpfte. Veronika sagte ihm darauf, daß die Leiden der Passion seit 3 Uhr nachts begonnen hatten; daß sie bereits den Angstschweiß im Ölgarten, den Sturz der Kriegsknechte, die Bindung der Hände und die Beschimpfung durch die Henkerknechte durchlitten habe; daß sie zum Gerichte des Pilatus und Herodes geführt worden sei und daß sie schon alle die Schmach und Beschimpfung und alle die Schläge habe erdulden müssen, die der Erlöser bei diesen Anlässen habe hinnehmen müssen. Die Patres erkannten an den Händen Veronikas sichtbare

Spuren der Stricke, mit denen der Herr gebunden worden war. Die Striemen waren sehr tief, was beide in Schrecken und Rührung versetzte. P. Crivelli hörte nicht auf, sie zu ermuntern, sich ganz in den Willen Gottes zu ergeben, und befragte sie dann, mit welchem Geheimnis der Passion sie fortfahren würde. Sie sagte darauf, daß die Geißelung gerade stattfinden solle. Darauf ermunterte er sie noch mehr, gab ihr die Absolution und befahl ihr, sich im Gehorsam diesen Qualen zu unterwerfen, die auf das erste Zeichen, das er geben werde, aufhören würden.

Bald darauf begann die Geißelung. „Wir sahen sie", so sagte P. Crivelli, „nach jeder Art, die möglich war, auf ihr Bett gestoßen, so, daß es zugleich ein ebenso bewundernswertes wie schreckliches Schauspiel war, die Bewegungen ihres Körpers zu sehen, der manchmal in die Luft, dann wieder mit dem Kopf zuerst wider die Mauer geworfen wurde; und alles das mit einer solchen Wucht, daß die Bretter ihres Bettes sich nacheinander hoben und senkten. Die Mauern ihrer Zelle wurden dermaßen erschüttert, daß man von einem Erdbeben hätte sprechen können. Die Mitschwestern liefen bei diesem Lärm herbei, da sie fürchteten, daß das Dach des Klosters auf sie stürzen würde, so daß ich ihnen befehlen mußte, sich wieder zu entfernen."

Der gemeinsam mit Pater Crivelli gekommene Pater Rektor, der von Mitleid und Schrecken gepackt war, konnte nicht mehr länger das Schauspiel ertragen. Er ging in das Kolleg zurück, ohne ein Wort hervorzubringen. „Nachdem ich sie etwas mehr als eine Stunde, wenn ich mich recht erinnere, in diesem Zustand gelassen hatte, setzte ich dem Ganzen ein Ende mit den Worten: ‚Es ist genug; es höre auf!' Es war ein Wunder zu sehen, wie diese Frau, die soeben noch verzückt war in der Betrachtung der Geheimnisse, die sie litt, und keine Kraft mehr hatte, vollständig und plötzlich zu sich kam. Sie lag da, in vollkommener Ruhe ausgestreckt, und spürte nichts mehr und war von all ihren Schmerzen frei." P. Crivelli fragte sie später, wer ihr all diese Schläge zugefügt habe, worauf sie antwortete, daß es Dämonen gewesen seien in Übereinstimmung mit dem, was unserem Herrn bei seiner Geißelung zugestoßen sei, als die vom Teufel besessenen Henker ihm diese grausame Marter antaten.

Nach dieser schrecklichen Prüfung wollte P. Crivelli die heilige Messe lesen. Voller Vertrauen in die Tugend des Gehorsams befahl er Veronika, sich ohne jede andere Hilfe zu erheben und sofort in das Chor zu kommen, um dem hl. Opfer kniend beizuwohnen. Sie tat dies alles mit großer Exaktheit und Behendigkeit. Nach der hl. Messe befahl ihr der Pater, sich zu Bett zu legen. Dann erlaubte er Veronika, nachdem sie sich in Begleitung der Äbtissin und einiger anderer Schwestern in ihre Zelle zurückbegeben hatte, die Geheimnisse der Passion — von der Geißelung ab — fortzusetzen. Er sah sogleich die Anzeichen der Dornenkrönung, dann des Kreuztragens und des Weges auf dem Kalvarienberg. „Dann kam die Kreuzigung", fährt Crivelli fort, „und ich kann sagen, daß, wenn ich sie an einem wirklichen Kreuz gesehen hätte, dies Schauspiel nicht ergreifender hätte sein können. Kaum hatte ich erlaubt, dieses

Mysterium zu leiden, als sie die Arme öffnete und ausstreckte, und zwar derart, daß die Spannungen der Muskeln äußerlich sichtbar waren, und die Glieder auseinandergezogen wurden bis zu ihrer äußersten Grenze. Das gleiche geschah mit den Füßen; dann neigte sich ihr Haupt. Sie stieß tiefe Seufzer aus, ihre Brust hob und senkte sich mit aller Macht. Ihre Angstschreie glichen vollkommen denen des Todeskampfes. Es war in der Tat die Agonie, ein kalter Schweiß trat auf ihre Stirn, Tränen liefen über ihre Backen, und man sah nach und nach alle Anzeichen des nahen Todes. Sie blieb fast ein halbe Stunde in diesem Zustand. Schließlich war sie zu dem Punkte gekommen, wo es schien, sie gebe den letzten Seufzer von sich. Voller Glauben und gestärkt durch das, was ich gesehen hatte, befahl ich ihr im Namen des heiligen Gehorsams, den Schmerzen und allem anderen ein Ende zu setzen. Sie kam zu sich, und es blieb bei ihr nichts weiter als eine große Erschöpfung zurück."

Crivelli stärkte sie darauf erneut mit geistlichen Mitteln. Sie sang das Offizium des Tages mit Schwester Cevoli. Und da sie sich erinnerte, daß sie noch ihre Schmerzen der allerseligsten Jungfrau aufopfern müsse, erlaubte er ihr, es zu tun, wobei er hinzufügte, daß er sich selbst an der Bewegung ihres Herzens vergewissern wolle, ob sie es wirklich tue. „In der Tat", sagte er, „war die in ihrem Herzen durch den Schmerz hervorgerufene Bewegung eine derart fühlbare, daß ich jeden Schlag hörte, wie das Perpendikel einer Uhr. Ich erlaubte ihr darauf, Schluß zu machen, und alles hörte auf. Gegen Mitternacht ließ ich sie etwas Essen zubereiten, das ich segnete, und sie aß davon ohne Ekel, was sie gewöhnlich nicht tat." Crivelli ging darauf zu seinem Kolleg zurück voll Erstaunen über die Wunder, die er gesehen hatte. Er gab über alles einen Bericht an den Bischof und bat ihn, einen Termin festzusetzen für die Ausführung des fünften Befehls. — Der Bischof setzte einen Tag im Monat Dezember fest.

Am besagten Tage begaben sich der Bischof und Crivelli des Nachmittags in das Kloster. Sie ließen die Türen des Chores und der Kirche schließen, und als sie mit der Heiligen allein waren, befahl ihr Crivelli im Namen Gottes und des heiligen Gehorsams, zu leiden und dem Bischof und ihm die Kreuzigung darzustellen, während sie aufrecht stand. Sie betete einige Zeit und betrachtete das Geheimnis, das sie in ihrer Person darstellen würde: „Einige Augenblicke später", erzählt P. Crivelli, „erhob sie sich plötzlich wie aufspringend, stellt sich fest auf ihre Füße, die Arme in Kreuzesform ausstreckend, so daß sie ganz schrecklich auseinandergezerrt waren; sie reckte ihre ganze Gestalt, als wenn sie auf das Kreuz ausgestreckt wäre. Es zeigten sich hierbei derartige Stöße in der Brust, daß sogar die Bänke des Chores und der Chor davon bebten. Obgleich sie weit entfernt waren, hörten alle Mitschwestern dieses Geräusch und bestätigten es mir nachher. Man hörte zu gleicher Zeit alle Muskeln des Körpers krachen; die Verkrampfungen der Nerven ihres Körpers waren derart, daß sie Schrecken und Staunen zugleich hervorbrachten[6]). Um das Experiment

[6]) Es decken sich diese Beobachtungen übrigens völlig mit den Feststellungen Dr. Hyneks über die Kreuzigung Christi selbst, die er nach streng medizinischen Ge-

vollständig zu machen, sagte ich mehrmals zu ihr, als ich sie mitten in all diesen Bewegungen von der Erde emporspringen sah: Höher! Höher! Und sie erhob sich in die Luft ohne mehr den Boden zu berühren [7]); dann kam sie plötzlich wieder herab. Nachdem sie auf diese Weise für einige Zeit gekreuzigt war, fiel sie plötzlich mit dem Gesicht gegen den Boden auf das Pflaster des Chores und blieb so mit ausgestreckten Armen liegen. Dann stand sie plötzlich auf und erhob sich ganz gerade in Kreuzesform empor, so wie wenn sie durch fremde Hände gekreuzigt worden wäre. Ich fragte sie später, warum sie auf die Erde gefallen sei; worauf sie antwortete, daß sie hierbei die Juden habe darstellen müssen, die, nachdem sie ihr Hände und Füße angenagelt, das Kreuz auf die Rückseite gekehrt hätten, um die Nägel umzuschlagen. Sie blieb in dieser Haltung fast eine Stunde, um auch diese Leiden zu erdulden. Da schließlich der Bischof und ich meinten, daß es genug sei, befahl ich ihr im Gehorsam, und alles hörte sofort auf. Sie kniete sich darauf demütig zu unseren Füßen nieder. Als die ganze Prüfung vorbei war, verabschiedeten wir Schwester Veronika und wir verließen beide die Kirche, ganz geschlagen vor Staunen und Bewunderung über das, was wir gesehen hatten."

So weit unser Bericht über die Prüfung der Wundmale und des Miterduldens der Passion Christi durch die Heilige. Vielleicht nicht weniger erstaunlich aber ist die eigentümliche *plastische Stigmatisation ihres Herzens,* über die wir vorzügliche Dokumente und Zeugnisse besitzen. Wir treffen eine gleichberühmte im Herzen der hl. Klara von Montefalco, in der man die Leidenswerkzeuge des Herrn abgebildet fand. Dreizehn Jahre nach obengenannten Prüfungen, am Karsamstag des Jahres 1727, einige Monate vor ihrem Tode, gestand Veronika ihrem Beichtvater, Pater Guelfi, im Gehorsam gegen den Befehl, den man ihr erteilt, daß in ihr Herz — in dem sie übrigens seit langer Zeit schon andere Zeichen trug — während der heiligen Tage der Karwoche das Bild zweier Flammen eingeprägt worden sei und einer Fahne mit Anfangsbuchstaben der heiligen Namen Jesus und Maria. Da der Beichtvater über alle Aussagen der Heiligen ein authentisches Dokument haben wollte, um deren Genauigkeit nach ihrem Tode nachprüfen zu können, befahl er ihr darauf, eine Zeichnung ihres Herzens zu machen, ganz in der Art, wie sie es ihm mündlich beschrieben hatte. Veronika gehorchte, und da sie nicht zeichnen konnte, nahm sie ihre Zuflucht zu Schwester Florida Cevoli und Schwester Maria-Magdalena Boscaini. Man schnitt ein Herz aus Papier, das aus roter Farbe war. Auf dasselbe wurde in weißem Papier die Leidenswerkzeuge der Passion unseres Herrn aufgesetzt und an ihrer entsprechenden Stelle die anderen Zeichen; die Buchstaben wurden mit der

---

sichtspunkten in seinem Buche „Golgotha, zum Zeugnis des Turiner Grabtuches" (Karlsruhe 1950) untersucht hat. Hier ergibt sich, daß die eigentliche Todesursache Christi am Kreuz die Verkrampfung der Arme und Brustmuskeln des Heilandes war, die seine Erstickung herbeiführten!

[7]) Wir beobachten hier einen weiteren Fall der sog. Schwebeekstase, die in der Geschichte der Mystik oft vorkommt. Vgl. unsere Bemerkungen in Bd. I, u. a. 123 u. 171.

Feder eingetragen. Die an Pfingsten vollendete Zeichnung wurde dann P. Guelfi übergeben. Drei Tage danach wurde Veronika von einem Schlaganfall getroffen, der einige Wochen später ihrem Leben ein Ende setzen sollte. Der Beichtvater übergab sofort die Zeichnung in die Hände des Bischofs, der seine Unterschrift darunter setzte und sie mit einem Siegel versah. — Es folgt eine Wiedergabe des wunderbaren Herzens, so wie es gezeichnet und auch nach ihrem Tode aufgefunden wurde:

Stigmatisiertes Herz der hl. Veronika Guliani
(Erklärung im Text)

Man stellte nicht weniger als 24 Figuren und verschiedene Einprägungen im Herzen Veronikas fest. In der Mitte des von ihr entworfenen Bildes sah man ein lateinisches Kreuz, auf dem an der Spitze des senkrechten Balkens der Buchstabe C, auf der Mitte des Querbalkens der Buchstabe F und an dessen rechtem Ende V, und an dem linken O eingeschrieben waren; über dem Kreuze etwas seitlich befand sich eine Dornenkrone, rechts vom Kreuze, und es schräg überschneidend, eine Standarte, deren Fahnentuch in zwei Teile geteilt war, die jeweils in einer Spitze ausliefen. Auf dem oberen Teil las man den Buchstaben J, auf dem unteren den Buchstaben M. Über der Standarte befand sich eine Flamme, darunter ein Hammer, eine Zange, eine Lanze und ein Stock mit dem Essigschwamm. Links vom Kreuze sah man von oben nach unten den ungenähten hl. Rock, eine zweite Flamme, einen Kelch, die Figur zweier ineinandergehender Wunden, eine kleine Säule, drei Nägel und eine Geißel. Unter dem Kreuz aber waren sieben Schwerter dargestellt, deren Spitzen sich bei dem Buchstaben V vereinigten, und an jeder Seite des unteren Kreuzbalkens war der Buchstabe P eingeschrieben (man vgl. unsere Zeichnung!).

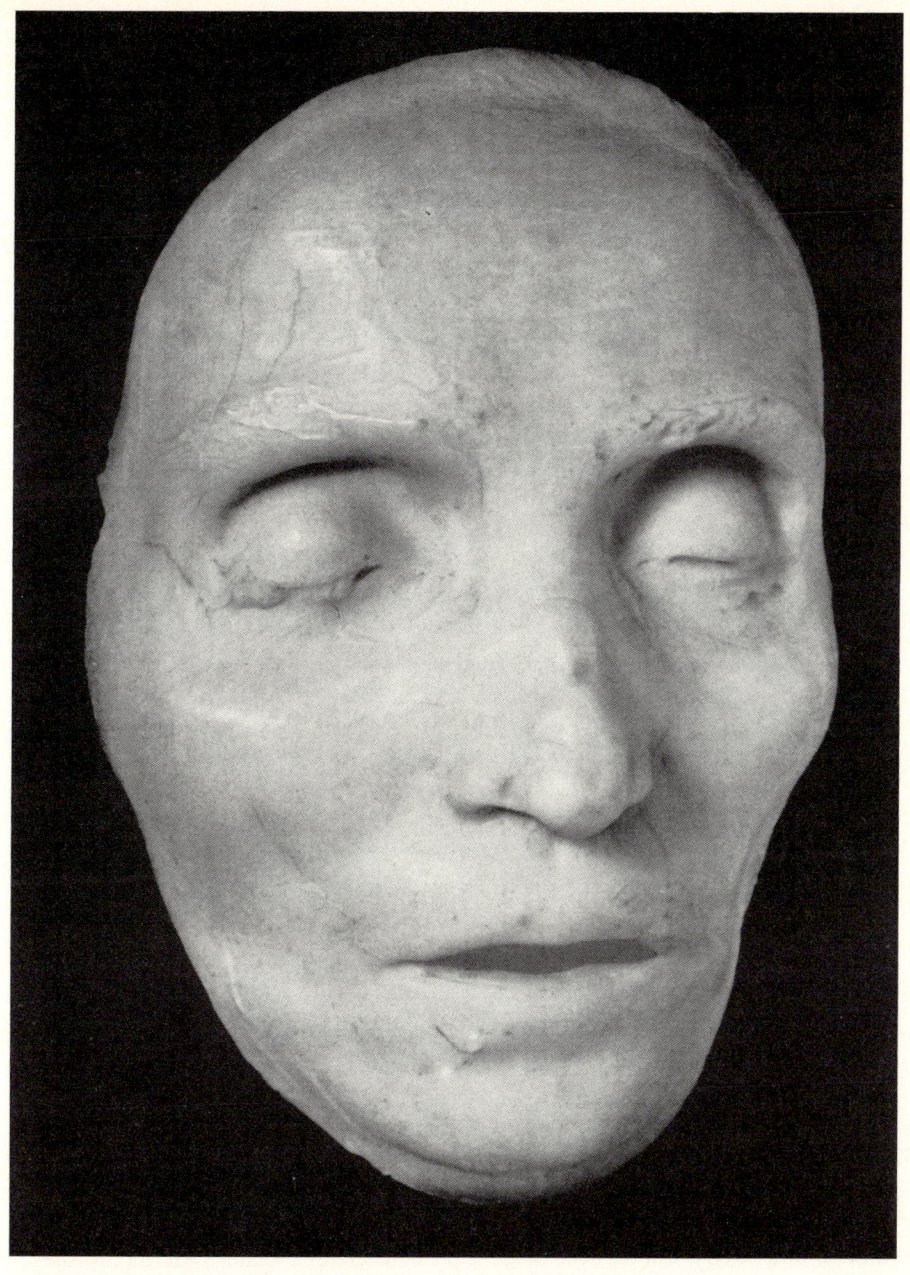

Veronika Giuliani (1660–1727)

Totenmaske im Augustinerinnen-Kloster zu Città di Castello
Veronika trug neben den fünf Wundmalen eine plastische Herzstigmatisation

Welchen Sinn aber sollte diese plastische Stigmatisation haben? Veronika hat selbst ihrem Beichtvater die Erklärung der symbolischen Buchstaben gegeben, die in ihr Herz eingeprägt waren: Die beiden auf der Standarte eingeschriebenen Buchstaben waren die Anfangsbuchstaben der Namen Jesus und Maria. Der Buchstabe C bedeutete die Liebe (Caritas), F den Glauben und die Treue zu Gott (lat. und ital. Fides und Fidelitas); O den Gehorsam (oboedientia); die beiden V die Demut und den Willen Gottes (voluntas dei); die beiden P Leiden und Geduld (passio und patientia); die beiden Flammen die Gottes- und Nächstenliebe. Die Standarte war Symbol der Siege, die Veronika während ihres Lebens davongetragen hatte. Die sieben Schwerter stellten die sieben Schmerzen der hl. Jungfrau dar, die anderen Zeichen die Leidenswerkzeuge. — Daß aber diese Aussagen Veronikas keine Einbildungen und Erfindungen waren, das sollte sich sehr bald und mit überraschender Genauigkeit erweisen.

Veronika starb am 9. Juli 1727. Am folgenden Tage ließ der Bischof die Öffnung des Herzens vornehmen, und zwar in Gegenwart des Gouverneurs Torrigani, der später Kardinal wurde, des Kanzlers Fabri, der Herren Franz Maria Pesucci, Jakob Gellini, Johannes Falconi, Cäsar Giannini, des Beichtvaters Guelfi und des Malers Angellucci. — Es waren die Professoren Johann Franz Gentili (ein Chirurg) und Johann Franz Bordiga (ein Arzt), die die Öffnung vornahmen. Zunächst wurde festgestellt, daß die äußeren Gliedmaßen, die während des Lebens so oft durch Stigmata durchbohrt waren, nicht die geringsten Spuren von Narben zeigten. Die äußere Hülle des Herzbeutels war verengt und mit Fett überwachsen. Man sah hier eine Wunde mit zwei Rändern, die genau, was Ausdehnung, Lage und Richtung betraf, mit der alten Seitenwunde übereinstimmte, alles ohne Erguß oder Entzündung in der Brusthöhle, was durch die Fachleute als übernatürlich erklärt wurde. Man fand in der rechten Herzkammer, entsprechend der zu ihren Lebenszeiten angefertigten Zeichnung, ein vollkommen ausgebildetes Kreuz mit dem Buchstaben C und eine kleine Dornenkrone, die beiden Flammen, die sieben im Halbkreis angeordneten Schwerter, das V, das P, die Lanze, den Schwamm, die Standarte mit ihrem Banner und die beiden Buchstaben J und M und einen spitzen Nagel. Die Nachforschungen nach den übrigen Zeichen, die von Veronika geoffenbart worden waren, wurden nicht weiter betrieben. Die Prüfung hatte lange gedauert. Die Herzöffnung war erst 36 Stunden nach dem Tode erfolgt. Durch die Zeit und die Trauer der Mitschwestern gedrängt, wollte der durchaus befriedigte Bischof, der genügend durch die erste Prüfung überzeugt war, den Rest des Herzens unversehrt lassen und erlaubte nicht, daß man die andere Herzkammer öffnete. Das wunderbare Gefäß wurde mit dem Körper der Heiligen in den Sarg gelegt, und die Reliquie ging leider bei der Verwesung des Fleisches verloren.

Dasselbe Herz war übrigens während des Lebens der Heiligen Gegenstand noch anderer mystischer Phänomene, die in der Geschichte der Mystik selten sind. Es bot einen Fall ganz außergewöhnlichen Herzklopfens. Man hörte aus der

Ferne verschiedene Geräusche, die von ihm ausgingen. In ihren Aussagen haben die Zeugen dieselben mit Tambourschlägen verglichen oder mit dem Schlagen der Uhr. Die Laute waren manchmal freudiger Art, wenn die Heilige besonderer Gnaden gewürdigt wurde, dann wieder ernst und traurig, wenn sie im Zustand des Leidens war. Die Beichtväter konnten diese außergewöhnlichen Laute willkürlich hervorbringen lassen, sei es durch Auferlegung des Gehorsams, sei es, daß sie den Willen auf die Ausübung irgendeiner Tugend richten ließen. Sie hatten vor der inneren Stigmatisation begonnen und dauerten bis zum Ende ihres Lebens. Man hörte sie in einer Entfernung von zwanzig Schritt im Chor, im Beichtstuhl und im ganzen Kloster.

Erwähnt sei noch, daß das Leben Veronikas ganz und gar ein solches der Ekstase war. Die Schwebeekstase zeigte sich bei ihr in selten beobachteter Wucht und Stärke. Es ist bezeugt, daß sie sich im Garten oft über den Boden erhob und die Gipfel der Bäume erreichte. Wie so viele andere Stigmatisierte hatte auch sie die Gabe der Prophetie, der Unterscheidung der Geister und der Herzenskenntnis (Kardiognosie); u. a. sagte sie die Pest in Marseille voraus. Hinzu kam die Gabe der Wunder. Man schreibt ihr die Vermehrung von Fischen und Früchten des Bodens zu, ebenso daß sie Kranke auf der Stelle heilte. Nachdem sie während ihres Lebens viel Außerordentliches gewirkt, war ihre Fürbitte auch nach ihrem Tode durch Wunder ausgezeichnet. Wir müssen noch hinzufügen, daß Veronika durch Papst Pius VIII. selig gesprochen und unter Gregor XVI. am 6. Mai 1839 kanonisiert worden ist. Alle Tatsachen der Stigmatisation sind in dem Offizium der Heiligen erwähnt. Dieses spricht von den „heiligen Wundmalen, mit denen sie ausgezeichnet war, von der Dornenkrone und den Passionswerkzeugen, die ihr Herz schmückten und die durch vielfältige Zeugnisse bestätigt sind." Der Heiligsprechungsprozeß der Heiligen, der sozusagen während ihres Lebens schon begonnen worden war, wurde ordnungsgemäß nach ihrem Tode fortgesetzt. 22 Zeugen traten bei der ersten Untersuchung auf, die im Jahre 1727—1735 stattfand, und 25 in dem von 1745 bis 1750. An ihrer Spitze erschien die Oberin Florida Cevoli, deren Heiligsprechung man ebenfalls verfolgt. Vier Beichtväter der Heiligen gaben Zeugnis über sie in dem Prozeß. Von höchstem Interesse wäre es für jeden, die Heiligsprechungsakten zu lesen, die mehrere Bände in Folio umfassen; sie halten jeder Kritik stand und sind in jeder Hinsicht höchster Ausdruck menschlicher Zeugenschaft.

Wollten wir jedoch von der unerhörten Fülle der sonstigen außerordentlichen Gnaden und Gaben, mit denen Gott die Heilige geradezu überschüttete, auch nur ein *annäherndes* Bild geben, wir würden kein Ende finden. Das Leben der hl. Veronika Giuliani ist derart reich an übernatürlichen Geschehnissen, daß nur ihre ausführliche Biographie einen genaueren Überblick zu bieten vermag. Hoch über allen äußeren Gaben aber steht ihr Heroismus, ihre Tugend und ihre Gottesliebe und der Grad ihrer mystischen Gottvereinigung. Und so verehren wir in dieser Stigmatisierten eine der bedeutendsten Heiligen!

22. Kapitel

Florida Cevoli

Eine weitere Stigmatisierte des Herzens

Daß die Stigmatisation des Herzens, so wie wir sie bei Veronika Giuliani finden, keine absolute Seltenheit ist, das erfahren wir übrigens nicht nur aus ihrem Leben und dem einer HL. KLARA VON MONTEFALCO, die schon im 13. Jahrhundert lebte, und aus den Lebensbeschreibungen so mancher anderer Stigmatisierter (Imbert zählt etwa 14 derartige Fälle auf) [1]), sondern nicht zu-

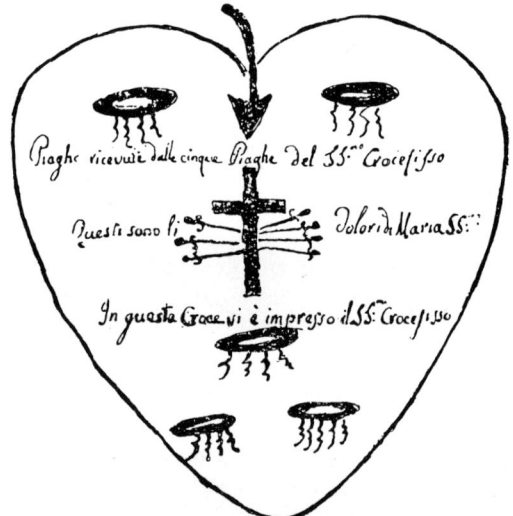

Beispiel einer Stigmatisation des Herzens
Das stigmatisierte Herz der ehrwürdigen Florida Cevoli (1685 - 1767)
mit eingeprägten Wunden und Leidenswerkzeugen.
(In drei von ihr selbst vor ihrem Tode niedergelegten Zeichnungen.)
I. Zeichnung der Florida Cevoli:
Die eine der Herzhöhlungen mit Wunden, 7 Schwertern Mariens und Kreuz
(Kopien der Zeichnungen der Florida Cevoli, nach der Wiedergabe von Prof. Dr. Imbert-Gourbeyre)

---

[1]) Vgl. La Stigmatisation II., S. 40. Er nennt u. a. folgende Stigmatisierte, bei denen eine Öffnung des Herzens vorgenommen wurde: Lucia von Norcia, die hl. Theresia, Leonard von Lettera, Schwester Paula vom hl. Thomas, Martina von den Engeln, Katharina Paluzzi, Maria Villani, Johanna Maria vom Kreuz, Franz Dutromhet und Florida Cevoli. Wir können hinzufügen Magdalena Lorger von Hadamar, wenn auch in anderer Form stigmatisiert.

letzt auch mit aller Eindringlichkeit aus der Biographie der schon öfter erwähnten
EHRW. FLORIDA CEVOLI. Diese ist ebenfalls Klosterfrau in Città-di-Castello gewesen, wo Veronika Giuliani einst ihre Novizenmeisterin war. Eines Tages
wurde eine Zeichnung bei ihr gefunden, (vgl. die beigegebenen Reproduktionen
unseres Buches), in der sie auf das genaueste die Stigmata wiedergab, die *nach*

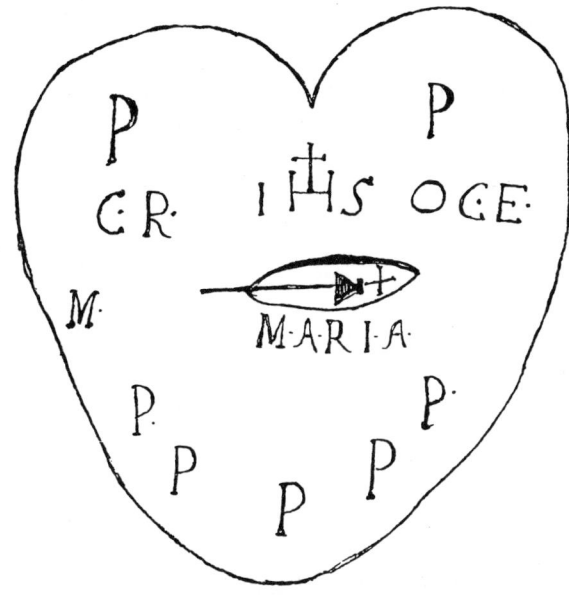

II. Zeichnung der Florida Cevoli:
Die andere Höhlung ihres stigmatisierten Herzens
(in der Mitte die Herzwunde). Die Buchstaben sind Anfangsbuchstaben der verschiedenen Tugenden.

ihrem Tode in ihrem Herzen erscheinen würden. Prof. Dr. Imbert-Gourbeyre
erhielt die Originale derselben von ihrem Kloster selbst zur Verfügung gestellt.
Es handelt sich um eine dreifache Zeichnung vom Äußeren und Inneren ihres
Herzens und von den Stigmen auf der Aorta (am Ausgang) desselben. In der
Tat ordnete nach ihrem Tode der zuständige Bischof die amtliche Öffnung
ihres Herzens an. Zunächst war hierbei nichts Auffallendes zu entdecken. Innerhalb von acht Tagen aber, während welcher die Reliquie in bischöflichem Auftrag sorgfältig in einem verdeckten, mit Wasser gefüllten Gefäß gehalten wurde,
waren die Stigmata genau so ausgebildet, wie es die Verstorbene viele Monate
vorher gezeichnet hatte. Die Seligsprechung der Schwester Florida Cevoli, die
von 1685—1767 gelebt hat, ist im Jahre 1838 auf Grund ihrer hohen Tugend
und Heiligkeit eingeleitet worden (vgl. Imbert-Gourbeyre, I. S. 422—427). Um
noch auf die Zeichnungen näher einzugehen, so bedeuten bei Zeichnung I die
fünf länglichen Gebilde die fünf hl. Wunden. Die Schrift der obersten Reihe
lautet dementsprechend aus dem Italienischen übersetzt: „Wunden, empfangen

von den fünf Wunden des Gekreuzigten." Das Kreuz mit den sieben Schwertern bedeutet dementsprechend (zweite Reihe der Schrift): „Dies sind die Schmerzen der sehr heiligen Maria." Die unterste Schriftzeile dagegen lautet: „In der zweiten Zeichnung finden wir in der Mitte den Lanzenstich, am Ende der Lanze ein Kreuz, was die Liebe zum Kreuze versinnbildet. Die Buchstaben, die das Wort C R O C E (Kreuz) darstellen, bedeuten: Carita — die Liebe, Retta intentione — die rechte Meinung, Obedienza — den Gehorsam, Costanza nel bene — Beständigkeit im Guten, Elevazione di mente continua in Dio — die ständige Erhebung der Seele in Gott. Ähnlich hat auch jeder Buchstabe des Wortes M A R I A seine Bedeutung; die sieben P aber bedeuten die sieben Tugenden des Friedens: Pace — Frieden; Patienza — Geduld; Prudenza — Klugheit; Poverta di spirito — Armut im Geiste; Perseveranza finale — Ausharren bis zum Ende; Purita di cuore — Reinheit des Herzens; Purita d'intenzione — Reinheit der Absicht, M ist Mortificazione — Abtötung. In der dritten Zeichnung bedeuten die Buchstaben P: Patire e Patienza; die Nummer 3 bedeuten die Verwundungen des Herzens; die Nummer 4 die Seitenwunde; die Nummer 5 das Kreuz; die Nummer 6 Flamme und Kreuz; die Nummer 7 die fünf Wunden; die Nummer 8 die hl. Herzen Jesu und Mariä.

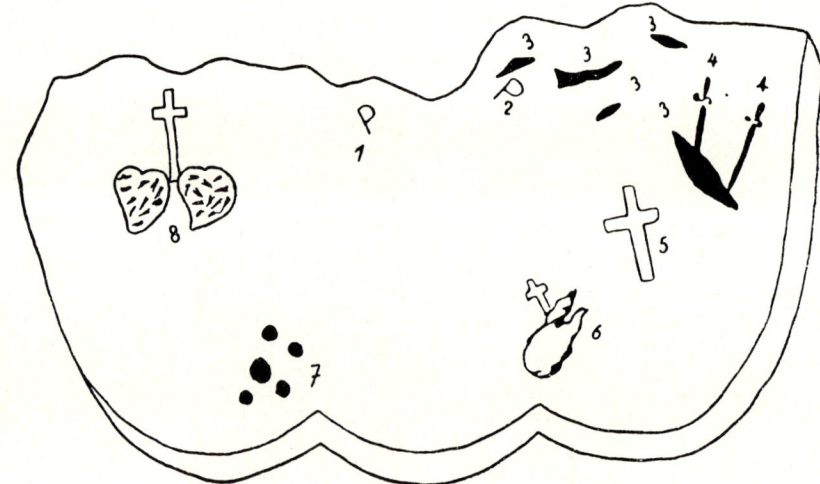

III. Zeichnung der Florida Cevoli:
Stigmata auf der Aorta ihres Herzens

Es zeigen sich u. a. die Herzen Jesu und Mariä; die Zahlen Nr. 3 verdeutlichen die verschiedenen Verwundungen des Herzens, Nr. 4 die Seitenwunde, Nr. 7 die fünf heiligen Wunden usw.

Die Tatsache, daß diese figürlichen Stigmata erst acht Tage nach dem Tode der Verstorbenen erschienen, schließt somit jede psychogene Hervorbringung der Stigmata aus, da in einem toten Organ die Seele naturgemäß nicht mehr wirken kann! Der Fall einer Florida Cevoli ist daher einer der interessantesten und drastischsten Fälle figürlich-übernatürlicher Stigmatisation.

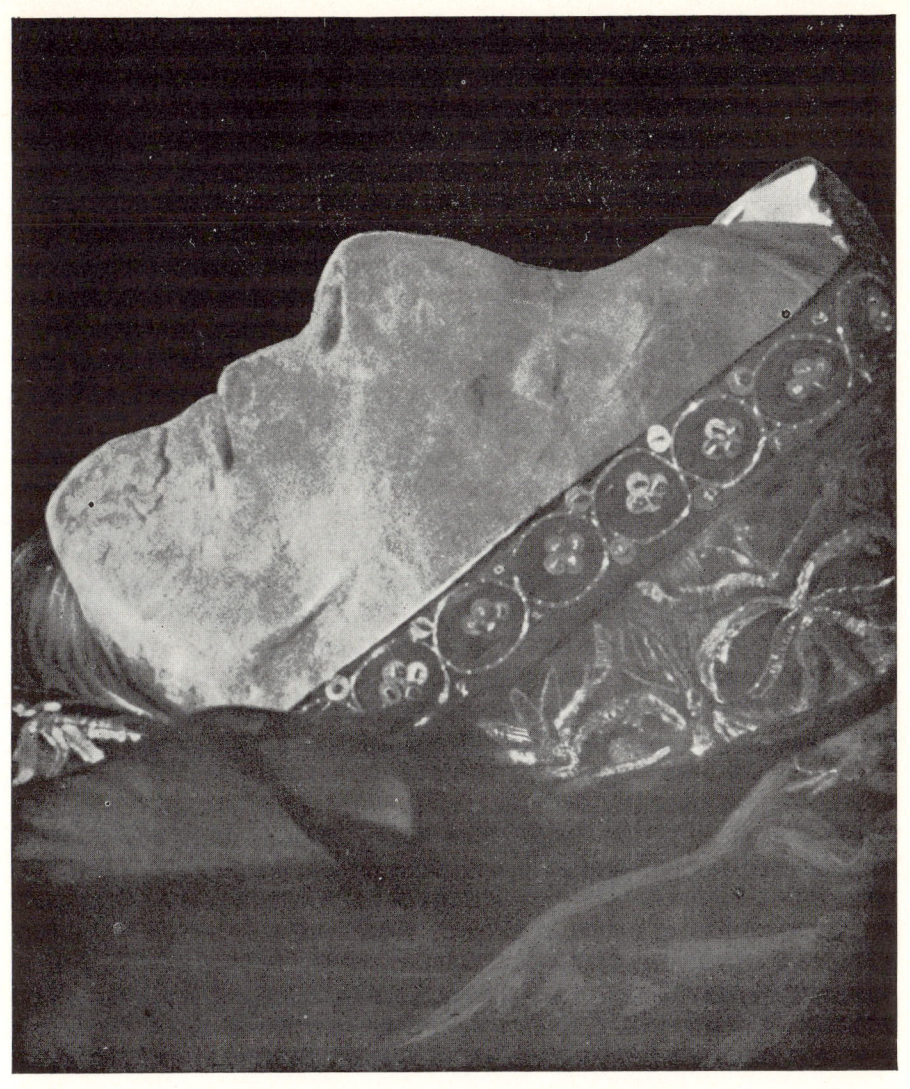

Klara von Montefalco (ca. 1275–1308)

Die Heilige in ihrem Schrein (Augustinerinnen-Kloster zu Montefalco)
Klara, auch genannt vom Kreuze, wurde ähnlich wie die heilige Veronika Giuliani der
plastischen Stigmatisation gewürdigt. Bei der Autopsie ihres Herzens fand man darin die
Leidenswerkzeuge plastisch ausgeprägt. Ihr Leib ist noch heute unverwest.
Vgl. Lexikon für Theologie und Kirche, 1934, Bd. VI, Sp. 6

Fünf große deutsche Stigmatisierte
im Zeitalter der Aufklärung und Romantik

Viele Jahrhunderte haben wir seit der Hochblüte der deutschen Mystik des Mittelalters durchschritten, ohne daß wir in unserem deutschen Volke auf weitere große stigmatische Begnadungen gestoßen wären. Es schien, als habe der Herr seit dem Niedergang jener großen Epoche unserem Volke gegenüber mehr und mehr mit den Gaben der Frömmigkeit und Heiligkeit gespart, und zwar um so deutlicher, als es sich in den Wirren der Reformation und der Religionskriege Schritt für Schritt von den alten großen Überlieferungen seines Glaubens entfernt hat.

Nun aber, da nach Abschluß des 30jährigen Krieges eine gewisse Festigung der religiös-kulturellen Verhältnisse eintrat und nach Überwindung der gewaltigen Gefahr der Türkenkriege die Gegenreformation und das Barock ihren Siegeszug über die deutschen Lande nahmen, schien offenbar die Zeit gekommen, daß dem deutschen Volke wieder eine Reihe großer Begnadungen geschenkt wurden. Nicht weniger als fünf bedeutende Stigmatisierte zählen wir allein in der Zeit des 17. und 18. Jahrhunderts. Unter ihnen verzeichnen wir vor allem auch einen männlichen deutschen Stigmatisierten, den großen Mystiker und Volksmissionar PHILIPP JENINGEN, zu dem sich die beiden bayrischen Träger der Wundmale ANNA JOSEPHA LINDMAYR in München und COLUMBA SCHONATH in Bamberg und außerdem MAGDALENA LORGER in Hadamar gesellen und schließlich die berühmteste unter allen: ANNA KATHARINA EMMERICH im katholischen Westfalenlande. Es war, wie wenn der Herr an die alten, noch schlummernden, aber starken Kräfte der *Volksfrömmigkeit* seine besonderen Gnaden knüpfen und die zutiefst noch glühenden Kräfte innig-gläubiger Christusliebe zu neuem starkem Leben erwecken wollte, um unserem Volk noch herrlichere Gnaden als im Mittelalter zu schenken.

Dazu aber sah die göttliche Vorsehung schon jene neuen Stürme herannahen, die eine um so festere Gründung der religiösen Erneuerung erforderte. Die *Aufklärung* als besonderes Geschenk des modernen Geistes und des immer stärker werdenden Absolutismus der Fürsten zog auch über Deutschland herauf. Gegen sie errichtete der Herr gerade in den Begnadeten jener Zeit die stärksten Bollwerke und Dämme. Erstaunlich ist es, wie gerade die Stigmatisierten des 18. Jahrhunderts einen erbitterten Kampf mit den Mächten des Umsturzes und der Unterwühlung der Religion zu führen hatten und wie sie der Herr berief, in den Zeiten hereinbrechender krassester Diesseitigkeit und Verleugnung des Übernatürlichen, wie mächtige Quadern religiöser Verteidigung zu wirken. Ja wie er sie die Brücken hinüber zur religiösen Erneuerung des 19. Jahrhunderts, zur *Romantik,* schlagen ließ. Ein Clemens Brentano findet den alten Quellgrund des Übernatürlichen und Religiösen am Leidensbette einer Katharina Emmerich wieder, um ihn durch seine tiefgläubigen Schriften in das kommende Jahrhundert weiterzutragen! Auch Görres erhielt den entscheidenden Antrieb der Umkehr durch eine Trägerin der Wundmale, Apollonia Filzinger, wie kaum bekannt ist [1]). Und seitdem ist die Gnadengeschichte des deutschen Volkes im Grunde nie mehr versiegt. Trotz aller Gegenbewegungen strömt eine ganze Fülle von Gnaden auf das deutsche Volk hernieder. Es wäre eine der reizvollsten Aufgaben, dem großen Auf und Ab der Gnadengeschichte sowohl unseres Volkes wie der Menschheit bis in ihre zartesten Verästelungen zu folgen!

---

[1]) Auf Einladung von Brentano besuchte er 1824 von seinem Exil in Straßburg aus Apollonia Filzinger in Homertingen im Elsaß. „Das Ernsteste, was ich je gesehen habe", gestand er; sie erschien ihm als der göttliche Schlußpunkt in der Entwicklung seines „organischen Bildungstriebes" von der Biologie zur Mythologie, und schließlich zu Christentum und Kirche.

Philipp Jeningen S. J.

Der deutsche Volksmissionar und Mystiker des 17. Jahrhunderts

Wir eröffnen die Reihe der deutschen Stigmatisierten der Neuzeit mit einem Manne, der als der vielleicht bedeutendste deutsche Mystiker seit der Zeit des Mittelalters gelten kann und der wegen der Erhabenheit seines Tugendlebens, der Tiefe seiner Gottvereinigung und der Fülle seiner mystischen Gaben heute mehr denn je in das Bewußtsein des deutschen Volkes gerückt zu werden verdient. Es ist, wie wenn in ihm nach 200jähriger Stille auf einmal der Fluch von uns gewichen wäre, der seit dem Ausgang des Mittelalters auf uns lastete, und mit einem Male wieder des Himmels reinster Gnadensegen begonnen hätte, in unerschöpflicher Flut auf unser Vaterland herabzuströmen. Zudem ist Philipp Jeningen, der große Jesuit und Volksmissionar des 17. Jahrhunderts, in ergreifender Weise der geistigen Stigmatisation gewürdigt worden. Und das ist es, was sein reich begnadetes Leben in den Kreis unserer Geschichte der Stigmatisierten rückt.

Die Schilderung der großen Gnadenerweise, mit denen dieser hervorragende deutsche Gottesfreund geziert ward, müssen wir seinen Biographen überlassen [1]. Um so nachdrücklicher müssen wir auf jene Gaben zu sprechen kommen, die ihn in die Familie der Stigmatisierten einreihen.

Gegen Ende des 30jährigen Krieges, am 5. Januar 1642, zu Eichstädt geboren, kam der geweckte Knabe früh in die Obhut deutscher Jesuiten, bei denen er in ununterbrochener Folge in die Mysterien des Priestertums und mehr noch in die Stufen einer tiefen inneren Frömmigkeit hineinwuchs. Dann zum Volksmissionar berufen, durchwanderte er, von dem von ihm gegründeten Marienheiligtum des Schönenbergs zu Ellwangen ausgehend, die deutschen Lande, um das schwäbische Volk zurück zu Christus und heim in den Schoß der Kirche zu führen. Erhebend ist, wie er aus den Tiefen seiner echten Marienliebe und in seiner innigen Hingabe an das göttliche Herz Schritt für Schritt den Zugang zu den ausgezeichneten Gnaden errang, um wiederum in unentwegter Missionstätigkeit die Reichtümer des Herzens Jesu in die Seele des deutschen Volkes hineinzusenken. Immer tiefer wurde seine innere Vereinigung mit Christus, die sich auch bei ihm zu den Gnadenstufen der mystischen Verlobung und Vermählung steigerte. Schließlich hielt ihn der Herr für würdig, in besonderer Weise an den Gnaden seines Kreuzestodes und seiner hl. Wunden teilzunehmen. Er erhielt geistigerweise die

---

[1] Man vgl. vor allem die ausführliche Schilderung von P. Höss S. J.: „Pater Philipp Jeningen S. J., ein Volksmissionar und Mystiker des 17. Jahrhunderts", 5. Aufl., Ellwangen 1948.

Pater Philipp Jeningen S. J. (1642–1701)
Gemälde in Ellwanger Privatbesitz
Jeningen war innerlich stigmatisiert

inneren Stigmen der Kreuzigung Christi, die fortan seine Liebe zu Christus auf das stärkste entflammten und seine Hingabe an Gott zu einer wahrhaft heroischen machten [2]. Er schildert das große Ereignis seiner Stigmatisation mit folgenden Worten:

„Es war am 2. August 1696, da wurde mir folgende wunderbare Erscheinung zuteil: Als willkommenen Anteil und Pflicht empfing ich das folgende: In einer wonnevollen Vision, bei der Jesus zugegen war mit seiner vom Schwerte durchbohrten Mutter, fügte sie mir mit ihrem Schwerte in meinem rechten Fuße eine Wunde bei, aber mit solcher Milde, daß Wunde wie Schwert mir wie Wolle vorkamen. Christus aber sagte zu mir mit dem Vater und dem Hl. Geiste:

‚Durch meine heiligste Mutter bezeichne ich Dich mit dem Zeichen des Heiles meiner heiligen rechten Hand, damit Du tüchtig wirkest und immer gerecht und wahrhaft erfunden werdest.'

Darauf preßte er meiner rechten Hand innen und außen, (also in die Höhlung und auf den Rücken der Hand) eine Stelle seiner eigenen heiligsten rechten Hand ein und prägte ihr aus deren weitgeöffneter Wunde ein Mal in Form einer Rose auf.

Ebenso ist es geschehen bei der linken Hand, bei dem rechten Fuß, dem linken Fuß und der Seitenwunde. — Bei der linken Hand sprach er die Worte:

‚Ich, Christus Jesus, Sohn des lebendigen Wortes, bezeichne Dich durch meine heiligste Mutter mit dem Zeichen des Heils, damit Du von der Sünde bewahrt bleibest und viele Sünder zur Buße bekehrest.' Bei dem rechten Fuße sprach er:

‚Durch meine heiligste Mutter bezeichne ich Dich mit dem Zeichen des Heils meines rechten Fußes, damit Du meine Wege wandelst und mir und meiner Mutter ein vollkommener Mitarbeiter bist.'

Beim linken Fuße wie oben: ‚Damit Du wandelst hinweg über Nattern und Schlangen und den Löwen und Drachen besiegst und damit Du alle Deine Feinde zermalmst.'

Zur Seitenwunde: ‚Damit Du von meiner göttlichen Liebe ganz entflammt werdest zu einem wahrhaften Feuersturm und wie Ignatius alles mit neuer Liebe, mit dem Geiste der Wahrheit, der Frömmigkeit und Einigkeit entzündest. Amen [3].'"

So hat Philipp Jeningen in einer ganz seltenen Weise die inneren Stigmata von Gott erhalten. Es geschah durch die Hände der Gottesmutter, deren begeisterter Verehrer er war, und mit einer so herrlichen symbolischen Ausdeutung durch den Herrn selbst, daß man diese Worte an die Spitze jeder Geschichte der Stigmatisierten rücken könnte! Das ist der Sinn der Stigmatisation, daß sie den

---

[2] Über die Tatsache der geistigen inneren Stigmatisation, die meist der äußeren körperlichen vorausgeht, vgl. unsere „Einführung in die Geschichte der Stigmatisation" („Von der Größe, Erhabenheit und Beurteilung der Stigmatisation"), Kap. IV. 3.

[3] Vgl. Vita von 1727 (in den Seligsprechungsakten), Cap. IV, sowie auch die Darstellung bei Höss, a. a. O., S. 204/05.

Schönenbergkirche bei Ellwangen
erbaut von P. Jeningen, vollendet 1686

Grab P. Philipp Jeningens
in der Stiftskirche in Ellwangen

damit Begnadeten festigen soll in seinem Tugendwege, ihn entflamme in glühender Kreuzesliebe und ihm alle jene Güter und Schätze der hl. Wunden und des hl. Herzens des Herrn vermittle, die für die Verkündigung katholischer Idee, für die Ausbreitung des christlichen Glaubens und die Erfüllung der Seelen mit dem Hl. Geiste vonnöten sind.

Unterschrift von P. Philipp Jeningen S. J.
aus einem Brief vom 15. 8. 1701

Jeningen empfing die Wundmale acht Jahre vor seinem am 9. Februar 1704 erfolgten Tode. In schier beispiellosem Opfermut und heiliger Glaubensglut hat sich seine Seele zu den Höhen der Heiligkeit emporgeläutert. Wollte man den inneren Reichtum seiner Seele schildern, deren bedeutendster Ruhmestitel auf immer in der Erbauung des großen Heiligtumes der Gottesmutter auf dem Schönenberg bei Ellwangen besteht — er war ein eifriger Diener der himmlischen Königin, die ihn ihrerseits mit einer Unzahl erhabenster Gnaden auszeichnete — so müßte man ganze Bücher damit füllen. Als männlicher Zeuge in der jüngeren deutschen Gnadengeschichte ist er einer der seltenen Charaktere, die unserem Volke lieb und teuer sein müssen, und zwar um so mehr, als vor ihm und nach ihm heiligmäßige Männer dem deutschen Volke nicht allzuoft geschenkt waren. Es wäre zu wünschen, daß sein hohes Beispiel auch gerade unsere deutschen Männerherzen wieder zu edelster mannhafter Frömmigkeit entzünde.

Doch schreiten wir weiter und treten wir ein in ein anderes bedeutendes Heiligenleben jener Zeit, das gleichfalls im südlichen Deutschland erblühte.

Anna Josepha Lindmayr

Die hochbegnadete Stigmatisierte Münchens

Das 17. Jahrhundert war eines der schwersten, das Deutschland — und nicht zuletzt Bayern — durchlebt hat. Blutige Kriege — wir erinnern an den längsten aller Kriege, den dreißigjährigen —, Pest und verheerende Seuchen wüteten viele Jahre in deutschen Landen. Und trotz der großen Drangsale wurden so manche Völker nicht zur Buße und inneren Umkehr geführt, sondern nach kurzer Besinnung noch weiter von Gott entfernt. So auch schien es in Bayern zu sein. Aber gerade in der höchsten Not schickte Gott diesem Lande einen rettenden Engel, der, mit der Gabe der Weissagung ausgestattet, Volk und Fürsten zu mahnen und die göttlichen Strafgerichte zu verkünden hatte — falls man auch fürderhin auf die Stimme Gottes nicht hören würde. Und dieser Engel, der im Verborgenen wirkte und durch seine glühenden Gebete und seine hingebende Buße in einsamer Zelle um die Geschicke Bayerns rang und litt, war MARIA ANNA JOSEPHA A JESU LINDMAYR, die spätere Karmeliterin im Dreifaltigkeitskloster zu München. Wieder sehen wir bei ihr, wie im Leben so vieler Stigmatisierten, wie die großen Entscheidungen der Welt- und der Kirchengeschichte fernab von den Wirren der Zeit in stiller Zurückgezogenheit in Gebet, in Buße und Leiden errungen werden. Zugleich erkennen wir, wie die äußeren Erbarmungen Gottes um das Geschick und den Fortschritt der Kirche im Grunde zurückgehen auf die geheime Opfer- und Leidensbereitschaft jener Wenigen, die, so schwach sie auch in den Augen der Welt erscheinen, doch vor Gott groß dastehen durch ihren inneren Heroismus. Immer werden wir bei dieser Tatsache zurückerinnert an ein Gesicht der Katharina Emmerich, die in der Vision Männer mit Zirkel und Kelle sah (es waren Freimaurer!), die das Gebäude der Kirche abzutragen versuchten, denen aber ein Heer von Armen, Kranken, ja sogar an Krücken Gehender entgegenschritt, die durch ihren stillen Leidensmut den Tempel der Kirche Stein um Stein wieder aufbauten, stolzer denn je. So auch Anna Josepha Lindmayr.

Marianne, wie sie in ihrer Jugend genannt wurde, ward am 24. September 1657 zu München „im Thale" als Kind bescheidener, aber frommer Kammerdieners-Eheleute geboren. Von deren 16 Kindern sollten fünf den geistlichen Stand erwählen. Anna Josepha lebte jedoch 56 Jahre außerhalb des Klosters, ehe der Herr sie zu ihrer besonderen Aufgabe rief. Schon mit 18 Jahren wollte sie in einen Orden eintreten, aber immer wieder verhinderten eigenartige Krankheiten und Leiden die Erfüllung des heißersehnten Wunsches. Schließlich legte sie mitten in der Welt die Gelübde der Armut, der Keuschheit und des Gehorsams ab und lebte seit 1691 — als Tertiarin des Karmeliterordens — das Beispiel einer Seele, die ganz und gar Gott hingegeben war. Wie wenig konnte man damals ahnen, daß sie einst eine hellstrahlende Zierde dieser Gemeinschaft und in mancher Beziehung eine „zweite Theresia von Avila" werden sollte — so sehr ähnelt ihr Leben in einigen Punkten dem dieser großen Heiligen. Denn nicht nur wurde sie wie diese zu den höchsten Stufen der Gottesliebe entflammt, nein, sie wurde von Gott, ähnlich wie die große Mystikerin Spaniens, der erhabenen Gnadengabe der Durchbohrung des Herzens gewürdigt.

Wohnhaus der Anna M. Lindmayr in München (vor ihrem Eintritt ins Kloster)

Doch verfolgen wir ihren inneren Entwicklungsgang, damit wir erkennen, wie Gott sie Schritt für Schritt zu den Höhen dieser außerordentlichen Begnadung emporführte. Wir bedienen uns dabei ihrer eigenen Lebensaufzeichnungen, die sie unter dem Titel „Beschreibung und Offenbarung der großen, unendlichen Güte und Barmherzigkeit, welche Gott an mir allergrößten Sünderin der Welt und undankbarster Kreatur, Schwester M. A. Josepha a Jesu, unwürdigster Carmeliterin der ersten Regel von Kindheit an erzeigt und mitgeteilt hat [1]."

---

[1] Eine ausgezeichnete Auswertung dieser Selbstbiographie finden wir in dem Werke Pater F. J. Nocks O. S. B., „Leben und Wirken der Dienerin Gottes Maria Anna Josepha a Jesu Lindmayr, unbeschuhte Carmeliterin im Dreifaltigkeitskloster zu München", Regensburg 1887. Einen Auszug aus demselben bietet P. Redemptus vom Kreuz in der Broschüre „Eine stigmatisierte Leidensseele des Bayernlandes, Maria Anna Josepha von Jesus Lindmayr". Waldsassen 1930, Verlag Albert Angerer.

Schon von frühester Jugend an waltete über Anna Josepha die göttliche Auserwählung. Als das junge Mädchen ihr eigentliches geistliches Leben unter Führung des Jesuiten P. Thomas Widmann begann, der Beichtvater an der Michaelskirche zu München war, stand sie erst in ihrem 16. Lebensjahre. Die Werke bedeutender aszetischer Schriftsteller, wie eines Ludwig de Ponte, eines Alphons Rodriguez und Saint-Jure, einer hl. Theresia und des hl. Johannes vom Kreuz halfen ihr auf dem inneren Weg mächtig voran. Ihre Bußwerke waren in jenen Jahren vor allem: langes nächtliches Gebet, eifriger Kirchgang und der Gebrauch der Disziplin. Ferner legte sie sich große Strenge im Fasten auf. „Und doch hat mich", so schreibt sie, „dies alles nicht schwach gemacht, sondern ich hatte genug Kraft und Stärke." Durch ihr ernstes inneres Streben und ihre Abtötungen nahmen die inneren Gnaden immer mehr zu. Dabei wurde sie nicht nur zahlreicher Erscheinungen der Heiligen und der Gottesmutter ge- würdigt, auch der Herr selbst suchte sie heim und schenkte ihr hohe Gnaden der mystischen Gottvereinigung. Zu welch außerordentlichen Wegen des geistlichen Lebens er sie erwählen wollte, das geht hervor aus den Worten, die er in jener Zeit an sie richtete:„Ich werde mit dir in Zukunft nicht reden wie mit Birgitta [2]), meiner Tochter, sondern w i e m i t M a r i a , m e i n e r M u t t e r [3])!" Nach der hl. Kommunion aber hörte sie einstens die Worte: „Nimmermehr von dir, nimmermehr von mir! Ich liebe dich wegen deiner eigenen wahren Erkenntnis (d. h. deiner Demut), ich liebe dich wegen deines Gehorsams, ich liebe· dich wegen deiner großen Vereinigung mit meinem Willen [4])!" Die Folge aller dieser inneren Gnaden war eine gewaltige Steigerung ihrer Liebe. Und schwer war es der Seligen, diese nach außen zu verbergen. „Es ist ein Wunder", so schreibt sie, „daß man diesen (Gnaden-) Stand vor anderen verbergen kann; wenn nicht die Gnade Gottes wäre, welche zurückhält, könnte man diesen Zustand unmög- lich verbergen. Ich habe mir schon oft Gewalt angetan und zugleich meinen aller- liebsten Gott gebeten, er möge sich vor mir verbergen, sonst kann ich seine Liebe nicht mehr vor den Leuten verborgen halten; ich habe mir oftmals Finsternis erbeten statt des Lichtes, habe aber auch erfahren, daß er, den er am Herzen schwächt, auch wieder stark machen kann; manchmal glaubte ich, alle Glieder müßten entzweigehen, und habe ich das Herz mit großer Gewalt halten müssen, daß es mir an der Seite nichts zersprenge [5])." Ihre Gegenliebe galt vor allem dem hl. Sakramente. Und vor diesem spendete Gott ihr eine erste be- deutsamere Gnade, die zu ihrer Stigmatisation hinführte. „Am 16. Oktober 1702" — so berichtet sie — „sind in der Kirche aus dem heiligsten Sakramente, von der Monstranz weg, Strahlen wie Pfeile auf mein Herz ausgegangen." Zu welcher Liebe aber Gott sie berufen, das wurde ihr am Neujahrstage 1704 geoffenbart, als sie die Worte hörte: „Ich will, daß du lebst wie ein Kind u n d d a ß d u

---

[2]) Gemeint ist die hl. Brigitte, die große Heilige Schwedens.
[3]) Vgl. Nock, S. 243
[4]) Ebenda.
[5]) Vgl. Nock, S. 243—44.

liebest wie ein Seraph!" Und in schlichter Demut antwortete Anna Josepha darauf: „Meine süße Liebe! Ich weiß gar wohl, daß dir nichts lieber ist als ein reines Herz, ein Herz, das sich von der Sünde rein hält. Ach, mein liebster Heiland! Ich habe Verlangen nach einem solchen Herzen. O meine Liebe, was könnte mich mehr erfreuen, als wenn ich ein solches Herz hätte, damit du, mein höchstes Gut, deine Freude darin haben könntest. Ich will mich befleißigen und auf alles wohl acht haben, besonders auf ein rechtes Stillschweigen und auf gründliche Demut. Ich habe ein wahres Verlangen, dich also zu lieben. Auf daß du in mir dein Vergnügen finden mögest, will ich mich einer ganz besonderen Liebe gegen meinen Nächsten befleißigen." Oft übergoß ihre innere Herzensliebe ihr Antlitz mit strahlender Schönheit. Je mehr aber ihre Seele sich innerlich gegen die Überfülle der Gnaden, die Gott ihr schenkte, sträubte, zu desto größeren Auszeichnungen wurde sie von Gott erhoben.

Gott wollte Anna Josepha ganz dem Bilde seines Sohnes gleichförmig machen, und so wurde ihr Herz, ganz ähnlich dem Theresias der Großen, so tief von Gott verwundet, daß sich physisch die Glut ihrer Liebe in einer wahren Entflammung ihrer Brust kennzeichnete. Der Bericht, den sie über ihre Stigmatisation ihrem Beichtvater gab, sagt darüber: „Nach vollendeten fünf Jahren ausgestandener Finsternis und Verlassenheit meiner Seele hat es dem allmächtigen und unendlich gütigen Gott gefallen, mich, die allermindeste Kreatur dieser Welt, mit seiner Gnade heimzusuchen, und es hat ihm beliebt, seine Liebe gegen mich verspüren zu lassen, wie ich wohl empfunden habe. Am 16. Jänner 1699, einem Freitag nach dem Namen-Jesu-Feste, schickte mir der liebe Gott in der Nacht zwischen eins und zwei Uhr einen Engel mit himmlisch schönem Kleide in mein Zimmer, worüber ich sehr erschrocken bin. Einen Pfeil in der Hand haltend, näherte sich mir der Himmelsbote und hatte denselben in einem Augenblick durch einen starken Stoß auf mein Herz (transverberatio, Herzverwundung) abgelassen, so daß ich glaubte, er habe mir durch das Drücken das Herz hinausgestoßen, und ich zu sterben fürchtete. Ich habe auch ein so großes Licht gesehen, daß ich Sorge trug, das Haus werde davon verbrennen. Während ich in Angst und Schrecken war, ist der Engel verschwunden, und ich bin zu mir selbst gekommen, habe an dem Herzen Schmerz gelitten und bin gar schwach gewesen. Auf diesen Stoß habe ich große Liebe in meiner Seele verspüret, welche täglich mehr und mehr zugenommen hat. Zu gewissen Zeiten habe ich eine Wiederholung dieses Stoßes empfunden, ja, noch heutigen Tages ist mir an den hohen Festtagen an der Stelle des Herzens, wo ich den Stoß erhalten habe, als wäre dasselbe angeheftet, und ich kann mich nicht recht aufrechterhalten, empfinde auch allezeit, daß ich verletzt worden bin. Dieser Schmerz ist mir stets ein großer Antrieb zur göttlichen Liebe, denn seit dieser Zeit hat mich die Liebe Gottes nicht mehr ruhen lassen und große Wirkungen in mir hervorgebracht [6]."

---

[6] Nock, S. 247/48. Zur ganz ähnlich verlaufenen Stigmatisation Theresias der Großen vgl. das Kap. 13 des I. Bandes des vorliegenden Werkes.

Die Stigmatisation ihres Herzens trägt also eine ganz erstaunliche Ähnlichkeit mit der Durchbohrung des Herzens Theresias von Avila, dabei verspürt sie nicht nur einmal, sondern mehrmals den Stich (vgl. auch bei Theresia den einen großen Transversalschnitt ihres Herzens und die vier kleineren!). So war Anna Josepha in der tiefsten Tiefe ihres Inneren getroffen und zu heiliger Liebe entflammt, ganz wie es der hl. Johannes vom Kreuz in seiner „Lebendigen Liebesflamme" zum Ausdruck bringt:

> „O Flamme der Liebe, lebendige,
> Die du lieblich triffst
> Das tiefste Zentrum meiner Seele."

Tatsächlich hat die ärztliche Kommission, die — wie wir noch sehen werden — Anna Josepha nach ihrem Tode untersuchte, festgestellt, daß die Begnadete stigmatisiert war. Aber ihre Stigmatisation war eine noch weitergehende als nur die ihres Herzens. Denn ihre Mitschwester M. J o s e p h a A n t o n i a bezeugt in einem Schreiben vom 24. September 1726 an Frau von Buchen in Augsburg u. a.: „Es haben sich wirklich bei ihr die fünf Wunden und die Dornenkrone am Haupte gezeigt. Diese geheimen Gnaden waren mir schon bekannt, als sie noch lebte, aber ich durfte Niemandem etwas davon sagen. Jetzt erhöhet Gott ihre Demut." Zudem heißt es in der handschriftlichen Biographie, die nach ihrem Tode verfaßt wurde: „Es wurden ihr durch unsichtbare Gewalt Hände und Füße ausgestreckt und gleich wie mit feurigen Nägeln durchbohrt, so daß sie den Schmerz drei Jahre heftig fühlte." Und die Begnadete schreibt selbst im Jahre 1699 die folgenden Worte nieder, die noch deutlicher die Tatsache ihrer Stigmatisation bestätigen: „Durch Leiden kommt man zu Ehren. Nichts ist köstlicher, als mit Geduld zu leiden. Was ist es um etliche Tage für die ganze Ewigkeit? Bei einer halben Stunde habe ich mit meinem Gotte eine Unterredung über Kreuz und Leiden gehabt. Zuletzt sagte der liebreichste Gott also zu mir: ‚Maria Anna, hast du noch Lust, meine Schmerzen, meine Wunden zu empfinden? Bist du bereit, mein Leiden zu erdulden und meine Krone zu tragen?' Ich antwortete ihm: ‚Ach, mein Herr, ich ergebe mich in deinen allerheiligsten Willen!' Da kam am Samstag, dem 25. April 1699, nach der hl. Kommunion in meine Seele und mein Herz ein übernatürliches Feuer: ich hatte das Gefühl, als sollte mir das Herz abbrennen, welche Empfindung von 9 bis 12 Uhr gedauert hat; darauf haben alle Glieder angefangen erhitzt zu werden, daß der Rauch von mir hätte gehen mögen; und weil ich nicht wußte, wie ich diese Hitze stillen könnte, glaubte ich, das Herz würde mir zerspringen. Ich habe gegen fünf Maß Wasser getrunken, um dieses lebendige Feuer zu löschen. Als ich am ganzen Körper gezittert und Gewalt gelitten habe, merkte ich wohl, der Hl. Geist habe mir etwas mitgeteilt, und rief um den Gehorsam und Segen, damit ich nicht sterben müsse. Ich erhielt die Mahnung, mich in den Willen Gottes zu ergeben, wußte jedoch nicht, was Gott mit mir vorhabe. Unterdessen kommt mir an die

Hände und Füße und an die Seite eine gar wunderbare Berührung und Empfindung mit nachfolgenden Schmerzen. O, wie gütig und barmherzig ist Gott mit mir gewesen an diesem Tage, was mich sehr getröstet hat [7]."

Am gleichen Tage aber, einem Freitage [8]), hielt der Herr auch den Zeitpunkt der „mystischen Vermählung" für gekommen, d. h. der innigsten Vereinigung ihrer Seele mit Gott. Es war jener Zeitpunkt, von dem der hl. Johannes vom Kreuz sagt: „Sobald man den Standpunkt der Vernichtung erreicht hat — und das geschieht, wenn man in den Abgrund der Demut gesunken ist —, dann wird jene wünschenswerteste Vereinigung der Seele mit Gott gefeiert, die der größte und erhabenste Stand ist, zu welchem man in diesem sterblichen Leben gelangen kann." Christus, ihr himmlischer Bräutigam, steckte ihr in symbolischer Weise den Ring der Vereinigung an die Hand. Wir besitzen Anna Josephas Zeugnis auch über dieses erhabene Erlebnis: „Mein himmlischer Bräutigam sagte zu mir: ,Mithin verspreche ich meine Treue und Liebe auf ewig, du bist jetzt ganz mein und ich ganz dein. Und obgleich du schon ganz unwürdig bist, habe ich doch auf dich in meiner Liebe und Gnade meine Augen gewendet'. Auch sagte mir Gott: ,Sei mir die reinste Seele der Welt, so wirst du mir auch die angenehmste sein.' Ich bin über diese Worte sehr erschrocken und habe mir dieselben gar nicht zu denken getraut, aber doch gesagt: ,Ach, mein Herr, ich will und ich möchte'. Darauf sprach er ganz beweglich: ,Ich will, daß du die reinste Seele seiest'. Dann war es, als würde er mich, seine unwürdigste Magd, ersuchen und bitten mit den Worten: ,Sei mir die reinste Seele'. Nun erkannte ich, daß, wenn Gott auch will, der Mensch soll ganz vollkommen sein, dieses ohne die Mitwirkung und Einwilligung des Menschen nicht geschehen kann, und sagte zu ihm: ,Mein Gott, mein himmlischer Bräutigam, gibt mir die Gnade dazu, ich will, aber ohne dich kann ich nicht'. Worauf ich die Antwort erhalten habe: ,Wenn du willst, also kannst du! Ich will und du willst, also kannst du auch. Ich will deinen Verstand erleuchten, die Gnade und solche Behutsamkeit und Vernunft geben, daß du nur unterwürfig zu sein brauchst'. Daraufhin habe ich einen großen Abscheu über alle Sünde und Unvollkommenheit in mir empfunden und gleich eine solche Erkenntnis in meiner Seele verspürt, daß mir nichts unerträglicher erschien, als mit Wissen und Willen auch nur die geringste Unvollkommenheit gegen meinen lieben Gott zuzulassen. Dann ist mir eine Leiter gezeigt worden, welche vom Tabernakel aus sehr hoch hinaufgereicht hat, und eine Seele, die eben anfängt, hinaufzusteigen. Ich habe meinen Gott gefragt, was dieses bedeute, worauf mir gesagt wurde: ,Du sollst von einer Stufe zur anderen aufsteigen durch die höhere Gnade der Tugend und Vollkommenheit, bis du auf der letzten ankommst und die ewige Glückseligkeit erreicht hast [9]'. In demselben Grade hat auch die Liebe zum Nächsten in mir zugenommen. Gott hat mich täglich seiner Heimsuchung gewürdigt und

---

[7]) Vgl. Nock, S. 249—50.
[8]) Nock schreibt irrtümlich Samstag. S. 251.
[9]) Vgl. Nock, S. 251—52.

meinen Geist durch seine Liebe im Gebete an sich gezogen, wobei ich in solchen Verzückungen des Geistes am ganzen Leibe erstarrt und gegen drei Stunden geblieben bin. Derartige Verzückungen habe ich mehr denn hundertmal in der St. Antonikapelle oft länger als drei Stunden erlitten." Dazu aber „habe ich zu Zeiten Tag und Nacht ein unaussprechliches Licht in Erkenntnis Gottes und meiner selbst von Gott dem Allmächtigen empfangen und bin verschiedener Erscheinungen und Offenbarungen, Unterweisungen und Ansprachen von Gott dem Allmächtigen gewürdigt worden. Die Erinnerung an alles, was ich in diesem Zustand schaue und erkenne, bleibt mir lebhafter im Gedächtnis, als wenn ich den Gebrauch der Sinne dabei hätte. Ich weiß recht gut, was ich dann empfinde, ohne es jedoch genau beschreiben zu können, aber ich hoffe, mein geistlicher Vater wird schon verstehen, was ich sagen will [10])." Und so heißt es dann mit Recht in ihrer ersten handschriftlichen Biographie: „Durch beständige Übung des Gebetes hat sie Gott zur höchsten Stufe himmlischer Beschauung erhoben und sie in unausgesetzter Betrachtung seiner höchsten Gegenwart also bestätigt, daß sie sogar verdiente, derselben in sichtbarer Weise zu genießen, indem sie viele Jahre lang auf ihrer rechten Seite einen Glanz gesehen, unter welchem sie ihr göttlicher Bräutigam fortwährend begleitete, erleuchtete und ihr treuen Beistand leistete. Die Selige selbst redet von dieser Gegenwart Gottes wie von einer völligen Einverleibung [11])."

Zur höchsten Stufe des mystischen Lebens also, zur vollendeten Vereinigung mit Gott, hat sie der Herr geführt, die durch das Schauen der hl. Dreifaltigkeit noch erhöht wurde. Und zu diesem trat eine dauernde göttliche Erleuchtung, ein Licht, das in etwa mit demjenigen der hl. Hildegard oder der hl. Anna Maria Taigi verglichen werden kann und das sie immer begleitete.

Nun aber, da Gott sie in dieser Weise innerlich vorbereitet, wurde sie für würdig befunden, seine letzten, noch verborgenen Absichten auszuführen, die er ihr zur Lebensaufgabe gesetzt. Die Ungerechtigkeit und die Sittenverderbnis der damaligen Welt hatten überhandgenommen. Anna Josepha war dazu ausersehen, ähnlich einer hl. Hildegard, einer hl. Brigitta, einer hl. Katharina von Siena, als große Seherin in die Zukunft zu schauen und mahnend und Buße predigend das Volk zur Umkehr zu bewegen. „Es ist mir am St. Nikolaustag 1691", so schreibt sie, „die ganze Welt in ihren Sünden und Lastern von Gott gezeigt worden, so schrecklich, wie man sich's nicht schlimmer denken kann. In demselben Gesichte hat Gott mir auch zu erkennen gegeben, als wollte er die ganze Welt zugrunde richten und durch ein Erdbeben verschwinden lassen. Es wurden mir allerlei Sünden der Menschen gezeigt, und es kam mir vor, als lebten die Menschen, ohne an den Himmel, an die Hölle, an Gott noch an ein ewiges Leben zu denken. Dieses Gesicht verursachte mir große Angst, weil es den Anschein hatte, als ob die Welt falle, welche mir teilweise schon sinkend gezeigt worden ist. Alle Gattungen Menschen aber haben, wie ich gesehen, an

---

[10]) Ebenda.
[11]) Vgl. Nock, S. 253—54.

eine so große Gefahr und solches Elend nicht im geringsten gedacht und waren bei ihrem Wohlleben ganz guter Dinge. Wenn ich malen könnte, würde ich bildlich darstellen, was ich deutlich geschaut habe. An einem Ort hat man gespielt, an einem anderen Orte gegessen und getrunken, wieder an einem anderen hat man getanzt und ist man gesprungen und hat noch andere Lustbarkeiten getrieben. Auch Sünden und Laster habe ich in Fülle begehen sehen. Und während ich dieses alles geschaut habe, war es vor meinen Augen, als würde der Erdboden bewegt und gehe die Welt ganz unter. Ich habe vor lauter Elend laut aufgeschrien und suchte mich zu halten, soviel ich konnte [12])." Der Herr aber gab ihr zu verstehen: „Sage den Menschen: niemand glaubt es, wie stark Gott die Fehler der Ungerechtigkeit strafe gegen das Gebot «Du sollst lieben deinen Nächsten wie dich selbst». Aber dieses Gebot ist allgemein übertreten und wie aufgehoben. Sage ihnen, daß ich ihr selbstgemachtes Recht nicht anerkenne, welches nur dazu geschaffen ist, ihr zeitliches Besißtum zu vermehren. Das sind keine Gesetze, sondern Kniffe, um den Armen zu berauben und zu unterdrücken. Man wird dir sagen, wir haben die Gesetze nicht gemacht, darum brauchen wir sie auch nicht aufzuheben. Sage ihnen aber, sie müssen dieselben aufheben und ablegen, wenn sie nicht meinen gerechten Zorn sehen wollen. Sage es zuerst deinem Landesfürsten. Er soll dich nicht verachten, sondern dich anhören wie eine Stimme aus der Wüste, welche die Welt ist, in der du lebst. Ich lasse ihm sagen, er möge achthaben auf die Gerechtigkeit in seinem Lande, achthaben auf seine Minister, seine Landesgerichte und Vorsteher, er möge achthaben, daß das Blut der armen Untertanen nicht also ausgepreßt werde, und er soll auch achthaben auf sein Amt; denn als Fürst sei er gesetzt zur Hilfe für sein Land, als eine Zuflucht für die Witwen und Waisen; er ist bestellt für die Ehre Gottes. Es ist Pflicht der Untertanen, ihm zu geben, was des Kaisers ist. Aber weil diese Abgabe das Blut und der Schweiß der armen Untertanen ist, soll es wiederum zum Nußen der Untertanen und des Landes angewendet werden. Sage ihm auch als meinen Willen, er solle die erbärmliche Hoffart abschaffen, vom Untersten angefangen bis zum Höchsten hinauf. Sage ihm, er soll die Sünde und das Laster der Unzucht und des Ehebruches scharf bestrafen; denn Gott ist erzürnt über sein Land und wird es heimsuchen mit der Strafe der Pest. Er soll dich hören und er wird erfahren, daß ich durch dich rede. Er soll Gott fürchten, und Gott wird ihm beistehen. Er soll bereit sein, für die Kirche Gottes zu streiten, und es wird ihm wohlergehen. Auch soll er nicht vorgreifen dem geistlichen Recht, wenn er Glück und Segen haben will. Wenn er meine Ehre schützen wird, will ich sein Haus schützen.' So ist mir gesagt worden am 11. Mai 1704 vor meinem Ecce-homo-Bilde, in der Absicht, daß ich es wieder sage und offenbare. Bei den Fürsten und Herrschaften, bei den Geistlichen und Weltlichen, allenthalben wird gefehlt und muß es gebessert werden [13])."

[12]) Vgl. Nock, S, 259 f.
[13]) Vgl. Nock, S. 269—71.

Und als sie sich sträubte, diese Mission auszurichten, redete der Herr gar scharf ihr ins Gewissen: „Wie lange wirst du mich noch aufhalten, in dir meine Gnade den Menschen zu zeigen? Warum schämst du dich und fürchtest du dich vor den Menschen, die heute noch leben und morgen schon tot sind? Je kleiner du vor den Menschen erscheinst, desto besser ist es. Das ist die Ordnung Gottes: was klein ist vor der Welt, ist groß vor Gott. Wie lange hinderst du meine Gnade? Bewahre meine Ehre wie deinen Augapfel! Sammle mein Blut und lasse es nicht also verlorengehen, rette mich aus den Händen meiner Feinde! Sei wachsam für meine Seelen, bete für meinen Statthalter und die ganze Hierarchie, die meine Stelle vertreten [14])!"

Als sie darauf tatsächlich ihren Auftrag zur Ausführung brachte, da richtete sich gegen sie ein Sturm der Entrüstung. Es wurde eine kirchliche Untersuchung über ihr Leben und ihre Tugenden eingeleitet, die jedoch in keiner Weise die Unechtheit ihrer Offenbarungen ergab. Da aber nahten bereits die ersten Strafgerichte: die Geißel des Krieges, der Tod des Thronfolgers und der Ausbruch der Pest, die auch München bedrohte. Jetzt gelobten endlich die Bürger Münchens auf ihr Drängen in einem gemeinsamen Gelübde, zu Ehren der hl. Dreifaltigkeit eine Kirche zu erbauen (1740); und in der Tat wurden die drohenden Gefahren von der Hauptstadt des Landes gewendet.

St.-Dreifaltigkeitskirche in München
Erbaut 1711—14, auf Anregung der A. Jos. Lindmayr, mit anschließendem Karmeliterkloster

[14]) Ebenda S. 227.

Als auf diese Weise die Selige ihre Aufgaben erfüllt hatte, die sie nur in der Welt, für Kirche und Staat, hatte vollziehen können, da gefiel es Gott, sie auch zu dem letzten bedeutsamen Schritt ihres Lebens zuzulassen: er bereitete den Eintritt Anna Josephas in den Orden der Karmeliten vor. 56 Jahre war sie bereits geworden. Durch eine übernatürliche Weisung kam es endgültig zur Gründung eines Karmeliterinnenklosters in München; sie hörte die Worte: „Ich habe die Stiftung deinetwegen gemacht, damit du zur Vollkommenheit kommen kannst. Befleiße dich danach, ich will dich segnen, lebe ohne Sorge, ich will auch deine Nachkommen segnen, wenn sie in der Liebe mit- und gegeneinander vereinigt bleiben und auch die Liebe gegen den Nächsten üben."

Am 22. Mai 1712 wurde sie eingekleidet, und 1714 war der Bau des Dreifaltigkeitsklosters vollendet. Vierzehn Jahre sollte sie noch — zum Teil als Priorin — in diesem leben und herrliche Früchte der Heiligkeit tragen. Ein Ordenspriester, Pater Columban Humpel, mußte, vom Bischöflichen Ordinariat in Freising mit der Prüfung ihres Seelenzustandes beauftragt, nach strenger Untersuchung bekennen, daß er alles, was von ihr gesprochen wurde, bestätigen müsse: „Ihr Aussehen und ihre Haltung, ihr sanftes und überaus freundliches Betragen, ihre Art zu antworten, ihre solide Frömmigkeit, ihre seltene Lauterkeit des Lebens, ihr anregendes Beispiel der Bescheidenheit . . ." Er habe bei ihr eine „ganz hervorragende Demut und einen zu allem bereiten Gehorsam bemerkt"; dazu berichtet er von ungezählten täglichen Visionen, Verzückungen und anderen Dingen, die selbst Heiligen nur selten gewährt würden. — „Nicht zu verwundern, daß Anna Josepha zur Meisterin der Novizen ernannt wurde, denen sie hohe Beipiele der Tugend gab."

In ihrem Innersten aber lebte sie mit fortschreitendem Alter immer tiefer und inniger im Gebete, das sie vor allem den Armen Seelen zugute kommen ließ, deren Hunderte sie durch ihr aufopferndes Beten und Büßen zur Anschauung Gottes verhalf. Wie vieles Große und Erstaunliche wäre hier noch zu berichten!

Als es dann zum Tode der Begnadeten kam, da zeigte Gott noch einmal durch auffallende Zeichen und Wunder, zu welch hoher Begnadung er Anna Josepha erwählt hatte. Jetzt auch ließ er ihre Stigmatisation in aller Deutlichkeit zutage treten.

Gegen Winter 1725 hatten sich die Leiden der Begnadeten vermehrt. Sie mußte das Zimmer hüten, außerdem stellte sich fast völlige Erblindung ein. Am 4. Dezember 1726 erkrankte sie schwer. Ihr Gesicht, insbesondere ihre Stirne, wurde ganz blau, es zeigte sich um und an derselben die Dornenkrone, an den Wangen waren zwei blaue Flecken, wie von Backenstreichen herkommend. Eine eigentliche Krankheit aber hatte sie nicht, sondern nur Schwäche. Die sogenannte „Handschriftliche Biographie" [14]) berichtet von dieser Krankheit: „Gleichwie alle Krankheiten, von welchen die lobwürdige Mutter im

---

[14]) Ebenda.

Anna Josepha Lindmayr, die Stigmatisierte Münchens
als Tertiarin

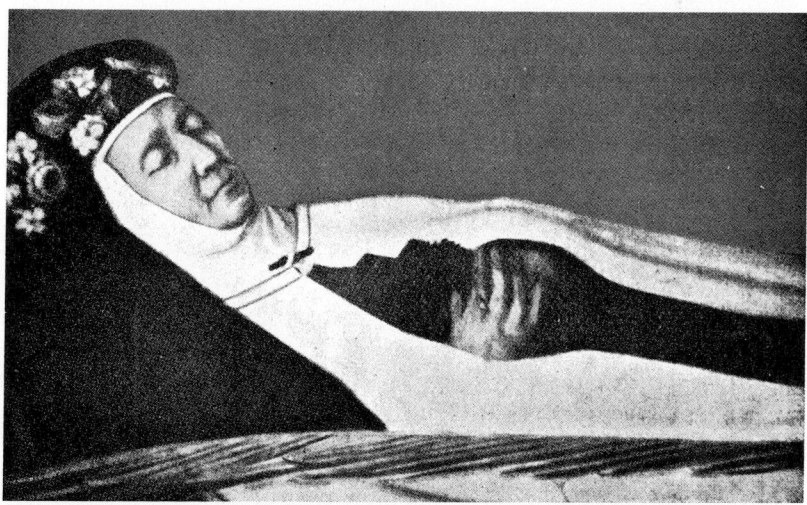

Anna Josepha Lindmayr (1657–1726), auf dem Totenbett

Leben befallen worden ist, nicht so fast natürlichen Ursprungs gewesen waren, als vielmehr vom heftigen Antrieb göttlicher Liebe verursacht wurden, weshalb sie auch die Ärzte selbst nicht erkannten, ebenso war der Zustand beschaffen, welcher sie vor dem Tode befallen hatte, damit sie, wie im Leben, also auch in der Todesweise ihrer seraphischen Mutter, der hl. Theresia, und ihrem göttlichen Bräutigam gleichförmig würde, welche wohl mehr die Liebe als der Schmerz gezwungen hatte, dem Tod zu unterliegen oder, richtiger gesagt, den Tod zu überwinden getrieben hat."

Mit Recht konnte sie mit der Braut im hohen Liede sagen: „Ich bin krank vor Liebe". Sie war vor ihrem Tode so entflammt und entzündet vor Liebe, daß man ihre Brust mit Tüchern, die in kaltes Wasser getaucht waren, abkühlen mußte [15])". Die hochbetagte Dulderin aber sagte in jenen Tagen zu ihren Schwestern: „Wenn ich gestorben sein werde, so sagen und bezeugen Sie, daß ich Ihnen anvertraut und Ihnen versichert habe, ich sei an keiner Krankheit, sondern nur aus Übermaß der Liebe gestorben [16])." Ohne Todesschweiß, ohne Todesangst ging sie in tiefstem Frieden hinüber. Es war am 6. Dezember 1726. Damit aber waren die Tage ihrer Verherrlichung gekommen!

Als man ihre Leiche ankleiden wollte, war sie an Kopf und Hals bereits erstarrt. Da befahl ihr nach einigem Zögern die Priorin, genau wie in ihrem Leben auch im Tode gehorsam zu sein und ihr Haupt und ihren Körper biegsam zu halten. Kaum waren diese Worte ausgesprochen, da neigte die Verstorbene Haupt und Hals, und ihr Leichnam blieb tatsächlich geschmeidig bis zum Begräbnis. Unzählige, denen die Hochbegnadete in ihrem Leben eine gütige Beraterin und Helferin gewesen war, wollten ihre Leiche noch einmal sehen. Am sechsten Tage schließlich, als man sie begraben wollte, fühlte sich eine Schwester gedrängt, noch einmal nach den „Fontanellen" — den offenen Wunden, die sie an den Armen hatte — zu sehen. Es floß frisches Blut hervor. Darauf verschob man ihr Begräbnis, und am achten Tage wurde ihre Leiche von dem Hofmedikus Dr. Temperer in Augenschein genommen. Derselbe stellte im Beisein zweier Priester außerordentliche Zeichen an ihr fest:

1. daß die Fontanellen der beiden Arme ganz frisch und häufig blutfließend waren;
2. eine wundersame Biegsamkeit des ganzen Leibes;
3. alle Glieder ganz schön durchscheinend, ebenso wie eine zur Nachtzeit gegen das Licht gehaltene Hand eine liebliche Röte zeigt;
4. den Mund, welcher zuvor geschlossen war, weit geöffnet und das Innere desselben, besonders die Zunge, ganz schön rot;
5. auch die Stirne war schön rot und ein Geschwulst und blutiges Mal auf der linken Seite zu sehen;

---

[15]) Vgl. Nock, S. 499 f.
[16]) Vgl. Nock, S. 501

6. die Lippen waren wie Korallen und frisch und rot, wie bei einem ganz gesunden Körper;

7. war an den Händen und Füßen eine zweifingerbreite Röte zu sehen, von wundersamer Gestalt [17]).“

Am neunten und zehnten Tage zeigte sich die Röte noch kräftiger und schöner, ja, eine Schwester stellte fest, daß die Brust von einer lebhaften Röte überzogen war. Am elften Tage konstatierte man darauf, daß sich auf ihrer rechten Seite, zwischen der vierten und fünften Rippe, zwei blutige, fingerlange und gebogene, in der Mitte zwei Finger breit voneinander entfernte Striemen bemerkbar machten, aus denen nach Eröffnung frisches Blut floß. Ja, am zwölften Tage glaubten eine ganze Reihe Ärzte und Priester, der Körper müsse noch leben. Als man schließlich das Herz öffnete, war es frisch und ohne jeden Geruch, dabei von einer über alles Natürliche hinausgehenden Größe.

Am wichtigsten aber ist, daß an ihrer Leiche mit aller Deutlichkeit die Zeichen, bzw. Anzeichen der Stigmatisation hervortraten. Gab das vergrößerte flammenförmige Herz schon Kunde von dem Übermaß der Gottesliebe, in der es geschlagen, so zeigte ihre Stirne mit aller Deutlichkeit die Stigmata der Dornenkrone. Wir ergänzen aus dem eidlichen Berichte des Leibarztes Dr. Temperer: „Auf der Stirne zeigte sich von einer Schläfe quer zur anderen eine mehrere Finger breite Erhabenheit von roter Farbe, wie von einer starken Blutansammlung zwischen Haut und Fleisch herrührend, desgleichen auf der Brust der rechten Seite zwischen der 4. und 5. Rippe ein roter Entzündungsstreifen, einen Finger lang und zwei Hand breit. Diese sowie alle obengenannten Zeichen nahm der Chirurg Schmid in genauen Augenschein, besonders auch die Durchsichtigkeit der Lippen, Hände und Füße, welche letztere, gegen ein Licht gehalten, lebendig rot durchschienen, sowie die Beweglichkeit der Glieder, welche alle Anwesenden in Staunen versetzte und den Chirurgen Schmid und mich zu dem Geständnisse nötigten, daß uns dergleichen in unserer langen und ausgedehnten Praxis niemals vorgekommen [18]).“ Am 16. Dezember wurde alles im nämlichen Zustand gefunden wie tags vorher. An den Armen und Händen zeigten sich die Blutgefäße so frisch, als ob in ihnen Blut zirkuliere. Die starke Rötung auf der Brust veranlaßte einen Einschnitt zwischen der 4. und 5. Rippe, und es floß noch am elften Tage nach dem Tode frisches Blut! Auch die Eröffnung der Brust zeigte alle Organe frisch. Dr. Temperer faßte sein Erstaunen in die Worten zusammen: „Es ist nicht mehr als billig nachzuforschen, ob folgende Erscheinungen natürlichen Ursachen zuzuschreiben sind oder nicht, nämlich: 1. Die Biegsamkeit der Glieder, 2. die rote Färbung der Lippen, das Ausströmen frischen Blutes aus von den Fontanellen herrührenden Wunden: 3. die am neunten Tage nach dem Tode am rechten Fuß entstandene, mit Bläschen besetzte Geschwulst; 4. das am zehnten Tage nach dem Tode an der Stirne,

_____

[17]) Nock, S. 511.
[18]) Nock, S. 515.

bei den Händen und Füßen, an der rechten Körperseite zwischen vierter und fünfter Rippe auftretende lebhafte Incarnat, aus dem sich nach gemachtem Einschnitt frisches Blut ergoß; 5. der Umstand, daß bei Eröffnung des Herzens reichliches, frisches Blut floß; 6. die Transparenz von Haut, Händen und Füßen [19]."

Der mit der Sezierung der Leiche beauftragte Chirurg Schmid gab noch ein weiteres ausführliches Gutachten ab, aus dem wir nur seine Aussagen über die Zeichen der Dornenkrone erwähnen: „Auf der linken Seite des Kopfes zeigten sich schöne rote Flecken in der Größe eines Stecknadelkopfes, die um die ganze Stirn herum in Form eines Kranzes, der zwei Finger breit war, sich mehr gegen den Kopf hinaufzogen. Eine ähnliche Röte zeigte sich auch außen und inmitten der Hände und Füße [20]." Über die eigentliche Sektion bemerkte er noch: „Auch die leinenen Tücher, mit denen die innerlichen Teile herausgenommen wurden, wurden von dem Blute so natürlich schön und hochrot gefärbt, als hätte man sie zur Aderlässe eines gesunden Menschen gebraucht und damit das warme Blut aufgefangen. Bei jedem anderen toten Leibe aber ist das gerade Gegenteil der Fall, das Blut ist ganz schwarz, hart und gestockt und hat keine frische Farbe mehr. Darum muß man um so mehr sich wundern und es für etwas Übernatürliches und Unbegreifliches halten, daß an diesem toten Leibe, nachdem er bereits

Gruft der Karmeliterinnen in der Dreifaltigkeitskirche
(+ Gruft der Anna Jos. Lindmayr)

[19]) Vgl. Nock, S. 517.
[20]) Vgl. Nock, S. 518.

12 Tage an einem kühlen Orte gelegen, von allen Anwesenden ein fauler Geruch nicht im geringsten wahrgenommen wurde [21]."

Er fügt dem, angesichts der roten Stellen an der Seite, sowie inmitten der Hände und Füße, die bezeichnenden Worte hinzu, die von der Stigmatisation der Begnadeten Zeugnis geben: „Gleichwie nun alle diese Umstände auf etwas Übernatürliches und Unbegreifliches hindeuten, und Gott der Welt dadurch ein Zeichen des von der verstorbenen Klosterfrau geführten frommen Lebenswandels geben wollte (wie ich wenigstens dafür halte), so getraue ich mir den Schluß zu machen, d a ß s i e G o t t m i t s e i n e n h l. f ü n f W u n d e n a l s s e i n e B r a u t g e k e n n z e i c h n e t, allen christgläubigen Seelen aber zu einer Fürbitterin auserkoren habe [22]."

Damit schließen wir unsere Betrachtungen über Anna Josepha a Jesu Lindmayr. Wie groß waren die Gnaden, die Gott ihr verliehen! Außer der erhabenen Gabe der mystischen Gottvereinigung hat er ihr reiche äußere Gnadengaben, die der Durchbohrung des Herzens, der Dornenkrone Christi, des Mitleidens der Schmerzen Christi an den Stellen der fünf Wundmale gegeben, darüber hinaus aber die Gabe der prophetischen Schau in die Zukunft und eines in der Geschichte der Mystik selten innigen Verkehrs mit den Heiligen und Seligen des Himmels und mit den Armen Seelen, von denen sie durch ihre Sühneleiden — nach ihrer eigenen Aussage Hunderte aus unsagbaren Qualen der Gottesferne erlöst hat. Eine große Heilige des Bayernlandes ist in ihr dahingegangen. Und doch ist sie leider noch so vielen unbekannt — zumal als Stigmatisierte. Ihr Leben bietet eine Fülle edelster Anregungen und Ansporne für alle höher strebenden Seelen. Möge auch sie bald zur Ehre der Altäre gelangen, damit sie eine weitere Heilige ihres angestammten Vaterlandes werde und ihr Licht leuchte in unsere gottferne, düstere Zeit! Das ist der innige Wunsch, mit dem wir sie dem Gedenken des katholischen Volkes empfehlen.

---

[21]) Vgl. Nock, S. 519 f.
[22]) Vgl. Nock, S. 520.

Die Bambergerin Columba Schonath

Die Stigmatisierte des bayerischen Frankenlandes

Vier Jahre nach dem Tode Josepha Lindmayrs erblickte in der Nähe Bambergs in Franken COLUMBA SCHONATH das Licht der Welt, die schon sehr bald als Dominikanerin eine nicht minder große Mission als diese zu erfüllen hatte. Von Gott als Markstein göttlicher Gnade mitten in ein Zeitalter ödesten Unglaubens und Rationalismus gesetzt, treffen wir bei ihr eine derartige Fülle übernatürlicher Tatsachen und außergewöhnlicher Gnadengaben, daß sie im Kreise der damaligen Mitdulderinnen mit an hervorragendster Stelle steht. Wie ein wuchtiger Mahnruf wirkt ihr Leben, das uns zeigt, daß auch die krasseste Gottverneinung, ja der Vernichtungskampf gegen alles Religiöse, Gott in keiner Weise veranlassen können, seine heilige Kirche nicht um so wirksamer zu schützen und ihren Auserwählten die herrlichsten Gnaden zu schenken.

Das Lebensbild der Begnadeten von Bamberg aber wirkt um so erschütternder, als die damaligen Behörden der Kirche — vom Rationalismus und Freigeist der Zeit angekränkelt — nicht das geringste Verständnis für ihre übernatürlichen Gaben aufzubringen vermochten. Es waren „Zeitverhältnisse" — wie Dr. Valentin Hoch in seinem Geleitwort zu der ersten größeren Biographie der Stigmatisierten sagt —, „in denen fast jedes Verständnis für die Formen des höheren Seelenlebens fehlt, der Fürstbischof fast nur weltlicher Regent war, der sich Gutachten über ekstatische Zustände bei ungläubigen Rationalisten holt; der Weihbischof voller Bedenken und Zweifel und Ehrfurcht vor seinem Gebieter; zudem war Columba unbeachtete Laienschwester in einem strengen, die Armut in hohem Grade übenden Orden und in genau eingehaltener Klausur, so daß sie also ohne Beziehung und Anknüpfung nach außen war, und nur durch Arzt, Ausgeherin und Verwandte manche Ereignisse weiter bekannt wurden. Endlich wurde Columba noch von ihren eigenen Ordensgenossen mißverstanden, falsch beurteilt und mit Furcht und Scheu behandelt. Hinzu kam der vernichtende Totschweigungsbefehl von Bischof und Ordinariat, die ängstlich alle Nachrichten über sie unterdrückten — aus Furcht, bei Anerkennung der Fülle des Übernatürlichen, das sich in ihrem Leben begab, nicht mehr als „aufgeklärt" gelten zu können. Nicht einmal, daß die Klosterfrauen als eigene Mitschwestern der Stigmatisierten unter sich über dieselbe reden durften, geschweige denn durch das Gitter des Sprechzimmers zu Außenstehenden. Wohl mußte von Zeit zu Zeit jeweils ein schriftlicher Bericht dem Bischof vorgelegt werden, um nichts weiter als — vernichtet zu werden." Und doch hat die göttliche Vorsehung Mittel und

Columba Schonath (1730–1787)
Dominikanerin im Hl.-Grab-Kloster zu Bamberg

Wege gefunden, das Leben der Begnadeten in einer Fülle von Einzelheiten der Nachwelt zu erhalten [1])!

Am 11. Dezember 1730 zu Burgellern als Kind einer Müllersfamilie geboren und auf den Namen Anna Maria getauft, zeigte Marianne, wie man sie rief, schon in früher Jugend einen außerordentlichen Eifer zum Gebet und zur Abtötung und wurde, ähnlich wie ihre westfälische Mitdulderin, in Gottes freier Natur der Vision des Jesusknaben gewürdigt, der ihr bereits damals einen Weg des Kreuzes voraussagte. So stand schon von Anfang die Berufung zur sühnenden Opferseele über ihrem Leben. Um so größer war ihre Befriedigung, als nach mancherlei Schwierigkeiten ihr sehnlichster Wunsch, ins Kloster zu gehen, endlich am 27. Mai 1753 Erfüllung fand. Sie wurde in das Heilig-Grab-Kloster der Dominikanerinnen zu Bamberg aufgenommen, wo sie am 24. September 1754 die feierlichen Gelübde ablegte.

Bereits das erste Jahr ihres Klosterlebens, das als Probejahr galt, sollte die reichsten Früchte in ihr zeitigen. Ihr Beichtvater Lukas Hoeld bestätigte schon damals, „daß sie während desselben außerordentliche Beweise der Frömmigkeit, der Gottergebenheit und Unschuld an den Tag gelegt und immerwährende Fortschritte auf dem Wege der religiösen Vervollkommnung gemacht habe" (Heim S. 15). Aber schon sehr bald nach ihrer Profeß sollte ihr außerordentlicher Sühneweg beginnen. Zehn Jahre schwerster Leiden warf sie auf das Krankenlager. Es waren ganz außerordentliche Prüfungen, denen sie Gott unterwarf. Durch eine harte Kreuzesschule wollte er sie von allem irdischen Makel befreien. „Anfangs fühlte sie eine große Schwäche in allen Gliedern, ihr Kopf war von heftigem Schwindel eingenommen, so daß sie oft zu Boden fiel. Da man sie einst zur Nachtzeit zur Mette weckte, fiel sie die Treppe hinab, beschädigte ihren linken Arm und vermehrte ihre Leiden. Alle ärztliche Hilfe war vergebens; konnte sie eine Woche das Bett verlassen und arbeiten, so lag sie wieder einen Monat lang krank darnieder. Dazu kam nach einem Jahre ein heftiges Fieber; drei und vier Stunden litt sie einen gewaltigen Frost, worauf sie zehn bis zwölf Stunden eine so ungewöhnliche Hitze peinigte, daß sie glaubte, in einem Feuer zu liegen. Oft waren ihr alle Sinne geschwunden, und sie konnte sich nicht regen und bewegen. Von jetzt an überfiel sie das Fieber oft zweimal des Tages und verursachte ihr große Schmerzen, bis sie es endlich verlor. Alle Schwestern freuten sich darüber und glaubten, Columba würde jetzt ganz gesund werden. Anstatt des Fiebers befiel sie heftiger Schmerz in der Seite; dabei fühlte sie große Leiden, die durch

---

[1]) Von Joseph Heel, unter dem Titel „Die hochbegnadigte Ordensschwester Columba im Kloster der Dominikanerinnen zum hl. Grabe in Bamberg". Nach Manuskripten des histor. Vereins u. a. Quellen, Regensburg 1880. Vgl. S. V. Des weiteren verweisen wir auf die von Prof. L. Fischer herausgegebenen zeitgenössischen Aufzeichnungen des Kanzleirates J. B. Schonath, erschienen unter dem Titel „Von verborgenem Heldentum, Aufzeichnungen aus dem Leben der stigmatisierten Dominikanernonne Columba Schonath von Bamberg", Bamberg 1925, schließlich auch das Büchlein „Die Bamberger Dominikanernonne Columba Schonath (1730—1787). Die Katharina Emmerich des Frankenlandes" von Dr. Hans Heim, Bamberg 1922.

ein Halsübel verursacht waren. Oft lag sie da und konnte kein Wort reden und fürchtete, jeden Augenblick zu ersticken. Da sie öfters Blut brach, so ließ man sie nach ärztlicher Anordnung mehrmals zur Ader und brauchte andere Mittel, doch alles vergebens. Hatte sie sich wieder ein wenig erholt, so erneuerten sich bald die Schmerzen ihrer Krankheit, Tag und Nacht lag sie in größten Qualen und wälzte sich auf dem Schmerzenslager" (Heel S. 44 ff.).

Am Ende dieser großen Leidenszeit, die durch ihre wunderbare Heilung abgeschlossen wurde, erhielt sie schließlich eine erste größere Gnade, die zugleich auf ihre Stigmatisation hindeutete. Am 30. September 1763 erschien ihr der Herr als Ecce-homo, als Schmerzensmann. Sie war tief erschüttert über seinen Anblick. Zugleich aber spürte sie an ihrem Haupte außerordentliche Schmerzen. Sie fühlte die Qualen der Dornenkrone, die sich in schmerzhaften Geschwulsten um ihren Kopf legte und Schläfen und Stirn zermarterte. Darauf sah sie am 14. Oktober den blutschwitzenden Heiland am Ölberge. In der Besorgnis, es möchten sich wiederum an ihrem Körper äußerliche, sichtbare Leidensspuren zeigen und ihr Verlegenheit vor den Mitschwestern bereiten, bat sie den göttlichen Meister, seine Gnaden nicht äußerlich an ihr hervortreten zu lassen. Doch der Herr antwortete hierauf: „Ich habe nicht Meinen, sondern den Willen Meines Vaters erfüllt; so sollst auch du gehorsam sein und dich ganz Meiner Führung überlassen!" In demselben Augenblick empfand sie große Schmerzen an den Händen und an den Füßen. Ihre Finger und Zehen wurden derart zusammengezogen, daß man sie selbst mit Gewalt nicht öffnen konnte. Zugleich fühlte sie ein gewaltiges Ziehen und Brennen im Halse, das drei Tage dauerte. Alles, was sie während dieser Zeit genoß, schmeckte wie Galle und Essig. Es war bei diesem Anlaß, als der Herr ihr versprach, sie fortan alle Freitage drei Stunden lang seines heiligen Leidens teilhaftig zu machen [2]). Das war der Ausgangspunkt für ihre eigentliche Stigmatisierung.

Als sie am darauffolgenden Sonntag um 12 Uhr das Fenster ihrer Zelle öffnete und herrlicher Sonnenschein hereinflutete und sie darob Gottes Allmacht und Güte pries, fiel sie in eine Verzückung, die bis abends 7 Uhr dauerte. Hierbei gab ihr der Herr zu erkennen, daß ihr an den folgenden beiden Freitagen große Leiden bevorständen. Schon am Donnerstag — es war am 20. Oktober — empfand sie unsägliche Schmerzen. Sie litt an Kopf und Brust und an Händen und Füßen fürchterliche Pein. Gegen 3 Uhr am Morgen fiel sie in Ekstase, und als man am Freitag um 9 Uhr die Scheidung Christi läutete, stieß sie jammernde Klagerufe und Seufzer hervor und lag drei Tage lang da, ohne ein Wort sprechen zu können. Völlig erschöpft, konnte sie nur am Samstag mit Mühe dem Beichtvater auf seinen Befehl hin sagen, daß sie den Heiland in entsetzlichem Zustand auf einem Steine sitzend geschaut habe. Sie habe gesehen, wie die kreuzigenden Soldaten ihn mit Gewalt an das Kreuz gepreßt hätten, so daß die Dornen aufs neue und tiefer in sein Haupt gedrungen seien, Er habe sie so erbarmungswürdig angesehen, daß sie darob schreckliche Schmerzen ausgestanden und sich nicht

---

[2]) Vgl. hierzu Heel, S. 69 f.

habe enthalten ˙ ˘ ˩en, ihrem Seelenschmerze in lauten Rufen Ausdruck zu geben [3]).

Einige Tage darauf duldete si̲ wieder schwere Leiden. Mittags um 1 Uhr fiel sie erneut in Ekstase, die bis 8 Uhr dauerte. Während derselben aber gab sie mehrfach Zeichen innerer Heiterkeit und sprach von der großen Seligkeit, die sie genoß. So sagte sie u. a. herrliche Worte der völligen Hingabe in den Willen Gottes: „O Jesus, erleuchte meine Augen, damit ich deine Gnaden und Wunderwerke jederzeit betrachte, die du mir erzeigest. Sei gelobt tausendmal und Dank sei dir gesagt für alles, was du mir Unwürdigen erweisest. Ich will nichts, als deinen heiligen Willen aufs vollkommenste erfüllen. Mache mit mir, was du willst, nur die einzige Bitte gewähre mir, daß du mich den Menschen verbergest, um mit dir, o höchstes Gut, besser vereinigt zu sein [4]).“

Als sie einige Tage später, es war am 25. Oktober, die hl. Kommunion empfing, wurde sie abermals verzückt und harrte in sitzender Stellung bis nachmittags 1 Uhr. Dabei war es ihr, „als liefe alles Blut aus ihren Adern, und sie sah den Gottessohn mit den hl. fünf Wunden, die wie die Sonne leuchteten.“ Es kam ihr vor, als vereinigte er sein Herz mit dem ihrigen [5]).

Am 18. November aber kam sie nachts um 2 Uhr nach der Mette in Ekstase. Sie fühlte ein mächtiges Reißen in den Gliedern und solche Schmerzen am Kopfe, als wenn Dornen und Nadeln durch ihr Gehirn und ihre Augen gestochen würden. Gegen 8 Uhr morgens kam es ihr vor, als würde ihr Herz von Lanzen und Schwertern durchstochen und endlich aus dem Leibe gerissen. Darauf schlief sie ein; und hierbei war es, als sie den Heiland vor sich sah, der zwei Herzen in seinen Händen hielt und zu ihr sprach: „Mein Herz ist verwundet mit Liebe und Schmerzen! Willst du mir gleichförmig werden, so mußt du auch hierin mir nachfolgen!“ Da fühlte sie, wie ihr Herz von einem feurigen Strahle aus seinem Herzen getroffen wurde und daß der Herr es ihr wieder in ihre Seite setzte. Sie verspürte daraufhin in ihrem Innern eine so übermäßige Hitze, als wenn ihr Leib in Flammen läge [6]).

Zu der inneren Stigmatisierung ihres Herzens trat schon bald die äußere ihrer Hände und Füße. Deutlich erinnern wir uns hierbei der Worte des hl. Johannes vom Kreuz, daß Gott im allgemeinen keine äußere Gnade dieser Art schenkt, der nicht die innere — die Verwundung der Seele — vorausgegangen ist [7]). Ergreifend war, in welcher Art sich die Einprägung der Wundmale an ihr vollzog. Wir folgen der Schilderung von Heel [8]):

„Das schwerste Leiden begann für Columba am 9. Dezember 1763. Nachts

---

[3]) Ebenda, S. 70.
[4]) Ebenda, S. 71.
[5]) Heim, S. 21.
[6]) Also ein ganz ähnlicher Vorgang wie bei der hl. Margareta Alacoque. Vgl. Heel S. 72.
[7]) Vgl. unsere Einführung Kap. III, 3.
[8]) Vgl. Heel, S. 75 ff.

1 Uhr zitterte die Schwester am ganzen Leibe wegen der schmerzlichen Leiden, die sie erduldete. Da hörte sie ein großes Geschrei, unter welchem die Peiniger den Herrn herbeischleppten. Er trug, wie sie in der Verzückung sah, eine Dornenkrone auf dem Haupte, war am ganzen Leibe verwundet und mit Blut befleckt. So führten sie ihn auf den Berg, wo seine Feinde ihm mit Gewalt die Kleider vom Leibe rissen und seine Wunden noch vermehrten. Hierauf erhoben sie das Kreuz, streckten ihn mit Gewalt auf dasselbe aus und schlugen starke Nägel durch seine Hände und Füße, so daß sie alle Schläge deutlich vernahm. Während sie dieses sah, lag die Schwester da, ein Bild der größten Schmerzen. Ihre Augen waren nach oben gekehrt und blickten stets nach einem Kruzifix, deutlich zeigten sich die Leiden, die in ihrer Seele vorgingen." Von tiefer, schmerzlicher Teilnahme an dem Leiden des Erlösers wurde ihr Herz erfüllt.

Da, während der Wandlung um 9 Uhr, schlug Columba in Verzückung an ihre Brust, als wäre sie, die im Krankenzimmer bewußtlos lag, beim vollen Gebrauch ihrer Sinne. Sie erhob alsdann ihren Leib und die beiden Hände, wand sich hin und her und sagte: ‚O Jesus, ich kann es nimmer ausstehen.' Um 11 Uhr streckte sie die beiden Hände auseinander, ‚als würden sie ans Kreuz genagelt'. Und jetzt nahte das große Geschehnis ihrer Stigmatisation: ‚In diesem Augenblicke sah sie aus den Händen des gekreuzigten Heilandes einen blutigen Strahl mit blutigem Nagel gleich einem Blitze niederfahren und ihre Hände verwunden. Die Anwesenden sahen, wie sich ihre Hände plötzlich krampfhaft zusammenzogen und sie sich schmerzdurchzuckt wand, denn sie fühlte die Wunden wie den Kopf eines runden Nagels: Columba aber rief: ‚O Jesus, ich bitte dich, ich kann es nicht länger mehr ertragen, schon das Ansehen deiner Qualen macht mir solche Angst, daß ich schier sterbe.' Da sie sich etwas erholt hatte, wurden auf gleiche Weise krampfhaft ihre Füße zusammengezogen, und sie erhielt die Malzeichen der Füße, wie man deutlich sehen konnte. Gegen 1 Uhr fühlte sie die Schmerzen an der Seite, sie wand sich mit dem ganzen Körper und sah aus dem Herzen Jesu einen blutigen Strahl in Gestalt eines Speeres in ihre Seite dringen. Im Augenblicke fühlte sie die Schmerzen der Seite und rief aus: ‚O dieser Stich, er hat mein Herz durchdrungen!' Sie blieb noch bis gegen 3 Uhr in den größten Leiden und erwachte endlich mit dem Ausrufe: ‚O welche Schmerzen!' Sie schaute ihre Hände und sah ihre Wunden; geschwind verbarg sie dieselben unter der Decke ihres Bettes, damit sie von Niemanden gesehen werden könnten." Doch zu gut hatten zahlreiche Zeugen alle ihre Bewegungen und das Hervorbrechen des Blutes beobachtet, als daß sich ihre Stigmata hätten verbergen lassen. Dazu drang aus ihren Wundmalen regelmäßig an den Freitagen reichlich Blut, so daß gar oft der Boden ihrer Zelle davon gerötet war. Gewöhnlich auch konnte Columba an solchen Tagen nicht die geringste Nahrung zu sich nehmen, und die Lebensfähigkeit der Dulderin schien bei solchen Blutverlusten ans Wunderbare zu grenzen. Besonders genaue Aufzeichnungen über die aufsehenerregende Tatsache der Stigmatisation wurden am 11. Dezember 1763 sowie am 8., 13. und 27. Januar und am 9. Dezember 1764 vorgenommen. Die Schwester Bernarda, die

Priorin Maria Vinzentia Flensberger, die Patres, Prior Heinrich Preissing, die übrigen Nonnen des Konventes, der Rechtskonsulent Johann Baptist Schonath und verschiedene Weltleute überzeugten sich von der Wahrheit und Echtheit des Tatbestandes und zogen die übernatürliche Herkunft desselben nicht in Zweifel [9]).

Oft verbreiteten ihre Wundmale einen süßen Duft, was ihr und dem Kloster große Verlegenheit bereitete. Wie überhaupt die außerordentlichen Erscheinungen sehr bald bekannt wurden und Gegenstand lebhafter Auseinandersetzungen und Schmähungen wurden. Sehr ist es daher zu verstehen, daß Columba des öfteren den Herrn um die Wegnahme der äußeren Zeichen bat. Dieser aber erschien ihr in einer neuen Vision am 2. Mai 1766 und fragte sie vorwurfsvoll: *„Du willst dich schämen, meine Zeichen zu tragen? Nicht deinetwegen, sondern der Welt wegen sollen sie offenbar werden, wann und wie ich will.* Deine Bitte wird dir gewährt werden, doch nicht in diesen Jahren. Vieles wirst du noch zu leiden haben; doch sieh mich an, der unschuldig alle Schmach, Pein und Schmerzen getragen, und laß nicht ab, für das Heil der Seelen zu wirken" [10]).

Welche erhabene Gnade die Einprägung der Wundmale für Columba bedeutete, das zeigte ihr der Herr bereits zwei Tage später, als er — es war an ihrem Geburtstage — mit ihr das Fest der mystischen Vermählung beging. Ein erneutes Zeichen, daß die Stigmatisation meist nur in Verbindung mit den höchsten mystischen Gnaden gegeben wird. Wieder wurde ihr Geist emporgerissen, und sie schaute in der Ekstase eine himmlische Prozession, in der u. a. Sankt Dominikus und St. Katharina von Siena dahinschritten. Den Schluß derselben aber bildete der Herr selbst, Jesus, der Bräutigam ihrer Seele. Er nahm seine noch im Fleisch wandelnde Braut an der Hand und redete ihr mildreich zu: „Heute wollen wir unser Gelübde erneuern; ich will mich wieder mit dir vermählen." — Zwei Kränze hielt er ihr entgegen, einen unvollendeten und einen aus Dornen gewundenen. „Mit diesem mußt du jenen vollenden", hob der Heiland an. Indem er ihr einen Ring an den mittleren Finger steckte, ermunterte er die von seliger Wonne Überraschte: „Sei meine Braut, jetzt in Leiden und ewig in Freuden!" Ehrfurchtsvoll und tief verneigte sich Columba vor dem Herrn, der in majestätischem Glanze erstrahlte, und als sie ihre Hand sanft gebogen in die Höhe hielt, um sich den sonderbaren Ring an den Finger stecken zu lassen, erstaunten die Anwesenden, die Zeuge dieses Vorganges waren, über den geheimnisvollen Akt und baten sie um ihren Segen, den sie freudig gewährte [11]).

Das Eigentümliche und Außerordentliche aber war, daß dieser Ring sich an gewissen Tagen auch nach außenhin zeigte. Nicht nur, daß sie auf Befehl der Oberin denselben dem ganzen Konvente darbieten mußte, nein auch der Provinzial des Ordens nahm eine strenge Prüfung dieser Tatsache vor, überzeugte

---

[9]) Vgl. Heim S. 30.
[10]) Vgl. Heim, S. 31. Man vgl. zum Ganzen auch die wertvollen Aufzeichnungen des Kanzleirates J. B. Schonath.
[11]) Vgl. Heim, S. 32—33.

sich von der Echtheit, wusch ihn mit Weihwasser und versuchte, mit einem Messer Teile davon abzuscha'... , ohne daß es gelang, um festzustellen, woraus er bestand [12]).

Mit ihrer mystischen Vermählung aber hatte sich das innere Leben Columbas gleichsam vollendet. Das hinderte jedoch nicht, daß ihr der Herr noch eine Fülle wunderbarer äußerer Gaben verlieh, um durch sie um so nachdrücklicher den Grad ihrer Heiligkeit und Gottvereinigung zu erweisen. Eine Unzahl außergewöhnlicher Tatsachen und offenbarer Wunder wären hier aus ihrem Leben zu berichten. Die Aufzeichnungen des Kanzleirates Schonath bieten einen überraschenden Blick auf den Reichtum derselben. Am bedeutsamsten war vielleicht die Tatsache eines blutenden Kruzifixes, das ihr der Herr in ihrer Zelle gewährte und das zugleich die apostolischen Aufgaben auf das hellste beleuchtet, die ihr der Herr gerade als einer Stigmatisierten gegeben [13]):

Es war in der Fastenzeit 1764, als sie mit großem Mitleid des bitteren Leidens des Erlösers gedachte. Da sah sie plötzlich den Heiland mit blutüberronnenem, geschwollenem Antlitze und hörte ihn sprechen: „Fürchte dich nicht! Ich bin es, der deine Schmerzen zugelassen hat. Du wunderst dich, daß ich so viel von meinen eigenen Geschöpfen erduldet habe. Sind es aber nicht auch meine Geschöpfe, welche täglich meine Leiden durch ihre Sünden erneuern und mich gleichsam wieder an das Kreuz schlagen? Könntest du nur einige Sünden sehen, welche heute geschehen, du würdest vor Schrecken dahinsterben. Denke dir erst mein Leiden, als mir alle Sünden bis zum letzten Gerichtstage vor Augen schwebten. Und alles dies duldete ich aus Liebe zu den Menschen zum Heile ihrer Seelen. Willst du mir folgen, so wirst auch du nichts als Leiden und Verfolgung finden!" Demütig gab sich Columba dem Herrn anheim, bereit, ihm auf dem Wege des Leidens nachzufolgen. Darauf erschien ihr der Herr am Kreuze; seine Augen waren zum Himmel gerichtet, er bebte am ganzen Leibe und übergab, sein Haupt neigend, den Geist in die Hände des ewigen Vaters. Aufs tiefste erschüttert beim Anblicke eines so schmerzhaften Todes, schrie Columba laut auf: „O Jesus, laß mich mit dir sterben. Deine Leiden kann ich nicht länger ansehen." Und der göttliche Schmerzensmann öffnete seine Augen, richtete sie voll Güte und Liebe auf seine Braut, und seine schmerzverzerrten Lippen stellten die eindringliche Frage: „Suchst du wirklich in diesem Leben keinen anderen Trost als den meinigen?" Die Antwort, die Columba gab, war ihrer Brautliebe würdig und legte Zeugnis ab von der Hochherzigkeit ihrer Seele und von ihrer Demut: „Mit deiner Gnade begehre ich nichts, als mit dir zu leiden!" Da ward ihr für dieses Gelöbnis herrlicher Lohn zuteil. „Denn siehe, der Gekreuzigte löste seine durchbohrte Hand vom Kreuzesbalken, segnete seine Tochter und wies auf ein Kruzifix, das seit langem in der Zelle sich befand, indem er sprach: ‚Dies soll dein Trost sein,

---

[12]) Wir verweisen auf das ähnliche Beispiel des klar und scharf hervortretenden mystischen Ringes der 1940 noch lebenden Stigmatisierten Marie-Julie Jahenny, vgl. Kap. 39.

[13]) Heim, S. 24/25.

wenn du von allen verlassen sein wirst! Ich will es dir mit einem Zeichen hinterlassen, daß du in allen Schmerzen des Leibes und der Seele dich desselben
erinnern kannst. Behalte es, solange du lebst.'" Dankbaren Herzens erwiderte
Columba, daß sie keine sichtbaren Gnaden verlange und nichts mehr wünsche, als
verborgen zu sein vor der ganzen Welt. Das sei ihre Freude schon von Kindheit
auf gewesen. In seinen Leiden und Wunden, besonders in seiner hl. Seitenöffnung
habe sie in allen Widerwärtigkeiten den besten Trost gefunden. Darauf aber
antwortete ihr der Herr: „Eben darum habe ich dein Herz verwundet mit dem
Eifer der Sehnsucht und dem Durst meiner Liebe. Weil deine Schmerzen ver-
gangen sind, so wollte ich dich teilhaftig machen meines Leidens, du wolltest ja
keine anderen Schmerzen haben als die meinigen. *Betrübe dich nicht, weil ich
so viele Gnaden über dich ausgieße, ich tue es nicht deinetwegen, sondern auch
wegen anderer Menschen zur Auferbauung und Besserung ihres Lebens, zum
Heile ihrer Seelen.* Meine Gnaden teile ich aus, wie ich will, du sollst sie
annehmen, wie ich sie dir immer senden möge. Bleibst du mir treu, werden Leiden und Schmerzen, Verachtung und Verfolgung nicht fehlen. Mag aber über
dich kommen, was da will, so richte deine Augen auf dies Bildnis, welches dir
und allen, für die du betest, Trost bringen wird, nicht nur jetzt, sondern vielmehr
noch nach deinem Tode [14].'" Wieder gab ihr der Herr mit der rechten Hand den
Segen, und sie erwachte gegen 6 Uhr morgens. Noch aber hatte die Krankenwärterin, Schwester Bernarda, ihre letzten Worte gehört: „O Jesus, zum ewigen Ge-
dächtnisse will ich dieses Kruzifix aufbewahren." Und sofort bei ihrem Erwachen
mußte diese das Kreuz von der Wand nehmen. Columba bedeutete ihr, sie habe
geträumt, er habe Blut geweint. Wie groß aber war die Überraschung der
Schwester, als sie aus den Augen und der Seite des Bildes frisches Blut hervor-
dringen sah! Columba selbst rieb, um sich zu überzeugen, das Kruzifix mit einem
reinen Tuche ab und fand ebenfalls frisches Blut an ihm. „Sie rieb zuerst mit dem
in Weihwasser getauchten Tuche vergebens die Farbe, womit das Kruzifix bemalt
war; da sie aber mit dem Tuche die blutende Wunde der Seite berührte, so hing
an demselben natürliches Blut. Schwester Bernarda zeigte das Vorgefallene der
Priorin und dem Beichtvater Casimir Mayer an, welche sich nicht wenig wunder-
ten und nachmittags 2 Uhr den Prior Cäsarius Gernet und den Präsentat Heinrich Preissing riefen, damit diese die wunderbare Blutung des Kruzifixes bezeugen
könnten. Der Prior wünschte dem Kloster Glück zu einem solchen Schatz. Die
Priorin M. Viktoria Ziegler, die Schwestern M. Vinzentia Flensberger und M.
Katharina Franziska Geiss bezeugten durch eigenhändige Unterschrift, daß sie
das Blut nicht nur frisch, sondern auch hervordringend und fließend aus der Seite
des Kruzifixes gesehen hätten [15]." Dieses wunderbar blutende Kruzifix aber wird
— als eine der wenigen und seltenen Reliquien der Seligen — noch heute in
Bamberg aufbewahrt.

Auch wunderbarer Kommunionen wurde Columba gewürdigt. Nur kurz sei

---

[14]) Wir zitieren nach Heim, S. 35—37 und Heel, S. 85 f.
[15]) Heel, S. 87 f.

über die erste derselben berichtet: Als sie am Dienstag, dem 13. September 1763 wegen heftigen Erbrechens die hl. Kommunion nicht empfangen konnte, war ihr Herz von großer Traurigkeit und Sehnsucht erfüllt. Weinend klagte sie dem hl. Dominikus ihre Not. Da zuckte über das Krankenbett hin ein feuriger Strahl, und sie sah zu ihren Füßen Jesus am Kreuze erhöht, aus dessen fünf Wunden das Blut wie in fünf Strahlen floß. Die erschrockene Columba wollte die Erscheinung deutlicher betrachten. Doch diese verschwand, und dafür aber lag auf ihrer Bettdecke eine Hostie. Die kranke Mitschwester Maria Eleonore von Kaltenbronn dachte, Columba habe aus Andacht eine unkonsekrierte Oblate vor sich hingelegt. Auch Schwester Bernarda sah die Hostie und entfernte sich, um der Oberin sofort die wunderbare Tatsache anzuzeigen. Währenddessen erhob sich die Hostie bis zum Munde Columbas, die bei sich dachte: „Wenn du bist Christus, der wahre Gott, so gehe ein in mein Herz." Sie sah augenblicklich inmitten der Hostie eine rote Blutstelle und fühlte plötzlich das Himmelsbrot auf ihrer Zunge. Süßer Herzensfriede verklärte ihr Antlitz [16]).

Columba fiel — wie gewöhnlich nach der hl. Kommunion — auch nach dieser in Verzückung. War sie bis jetzt bleich gewesen, so überflutete plötzlich eine angenehme Röte ihr Angesicht. Sogleich befahl ihr der Beichtvater, der von dem Geschehnis gehört, aufzustehen und zu ihm zu kommen. Dieser Befehl ging Columba wie ein Stich durchs Herz, aber sie wollte sofort gehorchen. Da aber fiel sie vor dem Bett vor Schwäche zusammen. „Da erlaubte man ihr zu bleiben, weil sie solchen Gehorsam gezeigt. Mittags ging sie zu Tische, die Klosterfrauen ermahnten sie zu essen, weil sie schon am Freitag keine Speise zu sich genommen. Da aß sie etwas, aber eine große Angst und Furcht befiel sie, und was sie genossen, mußte sie wieder von sich geben. So erging es ihr immer, wenn sie an einem Kommuniontage eine Speise genoß. Daher war es ihr ein sicheres Zeichen, daß sie wunderbarer Weise das Allerheiligste an jenem Tage empfangen habe. Sie bat Gott um Verzeihung und versprach, sich künftig an solchen Tagen von jeder irdischen Speise zu enthalten [17])."

Bekannt sind ferner die dämonischen Angriffe, denen Columba ausgesetzt war. Mit unglaublicher Wut suchte der böse Feind die Gnaden und vor allem die Sühneleiden der Begnadeten, die ihm zahllose Seelen raubten, abzuschwächen oder zu hintertreiben. Wir verweisen im einzelnen auf die Ausführungen des Kanzleirates Schonath, die Prof. Fischer in dankenswerten Kommentaren für unsere heutige Zeit verständlich gemacht hat.

Wir müssen abbrechen. Nur einen kleinen Ausschnitt aus dem überreich begnadeten Leben dieser großen deutschen Stigmatisierten vermochten wir zu geben. Möge es der Lektüre ihrer ausführlichen Lebensbeschreibungen überlassen bleiben, das gegebene Bild zu vervollständigen und abzurunden. Nur einiges Wenige möge hier noch vermerkt sein.

Das Bedauerliche im Leben einer Columba war, daß ihre vorgesetzte bischöf-

[16]) Vgl. Heim, S. 24 f.
[17]) Heel, S. 57.

liche Behörde — wie schon erwähnt — keinerlei Verständnis für ihre mystischen Zustände und Gnaden hatte. Mitten in der Hochflut der Aufklärung stehend, suchte man das Übernatürliche nach Kräften zu unterdrücken. So war es nicht zu verwundern, daß man die Stigmatisierte den peinlichsten Verhören und Untersuchungen unterwarf. Aber man konnte die Fülle der übernatürlichen Tatsachen weder ableugnen noch wegdisputieren. Dafür mußten denn die Stigmatisierte und ihre Mitschwestern, die dauernd Zeugen ihrer Gnaden waren, Hohn und Spott in überreichem Maße über sich ergehen lassen. Durch die vorgesetzte Behörde verfolgte man Columba und das gesamte Kloster mit harten Befehlen und unaufhörlichen Zurechtweisungen — hätte man doch am liebsten die ungelegenen Erscheinungen aus der Welt geschafft, aber in heroischer Geduld und Demut und beispiellosem Gehorsam hielt die Stigmatisierte aus bis zu ihrem schmerzensreichen Tode. Sie starb nach einem Leben unsagbarer natürlicher und übernatürlicher Leiden im Jahre 1787. Es war am 3. März. Nachdem sie den Heiland noch einmal in der heiligen Eucharistie empfangen hatte, erduldete sie ein letztes Mal mit ihrem gekreuzigten Erlöser den dreistündigen Todeskampf. Als man mit ihr das Gebet der hl. fünf Wunden sprach und man zu den Worten gekommen war: „Durch die hl. Wunden deiner rechten Hand, erbarme dich unser, o Jesus", streckte die Sterbende ihren rechten Arm aus, und es floß Blut aus ihrem Wundmal. Zu gleicher Zeit bluteten noch einmal all ihre Stigmata. Beim Gedächtnis der hl. Seitenwunde zeigte sich an ihrer Seite ein lautes Geräusch; ein Krachen, wie wenn tatsächlich eine Lanze zwischen ihren Rippen in ihren Leib gedrungen wäre! Im gleichen Augenblick aber ging die Seele Columbas in die himmlische Glorie ein. So endete dieses große Gnadenleben, das dem deutschen Volke für immer zum mahnenden Gedächtnis gesetzt ist!

Ihre Gebeine sind 1858 von der Klostergruft nach dem Bamberger Friedhofe, am 20. April 1926 aber in die wiederhergestellte Heiliggrabkirche übertragen worden. Zahlreiche Reliquien der Begnadeten werden noch heute in Bamberg verehrt, unter ihnen auch das wunderbar blutende Kruzifix.

Für immer aber wird Columba vor uns stehen als Hochbild eines gottergebenen Dulderlebens. Groß in ihrem Leiden, tief in ihrem Beten und Büßen, ist sie das rechte Abbild ihres Herrn und Meisters, nicht minder aber das Vorbild einer heroischen und ungebrochenen Nachfolge Christi.

Mögen die Bestrebungen zur Seligsprechung auch dieser Heiligen und Stigmatisierten des Bayernlandes bald einen entscheidenden Fortgang nehmen und insbesondere ihre ausführliche Biographie veröffentlicht werden! Denn unseren großen deutschen Stigmatisierten, die so vieles für die Erhaltung und Vorantragung der katholischen Religion in unserem Vaterlande getan und gelitten, sind wir es wahrhaft schuldig, ihr Gedächtnis zu fördern und ihr Leben zum Gemeingute des katholischen deutschen Volkes zu machen!

Magdalena Lorger von Hadamar

Eine nassauisch-rheinische Stigmatisierte

Gar viele dürften überrascht sein, daß auch die *Rhein-Lahn-Gaue* in der Zeit der Aufklärung Heimat einer Stigmatisierten gewesen sind, die zudem einen der bedeutendsten Fälle einer Stigmatisation des Herzens darstellt; eines Falles, der in seiner mystischen Eigenart bisher weder richtig erkannt noch einer sachgemäßen Veröffentlichung unterzogen wurde [1]. Wir widmen uns ihm um so lieber, als sich in dieser Stigmatisierung erneut zeigte, in wie erstaunlicher Weise oft der Herr seine Gaben wirkt und wie er unserem deutschen Volke auch in jüngerer Zeit außerordentliche Gnaden zuteil werden ließ. Wir meinen die Stigmatisation einer MAGDALENA LORGER aus dem nassauischen *Hadamar,* über die bisher — außer der erwähnten Studie von Heiler — nur einige Aufzeichnungen *Clemens Brentanos* aus den Gesichten der *Katharina Emmerich* bekannt geworden sind. Die Akten ihrer Untersuchung ruhen seit über 100 Jahren fast unberührt im Koblenzer Staatsarchiv. Um so anziehender und reizvoller erscheint es, diesem so überaus gut dokumentierten und eigentümlichen Fall einer jüngeren deutschen Stigmatisation nachzugehen. Nur der reiche Erfahrungsschatz der Stigmatisationsgeschichte, der mystischen Theologie und ihrer verwandten Wissenschaften vermag hier jenes Licht zu bringen, das der Historiker ohne Kenntnis dieser Wissenszweige vergeblich suchen wird. Folgen wir im wesentlichen den genannten Akten des Koblenzer Staatsarchivs [2].

Anna Margareta Lorger erblickte das Licht der Welt am 12. September 1734, und zwar in dem Dörfchen Offheim, das zwischen Limburg an der Lahn und Hadamar, also in den Ausläufern des Westerwaldes gelegen ist. Es ist bedeutungsvoll, daß sie am Feste Mariä Namen geboren ward, denn ihr ganzes Leben hat sichtlich unter dem besonderen Schutze der Gottesmutter

---

[1] Die Studie Carl Heilers, die 1935 unter dem Titel „Die stigmatisierte Laienschwester Magdalena Lorger aus Offheim (1734—1806) im Urteil ihrer Zeitgenossen. Ein Beitrag zur Geschichte der Stigmatisation" (Archiv für Psychiatrie und Nervenkrankheiten, redig. von Bumke u. Spatz. Band 104, 3. Heft, Berlin 1935) erschien, ist zwar als erste historische Umschreibung wertvoll, geht jedoch völlig an den Kernpunkten dieser Stigmatisation vorbei.

[2] Vgl. Acta betr. die in dem Dominikanissenkloster (!) zu Hadamar befindliche Laienschwester Magdalena Lorgerin, insbesondere die Untersuchung der sich bei derselben angeblich geäußerten körperlichen Wunderzeichen, 402 Blätter, Staatsarchiv Koblenz, Abt. I C Nr 11 259 in „Churtriersches Geheimes Cabinet", Jahr 1787, Religionssachen.

gestanden. Wir wissen aus ihrer Jugend kaum mehr, als daß sie das Kind eines Schmiedes war, der zugleich eine kleine Landwirtschaft betrieb. Ihr Elternhaus stand noch im Jahr 1915, in dem es einem Brand zum Opfer fiel [3]). Fromm und zurückhaltend, wie Magdalena war, übte sie sich bereits seit frühen Jahren in der Enthaltsamkeit und aß, wie auch ihr Vater, kein oder nur selten Fleisch. Wie oft mag sie zur „Trösterin der Betrübten" auf dem nahen Herzenberg bei Hadamar gepilgert sein, in deren Schatten sie den Großteil ihres Lebens verbringen sollte. Erst mit dem Eintritt in das am Fuß des Berges gelegene Dominikanerinnenkloster, der im Jahre 1767 oder 1768 erfolgte, haben wir ausführlichere Nachrichten über ihr Leben. 33 Jahre war sie mithin, also schon in einem gereifteren Alter, als sie als Laienschwester im St.-Anna-Kloster daselbst den Schleier nahm und den Ordensnamen Maria Magdalena erhielt. Auch hier mußte sie als kräftige Person — wie vorher schon in ihrer ganzen Jugend — wacker zugreifen, bis nach acht Jahren ihr eigentlicher Leidens- und Opferberuf begann. Es war im Sommer 1775, also im 41. Jahre ihres Lebens. Bis dahin war sie — nach ihrer eigenen Aussage — immer „gesund wie der Fisch im Wasser" gewesen. Und auch die ersten acht Jahre ihres Klosterlebens hatte sie aller Arbeit und ihren Ordenspflichten vollauf genügen können. Da erkrankte sie im Juni jenes Jahres — im Herz-Jesu-Monat! — ernstlich, und zwar so nachhaltig und schwer, daß sie von nun an dauernd das Bett hüten mußte. Ihre Mitschwestern bezeugen, daß ihre Leiden mit einem eigentümlichen „Blutbrechen" begannen und daß sich in dessen Folge Schwächeerscheinungen zeigten, die sie zeitweise „kontrakt" machten, so daß sie nicht außer Bett sein konnte. Sie selbst aber schildert dem Klosterarzt Dr. Wolf aus Limburg mit aller Genauigkeit den eigentlichen Ausgangspunkt ihrer Leiden. Wir sind in der glücklichen Lage, über deren Entwicklung sehr gründliche Verhöre und Untersuchungsberichte zu besitzen, so daß wir über alle Einzelheiten ihrer Erkrankung auf das genaueste unterrichtet sind [4]). Nach ihren eigenen Worten bestand der Anfang ihrer Leiden in merkwürdigen „Brust- und Herzschmerzen", „wie wenn das Herz in tausend Stücke zerschnitten würde". Zugleich aber fühlte sie das Blut aus der Gegend des Herzens heraufsteigen, so daß sie es unter furchtbaren „Herzstößen" erbrechen mußte, die sie unzählige Male an den Rand des Todes brachten. Diese beängstigenden Erscheinungen stellten sich stets an den Freitagen und genauestens an gewissen Festtagen, mit der 40tägigen Fastenzeit aber auch täglich ein. Seit jenem Jahre 1775 hatte sie diese Schmerzen unaufhörlich bei Tag und bei Nacht. Was Magdalena Lorger im Laufe der Jahre — in auffallender, ja pünktlicher Angleichung an die Gedenktage des Kirchenjahres — an Furchtbarem gelitten, an unbeschreiblichen Schmerzen und Todesängsten durchlebt hat, das läßt sich

---

[3]) Letztere beiden Tatsachen nach persönlichen Nachforschungen des Verfassers in Offheim.
[4]) Wir verweisen auf die großen ärztlichen Gutachten von Dr. med. Horn und insbesondere Dr. med. Wolf, auf die wir noch näher zurückkommen werden.

schwerlich in Worte fassen. Wir werden noch genauer darauf eingehen, noch mehr aber auf die eigentlichen Ursachen dieser Leiden, mit denen Magdalena Lorger, wie wir noch sehen werden, eine einzigartige Stellung in der Geschichte der Stigmatisierten einnimmt!

Mit den schweren körperlichen Prüfungen aber setzte zugleich die eigentliche tiefe Läuterung ihrer Seele ein; ihr hoher aszetischer und mystischer Aufstieg begann. Auch hierüber besitzen wir ein wertvolles Dokument, das *Tagebuch* oder „*Diarium*" ihres Beichtvaters, des *Exjesuiten Pfarrer Weimer*, der die wichtigsten Etappen ihrer inneren Entwicklung festgehalten hat [5]). Auch einer Magdalena Lorger mag anfangs ihr entsetzliches Leiden, das sie mehr als 30 Jahre auf das Schmerzenslager zwang, ähnlich wie einer hl. Lidwina von Schiedam und wie so manch anderen ihrer Leidensgefährtinnen, nicht leichtgefallen sein. Doch muß sie, nach den Akten zu urteilen, schon sehr bald zu einer grenzenlosen kindlichen Hingabe und zu einer geradezu engelgleichen Geduld gelangt sein. Nie hat sie den Herrn um Zurücknahme ihrer Schmerzen gebeten! Um so mehr aber sollte sie der Herr mit außerordentlichen Gaben belohnen. *Eines* nur war ihr überaus peinlich: von nun an gänzlich auf fremde Hilfe angewiesen zu sein und dauernd ihren Mitschwestern zur Last zu fallen. Doch fand sie sich auch in diese Prüfungen hinein, ja sie nützte die Zeit ihres Krankseins auf das trefflichste, um sich durch leichte Handarbeit verdient zu machen, vor allem aber, um viel zu beten und sich in innerster Seele zu vertiefen. In einem späteren Berichte des „Katholik" vom Dezember 1851 erhalten wir über ihr seelisches Wachstum in diesen Leidensjahren wichtige Anhaltspunkte. Der damalige Verfasser schreibt über sie [6]): „Sie war eine sehr fromme, unschuldige Seele, ganz ergeben in den Willen Gottes; so hart und lästig ihr Zustand auch immer war, so ertrug sie ihn doch aus (der) Liebe Gottes mit der größten Geduld und Zufriedenheit: Beten und Betrachtungen waren ihre Beschäftigung und ihr Zeitvertreib. Die so ganz außerordentliche Liebe unseres Heilandes, welche er durch sein so schmerzliches Leiden ihr und dem ganzen Menschengeschlechte erzeigt hat, war ein Hauptgegenstand ihrer Betrachtungen, besonders an den Freitagen das Jahr hindurch, als an welchem Tage die Leidensgeschichte vor sich gegangen war." So erwachte denn schließlich in ihr auch der Wunsch,

---

[5]) Wie ihre Akten schon im allgemeinen, so birgt dieses Tagebuch eine Fülle hochmystischer Tatsachen, wie lange Ekstasen, übernatürliche Kommunionen, Ansprachen des Herrn und seiner hl. Mutter, ergreifende Ermahnungen, Dufterscheinungen, Freitagsleiden und wunderbare Heilungen, Durchbohrung des Herzens und Kommunionekstasen. Wir werden darauf im einzelnen einzugehen haben.

[6]) Wir zitieren nach dem Werke von Jakob Wagner „Die Regentenfamilie von Nassau-Hadamar. Geschichte des Fürstentums Hadamar" (Wien 1863, S. 541) bzw. dem „Rheinischen Antiquarius" des Herrn von Stramberg. Teilweise ergänzen können wir diesen Bericht nach einer erst kürzlich dem Priesterseminar zu Limburg dedizierten Handschrift, die den Titel trägt: „Ein Religionsgespräch zwischen einem reformierten, einem lutherischen und einem katholischen Schulmeister" (wahrscheinlich aus dem Jahre 1825), S. 62 ff.

den Heiland in seinem bitteren Leiden trösten zu können, so daß sie von Herzen begehrte, „gewürdigt zu werden, wenigstens einen Teil dieses so schmerzlichen Leidens an ihrem Körper zu empfinden, um dadurch einigermaßen ihre Gegenliebe und Dankbarkeit zu bezeugen".

Tatsächlich wurde ihr Wunsch erhört: sie wurde in einem außerordentlichen Grade mit der Gnade des Mitleidens der Schmerzen unseres Herrn begabt, und zwar *bis zur vollen und tief ausgeprägten Eindrückung aller Wunden des Herrn.* Besonders an den Freitagen, nicht zuletzt am Todestage des Herrn auf Kalvaria, steigerten sich ihre Leiden zu namenloser Pein. Doch folgen wir diesen Gaben Schritt für Schritt, und zwar vor allem an Hand der wertvollen Notizen des genannten „Diariums".

Zunächst: Drei Jahre nach Beginn ihrer Leiden erhielt sie — es war am Herz-Jesu-Fest 1778 — *die Seitenwunde.* Zeugen bekunden, daß dieselbe „so furchtbar anzusehen war, daß die Lefzen (Lippen) auf beiden Seiten umgeschlagen und man in die Brust habe schauen können". Diese Wunde blutete an den Freitagen das ganze Jahr, und zwar so heftig, daß sie mit einem Verband verwahrt werden mußte. Die Narbe derselben ist nach ihrer späteren Zuheilung (1786) als über zwei Zoll (d. h. 6½—7 cm) befunden worden! An jenem Herz-Jesu-Feste aber war ihr die hl. Kommunion durch ihren Beichtvater verweigert worden; da fühlte sie sich in visionärer Schau in einen Saal geführt, wo sie die hl. Eucharistie im Verein mit einer großen Schar weißgekleideter Jungfrauen empfing. Zu jener Zeit begannen auch ihre häufigen *Kommunionekstasen.*

Weitere zwei Jahre hatte sie in schweren mystischen Leiden zugebracht, da erhielt sie am 23. Mai 1780 die eigentliche *Durchbohrung ihres Herzens.* Sie bekennt ihrem Seelenführer, P. Weimer, „daß ihr (an diesem Tage) nach der hl. Kommunion drei feurige Strahlen von oben herab ins Herz geschossen und sie mit solcher Liebe entzündet worden, *daß sie glaubte, ihr Herz sei gespalten!"* Weimer fügt hinzu: „Sie lag hierauf den ganzen Tag bis zum Abend außer sich."

Am Feste Mariä Himmelfahrt desselben Jahres fühlte sie sich in einer Verzückung in die Chöre der Engel versetzt und schaute nach ihrem Erwachen einen Engel an ihrem Bette. Am darauffolgenden Feste Mariä Geburt aber sei ihr Jesus mit seiner hl. Mutter erschienen und habe zu ihr gesagt: „Magdalena, meine Braut, bleibe mir und meiner Mutter treu." Wie stark sie durch diese Erscheinungen in der Gottesliebe angeeifert wurde, das zeigt die besondere Gnade, die sie in der Christnacht des gleichen Jahres erhielt: Wiederum erschien ihr die Gottesmutter mit ihrem göttlichen Kinde „und habe ihr klarlich gesagt: Dies ist mein Sohn, den ich dir schenke". Außerordentlicher Glanz und Wohlgeruch habe das Zimmer erfüllt. Als Folge dieser Erscheinung aber litt sie tags darauf entsetzliche Schmerzen, denen sie zu unterliegen schien, wobei sie bekannte, „die Liebe Gottes mache ihr die größten Schmerzen und Lebensgefahr".

Das alte St.-Anna-Kloster zu Hadamar (bis 1927) mit Zelle der Magdalena Lorger (↙)

Damals bekannte sie auch ihrem Beichtvater, „daß sie einmal von Gott begehrt, die Schmerzen seiner hl. Wundmale zu empfinden; sie habe darauf an den entsprechenden Teilen des Leibes unaussprechliche Schmerzen gelitten". Dazu gestand sie ihm am 1. Dezember 1780, „sie habe und empfinde die Leidensgeheimnisse in ihrem Herzen".

Als im Jahre 1781 in der Fastenzeit das Blutbrechen erneut einsetzte, wurde am Feste des hl. Thomas von Aquin ihre Seitenwunde abermals von der Priorin „gesehen und selbe frisch und bluttriefend gefunden, auch gegen die Verblutung mit einem Band verwahrt". Nach so langem Leiden und Liegen habe sie dann Gott auf Karfreitag „den Wunsch geäußert, Ostern die hl. Messe und Kommunion in der Kirche zu halten". Sie fürchtete aber, der Beichtvater werde es (wegen ihrer Schwäche) nicht gestatten (auf den Chor zu gehen). Da sei Christus ihr erschienen und habe gesagt: „Ich bin mächtig, dich zu schwächen und zu stärken; es geschehe zu meiner Ehre!" Und sie sei in der Tat ohne andere Hilfe auf den Chor gegangen. In der vorhergehenden Karwoche aber zeigte sich ihr Rücken von der *Geißelung Christi* auf das schwerste verwundet und war an Ostern plötzlich und ohne Übergang wieder geheilt, wie ihre Mitschwestern als Zeugen bekannten. Auch klagte sie damals schon über empfindliche Schmerzen an Händen und Füßen. Die Wundmale aber empfing sie erst im folgenden Jahre.

Es war im Februar 1782, da öffneten sich ihre Hände und Füße in Stigmen, die vor allem an den Freitagen Blut ausschieden, dann aber auch in der ganzen Fastenzeit. Da „seien sie allzeit offen gewesen und hätten allzeit geblutet". Sie hätten frisch und rot ausgesehen, „daß das rohe Fleisch auf beiden Seiten ganz frisch erschienen" sei und seien so tief wie die Spitze des kleinen Fingers gewesen. Die Stigmatisierte aber hatte die Empfindung, daß die Wunden durch und durch gingen [7]).

---

[7]) Die Wundmale Magdalenas sind auf das vorzüglichste bezeugt. Mehr als ein Dutzend Augenzeugen, die sie gesehen, werden von Dr. Wolf aufgezählt: 1. Die Mutter Priorin, 2. die Subpriorin Thekla, 3. Schwester Agnes, Krankenwärterin, 4. Schwester Aloysia, 5. Schwester Theresia, 6. Schwester Josepha und Geistliche im Kloster, 7. Pastor Kilbinger, 8. Pastor Weimer, 9. Zeuge Bausch, Koblenz, 10. Geistl. Rat Hettersdorf, Mainz, 11. Vicar Probst, Mainz.

Zu nebenstehendem Bild:

Das alte St. Annakloster zu Hadamar in Nassau, in dem Magdalena Lorger von 1767/68 bis 1806 lebte, stand an Stelle des heutigen Klostergebäudes gleichen Namens. Es wurde zwischen 1713 und 1743, wahrscheinlich aber 1721 erbaut, wie ein Wappen am Verbindungsgang zum Kirchlein (rechts) angibt, das übrigens heute noch steht, und in das neue St. Annahaus einbezogen wurde. Im ersten Stock des Klosters befanden sich die Zellen der Dominikanerinnen. Jeder Raum hatte etwa die Größe von 2,40 mal 2,80 Meter. Das zweitletzte Fenster rechts (vergleiche Pfeil) kennzeichnet die Zelle Magdalenas, wie eine alte Küchenschwester von Hadamar dem Verfasser angab, die das 1927 abgerissene Kloster kannte. In dem Kirchlein rechts das Grab Magdalenens. St. Anna ist heute Krankenhaus.

In der gleichen Fastenzeit aber klagt Magdalena über furchtbare, innere Verlassenheit, welche ihr härter als der Tod sei. Wieder erlitt sie während der 40 Tage die entsetzlichsten Herzstöße. Dabei waren am Feste Parasceve (dem Karfreitag) Blutbrechen und Herzstöße oft unterbrochen von 3—4minutigen Verzückungen. Wieder lag sie bis Karsamstag in Ekstase, worauf sie nach Erweckung durch die Priorin bekannte, daß sie einzelne Leidensszenen während derselben gesehen, wie z. B. den Heiland an der Säule oder im „Richtsaale Pilati". Wieder wurde ihr Rücken plötzlich geheilt gefunden.

So weit das Tagebuch des Pfarrers Weimer von Hadamar, das wir hier und da aus den Akten ergänzt haben.

Daß die Stigmatisation Magdalenas zunächst im Kloster, dann aber auch in der Stadt und im Lande Hadamar, ja weit und breit außerordentliches Aufsehen erregte, ist erklärlich. Es war um so größer, als man mitten in der Zeit der „Aufklärung" stand, die, wie wir bereits bei Columba Schonath, der großen Bamberger Stigmatisierten sahen, alles Übernatürliche oder gar Mystische am liebsten aus der Welt diskutiert hätte. Eine bedeutsame Folge der Gerüchte aber, die über Magdalena Lorger durch die Lande gingen, war, daß eines Tages ein Mainzer Geistlicher namens Probst — ein gebürtiger Hadamarer — sie persönlich an ihrem Leidensbette aufsuchte. Auf seinen Bericht stützt sich der bereits zitierte Artikel des „Katholik", in dem auch über einen zweiten Besuch, den der Betreffende gemeinsam mit dem Professor der Theologie Hettersdorf am 22. März 1785 im St. Annakloster machte, berichtet wird. Diese Besuche sollten den Ausgangspunkt einer gründlichen medizinischen Untersuchung der Stigmatisierten werden, der — für die damalige Zeit — mit erstaunlicher Genauigkeit unternommen wurde.

Welches war nun der Eindruck, den die beiden geistlichen Herren von der Stigmatisierten gewannen, und was beobachteten sie an ihrem Leidensbette? Gehen wir den Einzelheiten ihres Berichtes nach:

Zunächst heißt es im „Katholik" bezüglich des ersten Besuches, den Probst allein unternahm: „Dieser ehrwürdige, gute und rechtschaffene Geistliche, welcher in dem Mauritiusstifte zu Mainz Canonicus und in dem St.-Victor-Stifte Vicarius, von Hadamar aber gebürtig war", sei „von der Unschuld, Frömmigkeit, Geduld und tugendhaften Lebensweise dieser Schwester Maria Magdalena so eingenommen" gewesen, „daß er, obgleich er keine Anverwandten mehr zu Hadamar hatte, eine Reise dahin machte, um diese Schwester zu besuchen und sich mit ihr in geistreichen und auch erbaulichen Gesprächen zu unterhalten". Die Stigmatisierte sei darauf „so zutraulich gegen ihn" geworden, „daß sie ihm manches offenbarte, was sie außer ihrem Beichtvater noch Niemanden eröffnet hatte". Sie habe ihm auch gestattet, ihre Wunden an Händen und Füßen zu sehen. Hierbei kommt Probst in dem nun folgenden Bericht auf eine merkwürdige Tatsache zu sprechen, die wir nicht allzu oft in der Geschichte der Stigmatisierten treffen, auf *das Unterbleiben des Stoffwechsels bei ihr, oder, bestimmter gesagt, aller Ausscheidungen bei Magdalena Lorger.*

„In den Jahren 1780 und 1781 grassierte die Rote Ruhr in verschiedenen Gegenden sehr stark; sie zeigte sich auch in der Gegend von Hadamar, was die gute Schwester in keine geringe Verlegenheit setzte, nicht wegen sich, sondern wegen ihrer Mitschwestern. ‚Meine lieben Mitschwestern‘, dachte und sagte sie, ‚sind ohnehin geplagt genug mit mir; sollte ich nun diese Krankheit noch dazubekommen, so wäre die Last für die guten Kinder gar zu hart, ja unerträglich.‘ Sie nahm, wie in allen ihren Angelegenheiten, die Zuflucht zum Gebete; sie bat Gott inbrünstig, daß er, weil sie ihres Leibes ohnehin nicht mächtig war, sie ihren Mitschwestern zulieb vor dieser Krankheit zu bewahren, ihr die Gnade erweisen möge. Auch hier wurde sie erhört.“

So lesen wir denn in der Tat in den Koblenzer Akten Magdalenas — auf das vorzüglichste bezeugt —, daß die Stigmatisierte ab September 1781 bis zur Zeit der großen ärztlichen Untersuchungen von 1786 keinerlei Aussonderungen aus dem Körper hatte. So reiht sich die Stigmatisierte mit dieser teilweisen Beschränkung des Stoffwechsels in die Zahl jener Begnadeten ein, die, wenn sie auch nicht zur vollendeten Nahrungslosigkeit gelangten (auch die Nahrungs*aufnahme* Magdalenas war eine sehr geringe), dennoch durch Gott zumindest dieser Naturgesetzlichkeit enthoben wurden. Die Tatsache der mangelnden Ausscheidungen muß übrigens — wie wir aus einem späteren Berichte hören — bis zu ihrem Tode, also 25 Jahre, angehalten haben.

Auf die Erzählung des genannten Vikars Probst im Kreise seiner Chorbrüder über die Begebenheiten, die sich bisher mit Schwester Maria Magdalena zugetragen und sich noch dauernd an den Freitagen und besonders am Karfreitag bei ihr zeigten, wurde nun in so manchem der geistlichen Herren der Wunsch erweckt, diese heiligmäßige Schwester selbst zu sehen und zu sprechen, um sich persönlich von den berichteten Geschehnissen zu überzeugen. Insbesondere war der Geistliche Rat Hettersdorf, Canonicus zu St. Viktor, als einer der Zuhörer sehr begierig, selbst mit Augen zu sehen, was man ihm von ihren Karfreitagsleiden erzählt hatte. Und so entschloß er sich, in der Karwoche mit dem Canonicus Probst eine Reise nach Hadamar zu machen. Ein Besuch, der ob seiner Folgen zu einem entscheidenden Wendepunkt in der Geschichte der Stigmatisierten wurde.

„Beide Herren reisten am Grünen Donnerstag von Mainz ab und kamen am Abend zu Hadamar an, wo sie in einem Wirtshause übernachteten. Damit aber die in ihrer heiligen Zeit ganz unvermutete Erscheinung eines Mainzer Geistlichen Rates kein Aufsehen und unnötigen Schrecken in dem Kloster erregen, auch bei der Schwester Maria Magdalena keine besondere Störung machen möchte, gaben sie noch am Abend der Oberin des Klosters durch ein Briefchen Nachricht von ihrer Ankunft und von der Absicht ihrer Reise. Die Schwester Maria Magdalena schien von dieser Reise durch eine Offenbarung unterrichtet gewesen zu sein, denn nach der Aussage der am Grünen Donnerstag bei ihr gegenwärtig gewesenen Nonne war sie an diesem Nachmittage unruhig, drehte sich hin und her und sagte für sich, jedoch so, daß man es hörte: Ja, ja, sie kommen . . . ja, ja, sie sind auf dem Wege! Was sie meinte, das wußte man freilich nicht, bis man am anderen Tage die beiden Herren im Kloster sah. Dieser Besuch schien ihr unangenehm gewesen zu sein, weil sie vermutlich durch Offenbarung Gottes die Absicht der Reisenden wußte, sie aber an diesem heiligen Tage in der Betrachtung des Leidens ihres so liebevollen Heilandes gerne ungestört bleiben, auch das, was an diesem Tage mit ihr vorging, vor den Augen der Menschen verborgen halten wollte." Der „Katholik" fährt fort:

„Am Karfreitage gingen die beiden Herren miteinander in das Kloster zu der Oberin; sie eröffneten nun derselben mündlich ihre Absicht, um sich von der Richtigkeit dessen, was man Wunderliches von diesem Tage erzählt habe, durch den selbsteigenen Augenschein zu überzeugen; sie baten die Oberin, ihnen den Zutritt zu der Schwester Maria Magdalena zu gestatten. Die Oberin selbst führte die beiden Herren zu derselben, und schon beim ersten Eintritt in das Zimmer sahen sie, was vorging: Indem eine Nonne mit einem weißen Tüchelchen bei der Schwester stand und die Blutstropfen abwischte, welche ihr so, als wenn sie wirklich eine dörnene Krone aufhätte, aus ihrem Kopfe herausquollen und hervortröpfelten. Nachdem die Herren diese wunderbare Erscheinung hinlänglich betrachtet hatten, wollte die Oberin sie auch den Rücken sehen lassen. Als man sie entblößen wollte, wurde sie unruhig und schien es nicht leiden zu wollen, vermutlich aus natürlicher Schamhaftigkeit. Als ihr aber die Oberin unter dem Gehorsam, den sie gelobt hatte, befahl, es geschehen zu lassen, da wurde sie ruhig und fügte sich."

„Der Rücken wurde nun entblößt, und die Herren fanden sie so erbärmlich zugerichtet, als wenn sie bei unserem Heilande an der Säule gestanden wäre und die Geißelstreiche mit ihm geteilt hätte. Nachdem sie auch diese Erscheinung genugsam betrachtet hatten, verließen sie dieselbe sehr gerührt und voller Bewunderung über die so ganz besondere Gnadenbezeugung, welche Gott der Herr auf eine so ausgezeichnete Weise dieser unschuldigen Seele geoffenbart hat. Des anderen Tages, nämlich am Karsamstage, verfügten sich die beiden Herren vor ihrer Abreise abermal in das Kloster, um sich von dem Weitern, was man ihnen gesagt hatte, durch selbsteigene Ansicht zu überzeugen. Die Oberin führte sie wieder zu der Schwester, die dann ihren Rücken noch einmal entblößen lassen mußte, wo dann die Herren zu ihrem großen Erstaunen die Haut desselben so rein und gesund fanden, als wenn gestern gar nichts vorgegangen wäre, und dann traten sie ihre Rückreise nach Mainz an [8]."

Noch im gleichen Jahre (am 27. 11. 1785) verfaßten die beiden Geistlichen ein Protokoll, das besonders betreffs der Beschreibung der Wundmale Magdalenens von hoher Bedeutung ist und das sie späterhin dem Mainzer Erzbischof vorlegten, indem sie erklärten, „daß sowohl oben auf der Hand ein Ritz, als

---

[8]) Vgl. Wagner, S. 541—544.

auch in der Mitte der hohlen Hand, die in Form eines dreieckigen Nagels mittlerer Größe gespaltete Haut wahrgenommen worden". Mithin war der angegebene Ritz oder Spalt sowohl oben auf der Hand als in der Mitte der hohlen Hand, *„die Haut aber in Form eines dreieckigen Nagels mittlerer Größe gespaltet,* wahrzunehmen gewesen". Aus den Wundmalen sei Blut hervorgequollen. „Ferner gaben sie zu Protokoll, am Karfreitag den blutigen, eiterbedeckten Rücken, der aber am Karsamstage wieder geheilt war, und die Unterhaube der Schwester gesehen zu haben, die einen fingerbreiten Blutrand von dem Dornenkronenstigma aufwies [9]."

Dieses Protokoll sollte für die Sache der Hadamarer Stigmatisierten von eminenter Wichtigkeit werden, denn durch den Mainzer Kurfürsten kam es auch an den damals für Hadamar zuständigen Erzbischof von Trier, und dieser leitete nunmehr eine offizielle Untersuchung ein. Und hiermit kommen wir zu dem beachtlichsten Teil der Vorgänge in Hadamar.

Wie vollzog sich nun die Untersuchung Magdalenens im einzelnen und wie ist ihr Fall nach medizinischen Gesichtspunkten zu beurteilen? Wir stoßen in den hierbei sich ergebenden Erörterungen und Gutachten mehrerer Ärzte bzw. Chirurgen auf fachwissenschaftliche Untersuchungsberichte, wie wir sie bei anderen Stigmatisierten in dieser Ausführlichkeit kaum wieder besitzen und wie sie zumal für das 18. Jahrhundert von großer Seltenheit sind.

Obwohl sich die Wundmale der Stigmatisierten auf deren Gebet hin bald nach Ostern 1785 wieder geschlossen hatten, beauftragte die vorgesetzte geistliche Behörde in Trier — wie wir schon andeuteten — zwei Theologen und einen Mediziner mit einer genauen Überprüfung des Falles. Es waren der Offizial Beck, Regens Matthieu und der kurfürstliche Leibarzt, Hofrat Dr. med. und phil. A. F. Horn, die zu einer Kommission zusammentraten. Diese erschien am 18. Mai 1786 in Hadamar und ging sofort mit aller Rigorosität gegen Magdalena vor. Ohne die Stigmatisierte näher untersucht zu haben, verabreichte ihr Horn gegen ihre Verdauungslosigkeit ein kräftiges Klistier und einen ganz übertriebenen Laxiertrank von acht halben Schoppen (!) einer Lösung von (40 gr!) Bittersalz, was aber nach der Aussage zuverlässiger Zeugen keine nennenswerte Wirkung hatte. Ferner suchte man sie durch Rütteln, Hin- und Herzerren und Stöße aus der Ekstase zu erwecken, was nicht gelang. Bei den Verhören Magdalenens und der Schwestern wurde den Untersuchenden betreffs der Verdauungslosigkeit erklärt, daß die Stigmatisierte Gott direkt um diese gebeten habe, um ihren Mitschwestern bei ihrem dauernden Bettliegen nicht zur Last zu fallen. Inzwischen aber hatte sich ganz Hadamar

---

[9]) Vgl. Koblenzer Akten. Bei Magdalena zeigte sich, wie aus obigem hervorgeht, der ganz seltene Fall, daß an stigmatischen Wunden Eiter beobachtet wurde. Trotzdem dürfte es sich auch hier um übernatürliche Wunden handeln, denn die plötzliche Heilung dieser eiternden Wunden von Karfreitag auf Karsamstag steht nach einem dem Verfasser gegebenen medizinischen Urteil außerhalb jeder natürlichen Möglichkeit.

derart über „die bestialische Kur des Dr. Horn empört" [10]), daß sich die drei Herren gezwungen sahen, schleunigst abzureisen! Das „Gutachten", das sie nach dieser mehr als oberflächlichen Prüfung abgaben, ist allzu erklärlich. Man unterschob Magdalena einfach „periodische Epilepsie", eine „erhißte Einbildungskraft" und ein „zerrüttetes Nervensystem", ja Beck erklärte die Hadamarer Vorgänge „restlos als Lug und Trug oder doch als unbeweisbar oder unbewiesen".

Das „Urteil" der Trierer Kommission, das die Stigmatisierte als Schwindlerin bezeichnete, mußte notwendigerweise die Empörung der Mitschwestern und des Hausarztes des Klosters, Dr. med. J. C. J. Wolf aus Limburg, hervorrufen, der seit sieben Jahren die Hadamarer Dominikanerinnen betreute und der Magdalena seit Jahren kannte und sie auch schon oft in Ekstase gesehen hatte. Er unternahm daraufhin eine gründliche Untersuchung am folgenden 25. bis 27. und 30. Mai, deren Ergebnis er in einem Gutachten von 152 Seiten niederlegte.

Erschütternd war das, was Wolf gemeinsam mit Höfling bei der Stigmatisierten während ihres Freitagsleidens beobachten mußte, Vorgänge, die sich in der Karwoche jedes Jahres — nach den Aussagen weiterer Zeugen — noch bedeutend steigerten. Denn im eigentlichen Mittelpunkt ihres Leidens stehen die schon erwähnten *furchtbaren Herzstöße* und das mit diesen verbundene *Blutbrechen*. Und hierin liegt das ganz Außerordentliche und Außergewöhnliche des Dulderdaseins dieser Stigmatisierten, das sie in der Schwere ihres Sühnens und Leidens weit über viele ihrer Mitdulderinnen hinaushebt. In dem peinlich genauen, fast von Minute zu Minute fortschreitenden Bericht des genannten Limburger Arztes Dr. Wolf aus dem Jahre 1786 bringt dieser zum Ausdruck, daß sich seine Feder geradezu sträubt, die während dieser Freitagsleiden von ihm beobachteten und als „entseßlich" bezeichneten Erschütterungen ihres Körpers zu beschreiben. Die tieferen Zusammenhänge dieser Leiden werden wir allerdings erst später an Hand der Gutachten des genannten Arztes erkennen.

Ergreifend ist, was Dr. Wolf, der viele Jahre der Hausarzt des Klosters war, im einzelnen über ihre Schmerzensanfälle und ihr Blutbrechen, die er im Jahre 1786 bei ihr beobachtete, sagt: „Der ganze Körper, kein Glied an demselben ausgeschieden, wurde auf eine krampfartige und spasmodische Weise heftig erschüttert, wobei der Atem sehr kurz, das Gesicht mit Schweiß befallen" . . . so wechseln dauernd Stöße, Ohnmacht, Blutbrechen und Erwachen einander ab. Ja, die Erschütterung des Körpers wurde so stark, daß Bettstatt und Fenster davon zitterten, die Kranke wie von unsichtbarer Ge-

---

[10]) Worte, die Dr. Heiler gebraucht, S. 444. Tatsächlich sagt auch der Berichterstatter des „Katholik", daß er Dr. Horn „häufig von der Angelegenheit und Roheit, mit welcher er die Schwester Magdalena Lorger behandelte, habe rühmen hören". Wagner S. 545. Aus anderen Zeugnissen geht sogar hervor, daß Dr. Horn auf ihr gekniet habe. Ebenda S. 547.

walt in die Höhe geworfen und man immer aufs neue um ihr Leben befürchten mußte. Sie war dabei wie von einem Fieberfrost und einem Schütteln überwältigt, „als ob sie wirklich verscheiden wolle" — „ihre Gestalt war der Gestalt einer Sterbenden nicht unähnlich"! Am 26. Mai, einem Freitag, nahmen ihre Leibeserschütterungen so zu, „daß man nicht anders glauben konnte, als das Herz müßte zerspringen, solch laute Töne äußerten sich in der Brust". Und gegen drei des Mittags steigerten sich die Herzstöße zu so unerhörter Heftigkeit, daß diese „kaum zu beschreiben sind"; um 4 Uhr schien sie erneut dem Tode nahe. Endlich gegen 8 Uhr des Abends schwächte sich das Leiden ab, und gegen 11 Uhr schlief die Kranke ruhig ein, um die ganze Nacht und den Samstag bis fast 6 Uhr zu ruhen. Als man sie kurz vorher, nach 4 Uhr des Nachmittags, durch Rütteln und lautes Anrufen und durch Bespritzen mit Wasser erwecken wollte, gelang dies mitnichten. Sie ruhte „so still, wie wenn sie sanft entschlafen wäre". Aus ihrem Angesichte aber blickten „Ernsthaftigkeit, Sanftmut, Gelassenheit und Unerschrockenheit". Als alle menschlichen Mittel nicht fruchteten, sie zum Erwachen zu bringen, griff ihre Oberin, die Priorin des Klosters, ein, und kraft des einfachen im Gehorsam gegebenen Befehls erwachte Magdalena sogleich. Sie war nach Ablauf ihrer furchtbaren Freitagsleiden in eine tiefe, langandauernde Ekstase getreten, aus der sie nur durch den einfachen „Anruf" befreit werden konnte. Mit großer Sanftmut und Gelassenheit und mit gefalteten Händen sah sie die Priorin an und beantwortete nun mit großer Leichtigkeit die von Dr. Wolf und dem Chirurgen an sie gerichteten Fragen — es waren deren nicht weniger als 263 !

So weit zunächst der Bericht über ihre Freitagsleiden, dem wir wenigstens in aller Kürze noch den Befund der Stigmatisierten am Feste des Herzens Jesu anfügen wollen, wo ebenso wie an gewissen Freitagen der Fastenzeit, und wie nicht zuletzt am Karfreitag selbst, der Anblick ihrer *Dornenkrönung* mit furchtbarer Deutlichkeit hervortrat: Dr. Wolf berichtet uns, daß an diesem Tage „das ganze Vorderhaupt nach den Schläfen zu und hinterwärts nach dem Hinterhaupte zu . . . um und um dick von geronnenem Blute, die Haare aber fest zugeklebt" waren, daß „das Blut an den Schläfen heruntergeronnen und nach den Augen zu, und die Wangen eingefallen, die Lefzen (Lippen) gar bleich, und das Haupt gleich einem, der mit einer *dornenen* Krone gekrönt worden, zu betrachten". Der Anblick der Stigmatisierten sei ein derartiger gewesen, als ob „sie unter gewaltsamem Ausdehnen und Ausstrecken des Körpers [11]) entkräftet dahingesunken", ja „als ob sie ihren Geist aufgegeben hätte, so beigefallen und bleich waren die Lippen und das ganze Gesicht". Dabei war „die Unterhaube an dem blutenden Haupte so fest angeklebt, daß dieselbe während der (sich zeigenden) Ohnmacht mit Gewalt abgenommen und gleichsam losgerissen werden" mußte, „so fest waren die von vielem geron-

---

[11]) Eine oft beobachtete Tatsache bei den Stigmatisierten: überwältigende Zeichen der gewaltsamen Kreuzigung, wie wir sie z. B. auch bei Katharina von Ricci und Dominika Moes treffen.

nenen Blute in einem Maße zusammengeklebten Haare an die Unterhaube angebacken". Und in dieser furchtbaren Marter zeigte sich ihr Haupt in gleicher Weise am 2., 4. und 6. Freitag der Fastenzeit. Am ergreifendsten aber war der Anblick am 7. Freitag, dem eigentlichen Karfreitag, wo sie „gleich einem Kruzifixbild wie unser Herrgott am Kreuz mit einer dornenen Krone gleichsam gekrönt anzusehen" war, „also und dergestalt, daß das Blut über das Haupt, Hals und Brust herunterfließt" (2. Gutachten, Frage 27, Punkt 24—28).

Mit der Karzeit des Jahres 1785 aber war bereits der Höhepunkt der stigmatischen Leiden Magdalenens erreicht. Die Stigmatisation war eine vollständige geworden: Zu den Wunden der Hände, Füße und Seite waren im Laufe der Jahre die der Dornenkrönung und der Geißelung getreten. Nebenher aber ging ein völliges Fehlen der Verdauung und eine starke Einschränkung der Ernährung, die aus Wassersuppen, geringfügigen Breien und Kaffee bestand . . .

Nach der minutiösen Genauigkeit der vielfältigen Beobachtungen Dr. Wolfs, in die wir soeben Einblick genommen, braucht es uns nicht zu wundern, daß dessen Gutachten dementsprechend von einer ganz erstaunlichen Gewissenhaftigkeit und peinlichen Exaktheit ist — worin es übrigens von dem seines Gegners Dr. Horn auf das vorteilhafteste absticht. Um so wertvoller sind auch die Schlüsse, die er aus seinen Untersuchungen gezogen hat:

In einem ersten Teil berichtet er wörtlich über die 263 Fragen, die er an Magdalena gestellt hat und die diese im Beisein des Chirurgen Höfling samt und sonders bereitwilligst beantwortete und mit ihrem Eid zu erhärten bereit war. Wir lesen da über die Entstehung ihrer Leiden und Stigmata, über die Eigenart der letzteren, ihre Größe und Periodizität, über die Dauer der Blutungen und ihres Blutbrechens und über die seelische und religiöse Verfassung der Stigmatisierten Es stellt sich dabei u. a. heraus, daß sie an sich ein sehr glücklich-bescheidenes und heiteres Menschenkind war, das sofort nach ihren Schmerzanfällen das volle Gleichgewicht ihrer Seele wiedergewann und an dem *keine Spur von Hysterie zu finden war.* Die drei anfangs gestellten Fragen:

1. Worin die Zustände M. Lorgers bestehen
2. Ob dieselben natürlicher oder übernatürlicher Art seien
3. Ob dieselben von Dr. Horn geheilt worden seien

beantwortete darauf Dr. Wolf wie folgt:

1. Die Zustände beständen in einer anererbten Antipathie gegen gewisse Speisen (Fleisch usw.), in Ekstasen nach Empfang der hl. Kommunion, in einer periodisch wiederkehrenden Entzündung des Herzens, des Herzbeutels, der Lungen, des Rippen- und Zwerchfells, in einem ebenso periodisch auftretenden Blutfluß aus der Brust, in am Herz-Jesu-Fest blutenden Kopfwunden (die Wundmale der Hände und Füße und Seite waren ein Jahr vor

seiner Untersuchung auf das flehentliche Bitten Magdalenas wieder zugeheilt, so daß Dr. Wolf nur ihre Narben konstatieren konnte; sie traten übrigens später wieder auf) und in einer „widernatürlichen" Beschaffenheit von Magen, Darm, Leber, Galle, Niere und Bauchspeicheldrüse, wobei er widernatürlich nicht mit kränklich gleichsetze (was auch Heiler anerkennt), sondern mit dem, was allem Lauf der Natur zuwider funktionierte.

2. Magdalenas Zustände seien also zum Teil natürlich, zum Teil aber widernatürlich in dem angegebenen Sinne, *zum Teil aber über alle Kräfte der Natur hinaus* (über diesen letzteren Punkt werden wir Dr. Wolf noch ausführlicher hören).

3. Dr. Horn lüge, wenn er behaupte, sein Laxiertrank habe Magdalenas Enthaltung von jeglicher Aussonderung beseitigt. Auch ihre Ekstasen seien echt und es sei unerhört, Magdalena als „blödsinnig" zu bezeichnen (eine Ausdrucksweise, die übrigens nur die volle Verlegenheit und den Geist des trierischen Arztes verrät). Die Stigmatisierte habe nur einen Wunsch an den Herrn Erzbischof: „daß sie und das Kloster in Ruhe kämen, damit sie Gott dem Herrn in Ruhe und Frieden dienen könnten; um ihretwillen bitte sie nicht so sehr, sie wolle gern leiden, sondern wegen des Klosters, welches seit zwei Jahren wegen ihrer bereits auf allerlei Weise geplagt würde". Im übrigen bezeuge sie, daß alles dieses, was sie ausgesagt, die reine, unverfälschte Wahrheit sei, welches sie mit einem körperlichen Eid zu bestärken im Stande und darauf zu leben und zu sterben bereit sei!

Wichtig für ihre Beurteilung ist nun der weitere Fortgang des Streites! Das außerordentlich gewissenhafte und beweiskräftige Gutachten Dr. Wolfs erregte bei der erzbischöflichen Behörde in Trier lebhaftes Erstaunen, und am 24. Juli 1786 wurde Dr. Horn aufgefordert, sich mit anderen Koblenzer Ärzten über dasselbe zu äußern. Es geschah am 28. September 1786. „Dabei bemerkt man deutlich" — so schreibt Heiler — „wie nunmehr Horn und seine Koblenzer Kollegen bemüht waren, den ärztlichen Meinungsstreit über Magdalena aus dem Bereich der medizinischen Wissenschaft herauszunehmen und für den Erzbischof zu einer Prestigefrage zu machen." Das Gutachten Wolfs sei unglaubwürdig, sein Verhalten, die Schwester Magdalena nochmals zu verhören, „höchst freventlich", ja für den Erzbischof „sehr beleidigend".

Dazu marschieren alle Argumente der Aufklärungszeit auf, die dem Übernatürlichen den erbittertsten Kampf angesagt: Wolfs Bericht enthalte Widersprüche und sei nicht zu verantworten in einer Zeit, wo sich der Erzbischof und Kurfürst bemühe, „den Aberglauben zu verdrängen, Vorurteile zu stören und dem Volke richtige Begriffe beizubringen". Das „zusammengeschmierte Gutachten" sei lediglich eine Schmähschrift gegen Horn. Die Mißhandlung Magdalenas sei eine Unwahrheit, Wolf habe gar nichts zu ihrer Erweckung aus ihrer Ekstase unternommen (gerade das Gegenteil war der Fall!). Sein Laxiertrank habe nicht Durchfall, sondern Erbrechen bei einer hysterischen Person herbeiführen müssen. Die Herkunft des stigmatischen Blutes sei nicht festgestellt worden. Kurzum, Magdalena sei eine Hysterikerin, und die Ursache dieser Hysterie sei Müßiggang, fehlerhafte moralische Erziehung, Leidenschaften und „Andächteleien".

Dr. Wolf wurde darauf am 17. Januar in Koblenz vernommen, verweigerte aber die Aussage, da er ja alle einschlägigen Fragen bereits mit bis zum letzten gehender Genauigkeit in seinem Gutachten behandelt hatte. Dagegen legte er eine notariell beglaubigte Urkunde über die Aussagen der beiden Mainzer Geistlichen Probst und Hettersdorf sowie eine feierliche Erklärung aller siebzehn Chorfrauen und Laienschwestern des Hadamarer Klosters bei, daß Magdalena seit vier Jahren keine Ausscheidung habe.

Als man ihn darauf am 24. März 1787 zwingen wollte, zu antworten, legte Wolf schließlich am 10. Mai ein zweites großes Gutachten vor, in dem er auf die 55 Fragepunkte der Koblenzer Kommission mit aller Ruhe und Entschiedenheit antwortete [12]).

Wir müssen uns darauf beschränken, um bereits Gesagtes nicht zu wiederholen, aus diesem neuen Bericht die bedeutsamsten jener Antworten herauszunehmen, die die Frage der Natürlichkeit oder Übernatürlichkeit der Zustände Magdalenas behandeln [13]). Hier verdichtet sich Wolfs Arbeit zu einer glänzenden Apologie der Glaubwürdigkeit und Echtheit der an ihr beobachteten Erscheinungen. Wir stoßen hier ohne Zweifel auf den Kern der medizinischen und richtigen Beurteilung der Stigmatisierten, die wir in einigen wichtigen Schlußfolgerungen noch ergänzen werden.

Wie stellt sich nach Dr. Wolf der Gesamtfall Magdalenas vom medizinischen Gesichtspunkt dar? Unter Antwort 27 werden von ihm nicht weniger als 57 Punkte aufgeführt, die nach sorgfältiger Erwägung aller medizinischen Kriterien für die volle und ganze Übernatürlichkeit der Phänomene sprechen. Wir müssen uns auch hier leider kürzer fassen, als wir möchten, und heben nur diese Einzelheiten hervor, die die klare und prägnante Logik des Limburger Arztes verraten:

„Aus Liebe zur Wahrheit" wolle er die Momente, die „wider allen Lauf der Natur — zum Teil aber auch alle Kräfte der Natur und Kunst übersteigen" ausführlich erklären. Es sei mit den rein natürlichen Kräften der Natur nicht zu vereinbaren:

1. Daß das so entsetzliche Leiden (Blutbrechen) ... sich mit ungeheurer Präzision an ganz bestimmten Tagen ... d. h. am Dienstag vor Aschermittwoch unfehlbar einstelle und die ganze Fastenzeit Tag und Nacht

---

[12]) Dieses hat abermals den außerordentlichen Umfang von etwa 150 S. und trägt den Titel: „Beantwortung mit Beilagen ... der von einer ... Kommission in Untersuchungssachen der Krankheitsumstände der Ehrw. Laienschwester M. Magdalena aufgestellten *55 Fragestücke* nebst vorangeschickter Geschichtserzählung ... von Joh. Jakob Wolf, der Arznei-Wissenschaft Doktor zu Limburg."

[13]) Die bezeichnenderweise von Heiler, einem Nichtkatholiken, völlig übergangen wurden!

fortdauere und nicht eher als in der Karfreitagsnacht, und zwar mit einer Verzückung, ende, so daß Karsamstag nicht das geringste mehr zu leiden sei.

2. Daß das Leiden in der Fastenzeit immer *gerade an den Freitagen* heftiger, am Karfreitag selbst aber *am heftigsten sei.*

3. Daß das Blutbrechen immer *genau* vom 1. Freitag im Advent bis Freitag vor Lichtmeß aussetze, ausgenommen den Neujahrstag (Gedenktag der Beschneidung des Herrn!) und dann *genau* die Fastenzeit dauere, *gleichgültig, wie dieselbe im Jahre fällt!* Die näheren Umstände zeigten deutlich, „daß dieses Blut keine natürliche Ursache zum Grunde habe".

7 ff. Daß dienstags immer die Entzündung des Herzens, Herzbeutels, der Lunge, des Zwerch- und Rippenfells *pünktlich einsetze,* daß aber dann, während diese Entzündung abklinge, schon wieder *eine neue* entstehe.

13. Die *plötzliche Heilung* am Karsamstag, die es Magdalena erlaube, sofort aufzustehen und allein und gesund auf den Chor zu gehen. Daß außerdem das Blut *ausschließlich* nur am Karfreitag zersetzt gefunden werde, an anderen Tagen und Freitagen aber *nicht.*

15. Unbegreiflich nach dem Gesetz der Naturlehre sei, „daß bei so entsetzlichen Leiden mit so starkem und öfterem Blutverlust aus der Brust bis zu 1 Schoppen ½ Maß und mehr, *nicht schon längst eine Auszehrung,* offene und verschlossene Brustgeschwüre, der Brand und der jähe Tod erfolgt ist".

16-21. Ihr wunderbarer Kommunionempfang:
Daß sie *außerhalb* der Fastenzeit in Verzückung gerät und nur durch Befehl der Oberin erweckt werden kann; daß sie in dieser Zeit schon vor der Kommunion in Verzückung gerate und zu dieser erst wieder zu sich gebracht werden muß; daß sie sofort aufwacht, wenn der Priester mit der Hostie an das Bett tritt und sie anredet; daß sie dann sofort wieder in Verzückung gerät, in der sie lange Zeit bleibt; daß alle Freitagsleiden mit einer Verzückung enden.

22. Daß sie dagegen *in* der Fastenzeit (also 40 Tage lang) *nie in Verzückung gerät.* 41 Tage lang leide sie ohne Trost in vollkommener Verlassenheit. *Erst* in der Karfreitagsnacht komme wieder *die erste große Verzückung.*

23. Daß sie *in* der Fastenzeit auch nie nach der Kommunion in Verzückung komme.

24-27. Daß auf das Herz-Jesu-Fest ihr dorngekröntes Haupt besonders hervortrete und ebenso genau am 2., 4. und 6. Freitag der Fastenzeit, und nur an diesen!

28. Daß sie „am 7. Freitag als dem Karfreitag der Fastenzeit aber gleich einem wahren Kruzifixbild wie unser Herrgott am Kreuze mit einer dornenen Krone gleichsam gekrönt anzusehen, also und dergestalt, daß

das Blut über das Haupt, Hals und Brust herunterfließt"... Daß dies nicht von Menschenhänden, auch nicht von Natur hervorgebracht sei... zumal die genannten Tage bald früh bald spät im Jahre fallen.

29-35. *Der erstaunliche Vorgang der Geißelung:*
Sie zeige sich zuerst am 2. Freitag der Fastenzeit; die Wunden dauerten bis zum 4. Freitag; wo sie in *Heilung* übergehen:
Gleichzeitig während derselben aber zeigten sich neue Wunden; das gleiche wiederhole sich am 6. Freitag und am 7. (Kar-)Freitag, so daß jetzt die Wunden dicht untereinander stehen und *neue* Wunden stets an *frischen* Plätzen entstehen! Der *ganze* Rücken aber *heilt plötzlich* in der Karfreitagsnacht!

36. Gleichzeitig mit dem Rücken fängt auch das Haupt an zu bluten (die Dornenkrönung erfolgte *nach,* nicht vor der Geißelung!).

38. Daß am ganzen Karfreitag das Gesicht der Magdalena „erbärmlich aufgedrungen sei, als ob es mit Fäusten geschlagen, gestoßen und... mit Ruten geschlagen worden wäre".

43. Daß durch zahlreiche Zeugen bezeugt ist, daß an den Händen, Füßen und der Seite Wundmale bestanden haben, „dergestalt, daß das rohe Fleisch auf beiden Seiten ganz frisch erschienen", während weder auf dem Rücken noch den Flächen der Hände und Füße und rechten Hand — außer in der Fasten [14]) — *nicht die mindeste Narbe geblieben. Dabei seien die Wunden der Hände durch und durch gegangen.* Dagegen habe wiederum *die Seitenwunde, deren Lippen nach beiden Seiten umgeschlagen waren, so daß man in die Brust schauen konnte, eine Narbe hinterlassen.* (Die höchste Freiheit herrscht also bei Gott in Verleihung der mystischen Gaben! D. V.)

51. Daß so viele Ohnmachten, verbunden mit Entzündungen des Herzens, des Herzbeutels, der Lunge, der Brust und des Rippenfels ihr natürlicherweise schon längst den Tod zugezogen hätten.

53. Daß sie seit vier Jahren nicht die geringste Ausscheidung gehabt: *Hier handle es sich nicht nur um Tatsachen wider allen Lauf der Natur, sondern um solche, die über die Natur hinausgehen!*

56. Daß sich Magdalena außer der Fastenzeit und den Freitagen des Jahres (abgesehen von ihrer Bettlägerigkeit) ganz gesund und vergnügt befinde, „auch niemand vergnügter in Gott, mit sich, und mit ihren Mitschwestern zufriedener und arbeitsamer sein kann" als sie. (Sie schaffte sich trotz ihres Bettliegens mancherlei leichte Arbeit. D. V.) Nicht zu gedenken, daß trotz ihrer Leiden „Heiterkeit der Seele und kein Mißmut, Traurigkeit noch Betrübnis aus ihrem Angesicht leuchten".

57. Daß an Ostern „nach dem Maß ihrer entsetzlichen Leiden eine körperliche Schwachheit zurückbleiben müßte und die Erscheinung auf dem

---

[14]) Es handelt sich hier um gelegentliches Wiedererscheinen der Narben am Karfreitag.

Chor auf keine natürliche Weise geschehen könne, ist nach Gründen der Medizin unwidersprechlich gewiß".

„Letztlich noch ein Wort zu den fünf Wunden:

Wenn auch „diese auf eine übernatürliche Weise (wieder) zugegangen" (1785), während „der eitervolle und hart verwundete Rücken die Fasten hindurch, und das blutige Haupt mit allen Zufällen ihres Leidens übriggeblieben" (ab 1786) [15]), so sei Magdalena dennoch, wie Fiscal Bausch sie nennt, eine „aufrichtige fromme Person" (simplex recti cordis), von der „alle Gottlosigkeit, Arglist und Betrug weit entfernt sei". Und diesem Urteil stimmten eine ganze Reihe rechtschaffener Leute zu, „nicht nur, was die Rechtschaffenheit und Frömmigkeit angehen, sondern (auch) ihre Einfalt": „daß man keinen Menschen sich vorstellen könne, welcher demütiger, geringer und niedriger erscheint als diese M. Magdalena. Diese aber beteuert auf das heiligste, daß sie Gott den Herrn gebeten habe, das habe sie gewiß getan, Gott den Herrn Tag und Nacht gebeten, länger als ein ganzes Jahr, doch den äußerlichen Schein wegzunehmen, die Schmerzen der Wunden aber wollte sie behalten, auch am Ende des Protokolls alles, was sie ausgesagt, mit einem Eid zu beteuern imstande und darauf zu leben und zu sterben bereit ist: so ist in Rücksicht aller übrigen Zufälle die weitere Untersuchung dessen unparteiischen und rechtschaffenen Gottesgelehrten zu überlassen, ob dieselben Schmerzen ohne sichtbare Wunden, nicht nur nicht zugegen, sondern auch zu · jenen Zufällen zu rechnen sein dürften, welche eine übernatürliche Ursache zum Grunde haben, um so mehr, da die Narben bald größer bald kleiner werden, bald unter dieser bald unter jener Gestalt erscheinen, bald zum Teil, bald gänzlich verschwinden und zu anderer Zeit sich wieder sehen lassen. Auf Karfreitag sind dieselben am sichtbarsten".

Wolf beschließt seine Abhandlung mit den hochbedeutsamen Worten: „*Wenn man alle diese Tatsachen, worüber mehr als 20 Zeugen aufgeführt sind, reiflich erwägt, so sind viele derselben wider allen Lauf der Natur, andere übersteigen alle Kräfte der Natur und Kunst, daß sie, in Verbindung betrachtet, so wenig von der Natur herrühren können, so wenig ein wahrhaft Verstorbener in die Fäulnis bereits übergegangener thierischer Körper von der Natur zum Leben gebracht werden kann.*"

Es ist nach alledem nicht mehr als gerechtfertigt, daß Wolf die Hypothese der „Hysterie" mit aller Schärfe ablehnt. Doch gehen wir noch einen Schritt weiter! Noch verbleibt es uns, an Hand der Wolfschen Berichte (insbesondere seines ersten Gutachtens) tiefer auf die Art ihres Blutbrechens und ihres stigmatischen Leidens einzugehen. Hier erst wird sich uns der wahre Sinn desselben und ihrer Stigmatisation erschließen.

Welches war denn im tiefsten Grunde das Wesen ihrer furchtbaren Leiden, insonderheit ihrer Herzstöße und ihres furchtbaren Blutbrechens?

---

[15]) Die Wundmale der Hände, Füße und · Seite treten jedoch, wie wir noch sehen werden, später wieder auf!

Zunächst: der *Anfang* ihres Leidens bestand, wie wir schon anführten, in „Brust- und Herzschmerzen", „wie wenn das Herz in tausend Stücke zerschnitten werde". „Seitdem habe sie die Schmerzen unaufhörlich bei Tag und Nacht empfunden". Sie spüre dann an den Freitagen bei den merkwürdigen furchtbaren „Stößen" immer wie „einen starken Stoß im *Herzen*", und zwar da, „wo die Seitenwunde gewesen, als woselbst der größte Schmerz empfunden wurde" (117)! Der eigentliche Ursprung der Schmerzen sei hierbei nicht in der Brust, „sondern im Herzen, als wenn es zerschnitten sei" (119). Im Herzen seien die Schmerzen am stärksten; „sie zeigte dabei genau die Gegend, wo das Herz liegt" (203). Darauf spüre sie, *daß das Blut*, das sie breche, *aus der Gegend der Brust komme, wo die Seitenwunde sich zeigt* (114). Sie habe dabei „beständigfort Schmerzen *in* dem Herzen und im oberen Teil der Brust" (205). Sie fügte hinzu, es komme ihr bei dem Blutbrechen vor, „als wenn das Geblüt (das Blut) *aus allen Adern in das Herz zusammenfließe und daß es dann herauskomme*"! „Sie zeigte (dabei) abermals mit der Hand nach dem Herzen und fuhr mit der Hand nach dem oberen Teil der Brust". Es komme ihr denn auch vor, wie das Blut bei ihrem Erbrechen *aus der Gegend des Herzens durch die Brust herauf* in den Hals gleichsam quelle" (252).

Was aber ist aus alledem zu schließen? Nichts anderes, als daß ihr Leiden, das 1775 im Monat des Herzens Jesu einsetzte, offenbar von Anfang an mit einer eigentümlichen Art innerer Stigmatisation („Zerschneidung" oder „Öffnung") des Herzens begann und das Blut sich durch den Durchbruch zur Speiseröhre einen natürlichen Ausweg suchte! Daß derartige schnittartige Wunden, ja Durchbohrungen des Herzens nicht selten beobachtet wurden, dafür zeugt ja vor allem die Geschichte der hl. Theresia der Großen, die einen transversalen Schnitt im Herzen trug, der bei der Herausnahme desselben nach ihrem Tode in seiner erstaunlichen Größe beobachtet wurde und der heute noch an der Reliquie des Herzens zu sehen ist und der doch während der 23 Jahre, die ihn die Heilige in ihrem Leben trug, nicht zum Tode führte! (Vgl. des Verfassers Werk „Träger der Wundmale Christi" [Credo-Verlag Wiesbaden] Bd. I, Kap. 13). Wir hätten also bei Magdalena einen ganz eigentümlichen und einzigartigen Fall der Stigmatisation des Herzens, die sich bei ihren Freitagsleiden fast stündlich in immer neuen Herzstößen und Hervorquellen von Blut äußerte! Nach ihren eigenen Aussagen verdoppelten sich nach ihrem Gebet um Wegnahme ihrer äußeren Wunden ihre Schmerzen (nach Schließung der Stigmata und der Seitenwunde). Und das Blut, das nunmehr auch noch den Ausweg durch die letztere versperrt sah, mußte sich um so intensiver einen Ausweg aus dem Herzen bzw. der Herzgegend zur Speiseröhre hin und zum Schlund suchen und sich durch diesen nach außen ergießen [16])! So kam es, daß auf die Dauer sich ihre Stigmatisation des Her-

---

[16]) Die einzigen weiteren Möglichkeiten des Hervordringens des Blutes aus dem Magen oder der Lunge (Blutsturz!) dürften sich schon aus dem Grunde ausschließen, weil ein mehrere Dutzendmal an einem Freitag auftretendes Blutbrechen zweifellos

zens unter der Decke des Blutbrechens verbarg, das aber nichts anders war, als ein immer erneutes Aufbrechen ihrer Herzwunde. Dazu trat noch eine vertiefte mystisch-physiologische Stigmatisation am 23. Mai 1780, wo sie bekennt, daß ihr noch zu allen ihren bisherigen Schmerzen „nach der hl. Kommunion drei feurige Strahlen ins Herz geschossen" und sie mit solcher Liebe entzündet worden sei, *daß sie glaubte, das Herz sei ihr gespalten!* Man denkt hier unvermittelt und erneut an die Durchbohrung des Herzens der hl. Theresia, das ebenfalls in seiner Reliquie einen transversalen Schnitt aufweist (vgl. das Kapitel 13 unseres genannten Werkes). Um so intensiver mußte also nunmehr das Hervorquellen des Blutes aus dem Herzen möglich sein, nur daß bei Magdalena Lorger die Leiden, die aus der Stigmatisierung des Herzens hervorgehen, unendlich viel wuchtiger und stärker sind als bei der berühmten spanischen Heiligen. Wie auch Magdalena täglich ganz ungeheure Mengen von Blut verausgabte, so daß man sagen könnte, *daß Magdalena Lorger in diesem Punkt noch über Theresia die Große hinaus von Gott begnadet war, bzw. (physisch) zu leiden hatte* (vergl. auch Anm. 22 S. 117)!

---

aus einem der Hauptgefäße kommen muß (Herz!) und zudem schon ein einziger Lungenblutsturz sie an den Rand des Grabes gebracht hätte! Wie es sich auch — nach den Akten zu urteilen — bei dem hervortretenden Blut nicht um rostbraunes, durch die Magensäfte verdorbenes oder schaumiges (aus der Lunge), sondern um frischrotes *arterielles Blut* gehandelt haben muß. *Zudem dürfte die genaue, von der Stigmatisierten bezeichnete Lokalisierung* des Schmerzes bzw. des Ausgangspunktes der Blutungen (im Herzen!) *nicht nur subjektiver Art* gewesen sein, sondern die *tatsächliche anatomische Lage* der Schmerz- und Blutungsquelle bezeichnen. Wie anders sollte man den wiederholt und aufs genaueste von ihr beschriebenen Weg des Blutes erklären? Dazu liegen Speiseröhre und Herzaorta oberhalb des Herzens so dicht beieinander, daß ein Durchbruch an dieser Stelle die gegebene Möglichkeit des Bluthervortrittes war. Wie die medizinische Wissenschaft in der Tat *krankhafte* Ausbuchtungen der Herzaorta (Aneurysma aortae bei Lues und hochgradige Verkalkung) an dieser Stelle kennt, die mit extremer Wandverdünnung einhergehen, allerdings bei dem schließlichen Durchbruch des Herzblutes den sofortigen Tod zur Folge haben. Wie aber *tatsächlich* das Blut bei Magdalena seine Bahn vom Herzen zum Schlund suchte, wird ewig ein Geheimnis Gottes bleiben, da die Stigmatisierte nach ihrem Tode nicht geöffnet wurde. Wesentlicher ist, *daß* es vom Herzen seinen Ausgang nahm, was nach Lage der Dinge schwerlich anders erklärbar ist. Der beurteilende Arzt muß hier beachten, daß er sich in dem vorliegenden Fall — ähnlich wie bei dem einer hl. Theresia — auf einem ganz außernatürlichen Gebiete bewegt, bei dem die gewöhnlichen Gesetze der Physiologie völlig ausgeschaltet scheinen. Oder *gibt* es überhaupt eine ehrliche und unverbogene *natürliche* Erklärung für den Gesamtkomplex der Phänomene des Blutbrechens bei Magdalena Lorger? Ein unbefangener Arzt antwortete dem Verfasser hier mit einem entschiedenen „Nein!". Oder kann ein Mensch natürlicherweise vierzig Tage hintereinander täglich des öfteren schoppenweise Blut verlieren, ohne schon in drei bis vier Tagen dabei zugrunde zu gehen? Weshalb auch z. B. die Annahme eines Oesophagus-Varicens (Aufbruch erweiterter Blutadern im unteren Teil der Speiseröhre) bei dieser abnormen Menge von täglichem Blut und zudem der genauen Lokalisierung des Schmerzes im Herzen natürlicherweise als abwegig und undiskutabel erscheint.

Die furchtbaren Leiden aber, die sie litt, waren Sühneleiden ihres Herzens für die Schmerzen und Leiden jenes göttlichen Herzens, mit dem sie und für das sie drei Jahrzehnte ihres Lebens litt! *Wir dürfen sie — wenn nicht alles täuscht — geradezu als Sühneleiden einer deutschen Stigmatisierten für das göttliche Herz Jesu betrachten, wie wir sie in solcher Furchtbarkeit kaum mehr in der Geschichte der Stigmatisierten treffen! Und das macht die außerordentliche und einzigartige Bedeutung Magdalena Lorgers aus, dieses Gnadenkindes der deutschen Lande!*

Die Akten über Magdalena Lorger brechen leider mit dem Jahre 1787 ab, nachdem noch einmal am 20. Februar (durch die Chirurgen Höfling und Förster) und am 4. April desselben Jahres durch Dr. Wolf und Höfling neue Beobachtungen stattgefunden hatten, die die Tatsachen der Untersuchung vom Mai 1786 vollauf bestätigten.

Wie aber war das weitere Schicksal der Stigmatisierten? Über die 19 letzten Jahre ihres Lebens sind wir unterrichtet durch die Mitteilungen des Verfassers des Buches — J. Wagner — über „Die Regentenfamilie von Nassau-Hadamar" (Wien, 1863), die dieser von zwei Verwandten erhalten hat, die zu Anfang des 19. Jahrhunderts in das Dominikanerinnenkloster zu Hadamar eingetreten waren und dort Magdalena kennenlernten. Es waren Schwester *Maria Viktoria Wagner*, die Tante des genannten Autors, und Schwester *Thekla Müller*, die bei der Säkularisation dasselbe wieder verlassen mußten [17]). Aus deren Mund sind folgende Tatsachen bekannt:

„Als beide in das Kloster kamen, war Schwester Maria Magdalena schon seit vielen Jahren nicht mehr aus dem Bette gekommen und zu einem Gerippe abgezehrt. Die Schwester Theodora, ebenfalls aus Offheim und ihre Nichte, war damals — 1803 — ihre Aufwärterin, welche Tag und Nacht mit der Schwester Marianne, einer Schwäbin, im Dienste abwechselte. Da meine Tante und ihre Kollegin, wenn die zum Aufwarten bestellten Schwestern verhindert waren, im Dienste bei der Schwester Maria Magdalena aushelfen mußten, so haben sie die Überzeugung erlangt, daß dieselbe nichts aß oder trank, als zuweilen eine Wassersuppe, oder Brei von Mehl oder Grütze, oder eine Tasse

---

[17]) Wenn Heiler das genannte Werk eine „trübe Quelle" nennt (im Anschluß an Schliephake-Menzel „Geschichte von Nassau", VII., 240), der von „Unwissenschaftlichkeit und Parteilichkeit" spricht, so ist dies Urteil wohl vorwiegend der warmen katholischen Einstellung von Wagner zu verdanken, der rückhaltlos die Dinge beim Namen nennt. Wagner schreibt über beide Schwestern: „Meine noch lebende Tante, die Exconventualin Maria Viktoria Wagner, war als Waise mehrere Jahre in dem hiesigen Kloster in Pension und wurde 1806 dahier als Nonne eingekleidet; sie war die letzte Novize, welche in dem hiesigen Kloster die Gelübde ablegte. Vor ihr hatte die vor zwei Jahren verstorbene Thekla Müller, von der Studentenmühle bei Großholbach, Profeß getan, und diese beiden Jüngsten versahen die Mädchenschule bis 1816. Meine Tante war nebenbei Organistin. — Niemand, der diese beiden kennt und gekannt hat, wird in ihre Aussagen auch nur den mindesten Zweifel setzen. Nachstehende Mitteilungen habe ich aus ihrem Mund vernommen." (Die Regentenfamilie ... S. 545.)

Kaffee; im Kloster galt es für eine bekannte und ausgemachte Tatsache, daß auf natürlichem Wege nie etwas von ihr ging, wofür sie aber doch keinen weiteren Beweis haben, als daß sie derart nie etwas bei ihr wahrgenommen. — Daß Magdalena die Wundmale unseres Herrn an sich trug, davon haben sie sich durch den Augenschein sehr oft und so weit überzeugt, daß sie diese Wundmale an den Füßen und in der Seite gesehen; an den Händen jedoch nie, weil die Stigmatisierte gestrickte Handschuhe mit halben Fingern trug, um sie niemanden sehen zu lassen. Die Wundmale hatten die Gestalt und Größe einer starken Bohne, und die an den Füßen waren schwarzrot, wie eine frisch verharschte Wunde. Im übrigen stimmt ihre Aussage mit obigem Berichte ganz überein, sie sahen sie bluten aus der Seitenwunde, wie rund um den Kopf in Gestalt, als wenn sie wirklich eine Dornenkrone trüge, und so stark, daß sie selbst oder die Wärterin fortwährend das Blut abwischen mußte. Meine Tante und ihre Schulkollegin besaßen eine der Hauben, welche die Schwester Magdalena im Bette zu tragen pflegte und welche von dem Konvente als Reliquie aufbewahrt wurde. Die Haube von weißem Stoffe war rundum, wo sie am Kopfe angelegen, ganz voll Blut, und das Band, mit welchem sie am Halse zugebunden wurde, schien nur noch eine steife Blutmasse zu sein. Die letzte Priorin hatte ihnen bei ihrem Tode diese Haube zur Aufbewahrung übergeben, allein sie haben sie im Jahre 1836 verbrannt, weil sie dachten, sie würde vielleicht von der Nachwelt, welche ihre Bedeutung nicht kenne, verunehrt werden."

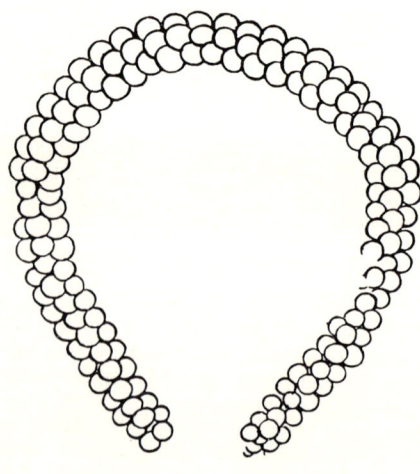

Bußgürtel der Magdalena Lorger
Im Besitz des Pfarramtes Hadamar

Wir haben aus dem Munde jener zwei Klosterfrauen zudem noch zwei weitere Zeugnisse für Magdalena Lorger als *Ekstatikerin*. Diese werden den Kenner der Mystik nicht überraschen. Das eine Begebnis handelt von einer Schwebeekstase, in der Magdalena gesehen wurde, und von anderen ekstatischen Zuständen, in denen die Ekstatische offenbar vom Ort getragen wurde. Wir sind in der Geschichte der Stigmatisierten schon oft auf diese außergewöhnlichen Tatsachen der Mystik gestoßen. Wagner berichtet des näheren (a. a. O. S. 246 ff) darüber: „Meine Tante erzählte mir weiter, es seien im Kloster einige der älteren Nonnen gewesen, welche behaupten, sie hätten die Schwester Magdalena, als sie habe noch gehen können, vor dem Altare kniend im Gebete gesehen, ohne daß sie mit ihren Füßen die Erde berührt habe; sie selbst habe das nicht gesehen, denn schon seit Jahren vor ihrer Ankunft im

Kloster sei Schwester Magdalena nicht mehr aus ihrem Bette gekommen. Zwei Ereignisse jedoch, die sie selbst erlebt habe, seien ihr für ihr ganzes Leben unvergeßlich. Schwester Magdalena sei, wie bereits gesagt, bis zu einem Gerippe abgezehrt gewesen und habe sich kaum noch im Bette bewegen können. Eines Tages sei sie mit Schwester Thekla im Begriffe gewesen, nach der Schule zu gehen, und, an der Zelle der Schwester Magdalena vorübergehend, hätten sie dieser noch einen guten Morgen wünschen wollen. Sie seien in das Zimmer getreten, und ein unheimliches Staunen habe sie ergriffen, als sie das Bett und das ganze Zimmer leer gefunden. In der Absicht, der Priorin darüber Anzeige zu machen, seien sie fürgegangen, und, als sie an die Stelle gekommen, wo der Gang nach dem Chore zu einen Winkel bildet, habe es hinter ihnen gerufen: ,Schwester Viktorchen! Schwester Thekla!' Sie hätten sich vor Staunen nicht fassen können, als sie beim Umschauen die Schwester Magdalena, ganz gerade aufrecht stehend, an der Tür ihrer Zelle erkannt hätten; und ihr Staunen habe sich verdoppelt, als sie zurückkehrend die Tür hätten öffnen müssen und die Schwester Magdalena, ganz wie gewöhnlich in ihrem Bette liegend, gefunden hätten; sie habe aber nichts mit ihnen gesprochen, sie sei, wie oft, in ihrer Betrachtung — d. h. Ekstase — gewesen!"

Das andere Geschehnis betrifft verwandte ekstatische Zustände, die jedoch mit dämonischen Angriffen verwechselt worden sein können. Ganz eindeutig geht dies aus der Quelle nicht hervor:

„Im Kloster wurde das sog. Ewige Gebet am Vorfeste von Mariä-Verkündigung, vom 24. bis 25. März, morgens 6 Uhr abgehalten, und als meine Tante abends 11 Uhr vom Chore ging, befahl ihr die Mutter Priorin, der Schwester Marianne zu sagen, daß sie um 12 Uhr ihre Stunde habe. — Diese wartete bei der Schwester Magdalena auf, und als meine Tante in der letzteren Zimmer trat, welches nur von der großen Laterne auf dem Gange einen schwachen Lichtschimmer erhielt, glaubte sie, das Bett würde in der ganzen Zelle herumgezogen; es wurde ihr ungemein unheimlich, und sie rief in ihrer Angst wiederholt: ,Schwester Marianne!' Da antwortete die Schwäbin aus einem Winkel des Zimmers: „Sei ruhig, sei ruhig; weischt nit, was wir heute feiern und was morgen für Fescht ischt?' — Am andern Tage erfuhr sie, daß Schwester Magdalena immer dann, wenn in dem Kloster Ewige Anbetung des Allerheiligsten Altarsakramentes gehalten werde, während der ganzen 24 Stunden (ihre Zeit) in Ekstase zubringe, und überzeugte sich durch den Augenschein, daß sie am Feste Mariä-Verkündigung in der Fasten aus der Seitenwunde und rund um den Kopf außerordentlich stark blute."

Die eben angeführten Zeugnisse fallen in die letzten Jahre vor ihrem Tode, da Maria Viktoria Wagner erst 1806 eingekleidet wurde und ihre Mitschwester wenige Jahre vorher in den Orden trat. Demnach haben also noch bis zu ihrem Tode die Seitenwunde und die Wunden der Dornenkrone geblutet [18]).

[18]) Es dürfte kein Anlaß vorliegen, den Worten Wagners zu mißtrauen.

Magdalene Lorger starb am 8. Februar 1806 in Hadamar im Rufe der Heiligkeit. Sie hat also 71 Lebensjahre erreicht. In Hadamar und seiner Umgebung ist sie noch heute im Volke als die „heilige Nonne" bekannt. Im Totenbuch der katholischen Gemeinde steht von der Hand eines Zeitgenossen der Zusatz, daß sie dreißig Jahre krank gewesen ist [19]). Beerdigt ist sie in dem Klosterkirchlein zur linken Hand des Eingangs der Sakristei an der Mauer vor der Nische gegen die Epistelseite des Altares. Ein Hadamarer Franziskaner hat im Jahre 1933 (also nicht 1929, wie im Sonderdruck dieses Kapitels angegeben) nach ihren Überresten gegraben. Es wurden auch Gebeine zutage gefördert, die als die Gebeine Magdalenas wieder beigesetzt wurden. Sie fanden in einem neuen Holzkästchen an der gleichen Stelle ihre Ruhestätte. (So P. Guido Göhler O. F. M., jetzt Pfarrer von St. Elisabeth, Wiesbaden, zu dem Verfasser.)

Das also sind die wesentlichen Angaben, die wir an Hand der Akten und anderer Aufzeichnungen über das merkwürdige Leben der „heiligen Nonne" von Hadamar zu machen haben. Sie ließen sich auf Grund der ersteren noch bedeutend erweitern. Denn welch unendliche Gnaden hat ihr der Herr im Laufe vieler Jahrzehnte geschenkt! Es muß dies der gesonderten Biographie der Stigmatisierten vorbehalten bleiben, die vorbereitet wird.

Wichtiger für den Sinn und Inhalt ihres Lebens — als alle Vermerke der Akten — scheint uns jedoch das zu sein, was *Katharina Emmerich* in der Ekstase über Magdalena ausgesagt. Und nach den ergreifenden Worten der großen Westfälin zu urteilen, hatte ihr Leben einen gar tiefen Sinn. Sie mußte leiden und sühnen wie die anderen großen Stigmatisierten ihrer Zeit, eine Columba Schonath und Katharina Emmerich, für die furchtbaren Angriffe der Freigeister auf die Kirche und für die namenlosen Schäden der Aufklärung, die das Übernatürliche in den Herzen der Menschen zu ersticken drohten. Schäden, denen jedoch Gott in seinen Gnaden ein unüberwindliches Halt gebot.

Zunächst zwei kleinere Begebenheiten, die sich im Leben der westfälischen Stigmatisierten auf Magdalena beziehen:

Katharina Emmerich verwandte die Zeit auf ihrem Leidensbette damit, Kleidchen für arme Kinder anzufertigen. Als ihre eigenen Vorräte erschöpft waren, nahm sie Zuflucht zu mildtätigen Seelen, um von diesen geeignete Flicken und Lappen zu erhalten. Sie hatte hierbei die Gewohnheit, sich mit rührender Herzlichkeit an die hl. Lidwina, an Magdalena Lorger und an andere hingeschiedene stigmatisierte Jungfrauen aus jüngst vergangener Zeit zu wenden, um durch ihre Fürbitte Stoff zu erhalten, der ihr mangelte. Sie sprach zu Magdalena mit so warmer Eindringlichkeit, wie sie es auch zu Lebenden getan hätte: „Liebes Magdalenchen, bist du es? Sieh, es geht auf Weihnachten zu, und es gibt noch so viele Kinder, die Wäsche und Mützchen nötig haben. Du mußt dein Versprechen halten und mir Wolle und Seide bringen." Und ihre Gebete wurden immer erhört.

---

[19]) Sie lag in der Tat darnieder von 1775—1806.

Ein anderes Mal rief Katharina u. a. Magdalena an, daß sie ihr im Gebete für die armen Seelen helfen solle. Clemens Brentano berichtet, daß die Stigmatisierte ihm darüber am 3. November 1820 sagte: „Ich habe heute nacht kühn zu allen Heiligen gerufen, deren Gebeine bei mir sind (d. h. in Gestalt von Reliquien), und habe besonders meine lieben seligen Schwestern Madlenchen von Hadamar, Columba von Bamberg, Juliana von Lüttich und Lidwina eingeladen, mit mir ins Fegefeuer zu kommen und jenen Seelen herauszuhelfen, welche Jesus und Maria die liebsten seien; ich hatte auch die Freude, viele befördert und erlöst zu sehen."

Am ergreifendsten aber ist, was Brentano unter dem 19. Januar 1820 über die inneren Beziehungen Katharina Emmerichs zu der nassauischen Stigmatisierten berichtet [20]: „Am 19. Januar 1820 reichte der Pilger (gemeint ist der Dichter Brentano) Anna Katharina ein Stück Leinwand, das mit dem Blute aus der Seitenwunde dieser Stigmatisierten benetzt worden war. Sie war in Ekstase, da sie das Tüchlein empfing, sagte aber: Was soll ich mit dem langen Kleide? Sie haben das Nönnchen auch so arg gequält, daß sie ihre Aufgabe nicht vollenden konnte. Sie starb, ehe sie fertig geworden."

Dem Pilger waren diese Äußerungen zunächst ganz unverständlich. Die Stigmatisierte hatte aber danach ein umfassenderes Gesicht über Magdalena, aus dem sie erzählte: „Ich sah Magdalena, der das Kleid gehörte; sie war mir aber ferne und sie konnte nicht zu mir. Ich sah sie auf dem Kirchhofe ihres Klosters, in dessen Ecke sich ein Beinhäuschen befand. Daneben an der Kirchhofsmauer war ein Stationsbild und in dem Häuschen selbst ein das Kreuz tragender Heiland. Vor dem Häuschen stand ein Fliederbaum und eine Nußhecke". Und nun geht ihre Vision ins Sinnbildliche über: „Auf dem ganzen Platze aber, rings um das Häuschen, lag wie ein Berg von lauter unverrichteten Arbeiten, von Nähtereien und dergleichen. Diese mußte ich ordnen und vollenden. Ich ging frisch an die Arbeit und nähte und flickte und betete dazwischen mein Brevier. Ich hatte dabei sehr zu schwitzen und kriegte einen entsetzlichen Schmerz in allen Haaren. Ich fühlte jedes Haar einzeln. Ich wußte die Bedeutung jeder Arbeit und eines jeden Stückes. Das gute Madlenchen hatte an dem Fliederbusche und dem Beinhäuschen, wo ein stiller, angenehmer Winkel zum Beten war, sich zuviel der Andacht überlassen und darüber manche begonnene Arbeit für Arme versäumt und unvollendet gelassen."

Und dann wird Katharina der Magdalena Lorger selbst ansichtig. In köstlicher Weise fährt sie fort: „Als ich den Berg endlich hinweggearbeitet hatte, stand ich in dem Häuschen vor einem Schranke, und hier kam Madlenchen zu mir, dankend und fröhlich, als hätte sie seit lange Niemanden mehr gesehen. Sie öffnete selbst den Schrank, und ich sah darin alle Bissen aufbewahrt, die sie sich am Munde für die Armen abgespart hatte. Sie dankte

---

[20] Wir zitieren nach Schmöger, Das Leben der gottseligen Katharina Emmerich, Freiburg 1870, II. Bd., S. 738—41.

mir, daß ich für sie aufgeräumt und die Arbeiten vollendet habe. ‚Hier im Leben‘, sagte sie, ‚kann man in einer Stunde tun, was man dort gar nicht mehr ersetzen kann. Sie versprach mir auch Lappen für meine armen Kinder. Sie sagte, daß sie sich zu vieler Dinge aus Gutmütigkeit angenommen habe, so daß sie eines über dem andern habe liegen lassen müssen. Sie gab mir die Lehre, daß Ordnung und Bescheidenheit im Leiden sehr nötig sei, sonst bleibe Verwirrung zurück.“

Darauf unterscheidet Katharina noch nähere Einzelheiten der Person und der Lebensgeschichte der nassauischen Stigmatisierten: „Sie war nicht groß, sehr mager, im Angesichte aber voll und blühend. Sie zeigte mir das Haus ihrer Eltern, und sogar die Türe, aus der heraus sie in das Kloster gegangen war. Ich sah dann noch viele Bilder ihres Lebens im Kloster. Sie war sehr gutmütig und hilfreich, arbeitete für andere überall, wo es möglich war. Ich sah sie auch im Bette liegen, plötzlich von Krankheiten überfallen werden, und ebenso plötzlich genesen. Ich sah das Bluten ihrer Male und wie sie übernatürliche Hilfe in ihrem Leiden empfing. Wenn die Priorin oder andere Nonnen bei ihr standen, sah ich von der anderen Seite ihres Bettes Gestalten von Engeln oder Klosterfrauen von oben niederschweben, sie trösten, ihr zu trinken geben, oder sie zu unterstützen. Ich sah sie sonst von ihren Mitschwestern gut behandelt, ihre Sache aber zu öffentlich werden und sie sehr unter Besuch und falscher Verehrung leiden.“ Und hier erklärt sie des näheren, warum die Geschehnisse um Magdalena eine so schlichte Resonanz in der damaligen Zeit fanden: „Es sind ihre Sachen zu ungeschickt vergrößert worden, was ihr vielen Verdruß gebracht, wie sie mir selber sagte. Ich sah auch ihren Beichtvater aufschreiben; aber er sagte mehr von seiner Bewunderung, als von den Dingen selbst. Ich sah sie nach Aufhebung des Klosters auch in Untersuchung; ich sah Soldatenärzte dabei und Geistliche. Ich sah nichts Unehrbares; aber ich sah die Leute sehr roh und plump, doch bei weitem nicht so arglistig und falsch, wie ich sie hatte. Sie quälten sie besonders mit dem Essen, und sie mußte sich so viel erbrechen. Sie hat sich als Kind schon sehr zum Abbruch gewöhnt; ihre Eltern waren geringe, aber sehr gute Leute. Ihre Mutter besonders sagte immer in der Jugend zu ihr beim Essen und Trinken, jetzt einen Bissen weniger, einen Schluck weniger für diesen Armen, für diese Seele; so gewöhnt sie sich. Die Geistlichen bei dieser letzten Untersuchung haben die Ärzte alles machen lassen, sie waren lau. Sie hat sehr viel Wunderbares an sich gehabt; aber sie ist zu bekannt geworden. Sie starb zu früh; sie hat sich sehr gegrämt und alles in sich erdrückt, dadurch ist ihr Leben verkürzt worden. Ich habe ihren Tod gesehen, nicht mit den Ceremonien oder dem Leichenbegräbnis, sondern als bleibe der Leib liegen und die Seele gehe weg.“

„Als der Pilger später das Leinwandstückchen wieder einmal in ihre Nähe brachte, rief sie: ‚Ei, du bist da, liebes Herzchen! O sie ist so behend, so hilfreich, so dienstwillig und freundlich!‘ Darauf blieb sie längere Zeit ganz stille und fragte dann ganz lebhaft: ‚Warum hat Jesus zu Magdalena gesagt: Weib, was weinst du? Ich weiß es, mein Bräutigam hat mir gesagt, warum er so sprach. Magdalena hatte ihn so ungestüm und heftig gesucht, und da sie ihn fand, hielt sie ihn für einen Gärtner. Da sagte Er: Weib, was weinst du? Als sie aber sagte, Meister! und ihn erkannte, sagte Er zu ihr: Maria! Wie wir suchen, so finden wir. Ich habe dies bei Madlenchen gesehen. Ich sah sie in einem dunklen Stübchen liegen, und es kamen viele Leute in ihre Kammer; es waren die, die sie untersuchen wollten. Sie sagten ihr auch von einem Klistier, und das nahm sie etwas zu schwer und unwillig und fiel darüber in zu großen Jammer. Als sie sich aber mehr ergab, geschah ihr nichts. Da sah ich dieses Bild vor ihrem Fenster in ihrem Garten. Sie hat es vielleicht selbst gehabt, weil sie verzagte, ihren Bräutigam zu finden, der doch bei ihr war.' Und treuherzig fügt Katharina hinzu: ‚Madlenchen ist mir noch einen Lappen schuldig'."

Im Anschluß daran berichtet dann Katharina noch über die Visionen, die sie über die andere damalige Stigmatisierte, über Columba Schonath von Bamberg, hatte [21]). Sie betont, daß es dieser nicht so schlimm von seiten der Außenwelt erging wie der Begnadeten von Hadamar: Columba „befand sich sehr gut in ihrem Kloster und war viel mehr ungequält und darum weiter in ihrem Leben und einfältiger und tiefer als Madlenchen. Ich sah sie auch in ihrem Range jenseits dieser zuvor. Die Art, wie man dieses sieht, ist schwer auszusprechen. Am besten kann man es noch bezeichnen, als habe sie mehr Weg zurückgelegt."

Kurzum: Katharina Emmerich war sich des Edelmutes und der Opferliebe Magdalenens, ihrer Wundmale und Leiden durchaus bewußt, und wenn auch Columba nach ihrer Angabe im inneren Leben noch weiter gekommen wäre, so ist doch nach ihren Worten an einer echten Begnadung der ersteren nicht zu zweifeln — soweit man überhaupt nach visionären Auskünften schließen kann [22]). Jedenfalls zeigt die Erfahrung der Geschichte der Stigmatisation (wir erinnern nur an Columba Schonath, Katharina Emmerich, Barbara Pfister, Anna Schaeffer, Therese Neumann usw.), daß im Grunde nur im Falle echter Begnadung diese übernatürlich-visionären Konnexe zwischen einzelnen Stigmatisierten stattfinden.

An sich aber bietet die historisch nachweisbare Geschichte der Magdalena Lorger die Gewähr, daß wir es hier mit einem überraschend ernsten, ja

---

[21]) Vgl. ebenda S. 741.

[22]) In den Schriften Brentanos über Katharina Emmerich findet sich eine gewisse Bestätigung, daß es sich bei Magdalena Lorger um eine eigenartige Stigmatisation des Herzens gehandelt haben muß. In einer merkwürdigen visionären Aussage spricht sie mit aller Deutlichkeit von ihr als von „jener anderen Person *mit dem zerschnittenen Herzen*, die sie neulich gesehen hat" (vgl. „Das Leben unseres Herrn und Heilandes Jesu Christi nach den Gesichten der gottseligen Kath. Emmerich", Regensburg 1858, Band I S. XCVIII). Wir verdanken diesen Hinweis Geistl. Rat Dechant J. J. Wagner, Vallendar.

einzigartigen Fall der Stigmatisation zu tun haben, der nahezu 30 Jahre dauerte und in dem die verschiedensten Momente der Echtheit wuchtig hervortreten.

Erneut aber zeigt die Lebensgeschichte der nassauischen Dominikanerin, daß die notdürftigen Urteile der von auswärts zugereisten Ärzte — die zudem zu damaliger Zeit dem Geiste der Aufklärung verfallen waren — nie genügen, um den schwierigen Fall einer Stigmatisation klarzustellen, daß vielmehr eine gründliche Beurteilung der Einprägung der Wundmale Christi einer dauernden, intensiven und gewiß ernsthaften Beobachtung bedarf, so wie sie in diesem Falle der seit sieben Jahren fungierende Klosterarzt Dr. Wolf in zahlreichen Untersuchungen getätigt hat. Nur so kann der Wissenschaftler zum Kern und zur Seele einer Persönlichkeit dringen! Dr. Wolf hat im vollen Bewußtsein seiner intensiven Studien und seiner Erkenntnisse der Behörde gegenüber dokumentiert, daß bei der Begnadeten keine Spur von Hysterie zu finden sei, ja, daß ihre Zustände und die außerordentlichen Erscheinungen an ihr unbedingt über das Natürliche hinausgehen. Das ist auch der Eindruck, den das Studium der Akten auf den Kenner der Stigmatisationsgeschichte heute macht.

Damit erledigen sich auch die Schlußworte Carl Heilers über Magdalena Lorger, der sie nach dem Vorgang der so völlig unzulänglichen Arbeit von Jacobi [23] — wie alle Stigmatisierten — unter die „hysterischen Persönlichkeiten" rechnen möchte [24]. Die Geschichte der Stigmatisierten im ganzen genommen, wie die einer Magdalena Lorger im besonderen, gibt uns nun doch eine Reihe wesentlich anderer Gesichtspunkte an Hand, um auch über diesen Fall der Einprägung der Wundmale ins klare zu kommen! Die Koblenzer Akten bedeuten damit einen neuen und sehr willkommenen Beitrag zur Geschichte der Stigmatisation, nicht minder aber auch zur Geschichte der rheinisch-nassauischen Frömmigkeit, ja zur deutschen Mystik überhaupt, die in der heiligmäßigen Dulderin von Hadamar durch ein wunderbares Beispiel hoher Begnadung bereichert wird [25]. Denn nicht nur wurde die Stigmatisierte von Gott der Wundmale des Herrn gewürdigt und erhielt die äußeren Zeichen hoher Auserwählung, nein, auch in den inneren mystischen Gnaden wuchs und wuchs sie im Laufe der Jahre mächtig empor. Angefangen von den niederen Gnaden des Gebetes bis zur ekstatischen Vereinigung mit Gott, zur

---

[23] „Die Stigmatisierten", München, 1923.

[24] Auch die gemutmaßte Diagnose Heilers auf „schwerste hysterische Hämatese und Lähmung und epileptische konvulsivische Krämpfe" ist hinfällig, nachdem das Leiden Magdalenas im Kern ein ganz anderes war.

[25] Es sei an dieser Stelle vermerkt, daß außer Magdalena Lorger noch eine andere stigmatisierte Nassauerin (?) der näheren Bekanntmachung harrt: Felicitas Bellon (1718—62); und ihr ließe sich aus dem deutschen Raum die ebenfalls fast unbekannte stigmatisierte Ursulinerin Maria Euphemia Dorer aus Freiburg i. Br. (geb. am 7. Oktober 1667, gest. am 4. März 1752) anführen, deren Akten gleichfalls noch unbearbeitet sind.

Brautschaft der Seele und zu höchster Entflammung der Gottesliebe. Durch namenlose Leiden geläutert, die sie bis zur völligen Erschöpfung 30 Jahre auf ein und dasselbe Krankenlager zwangen, war sie eine Heldin im Ertragen der göttlichen Fügungen und in der Hingabe in den göttlichen Willen, was Gott ihr mit den herrlichsten Gnaden der Gottesschau lohnte.

So ist sie denn ein Beispiel mystischer Begnadung, das zu ihren Zeiten dem deutschen Volke nicht allzuoft gegeben ward. Ein Beispiel, das uns Bewunderung und Ehrfurcht abzwingt und das unsere Gedanken innerlich zu jenen anderen bedeutenden Gottesfreundinnen der rheinisch-nassauischen Lande zurückschweifen läßt, zu einer hl. Hildegard von Bingen und einer hl. Elisabeth von Schönau, deren erhabene Gabe der Gottesschau schon einmal dem rheinischen Volke den Weg zu den Höhen mystischer Gottesliebe gewiesen. In Magdalena Lorger haben sie eine, wenn auch anders geartete, so doch würdige Nachfolgerin der heroischen Hingabe in Gottes Willen gefunden, deren fürbittendes Gebet gewiß auch uns zur Aneiferung der Gottesliebe zu helfen vermag. Möge man auch der nassauischen Dominikanerin zur verdienten kirchlichen Ehrung verhelfen [26]).

---

[26]) Es sei hier vermerkt, daß das vorliegende Kapitel auch als Sonderdruck erschienen ist, und zwar unter dem Titel „Eine unbekannte deutsche Stigmatisierte des Herzens. Magdalena Lorger von Hadamar (1734—1806)."

Anna Katharina Emmerich [1])

Die westfälische Leidensbraut im Zeitalter der Romantik

Das Bild einer anderen Trägerin der Wundmale, zweifellos der größten deutschen Stigmatisierten, steigt vor unserem Geiste herauf. Sie ist zugleich die bedeutendste im Viergestirn der Trägerinnen der Wundmale Christi der Aufklärungszeit. Wenn wir uns dieser edlen deutschen Dulderin nähern, so überströmt es unser Herz in innerer Freude und Dankbarkeit gegen Gott. Denn in ihr hat der Herr unserem Vaterlande eine Begnadete geschenkt, die in ihrem Charakter so rein und lauter, in ihrem Leiden so ergreifend und erhaben ist, daß wir selten wieder auf weitem Erdenrund eine so herrliche Blüte echter Frömmigkeit finden wie Anna Katharina Emmerich, die zarte Gottesbraut, aus tiefkatholischem Westfalenlande. In Hunderttausenden von Exemplaren sind ihre Visionen in Niederschriften des großen Romantikers Clemens Brentano in der Welt verbreitet und haben den Ruhm ihrer Gottesdulderschaft weit über die Grenzen unseres Vaterlandes getragen. Sie atmen einen Reichtum des Gemütes, eine Tiefe des Mitleides mit dem kreuztragenden Heilande, eine Hingabe, eine Demut und einen Opfermut, wie sie in dieser Einmaligkeit nicht selten der deutschen Seele eigen sind. Hohe Werte der Nachfolge Christi, der Abtötung und des Gebetes, der Herz-Jesu- und Marienminne sind es, die diesem untadeligen Herzen in überreichem Maße entströmten. Nur mit tiefer Ergriffenheit und innerster Aneiferung zu allem Hohen und Guten kann man die einzigartigen Dokumente über ihr erschütterndes Dulderdasein lesen. Viel ist schon in deutschen Landen über Katharina Emmerich geschrieben worden, aber mich dünkt, noch lange nicht ernst und tief genug. Denn wenn e t w a s uns der wahren Gottes- und Nächstenliebe, dem Gebete und dem vertrauten Umgang mit Gott näherbringen und uns zu echt christlicher Gesinnung und heroischer Opferbereitschaft entflammen kann, so sind es die hinreißenden Tugenden, die Milde und Güte dieser einsamen Dulderin, deren Leben ein Hohes Lied auf die wahre Christusliebe ist, die ihr Kreuz — nein, S e i n Kreuz — auf sich nahm und Ihm Schritt für Schritt folgte, auf steinig-mühevollen, aber auch beseligenden Höhenpfaden, empor zum Licht! Wenn in irgend jemand, so hat in ihr das Wort des Heilandes Gestalt gewonnen, das innerstes Geheimnis und Kraft eines jeden christlichen Kämpfers und Dulders werden sollte: „Nimm dein Kreuz auf dich und folge mir nach!"

ANNA KATHARINA EMMERICH wurde als Tochter armer, aber frommer Bauers-

---

[1]) Wir benutzen die volkstümliche Schreibweise, während Emmerick die dokumentarische ist, die sie bei Unterschriften setzte. Vgl. „Das bittere Leiden unseres Herrn", 32.—55. Aufl., Regensburg 1925, Einleitung.

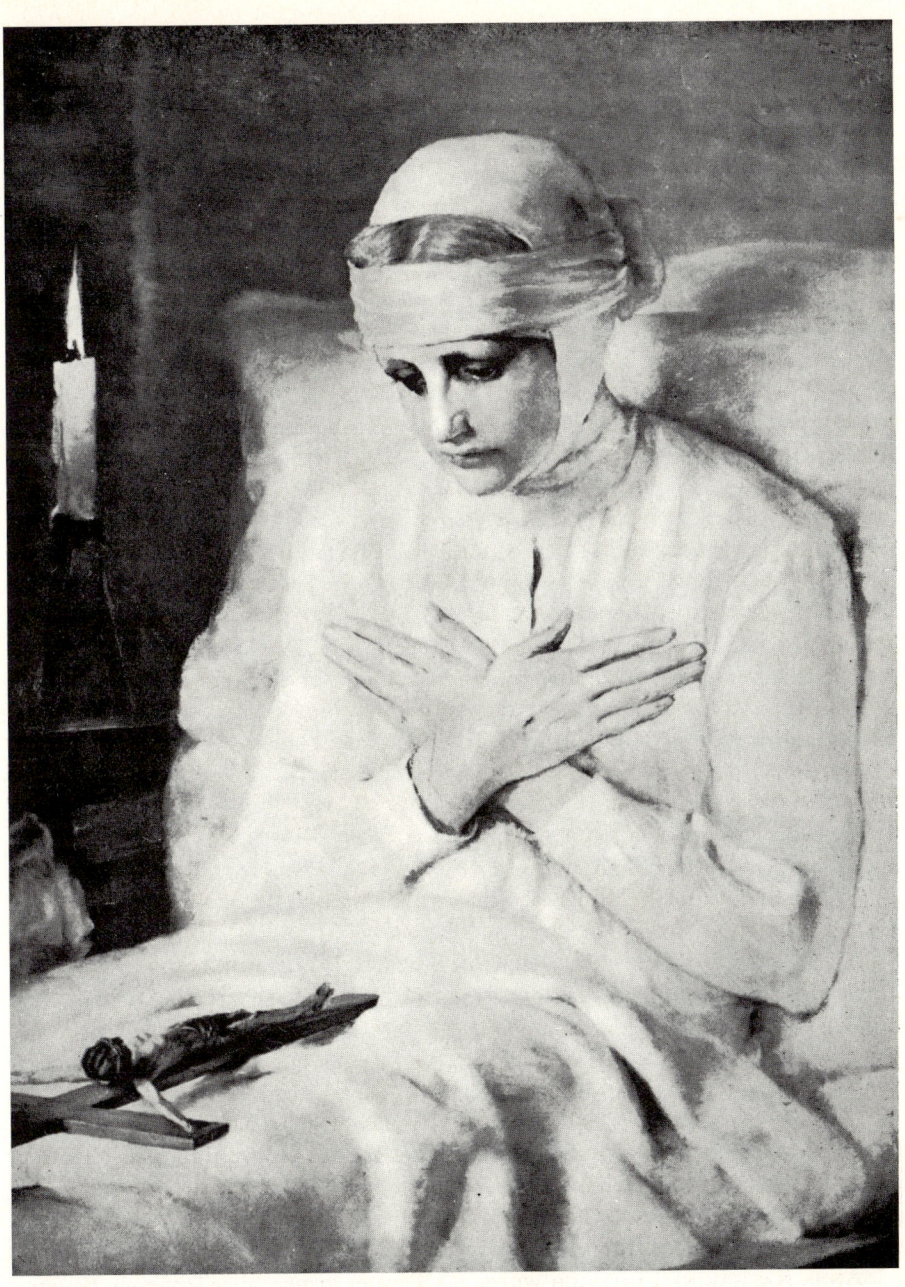

Anna Katharina Emmerich, die große westfälische Dulderin (1774–1824)
Gemälde von Otolia Kraszewska, Verlagsarchiv Christiana-Verlag.

leute an einem Muttergottestage, am 8. September 1774, zu Flamske, eine halbe Stunde von Coesfeld, in Westfalen geboren. Unter frühen Entbehrungen erwuchsen ihr schon in ihrer Kindheit nicht minder große Gnaden. Liebreizend ist ihr Bericht, wie sie schon als Kind der Erscheinungen des Heilandes gewürdigt wurde, der sich als Knabe und Gespiele ihr beigesellte. „Er spielte mit ihr — so erzählt Clemens Brentano — in Gestalt seiner Kindheit auf der Wiese und im Garten, der gute Hirt half als ein himmlischer Hirtenknabe dem frommen Hirtenmädchen die Herde hüten. Sie genoß des Unterrichts der Heiligengeschichte von Kindheit an in Schauungen das ganze Jahr hindurch, und zwar auf verschiedene Weise, in historischen Ebenbildern und in symbolischen Festbildern. Die Muttergottes, die Königin des Himmels, war ihr eine heiligste, schönste, majestätische, gütigste Frau, welche zu ihr auf Feld und Wiese kam, ihr Liebe, Huld, Lehre und Weisung erwies und ihr göttliches Kind ihr als Gespielen zuführte. Die lieben Heiligen taten ebenso und holten freundlich die Kränze ab, welche sie ihnen an ihren Festtagen flocht. Das Kind wunderte sich weniger darüber, als wenn ihm dies alles von einer herablassenden Fürstin und deren Hofhaltung geschehen wäre. Auch später verwunderte sie sich nicht hierüber, denn die Unschuld hatte für sie ein viel innigeres Verhältnis zu Jesu Christo, seiner Mutter und den Heiligen, als zu den herablassenden Personen des Weltadels. Weil sie als Kind manchmal ganz unbefangen von solchen Erfahrungen sprach und auch ihre Erzählungen von der Heiligen Geschichte ihre einfältige Umgebung in große Verwunderung setzten und sie sich durch Fragen und Zurechtweisungen in ihrem Wege gestört fühlte, begann sie zu schweigen und glaubte einfältig, es schicke sich nicht, von so etwas zu reden, die anderen Leute schwiegen ja auch still davon; denn alles, was ihr geschah, war so klar und wahr und führte so zum Heil, daß sie nicht anders glaubte, als das geschehe allen Christenkindern so; die anderen aber, welche nicht davon erzählten, seien nur bescheidener und besser gesittet als sie, und daher strebte sie, ihnen zu gleichen, und schwieg [2]).“

Bereits in jenen Kindheitstagen hatte sie eine eigentümliche Erkenntnisgabe für das Heilige und Geweihte. Von ferne schon erspürte sie den Priester, der das hl. Sakrament zu den Kranken trug, unterschied geweihte und ungeweihte Gegenstände, eine Fähigkeit, die sich später zu ihrer mit Recht so gerühmten „Herzenserkenntnis“ (zu griechisch „Kardiognosie“), zur Erkenntnis echter Reliquien und geweihter Personen und Hostien erweitern sollte.

Groß waren zudem schon in ihrer Kindheit ihre Abtötungen und ihre stille, heroische Hingabe ins Gebet. So war es nicht zu verwundern, daß sie sich mit ganzem Herzen zum Klosterleben hingezogen fühlte. Doch mehrere Jahre vorher, ehe sie in das St. Agnetenkloster zu Dülmen eintrat, sollte sie einer ersten großen Gnade teilhaftig werden: Sie durfte vor dem altehrwürdigen Kruzifixe der Coesfelder Kirche die Wunden und Leiden der hl. Dornenkrone empfangen. Sie berichtet selbst darüber: „Etwa vier Jahre, ehe ich ins Kloster ging, welches am

[2]) So Clemens Brentano in der Einleitung zu „Das bittere Leiden unseres Herrn“, 32.—55. Aufl., Regensburg 1925, Einleitung S. 4—5.

Holzschnitt von Heinr. Everz

Tenne im Emmerichhaus

Foto: B. Pattloch

Grab der Anna Katharina Emmerich in Dülmen/W.
(heutiger Zustand)

18. Dezember 1802 geschah, also etwa 1798, in meinem vierundzwanzigsten Jahre, war ich einmal um die Mittagszeit in der Jesuitenkirche zu Coesfeld und kniete vor der Orgelbühne vor einem Kruzifix in lebhaftem Gebet. Ich war ganz in Betrachtung versunken, da wurde mir so sachte und so heiß, und ich sah von dem Altar der Kirche her, aus dem Tabernakel, wo das heilige Sakrament stand, meinen himmlischen Bräutigam in Gestalt eines leuchtenden Jünglings vor mich hintreten. Seine Linke hielt einen Blumenkranz, seine Rechte eine Dornenkrone, er bot sie mir zur Wahl. Ich griff nach der Dornenkrone, er setzte sie mir auf, und ich drückte sie mir mit beiden Händen auf den Kopf, worauf er verschwand und ich mit einem heftigen Schmerz rings um das Haupt wieder zur Besinnung kam. Ich mußte gleich darauf die Kirche verlassen, der Meßdiener rasselte schon lange mit den Schlüsseln. Eine Freundin von mir, welche mit mir auf der Orgel gekniet, muß etwas von meinem Zustande gemerkt haben. Ich fragte sie zu Hause, ob sie keine Verwundung an meiner Stirn bemerke, und sprach mit ihr im allgemeinen von meinem Traum und dem heftigen Schmerz seitdem. Sie bemerkte damals äußerlich nichts, wurde auch nicht weiter von meiner Mitteilung verwundert, denn sie kannte schon dergleichen Zustände an mir, ohne daß ihr jedoch die innere Bedeutung ganz klar gewesen wäre. Am folgenden Tag war mir der Kopf über den Augen und an den Schläfen bis zu den Wangen wieder stark geschwollen, und ich hatte furchtbare Schmerzen. Diese Schmerzen und die Geschwulst kehrten oft wieder und währten oft ganze Nächte und Tage. Das Bluten um meinen Kopf merkte ich nicht eher, als da mich meine Gefährtinnen mahnten, eine andere Kopfbinde anzulegen, die ich auf habe, sei voller Rostflecken. Ich ließ sie auf ihren Gedanken und richtete meine Kopfbinde so ein, daß ich das Kopfbluten glücklich bis im Kloster verbarg, wo es auch nur eine Person entdeckt und redlich verschwiegen hat [3].ʺ

So nahte endlich der langersehnte Tag ihres Klostereintritts. Nur unwillig ließen Vater und Mutter ihr Kind ziehen, das seither in der Welt mühsam sein Brot mit Nähen verdiente. Am 13. November 1802 wurde sie als Novizin eingekleidet. Und jetzt auch begann ihr eigentliches Leidensleben, das sich in der Folge mehr und mehr steigerte. Hatte schon in der Welt bei ihrem keineswegs kräftigen Körperbau das Leben der Buße, das sie in steten Kasteiungen, Fasten und Wachen und in nächtlichem Sühnegebet betätigte und das durch schwere, anstrengende Feldarbeit ergänzt wurde, hohe Anforderungen an sie gestellt, so kamen jetzt im Kloster ausgesprochene Sühneleiden und unerkennbare Krankheiten hinzu. Sie gaben sich in so mannigfaltigen äußeren Symptomen kund, daß dem Arzt sowohl die Erkenntnis der Erkrankungen wie deren wirksame Bekämpfung fast unmöglich waren. Heute, wo wir wissen, daß sie diese Leiden übernahm, um die Erleichterung der Leiden anderer von Gott zu erbitten oder als echte Opferseele Gott Sühne für die Schuld anderer und die Sünden der Menschheit zu leisten, ist uns dies alles mehr als verständlich. Wieviel sie jedoch

---

[3] Vgl. ebenda, S. 6—7.

damals gelitten, weil man übernatürliche Leiden mit natürlichen Mitteln zu heilen suchte, das sagt sie selber in ihren schlichten Worten, die zugleich in herrlicher Weise den Sinn, den sie ihren Leiden gab, kundgeben: „Ruhig leiden zu können, ist mir immer als der beneidenswerteste Zustand des Menschen erschienen, ja, wäre der Neid keine Unvollkommenheit, die Engel würden uns um das Leidensvermögen beneiden. Das ersprießliche Leiden muß aber auch den verkehrten Trost und die verkehrten Heilmittel und alle anderen Gewichte auf das zu tragende Kreuz geduldig und dankbar hinnehmen. Ich kannte meine Zustände selbst nicht in ihrer ganzen Bedeutung und Verbindung. Von jenseits erhielt ich die Aufgabe im Geiste und mußte sie diesseits leiblich ausfechten. Ich hatte mich meinem himmlischen Bräutigam ganz als ein Opfer hingegeben, er ließ an mir seinen heiligsten Willen geschehen, übrigens war ich in der Welt und mußte der Welt Ordnung und Weisheit über mich ohne Murren ergehen lassen. Hätte ich meine Zustände ganz überschaut und Zeit und Gabe gehabt sie zu erklären, so wäre doch niemand da gewesen, der mich verstanden haben würde ... So habe ich denn durch Arzneimittel zur Unzeit mein ganzes Leben hindurch und besonders im Kloster unendlich gelitten. Oft, wenn ich dadurch dem Tode sehr nahe war, erbarmte sich Gott meiner auf übernatürliche Weise und sendete mir wunderbare Heilmittel, die mich herstellten [4].“

Schließlich kam ein schwerer Schlag für sie: das Kloster, in dem sie kaum neun Jahre geweilt hatte, wurde am 3. Dezember 1811 infolge der allgemeinen, durch Aufklärung und Säkularisierung der Kirchengüter herbeigeführten Aufhebung der Klöster, aufgelöst und die Kirche geschlossen. Anna Katharina war gezwungen, bei einem alten emigrierten Priester ein Zimmerchen zu beziehen, wo sie hinfort zusammen mit dessen Magd ein armes Dulderdasein führte. Aber immer mehr steigerten sich ihre Gebetsverzückungen und Ekstasen. Hier war es auch, wo sie am Feste des hl. Augustinus, am 28. August 1812, und einige Wochen später die ersten merkwürdigen Stigmen von Gott erhielt: zunächst das Malzeichen eines Kreuzes auf ihrem Leibe (siehe nebenstehende Zeichnung) und dann das Zeichen eines anderen Kreuzes in Ypsilon-Form (Y), also ganz in der Form wie das alte Coesfelder Kreuz, vor dem sie die Dornenkrone erhalten hatte. Ein leuchtender Jüngling — ein Engel des Herrn — reichte ihr ein etwa drei Zoll hohes Kreuz dieser Art, das sie wider ihr Brustbein preßte: „Sie wußte nicht, daß sie hierdurch ein äußeres Zeichen empfangen habe, und als sie bald hierauf, um sich zu erholen, mit dem Töchterchen ihrer Hausfrau den Garten eines alten ehemaligen Eremiten bei Dülmen besuchte, sank sie daselbst plötzlich in ekstatische Bewußtlosigkeit und wurde, nachdem sie

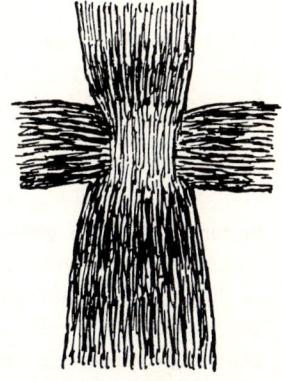

Figürliches Bruststigma
der Anna Kath. Emmerich
(nach Gen.-Vik. Droste/Schmöger

[4] Vgl. ebenda, S. 10.

sich erholt, von einer Bäuerin nach Hause geführt. Da nun in diesen Tagen die heftige Glut auf ihrer Brust immer zunahm, sah sie das Mal eines rot durch die Haut schimmernden, drei Zoll hohen Gabelkreuzes auf ihrem Brustbein... Am Allerseelenfest, dem 2. November 1812, ging sie zum letzten Mal aus. Sie schleppte sich mühselig zur Kirche. Von nun an war sie bis Ende des Jahres scheinbar in steter Todesnähe und ward mit allen heiligen Sakramenten versehen. Um Weihnachten erschien dann an der Höhe des Kreuzmales auf ihrem Brustbein ein kleiner Fortsatz in gleicher Kreuzgestalt, so daß dieses Brustkreuz ein doppeltes Gabelkreuz bildete. Dieses Kreuz schwitzte anfangs alle Mittwoche mit wenigen Abweichungen Blut in dichter Reihe von Schweißpunkten über seiner ganzen Linie aus, so daß man vollkommene Abdrücke desselben auf aufgelegten Papierblättern empfangen konnte.

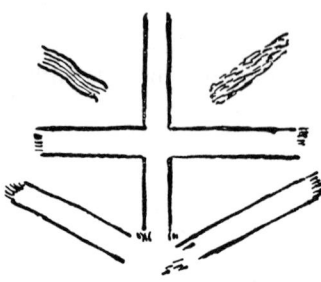

Gabelkreuz
der Anna Kath. Emmerich
(nach Droste bezw. Schmöger, II, 223)

Später versetzte sich diese Blutung auf den Freitag. 1814 war diese Blutung seltener, und es zeigte sich das Kreuz an den normalen Tagen nur mit einer Feuerröte. Jedoch schwitzte dieses Kreuz auch noch später und namentlich an den Karfreitagen [5]."

Am 29. Dezember 1812 wurde sie dann vollends stigmatisiert. Sie lag schwer krank in ihrem Stübchen in der Betrachtung der Leiden unseres Herrn versunken im Bett. Sie hat später in der Ekstase das ganze Ereignis noch einmal im Geiste erleben dürfen und schildert dasselbe in diesen Worten: „Ich hatte danach ein Bild von mir selbst und den Wunden, wie ich sie (im Jahre 1812) empfangen hatte. Ich hatte dies früher nicht mehr gewußt. Ich sah mich in der Stube bei Roters (ihren Hauswirten) allein. Es war drei Tage vor Neujahr, etwa um 3 Uhr nachmittags. Ich hatte eine Betrachtung der Leiden Christi, flehte ihn an, mich doch sein Leiden auch empfinden zu lassen und betete fünf Vaterunser zu Ehren der heiligen fünf Wunden. Ich war mit ausgebreiteten Armen im Bette liegend. Ich kam in eine große Süßigkeit und einen unendlichen Durst nach den Schmerzen Jesu. Da sah ich ein Leuchten auf mich niederkommen, es kam schräg von oben. Es war ein gekreuzigter Körper, ganz lebendig und durchscheinend, mit ausgebreiteten Armen, aber ohne Kreuz. Die Wunden leuchteten heller als der Körper; es waren fünf Glorienkreise aus der ganzen Glorie hervortretend. Ich war ganz entzückt, und mein Herz war mit großem Schmerze und doch mit Süßigkeit von Verlangen nach dem Mitleiden der Schmerzen meines Heilands bewegt. Und indem mein Verlangen nach den Leiden des Erlösers im Anblick seiner Wunden immer mehr stieg und wie aus meiner Brust, durch meine Hände, Seite und Füße nach seinen Wunden hinflehte, stürzten zuerst aus den Händen, dann aus der Seite, dann aus den Füßen des Bildes dreifache, leuchtend rote

---

[5] Vgl. ebenda, S. 11—12.

Strahlen, unten in einem Pfeil sich verengend, nach meinen Händen, Seite, Füßen. Ich lag lange so, ohne etwas um mich zu wissen, bis mir von einem Kinde der Hauswirtin die Hände niedergebeugt wurden. Das Kind ging durch die Stube und sagte zu seinen Leuten, ich hätte mir die Hände blutig geschlagen. Ich bat die Leute zu schweigen. — Das Kreuz auf der Brust hatte ich schon länger, um Augustinus (28. August) hatte ich es empfangen. Ich kniete mit ausgebreiteten Armen. Und mein Bräutigam hatte es mir eingedrückt. Nach dem Empfang der Wunden ging in meinem Körper eine gewaltsame Veränderung vor: Ich fühlte, daß der Lauf meines Blutes sich ganz wendete und mit einem schmerzlichen Ziehen nach diesen Punkten strömte [6]. "

Hinfort schaute sie nun in wunderbaren Visionen das Leben und Leiden unseres Herrn, die der „Pilger" Clemens Brentano in den Jahren 1818—1824 in aller Ausführlichkeit aufgezeichnet und der Nachwelt überliefert hat. In großartiger historischer und örtlicher Kenntnis beschreibt sie in diesen berühmten Gesichten die Passion unseres Herrn, die sie — wie später Therese Neumann — in ergreifenden Szenen vor ihrem geistigen Auge erblickte; darüber hinaus aber auch in bis ins einzelne gehender Schau die Orte, an denen der Herr gelitten. Es dürfte, abgesehen von der Hl. Schrift, kaum ein Buch der Weltliteratur geben, das erhabener und packender die großen Heilstaten Jesu Christi lebendig und wirklichkeitsnahe wiedergibt wie das „Bittere Leiden unseres Herrn Jesu Christi", zu dem noch das „Leben Mariä" trat.

Ihre Stigmatisation hatte man mehrere Monate geheim gehalten, bis sie schließlich einem Arzte in Dülmen, Dr. Wesener, bekannt wurde, der sie darauf am 22. März 1813 aufsuchte. Im Grunde war er gekommen, ihren „Betrug" aufzudecken, und dementsprechend hatte er sich schon vor anderen geäußert. Die Kranke wies ihn — über ihn innerlich aufgeklärt — schroff ab. Wesener verschaffte sich aber an diesem Tage noch einmal Eingang, und diesmal hielt sie ihm sein ganzes Leben wie im Spiegel vor, die Frömmigkeit seiner Jugend, die selbstgesuchte Zweifelsucht seines Mannesalters und vieles andere. Wesener berichtet dann weiter: „Ich würde selbst dadurch noch nicht überzeugt worden sein, denn es hätte ihr ja möglicherweise darüber etwas mitgeteilt worden sein können; aber sie sagte mir zwei Dinge genau und scharf mit allen Nebenumständen, die sie nur durch höhere Offenbarung wissen konnte, denn sie waren nur zwischen Gott und mir geschehen, nie hatte irgendein Mensch eine Ahnung davon gehabt noch haben können. Ich war zermalmt und rief aus: Das kann nur Gott Ihnen geoffenbart haben! Nun ist auch alles wahr, was die Kirche lehrt [7]. " Wesener änderte daraufhin sein Leben, kehrte zu Gott und zur Kirche zurück und wurde ein treuer Freund, Helfer und Schützer Katharinas für ihre elf letzten Lebensjahre.

Am 23. März 1813 lud er den Stadtpfarrer Reusing und die Vikare Lambert

---

[6]) Vgl. Schmöger, Leben der Katharina Emmerich, 1873, S. 300 ff.
[7]) Vgl. Hümpfner, Tagebuch des Dr. med. Franz Wilhelm Wesener über die Augustinerin Anna Katharina Emmerich, Würzburg 1926, S. XLVII.

und Limberg zu einer Prüfung der Begnadeten ein und unternahm eine erste größere Untersuchung gemeinsam mit dem früheren Klosterarzt Krauthausen. Das von allen unterschriebene Protokoll ging an die vorgesetzte geistliche Behörde. In tiefer Ergriffenheit leitete es Wesener mit den Worten ein: „Unergründlich ist der Herr der Heerscharen, unser allmächtiger Gott und Vater in seinen Absichten, unbegreiflich in seinen Werken. Wunder wirkt er alle Tage, jede Stunde, aber das Außergewöhnliche fordert doppelt unsere Anbetung und demütigste Unterwerfung."

„In dieser heiligen Absicht begaben wir Endesunterschriebenen uns heute, Montag, den 23. März 1813, zu der Augustiner-Nonne Anna Catharina Emmerich, aus Flamske bei Coesfeld gebürtig, welche dermalen bei der Witwe Roters auf der Münsterstraße allhier in Dülmen zur Miete wohnt, um uns zu unserem eigenen Seelenheile und zum Heile unserer Mitbrüder zu überzeugen, ob Gott unser Herr uns würdige, seine Wunder auf eine ganz außerordentliche Art zu sehen [8]." Darauf eine erste Schilderung ihrer Stigmen gebend, fährt er fort: „Wir fanden oben benannte Augustiner-Nonne Anna Catharina Emmerich in ihrem Bette. Ihr Gesicht war ruhig, die Farbe beinahe blühend. Auf dem Rücken beider Hände bemerkten wir Krusten eines geronnenen Geblütes von der Größe eines Zweigroschenstückes, unter diesen Krusten war die Haut wund. In der Fläche beider Hände waren ebensolche Blutkrusten, nur kleiner, und die Haut unter ihnen ebenfalls wund. Dieselben Blutkrusten fanden wir auf dem Rücken der Füße und so auch in der Mitte der Fußsohlen. Diese Krusten schmerzten bei der Berührung, und jene am rechten Fuße hatten noch vor kurzem geblutet. In der rechten Seite sahen wir ungefähr auf der vierten wahren Rippe, von unten gezählt, eine Wunde von etwa drei Zoll in der Länge, als wie mit einer Nadel mehrere Male nebeneinander geritzt, welche zuweilen bluten soll.

Form des Handstigmas sowie Größe und Form der Seitenwunde der Anna Kath. Emmerich
(nach Generalvikar Droste, bzw. Schmöger, 1873, I,220/21)

Am Brustbein sahen wir ebensolche geritzte Striche, die ein Gabelkreuz bildeten. Eben über dem Nabel sahen wir ein gewöhnliches Kreuz von blaß sigillierten halb Zoll breiten Strichen.

Am oberen Teil der Stirn sahen wir viele Punkte wie Nadelstiche, die bis in die Haare auf beiden Seiten gingen. In dem Tuche, welches sie um die Stirne trug, sahen wir viele blutige Punkte [9]."

---

[8] Ebenda, S. 397.

[9] Vgl. Hümpfner, S. 397—98. Es darf hier sogleich bemerkt werden, daß, wie die weitere Untersuchung ergab, diese „geritzten Striche" bzw. „Nadelstiche" nicht das geringste mit künstlich erzeugten Wunden zu tun hatten. Die Ausdrucksweise ist hier nur eine behelfsmäßige und in übertragenem Sinne zu verstehen.

Bereits am 28. März erschien der Generalvikar der Diözese Münster, Klemens August Freiherr zu Droste-Vischering, der spätere Erzbischof von Köln, und leitete die kirchliche Untersuchung ein. Wiewohl er sich mit seinen beiden priesterlichen Begleitern von der Übernatürlichkeit der Zustände überzeugt hatte, ordnete er dennoch, um jeglichem Vorwurfe der Leichtgläubigkeit in damaliger Zeit zu begegnen, eine strenge Untersuchung der Stigmatisierten an, für deren medizinische Seite Medizinalrat von Druffel und Dr. Krauthausen, und für deren sittlich-religiöse und allgemeine Belange Overberg und Dechant Reusing und Limberg bestimmt wurden.

Zunächst wurden die Wunden acht Tage lang fest verbunden, was der Stigmatisierten unglaubliche Qualen verursachte. Nach Ablauf dieser Zeit aber wurden sie trotz stärksten Blutverlustes unverändert und ohne Entzündung und ohne Eiter gefunden! Katharina wurde dann noch weitere zwei Tage dem peinigenden Versuche unterworfen, die Wundmale mit Medikamenten zu heilen. Aber auch dies war vergebens. Die Ärzte kamen überein, daß die Wunden auf keinerlei Weise künstlich entstanden seien und noch weniger künstlich unterhalten werden könnten, da sie sich schon Monate gegen jede Natur verhielten, indem sie weder sich entzündeten, noch eiterten, noch heilten. Auch beobachtete man, daß ebenso ihre Blutungen in gleicher Weise allen Naturgesetzen widersprachen. Das Blut nahm nämlich den Lauf, den es bei dem am Kreuze hängenden Heilande genommen hatte, indem es auch bei rücklings liegendem Kopfe nur über Nasenbein und Gesicht, aus den Handflächen den Vorderarm a u f w ä r t s und von den Fußwunden über die Zehen a u f w ä r t s — also gegen die Richtung des natürlichen Schwergewichtes! — lief! (Ähnlich also wie später bei Therese Neumann. Vgl. die Beobachtungen von Dr. E. v. Aretin. Berl. Hefte 1946.) Nach vier Wochen gab zudem Dr. Krauthausen in einem letzten Bericht über die sehr gründliche und sorgfältige Überwachung seiner Meinung Ausdruck: „Er habe schon als früherer Klosterarzt Katharina so genau kennen gelernt, daß ihm nichts ferner gelegen habe, als der Gedanke an Betrug. Aus Ehrfurcht gegen die geistliche Obrigkeit habe er dennoch die ärztliche Untersuchung übernommen. Es widerstrebte aber seiner Überzeugung von der Unschuld Katharinas, sie noch länger den Qualen der Untersuchung zu unterwerfen." Auch Druffel wies nach, daß die Vorgänge bei Katharina über das Natürliche hinausgingen, und daß jede unlautere Absicht bei ihr zurückzuweisen sei. Nicht minder hielt Wesener an seinem ursprünglichen Urteile fest: „Alle meine Bemühungen, hier Betrug zu finden, sind gescheitert; ich beteuere vor Gott, daß ich's glaube und daß ich ein ehrlicher Mann bin, der die Wahrheit selbst ist, liebt und sucht. Ich fand in ihr jenes harmlose Gemüt, welches mit sich und der ganzen Welt in Frieden lebt, indem es in allem Gottes heiligen Willen anbetet und sich für schlechter hält als andere Menschen [10])."

Der Dechant Reusing aber sagte aus: „Was ich gesehen habe, setzt in Erstau-

[10]) Vgl. Wegener „Anna Katharina Emmerich", S. 94.

nen. Betrug läßt sich hier nicht denken, das sagt die religiöse Denkungsart der Person, ihr Gesichtsausdruck, welcher fromme Einfalt, herzliche Gottesfurcht und heitere Ergebung in den Willen Gottes so deutlich erkennen läßt; das sagt endlich die Beschaffenheit der Wunden selbst, wenigstens dem Kenner [11]."

Man hatte übrigens in die Untersuchung auch ihre Nahrungsenthaltung einbezogen. Die Stigmatisierte, die von ihrer Stigmatisation an endgültig an das Bett gefesselt war und nicht mehr gehen und stehen konnte, konnte hinfort auch so gut wie nichts mehr essen. Das ausführliche und gründliche Tagebuch Dr. Weseners gibt darüber genaue Auskunft [12]: Bald nahm sie täglich nur noch etwas Wasser mit Wein, dann nur Wasser; manchmal, aber selten das Mark einer Kirsche oder Pflaume; jede andere Nahrung erbrach sie sofort, selbst wenn sie in sehr kleiner Menge genommen wurde. Der Generalvikar wollte jedoch die Untersuchung nicht beschließen, ohne einer amtlichen Vertretung der Öffentlichkeit Gelegenheit zu geben, die Vorgänge zu besehen und zu bewahrheiten. Vom 9. bis 19. Juni beobachteten 31 Bürger von Dülmen zu je zweien abwechselnd bei Tag und bei Nacht Katharina. In einem Schlußprotokoll erklärten sie unter eidlicher Versicherung Katharinas Nahrungslosigkeit, das Dasein und Bluten ihrer Wunden und ihre Ekstasen.

Über ihre besonderen Leiden aber, die ohne Unterlaß bei ihr anhielten, berichtet ihr späterer Biograph Wegener: „Anfangs bluteten alle Zeichen fast an jedem Tage, dann beschränkte sich die Blutung der Dornenkrone und der fünf Wunden auf die Freitage und die der Brustkreuze auf die Mittwoche; außerdem aber bluteten alle an den Gedächtnistagen des Leidens und des Kreuzes des Herrn im Kirchenjahre. Die Blutungen waren so stark, daß sie unter der Kopfbinde her wie Strahlen auf ihr Gesicht niederrannen und aus den anderen Wunden mehrfache Kleidung oder mehrfach gefaltetes Leinen durchdrangen. Solche mit Blut getränkte Leinen und blutige Abdrücke der Kreuzesmale befinden sich noch unter ihren aufbewahrten Sachen im Emmerichhause zu Dülmen.

Die Hände erschienen von den inneren Flächen nach den oberen hin durchbohrt, während die Durchbohrungen an den Füßen von oben her durch die Sohlen drangen. Die Wunden der Füße waren größer als an den Händen. Die Seitenwunde stieg aufwärts wie durch einen von unten nach oben geführten Stoß; sie war zwei Zoll lang.

Sie erlitt unsägliche stechende und brennende Schmerzen an den Wunden, insbesondere noch mehr vor und bei dem Bluten; sie waren so äußerst empfindsam, daß die leiseste Berührung ihren Schmerz vermehrte, ja sogar die Luft wie eine Flamme brennend auf sie wirkte. Die Peinen drangen von Händen und Füßen her bis zum Herzen, wo sie gleichsam ineinander übergingen. Der Mittel-

---

[11]) Vgl. Wegener „Anna Katharina Emmerich", S. 95.
[12]) Vgl. Hümpfner, „Tagebuch des Dr. med. F. W. Wesener über die Augustinerin Anna Katharina Emmerick, unter Beifügung anderer auf sie bezüglicher Briefe und Akten", Würzburg 1926.

Geburtshaus der Anna Katharina Emmerich
in Flamske bei Coesfeld

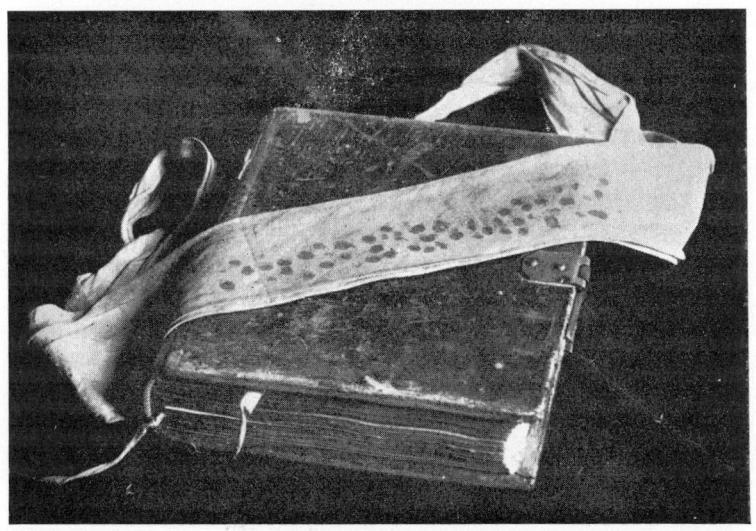

Gebetbuch und Stirnbinde der Anna Katharina Emmerich
mit Abdruck der Wunden der Dornenkrone

finger jeder Hand erschien beim Wundenschmerz wie tot und aus seiner natürlichen Lage herausgedrückt. Ja, sie erlitt wunderbarer und erschrecklicher Weise bisweilen in der Form der Kreuzigung die Art der Peinen derselben, indem sich die Fersen fest übereinander kreuzten, und die Arme wie angenagelt sich spannten; dabei fühlte sie ihre Glieder zerrissen und durchbohrt werden.

Den empfindlichsten aller Wundschmerzen verursachte ihr die Dornenkrone. Sie fühlte diese breit und schwer ihr Haupt umgeben; ihre Haare wurden gleichsam Dornen, und sie vermochte nicht ohne die heftigsten Schmerzen ihren Kopf an ein Kissen zu lehnen. Die Peinen nahm sie wahr um Stirn, Schläfen und Augen bis hinab in die Mundhöhle und den Schlund; so sah sie ja auch bei der Dornenkrönung Christi einen langen Dorn in seine Mundhöhle dringen." Bei besonderen Sühneleiden jedoch zeigten sich „an ihr die Wunden der Geißelung; dieselben waren Striemen, wie von heftigen Peitschenhieben entstanden und waren stets von Fieberschauern begleitet" [13]). Inzwischen waren die wunderbaren Vorgänge an der Dulderin, die nunmehr in Dülmen wohnte, bekannt geworden, und eine unermeßliche Zahl von Besuchern strömte zu ihr, unter ihnen eine Reihe der berühmtesten Zeitgenossen, wie Melchior von Diepenbrock, der spätere Fürstbischof von Breslau, Bischof Sailer von Regensburg, Graf Stolberg, Luise Hensel, Clemens Brentano und viele andere.

Schweres aber sollte der Stigmatisierten noch bevorstehen: im Jahre 1819 schritt man staatlicherseits zu einer brutalen Untersuchung. Sie wurde von der Polizeibehörde vorgenommen, die in jenem Zeitalter der „Aufklärung und des Unglaubens unbedingt die Betrügerin in ihr entlarven wollte". Eine Kommission, bestehend aus dem Landrat als Vorsteher, einem Medizinal-Regierungsrat und vier Ärzten, trat zusammen. Unter ihren Mitgliedern befanden sich zwei Protestanten und ein Freimaurer höheren Grades! Am 7. August hob man die Kranke gewaltsam aus ihrem Bette und trug sie mit Hilfe einer fremden Wärterin auf ein Tragbrett, welches von vier Polizisten fortgetragen und von einer Abteilung Gendarmerie mit Leutnant begleitet wurde. Hunderte von Dülmener Zuschauern gaben ihre Teilnahme durch Weinen zu erkennen. Sie wurde in ein fremdes Haus gebracht und die Tragbare in der Mitte eines großen Saales niedergesetzt, wo in derselben die Dulderin von allen Seiten beobachtet werden konnte [14])." Die also Gefangene wurde nun Tag und Nacht von den Mitgliedern einer Kommission überwacht, während man in ihrer alten Wohnung vergebens nach Instrumenten und ätzenden Mitteln suchte, mit denen sie sich ihre Wunden beigebracht haben könnte. Was man der Begnadeten während der drei Wochen ihrer Gefangenschaft zumutete, war schier unglaublich. Durch Verhöre suchte man sie sowie die Priester und Ärzte, die sie bisher gehabt hatte, in Widersprüche zu verwickeln und des Betruges und der Beihilfe zu diesem zu überführen. Man legte schamlos ihre Wunden bloß. Aber der Arzt Dr. Zumbrink, der im Auftrage des Oberpräsidenten kam, mußte gestehen, daß er keinen Betrug bei

[13]) Vgl. Wegener, S. 102—103.
[14]) Vgl. Wegener, S. 123.

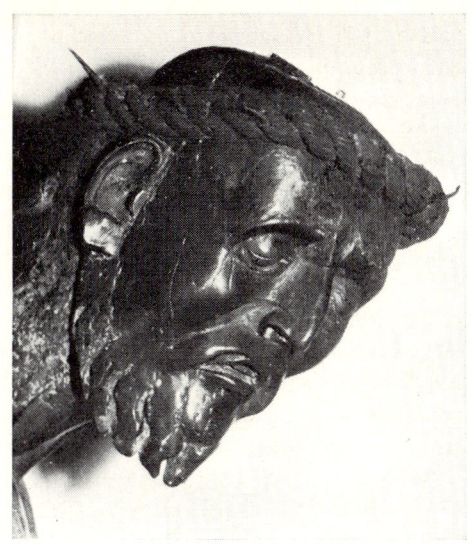

Coesfelder Kreuz
Christuskopf (Ausschnitt)

Zunser Anna Catharina Emmerich gewesene Chorschwester zu Dülmen.

Anna Katharina Emmerich auf dem Totenbett

Katharina gefunden und daß er sie nach ihrem Charakter nicht eines Betruges für fähig halte. Kurzum, trotz unglaublicher Anstrengungen und brutalster Maßnahmen konnte man die Kranke keines Betruges überführen. Am Tage ihres Ordenspatrones, des hl. Augustinus, wurde sie endlich aus ihrer harten Haft entlassen. Auf den Armen trug eine Magd sie in ihre Wohnung zurück, wo Dr. Wesener sie besuchte, der über ihren Anblick entsetzt war, denn sie hatte mehr das Aussehen einer Toten denn einer Lebenden.

Zu allem mußte die Stigmatisierte noch eine Schmähschrift des Vorstehers der Kommission über sich ergehen lassen, die sie in erbärmlicher „Beweisführung" des Betruges zieh. Demgegenüber aber stellte Dr. med. Buttersack fest, daß dieses üble Machwerk nicht die geringsten Beweise erbringe. Wie schnell auch hätte man Anna Katharina ins Gefängnis wandern lassen, wenn man vermocht hätte, auch nur die geringste Spur eines Betruges an ihr zu entdecken!

Indessen hatte die Stigmatisierte Gott innig gebeten, er möge doch die äußeren Zeichen von ihr nehmen, und tatsächlich wurde ihr Gebet nach sieben Jahren erhört. Gegen Ende des Jahres 1819 floß das Blut seltener aus ihren Wundmalen, um schließlich ganz aufzuhören. Am 25. Dezember, am hohen Weihnachtsfeste, fielen die Krusten von ihren Händen und Füßen, und man sah an den Stellen der einstigen Stigmata nur noch weiße Narben, die an gewissen Tagen rot wurden. Die stigmatischen Schmerzen blieben jedoch die gleichen. Die Einprägung des Kreuzes und der Seitenwunde waren dagegen noch oft, wenn auch unregelmäßig, sichtbar. Nur während der Karwoche zeigten sich meist noch ihre Blutungen.

Einen tief ergreifenden Abschluß finden die letzten Jahre ihres heroischen Dulderdaseins in der Tatsache der Bekehrung des bedeutenden Dichters der Romantik, C l e m e n s   B r e n t a n o, der an ihrem Leidensbette den innigvertrauenden Glauben seiner Jugend wiederfand. Es ist eines der anziehendsten Momente, das uns in der Geschichte der Stigmatisierten entgegentritt: diese innige Freundschaft eines geistig hochstehenden und andererseits vom Leben so vielgeprüften Menschen mit der äußerlich bescheidenen, aber an inneren Gütern so überreichen westfälischen Dulderin. An ihrem Schmerzenslager ging dem innerlich ruhelosen und unsteten Manne wieder der tiefere Sinn des Daseins und des menschlichen Ringens und Kämpfens auf. Am 8. September 1778 zu Ehrenbreitstein am Rhein geboren, war derselbe in dem sinnlich-verträumten Hin und Her seiner Jugend und seiner Mannesjahre viele Irrwege gegangen. Mit dem Gelehrten- und Dichterkreise des deutschen Klassizismus in Jena und Weimar vertraut, mit Fichte und Schelling, mit Goethe, Schiller und Wieland im geistigen Austausch stehend, und endlich einer der führenden Geister der romantischen Schule geworden, hatte er seine Kräfte vergeudet und sein Leben den „schönen Künsten" gewidmet. Dabei war er, ohne den Ernst einer klaren Lebensrichtung zu kennen, seines christlichen Glaubens verlustig gegangen. Da führte ihn seine Freundschaft mit Luise Hensel, der Tochter eines protestantischen Pfarrers, in erschütterndem Erleben zur Kirche zurück. Gottes wunder-

Sterbehaus der Anna Katharina Emmerich
in Dülmen

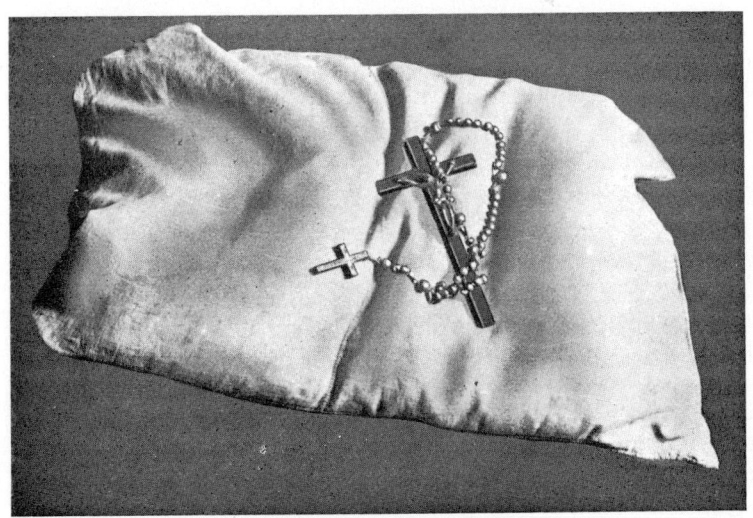

Sterbekissen, Sterbekreuz und Rosenkranz
der Anna Katharina Emmerich

bare Fügung aber lenkte seine Schritte in jenen Tagen durch die Vermittlung des Bischofs Sailer an das Krankenbett der Stigmatisierten von Dülmen. Und hier war es, wo er die Welt der Religion wiederfand und die der Übernatur in ihrer ganzen Schönheit und Herrlichkeit erkannte, eine Welt des Friedens und der Gnade, die ihm fortan zur geistigen Heimat wurde. Die göttliche Vorsehung aber wollte es, daß gerade ihm die Niederschrift der wunderbaren Betrachtungen und Gesichte Anna Katharinas anvertraut wurde. Ein einzigartiges literarisches Denkmal hat er damit der Stigmatisierten gesetzt, auf das — trotz so mancher Mängel — wir Deutsche stolz sein dürfen. Offenbart sich doch in ihnen so recht die tief deutsche Seele der Begnadeten, die mit inniger Ergriffenheit dem „Pilger" ihre inneren Erlebnisse, Visionen und Gnaden berichtete, und ebenso das innige, reiche Gemüt des Erzählers Brentano, der in ihren „Betrachtungen" das Reich der göttlichen Barmherzigkeit und Liebe in tiefer Ergriffenheit vor sich aufleuchten sah. Katharina aber wußte den „Pilger" immer mehr und mehr zu vertiefen und zu führen und ihn anzuleiten zu herzensreiner Gottes- und Nächstenliebe. Fünf Jahre blieb Brentano an ihrem Krankenbette, bis zum Jahre 1823. Es waren Jahre reichsten Erlebens und heiligen Schöpfertums. Dann aber nahte der Tod der Dulderin von Dülmen. Nur mit tiefer innerer Bewegung kann man die Geschichte ihrer letzten Tage lesen. Am 9. Februar 1824 gab sie ihre so reine und reife Seele in die Hände ihres Schöpfers zurück.

Mit Anna Katharina Emmerich ist eine Stigmatisierte dahingegangen, die wohl mit Recht als die bedeutendste der neueren Zeit gelten kann, zugleich aber als die schönste und edelste Blüte in dem Garten deutscher Frömmigkeit. Machtvoll verbreitete sich ihre Verehrung über die Lande. Beschämend nur ist, daß das deutsche Volk ihre Seligsprechung bisher noch nicht zu sichern wußte. Vieles bleibt hier noch zu tun. Möge es unser aller heißes Bemühen sein, ihrer Verehrung voran zu helfen, damit eine neue große deutsche Heilige zur wohlverdienten Ehre der Altäre gelange!

C · Emmerick

Unterschrift der Anna Katharina Emmerich

Katharina Emmerich und ihre Visionen
über Kampf und Sieg der Kirche

Neben ihren großartigen Visionen über das Leben, Leiden und Sterben unseres Herrn hatte Katharina Emmerich bedeutende Gesichte über den Kampf und den schließlichen Sieg der hl. Kirche. Um dem Leser wenigstens einen kleinen Einblick in die Größe ihrer Sehergabe zu geben, sei im folgenden ein Ausschnitt daraus gegeben:

Am 27. Dezember 1819, dem Feste des hl. Johannes des Evangelisten, begannen ihre großen Visionen vom Kampf und Sieg der Kirche. Sie erblickt die römische Kirche glänzend wie eine Sonne. Es strömten Strahlen von ihr aus, die sich über die ganze Welt verbreiteten. Hierbei sah sie den Kampf in symbolischer Weise um St. Peter entbrennen [1]):

„Ich sah die Peterskirche und eine ungeheure Menge Menschen, welche beschäftigt waren, sie niederzureißen; aber auch andere, welche wieder an ihr herstellten. Es zogen sich Linien von handlangenden Arbeitern durch die ganze Welt, und ich wunderte mich über den Zusammenhang. Die Abbrechenden rissen ganze Stücke hinweg, es waren besonders viele Sektierer und Abtrünnige dabei. Wie nach Vorschrift und Regel aber rissen Leute ab, welche weiße, mit blauem Bande eingefaßte Schürzen mit Taschen trugen und Kellen im Gürtel stecken hatten. Sie hatten sonst Kleider aller Art an, und es waren große und dicke vornehme Leute mit Uniformen und Sternen dabei, welche aber nicht selbst arbeiteten, sondern mit der Kelle nur an den Mauern Stellen anzeichneten, wo und wie abgebrochen werden sollte. Zu meinem Entsetzen waren auch katholische Priester dabei. Manchmal aber, wenn sie nicht gleich wußten, wie abbrechen, nahten sie, um sicher zu gehen, einem der Ihrigen, welcher ein großes Buch hatte, als stünde die ganze Art des Baues und Abbruches darin verzeichnet. Und dann zeichneten sie wieder eine Stelle genau mit der Kelle an, die abgerissen werden sollte, und schnell war sie herunter. Diese Leute rissen ganz ruhig und mit Sicherheit ab, aber scheu und heimlich und lauernd. Den Papst sah ich betend und von falschen Freunden umgeben, die oft das Gegenteil von dem taten, was er anordnete. Ich sah einen kleinen, schwarzen, weltlichen Kerl in voller Tätigkeit gegen die Kirche. Während die Kirche auf der einen Seite so abgebrochen wurde, ward auf der anderen Seite wieder daran gebaut, aber sehr ohne Nachdruck. Ich sah viele Geistliche, die ich kannte. Der Generalvikar machte mir viele Freude. Er ging, ohne sich zu stören, gerade durch die Abbrechenden durch und ordnete zur

---

[1]) Nach Schmöger, Leben der A. K. Emmerich, Freiburg 1870, 2. Bd., S. 175.

Erhaltung oder Herstellung an. Ich sah auch meinen Beichtvater einen großen Stein mit weitem Umweg herbeischleppen. Andere sah ich träge ihr Brevier beten und dazwischen etwa ein Steinchen als große Rarität unter dem Mantel herbeitragen oder anderen hinreichen. Sie schienen alle kein Vertrauen, keine Lust, keine Anweisung zu haben und gar nicht zu wissen, um was es sich handle. Es war ein Jammer. Schon war der ganze Vorderteil der Kirche herunter, und nur das Allerheiligste stand noch. Ich war sehr betrübt und dachte immer, wo bleibt denn der Mann, den ich sonst mit rotem Kleide und weißer Fahne rettend auf der Kirche stehen sah? Da erblickte ich aber eine majestätische Frau über den großen Platz vor der Kirche wandeln. Ihren weiten Mantel hatte sie auf beide Arme gefaßt und schwebte leise in die Höhe. Sie stand auf der Kuppel und breitete weit über den ganzen Raum der Kirche ihren Mantel, der wie von Golde strahlte. Die Abbrechenden hatten eben ein wenig Ruhe gegeben. Nun wollten sie wieder heran, konnten aber auf keine Weise sich dem Mantelraume nähern. Aber von der anderen Seite entstand eine ungeheure Tätigkeit der Aufbauenden. Es kamen ganz alte, krüppelige, vergessene Männer und viele kräftige, junge Leute, Weiber und Kinder, Geistliche und Weltliche, und der Bau war bald wieder ganz hergestellt. Nun sah ich einen neuen Papst mit einer Prozession kommen. Er war jünger und viel strenger als der vorige. Man empfing ihn mit großer Feierlichkeit. Es war, als sollte er die Kirche einweihen, aber ich hörte eine Stimme, es brauche keine neue Weihe, das Allerheiligste sei stehengeblieben. Es sollte eben ein doppeltes, großes Kirchenfest sein: ein allgemeines Jubiläum und die Herstellung der Kirche. Ehe der Papst das Fest begann, hatte er schon seine Leute vorbereitet, welche aus den Versammelten ganz ohne Widerspruch eine Menge vornehmer und geringer Geistlicher ausstießen und forttaten. Und ich sah, daß sie mit Grimm und Murren die Versammlung verließen. Und er nahm sich ganz andere Leute in seinen Dienst, geistliche und auch weltliche. Dann begann die große Feierlichkeit in der St. Peterskirche. Die mit der weißen Schürze arbeiteten immer in der Stille und mit Umsicht, scheu und lauernd, wenn die anderen nicht zusahen."

Am 30. Dezember sah sie wieder die Peterskirche mit ihrer hohen Kuppel. Sankt Michael stand auf ihr, leuchtend in blutrotem Gewande mit einer großen Kriegsfahne in der Hand. In gewaltigen Kämpfen mußte er sie mit Scharen himmlischer Geister gegen den Ansturm der Welt verteidigen. Herrlich erstrahlten dabei die Wunden Christi vom Himmel — es ist, wie wenn sie der Trägerin der Wundmale unseres Herrn einen überwältigenden Blick in die heilsgeschichtliche Bedeutung derselben habe geben wollen. Ihre Vision überstrahlt damit zugleich in seltener Großartigkeit die Geschichte der Stigmatisierten und ist in vielem den Gesichten der hl. Hildegard von Bingen, jener anderen großen deutschen Seherin, vergleichbar:

„Als der Engel vom Dache der Kirche niedergestiegen war, sah ich über demselben im Himmel ein großes, leuchtendes Kreuz, an welchem der Heiland hing, aus dessen Wunden leuchtende Strahlenbüschel sich über die Welt verbreiteten. Die Wunden waren rot wie glänzende Tore mit sonnengelber Mitte. Er trug keine Dornenkrone; aber aus allen Kopfwunden schossen Strahlen horizontal in die Welt. Die Strahlen aus den Händen, der Seite und den Füßen schossen regenbogenfarbig und teilten sich haarfein, und auch mehrere vereint nach Dörfern, Städten, Häusern durch die ganze Welt. Ich sah sie hie und da, fern und nah auf allerlei Sterbende fallen und die Seelen einsaugen, welche in einer dieser Farben hinanglitten in die Wunden des Herrn. Die Strahlen der Seitenwunde strömten auf die unten stehende Kirche in einem sehr reichen und breiten Strome nieder. Die Kirche leuchtete ganz davon, und durch diesen Strahlenguß sah ich die meisten Seelen eingehen in den Herrn."

„Ich sah aber auch ein rotes, leuchtendes Herz am Himmel schweben, aus welchem eine weiße Strahlenbahn in die Seitenwunde führte, und von welchem sich eine andere Strahlenbahn über die Kirche und viele Gegenden ausbreitete; und diese Strahlen saugten sehr viele Seelen ein, welche durch das Herz und die Lichtbahn in die Seite Jesu eingingen. Es wurde mir gesagt, es sei Maria dieses Herz. Außer diesen Strahlen sah ich aus allen Wunden Leitern sich gegen die Erde senken; einige reichten nicht ganz hinab. Diese Leitern waren verschieden gestaltet, schmal, breit, nah- und weitsprossig. Sie standen einzeln und auch gehäuft, es mögen wohl an dreißig gewesen sein. Sie waren von den Farben des Reinigungsortes dunkel und heller, grau bis immer mehr sich lichtend. Auf diesen sah ich viele Seelen mühsam hinanklettern. Manche stiegen rasch, als hätten sie Hilfe in stetem Fortschreiten, andere drängten sich verwirrt und fielen darüber wieder auf niedrigere Stufen, und einige fielen ganz in Nacht. Das mühsame Aufklettern war sehr rührend gegen das freudige Einsaugen zu betrachten. Es schien, als ob die stets und mit Hilfe Aufsteigenden der Kirche verwandter seien, als die Gehinderten und Stockenden, Harrenden, Verlassenen, Stürzenden. Ich sah auch viele jener Seelen, welche in dem Kampfe blieben, jede ihre Bahn in den Leib des Herrn nehmen. Hinter dem Kreuze aber, in den tiefen Himmel hinein, sah ich ganze Scharen von ferner und ferner vorbereitenden Bildern des Erlösungswerkes, die ich nicht aussprechen kann. Es war, als wären sie die Stationen des Weges der göttlichen Gnade durch die Geschichte der Welt bis zu ihrer Erfüllung in der Erlösung. Ich stand nicht auf einem Punkt. Ich bewegte mich durch und zwischen den Strahlen umher und sah alles. Ach, ich sah Unermeßliches, Unbeschreibliches."

„Als der Kampf auf Erden getilgt war, waren die Kirche und der Engel, der nun verschwand, weiß und leuchtend geworden. Auch das Kreuz verschwand, und an seiner Statt stand eine hohe leuchtende Frau auf der Kirche und breitete ihren goldenen, strahlenden Mantel weit über sie aus. Unter der Kirche erschien gegenseitige Demütigung und Versöhnung. Ich sah Bischöfe und Hirten sich nähern und ihre Bücher auswechseln, und die Sekten erkannten die Kirche durch den wunderbaren Sieg und durch die Lichter der Offenbarung, welche sie selbst auf sie hatten strahlen gesehen. Diese Lichter waren aus den Strahlen des Springquells des Sees vom Prophetenberg, der aus Johannes war. Als ich diese Vereinigung sah, kriegte ich eine tiefe Empfindung von der Nähe des Reiches Gottes. Ich fühlte einen Glanz und ein höheres Leben in der ganzen Natur und heilige Bewegtheit in allen Menschen, wie zur Zeit der nahen Geburt des Herrn, und ich fühlte die Nähe des Reiches Gottes so, daß ich ihm entgegenzulaufen und zu jauchzen gezwungen war. Ich habe von der Ankunft Mariä schon in ihren frühesten Vorfahren ein Gefühl gehabt. Ich sah ihren Stamm dieser und keiner anderen Blüte entgegen sich veredeln. Ich sah Maria kommen; wie, das kann ich nicht aussprechen; ebenso habe ich immer eine Empfindung von größerer Annäherung des Reiches Gottes. Ich kann es nur mit jenem Gefühle vergleichen. Ich sah es nahen durch die Sehnsucht von vielen demütigen, liebenden, glaubenden Christen; die Sehnsucht zog es heran. Ich sah viele kleine, leuchtende Haufen von Lämmern über der Erde, geweidet von Hirten, und sah alle Hirten als die Hirten desjenigen, der als ein Lamm sein Blut für uns gegeben, und es war eine ganz unendliche Liebe und Kraft Gottes in den Menschen."

Schließlich aber sieht sie noch in wunderbarer Schau die mystische Stadt Gottes, das himmlische Jerusalem, als Erfüllung der Sehnsucht aller Christen:

„Ich sah die schimmernden Straßen der Gottesstadt voll glänzender Paläste und Gärten, in denen zahllose Scharen von Heiligen Gott lobend und auf die Kirche niederwirkend sich bewegen. Im himmlischen Jerusalem ist keine Kirche; Christus selbst ist die Kirche. Maria thront über der Gottesstadt und über ihr Christus und die heiligste Dreifaltigkeit. Von ihr fällt wie Tau des Lichtes auf Maria, das sich von ihr niederbreitet über die ganze heilige Stadt. Ich sah unter der Gottesstadt die Peterskirche und frohlockte, daß sie trotz aller Nachlässigkeit der Menschen doch immer das wahre Licht von oben in sich empfängt. Ich sah die Wege, die zum himmlischen Jerusalem führen, und sah die heiligen Hirten, welche aus ihren Herden die vollendeten Seelen dahin geleiten."

Es sind Visionen von unerhörter Lebendigkeit und Symbolik, die sich bei Katharina Emmerich in schier endlosem Reichtum aneinander reihen. Niemand, der sich näher mit der westfälischen Seherin befassen will, sollte an einer gründlichen Lektüre derselben vorbeigehen. So wird er am ehesten ermessen können, welch ein auserwähltes Kind der Gnade in Katharina Emmerich dem deutschen Volke geschenkt wurde und welch eine hohe Pflicht es ist, der Verehrung der Seligen Freunde zu gewinnen! Freuen wir uns daher der stets wachsenden Emmerichbewegung [2]), die die Bedeutung der großen deutschen Westfälin immer mehr ins helle Licht rückt.

---

[2]) Man vgl. des Näheren die treffliche Broschüre des „Emmerickbundes", „Neues zur Emmerickbewegung", Verlag Laumann, Dülmen.

Mit Katharina Emmerich sind wir im Grunde genommen schon in ein neues Jahrhundert der Stigmatisationsgeschichte eingetreten. Ihrer ganzen Aufgabe und den Schwierigkeiten nach, die der westfälischen Dulderin begegneten, s c h l i e ß t sie den großen Kreis der Stigmatisierten, deren Ringen und Kämpfen der Überwindung der deutschen Aufklärung galt. Zugleich aber eröffnet sie den Ausblick auf ein weiteres Jahrhundert überfließender Liebeserweise des Herrn, und damit auf die Gnadengeschichte einer Epoche, die in den Abgründen des Materialismus und des Liberalismus — den natürlichen Kindern der „Aufklärung" — zu ersticken schien. Ein verbreiteter Ansturm antichristlicher Mächte setzte ein. Je stärker aber die Gewalten der Finsternis sich anschickten, gegen den Felsen Petri anzurennen, um so nachhaltiger schützte der Herr den mystischen Leib seiner hl. Kirche. Gnaden auf Gnaden strömten auf ungezählte ihrer Glieder hernieder und machten sie stark, dem Wüten der Feinde mit der Schärfe göttlicher Kraft zu begegnen. Wieder ist unser Auge geblendet ob der Ströme himmlischer Gaben, die auf das religiös so verwüstete Europa herniederrauschen. Wer vermöchte auch nur den größeren Teil der Namen zu nennen, deren jeder für uns ein Programm bedeutet? Eine überraschend große Zahl von Stigmatisierten müßten wir zitieren, um die schier unerschöpflichen Schätze der Gnaden zu kennzeichnen, die Gott über dieses — so glaubensferne! — Jahrhundert ausgegossen. Da treffen wir — um nur einige der wichtigeren anzuführen — noch im Beginne des Jahrhunderts eine Maria-Luise Biagini von Lucca (1770 bis 1811), eine Schweizerin Maria Josepha Kümi aus St. Gallen (1763—1817), eine Italienerin Maria die Gekreuzigte von den Wunden Jesu (1782—1826), eine Schwester Bernarda vom Kreuz (1820—1847) aus Lyon und Rosa Marie Andriani (1786—1848), eine Tertiarin des Dritten Ordens. Es folgen die bekannte Stigmatisierte Nordfrankreichs Maria Bertina Bouquillon (1800 bis 1862), eine Holländerin Dorothea Visser aus Gendringen (geb. 1820), die Klarissin Sarazeni aus Assisi (1828—1871), die Flämin Isabella Hendrig (1844—1874) aus Appels-Termonde in Belgien. Nicht zu vergessen Frau Miollis von Marseille (1806—1877), die bereits mit 18 Jahren verehelicht und dennoch einer hohen Begnadung gewürdigt wurde, die Elsässerin Franziska Barthel, auf die wir noch näher eingehen werden, Maria-Catherina Putigny zu Metz (1803—1885), Palma-Maria Matarrelli (1825—1888), eine einfache Bäuerin von Oria in Italien, die ebenfalls verheiratet war und von Prof. Imbert-Gourbeyre geprüft worden ist, und schließlich Schwester Patrozinia (gest. 1891), die bereits im Jahre 1828 die Seitenwunde und 1830 die übrigen Stigmata empfangen hat. Darüber hinaus aber den großen Kreis der Tiroler Stigmatisierten um Maria von Mörl, dann die großen Fälle der Stigmatisation, denen wir z. T. in gesonderten Kapiteln nachgehen wollen, wir meinen den einer Mirjam von Abellin, der Stigmatisierten des Heiligen Landes, einer Louise Lateau, der Belgierin, und einer Dominika Klara Moes, der Stigmatisierten der deutschen Grenzmark an der Mosel. Ihnen schließen sich um die Jahrhundertwende eine französische, eine englische und eine italienische Trägerin der Wundmale Christi an, denen wir ebenfalls eigene Kapitel widmen müssen. Erwähnt seien schließlich noch in der Epoche des 19. Jahrhunderts neben einer JULIANA WEISSKIRCHER in Österreich zwei Stigmatisierte des fernen Ostens und Westens, die eine auf Ceylon im Indischen Ozean — HELENE VON BOLAWATTA, die Tochter buddhistischer Eltern — und jenseits des Atlantischen Ozeans in der Diözese Quebec in *Kanada* die Schwester ESPERANZA VON JESUS (eine geborene Vitaline Gazon). Nicht weniger als 29 Stigmatisierte zählt Imbert-Gourbeyre für das 19. Jahrhundert. Doch ist damit deren wahre Zahl bei weitem noch nicht erreicht!

Eröffnen wollen wir die erstaunliche Reihe der Stigmatisierten dieses Jahrhunderts mit einer großen römischen Seherin, die zugleich Mitdulderin des Herrn war, um im Anschluß an diese sogleich in die Darstellung jener großen mystischen Bewegung im äußersten Süden unseres deutschen Vaterlandes — in Tirol — zu treten, die die bedeutendste und markanteste des 19. Jahrhunderts war und von der aus die erstaunlichsten Wirkungen in die allgemeine mystische Bewegung jener Tage flossen.

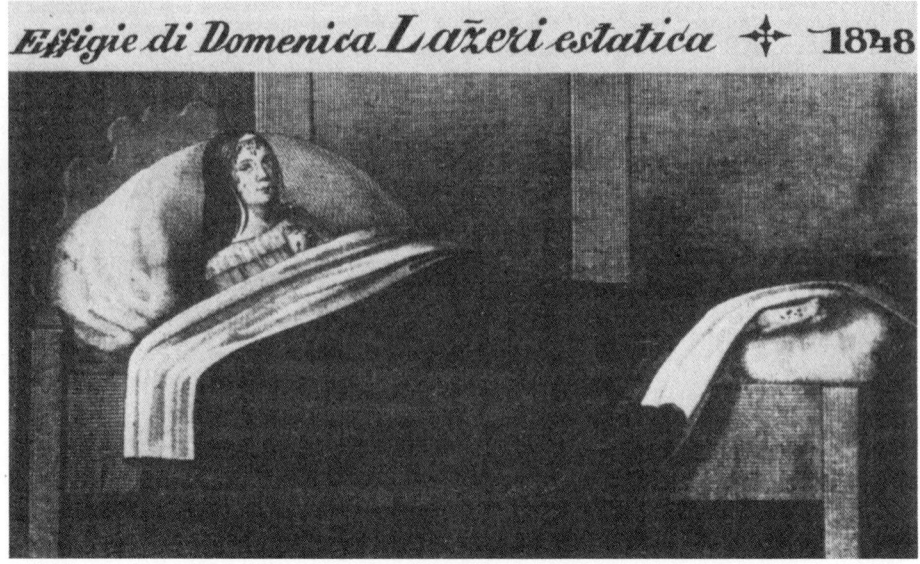

Domenica Lazzeri aus Capriana in Fleimstal in Südtirol.
Strichzeichnung. Text Seite 340

28. Kapitel

Elisabeth Canori-Mora

Die Seherin der Prüfungen und der Endzeit der Kirche

Wenden wir nach dem Zeitalter der Aufklärung und Romantik, das Katharina Emmerich wie ein hellglänzendes Licht überstrahlt, unsere Blicke wieder dem Süden zu. Im Ewigen Rom treffen wir zu dieser Zeit eine andere große Begnadete, die zwar ihrer westfälischen Schwester in der Ausgeprägtheit ihrer Stigmatisation nachsteht, dafür aber in ähnlicher Weise — durch die Gabe der Visionen und der Prophetie — erstaunlicher Blicke in die Zukunft der Kirche gewürdigt wurde. Es ist ELISABETH CANORI-MORA. Auch deshalb wird diese bedeutende Frau unser großes Interesse erwecken, weil sie als *Verheiratete* und *Mutter vieler Kinder* so erhabener Gnaden für würdig befunden wurde. Vermag sie uns doch den Weg zu zeigen, wie die Hingabe in die Pflichten der Ehe und in die Sorgen der Familie keineswegs eine noch größere Hingabe an die Hochziele christlicher Vollkommenheit ausschließt.

Elisabeth ist die Gattin eines Rechtsanwalts gewesen und hat die Stigmata Christi in ausgesprochener Form empfangen. Sie war am 21. November 1774 zu Rom aus der Familie der reichen Canori geboren, und als sie, in streng christlicher Erziehung aufgewachsen, sich in ihrem 22. Lebensjahre mit dem bedeutenden Advokaten Dr. Mora verehelichte, vertauschte sie ihr Vaterhaus mit einer nicht minder reichen und wohlhabenden Umgebung. Es verkehrten in dem Hause ihres Gatten Personen der höchsten Stände und brachten sie in Verbindung mit den angesehensten Familien der Ewigen Stadt. Mora hatte eine große Wohnung inne, hielt Dienerschaft, Wagen und Pferde und — enttäuschte schon sehr bald seine junge Frau durch seine üble Verschwendungssucht, ja, was noch schlimmer war, durch eheliche Untreue! Die Leiden der jungen Gattin, die ihrem Manne eine Anzahl Kinder schenkte, häuften sich darob mehr und mehr und wuchsen schließlich ins Kaum-Erträgliche. Aber gerade in der harten Zucht der Prüfungen Gottes, zu denen noch der wirtschaftliche Bankrott ihres Mannes und die völlige Verarmung der Familie traten, reifte sie zu einem Menschen heran, der in Gebet und in der opferbereiten Hingabe in Gottes heiligen Willen seinen einzigen Trost und Halt fand. Der Herr aber sollte sie im Sturm dieser läuternden Leiden zu den höchsten Stufen der Verinnerlichung führen!

Als erste Frucht ihres heldenmütigen Kampfes empfing sie eine große außerordentliche Gnade, die der Ausgangspunkt des himmelstürmenden Höhenfluges ihrer Seele wurde: die Gnadengabe der Durchbohrung ihres Herzens! Sie vollzog sich am 17. September 1803 im Gefolge einer merkwürdigen Vision: Sie schaute die Gottesmutter in erhabener Majestät in einer hohen Halle. Aus ihren Händen erhob sich plötzlich eine weiße Taube, unter deren Flügel sie mit Staunen die Nägel entdeckte, mit denen der Herr ans Kreuz geheftet worden war. „Sie waren von blutroter Farbe, und überaus leuchtende Strahlen gingen von ihnen aus. Der Glanz dieses heiligen Feuers machte mich sehr bange ... Siehe da schießt ein Feuerstrahl ... wie ein Pfeil auf mich zu und verwundet das Innerste meines Herzens. Diese kostbare Wunde verursachte mir tiefe Ohnmacht."

Daß es sich bei dieser Vision nicht um Einbildungen und Trugbilder des Geistes gehandelt hat, das zeigt die außerordentliche seelische Umwandlung, die sie in Elisabeths Inneren erzeugte: „Nachdem ich wieder zu mir gekommen, war ich ganz umgewandelt, ganz Eifer, ganz Liebe. Ich fühlte in meinem Geiste die wunderbaren Wirkungen dieses Pfeiles, der die Flamme heiliger Liebe in mir entzündete. Wie von Sinnen und von Liebe erfüllt ging ich umher und rief: ‚Du hast gesiegt, du hast endlich gesiegt, o heilige Liebe, über die Härte meines verstockten Herzens [1])!'" Tatsächlich nahm ihr der Herr hinfort alle Unschlüssigkeit: ihr unaufhaltsamer seelischer Aufstieg begann.

Aber noch sollten ihr bis zur Vollendung ihres Weges eine Unsumme von Prüfungen und Leiden bevorstehen. Zu deren schwersten gehörten ihr Miterdulden der Passion und die Gnadengabe der Stigmatisation, die auf das innigste mit ihrem mystischen Aufstieg verknüpft sind. Aus diesen Kräften wächst und wächst die Begnadete erst zur vollen Entfaltung ihres inneren Lebens. Gott hatte sie zu den höchsten Stufen der Beschauung berufen. Ihre Gnadengeschichte bestätigt in uns den Eindruck, wie eng das visionäre Mitleiden der Schmerzen Jesu Christi mit der umwandelnden Vereinigung mit Gott zusammenhängt, — ja, es scheint geradezu, daß das eine das andere fordert! Schwere Leiden der Läuterung waren auch bei ihr die Vorbedingung für die Größe der Erleuchtungen, die Gott ihr zum Wohle der Kirche und der Menschheit anvertrauen wollte.

So eröffnete ihr denn der Herr, als er sie zum Berufe eines Sühneopfers für die Bekehrung der Sünder und für die Anliegen der Kirche erwählt hatte, alle Schätze seiner heiligen Passion, und er ließ sie die kleinsten Umstände derselben schauen. Er offenbarte ihr seine furchtbaren Leiden und Drangsale, um nicht nur in ihr die Gefühle des Schmerzes und des Mitleids zu erwecken, sondern auch in der Absicht, sie für den Empfang weiterer großer Gnaden fähig zu machen.

Besonders an den Feiertagen wurde sie der Passionsekstasen gewürdigt. So sah sie z. B. den kreuztragenden Heiland auf seinem Wege zum Kalvarienberge. Er war über und über mit Wunden und Striemen bedeckt, dornengekrönt, schwach und elend. Jeder Schritt traf sie wie ein Stich ins Herz. Sie fühlte seine Leiden als die ihrigen. Sie glaubte vor Schmerz zu sterben. Es war am Karfreitag, den 8. April 1814, als sie die Wundmale des Herrn erhielt, die jedoch

---

[1]) Wir zitieren nach der ausgezeichneten deutschen Ausgabe ihres Lebens, die wir nachdrücklich empfehlen: „Elisabeth Canori-Mora, Profeßtertiarin des Dreifaltigkeitsordens zu Rom" (1774—1825) von Monsignore Anton Pagani, deutsch von P. Eichinger O. SS. T., Kirchnach-Villingen 1924.

auf ihr inbrünstiges Gebet sofort wieder verschwanden. Aber oft wiederholten sich ihre Passionsekstasen. Am 12. April 1816, abermals einem Karfreitag, fühlte sie sich mit dem Kreuze aufgerichtet und ihr Herz durch einen flammenden Strahl aus Jesu Herz durchbohrt. Daran schlossen sich die unaussprechlich feierlichen Visionen ihrer mystischen Verlobung (26. Juni 1814) und mystischen Vermählung (22. Oktober 1816). Erneut also sehen wir in ihrem Falle, wie die Gaben der Stigmatisation und der Passionsekstasen mit den höchsten Stufen der Gott-vereinigung zusammentreffen. Der Herr hatte ihr selbst die höchsten Gnaden der Mystik angekündigt, die er — nach seinen Worten — nur einer Katharina von Siena, einer hl. Gertrud der Großen und Theresia der Großen vorbehalten habe. So groß sei die Glorie, die er ihr zugedacht! Er vereinigte sie in wunder-barer geistiger Weise mit sich durch ein hellglänzendes Licht, das sie wie das Leuchten eines Kristalles durchdrang und durchflutete. Nach ihrer mystischen Vermählung war sie vierzehn Tage wie außer sich und in Gott versenkt.

So ließ sie der Herr auf den Pfaden der Leiden für den Empfang jener Visionen und Erleuchtungen über das Schicksal der Kirche heranreifen, für die er sie ausersehen: wir treffen in ihrem Leben auf eine Entwicklung der prophe-tischen Gabe, wie wir sie nur selten in der Geschichte der Heiligen erleben. In etwa sind ihre Visionen verwandt mit den großen Gesichten des Sehers am Rhein, des ehrwürdigen Bartholomäus Holzhauser von Bingen, über die sieben Zeitalter und die Endzeit der Menschheit; auch erinnern sie in einigem an die Prophetien der vielleicht größten Seherin aller Zeiten, der hl. Hildegard, über den Weltuntergang. In großartigen Bildern zeigte ihr der Herr die furchtbaren Kämpfe, die die streitende Kirche in den kommenden Zeiten mit den Mächten der Finsternis bestehen muß. In Gestalt von fünf geheimnisvollen Bäumen, die einen ganzen Wald vergiften, führte er ihr die fünf großen Irrlehren der Neuzeit vor Augen. Erschütternd waren die Worte, mit denen er ihr die furchtbaren Strafgerichte ankündigte, die über die Menschheit hereinbrechen werden, denn das Aufbegehren der Menschen gegen Gott, gegen Religion und Kirche gehe seinem Höhepunkt entgegen. In einem Gesichte vom 25. März 1816 sah sie „die Elenden, welche täglich frecher und stolzer den heiligen Glauben und das gött-liche Gesetz mit Worten und Werken durch Unglaube und Apostasie mit Füßen treten. Sie bedienen sich der Worte der Heiligen Schrift und der Evangelien, verderben deren rechten Sinn, um dadurch ihre verkehrte Bosheit und unwür-digen Grundsätze zu stützen [2].“

Um so heroischer aber gab sich Elisabeth dem Herrn als Sühneopfer hin. In geradezu männlicher Seelenstärke opferte sie ihm ihr Leben für die Abwen-dung der göttlichen Züchtigungen. Dabei aber schien es ihr, als ob es Gott gereut habe, ihr Opfer und ihre Bitten anzunehmen; sie sah über ihrem Haupt die Blitze seiner Gerechtigkeit zucken. Nur eine Aufschiebung der Strafen vermochte sie zu erlangen. Gott offenbarte ihr jedoch die Ankunft einer Zeit, in der er die Für-

---

[2] Vgl. ebenda, S. 407—98.

bitten seiner Auserwählten nicht mehr erhören und in der er seine Strafgerichte vollziehen müsse.

Die Visionen der Elisabeth Canori-Mora decken sich hier in auffallender Weise mit den Offenbarungen der Muttergottes anläßlich ihrer zahllosen Erscheinungen in den letzten hundert Jahren, angefangen von Paris (1830) über La Salette (1846), Lourdes (1858), Pontmain (1870) und Fatima (1917) bis hin zu den belgischen Muttergotteserscheinungen, bei denen wir immer aufs neue die warnenden Rufe der allerseligsten Jungfrau vernehmen, die Welt müsse umkehren, sie sei auf dem Wege zum Abgrund: sie müsse zum Gebet und zur Buße zurückkehren, sonst „könne sie (Maria) den strafenden Arm der Gerechtigkeit Gottes nicht mehr zurückhalten" [3])!

In einer anderen Vision sah Elisabeth, wie Gott die treugebliebenen Christen durch den Fürsten der Apostel unter dem Schutze von vier kreuzförmigen Bäumen sammeln ließ. Dann aber „bedeckte sich das Firmament mit schwarzen Wolken; ein furchtbarer Orkan erhob sich, in großer Verwirrung töteten sich gegenseitig Tiere und Menschen. Zur Bestrafung der Stolzen, die in gottloser Selbstüberhebung die Kirche Gottes bis in die Grundmauern zerstören wollten, erlaubte Gott den Mächten der Finsternis, die Abgründe der Hölle zu verlassen. Eine Legion von Dämonen durcheilte die Erde, zerstörte als Diener der göttlichen Gerechtigkeit Häuser und Paläste, vernichtete Dörfer, Städte, ja ganze Provinzen und tötete eine Menge rebellischer Menschen auf grausame Weise. Die Dienerin Gottes sah dem Schlunde des höllischen Abgrundes alle jene Ungeheuer in den häßlichsten Gestalten entsteigen, die alle Orte dem Erdboden gleichmachten, wo Gott schwer beleidigt und Sakrilegien verübt worden waren. Nicht eine Spur blieb von ihnen übrig" [4]).

Dann aber zwang der andere Fürst der Apostel, Sankt Paulus, von Gott mit großer Macht ausgerüstet, die höllischen Geister wieder hinab in den Abgrund, und die Kirche, erneuert aus diesen Stürmen hervorgegangen, entbrannte in altem Eifer für die Ehre Gottes und wurde allgemein bei den Völkern anerkannt. Unter dem neu gewählten Papste ging sie einer neuen großen Blüte entgegen.

Im Jahre 1821 hörte sie den Herrn abermals vom Siege der Kirche sprechen, wobei er zu ihr sagte: „Ich werde mein Volk und meine Kirche erneuern, ich werde eifrige Priester senden, die meinen Geist ausgießen, der das Angesicht der Erde erneuern wird. Die Orden werde ich durch gelehrte und heilige Männer reformieren. Meiner Kirche werde ich einen neuen Hirten geben, der von meinem Geist erfüllt und von Eifer beseelt, meine Herde leiten wird [5])."

---

[3]) Man vgl. vor allem die Warnungen der Gottesmutter in La Salette (1846), bei denen sie sich ganz derselben Worte bediente. Offenbarungen, die von den drohenden Gefahren und Lastern des Materialismus, des Atheismus, des Spiritismus und des Gotteshasses, von dem Kommen der Revolutionen und des Antichrists sprechen. Vgl. hierzu des Verfassers Buch „La Salette und Hiroshima, Sturmrufe Mariens an Europa und die bedrohte Welt". Wiesbaden, Credo-Verlag.

[4]) Vgl. Pagani, S. 500.

[5]) Ebenda, S. 501.

Als Elisabeth im Jahre 1824 bei der Wahl Leos XII. glaubte, daß mit diesem bereits das neue Zeitalter der Kirche anbreche, belehrte sie der Herr, daß nicht nur der Steuermann, sondern das ganze Schiff der Kirche erneuert werden müsse. Und als sie ihm darauf klagte, daß wohl zwei Jahrhunderte nicht hinreichen würden, um dieses große Schiff zu bauen, wurde ihr bedeutet, daß er diese Zeit auf das Gebet und die Buße der Menschen abkürzen könne: „die Zeit ist in meinen Händen; ... bete nur und ermüde nicht, *die Zeit ist nicht mehr so entfernt, wie du glaubst*" [6].

Bis zu ihrem Ende setzte die Begnadete ihre Gebete für die Abwendung der Strafen Gottes und für den Sieg der Kirche fort, darum bittend, diese Strafgerichte nicht mehr mit ansehen zu müssen. Sie starb am 5. Februar 1825, vier Tage vor dem ersten Jahrestage des Todes jener anderen — deutschen — Seherin, der gottseligen Anna Katharina Emmerich, deren Gesichte über die Zukunft der Kirche sie wertvoll ergänzt.

Mögen die Mahnrufe einer Elisabeth Canori-Mora, der südländischen Leidensgenossin der großen Westfälin, gerade in unserer Zeit mit allem Ernste erwogen werden und uns anhalten, mit tiefer Bußgesinnung, aber auch mit grenzenlosem Vertrauen den kommenden Prüfungen der Kirche entgegenzusehen. Dann sind ihre namenlosen Leiden, aber auch ihre göttlichen Erleuchtungen über die Geschicke der Kirche und der Menschheit, nicht umsonst gewesen!

---

[6] Pagani, ebenda.

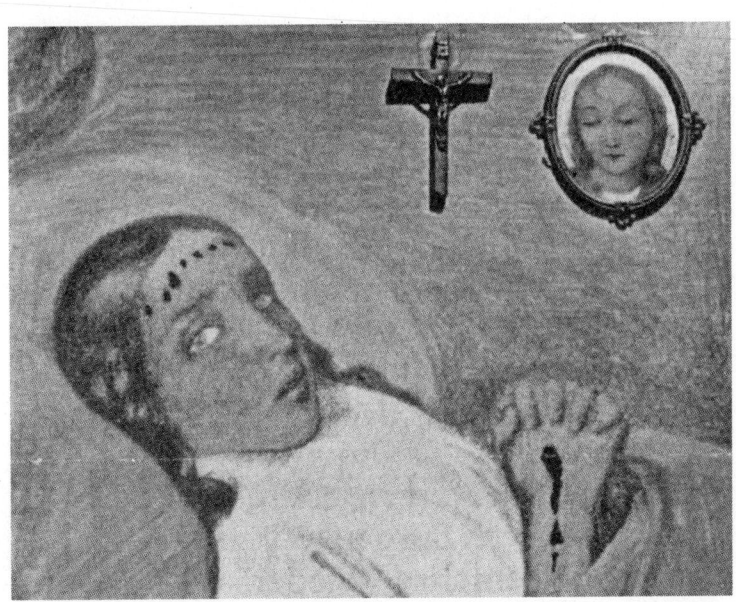

Domenica Lazzeri
Gemälde eines zeitgenössischen Malers. Text Seite 340

Kuppelwieser, Maria von Mörl (1812–1868)
Die große Stigmatisierte Tirols

Elisabeth Canori-Mora (1774–1825)
Die Stigmatisierte Roms

29. Kapitel

„Der Kreuzzug der Verzückten"

Maria von Mörl
und die Ekstatikerinnen von Tirol

Gerade in der ersten Hälfte des vorigen Jahrhunderts nahm die Gnadengabe der Stigmatisation eine Häufigkeit an, wie sie seit den großen Zeiten der deutschen Dominikanerinnen des Mittelalters kaum wieder erlebt wurde. Wiederum waren es deutsche Gaue, die der Herr mit einer ganz auffallenden Zahl von Begnadeten segnete. Zunächst wurde das deutsche Tirol mit seinen angrenzenden Tälern Zeuge eines Schauspiels ohnegleichen. „Ein wahrer Kreuzzug der Verzückten" hob an, so schreibt treffend der bekannte Frankfurter Priesterdichter Beda Weber in seinem Buche „Tyrol und die Reformation":

„Es barsten die Brunnen der Tiefe, die versiegelten Wasser der Kirche aus dem tiefsten Herzen des Katholizismus. Die göttliche Liebe, durch Gottesgeist im innersten Wesen der Kirche lebendig, schoß züngelnd hervor wie Feuer, die Stickluft des irdischen Lebens zu reinigen, heilige Seelen berührend mit den Flammenblüten der religiösen Begeisterung, sie im Sturme der höheren Mystik mit fortreißend zum Kampfe mit den irren Geistern des Jahrhunderts. Der heilige Franziskus blühte nun in Johannisseelen auf als Sonnenblume des gekreuzigten Heilandes. Die einsamen Beter krochen aus ihren Winkeln hervor ins frische Wehen des neuen Geistes, in den Glut- und Flammenzug des innersten, zartesten katholischen Kirchenlebens, sich scharend um die Fahne des Kreuzes, aufjubelnd in süßer Verzückung, durchglühend die Kälte des öffentlichen Lebens.

Die Welt aber war dieser Gotteskraft so ungewohnt, daß sie mit Ingrimm die verzückten Beter verfolgte. Aber aus der verstandlosen Kelter floß nur desto klarer der edle Wein heiliger Begeisterung, süße Trunkenheit, für den Erlöser zu leiden und in heißen Gluten der innigsten Vereinigung mit ihm zu vergehen..."

Fürwahr, es war eine Hochflut ekstatischer und mystischer Begnadung, wie wir sie selten auf eine so kurze Zeit und einen so engen Raum zusammengeballt finden. Sie war begleitet in aller Welt von einer weiteren Zahl stigmatisch Begabter, die sich würdig an das kaum verrauschte Zeitalter der großen Stigmatisierten der Aufklärung anschlossen. Eine Fülle von Namen müßten wir schon allein in unserem deutschen Sprachgebiete nennen, um unseren Lesern eine nur annähernde Vorstellung von dem Reichtum dieser Begabungen zu geben. Zu einer JOSEFA KÜMI und MARGARETA BAYS in der Schweiz, einer Österreicherin

JULIANA WEISSKIRCHER und einer EMILIE SCHNEIDER traten eine FRANZISKA BARTHEL im Elsaß und DOMINIKA MOES, denen eine BEATRIX SCHUHMANN, eine VIKTORIA HECHT und viele andere folgten. Wir werden den bedeutenderen in einem besonderen Kapitel nachgehen.

Genug, daß zunächst das „heilige Tirol" in niegekannter Weise den Segen der göttlichen Gnade erfuhr: Nicht umsonst sind die „Tiroler ekstatischen Jungfrauen", wie man sie damals nannte, in weitester Welt bekannt geworden. Vor allem rankt sich ihre Geschichte um die beiden Hauptgestalten einer Dominika Lazzari und Maria von Mörl. Veronika Rubatscher hat die große Zahl ihrer Mitdulderinnen in ihrem Buche über die „Schmerzensreiche von Capriana" in feinsinniger Weise geschildert:

„In der nächsten Nähe der von Tausenden besuchten und gepriesenen Maria von Mörl lebten still und verborgen ihren ekstatischen Leiden und Wonnen HIERONYMA STROBL, eine der Barmherzigen Schwestern des Kalterer Spitals, die Eppaner Bauerstochter URSULA MOHR und drüben, jenseits der Mendel, das stigmatisierte RONSBERGER HIRTENMÄDCHEN, das Doktor Hellrige erwähnt."

Eine andere Zeitgenossin war die arme unheilbare SCHUSTERSTOCHTER VON JENESIEN, dem hoch über Bozen gelegenen Bergdorf. „Ein Engel der Geduld in allen ihren Leiden, blind für das Licht dieser Welt, schaute sie die Engel Gottes und das Licht seiner Herrlichkeit, noch ehe sie darin einging." Gleichfalls ohne Namen uns überliefert ist das GNADENKIND VON LUSERN, der deutschen Sprachinsel südlich von Levico, das in eben jenen Tagen die Augen für immer schloß. Kommt hinzu das stigmatisierte Mädchen von Tschernes, einem Weindorfe in der Gegend von Mehren, KRESZENTIA NIERKLUTSCH mit Namen, das selbst noch nach Vernarbung der Wunden jeden Freitag die Passion des Herrn erlitt. Ferner nicht zu vergessen AGNES STEINER aus dem Pustertale, die seherisch Begabte, die später nach Assisi zog, um dort den seraphischen Orden des hl. Franz mit neuem Feuer zu entzünden. Und schließlich BERTA VON POSCH, in den letzten Jahren „Pilgerin" und Sekretärin am Bette der Maria Mörl. Ihre schwarzen Halbhandschuhe mußten ihre Stigmen bei ihrer beruflichen Arbeit — sie war Klavierlehrerin — verbergen; nach nur kurzem klösterlichem Tertiarenleben starb sie im Rufe der Heiligkeit. Kurz, es war Blühen und Hochfluten mystischer Begnadungen, daß es wieder und wieder Erstaunen bereitet, diesen verborgenen Fäden der göttlichen Vorsehung und Gnade nachzuspüren.

Um uns wenigstens mit einigen dieser Tiroler Gottes- und Gnadenkinder hier näher zu befassen, bevor wir uns der bedeutendsten von allen, Maria von Mörl, zuwenden, verzeichnen wir wenigstens die folgenden knappen Daten:

DOMINIKA LAZZARI, geboren am 16. März 1815 in Capriana in den Bergen des italienischen Tirols, wurde am 12. Juni 1828, als sie unweit ihrer Wohnung mit Feldarbeit beschäftigt war, plötzlich von einer ersten Ekstase heimgesucht, die sie eine volle Stunde außer sich brachte und wie zu einer Bildsäule erstarren ließ. Darauf mit Mühe in ihr Haus zurückgebracht und von schwerer Krankheit niedergeworfen, empfängt sie am 10. Januar 1834 — zunächst innerlich — die

Fr. Wasmann, Maria von Mörl
In der jubelnden Ekstase

Eduard von Steinle, Maria von Mörl
In der Leidensekstase

hl. Wundmale, die in den Kartagen des Jahres 1835 durchbrechen. Im November des vorhergehenden Jahres aber hatten sich bereits die Male der Dornenkrone gezeigt, die aus 53 einzelnen kleinen Wunden bluteten. Vom 2. Mai 1834 ab lebt sie in völliger Nahrungs- und Schlaflosigkeit. Auch die natürlichen Aussonderungen des Körpers hören völlig — wie bei Magdalena Lorger und Therese Neumann — auf. Hinzu treten schwere mystische Leidenszustände, besonders an den Freitagen, die sie immer aufs neue dem Tode nahebringen. Vortrefflich bezeugt und eigen in ihrer Art sind ihre Stigmata, in denen sie unter Stöhnen und unter dem Ächzen des ganzen Körpers die Passion des Herrn in furchtbarer Form erleidet. „Auf dem Rücken der Hände und in der Mitte derselben, zwischen Mittel- und Ringfinger, erhob sich — wie ihr Arzt Dr. Leonard Glock in ihrer ausführlichen Krankengeschichte schreibt — ein schwarzer Punkt, *ähnlich dem Kopfe eines großen runden Nagels* von ¾ Zoll, in der Mitte etwas erhaben, an dem Rande etwas abgeplattet." Bei hellem Lichte besehen, glich er gestocktem Blute [1]). Ähnlich wie Therese Neumann liegt sie mit blutüberströmtem Gesichte auf ihrem Leidenslager — das erschütternde Abbild ihres leidenden Meisters, wie der gleiche Zeuge des näheren berichtet: „Mehr als 40 kleine Öffnungen an der Stirne bluteten, und das Blut rieselte längs des Gesichtes bis zum Kinne herab. Die Wunden an der äußeren Seite der Hände bluteten dergestalt, daß sich ein Kreis von zarten Strömchen bildete und bis zur Handwurzel hinstreckte, wo es tropfenweise herabfiel." Dasselbe zeigte sich auch an den Wundmalen ihrer Füße. „Ein rötlicher Umkreis umgibt sonst alle diese Öffnungen; klein waren diese Kreise an den Stirnwunden, an den Händen und Füßen von der Größe einer Impfpustel. Sie glichen Geschwürchen und waren tiefgehend, frisch lebhaft rot, nicht eiterhaft, angefressen oder gar jauchicht; das hervorströmende Blut war arteriöses hochrotes Blut, es rann sichtbar, aber langsam, da es doch etwas zähe war; die Stirnwunden waren ungefähr zwei Linien tief und eine Linie lang, die an den Händen drei Linien tief und etwas konkav, rundlich und einen halben Zoll lang, ebenso waren die Verhältnisse an der Wunde des rechten Fußes [2])." Es ist also eine ausgesprochene und sehr ausgeprägte Stigmatisation, die wir bei der Leidenden von Capriana treffen. Hinzu traten die Gabe der Sprachen, die Herzenserkenntnis und außerdem (ab 1834) die ausschließliche Ernährung durch die hl. Eucharistie. Ein großes Wunder, das in der Geschichte der Mystik als einzig in seiner Art dastehen dürfte, schließt sich gerade an eine dieser Kommunionen. Schon hatte man Verdächtigungen gegen ihre Nahrungsenthaltung erhoben, da konnte sie — es war im Jahre 1838 — auch die kleinsten Partikel der Hostie, die man ihr reichte, nicht mehr schlucken. Und sieben Wochen lang blieb, nach einem Briefe des Fürstbischofs von Tschiederer, die

---

[1]) Wir zitieren nach dem ausführlichen Abdruck in Riccardi, „Geschichte der durch die Wundmale Christi wunderbar Begnadigten, an noch lebenden zwei Tiroler Jungfrauen Maria von Mörl von Kaltern und M. Dominika Lazzari von Capriana", 2. Aufl., Augsburg 1843. S. 85—98.
[2]) Ebenda, S. 94 f.

hl. Gestalt des himmlischen Brotes auf ihrer Zunge unverdaut liegen, bis sie dasselbe, es war am 24. September, endlich schlucken konnte — ein mahnendes Zeichen für alle, die an ihr zweifelten.

Was dieses Menschenkind darüber hinaus in seiner Weltabgeschiedenheit gelitten, ist unbeschreiblich. Ergreifend sind die Berichte einzelner ihrer Besucher; Fürstbischof von Tschiederer ließ sich regelmäßig über sie informieren. Doch, je mehr sie litt, um so erhebender waren ihr unentwegter Opfersinn und ihr Gebet, die viele bekehrten. Trotz äußerster Armut nie Almosen annehmend, gab Dominika Lazzari im Jahre 1848 ihr Dulderdasein in die Hände des Schöpfers zurück. Es ist der Brixener Schriftstellerin Maria Veronika Rubatscher tief zu danken, daß sie der großen Dulderin noch im Jahre 1936 ein würdiges literarisches Denkmal gesetzt [3]).

Weniger bekannt als Dominika ist Kreszentia Nierklutsch, die, am 15. Juni 1816 zu Cana geboren, später zu Meran wohnte und ihre letzten Lebensjahre in Bozen verbrachte, wo sie am 14. Mai 1855 starb. Ihre Stigmatisation begann am 7. Juni 1835 und wurde noch im gleichen Jahre zu einer vollständigen. Ekstasen kamen hinzu. Ihre Wundmale bildeten sich jedoch später auf ihre inständigen Bitten hin zurück; keineswegs ist sie über ihren Gnadengaben dem Stolze verfallen, wie Clarus angibt. Vielmehr hat sie in der bescheidenen Stille des Alltags ihre mystischen Leiden ausgelitten [4]).

Weitaus bekannter ist Agnes Steiner, die — gleichfalls als Kind von Bauersleuten — am 29. August 1813 zu *Taisten* im Pustertale geboren, in ähnlicher Weise zu den höchsten Gnaden berufen ward wie jene [5]). Von Gott aus ihrer tirolischen Heimat zu großer Mission — der Reform des Franziskanerinnenordens — nach dem Süden berufen, ward auch sie zu einer Ekstatikerin und Seherin ersten Ranges. Nicht minder nahm sie an den Schmerzen und Leiden des Herrn teil — ohne allerdings der äußeren Wundmale gewürdigt zu werden. Fühlte sie doch, wie sie schreibt, „im Herzen von Tag zu Tag mehr eine Flamme der Liebe gegen den Geliebten wachsen, eine so große Sehnsucht, ihn nachzuahmen und ihm in seinem Leiden mein Mitleid zu bezeigen", daß sie „in den Betrachtungen ihn gewaltsam den Händen der Peiniger entreißen und meinen eigenen Körper zur Marter hätte hingeben

---

[3]) „Die Schmerzensreiche von Capriana", Innsbruck 1936. Man vgl. des weiteren über sie: „Die Stigmatisierten des 19. Jahrhunderts", 1877, S. 32—38. Beda Weber, „Charakterbilder", Frankfurt 1853, S. 195—208. Clarus, „Die Tiroler Ekstatischen Jungfrauen", Regensburg 1843, S. 49—56 und S. 65 f.

[4]) Vgl. Imbert-Gourbeyre, „La stigmatisation", I, S. 495 und Rubatscher S. 62. An diese Stelle gehört auch die Tiroler Stigmatisierte Magdalena Gschirr. Sie war geboren am 17. August 1798 in Gschnitz und starb am Karfreitag, dem 26. März 1869 in Matrei in Tirol als Siebzigjährige. Sie sprach von nicht weniger als „110 Leidenspersonen", die sich zu ihrer Zeit in Tirol befunden hätten.

[5]) Vgl. Reus-Ausserer: Kurze Lebensgeschichte der Dienerin Gottes Maria Agnes Klara Steiner von der Seitenwunde Jesu. Innsbruck 1886.

mögen." „In diese Betrachtungen vertiefte sie sich so, daß sie bei der Kreuzigung, ihrem gewöhnlichen Betrachtungsgegenstande, solche Schmerzen litt, daß sie nach ihrer eigenen Aussage jedesmal zu sterben glaubte. Sie sah im Geiste die Behandlung ihres Bräutigams, sie schaute die Wut und die Grausamkeit der Henkersknechte, sie betrachtete die Geduld und die Liebe Jesu gegen uns, die schlechte Vergeltung von seiten der Menschen, und alles das brachte sie in Todesängste... Kam sie dann zu sich, so fühlte sie den Körper voll Schmerzen, gebrochen und entkräftet, so zwar, daß sie durch einige Zeit unbeweglich bleiben mußte..." „Sie sah die barbarische Grausamkeit, sie hörte die Stimmen, sie schaute die Gebärden und die Unmenschlichkeit der Feinde Jesu und betrachtete ihren Bräutigam, wie er duldete, liebte, litt..., indessen ihre Hände und ihre Füße so große fühlbare Schmerzen litten, daß sie jedesmal glaubte, die wirklichen Wunden der Nägel darin sehen zu müssen." In hohem Grade also war sie eine Mitempfinderin und Mitdulderin der stigmatischen Schmerzen, wobei sie jedoch den Herrn immerdar bat, bei ihr kein äußeres Zeichen seiner Leiden zu wirken... Ob ihre Leiden mehr psychisch bedingter oder direkter übernatürlicher Natur waren, läßt sich heute nur schwer noch entscheiden.

Eine Fülle erhabener Gnadengaben aber geht in ihrem Leben neben dem Miterdulden der Passion des Herrn einher. Nicht nur der Gabe der Prophetie sondern auch der Herzenskenntnis gewürdigt, besaß sie zudem die höchsten Grade mystischer Gottvereinigung bis zur mystischen Vermählung — wie sich anderseits die Wut der Hölle gegen sie bis zum äußersten steigerte.

Vieles wäre vor allem über ihre prophetische Vorhersage großer bevorstehender Züchtigungen und der Wahl Pius IX. zum Papste zu sagen. Weit wichtiger aber sind ihre heroischen Sühneleiden, ihre Begründung der Reform im Orden der Franziskanerinnen mit Unterstützung des Hl. Vaters und ihr Eifer für deren Durchführung im eigenen Kloster — hatte sie doch der Herr tief hinein nach Italien in einen erweiterten Wirkungskreis nach Nocera geführt. Am 24.8.1862 gab sie ihre heiligmäßige Seele in die Hände des Schöpfers zurück.

Doch es ist an der Zeit, daß wir uns nun in aller Ausführlichkeit der letzten und bedeutendsten der Tiroler Begnadeten, MARIA VON MÖRL, zuwenden, deren Name noch heute in hohem Klange steht, ja, die ihre Tiroler Mitdulderinnen erst so recht berühmt machen sollte. Welch ein Bild inniger Gottesliebe und namenloser Leiden für Christus den Gekreuzigten entrollt sich hier vor unseren Augen! In weit höherem Grade noch als bei ihren Vorgängerinnen finden wir in dem hochbegnadeten „Kalterner Fräul'n" die außerordentlichsten Gaben Gottes vereinigt. Dazu war sie eine Stigmatisierte im ganzen und vollen Sinne des Wortes. Der ergreifende Rhythmus der Passionsekstase, aber auch der jubelnden Verzückungen in Gott, finden in ihr in selten tiefer und erhabener Weise ihren Ausdruck.

Schwerlich können wir uns heute die außerordentliche Erregung vorstellen, die damals durch die katholische Welt ging, als die ersten Nachrichten von ihrer Begnadung durch die Lande eilten. Außerordentlich war sogleich der Zuspruch des Volkes, der unabsehbare Massen in ihre tirolische Heimat führte und der sie schließlich in die Aufmerksamkeit der gesamten damaligen Welt rückte. Auf den ersten Blick erscheint sie als ein klassischer Fall der göttlichen Gnadenwirkung in breite Schichten des Volkes. Und doch haben gerade die Theoretiker der Mystik diese Publizität als ein negatives Zeichen zu werten versucht, da *echte* Begnadungen sich angeblich *immer* in der Stille einer Zurückgezogenheit abspielen. Ob dem immer so ist? Und ob die Theoretiker im Falle dieser tirolischen Begnadeten recht haben? Möge es uns die Geschichte der Ekstatikerin an der Etsch lehren!

Zu Kaltern im heutigen Südtirol als Tochter eines Landmannes aus der alten deutschstämmigen Familie derer von *Mörl* zu Mühlen und Sichelburg geboren, war Maria von Geburt ein zartes und feines Kind. Zudem war sie seit ihrem zehnten Jahre durch eine schwere körperliche Mißhandlung — trotz eifriger Pflege von Mutter und Ärzten — immer schwächer und leidender geworden. Trotz allem sah man sie stets munter und guter Dinge. Weder daß eine Neigung zu Träumereien noch irgendeine schwärmerische Veranlagung in ihr entdeckt worden wären, die in ihr einen „natürlichen Hang zur Ekstase", wie man böslich sagte, vermuten ließen. Außerdem zwang sie der frühe Tod ihrer Mutter, der in ihrem 15. Jahre erfolgte, daß sie den Haushalt des Vaters übernahm und somit zum Müßiggang keinerlei Zeit fand.

In diesen Jahren (um 1829) wollte es eine gütige Fügung Gottes, daß sie Pater Kapistran Soyer, einen eifrigen heiligmäßigen Franziskaner, zu ihrem Seelenführer erhielt, der ihre bereits dem inneren Gebete ergebene Seele empor zu den Höhen der Heiligkeit führte. Maria war gerade in den Dritten Orden des hl. Franz eingetreten. Vier Wochen später schickte ihr der Herr zu ihrer an sich kränklichen Natur ein schweres Leiden, das sie hinfort aufs innigste mit dem Gekreuzigten vereinigen sollte. Sie bekam eitriges Erbrechen, verlor den Gebrauch des Augenlichtes und der Sprache, und zu allem stellten sich starrkrampfartige Zustände ein, so daß man Tag für Tag ihren Tod erwartete. Doch Gott wollte sie zu einer wahren Leidensbraut formen und erziehen. Zwar erlangte sie durch eine homöopathische Behandlung Sprache und Augenlicht wieder, aber eine völlige Heilung ihres Zustandes konnte ihr der Arzt nicht versprechen, sondern immer nur zeitweilige Linderungen. Tatsächlich fiel sie im Jahre 1831 wieder in schwerste Schwächen, nach denen sie auf eine fast völlige Heilung zum Namensfeste Mariä einen neuen schweren Rückfall erlebte. Hierbei war es, als sich zum ersten Male schwere seelische Leiden bei ihr zeigten: Anfechtungen dämonischer Gestalten, dazwischen aber tröstliche Gesichte, die offenbar von Gott kamen.

Da geschah an Mariä Lichtmeß etwas Auffallendes an ihr. Am Morgen hatte sie die hl. Kommunion empfangen, und als sie mittags P. Kapistran besuchte, fand er sie in einem starrkrampfartigen verklärten Zustande, der auch noch am folgenden Morgen anhielt. Als er sie im Gehorsam aufweckte, fragte sie verwundert nach dem Priester, der ihr die hl. Eucharistie gebracht hatte. Nach dem Wesen ihres Zustandes gefragt, mußte sie gestehen, daß sie, wie schon öfter nach der hl. Kommunion, in tiefer Wonne Gott angebetet hatte. Damit also hatten ihre Ekstasen begonnen, die sie später so berühmt werden ließen. An den anderen Tagen nahm sie dafür Gott um so herber in seine Leidensschule. Eine schwere schlaganfallartige Lähmung trat ein, hinzu kamen eigenartige dämonische Belästigungen, die mit denen einer Christine von Stommeln Ähnlichkeit haben. P. Kapistran aber wußte, daß dieserlei Anfechtungen oft höheren Begnadungen vorausgehen... Mit Erlaubnis des Fürstbischofs von Brixen wurde der Exorzismus vorgenommen; der böse Feind mußte weichen; damit begann eine neue Lebensperiode für sie.

Am Fronleichnamsfeste 1833 hatte sie P. Kapistran in einer 36stündigen Ekstase beobachtet. Diese sich wiederholenden Zustände wurden immer mehr bekannt, und so drängte sich von weit und breit das Volk herzu, um sie in ihrer Gottvereinigung und Verklärtheit zu sehen. Von Ende Juli bis Mitte September dieses Jahres betraten nicht weniger als 40 000 Pilger ihr Kämmerchen, um sich an der Begnadeten zu erbauen. An manchen Tagen gingen 3000 Menschen an ihrem Lager vorüber, auf dem sie in der Ekstase kniete...

Da trat am 4. Februar 1834 zu den ekstatischen Zuständen die *Einprägung der Wundmale*. Als erster bemerkte P. Kapistran, wie das Blut hervorfloß. Maria erschrak, als sie die Wunden sah. Sie zeigten sich bald nicht nur im Innern der Hände, sondern auch auf den Reihen der Füße. Dekan Eberle, der sie als zweiter sah, beschreibt sie folgendermaßen: „Ich fand im Innern der Hand, beinahe in der Mitte, ganz nahe an der Linie, welche den Ballen des Daumens begrenzt, eine kleine, blaurote Wunde. Die Wunde hatte in der Mitte eine Spalte, war trocken und mit einem ·kleinen rötlichen Kranz von Entzündung umgeben. An der Außenseite der Hand ist nichts zu bemerken. Die Wunden sind an beiden Händen gleich, so auch an den Füßen, wo sie sich an der Oberseite, nicht weit von den Zehen, in der Mitte befinden. An der Fußsohle ist nichts zu bemerken. Ob eine ähnliche Wunde sich auch an der Seite befinde, kann nicht gesagt werden, doch empfindet sie auch dort Schmerzen [1])."

Maria wünschte die strenge Geheimhaltung der Stigmata. Gottes Absicht aber war eine andere. M. Buol berichtet darüber: „Die Wunden bluteten zuerst nur an den Kommuniontagen, später jeden Donnerstagabend und jeden Freitag, wo helles Blut in großen Tropfen aus allen fünf Wunden quoll. An den übrigen Tagen bedeckte eine Blutrinde jede Wunde, die Male aber blieben deutlich sichtbar. Bald erschienen die Male auch am Rücken der Hände und an der Sohle der Füße, und nun war es schon schwerer, sie zu verbergen. Dennoch gelang dies

---

[1]) Vgl. M. Buol, „Ein Herrgottskind. Lebensbild der ekstatischen Jungfrau Maria von Mörl". Innsbruck 1927, S. 83 u. f. Wir entnehmen diesem empfehlenswerten Bändchen (Marianische Buchhandlung und Vereinsdruckerei) mit deren Erlaubnis eine Reihe von Bildern.

noch eine Zeit hindurch. Einst aber, als Maria, während mehrere Personen im Zimmer waren, in die sogenannte jubilierende Ekstase fiel und, auf den Fußspitzen schwebend, die Arme weit ausbreitete, bemerkten die Anwesenden sofort die Wundmale an ihren Händen, und nun ließ sich die Sache nicht länger geheimhalten. Doch entstand darum keine Volksbewegung wie im Jahre vorher, auch war Maria noch weiterhin eifrig bemüht, gerade diese Auszeichnung so viel als möglich zu verbergen, sei es durch die Länge der Ärmel, sei es durch Einbiegen der Finger oder indem sie die Decke über die Hände zog [2])."

Aber nicht nur, daß Maria körperlich an den Leiden des Heilandes Anteil hatte. Sie *schaute* auch in visionärer Weise — ähnlich wie Katharina Emmerich, Therese Neumann und viele andere Stigmatisierte — die Begebenheiten der Passion Christi und begleitete sie mit dem Spiel ihrer Mienen und Gebärden: „Jeden Donnerstag, kurze Zeit, ehe die Glocke die Todesangst Christi verkündete, richtete sich Maria mit dem Ausdruck unsäglicher Trauer auf die Knie empor. Dann fiel sie dreimal nacheinander nach dem Beispiele des Heilandes am Ölberge aufs Angesicht und fühlte die Bitterkeit Seiner Todesangst mit. Noch ausdrucksvoller zeigten sich ihre Züge am Freitag zwischen 2 und 3 Uhr nachmittags. Schmerz, Verlassenheit, Todesschauer sprachen aus ihrem Antlitz, und ein Ungenannter versichert: „Kein Pinsel ist eine solche Trauer zu malen imstande." Oft beteuerte Maria, sie wundere sich nur, daß sie nicht selbst sterben müsse, so elend, so jammervoll, so blutüberströmt stellte sich ihr in diesen Freitagsgesichten der Heiland dar. Und in ihrer Einfalt sagte sie: „Ich könnte nicht zusehen, wie man einem Küchlein ein Leides tut, und muß doch jede Woche sehen, wie mein Heiland stirbt [3])!"

Kein Geringerer als Joseph von Görres, der sie ebenfalls besuchte, hat ihre Leidensekstase meisterhaft beschrieben: „Die Handlung beginnt schon am Vormittag des Freitags. Im Verhältnisse aber, wie die Handlung im Fortschreiten wehevoller und ergreifender wird, werden auch die Züge des Bildes tiefer eingefurcht und treten daher kenntlicher hervor, bis zuletzt, wenn die Sterbestunde am Kreuze naht, und innen die Schmerzen sich bis zum tiefsten Grunde eingewühlt, außen das Bild des Todes aus allen Zügen spricht. Wenn sie dann, die Hände vor der Brust gefaltet, auf ihrem Bette kniet, dann ist es, als ob — nun ihr die Lebenssonne im Niedergange steht und langsam sich unter den Gesichtskreis senkt — Todesschatten allmählich an ihr hinaufstiegen und sich um ihre Seele wälzten, bis diese ganz in ihre Umnachtung hingesunken. Bleich, wie sie während des ganzen Vorganges ist, sieht man sie dann immer mehr erbleichen, wie die Todesschauer häufiger ihre Gebeine durchfahren und das sinkende Leben immer mehr verdämmert. Schwer sich der Brust entringende Seufzer künden die zunehmende Bedrängnis an, den mehr und mehr starrenden Augen entpressen sich Tränentropfen, die langsam über die Wangen niederrinnen. Leichte Zuckungen umspielen den anfangs nur wenig, dann zunehmend stärker klaffenden

---

[2]) Vgl. Buol, S. 85.
[3]) Vgl. Buol, S. 90.

Mund. Jenes bange Aufseufzen hat sich unterdessen in ein herzzerreißendes Stöhnen verwandelt, das aus der angstgepreßten Brust heraufächzt, die Wangen bedecken sich mit dunkler Röte, die verdickte Zunge scheint am lechzenden Gaumen zu kleben, die Konvulsionen werden immer heftiger und einschneidender. Die vor der Brust gefalteten Hände, die anfangs nur unmerklich gesunken, gleiten nun schneller hinab, die Nägel beginnen sich blau zu färben, die Finger verschlingen sich krampfhaft ineinander. Bald wird ein Röcheln hörbar in der Kehle, der Atem, immer gepreßter, ringt sich nur mit Mühe aus der wie mit eisernen Banden umfangenen Brust, die Züge verstellen sich bis zur Unkenntlichkeit, der Mund des Schmerzensbildes ist jetzt weit geöffnet die Nase zugespitzt, die starren Augen wollen brechen, in langen Zwischenräumen drängen noch einige röchelnde Atemzüge stockend sich durch die erstarrten Organe. Endlich ist's, als ob der letzte sich verhauchen wolle, dann neigt sich das Angesicht, und das Haupt, mit allen Zeichen des Todes bezeichnet, senkt sich in gänzlicher Erschöpfung, und es ist ein anderes, kaum mehr kenntliches Gesicht, das jetzt gegen die Brust niederhängt. Anderthalb Minuten etwa bleibt alles in dieser Stellung, dann richtet das gesunkene Haupt sich wieder auf, die Hände werden gegen die Brust erhoben, sie kniet nun da, beruhigt, das Auge gegen den Himmel aufgeschlagen und beschäftigt, ihr innerliches Dankgebet darzubringen. Und das wiederholt sich jede Woche, und zwar, wie ich bei öfterem Hinsehen gefunden, jedesmal, in den einzelnen Zügen je nach ihrer inneren Stimmung wechselnd und nur in den Hauptmomenten sich gleichbleibend [4].“

Aber nicht nur die Geschehnisse des furchtbaren Leidens Christi sah die Begnadete, nein, auch hohe, freudenreiche Geschehnisse. Und so wechselten die Leidensekstasen mit den Ekstasen der Freude, die man sog. „jubilierende Ekstasen“ nannte. Ja, seit dem Sommer 1833 war dieser selige Zustand der Beschauung geradezu zu ihrer zweiten Natur geworden. Sie pflegte hierbei sich in der Ekstase auf die Knie zu erheben. „Sie kniete dann regungslos am Fußende ihres Bettes, die Haare, die sie zu Flechten geschlungen nicht ertragen konnte, aufgelöst über die Brust hängend, die Hände fest unterm Kinn gefaltet. Zuweilen auch lag sie anbetend auf dem Angesichte, zuweilen — und das war das Wunderbarste, Ergreifendste — erhob sie sich auf die Fußspitzen und blieb so, von ihrem langen, weißen Gewande umwallt, in schwebender Stellung über dem Bette. All das Gedränge, das durch ihr Gemach wogte, ging spurlos an ihr vorüber [5].“

Die jubilierende Ekstase, in der sie ein Bild höchster Beseligung bot, wechselte mit der ruhigen Ekstase der einfachen Verklärung. Aber dazu traten die übrigen Begleiterscheinungen, die wir bei vielen Stigmatisierten treffen. Nicht genug damit, daß sie sich selbst trotz ihrer Kränklichkeit der harten Buße der Geißelung unterzog und einen Bußgürtel trug — auch der Herr wirkte in erstaunlicher Weise ihrer Natur entgegen. Von einem Schlaf in gewöhnlichem Sinn konnte bei ihr nicht mehr die Rede sein. Ihr Leben war zu einer fast fortdauernden

---

[4]) Vgl. Buol, S. 91—92.
[5]) Vgl. Buol, S. 73—74.

Ekstase geworden und überschritt bei weitem das gewöhnliche Maß der natürlichen Kräfte. Was sie an Nahrung genoß, hätte an sich nicht ausgereicht, ihre Kraft zu erhalten. Zwei Jahre lang konnte sie nicht einen Tropfen Wasser nippen, ohne daß sie von ihrem Beichtvater den ausdrücklichen Befehl dazu erhielt. Speisen aß sie in verschwindend geringen Mengen und auch dann nur kalt.

Bei alledem hatte Maria von Mörl noch die Sorge für die mehr oder weniger verwaiste Familie zu tragen. Oft fehlte es derselben am Allernotwendigsten. Bis es schließlich gelang, für Maria eine kleine Rente auszumachen und auch sonst die Finanzen der Familie in Ordnung zu bringen. Schließlich aber wurde im Jahre 1841 Maria als Mitglied des Dritten Ordens in das Kalterner Tertiarinnenkloster aufgenommen, wo sie bis zu ihrem Tode verblieb. Ein besonderer kleiner Anbau wurde dicht neben dem Chor der Kirche für sie geschaffen, der einen besonderen Zugang erhielt, so daß das Kloster durch den Zudrang zu ihr keine Störung erlitt. Hier konnte sie für den Rest ihres Lebens in der Nähe des Tabernakels verweilen. Tag und Nacht sah man sie in der Anbetung des eucharistischen Heilandes versunken.

Zahllos waren die Besucher, die sie in dieser stillen Zelle empfing, unter ihnen Träger der berühmtesten Namen. Neben Joseph von Görres, dem Schöpfer einer ersten umfassenden christlichen Mystik- und Stigmatisationsgeschichte, haben ein Clemens Brentano, der berühmte Biograph der Katharina Emmerich, und Bischof Wilhelm Emmanuel von Ketteler an ihrem Leidensbette gesessen. Görres hat seine tiefen Eindrücke im zweiten Bande seiner „Mystik" geschildert. Auch Luise Hensel, die große Konvertitin und Vertraute der Seherin von Dülmen, hat die Ekstatische von Kaltern besucht und darüber hinaus eine schier endlose Zahl bedeutender Zeitgenossen. Wir nennen einen Ignaz Döllinger, eine Mutter Klara Fey, die bedeutsame Schöpferin der eucharistischen „Übung" (der immerwährenden Andacht zum hl. Sakramente und zur göttlichen Gegenwart in uns [6]), die Grafen Shrewsbury und Leo Thun und eine ganze Kette von Erzbischöfen, Bischöfen und höchsten kirchlichen Würdenträgern. Tief erbaut kehrten sie vom Leidensbette der Stigmatisierten in ihr Amt und ihre Pflichten zurück. Nicht zu vergessen eine große Zahl fürstlicher Besuche aus dem österreichischen Kaiserhause, unter denen der einer Kaiserin Maria Anna (1850) vielleicht der bedeutendste war. Sie alle waren von Maria, zumal als prophetischer Seherin, tief ergriffen. Wollten wir die Eindrücke all dieser Personen in einige wenige Worte zusammenfassen, so vermöchten wir es nicht besser, als es der damals noch protestantische Schriftsteller Ludwig Clarus getan, der bei der Stigmatisierten den vielleicht tiefsten Antrieb zu seiner Konversion erhielt und fortan sich der Veröffentlichung der großen Gnadengeheimnisse der Mystik widmete. Derselbe schreibt nach seinem dortigen Besuche: „Die helle, mit Aug' und Ohr getrunkene

---

[6]) Vgl. die treffliche Schrift über sie: „Die Übung der Mutter Klara Fey", die in unseren Tagen berufen ist, gemeinsam mit den Schriften über „Gott in uns" von Raoul Plus S. J. und Bernadots „Eucharistiebüchlein" einen neuen Frühling der Verinnerlichung heraufzuführen!

Wirklichkeit erzeugt denn doch eine ganz andere Sättigung und Befriedigung des Wissensdurstes, als alle Bücherstudien und mündliche Relationen. Ich hatte sie nun geatmet, jene Atmosphäre von Wahrheit, die — nach Görres — um Maria von Mörl ausgebreitet ist. Alles was ich sah, schloß jeden Verdacht von Täuschung aus. Die Gewalt der Wirklichkeit und Wahrheit ergriff mich so, daß ich sofort einen gleichsam unbezwinglichen Trieb empfand, gleich dem Apostel Johannes, was ich gehört, was ich mit meinen Augen gesehen, was meine Hände gefühlt, zu verkünden." Und so ist in der Tat durch alle diese Berichte ein unermeßlicher Segen von der stillen Klosterzelle in Kaltern in die Welt hinausgegangen.

Eine Unsumme von Einzelheiten wäre noch über das wunderbare Leben Marias von Mörl zu berichten, über ihre Herzenskenntnis, ihre besonders auffallende Gabe der Prophetie, ihre großen Prüfungen, die sie vor allem noch einmal vor ihrem Tode in aller Schwere zu durchkämpfen hatte. Wenn man in jüngerer Zeit versucht hat, an ihrer Begnadung Kritik zu üben, so erscheint uns dies alles andere denn berechtigt. Der Vorwurf, daß die Stigmatisierte ihre Stigmen im Jahre 1834 künstlich erzeugt und sie — 33 Jahre lang — bis zu ihrem Tode (wo sie einige Tage eiterten und dann verschwanden) künstlich unterhalten habe, muß geradezu als phantastisch bezeichnet werden. Dem hält auch ein ärztlicher Kritiker wie Dr. Jean Vinchon die Tatsache ihres heiligmäßigen Lebens und Todes entgegen, das von zahllosen Kennern bezeugt wird [7]). Gewiß, ihre letzten Prüfungen drei Monate vor ihrem Tode waren furchtbar. Ein letzter grauenhafter Ansturm der Hölle schien gegen sie loszubrechen. Und wenn sie sich in der entsetzlichen Not der inneren Schrecknisse und Seelenpeinigung anklagte, sie habe sich und andere betrogen, so waren diese Aussagen entweder dämonischerseits erzwungene Worte, oder Äußerungen, die sie aus dem tiefen Gefühl ihrer Demut sprach; sie, die sich vor der Majestät Gottes, die sie zeitlebens schaute, wie ein nichtswürdiger Wurm vorkam.

Und wirklich: nachdem alle Segnungen des Priesters nicht gewirkt hatten, brachte ihr eine Novene zur hl. Theresia, ihrer zweiten Namenspatronin, alle früheren Gaben zurück. Erneut in jubelnder Ekstase, konnte sie wieder beten und in tiefer Verklärung Gottes Beschauung genießen. In der Nacht vom 10. zum 11. Januar 1868 gab die Vielgeprüfte in innerstem Frieden ihre heiligmäßige Seele in die Hände des Ewigen zurück.

Tausende zogen noch einmal an ihrem Lager vorüber, um ihre sterbliche Hülle zum letzten Male zu sehen. Auf dem Friedhofe zu Kaltern wurde sie beigesetzt. Auch ihr Grab sollte noch von Wundern der göttlichen Barmherzigkeit umrankt werden, wie das so vieler anderer Heiligen und Stigmatisierten. Das deutsche Volk aber hat die hohe Verpflichtung, stets der großen Begnadeten von Tirol mit ganzer Liebe zu gedenken!

[7]) Vgl. dessen Aufsatz „Une extatique stigmatisée, Maria von Mörl" (in Études Carmelitaines, 1936 II, 79 f).

30. Kapitel

Mirjam von Abellin

Eine syrisch-arabische Stigmatisierte

Mit Überraschung wird vielleicht mancher Leser vernehmen, daß auch das vordere Asien im großen Strom der Gnaden des 19. Jahrhunderts eine bedeutende Stigmatisierte hervorgebracht hat. Aber es ist so: auch im griechisch-unierten Orient verzeichnen wir eine Trägerin der Wundmale. Diese Tatsache zeugt für die wunderbare Gnadeneinheit der katholischen Kirche, die nicht vor den Grenzen des westlich-lateinischen Ritus Halt macht, sondern alle jene Brüder und Schwestern in Christo in den mystischen Leib Jesu Christi einbezieht, die den *einen* Nachfolger Christi als ihren geistlichen Vater anerkennen. Darüber hinaus aber bietet Mirjam von Abellin den einzigartigen Reiz, eine Begnadete zu sein, *die an den Wirkungsstätten unseres Herrn selbst gelebt, gebetet und gelitten hat* und die uns in ihrem Gnadenleben so manchen überraschenden Einblick in die Verknüpfung der Gnaden der Stigmatisation und Mystik mit dem großen Heilsgeschehen gewährt, das sich in ihrer Heimat vor fast 2000 Jahren zugetragen.

Wunderbarer aber noch ist, daß der Herr in unseren Tagen gerade im Heiligen Lande selbst eine Heilige erweckt hat, die mit der großen *Meisterin der Mystik* — Theresia der Großen — überraschende Berührungspunkte hat! Welche Verknüpfung der Gnaden in ein und demselben Menschen! Denn Mirjam, die von der Wiege an mit außerordentlichen Gnaden überschüttet wurde, trug nicht nur äußerlich das Kleid der Karmeliterinnen, sondern war auch in ihrer inneren Gnadenentwicklung der großen Ordensreformatorin tief verwandt, und zwar noch ehe sie in den Orden des Karmel eintrat:

Aber wer war diese kleine heilige Araberin von Abellin? Lassen wir unsere Frage aus authentischer Feder beantworten: „Die mystischen Gaben", so schreibt ihr deutscher Biograph, dem wir in unseren Darlegungen hauptsächlich folgen [1]), „die Gott über die Jungfrau von Avila in verschwenderischer Fülle ergoß, ließ er im 19. Jahrhundert in der Jungfrau von Abellin wieder aufleben. Wie der heiligen Theresia ward ihr von einem geheimnisvollen Pfeile das Herz buchstäblich

---

[1]) Es ist P. Benedikt Stolz O. S. B., der uns eine erste ausführliche Biographie von ihr vorlegt. Vgl. „Mirjam von Abellin oder Schwester Maria von Jesus dem Gekreuzigten, Laienschwester des Karmeliterinnenklosters in Bethlehem". (Josefsdruckerei, Bigge-Ruhr 1929). Er stützt sich darin auf die französischen Arbeiten von Buzy. Einen lesenswerten Auszug aus diesem Werke bietet das Büchlein von P. Gebhard O. C. D. „Mirjam von Abellin". Mit einer Darstellung der Wirksamkeit des Hl. Geistes bei unserer Erlösung und Heiligung, Regensburg 1930 (Verlag Josef Habbel).

durchbohrt. Sie trug die Wundmale an der Seite, an Händen und Füßen; um ihre Stirn zeichnete sich unter den Stichen unsichtbarer Dornen eine blutige Krone. Ihre Ekstasen waren etwas Alltägliches, da sie das Feuer der göttlichen Liebe nicht zurückhalten konnte. Die Worte, die von ihren liebeentflammten Lippen strömten, die Gesänge, die sie zum Lobe des Allmächtigen improvisierte, erinnern an die Lehren und Hymnen der ruhmvollen Reformatorin des Karmels [2])."

„Aber", so fährt Benedikt Stolz fort: „das Wunder der Gnade war nicht weniger ein Wunder der Tugend. Inmitten der außerordentlichen Gaben, mit denen sie überhäuft wurde, blieb sie demütig und einfältig. Sich selbst verachtend, war sie glücklich, wenn sie sich von den Geschöpfen verachtet sah. Solche Demut fand ihresgleichen in der Gottesliebe. Schwester Mirjam war wirklich eine Feuerseele, ihre Liebe ein Feuerbrand, jedes Wort, jede Tat war eine lodernde Flamme, die unter den Wassern der Trübsal nicht erlosch. Die Liebeswunde, die ihr des Engels Pfeil geschlagen, gab ihr nach einem ununterbrochenen, wonnevollen Martyrium den Tod [3])." Und so hängt auch bei Mirjam von Abellin — ähnlich wie bei Theresia von Avila — die große geistige Aufgabe, die Gott ihr gesetzt, aufs engste mit ihrer Stigmatisation zusammen.

Mirjam war am 5. Januar 1846 zu Abellin geboren, einem der ärmsten Dörfer Galiläas, das sich kaum vier Meilen von dem Heiligtum des Berges Karmel befindet und zur griechisch-melchitischen Diözese von Akko gehört (dem alten Akkum der Kreuzfahrer). Ärmliche Häuser, schmutzige Gäßchen, ein paar Bäume und einige Kornfelder, damit können wir das kleine orientalische Dörfchen zwischen Haifa und Nazareth vollauf kennzeichnen, aus dem eine so große Heilige hervorgegangen ist. Und dennoch ergibt sich von der Anhöhe des Dorfes ein herrlicher Ausblick auf die Gaue Galiläas und auf das Meer — sie deuten hin auf die weiten Missionsfahrten, die eine Mirjam im Auftrage Gottes unternehmen sollte. Ihren Eltern waren nicht weniger als zwölf Kinder in der Wiege gestorben. Sie hatten eine Wallfahrt zu der Geburtsgrotte in Bethlehem gemacht, um sich eine Tochter zu erflehen, und dort das Gelübde abgelegt, im Falle ihrer Erhörung diese Mirjam (Maria) zu taufen. Sie wurden erhört. Das kleine Gnadenkind wurde am 6. September 1846 vom griechisch-unierten Geistlichen getauft. Aber schon nach drei Jahren starben die Eltern, und ein Onkel mußte für die Erziehung sorgen. Gott jedoch hielt seine Hand über sie: Auffallende Wunder und Zeichen begleiteten das Kind bereits in seinen Mädchenjahren. Als sie dann bereits mit 13 Jahren verheiratet werden sollte, widerstand sie tapfer, denn sie hatte sich schon in frühem Alter Christus geweiht. Darauf zu Sklavendiensten gezwungen, floh sie, fiel aber in die Hand eines Mohammedaners, der sie zum Islam bekehren wollte und ihr in der Erregung mit seinem Krummsäbel den Hals durchschnitt. Und hier treffen wir auf das erste erstaunliche Wunder ihres Lebens: sie fand sich in einer Höhle wieder, wohlgepflegt von einer Kloster-

---

[2]) Stolz, S. 327.
[3]) Ebenda, S. 328.

Mirjam von Abellin (1846–1878), die arabische Stigmatisierte

Kloster in Bethlehem
Erbaut von Mirjam von Abellin

353

frau, in der sie alsbald die Gottesmutter erkannte, die sie später zu den Franziskanern brachte. Der Schnitt ihrer Kehle aber wuchs zu! Daß es sich tatsächlich bei ihrer Heilung um eine wunderbare Tatsache handelte, bestätigten ihr mehrere Ärzte in Marseille: denn mit ihrer vernarbten Kehle (sie hatte einen Schnitt von zehn Zentimeter Länge und ein Zentimeter Breite!) hätte sie ohne ein Wunder nicht weiterzuleben vermocht, da mehrere Gliedstücke ihrer Luftröhre fehlten!

Sieben Jahre war sie nun Dienstmagd in Alexandrien, Jerusalem, Beirut und Marseille, und zwar bis zum Jahre 1863. Damals zeigten sich bei Mirjam, die sich durch eine tiefe echte Frömmigkeit auszeichnete, die ersten Ekstasen, die teils vier Tage dauerten. Bei einer derselben hätten sie die Ärzte für tot gehalten, wenn sie nicht geradezu von übernatürlicher Schönheit und Frische gewesen wäre. Bald gesellten sich überraschende Schwebeekstasen hinzu.

Da gelang es ihr, in Capelette bei Marseille in den Orden des hl. Josef einzutreten, obwohl sie kaum des Französischen mächtig war. Auch hier zeigten sich bei ihr im Januar 1866 Ekstasen und deutliche Verzückungen. Hier war es bereits, wo das tief in den Flammen der Gottesliebe erglühende Menschenkind die außerordentliche Gnade der Einprägung der Wundmale erhielt. Sie zählte 20 Jahre und befand sich noch im Postulate des Ordens, als sie zunächst die heilige Seitenwunde empfing. P. Stolz berichtet des näheren darüber:

„Eines Abends kniete sie vor dem heiligen Sakrament, als sie in der Ekstase den göttlichen Heiland sah: mit offener Seite; Herz, Haupt, Hände und Füße waren von Blut überströmt. Seine Hände schienen erfüllt mit den Kohlen seines Zornes, und er sagte zu seiner Mutter, die zu seinen Füßen lag: „O, wie wird mein Vater beleidigt!" Die seligste Jungfrau legte Fürsprache für die Sünder ein. Bei diesem Anblick warf sich auch die Postulantin zu den Füßen des Heilandes nieder, und mit einer unwiderstehlichen Begeisterung legte sie die Hände auf die anbetungswürdige Seite mit den Worten: „Mein Heiland, gib mir, wenn es dir gefällt, all diese Leiden, aber habe Erbarmen mit den Sündern." Nach der Ekstase fühlte sie einen durchdringenden Schmerz an ihrer linken Seite und sie bemerkte, daß Blut daraus floß. Seitdem blutete jeden Freitag ihre Seite unter heftigen Schmerzen [4]). Sieben Monate später erhielt sie die anderen Wundmale.

„Am 27. März 1867, dem Mittwoch in der dritten Fastenwoche, geriet sie von neuem in Ekstase. Es schien ihr, als pflücke sie Rosen für den Altar der heiligen Jungfrau. Aber die Rosen waren sehr dornenreich, und die Dornen gruben sich in ihre Hände und Füße ein. Als sie aus der Ekstase erwachte, verspürte sie einen bitteren Geschmack im Munde, Hände und Füße waren geschwollen und zeigten schwarze Bläschen an der Stelle, wo die unsichtbaren Dornen sie gestochen hatten. Am Donnerstag hatte sie starke Schmerzen. Am folgenden Tage, dem Feste der fünf Wunden Unseres Herrn, brachen die schwarzen Bläschen auf, und helles Blut quoll aus den offenen Wunden. Zugleich zeichnete sich eine blutige Krone um ihre Stirn [5])."

[4]) Stolz, S. 183 f.
[5]) Ebenda S. 184.

So war sie von nun an mit den heiligen Malen Jesu Christi gezeichnet. Und fortan bildeten sich jeden Mittwoch bzw. Donnerstag diese Bläschen (die in etwa denen einer Louise Lateau vergleichbar sind), um am Freitag aufzubrechen; gegen Abend verschwanden dann die Schmerzen wieder, und die Stigmatisierte konnte sich wieder an die Arbeit begeben.

Die unschuldige Postulantin aber hielt die Wundmale für eine Krankheit, und da sie das wöchentliche Anschwellen der Glieder und die immer wiederkehrenden Bläschen und das frische Blut nicht verstand, glaubte sie, sie sei mit dem Aussatz behaftet! Sie glaubte sogar, ihre Novizenmeisterin vor Ansteckung warnen zu müssen! Als sie dann auf deren Befehl den Herrn um das Verschwinden der Stigmata bat, erlangte sie dies auf die besondere Fürsprache der allerseligsten Jungfrau. Aber bald sollten die Wunden von neuem und noch heftiger aufbrechen.

Doch inzwischen hatte sich eine große Wandlung in ihrem äußeren Dasein vollzogen! Gott wollte sie durch eine wunderbare Fügung auf die eigentliche Aufgabe ihres Leben hinlenken. Denn Mirjam wurde — wohl mit Rücksicht auf ihre außerordentlichen, von ihren Mitschwestern nicht verstandenen Zustände — *wieder entlassen!*

Gleich darauf aber finden wir sie als Karmeliterin im Kloster zu Pau unweit Lourdes im Süden Frankreichs. Von hier aus sollte sie ihre große Mission antreten, die ihr Gott für die katholische Sache im Orient gesetzt hatte. In nächster Nähe des Heiligtumes vom Berge Karmel geboren, sollte sie im Orden der Königin des Karmels ihr großes Lebenswerk vollenden! Hier auch erhielt sie den bedeutungsvollen Namen *Schwester Maria von Jesus dem Gekreuzigten.*

Vollkommen unwissend kam sie in den Orden. Die kleine Araberin hatte weder lesen noch schreiben gelernt. Aber innerlich war sie gestählt und bereits geschmückt mit herrlichen Tugenden. Bald setzten sich auch in Pau die großen Gnaden fort, deren sie Gott in immer reicherem Maße würdigen wollte. Nicht zu verwundern, daß sich auch jetzt schon zu ihren Ekstasen und Visionen schwere dämonische Angriffe gesellten. Entscheidend aber war, daß sie Gott schon sehr bald einer ganz erhabenen Gnade teilhaftig machte, die sie der großen Reformatorin ihres Ordens, der hl. Theresia, ähnlich werden ließ. Am 15. Juni 1867 war sie in Pau eingetreten. Und noch im ersten Noviziatsjahre, am 24. Mai 1868, erlangte sie *die Durchbohrung ihres Herzens:*

„Mirjam betete mit einigen anderen den heiligen Rosenkranz in der Klause U. L. F. v. Berge Karmel. Sie betete in tiefster Andacht. Plötzlich wird sie wie verklärt, sie fühlt sich von einer glühenden Liebe hingerissen und fällt in eine berauschende Ekstase. Dann greift sie mit ihren Händen ans Herz, als ob sie dort eine geheimnisvolle Wirkung der Gnade verspüre: ‚O Liebe, o Liebe‘, ruft sie aus, ‚Vielgeliebter, wo bist du? Ich habe dich gesucht und nicht gefunden... O Jesus, Vielgeliebter, ich laufe, ich eile, ich suche dich, ich weine und trauere und finde dich, meinen Geliebten, nicht. Jesus, meine Liebe, ich kann nicht leben ohne dich. Nein, nein geliebter Jesus, du weißt es, alle Wasser der Erde können nicht genügen, um mein Herz zu erfrischen...'"

Jesus verbarg sich nur, um sich suchen und finden zu lassen. Endlich zeigt er sich und eilt herbei; die kleine Novizin ergeht sich in zarter Liebe, stets erregter wird ihr Zittern, immer stärker die Verzückung. Man sah, es vollzog sich etwas Außerordentliches an ihr. Sie erlitt ein Martyrium der Liebe, begleitet von unaussprechlicher Wonne. Alsbald ruft sie, sich an die heilige Theresia wendend, aus: ‚Mutter Theresia, Jesus hat mir das Herz durchbohrt!' Das war der Schlüssel zum Geheimnis, und es war kein leeres Wort [6].' "

Seit jenem großen Tage blutete sie oft in der Herzgegend. Die Linnentücher, die man ihr auflegte, trugen manchmal die Zeichnung von drei Buchstaben unter dem Kreuze O. J. S., die vielleicht bedeuten sollten: O Jesus Salvator, O Jesus Erlöser. Auch hat man ähnlich wie bei Theresia von Avila bei ihrer Sektion die Wunde ihres Herzens wiedergefunden!

Nach neunmonatiger Pause zeigten sich damals in der Fastenzeit auch ihre übrigen Wundmale wieder, und zwar unter heftigen Schmerzen und reichlichen Blutverlusten. Freitag für Freitag wiederholte sich dies in der Fastenzeit; auch während der anderen Tage blieben die Wunden offen, so daß die Stigmatisierte an Ostern kaum zu stehen vermochte. Dann aber begab sie sich inniglich ins Gebet, und der Herr gewährte ihr eine dreijährige Pause, bis die Male wiederum aufbrachen. Es war weit im Orient, in Indien!

Hier müssen wir einiges aus ihrem weiteren äußeren Lebensgeschick ergänzen. Im August 1870 war Mirjam mit einer kleinen Gruppe von Priestern und Schwestern zur Neugründung eines Karmels im Fernen Osten aufgebrochen. Unter großen Schwierigkeiten landete die Missionsgesellschaft in Indien, wo sie zu Mangalore ein kleines Kloster einrichtete. Hier war es, wo Mirjam Profeß machte (1871) und wo ihre Wundmale sich wieder zeigten. Aber der Herr gestattete, daß gerade in der Abgeschiedenheit der Missionen schwere Angriffe ihrer eigenen Oberin und ihrer Mitschwestern auf sie losbrachen. Tatsächlich wurde sie nach Frankreich zurückgeschickt.

Doch es war dies eine höhere Fügung Gottes: der Herr wollte sie für eine noch größere Aufgabe bereitstellen. Mirjam sollte die treibende Kraft werden zur Gründung zweier Karmelklöster in ihrem und ihres Ordens eigentlichem Heimatlande, in Palästina, im Heiligen Lande. Wunderbar, wie er die kleine Araberin in den Mittelpunkt eines Unternehmens zu rücken wußte, das sich, je demütiger das Werkzeug, zu um so herrlicherer Blüte entfaltete! Es ist eine der köstlichsten apostolischen Taten, die wir in der Geschichte der Stigmatisierten treffen, zu deren Urheberin die kleine, bescheidene Magd Gottes ausersehen war. Wiederum ein Erweis, wie Gott oft die Macht der Großen durch die innere Konsequenz der Demütigen zu beschämen weiß.

Mirjam spürte in sich die Erleuchtung, daß der Herr den Orden des Karmel

---

[6]) Stolz, S. 43 f.

in seinem heiligen Geburtslande wünsche, und zwar über der Wiege seines Vaters David. Wie aber sollte eine so arme, unbekannte Ordensfrau, die kaum des Französischen mächtig war, ein solch großes Werk beginnen? Sie fragte nicht lange; sie begab sich ins Gebet. Und Gott wies ihr nicht nur die Wege zu den materiellen Mitteln, nein, auch zur Bestätigung des Unternehmens durch den Hl. Vater selbst! Aussichtslos schien es zunächst, die ungeheuren Kosten zum Bau eines ersten Klosters aufzubringen. Drei Personen wurden ihr im Geiste gezeigt, von denen die dritte, die Tochter des Gerichtspräsidenten zu Pau, durch Verzicht auf ihr Erbteil die Mittel bereitstellte: Schwieriger noch schien es, die Erlaubnis der Kirche zu erhalten. In der Ekstase sogar mußte sie den Bischof von Bayonne gewinnen! Der Patriarch von Jerusalem aber, eine weitere untragbare Belastung seiner Diözese befürchtend, lehnte die Gründung des Klosters ab. Dazu sollte auch in Rom gerade der Absagebrief der Kongregation der Propaganda des Glaubens zur Post gegeben werden. Da geschah das Erstaunliche: Der zuständige Kardinal wurde in letzter Minute umgestimmt. Da aber türmte sich ein anderes Hindernis entgegen: Die Gruppe der gründenden Klosterfrauen wollte bereits am 3. Juni reisen, die entscheidende Sitzung sollte jedoch erst am 20. Juni erfolgen. Ein Außerordentliches geschah: Pius IX. selbst griff ein, gegen alle Gewohnheit unterzeichnete er vor aller Rücksprache das Dekret der Gründung!

Mit ähnlicher Schnelligkeit entwickelten sich die Dinge in Palästina. Am 12. September betraten die Gründerinnen zum ersten Male den Boden von Bethlehem, der Geburtsstadt des Herrn. Es war Mirjam gesagt worden, Gott werde ihr ein Zeichen geben, an welcher Stelle er das Kloster wünsche. Da macht sie ihre Mitschwestern auf eine Schar Tauben aufmerksam, die sich auf einem Hügel im Westen der Stadt niederließen. Es war das verabredete Zeichen. Aber neue Schwierigkeiten entstanden: der Grund und Boden gehörte den verschiedensten Besitzern. Und doch: Der Kauf kam zustande.

Aber nicht zufrieden, den Anbau des Platzes zu erleichtern, wollte Gott auch selbst der Bauherr des Klosters sein: Mirjam schaute, durch den Herrn erleuchtet, die Pläne des Baues: Es war ein Rundbau in Form eines Turmes, der um so leichter ein Ort der Zurückgezogenheit und des Schweigens sein könne. Sie selbst werde die Vollendung jedoch nicht erleben. Und es kam wie verheißen: Mirjam, allein des Arabischen mächtig, erhielt den Auftrag zur Überwachung der Bauarbeiten. Die kleine Ordensfrau begab sich auf den Bauplatz, kontrollierte die Lieferanten, ermunterte die Maurer und Arbeiter. Ihre zuvorkommende Liebe gewann alle Herzen. Wie im Sturmschritt nahte in acht Monaten der Bau der Vollendung! Die Schnelligkeit der Ausführung grenzte ans Wunderbare! Und bald trat zu dem einen Bau noch ein zweiter in Nazareth!

So waltete in wunderbarer Weise die Vorsehung Gottes über dieser Gründung, deren Seele Schwester Mirjam war. Ein erneutes Beispiel, wie Gott alle Arbeit in seinem Reiche bis in das Letzte lenkt und leitet und wie er zumal seine Stigmatisierten und Heiligen in ganz eindeutig bestimmter Absicht und nach seinen unergründlichen Plänen auf seine Ziele hinführt. Der Herr aber schenkte der Stigmatisierten in Bethlehem, an der Stätte seiner Geburt, die höchste Gnade, die er auf dieser Welt zu verleihen hat, die Gabe der mystischen Vermählung. Und noch einmal brachen mit aller Wucht die Stigmata auf. Berühmt sind auch ihre Verzückungen an den heiligen Orten, an denen der Herr einst gelebt hat. Sie wurde hier vieler wunderbarer Erleuchtungen über die bedeutendsten Einzelheiten aus dem Leben unseres Herrn gewürdigt. Ergreifend sind ihre Ekstasen in der Geburtsgrotte zu Bethlehem, und nicht minder diejenigen zu Emmaus und auf dem Berge Tabor [7]. Es sei noch vermerkt, daß sich ihre Ekstasen oft zum Schweben und zum mystischen Höhenflug steigerten, der einwandfrei von zahllosen Zeugen beobachtet wurde. Hinzu gesellten sich erstaunliche Zeichen der Herzenskenntnis und der Sehergabe.

Um noch kurz über die letzten Daten ihres Gnadenlebens zu berichten: Es war in der Fastenzeit 1876. Wir besitzen aus dieser Zeit sowohl, wie aus der von Mangalore, genaue Schilderungen ihrer Stigmen. Schon in Mangalore hatten sich die Blutblasen im Innern der Hände, von denen wir bereits berichteten, in Form eines schwarzen Nagelkopfes gezeigt, und unter ihnen schien das Fleisch gewaltsam getrennt. Auch in Bethlehem beobachtete man die gleiche Erscheinung. In jener Fastenzeit von 1876 litt Mirjam furchtbar. Ihre Leiden steigerten sich immer weiter bis zum Karfreitag; zum ersten Male waren ihre Hände und Füße gänzlich durchbohrt. Diese Wunden, wie auch die der Dornenkrone und ihre Seitenwunde, gaben reichlich Blut ab, die Stigmen bluteten noch bis drei Uhr des Morgens. Am Karfreitagmittag aber erlebte sie in erschütterndem Mitleiden die Todesangst Christi. Es waren Stunden des tiefsten Schmerzes,

Mirjam sollte noch im Sommer des gleichen Jahres ihr hochbegnadetes Leben für sie wie für ihre Umgebung ...

beschließen! Durch einen Unglücksfall wurden ihre Leiden, die sich dauernd

---

[7] Bemerkenswert ist — so schreibt P. Stolz — ihr Aufenthalt in Emmaus. „Mehrere Wochen vorher hatte Schw. Mirjam in der Ekstase gesagt, daß der Herr ihr den Ort zeigen werde, wo er nach seiner Auferstehung das Brot in Gegenwart zweier Jünger gesegnet. An Ort und Stelle werde er ihr ein Erkennungszeichen geben ... Am Abend des 8. Mai hielt der Reisewagen bei einem Gasthofe am Eingange des kleinen Dorfes El-Latrun. Ohne den Führer, Kanoniker Touvons, abzuwarten, eilte Schw. Mirjam, die noch nie an diesem Orte gewesen, von der Ekstase hinweggerissen voraus und ließ die erstaunten Begleiterinnen weit hinter sich. Nach wenigen Minuten erreichte sie eine Anhöhe, wo verwahrloste Ruinen unter hohem Gestrüpp verdeckt lagen. Tief bewegt blieb sie stehen und rief den sich nähernden Schwestern mit lauter Stimme zu: „Das ist wirklich der Ort, wo der Herr mit seinen Jüngern gespeist hat!“ Der Platz wurde daraufhin von einer französischen Dame gekauft, und in der Tat legten darauffolgende Ausgrabungen ansehnliche Ruinen einer vorbyzantinischen Basilika zutage, die einst an dieser heiligen Stätte errichtet worden war! Auch auf dem Berge Tabor bezeichnete Mirjam die Stelle, wo der Herr seinen Jüngern in der Verklärung erschienen war: man werde hier die Ruinen eines Klosters finden, deren Mönche alle ermordet worden seien, und unweit davon die Reste einer alten Basilika. Nachgrabungen bestätigten dies vollauf, und heute erhebt sich eine neue prächtige Basilika an der Stätte der Verklärung Christi!

steigerten, so schlimm, daß der Herr sie am 26. August 1878 zu sich nahm. Es war genau der zweite Jahrestag der Abreise von Marseille nach Jerusalem!

Bei ihrer Sektion fand man in ihrem Herz einen Spalt, dessen Ränder ausgetrocknet waren, der also bei der Herausnahme nicht verursacht sein konnte. Es war die Wunde der Stigmatisation ihres Herzens, in der sie ganz ihrer großen Ordensgenossin, der hl. Theresia, glich. Der amtierende Arzt bezeugte, daß keinerlei Krankheit Ursache dieser Wunde gewesen sein konnte, da ihr Herz nie krank war. Aus der Öffnung ihrer Brust drang noch viele Stunden lang frisches Blut.

Wollten wir ein vollendetes Bild der Frömmigkeit der kleinen Araberin geben, die die Wundmale Unseres Herrn trug und die zudem so stark durch ihre kindliche Art — sie nannte sich „das kleine Nichts“ — der Heiligen von Lisieux glich, so müßten wir ein ganzes Buch damit füllen. *Einen* wichtigen Zug ihres Lebens aber müssen wir noch besonders hervorheben: Mitreißend und erhebend ist ihre tiefe *Verehrung des Hl. Geistes,* die zur starken, tragenden Kraft ihres Lebens wurde. Ergreifend ist es, mit welcher Inbrunst sie zu ihm betete. Wie sie Gott daran erinnerte, daß die Jünger einst von ihm umgewandelt wurden, so daß „sie nicht mehr waren, was sie vorher waren; ihre Kraft hatte sich erneut; die Opfer wurden ihnen leicht; sie erkannten Jesum besser als vorher, da er noch bei ihnen war. O Quelle des Lichtes und des Friedens, — so ruft sie aus — komm, erleuchte mich; mich hungert, komm, ernähre mich; mich dürstet, komm und tränke mich; ich bin blind, komm, erleuchte mich; arm bin ich, bereichere mich!“ Nicht genug konnte sie sich tun, um die Verehrung des Hl. Geistes, die von so vielen vernachlässigt wird, zu fördern und zu befruchten. So ist es nicht zu verwundern, daß der Tröster-Geist sie darob selbst auf das tiefste tröstete und erleuchtete und ihr große Verheißungen über den Wert seiner Verehrung gab. So bezeugte sie unter dem 18. Mai 1873, daß sie den Hl. Geist in der Symbolik der Taube gesehen habe, die über einem Kelche schwebte, der wie eine Quelle überströmte. Aus den Tiefen dieser Lichterscheinung aber rief ihr eine Stimme entgegen:

„Willst du mich suchen, mich ehren, mir folgen, so rufe zum Lichte, zum Hl. Geiste, der meine Jünger erleuchtet hat und alles Volk erleuchtet, das zu ihm ruft. Wahrlich, wahrlich ich sage euch: Wer immer den Geist Gottes anrufen wird, der wird mich suchen und mich finden. Sein Gewissen wird zart werden wie die Blume des Feldes. Ist es ein Vater oder eine Mutter, so wird der Friede Einzug halten in der Familie, und er wird den Frieden im Herzen haben, sowohl in dieser wie in der anderen Welt; er wird nicht in Finsternis sterben, sondern im Frieden. Dringend wünsche ich, daß die Priester jeden Monat eine hl. Messe zu Ehren des Hl. Geistes lesen. Wer immer sie liest oder hört, wird vom Hl. Geiste selbst geehrt werden . . ., wird im Lichte wandeln und im Frieden sein. Er wird die Kranken heilen; er wird auferwecken, die da schlafen . . .“

Zu anderer Zeit aber (im Jahre 1877) sagte ihr dieselbe Stimme, das, was sie gehört, ihren Obern und dem Hl. Vater mitzuteilen . . . Die Welt und die religiösen Genossenschaften seien auf der Suche nach neuen Andachten und vernachlässigten die wahre Verehrung des Hl. Geistes. „Das ist der Grund, weshalb Irrtum und Zwietracht herrschen und es an Frieden und Erleuchtung fehlt. Man ruft nicht zum Lichte, das man anrufen sollte, und das doch die Wahrheit zu erkennen gibt. Selbst in den Seminaren wird das übersehen [8])".

Entsprechend dieser hohen Verehrung des Heiligen Geistes aber war Mirjams Leben erfüllt mit Taten der Gottes- und Nächstenliebe, mit den Tugenden der Demut, des Gehorsams und des Gottvertrauens. Nicht zuletzt aber war es ausgezeichnet durch einen außerordentlichen Geist des Gebetes und durch die Gaben des Hl. Geistes selbst. Ihre äußeren Gnadengaben, wie die der Ekstase und Stigmatisation, waren nur Zeichen für die innere Schönheit und sittliche Reife ihrer Seele, die eine der herrlichsten Taten in der Geschichte der Erneuerung der Kirche im heiligen Lande vollbracht hat: dem Lande des Lebens und Leidens Unseres Herrn heilige Stätten des Gebetes und der Vergegenwärtigung Gottes zu erschließen. Darum wird Mirjam von Abellin nie mehr aus der Geschichte ihrer heiligen Heimat und nicht minder aus der Geschichte des Gebetes und der Mystik ausgelöscht werden!

---

[8]) Vgl. hierzu Stolz, S. 96—98.

31. Kapitel

Margrit Bays

Eine Stigmatisierte des Schweizerlandes

Von Arnold Guillet

Über Matgrit Bays ist von Robert Loup eine ausführliche Biographie unter dem Titel «Margrit Bays – die stigmatisierte Näherin» (Paulus-Verlag, Freiburg i. Ue., 1955) erschienen. Die Gebetserhörungen und das wachsende Interesse der Öffentlichkeit führten 1953 dazu, daß ihr Grab geöffnet und der Seligsprechungsprozeß eingeleitet wurde. All das rechtfertigt einige zusätzliche Ausführungen.

Margrit Bays (1815—1879) stammt von La Pierraz bei Romont, das zwischen Freiburg und Lausanne liegt; sie war eine Tochter des Freiburger Landes, dessen Bevölkerung im Rufe stand, noch tief und fest im katholischen Glauben verwurzelt zu sein. Nicht umsonst wurde Freiburg Sitz der einzigen katholischen Universität der Schweiz.

Margrit war Näherin von Beruf und sie arbeitete, wie es damals üblich war, abwechslungsweise auf den verschiedenen Bauernhöfen, um den Bäuerinnen die Näharbeiten abzunehmen. Durch ihre Hilfsbereitschaft und ihr diskretes Wesen war sie bei allen sehr beliebt. Sie lebte fromm und zurückgezogen, machte große Wallfahrten zu Fuß. Unerwartet wurde sie von Darmkrebs befallen, mußte operiert werden. Entweder mißlang die Operation oder die nachträgliche Pflege versagte, jedenfalls von Heilung konnte keine Rede sein und ausgerechnet am 8. Dezember 1854, als in Rom zur großen Freude der ganzen katholischen Christenheit Papst Pius IX. das Dogma von der Unbefleckten Empfängnis Mariens verkündete, wurde Margrit Bays auf ihr inständiges Flehen zur Muttergottes hin plötzlich von ihrem Krebsleiden geheilt.

Ergreifend war das Verhältnis von Margrit Bays zu ihrer Nichte Alphonsine Menétray, mit der sie nicht nur blutsverwandt, sondern durch die Patenschaft und Gebetsgemeinschaft auch geistig lebenslang verbunden war. Alphonsine Menétray war jung und hübsch, die schöne Müllerstochter hatte alle Chancen, aber sie vermochte, vom Gebet ihrer Tante und Patin unterstützt, den Höhenweg der Gnade zu gehen, sie trat ins nahegelegene Zisterzienserinnen-Kloster Fille-Dieu bei Romont ein, wo sie später Äbtissin wurde. Dank ihrer starken Persönlichkeit und ihrem Führungstalent wurde das Kloster zu einem Kraftwerk der Gnade. Margrit Bays durfte die jährlichen Exerzitien in diesem Kloster machen und mit den Jahren wurde der Kontakt immer enger. Die Nonnen waren glücklich, wenn diese heilige Frau unter ihnen weilte. Es wurde ihr gestattet, «wann immer sie wolle», im Kloster zu leben:

«Wie gut es der liebe Gott mit mir meint, daß er mich wieder in dieses heilige Haus kommen läßt! Auf dem ganzen Weg habe ich an das Glück gedacht, wieder in der Gemeinschaft gottgeweihter Jungfrauen zu sein; ich, eine arme Sünderin, die sich von Tag zu Tag ihren Lebensunterhalt verdient wie eine Arbeiterin.»

Schwester Euphrasia sagte zu Margrit: «Sie sind eine von Gott erwählte Seele. Die Liebe zur Passion unseres Herrn wirkt Herrliches.» Margrit konnte solches Lob nicht ertragen.

1871 wurde Pater Hartmann, ein Jesuit, Spiritual der Fille-Dieu. Margrit Bays machte Exerzitien bei ihm und vertraute sich ihm an. Sie beklagte sich über das unverdiente Lob. Pater Hartmann tröstete sie:

«Meine Tochter, man will die Gaben und Gnaden, die der Herr Ihnen geschenkt hat, ehren und nicht die einfache Frau, die Sie sind. Die guten Nonnen, die Sie so verehren, haben genau so ihre Fehler wie Sie auch . . . Was wollen Sie, liebe Margrit, man sagt, daß an Ihnen außerordentliche Dinge geschehen. Das ist es, was die Schwestern anzieht, aber Sie tragen ja Sorge, die Ehre, die man Ihnen erweist, Gott zurückzugeben . . . Ich sehe, daß Sie die Hände bedeckt haben. Sie haben die Stigmata, wie man behauptet. Würden Sie mir sagen, seit wann und wie Ihnen das geschehen ist?»

«Mein Beichtvater hat mir verboten, davon zu sprechen», sagte Margrit Bays in ihrer Bescheidenheit. «Diese ungewöhnlichen Gunsterweise sind nur für mich. Ich soll darüber Stillschweigen bewahren; ich bin ihrer wohl nur deshalb teilhaftig geworden, weil ich die Geringste von allen bin.»

Dann erzählte sie dem Spiritual, wie sie vom Bischof anläßlich der Pastoralvisitation am 10. Mai 1878 gedemütigt worden sei. Sie wurde ins Pfarrhaus Siviriez gerufen, der Bischof wolle sie kurz sprechen. Bischof Marilley war sich der Möglichkeit und Gefahr bewußt, die der Kirche drohte, falls Margrit Bays eine Betrügerin wäre. Der Oberhirte aus Freiburg wollte sie bewußt brüskieren und auf die Probe stellen. Er behandelte sie wie Luft und sagte schließlich in ziemlich abfälligem Ton zu ihr: «Das reinste Wasser ist jenes, das tief unter der Erde fließt.» Der Pfeil traf, Margrit Bays hatte diese Schocktherapie nie vergessen.

Ab 1860 begannen die Passionsleiden. An jedem Karfreitag um drei Uhr fiel sie in Ekstase, die bis zu einer Stunde dauerte. Schwester Adeline Fasel bezeugte, Margrit habe einmal während einer Ekstase die Haltung einer Gekreuzigten angenommen. In der Ekstase erlebte sie die Passion Christi. Robert Loup schreibt in seinem Buch «Margrit Bays»:

«Die Stigmata, die sie kurz nach ihrer Heilung empfing, verursachten ihrem Leib und ihrer Seele täglich sühnende Schmerzen. Entsprechend den fünf Wunden des Herrn hatte sie fünf Wundmale an Händen und Füßen und an der Herzseite. Die Stigmata an den Füßen und auf der Brust konnte sie leicht vor zudringlichen Blicken verbergen, was ihr auch so gut gelang, daß selbst ihre nächsten Verwandten — und der Arzt — sie nicht entdeckten. Die Stigmata an den Händen bestanden aus Rötungen in Kreuzesform in den Handflächen und auf den Handrücken. Sie bluteten nicht . . . Dekan Pilloud von Rue, der auch die Fußwunden gesehen hat, erklärte, sie seien so groß gewesen, 'daß er die Spitze seines Spazierstockes hätte hineinstecken können'.»

Pfarrer Villard von Siviriez veranlaßte im Einverständnis mit Bischof Marilley eine Untersuchung. Am Karfreitag 1873 erschien eine Kommission bei Margrit Bays, bestehend aus den Ärzten Pégaitaz und Villard, Pfarrer Raboud von Romont

Margrit Bays (1815–1879)

Die Heilige des Freiburger Landes. «Die reinsten Wasser fließen tief unter der Erde», dieses Wort ihres Bischofs sollte sich als prophetisch erweisen.

und Vikar Jaccoud von Siviriez, der als Delegierter des Bischofs amtete, und Claude Bays, dem Bruder Margrits. Die ahnungslose Margrit Bays erschrak, fiel aber bald in Ekstase, wurde steif und kalt und lag wie eine Tote da. Die Ärzte stellten fest, daß die Glieder beweglich blieben, die Stigmata bildeten rote Male auf den Handrücken, die zwar nicht bluteten, sich aber ausbreiteten. Dr. Pégaitaz, der junge liberale Arzt aus Bulle, ist entschlossen, gründliche Arbeit zu leisten und beginnt, mit seiner Lanzette Margrit zu bearbeiten.

Robert Loup schreibt im erwähnten Buch: «So arbeitet denn die Lanzettenspitze weiter. Sie sticht in die Stigmata der Hände und des Herzens; sie sticht in die Nasenlöcher, unter die Fingernägel und sogar in die Augen. Vergeblich wehrt sich Claude gegen ein solches Vorgehen und verläßt dann wütend den Raum. Der Arzt setzt seine Untersuchung hartnäckig fort, als hätte er einen Leib unter Narkose vor sich. Margrit verharrt im Zustand völliger Empfindungslosigkeit. Kein Reflex. Alles an ihr verhält sich wie bei einer Toten.

Nach 25 Minuten ging die Ekstase zu Ende, das Leben kehrte zurück, ihre Gesichtszüge lösten sich zu einem Lächeln, sie öffnete die Augen und in dem Augenblick, als sie das volle Bewußtsein wieder erlangt hatte, fühlte sie schlagartig die durch die Lanzette verursachten Schmerzen. «Sie haben mich ja schön zugerichtet», sagte sie zum Arzt, der in großer Bestürzung und Verwirrung das Haus verließ mit der Bemerkung: «Das ist ein außergewöhnlicher Fall.»

1877 besuchte sie zum letzten Mal die religiösen Vorträge von Chorherr Schorderet in Fribourg. Er bat Margrit Bays, bei der er in all den Jahren oft Rat geholt hatte, einige Worte an seine Töchter vom Pauluswerk zu richten. Margrit Bays erhob sich, schaute jede Schwester einzeln an und sagte dann in ihrer schlichten und einfachen Art: «Wir müssen alles zur Ehre Gottes tun.»

1878 weilte sie zum letzten Mal in der Fille-Dieu. Herzlich war die Umarmung beim Abschied. Die Fastenzeit 1879 war eine einzige Passion. Margrit Bays konnte ihre armselige Kammer nicht mehr verlassen. In dieser Kammer hingen viele religiöse Bilder und Andenken und sie wirkte in ihrer Einfachheit wie ein stilles Heiligtum. Ihr Körper war wie versengt und ausgezehrt von den Flammen der göttlichen Liebe. Ihr Bruder Jean konnte die Tränen nicht zurückhalten, wenn er sie so leiden sah. «Jedesmal wenn ich sie aufhob», sagte Jean in seiner rauhen Art, «glaubte ich, einen Sack Knochen zu tragen».

Sie war wie ihr Erlöser zum Lamm geworden, das sich zur Schlachtbank führen läßt. Ergreifend schön und kostbar ist ihr Gebet, das sie selbst verfaßt hat und das die Nachwelt wie ein Kleinod hüten sollte:

«O heiliges Osterlamm, laß mich Dir nachfolgen; wir werden den Weg gemeinsam gehen. Daß ich mit Dir leide, ist recht und billig. Achte nicht auf mein inneres Sträuben, sondern laß mich an meinem Leibe vollenden, was an Deinem Leiden noch fehlt. Ich umfasse das Kreuz, ich will mit Dir sterben. In die Wunde Deines allerheiligsten Herzens will ich meinen letzten Seufzer aushauchen.»

Am meisten litt sie darunter, daß sie die hl. Kommunion nicht so oft empfangen konnte, wie sie es wünschte. Einmal ließ sich aber Gott erweichen. Ihr Bruder Jean berichtet: «Es gibt etwas, das ich niemandem gesagt habe, und was außer mir nur

Grab der stigmatisierten Schweizerin Margrit Bays in der Pfarrkirche Siviriez bei Romont im Kanton Freiburg. Die Inschrift lautet in deutscher Übersetzung: «Hier ruht die Dienerin Gottes Margrit Bays, geboren am 8. September 1815, gestorben am 27. Juni 1879, in diese Gruft übertragen am 26. Juli 1953.»

Du griffst zur Nadel, und der Ärmel fiel

auf deine Hand und deckte jene Wunde,

die Er dir schlug in nievergeßner Stunde.

Du aber schafftest schlicht, was Gott gefiel.

Und niemand ahnte, was an dir geschah,

nur Er und du...

Da war ein strahlend Schweigen

und großer Engel ehrfurchtsvolles Neigen,

wenn einer Seiner Liebe Zeichen sah.

Walter Hauser

Walter Hauser (1902—1963)
Der berühmte Innerschweizer Priesterdichter Walter Hauser setzte
mit dem obigen, ergreifenden Gedicht der Freiburger Stigmatisierten
Margrit Bays ein Denkmal.

noch Dekan Maillard weiß, dem meine Schwester es anvertraut hat. Während ihrer letzten Krankheit hatte sie sich die ganze Nacht über nach der heiligen Kommunion gesehnt; es war uns nicht möglich, ihr diesen Wunsch zu erfüllen. Da erbarmte sich Gott seiner Dienerin; ein Engel brachte ihr die heilige Hostie.»

Margrit Bays starb am 27. Juni 1879, am Freitag in der Oktav des Herz-Jesu-Festes. In der ganzen Gegend sagten die Leute nur ein Wort: «Unsere Heilige ist tot.»

Am 16. Mai 1929 fand die erste Exhumierung ihrer Leiche in Gegenwart von mehr als 1500 Pilgern statt; die zweite Exhumierung fand am 9. Juli 1953 in Gegenwart von Bischof François Charrière, des Postulators und des Gerichtes statt. Die medizinischen Sachverständigen machten eine Befundaufnahme. Damit waren die beiden Vorbereitungsprozesse abgeschlossen. Am 26. Juli 1953, als der Informationsprozeß offiziell eröffnet wurde, war der ganze Kanton Freiburg vertreten: zahlreiche kirchliche Würdenträger, der Staatsrat in corpore, Behördemitglieder, insgesamt 15 000 Personen. Angelo Jelmini, Dekan der Schweizer Bischöfe, zelebrierte im Freien ein feierliches Pontifikalamt. Bereits im Oktober 1929 hatte Bischof Marius Besson einen Hirtenbrief über Margrit Bays herausgegeben und die Gläubigen aufgefordert, die Dienerin Gottes Margrit Bays anzurufen, allerdings erst in privater Form, und für ihre Seligsprechung zu beten.

Am 18. September 1974 besuchte ich das Grab von Margrit Bays. Das Dorfbild von Siviriez bot einen überraschenden Anblick. Alle Straßen waren mit Autos überfüllt. Die große Dorfkirche war bis auf den letzten Stehplatz besetzt; am Altar konzelebrierten acht Priester. Es war der Beerdigungsgottesdienst für einen jungen Theologiestudenten, Bernard Bosson, von der Kongregation der Väter vom Heiligen Geist, der am 15. September im Alter von 21 Jahren nach viermonatiger Krankheit gestorben war. Bernard Bosson kam direkt rechts vor das Grab von Margrit Bays zu liegen. Die Musikkapelle stimmte das Lied an: «Näher, mein Gott, zu Dir!». Vielleicht war Bosson, dessen Bruder mit einer Bays verheiratet ist, ebenfalls ein Sühnopfer in dieser schrecklichen, priesterarmen Zeit?

Auf dem Grab von Margrit Bays steht am Fuß des Grabkreuzes eine Marmortafel «Elle a été exhumée en 1929» (sie wurde 1929 ausgegraben). Ihre Grabkapelle, vorn rechts im Seitenschiff angebaut, ist ein würdiger Gebets- und Gedenkraum für Pilger. Ich besuchte auch ihr Elternhaus in La Pierraz, wo man die Arbeitskammer und daneben (hinter einem Gitter) das Schlafgemach von Margrit Bays besichtigen kann. Alles ist noch im Original erhalten und man glaubt die schlichte, einfache Näherin vor sich zu sehen, wie sie oft den Blick hinaufgleiten läßt auf die Dorfkirche, die im Nordwesten auf einer Anhöhe liegt. Auf dem Rückweg besichtigte ich die Wallfahrtskapelle Notre-Dame du Bois, wo Margrit Bays so oft im Gebet verweilte, und die Fille-Dieu, das alte, 1268 gegründete Zisterzienserinnenkloster nördlich von Romont. Höhepunkt der Pilgerfahrt bildet dann der Besuch der Stiftskirche von Romont; über dem Hauptaltar ragt eine Bronzestatue: Maria, Königin der Engel und dahinter eine straßenbreite, himmelhohe, farbige Glasfensterfront von überirdischer Schönheit.

Arnold Guillet

32. Kapitel

Louise Lateau

Die berühmte belgische Stigmatisierte des Hennegaus
Das „Rätsel" der Ärzte und der europäischen Wissenschaft

Kehren wir von Vorderasien nach Europa zurück! Im großen Strom der mystischen Gnaden des 19. Jahrhunderts verbleibt es uns — nach einer Katharina Emmerich —, den vielleicht bedeutendsten Stigmatisationsfall der letzten hundert Jahre zu erörtern, der in den 60er und 70er Jahren in bisher niegekannter Weise die europäische Öffentlichkeit beschäftigte und in der medizinischen Welt ungeheures Aufsehen erregte, traf er doch mitten in die Hochflut des theoretischen Materialismus und seiner praktischen Auswirkungen. Es ist der Fall einer LOUISE LATEAU aus Bois d'Haine, einem Dorfe unweit Brüssels, im belgischen Hennegau. Das Wertvolle aber war, daß sich bei ihr die Einprägung der Wundmale nicht in der Abgeschiedenheit einer Klosterzelle, sondern vor dem Forum der breitesten Öffentlichkeit vollzog und daß die göttliche Vorsehung hier in einer Weise ihre Tatsachen setzte, daß kein Ernstdenkender an ihnen vorüberzugehen vermochte. So auch wurde in der Tat sowohl von theologischer wie medizinischer Seite alles Erdenkliche zur Untersuchung dieser Stigmatisation aufgeboten. Eine ganze Kette von Experimenten und Methoden ist in 15jähriger Arbeit versucht worden, um diese Trägerin der Wundmale gründlich und lückenlos, und zwar nicht nur körperlich, sondern auch hinsichtlich ihres seelischen Zustandes zu beobachten und zu prüfen. Hunderte von Ärzten haben die Stigmatisierte überwacht und untersucht. Große wissenschaftliche Institute und Versammlungen wurden mit ihren Phänomenen befaßt. Die medizinische Welt war erfüllt von der Diskussion ihrer Stigmata, ihrer Ekstasen und ihrer Nahrungslosigkeit. Und gerade die Tatsächlichkeit ihrer Stigmatisation und der mit dieser verbundenen Erscheinungen, die selbst dem großen deutschen Arzt und Physiologen Virchow zu denken gaben, machen ihren Fall zu einem der beachtlichsten der Stigmatisationsgeschichte überhaupt. Schon im voraus möge nicht unerwähnt sein, daß ein ihr vom Bischof bestellter Seelenführer über ihre Stigmatisation in einer Weise irren konnte, wie es in der Geschichte der Mystik nicht alltäglich ist. Wir werden auf dieses — vielleicht interessanteste — Kapitel ihres Lebens, das bedeutsame Schlaglichter auf eine unserer jüngsten Stigmatisierten wirft, ausführlicher zu sprechen kommen.

Wie so oft in der Geschichte der Stigmatisierten, so erging es anfangs auch der Stigmatisierten von Bois d'Haine: Aus allen Richtungen der Welt ertönte der Ruf: „Aberglaube — Schwindel — Betrug!", und eine ganze Fülle von natürlichen Erklärungen — wie Hypnotismus, Radiumismus, Hysterie, Bluterkrankung — wurde gegen sie mobil gemacht. Die liberale, ja auch die protestantische Presse fiel mit unglaublicher Unkenntnis über die arme Dulderin her. Bis man schließlich an Hand der Gutachten selbst freigeistiger und atheistischer Ärzte den Tatbestand zugeben mußte: die Stigmata und Ekstasen sind unbestreitbare Tatsachen! Blieb nurmehr die mystisch-theologische Erörterung des Falles. In der Folge ist dann Louise Lateau ein treffendes und typisches Beispiel dafür geworden, wie nur der ganzheitliche Standpunkt der natürlich-medizinischen *und* mystisch-theologischen Untersuchung einen solchen Fall zu klären vermögen. Wie wenig aber ist trotz allem die große Stigmatisierte im Bewußtsein so mancher Katholiken lebendig geblieben. Es ist an der Zeit, daß hierin ein gründlicher Wandel eintritt, nachdem ihre neueren großen Biographien den Blick in ihr innerstes Seelenleben eröffnet haben [1])!

Zunächst einige Einblicke in ihre Lebensgeschichte, um nach den notwendigsten Daten sogleich zur medizinischen und mystisch-theologischen Prüfung ihrer Phänomene überzugehen.

Am 30. Januar 1850 als Kind eines armen Eisenbahnarbeiters in Bois d'Haine geboren und schon nach wenigen Wochen ihres Vaters beraubt, wuchs Louise, die wie Mutter und Geschwister nur mühsam den Blattern entkam, in bitterster Armut auf. Schon vom achten Lebensjahre an mußte sie in den harten Dienst fremder Menschen treten. Da gibt ihr die hereinbrechende Cholera einen ersten Anlaß zu heroischer Betätigung ihrer Nächstenliebe: Von heiligem Eifer erfüllt, geht sie von Haus zu Haus und pflegt in heldenmütiger Hingabe die Kranken und begräbt die Toten. Im Jahre 1868 selbst zweimal bis auf den Tod erkrankt, wird sie auf Anrufung Unserer lieben Frau von La Salette wunderbar geheilt. Nie aber hätte sie gedacht, daß sie bereits einen Tag hernach, an ihrem Profeß- und Aufnahmetag in den Orden des hl. Franziskus, die Wundmale Unseres Herrn empfangen würde. Sie kannte überhaupt nicht das Phänomen der Stigmatisation.

Kurzum, an jenem 24. April fühlt sie plötzlich erneut jenen stechenden Schmerz in der Seite, den sie bereits im Jahre 1867 so sehr empfunden. Die Stigmen erschienen an ihrem Körper und an ihren Gliedmaßen. Vorerst gibt jedoch nur die Wunde ihrer Seite Blut ab [2]). Sie glaubt, daß ihre Krankheit bald

---

[1]) Vgl. die große zusammenfassende Darstellung ihres Lebens von Thiery „Nouvelle Biographie de Louise Lateau d' après les documents authentiques", 6 Bände Löwen 1915—1921, die auch in einem einbändigen Auszug von Didry-Wallemacq herausgegeben wurde, der seinerseits eine Übersetzung ins Englische fand („A Belgian Mystic of the XIX. Century, Louise Lateau of Bois d'Haine", Paris - Brügge 1930) und dem wir viel in unserer Darstellung verdanken.

[2]) Wir folgen in unseren medizinischen Darlegungen vor allem Prof. Dr. Rohling in seiner Schrift „Louise Lateau, die Stigmatisierte von Bois d'Haine. Nach authentischen medizinischen und theologischen Dokumenten". Paderborn 1874, sowie Majunke, „Louise Lateau, ihr Wunderleben und ihre Bedeutung im deutschen Kirchenkonflikte" Berlin 1874, die sich beide auf die große gutachtliche Arbeit des Professors der Medizin Dr. F. Levebvre von der Universität Löwen stützen, auf die wir noch zu sprechen kommen.

vorübergeht, und schweigt. Aber am folgenden Freitag erscheinen die Wundmale von neuem, und auch die Fußwunden bluten. Der Ortspfarrer, ein sehr nüchtern denkender Mann, der sie beobachtet, gebietet ihr auch jetzt noch zu schweigen. Als aber am dritten Freitag, dem 8. Mai, das Blut förmlich aus ihrer Handwunde *strömt*, sieht er ein, daß sich die Sache schwer mehr geheimhalten läßt. Der nächste Arzt, Dr. Gonne, wird zu Hilfe gerufen. Und wochenlang versuchte dieser nun — im Glauben, eine natürliche Erscheinung vor sich zu haben — die Blutungen zu stillen und die Wunden zu heilen, aber vergebens. Pfarrer Biels hatte inzwischen an den zuständigen Bischof nach Tournai berichtet. Dazu traf es sich, daß gerade der Erzbischof von Mecheln, Monsignore Dechamps, in der Nähe weilte. Und so wurde Louise Lateau zum ersten Mal kirchlich vernommen. Sie antwortete mit einer Bescheidenheit, Klarheit und Einfachheit, die entzückten. Nach ihrer Entlassung sprach der Metropolitan zu ihrem Pfarrer: „Sie haben eine Heilige in Ihrer Pfarre". Zwei Tage später wohnte er ihrer Leidensekstase bei.

Das Gute war, daß im Anschluß an diese ersten Verhöre der zuständige Bischof von Tournai sofort eine Untersuchungskommission ernannte, und so wurde der Fall sofort vor das Forum der medizinischen und theologischen Wissenschaft getragen. Daraus resultierte in der Folge die einzigartige Bedeutung dieser Stigmatisation. Die Kommission bestand aus vier Theologen und einem medizinischen Fachmann, Prof. Dr. Levebvre von der Universität Löwen [3]). Auch Professoren der liberalen Universitäten wurden zur Prüfung eingeladen und folgten diesem Ruf. Zugleich setzte mit Eröffnung der Untersuchungen (am 8. September 1868) ein gewaltiger Zustrom von Menschen nach Bois d'Haine ein. Aber während der Prüfung der Ärzte, die eineinhalb Jahre in Anspruch nahm, wurde außer diesen fast niemand zugelassen. So waren denn an manchen Freitagen oft vierzehn bis fünfzehn Ärzte um die Stigmatisierte versammelt, und bis 1870 hatten sie bereits hundert Ärzte untersucht. Auch Professor Dr. Imbert-Gourbeyre, der uns bekannte medizinische Fachgelehrte in Fragen der Stigmatisation, befand sich unter ihnen und kam später zu ganz dem gleichen Urteil wie Professor Dr. Levebvre. Kein einziger der vielen Ärzte, unter denen auch eine ganze Reihe Ungläubiger waren, hat die Tatsächlichkeit der Stigmen und ihrer Begleiterscheinungen bestritten.

Die Blutungen wiederholten sich ab 8. Mai 1868 an jedem Freitag. Am 25. September 1868 schwitzte zum ersten Male das Blut auch aus der Stirn Louisens. Es zeigte sich ein blutender Kranz um ihr Haupt: die Dornenkrone. Am 4. April 1873 kam die Wunde des Kreuztragens an der Schulter hinzu. Die Blutungen dauerten gewöhnlich von Donnerstag um Mitternacht bis 4 oder 5 Uhr des Freitags und waren bis spätestens nachts 12 Uhr verschwunden.

---

[3]) Dieser hat seine Untersuchungen und Erfahrungen in einem ausführlichen Werke niedergelegt, das den Titel trägt „Louise Lateau de Bois d'Haine. Sa vie. Ses extases. Ses stigmates. Etude médicale" Löwen 1873 ff., das wir für unsere weitere Schilderung hauptsächlich heranziehen.

Folgen wir zunächst der außerordentlich interessanten Schilderung der ärztlichen Wissenschaftler über ihre Stigmata. Es sind Berichte von einer fach- und sachgemäßen Genauigkeit, wie wir sie selten in der Geschichte der Stigmatisierten finden. Levebvre berichtet darüber: „Auf der oberen Seite jeder Hand findet man eine zweieinhalb Zentimeter lange, ein wenig eingedrückte ovale Fläche, welche sich von der übrigen Haut durch stärkeres Rot und vollkommenere Glätte unterscheidet. Dieselbe befindet sich in der Mitte der beiden unteren Handflächen. Auf der oberen Seite beider Füße zeigt sich die Hautvertiefung in Form eines etwa drei Zentimeter langen Carrés mit abgerundeten Winkeln, an den Fußsohlen ist es wie an den Händen. Untersucht man die einzelnen Partien mit einem Vergrößerungsglase, so ist zunächst zu konstantieren, *daß die Epidermis* (d. h. die Oberhaut) *vollständig geschlossen ist,* sie ist zwar dünn, *aber ohne den geringsten Riß,* darunter bemerkt man die Dermis mit ihren gewöhnlichen Eigenschaften[4]." Dagegen weist die Stirn keine bleibenden Hautvertiefungen auf.

Wie aber vollzogen sich die Blutungen bzw. das Aufbrechen der Stigmen? Levebvre hat den Vorgang auf das Exakteste untersucht und beschrieben. Er schreibt weiter: „Die ersten Symptome, welche den nahenden Ausfluß des Blutes ankündigen, machen sich in der Regel am Donnerstag gegen Mittag geltend. Auf jeder der geröteten Flächen, auf Hand und Fuß, sieht man eine Art Blase entstehen und allmählich sich erheben; ist diese zu ihrer vollständigen Entwicklung gelangt, so springt sie auf und ergießt eine durchsichtige Flüssigkeit, gleichzeitig dringt aber schon das Blut aus der Unterhaut (d. h. der Lederhaut, Corium) hervor, *ohne irgend eine Verletzung derselben.* Bemerkenswert ist ferner, daß die an die Wunde angrenzenden Teile nicht die geringste Geschwulst oder Röte aufweisen". Ähnlich verhält es sich mit dem Aufbrechen der Seitenwunde, die sich zwischen der fünften und sechsten Rippe befindet. Nur die Blutung am Kopfe findet ohne jegliche Blasenbildung direkt aus zwölf bis fünfzehn Punkten der Oberhaut statt, während bei den anderen Wunden das Blut aus der — übrigens völlig unversehrten — Unterhaut hervortritt. Dazu sind die Stigmata Sitz großer Schmerzen. Die Dornenkrone fühlte Louise wie einen glühenden Reif. Die Schulterwunde, die — als Wunde des Kreuztragens — noch hinzutrat, verursachte ihr eine große Schwäche der Augen."

Mit welcher Genauigkeit und Gründlichkeit, aber auch mit welch überraschenden Resultaten die Prüfung der Stigmatisierten vorgenommen wurde, dafür mag die Anführung zweier Experimente aus der Fülle derselben genügen. Vor allem wollte Levebvre feststellen, ob die Stigmatisierte in keiner Weise selbst auf die Entstehung ihrer Wundmale einwirke. Man bediente sich zu diesem Zwecke derber fester Lederhandschuhe, die bis zum Handgelenk über ihre Hände gezogen und dortselbst fest verschnürt und versiegelt wurden. Eine ähnliche Lederhülle legte man um ihren einen Fuß, so daß die Stigmatisierte

---

[4]) Wir folgen der Übersetzung von Majunke, S. 10/11.

ohne Entfernung der Hüllen ihre Wunden nicht berühren konnte. Als man darauf des Freitags die Hüllen wieder abnahm, und zwar im Beisein von nicht weniger als acht Zeugen, hatten sich die Wunden in normaler Weise entwickelt — also ohne jegliches menschliches Zutun!

Nicht zufrieden damit, wollte Levebvre ergründen, ob sich die Stigmen in grundlegender Weise von gewöhnlichen Wunden unterschieden oder nicht. Man brachte ihr darauf dicht neben ihren Stigmen künstliche Wunden bei, die diesen gänzlich nachgebildet waren. Mit flüssigem Ammoniak erzeugte man die Bildung einer Blase, deren aufgeblähte Oberhaut man zerstörte. Und doch — welch ein Unterschied zwischen diesen natürlich erzeugten Verletzungen und den Stigmen! Gaben letztere Stunde für Stunde Blut ab, so erstere nicht ein Tröpfchen, sie schieden lediglich Wasser aus! Dazu hatten die natürlichen Wunden einen entzündeten Hof, die Stigmata aber nie! Und während sich dort nach acht Tagen eine Kruste bildete, wurde ein solches bei den Stigmata nie beobachtet. Ein glänzender Beweis der Echtheit der Stigmata der Stigmatisierten! So kam man schließlich nach dem gründlichen Vergleich mit allen erdenklichen Arten bis dahin bekannter Blutungen und Hauterkrankungen zu dem Resultat, daß die Entstehung und die Blutungen der Wundmale mit keiner natürlichen Erkrankung zu vergleichen waren, ja, daß sie sich grundsätzlich von jeder natürlichen Krankheitserscheinung unterschieden.

Inzwischen war mit Windeseile die Nachricht von den Ereignissen von Bois d'Haine durch die Presse der Welt gegangen. Als dann die bischöfliche Kommission nach langwieriger Untersuchung ihrer Überzeugung von der Echtheit und Übernatürlichkeit der Stigmen Ausdruck gab, und Professor Levebvre die Ergebnisse seiner Untersuchungen, die an Exaktheit kaum mehr zu überbieten waren, in mehreren wissenschaftlichen Schriften veröffentlichte, griff die medizinische Öffentlichkeit der Welt den Fall der Louise Lateau auf, und zwar mit einer Leidenschaftlichkeit ohnegleichen. U. a. kam der ganze Fragenkreis im September 1873 auch auf einem großen wissenschaftlichen Kongreß zu Breslau mit aller Heftigkeit zur Sprache, an dem etwa 3 000 Ärzte und Naturforscher teilnahmen. Professor Virchow erstattete einen Bericht auf Grund der Forschungen Levebvres und erklärte, auf natürlichem Wege lasse sich keine Lösung finden. Wenn die Dinge tatsächlich so lägen, wie die Katholiken sie darstellten, dann stehe die Naturwissenschaft vor einem Rätsel, denn alle Gesetze der organischen Natur seien hier über den Haufen geworfen. Man könne die Sache nicht anders erklären als durch das Eingreifen eines übernatürlichen Wesens. Da er indes als eingefleischter Materialist diesen Schluß nicht ziehen wollte, leugnete er einfach den Sachverhalt und behauptete, alles sei reiner Schwindel. Er wolle wohl die Wahrheit über Louise Lateau ans Licht bringen, wenn es ihm nur vergönnt wäre, sie einige Tage beobachten zu können, aber die Reise von Berlin nach Bois d'Haine sei ihm zu weit.

Die Antwort auf seine Behauptungen gab ihm die Belgische Königliche Akademie der Wissenschaften, die daraufhin die nochmalige und noch einwandfreiere Untersuchung des Falles in die Wege leitete. Eine Kommission von Ärzten wurde gebildet, und abermals begannen die medizinischen Beobachtungen. Um auch die letzten Einwände gegen das Experiment der Lederhandschuhe zu entkräften, wurde nunmehr die eine Hand der Stigmatisierten in eine Glasröhre von vierzehn Zentimeter Durchmesser gesteckt, durch die auch nicht die geringste Beeinflussung der Wunden mehr möglich war. Die Röhre wurde am oberen und unteren Ende versiegelt. *Wiederum* aber mußten die medizinischen Autoritäten feststellen, daß die Blutungen sogar im Inneren des verschlossenen Glases eintraten [5])! Das Endurteil der Akademie der Wissenschaften nach ihren langen Beobachtungen lautete ähnlich wie das Professor Levebvres: „Stigmata und Ekstase sind Tatsachen; von Betrug kann keine Rede sein. Es ist nicht möglich, sie auf wissenschaftlichem Wege zu erklären [6])". Damit war Professor Virchow eine ebenso gründliche wie nachdrückliche Lektion erteilt.

Welcher Herkunft aber waren im tiefsten Grunde die eigenartigen Phänomene? — Eine nähere Analyse des seelisch-körperlichen Zustandes der Stigmatisierten und insbesondere ihrer Ekstasen wird uns hierauf Antwort geben:

Schon früh hatte Louise die Vergegenwärtigung Gottes geübt. Oft war sie hierbei derart von Gott erfüllt, daß ihr Antlitz in sichtbarer Schönheit erstrahlte. In diesem Zustande hatte sie bereits ihr Arzt während jener Krankheit gesehen, von der sie kurz vor ihrer Stigmatisation geheilt worden war. Er war überrascht von ihrer engelgleichen Schönheit. Am 17. Juli 1868 verband sich zum ersten Male dieser Zustand der Gottversunkenheit (offenbar des Gebetes der Ruhe

---

[5]) Wir müssen hier leider eine Fülle anderer, nicht weniger bedeutsamer Erscheinungen bei der Stigmatisierten übergehen. In ähnlicher Weise erwies sich die Echtheit ihrer Ekstasen schon rein vom physischen Standpunkt. Die Pupillen reagierten während derselben auf nichts; das Gehör war selbst für gellende Schreie taub. Das Gefühl war verschwunden bis auf eine minimale Reizbarkeit der Augen. Gegen heftige Nadelstiche blieb Louise empfindungslos, selbst ein tiefes Stechen mit dem Messer blieb erfolglos. Auch auf Elektrisieren zeigte sich ihr Körper hart wie Stein. Sie war während der Ekstase wie tot und erwachte dann auf den geistlichen Anruf plötzlich wieder zu voller Geschmeidigkeit und zu frischem Leben! — Bald zeigte sich bei Louise auch eine immer vollständigere Nahrungslosigkeit und ein sich stets steigerndes Fehlen des Schlafes. Immer mehr reagierte sie mit Erbrechen auf selbst geringe Nahrungsmengen. Dieser Zustand des Nichtessens ging schließlich zur vollen Nahrungslosigkeit über. Vom 30. März 1871 ab konnte sie nicht mehr das geringste zu sich nehmen. Dagegen konsumierte sie die hl. Kommunion ohne weiteres, während sie eine nicht konsekrierte Hostie erbrach.

[6]) Auch Professor Dr. Imbert-Gourbeyre hatte in ähnlicher Weise geurteilt. U. a. schreibt er: „Übernatürlich ist schon die unveränderliche Lage der Stigmen, übernatürlich ist die Zeit der Blutergießung, übernatürlich das mit großer Schnelligkeit vorsichgehende Austrocknen der Wundmale ohne Eiterung und Narben, übernatürlich ist die Ekstase mit ihren von außen herbeigeführten Zwischenfällen. Mit einem Wort, man muß den Finger Gottes in allem erkennen." Wir zitieren nach Majunke, S. 53 f. Wie gequält und gekünstelt erscheint demgegenüber die jüngst von Dr. van Gehuchten versuchte „Erklärung" ihrer Stigmatisation (vgl. Et. Carm. 20, II 1936, S. 81 ff), die in ein Gestrüpp von Hypothesen, aber zu keinerlei Erklärung des Gesamtfalles führt.

oder der Einfachheit, des ersten Grades der mystischen Gottvereinigung) mit dem der Ekstase, jener dritten Stufe der Mystik, wie sie Theresia die Große schildert [7]). Anfangs dauerte dieselbe von etwa 9 Uhr morgens bis etwa 6 Uhr abends, später von 1.45 bis 4.30 Uhr nachmittags.

Mit ihren Ekstasen aber waren die Blutungen verknüpft, und zwar in einer ganz eigenen Art. Gewöhnlich empfing Louise des Freitags die hl. Kommunion und begann darauf ihre Arbeit. Aber schon setzten ihre Blutungen so stark und schmerzend ein, daß sie oft mehrfach ihr Tun unterbrechen mußte, bis sie plötzlich — mitten aus der profansten Beschäftigung heraus — in Ekstase geriet. Die theologische Kommission hatte sie beauftragt, die Verzückung möglichst zu verhindern, und so arbeitete sie manchmal — sie hatte das Nähen erlernt — blutüberströmt an der Nähmaschine, bis sie plötzlich die Ekstase auch bei dieser Arbeit überwältigte.

Bei deren Beginn ist es ihr, wie wenn sie innerlich ein unsagbares Licht überflutete, es „trifft nicht die Augen des Körpers", sondern ihre „Seele wie ein Blitz". Sie fühlt sich wie in einer andern Welt und wie von der Majestät Gottes überwältigt. Sie macht dabei den Eindruck eines Menschen, der in unermeßliche Fernen schaut. „Der Blick Louisens", so sagte ein Arzt, „ist unbeschreiblich. Jedweder, der sie in der Ekstase sieht, fühlt sich von unsagbarer Rührung ergriffen, unwillkürlich wird man von Staunen und Bewunderung hingerissen. Sprachlos, wie am Boden verwurzelt steht man da. Von diesem Antlitze kann sich der Blick nicht abwenden; es zieht alle an und hält sie wie ein unwiderstehlicher Magnet gefangen."

Dann aber fällt ein Licht von geringerer Ordnung in die Seele Louisens, und in ihm schaut sie nunmehr die großen, erschütternden Szenen der Passion. Großartig und wunderbar zugleich sind die Schauungen, die sich hier vor ihrem geistigen Auge abrollen und deren Eindrücke sich in ihren Mienen und Gesten widerspiegeln. Dabei geht ihr Mitleiden noch über das einer Therese Neumann hinaus. Da sie sich während der Ekstase außer Bett befindet und zunächst in sitzender Stellung ihre Gesichte erlebt, vermag sie viel lebhafter die Einzelheiten der Passion zu erfassen und in ihren Gesten zum Ausdruck zu bringen. Ja, je mehr die Leiden des Herrn sich steigern und voranschreiten, um so dramatischer erlebt sie diese auch äußerlich mit. Jetzt kniet sie mit ihm nieder, dann scheint sie, auf die äußersten Zehenspitzen erhoben, emporzuschweben; dann wieder sitzt sie, und um 2 Uhr des Mittags fällt sie plötzlich, wie von unsichtbarer Hand geschleudert, zu Boden. Eigentümlich war, daß sich hierbei — entgegen den Fallgesetzen — ihr Niederfallen gegen Ende verlangsamt, so daß ihr Angesicht nicht auf den Steinfliesen verwundet wurde. Niemals auch streckt sie die Hände aus, wie dies sonst unwillkürlich geschieht, um die Wucht des Fallens abzuschwächen. Gegen 3 Uhr streckt sie dann beide Arme aus und liegt wie gekreuzigt am Boden. Die Füße sind so stark aufeinander gepreßt, daß sie keine Macht

---

[7]) Vgl. unsere „Einführung" zu diesem Werk, erschienen unter dem Titel „Größe, Erhabenheit und Beurteilung der Stigmatisation" (1938), S. 64

der Welt voneinander zu lösen vermag. Dann entringt sich ihren Lippen ein leiser Schrei — das „Es ist vollbracht!" Aber oft noch liegt sie Stunden und Stunden wie gekreuzigt am Boden.

Aber nicht nur war es ihr vergönnt, den leidenden, sondern auch den triumphierenden Heiland in seiner verklärten Menschheit zu schauen. Dann erschien er ihr — wunden- und blutbedeckt — und sprach zu ihr die Worte: „Siehe, wieviel ich leide und wieviel ich gelitten habe!" Bei diesen Worten zeigte er auf seines Herzens Wunde, der ein breiter Lichtstrahl entquoll. Die Stigmatisierte aber fühlte sich dabei von einem Bündel von Licht überflutet und von dessen Glanz eingehüllt.

Und nun ein wichtiges Merkmal zur Erkenntnis des Charakters ihrer Ekstasen. Während kein Geräusch, kein Lärm, kein Mittel des Arztes es vermochte, sie aus derselben zurückzurufen, genügte der einfache Anruf des Bischofs oder des von ihm beauftragten Priesters, sie zum normalen Leben zu erwecken. Auch Professor Levebvre erhielt von dem zuständigen Bischof des öfteren die Vollmacht hierzu. Er vermochte dann ohne weiteres die gleiche Wirkung bei ihr hervorzubringen, während sein Befehl bei deren Entzug sogleich versagte! Ein deutliches Zeichen für die Übernatürlichkeit ihrer Zustände!

Noch mehr aber wird dieses Urteil bestätigt durch die bei ihr wie bei fast allen Stigmatisierten beobachtete Erkenntniskraft geweihter und heiliger Gegenstände oder Reliquien (Hierognosie), durch das Unterscheiden der hl. Eucharistie und die Gabe der Unterscheidung der Geister und die Herzenskenntnis (Kardiagnosie).

Trotz all dieser eklatanten und wichtigen Zeichen — die sich übrigens um eine große Zahl sehr deutlicher Tatsachen und Phänomene vermehren ließen! — wollte der eine der drei Berater der theologischen Kommission mitnichten die Echtheit ihrer Begnadung anerkennen. Ja, dieser hielt ihre Zustände für diabolischer Natur und die Stigmatisierte für vom Teufel besessen! Wir treten hier in das vielleicht interessanteste Kapitel der Stigmatisation Louisens ein, das uns mit überraschender Deutlichkeit zeigt, zu welchen Fehlurteilen selbst anscheinend begabte Theologen in Sachen einer Stigmatisierten gelangen können, Fehlurteile, die immer dann entstehen, wenn der Beurteiler gegenüber den Tatsachen der Übernatur nicht den letzten Rest des Stolzes und einer oft versteckten Eigensinnigkeit aufgibt und sich nicht mit aller Kraft in Selbstbescheidung und Gebet überwindet. Tatsachen, die uns gerade angesichts der Gegnerschaft gegen unseren jüngsten deutschen Stigmatisationsfall auf das tiefste berühren und zum Nachdenken zwingen.

Der fragliche Theologe war Pater Huchant aus dem Redemptoristenorden. Zu Anfang war dieser zu durchaus günstigen Feststellungen gekommen. Am 5. September 1868 schrieb er: „Ich denke, daß es ein guter Geist ist, der Louise lenkt und leitet. Sie zeigt sich sehr demütig, freundlich, rein, liebenswürdig und mutig, und es scheint uns, daß sie die Tugend der Geduld in einem heroischen

Grade hat". Noch am 23. Oktober desselben Jahres spricht er von der „Heiligung dieser wunderbaren Seele, die Gott zu großer Heiligkeit führt".

Woher aber kam der plötzliche Umschlag seines Urteils? — Er behauptete auf einmal, er habe ein übernatürliches Licht empfangen, daß Louise *nicht* vom Geiste Gottes geleitet sei. An Stelle ihrer Tugenden wollte er Fehler entdecken, an Stelle ihrer großen Einfalt sah er Zwiespältigkeit, an Stelle heroischer Geduld das Bestreben, dem Leiden zu entrinnen, dazu Hochmut und Eigenwillen.

Dieser Wechsel der Meinungen aber war nicht einer Änderung der *Tatsachen* zu verdanken, die absolut dieselben geblieben, sondern es war ein eingebildetes Licht, aus dem er urteilte. Kardinal Dechamps von Mecheln war diese Sinnesänderung des Redemptoristen nicht entgangen. Er ersuchte ihn darauf, ihm die Fehler Louisens genau zu präzisieren. Dieser antwortete:

1. Louise sei untreu gegen die Gnade;
2. Sie liebe die Zurschaustellung;
3. Sie zeige ein mangelndes Bemühen, ihre Stigmata und Ekstasen zu verhindern.

Kardinal Dechamps aber kannte genau den Untergrund dieser verschwommenen Anklagen:

1. Unter der Untreue verstand Huchant ihre Weigerung, einzig und allein *ihn* in ihr Vertrauen zu setzen; bei dem
2. Punkte stützte Huchant sich auf eine angebliche Aussage des Ortspfarrers Niels; gerade entgegengesetzt aber hatte dieser geurteilt.
3. Was aber die Unterdrückung ihrer Stigmen und Ekstasen betraf, so vergaß der gute Pater, daß die Erfüllung dieser Forderung nicht von seinem Befehl abhing, sondern gänzlich von dem Willen *Gottes*, der diese Gaben gewährt oder auch wieder entzieht!

Der Kardinal wußte zudem zu genau, daß es kein Gesetz der Kirche gebe, das die freie Wahl des Beichtvaters unterbindet, Huchants Vorgehen bedeute einen Mißbrauch seiner Autorität. Und was die Verhinderung der außerordentlichen Zeichen betraf, so war der hohe Kirchenfürst auf Grund seiner eigenen Prüfung zu der Auffassung gekommen, daß Gott diese Zeichen wolle, und *zwar wolle zur Bekehrung vieler.* Er schlug darum auch der Stigmatisierten den Wunsch ab, in ein Kloster einzutreten: *Man dürfe das Licht nicht unter den Scheffel stellen, Gott wolle, daß es leuchte!*

P. Huchant hätte übrigens leicht an der Geschichte früherer Stigmatisierter ersehen können, daß er durchaus im Unrecht war. Denn als einst der Seelenführer der hl. Veronika Giuliani [8]) — es war der gelehrte P. Crivelli S. J. — die

---

[8]) Vgl. Kapitel 21 dieses Bandes.

Stigmatisierte auf die Echtheit ihrer Wundmale prüfte und das Verschwinden derselben herbeiführen wollte, befahl er der Stigmatisierten *zu beten!* Aber erst nach zweimaligem, inständigem Gebet gewährte Gott die Bitte! Und dem Beichtvater einer Anna Maria Taigi wurde durch Gott geantwortet, als er die Wegnahme ihrer sogenannten „mystischen Sonne" erzwingen wollte: „Daß Gott in seinem Willen frei sei ... und niemand dürfe sich erkühnen, seine Geheimnisse zu ergründen; *er solle seine Pflicht tun und nichts weiter* [9])!"

Kurzum, P. Huchant, der die Stigmatisierte durch seinen dauernden Eigenwillen auf eine überaus harte Probe gestellt hatte, verließ nach drei Monaten die bischöfliche Kommission. Als aber sein Nachfolger, Pater Bernhard Van Loo, ein Rekollekt, mit ähnlichen Meinungen und Befehlen an die Stigmatisierte herantrat, wurde ihm von Gott die übernatürliche Weisung zuteil: „Ich bin es, der Louise so will!" und *„Pater Van Loo ist im Irrtum, er denkt zuviel an sein mystisches Wissen und betet nicht genug, um die Wahrheit über Louise zu finden* [10])!" Und bald mußte der neue Seelenführer auf Grund seiner dauernden Beobachtungen und Vergleiche einsehen, daß sowohl P. Huchant wie er unrecht gehabt hatten. Er sandte schließlich dem zuständigen Bischof von Tournai sein Urteil, „daß er vom Wirken Gottes in Louise überzeugt sei".

P. Huchant aber, obwohl nunmehr jeder Vergleichsmöglichkeit enthoben und aus der Ferne urteilend, gab seinen Widerstand auch später nicht auf. In welch erschütternder Weise der Herr seinen Eigensinn beantwortete, wird der Leser noch genauer erfahren!

Alle Merkmale aber, die bei Louise hervorgetreten waren — wie absoluter Gehorsam auf Anruf in der Ekstase, Erkenntnis des Heiligen und Geweihten und des Zustandes der Seelen und der Herzen —, deuten mit aller Eindringlichkeit auf das Übernatürliche ihrer Begnadung.

Ein letzter Blick auf das Seelen- und Tugendleben der Stigmatisierten vermag dieses Urteil mit aller Ausführlichkeit zu bestätigen! Von ihren heroischen Taten der Nächstenliebe sprachen wir schon. Tief innerlich veranlagt und mit ihrer ganzen Seele auf Gott gerichtet, war es ihr überaus peinlich, an den Freitagen von so vielen Menschen beobachtet zu werden. Aber dafür riß sie Gott um so stärker aus dieser Wirklichkeit empor zu innigster Gottvereinigung — in die Ekstase —, die sie völlig von den Eindrücken dieser Welt loslöste. Zu wie großen Gnaden der mystischen Vereinigung sie zugelassen war, das künden ihre eigenen Worte. Von dem überwältigenden Licht, von dem sie in der Ekstase erfaßt und durchflutet wird, sagt sie: „Ich werde dann von einem so großen Gefühl der Gegenwart Gottes ergriffen, daß ich nicht weiß, wo ich mich lassen soll; ich sehe ihn so groß und mich so klein, daß ich nicht weiß, wo ich mich verbergen soll. Nach der Erscheinung dieses großen Meeres von Licht erscheint ein zweites Licht, welches die Augen des Körpers berührt, es berührt

---

[9]) Vgl. Salotti-Schlegel, Anna Maria Taigi. St. Ottilien 1928, S. 290 ff.
[10]) Vgl. zu unseren Ausführungen Didry-Vallemacq, 2. Buch, XII. und XIII. Kapitel.

die Seele nach Weise eines Blitzes; es ist ein Licht, dessen Ende man nicht sieht, es zeigt mir die Größe Gottes und mein Nichts." Später sagte sie: „Ich finde mich in einer anderen Welt, wenn die Ekstase beginnt, ich wüßte es nicht anders zu sagen; dasselbe Licht, welches mich von den äußeren Dingen trennt, vereinigt mich mit Gott ohne Unterbrechung, ohne Zwischenraum; und dann wäre es mir unmöglich, mich abzuwenden und mich mit anderen Dingen zu befassen." Es erklärt sich hieraus der große Schmerz, den sie geistigerweise empfindet, wenn sie, durch den Gehorsam genötigt, die Ekstase verlassen muß; ruft man sie häufig, so steigert sich der Schmerz gewaltig, und der Körper wird sichtlich geschwächt. Von fachtheologischer Seite wird versichert, daß sie bis zu den höchsten Stufen der Gottvereinigung emporgeführt wurde. Eine Feststellung, die zugleich ein helles Licht auf die Echtheit ihrer Stigmatisation wirft[11]). In ihrem 13. Lebensjahr hatte sie nach dem Urteil der theologischen Kommission bereits die erste Stufe der mystischen Beschauung erreicht!

Aber noch ein anderes bedeutsames Kriterium für die Echtheit ihrer Begnadung gibt es: ihr von Kindheit auf bereiter Wille zum Leiden. Nicht um *diese* Leiden hatte sie gebetet — niemals. Aber nunmehr, da sie der Herr so sehr begnadete, da fühlte sie den ungeheuren Wert der sühnenden Leiden, und es überkam sie der heilige Wille, ganz in dem Willen aufzugehen, müßte sie auch das Doppelte leiden. Und *wie* sie litt! So sehr, daß der Arzt fürchtete, sie werde all ihr Blut verlieren, und sie müsse wahnsinnig werden vor Schmerzen. Denn oft war es an den Freitagen, als ob ihre Knochen zerbrochen und ihr alle Nerven herausgezogen würden. Und alles ertrug sie mit heroischer Geduld — bis zum furchtbaren Erleben der Todesangst des Herrn! Alles in allem eine Überzahl von Momenten, die auf die Echtheit ihrer Begnadungen schließen lassen[12])!

Furchtbar war zudem, was Louise noch in den letzten fünf Jahren an sühnenden Leiden zu erdulden hatte. War die Zeit des Karfreitags von 1871 schon entsetzlich für sie gewesen, wo sie für die durch Freimaurer und Kommune (in Rom und Paris) verübten Greuel büßte, so wurde die arme Opferseele in den letzten Jahren das Bild eines wahren Meeres der Schmerzen. Viele Jahre hatte sie ihre Leiden für den großen Marienpapst Pius IX. aufgeopfert. Als dieser 1878 starb, da hielt auch sie ihre Mission für erfüllt und beendet. Als sie aber darauf seinen Nachfolger durch den Kardinal von Mecheln fragen ließ, ob sie nunmehr sterben dürfe, gab Leo XIII. ihr zur Antwort: nein, sie solle ihre Mission für Kirche und Papsttum fortsetzen. Fünf Jahre brachte sie darauf buchstäblich in einem dauernden Zustande des Sterbens zu! Man muß die erschütternden Berichte der ihr Nahestehenden gelesen haben, um zu ermessen, welches

---

[11]) Am 3. März 1872 würdigte sie Gott der mystischen Verlobung, am 20. 2. 1874 der mystischen Vermählung; ab 6. Februar 1874 aber des Schauens der hl. Dreifaltigkeit.

[12]) Es sei noch hinzugefügt, daß ein anderer Vorwurf, sie habe 1878 in den Streit um das belgische Schulgesetz eingegriffen und zu dem abgesetzten Bischof von Tournai gehalten, nach den Forschungen von Thiery unhaltbar ist!

Louise Lateau (1850–1883)
Die berühmte belgische Stigmatisierte

Wohn- und Sterbehaus der Louise Lateau in Bois d'Haine

Magdalena Gschirr (1798–1869)
Die tirolische Stigmatisierte auf dem Totenbett

unaussprechliche Übermaß von Leiden der Herr von ihr forderte! Aber schließlich ging auch ihre letzte Kraft zu Ende. Über achthundert Freitage hatte sie das Karfreitagsleiden unter unsagbaren Schmerzen gelitten. Trotzdem sollte sie noch einem letzten äußerem Ansturm ausgesetzt werden. Pater Huchant, noch immer des Glaubens, daß die heroische Dulderin mit dem bösen Feinde im Bunde stehe (!), hatte es bei dem neuernannten Bischof von Tournai durchgesetzt, daß der Exorzismus über sie gesprochen werde. Aber wie erschütternd: genau an dem Tage, der zur Ausführung desselben ausersehen war, fand man die Stigmatisierte — früh am Morgen — *tot* in ihrem Bette! So griff Gott ihren Gegnern vor und erwies noch in ihrer Todesstunde, und hier um so herrlicher, daß ER der Urheber alles dessen war, was man fünfzehn lange Jahre an ihr beobachtet hatte [13]).

Nach einem Leben, das in einer Fülle namenloser Schmerzen ganz und gar Gott hingegeben war, verschied somit Louise Lateau, kaum 34 Jahre alt, am 25. August 1883. Noch am vorhergehenden Karfreitag hatten ihre Wundmale wie in strömenden Bächlein geblutet. Imbert-Gourbeyre berichtet, daß der Herr einer anderen, noch 1940 in hohem Alter lebenden Stigmatisierten, Maria Julie Jahenny, die Stunde angezeigt habe, in der er „sein Opfer hinwegnehmen werde"... „hinweg von dieser kalten Erde" [24]). Die außerordentliche Teilnahme an ihrem heiligmäßigen Tode, der im Alter des Herrn erfolgte, bewies, wie sehr die durch sie gewirkten göttlichen Gnaden in die Tiefe der Seelen geschrieben waren! Louise Lateau aber wird mit großen Lettern für alle Zeiten in die Geschichte der Träger der Wundmale Christi eingezeichnet bleiben!

---

[13]) Es möge hier nicht unerwähnt bleiben, daß man außer der Fülle der medizinischen, theologischen und historischen Beweise neuerdings auch indirekte Bestätigungen ihrer Begnadung darin sieht, daß Therese Neumann auf Leinwandflecken, die mit Louisens stigmatischem Blute getränkt waren und die in die Nähe ihrer Stigmen gebracht wurden, wie auf echte Reliquien reagierte. Wie sie auch in der Ekstase kundgab, daß die Begnadung Louisens *echt* gewesen sei. Vgl. den ausführlichen Bericht des Herrn Barons A. Drion du Chapois im Konnersreuther Jahrbuch 1929, S. 166 ff.

[14]) Vgl. Imbert-Gourbeyre, La Stigmatisation, I. S. 560.

+AVE·MARIA·GRATIA·PLENA·DOMINVS·TECVM

„Die Fülle der Gnaden"

Weitere bekannte und unbekannte Stigmatisierte des 19. Jahrhunderts

(in Deutschland, der Schweiz, dem Elsaß und Luxemburg)

Doch halten wir einen Augenblick inne! Wenn Louise Lateau einen weiteren Höhepunkt in der Geschichte der Stigmatisierten darstellt, so dürfen wir über ihrer erstaunlichen Gnadengeschichte dennoch der vielen anderen Träger der Wundmale nicht vergessen, die den Zeitraum des 19. Jahrhunderts erfüllen. Welch eine große Zahl wäre da noch einer gründlichen Darstellung wert, um auch nur annähernd den Kreis der Stigmatisierten dieses Jahrhunderts zu umreißen! Eine wahre „Fülle der Gnaden" ist es, die sich gerade im „Zeitalter des Materialismus" vor unseren überraschten Blicken entfaltet. Der beschränkte Raum zwingt uns jedoch zu erheblicher Kürze, so daß wir jeweils nur einige der wichtigsten Daten herausstellen.

Es sind vor allem die Stigmatisierten des näheren und weiteren deutschen Sprachgebietes, die unser lebhaftes Interesse erwecken. Da ist z. B. gleich zu Beginn des Jahrhunderts eine große Begnadete des St. Gallerlandes, die als Stigmatisierte der deutschen Ostschweiz aus alemannischem Stamme erwuchs. Es ist Josepha Kümi, die Tochter eines Müllers aus Wollerau im Kanton Schwyz. Sie war am 20. Februar 1763 geboren. Mit 17 Jahren trat sie bereits in das Dominikanerinnenkloster Wesen bei St. Gallen ein. Ihre Stigmatisation begann im Jahre 1803, und zwar zunächst mit der Seitenwunde: ihr Körper wurde wie in glühendes Feuer versetzt, das ihr Brust und Herz durchbohrte. Unter furchtbarem Schmerz öffnete ihr diese Flamme die Seite und entzündete fortan ihr Herz für Gott. Am 18. Februar 1806 aber verspürte sie große Schmerzen in den Händen und Füßen, und 11 Tage danach erhielt sie die Stigmen, die, von einer Vision des Jesuskindes begleitet, die Stellen der Wahl durchbohrten. Als sie darauf um Hinwegnahme der äußeren Zeichen bat, hörte sie eine Stimme: „Sei ruhig und sei versichert, was ich tue, ist zu meinem Ruhme [1]!" Oft wiederholte sich ihre Stigmatisation in der folgenden Zeit, und zu den empfangenen Stigmen traten noch die der Dornenkrone [2]. Josepha

---

[1] Eine weitere Bestätigung, daß der Herr die Stigmatisationen zu seiner Ehre wirkt, daß sie also auch bekannt gemacht werden sollen.

[2] Leider ist die auf Befehl ihres Seelenführers Leonhard Gmür geschriebene Selbstbiographie Josephas noch immer nicht publiziert. Man vgl. einstweilen die Schrift „Die gottselige Maria-Josepha Kümi, Klosterfrau zu Wesen in Gaster", St. Gallen 1868.

ist jedoch nicht nur durch ihre Wundmale, sondern auch durch ihre Visionen über das Papsttum bekannt geworden, bei denen sie das 1811 von Napoleon beabsichtigte Konzil in seiner kirchenzerstörenden Tendenz schaute; ferner durch ihre heroischen Sühneleiden für die armen Seelen, für die sie unaussprechliche Flammenqualen erlitt, die ihren Körper in eine wahre Glut versetzten und sichtbar röteten. An einem furchtbaren Krebsgeschwür erkrankend, von dem jedoch nie ein übler Geruch ausging, starb sie nach einem Leben voll namenloser, aber mit Geduld ertragener Leiden am 7. November 1817.

Ein ähnlich von Gott und seiner Gnade erfülltes Leben enthüllt sich uns bei einer anderen Schweizerin — aus der Diözese Freiburg — die erst neuerdings durch die Broschüre des dortigen Generalvikars L. Ems bekannt geworden ist: Margarete Bays, geboren am 8. September 1815 zu Chavannes-Les-Forts. Sie gehört also mehr dem Grenzgebiet der „welschen" Schweiz an [3]. Als schlichte Schneiderin auf dem Lande gab sie ihrer Umgebung ein hohes Vorbild der Frömmigkeit. Vom Darmkrebs befallen, wurde sie am 8. Dezember 1854, dem Tage der Verkündigung des Dogmas der Unbefleckten Empfängnis, durch die Fürbitte Mariens wunderbar geheilt. Auch bei ihr gesellten sich zu den Leiden des Freitags die Wundmale, die nach den Berichten von Zeugen in der Form eines roten Kreuzes auf der Fläche und dem Rücken ihrer Hände erschienen, sie bluteten aber nicht. Auch sonst hatte sie eine Fülle charismatischer Gaben. Sie starb in der Oktav des Herz-Jesu-Festes, am 27. Juni 1879.

Ungleich wichtiger aber ist eine Stigmatisierte *am deutschen Rhein,* deren außerordentliche Gaben wir leider aus Gründen des Raumes nur in aller Kürze erwähnen können. Es ist die große rheinische Herz-Jesu-Begnadete Emilie Schneider von Düsseldorf (1820—1859), der P. Richstätter S. J. eine eigene Biographie gewidmet hat [4] und die eine der wenigen Deutschen ist, die seit den Zeiten des Mittelalters bedeutender Offenbarungen des Herzens Jesu gewürdigt wurde. Zu wenig beachtet ist, daß auch sie, ähnlich einer Theresia der Großen, mit der Durchbohrung des Herzens begabt war. Als sie sich eines Tages dem Heilande zum Opfer darbot, war es ihr, „als habe sie in ihrem Herzen eine tiefe Wunde erhalten". Und als sie die Undankbarkeit der Menschen gegen den Herrn schaute, wurde dieser „Schmerz so groß, daß sie davon zu sterben glaubte". Am 5. Dezember 1856 aber erschien ihr erneut der Herr, der ihr seine hl. Wunden und besonders die seiner hl. Seite zeigte. Als ihr darauf der Heiland sagte: „Siehe, so verwunden mich die Meinigen mit ihrer kalten und abgemessenen Liebe", empfand sie „einen unaussprechlichen großen Schmerz, und es war mir, als würde mein Herz durch und durch auf wunderbare Weise verwundet"; ein Vorgang, der sich am 9. Januar 1857 wiederholte,

---

[3]) Wir fügen sie dennoch hier ein. Man vgl. des Näheren die Schrift: „Die Dienerin Gottes Marguérite Bays". Freiburg i. d. Schweiz 1929.

[4]) „Eine moderne deutsche Mystikerin, Leben und Briefe der Schwester Emilie Schneider, Oberin der Töchter vom hl. Kreuz zu Düsseldorf". Freiburg 1928.

Agnes Steiner

Geboren 1813 in Tirol, verstorben 1862 in Assisi

Emilie Schneider von Düsseldorf
(1820–1859)

Innerlich Stigmatisierte

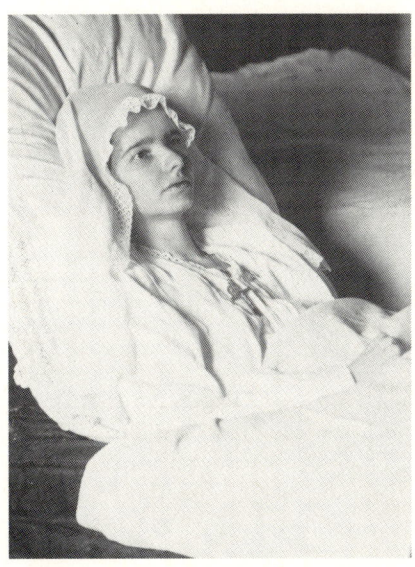

Martha Robin (1902–1981)

50 Jahre lang stigmatisiert
Text Seite 497

Anna Maria Goebel (1886–1941)
von Bickendorf in der Eifel

Text Seite 453

als ihr „ein glühender Strahl aus dem heiligsten Herzen" in die Seite drang [5]). Welch einen Reichtum und eine Höhe innerer Begnadung! Aber wollten wir von Emilie Schneider berichten, müßten wir noch auf die weiteren mystischen Gaben dieser edlen und heroischen Seele eingehen! Einer Apostelseele, die ihr Leben — als Oberin eines großen Krankenhauses — in Werken aufopfernder Nächstenliebe verbracht hat. Mögen diese Zeilen, die lediglich ihre Stigmatisation herausstellen, dazu anregen, tiefer in die Fülle der Gnaden einzudringen, die der Herr ihr auch sonst in überfließendem Maße verlieh!

Verzeichnen wir ferner den so bedeutsamen Fall einer Stigmatisation aus dem Elsaß — also wiederum einer Stigmentträgerin deutschen Stammes — der sich unter völliger Verkennung durch die kirchliche Behörde abspielte. Wir meinen die im Jahre 1824 geborene Franziska Barthel aus Andlau, einem Städtchen zwischen Schlettstatt und Straßburg. Nie habe er, so schrieb ihr Arzt im Jahre 1864, eine Kranke in seiner 28jährigen Praxis gesehen, die Schlag auf Schlag eine solche Fülle schmerzhaftester Krankheiten erlitten habe wie Franziska. Durch eine unheilbare Verrenkung des Oberschenkels an Krücken gefesselt, wird sie durch Maria wunderbar geheilt und fühlt vom Jahre 1852 an die Schmerzen der Kreuzigung. Durch die bischöfliche Behörde veranlaßt, unterzog sie sich darauf im August 1852 einer ärztlichen Untersuchung in einem Krankenhause zu Straßburg. Statt sich jedoch auf die bloße Beobachtung der Tatsachen zu beschränken, setzte man ihr im Laufe derselben in außerordentlicher Weise zu. Und „um sich diesen Zumutungen zu entziehen und um einem großen Skandal zu entgehen, mit dem man sie bedrohte, beging Franziska nach schrecklichen inneren Kämpfen, die sie im Geiste verwirrt zu haben scheinen, die Schwäche, dem zu unterliegen und alles zu sagen, was man wollte, damit sie nach Hause zurückkehren konnte" [6]). Dieser Fehler wurde weidlich von ihren Gegnern ausgeschlachtet. Gott allein weiß, wie weit sie frei gehandelt hat.

Nach einer Periode der Verweigerung der Sakramente zeigten sich jedoch ihre mystischen Gaben bald wieder in alter Weise. Ihr Arzt beschreibt genau die Wunden ihrer Dornenkrone und der Geißelung und ihre Blutungen, bei denen jeder Betrug ausgeschlossen sei. Trotz öfterer Vorstellungen ihres Seelenführers und Arztes, die voll und ganz von der Übernatürlichkeit ihrer Gaben überzeugt waren, wurde sie jedoch nie von kirchlicher Seite anerkannt. Bekannt sind zudem auch ihre Verbrennungen der Haut infolge sühnender Leiden für die Armen Seelen und eine Fülle anderer mystischer Tatsachen. Furchtbar war die Sühne hierbei, die sie litt. So nahm sie einmal in einem Zeitraum von fünf Monaten 38mal an der Kreuzigung, 90mal an der Dornenkrönung, 18mal an der Geißelung, 20mal an den Schmerzen des Gesichtsschlages gegen den Heiland und 76mal an den Schmerzen der Armen Seelen des Fegfeuers teil. Hinzu traten auch die äußeren Wundmale. Nach einem Leben unbeschreiblicher Qualen schloß sie im Jahre 1878 für immer ihre Augen.

---

[5]) Vgl. ebenda Seite 101—104.
[6]) Vgl. hierzu Imbert-Gourbeyre, I., 530, dem wir hier des näheren folgen.

So haben wir bei Franziska Barthel eine Tiefe der Mitdulderschaft und eine Häufung der mystischen Gnaden wie selten in der Stigmatisationsgeschichte. Um so bedauerlicher ist, daß ihr Fall nicht einer abermaligen gründlichen Untersuchung unterzogen wurde. Aber wie so oft in der Geschichte der Stigmatisation, treffen wir auch in Franziska eine Begnadete, „die zu jenen bevorzugten Seelen gehört, die dahinsterben, ohne eine Spur zu hinterlassen, doch deren sich Gott bedient zur Wiedererkaufung der Welt" [7]).

Verbleibt uns noch, an dieser Stelle zweier anderer innerdeutscher Stigmatisierter zu gedenken, die es wahrhaft verdienen, der Vergessenheit entrissen zu werden. Da ist zunächst BEATRIX SCHUHMANN aus Pfarrkirchen im bayerischen Rottal (geb. am 17. März 1823), der Wilhelm Maier ein wertvolles literarisches Denkmal gesetzt hat [8]). Die Geschichte ihrer Gnaden ist reich an merkwürdigen Ereignissen, die um so interessanter sind, als sie in mancher Hinsicht ein helles Licht auf die Vorgänge in Konnersreuth zu werfen vermögen. Durch einen Unfall und darauffolgende schwere Erkrankung von ihrem 27. Jahre an bettlägerig, hatte sie 1857 ihr erstes Gesicht; sie schaute den dornengekrönten Heiland. Damals bereits erhielt sie das mystische Leiden der Dornenkrone. Es kamen 1853 die ersten tiefen Verzückungen. Am 25. März desselben Jahres, am Feste Mariä Verkündigung, das damals mit dem Karfreitag zusammenfiel, zeigten sich erstmals rötliche Flecken und Blasen an den Stellen der Wundmale. In innerem Miterleben der Passion Christi lag sie vom frühen Morgen jenes Tages bis um 3 Uhr des Nachmittags mit ausgestreckten Armen da. Keine Anstrengung des Arztes vermochte ihre Arme wieder in die natürliche Lage zurückzubringen. Unter gräßlichen Schmerzen fühlte sie sich an das Kreuz geheftet. Erst am Ostersonntag kehrte sie aus der Ekstase zurück. Ihr Arzt, der Kgl. Gerichtsarzt Dr. Hillenmaier, der sich viele Jahre auf das genaueste mit ihr befaßte, bezeugt darob, „daß er Maria Schuhmann für eine ganz christliche Person erkennt, welche jedem Betruge ferne ist, aber unter einer höheren Macht steht, die sich ihrer als Mittel zu höheren Zwecken bedienen will." Er mußte ferner bestätigen, daß sie „ein von Kindheit auf kräftiger, gut ernährter Mensch sei, der immer gesund war und der seine „schweren Berufsarbeiten gerne und mit Kraft verrichtete". In demselben schriftlichen Gutachten vom 18. Januar 1855 bezeugte er außerdem, daß ihre blasenförmigen, außerordentlich schmerzhaften Stigmata ohne jedes Zutun entstanden seien, daß Beatrix nächtlich nur eine Stunde schlafe und fast nichts esse und trinke. Dazu geselle sich ein Leiden furchtbarer als das andere.

Von besonderem Interesse ist, daß Beatrix ähnlich wie Therese Neumann

---

[7]) Worte ihres Arztes Dr. Taufflieb an einen Interessenten; Dr. Tauffliebs hinterlassenen Papieren entnimmt auch Imbert-Gourbeyre obige Angaben über das Leben Franziskas.

[8]) Vgl. dessen ausführliche Biographie „Das verborgene Leben und Leiden der frommen Tertiarin Jungfrau Maria Beatrix Schuhmann von Pfarrkirchen". Mit oberhirtlicher Druckerlaubnis. 201 S. Passau 1914.

den Zustand der „Eingenommenheit" oder der „gehobenen Ruhe" gehabt haben muß, ein Zustand, der sehr wohl in der Geschichte der Mystik des öfteren vorkommt, was P. Richstätter fälschlicherweise verneint. Ihr Biograph schreibt z. B.: „Sie war in einem Zustand, wo ihr Sinn offenbar allem Äußeren abgeschlossen war" und in dem sie „Fragen, die an sie gestellt wurden" nur „mit großer Schwierigkeit beantwortete" (29). Dann wieder folgt nach den Ekstasen ein halbwacher Zustand, in dem sie „oft sprechen kann" und „auf die an sie gestellten Fragen Antwort gibt, als ob sie bei vollem Bewußtsein wäre". Ihre eigentlichen Leidensbetrachtungen aber, die als völlig unabhängig von denen einer Katharina Emmerich erachtet werden müssen, erweisen sich auch bei ihr als ein ekstatisches Schauen der Passion Christi.

Unendlich viel Gutes hat die Leidende bei ihren Mitmenschen gewirkt, ein hohes Beispiel der Geduld und Demut, der stellvertretenden Genugtuung und der Sühne gegeben, wie sie auch nach ihren eigenen Worten am liebsten „verborgen, verachtet und verkannt" geblieben wäre. Ihr Höchstes war, viel leiden zu dürfen, waren doch „ihre Schmerzen ihre höchste Wonne", ihre Gunstbezeugungen aber schätzte sie gering. Am erschütterndsten jedoch in ihrem Leben ist, daß sie der Herr in furchtbaren Bildern die Schrecken des nahenden Weltgerichtes und des Weltendes schauen ließ. „Mit einem Fußtritt werde ich sie (die Sünder) vernichten", so mußte sie eines Tages, innerlich auf das tiefste betroffen, vernehmen. — Nachdem sich ihre eigentümlichen Stigmata im Sommer 1887 wohl an zehnmal gezeigt und immer wieder verschwanden, als wenn die Schwäche ihres Körpers einen erbitterten Kampf zwischen Natur und Übernatur führe, verschied sie am 23. August desselben Jahres, hochverehrt von den Katholiken der ganzen Gegend.

Eine nicht minder begnadete Seele finden wir um dieselbe Zeit in Württemberg. Es ist VIKTORIA HECHT von Wolpertswende, von ihrer Umgebung kurz das „Viktörle" genannt. Sie lebte von 1840 bis 1890. Zu den bereits im Ersten Band gegebenen Notizen (vgl. Kap. 9) können wir noch verschiedene ergänzende Berichte von Priestern, Ärzten und Augenzeugen geben, die über Jahre hinaus die innere und äußere Entwicklung ihres Gnadenlebens verfolgt haben. Erstaunlich, was dieses Menschenkind alles an Leiden und Prüfungen über sich ergehen lassen mußte. Erbaulich aber zugleich, mit welcher grenzenlosen Gelassenheit, ja Schweigsamkeit die Stigmatisierte alles ertrug. Das ist vor allem das Zeugnis des damaligen Vikars von Wolpertswende, Bernhard Schilling [9]), das dieser in den „Emmerichblättern" (5. Jahrgang 1912, Juni bis November) veröffentlicht hat und das sowohl die außerordentliche Begnadung Viktorias wie auch die Furchtbarkeit ihrer Leiden und ihre innere Gradheit und Schlichtheit aufleuchten läßt.

Ähnlich wie Therese Neumann war Viktoria in ihrem 17. und 18. Lebensjahre durch zweimaligen Unfall (Sturz von der Heutenne, bei der sie eine

---

[9]) Gestorben als Dekan zu Merazhofen in Oberschwaben am 13. September 1911.

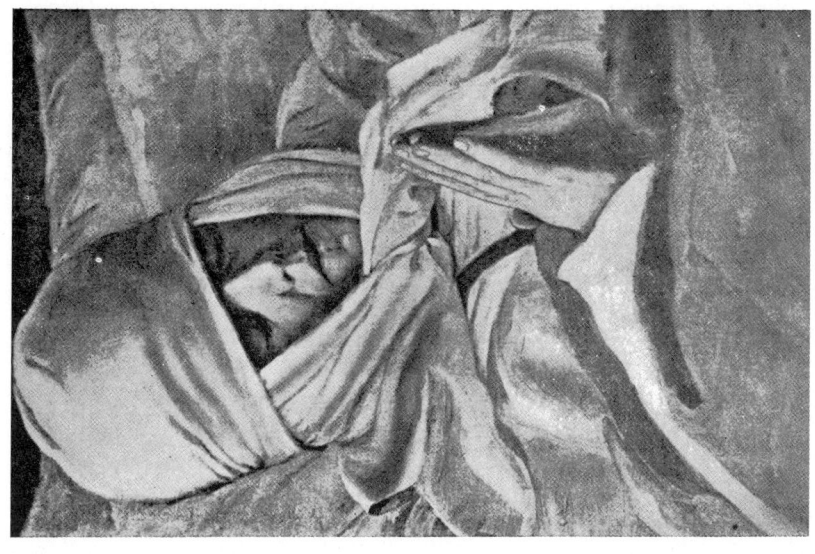

Viktoria Hecht (1840–1890)
Die württembergische Stigmatisierte aus Wolpertswende

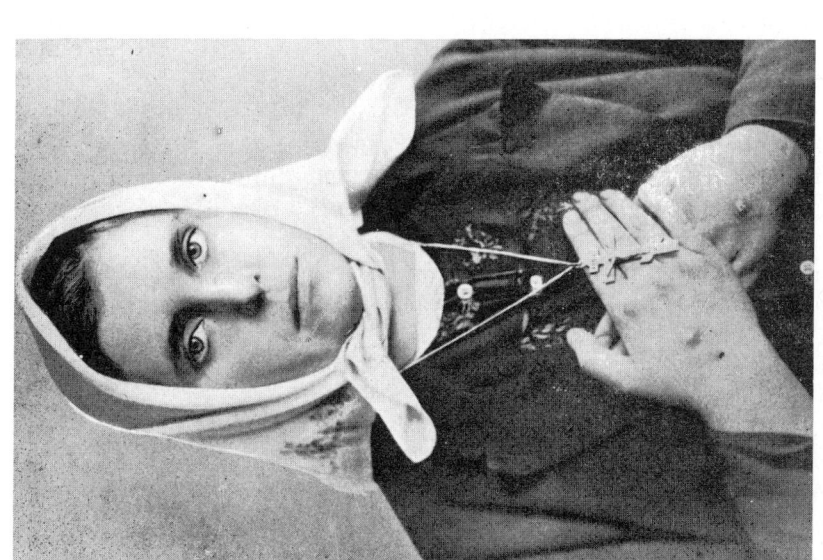

Anastasia Woloschyn (geb. 1911)
Die ruthenische Stigmatisierte aus Lemberg
(Stigmen umstritten) Text Seite 452.

Gehirnerschütterung dovontrug, und Sturz vom Heuwagen, der sie leichter verletzte) schwer erkrankt und in der Folge 27 Jahre an das Bett gefesselt. Trotz aller erdenklichen ärztlichen Hilfe wurde ihr Zustand schlimmer und schlimmer und steigerte sich bis zum völligen Verlust ihrer Sprache. Als sie dann, zu einer echten Leidensbraut Christi geworden, am 15. August 1879 die Stigmen erhielt, die fünf volle Jahre, bis zum 15. August 1874, sichtbar waren, wurde sie Gegenstand genauester Untersuchungen zweier Oberamtsärzte (von Dr. Stiegele, Ravensburg und Dr. Stützle, Buchau), die bekennen mußten, daß ihre stigmatischen Wunden weder künstlich, noch durch Betrug erzeugt waren, und daß sie vom ärztlichen Standpunkt nicht erklärt werden konnten. Erst auf Viktorles inständiges Gebet verschwanden die äußeren Zeichen, der innere Schmerz aber blieb. Und dennoch war sie auch weiterhin Gegenstand frommer Besuche. Denn ihre Ekstasen dauerten zeit ihres Lebens an und ebenso die Fülle ihrer mystischen Gaben. Wir besitzen darüber Berichte einer ganzen Anzahl namhafter Gelehrter, von Männern und Frauen; wir nennen nur Dr. Majunke, Prof. Bumüller und P. Koneberg O. S. B. Der erstere, der durch seine gründlichen Studien am Leidensbette der Louise Lateau bekannt geworden ist, bezeugt, daß ihre Zustände dieselben waren wie die ihrer berühmten belgischen Schwester.

Viktoria bewohnte zu Wolpertswende ein winziges Häuschen, das den Anbau zu einer St. Gangolfs-Kapelle darstellte und das früher bei dieser als Einsiedelei gedient. Dort besuchte sie u. a. auch die bekannte Publizistin Berta Auer, Donauwörth, in ihren Jugendjahren. Und diese schreibt über sie [10]):

„Viktörle lag über 30 Jahre im Bett und lebte die letzten Jahre nur von ein bißchen Milch, zuletzt überhaupt nur mehr von der hl. Kommunion, ihr einziger Trank war das Wasser der Ablution [11]).“ In den ersten „Jahren ihres Leidens konnte sie noch sprechen, später nicht mehr, vielmehr nur auf Befehl des Beichtvaters, der ihr im Gehorsam das Sprechen befahl. Sie mußte schweigen, um für die Zungensünden der Menschen zu büßen“. Freitag für Freitag erlebte sie das Leiden und den Todeskampf Christi am Kreuze. „Es war schrecklich anzusehen und rührte die Anwesenden bis zu Tränen. Der Lanzenstich, den der Heiland am Kreuze empfing, ging geistigerweise auch durch ihr Herz, und sie lag da, ganz bleich, die Lippen blau, kaum atmend, wie eine Leiche. Dann machte sie die Auferstehung mit; ihr Gesicht wurde rosig und jugendlich, ein glückseliges Lächeln trat auf ihre Züge, sie erhob den Kopf und die Hände und blieb so, bis wieder ihr gewöhnlicher Zustand eintrat [12]).“

Wie wir schon in Band I berichteten, stand sie unter dem besonderen Schutze ihrer stigmatisierten Vorgängerin, der „Guten Beth“ von Reute (gest. 1420). Geweihte Gegenstände erkannte sie ohne sie zu sehen, ebenso das Nahen des

---

[10]) Vgl. Altöttinger Franziskusblatt 1928, 3 und Konnersreuther Sonntagsblatt 1928, 13.

[11]) D. h. Wasser, das der Priester nach Darreichung der hl. Hostie zur Reinigung der Finger gebraucht.

[12]) Vgl. hierüber die Emmerichblätter (ebenda).

Priesters und der Eucharistie. Erstaunliche Hilfe leistete sie durch ihre übernatürlichen Kenntnisse in der Seelsorge der Pfarrei. Dabei hatte auch sie, ähnlich wie ihre Schützerin, unter furchtbaren dämonischen Angriffen zu leiden. Sie starb nach einem Leben voll schwerer, aber mit unendlicher Geduld ertragener Prüfungen am 17. Februar 1890. Als Terziarin wurde sie in ihrem Ordensgewande begraben. So hatte der hl. Franz in diesem schlichten, bescheidenen Menschenkinde eine deutsche Nachfolgerin, die die Zeichen der Auserwählung trug und die, ähnlich wie er, bei aller äußeren Armut überreich an inneren Gütern war. — Gottes Gnadenbronnen rinnen fort und fort — auch in unseren deutschen Landen!

Nicht vergessen aber wollen wir schließlich der großen Luxemburgerin Mutter DOMINIKA CLARA MOES (1832—1895), der wir ebenfalls, und zwar ob der Bedeutung ihrer Sühneleiden für die Wiederherstellung des Dominikanerordens im 19. Jahrhundert [13]), ein besonderes Kapitel zugedacht hatten. Es seien hier nur erwähnt die Schwere ihrer Stigmen und das furchtbare Ausmaß ihrer Mitdulderschaft mit Christus: ausgestreckt auf das Kreuz, waren die Zerrungen ihrer Muskeln so gewaltige, daß sie zu zerspringen drohten! Dazu übte sie eine heroische Liebe zur Selbstverachtung, wie wir sie selten in der Geschichte der Stigmatisierten finden. Diese wurde ihr in der Tat — und zeitweise auch von ihrem Orden — überreich zuteil. Die Dominikanerinnen des von ihr gegründeten Klosters auf dem Limpertsberg hüten seit ihrem Tode auf das getreueste ihr Grab. Möge auch dieser wahren Heldin der Nachfolge Christi bald die Ehre der Altäre zuteil werden!

Unterschrift der Dominika Clara Moes, O. Pr.

Doch noch müssen wir zum Abschluß des 19. und zugleich zur Eröffnung des 20. Jahrhunderts dreier letzter und ganz hervorragender Träger der Wundmale Christi gedenken, deren Ruhm in der Gnadengeschichte unserer Zeit nie verblassen wird: einer savoyischen, einer englischen und einer italienischen Stigmatisierten, die uns so recht zu zeigen vermögen, wie sehr Gott den Beginn auch *unseres* Jahrhunderts mit seiner Gnadenkraft zu segnen bereit war. Es sind Begnadete, die so manchen unserer Zeitgenossen noch persönlich bekannt waren, und die uns zugleich den Beweis erbringen, daß Heiligkeit und heroischer Opfermut auch in der Kirche unserer Tage herrlich erblühen! Wir meinen eine Martha Chambon von Chambery, eine Therese Higginson aus Liverpool und schließlich die allzu früh dahingegangene, liebreizende Gemma Galgani von Lucca.

---

[13]) Vgl. hierzu die bedeutsame Arbeit von Vincent Bernadot OPr. „L'action surnaturelle dans la restauration du XXe siècle. La mère M. Dominique-Claire de la Ste. Croix" (1832—1895), Saint Maximin 1923. Man vgl. ferner die Biographie v. Barthel „Mutter Dominika Klara vom Kreuz", Limpertsberg, Luxemburg 1904 u. f.

Je mehr wir in der Geschichte der Stigmatisation bis in unsere jüngste Zeit vordringen, um so mehr scheint der Herr *Opferseelen* zu verlangen, um der wachsenden Gottentfremdung, den steigenden Lastern und der schreienden Ungerechtigkeit der Welt entgegenzuwirken. Immer gewaltiger dringt uns aus den sich häufenden Offenbarungen der Ruf des Herrn entgegen, wie sehr er die Seelen liebe, wie wenige aber seine Wege gehen und wie heiß sein Verlangen ist, daß Seinem göttlichen Vater Sühne geleistet werde! Damit die Welt gerettet werde vor den drohenden Gefahren und Strafgerichten, die — auch nach dem Zweiten Weltkrieg! — noch unweigerlich kommen *müssen*, wenn Welt und Menschheit sich nicht bekehren. Wenn einst der Herr zu der Salesianerin von Como, Schwester Benigna Consolata, die bedeutungsvollen Worte sprach: „Die Welt eilt dem Abgrund zu, aber ich werde sie durch eine kleine Zahl großmütiger Seelen, die unter meiner Leitung kämpfen werden, in ihrem schwindelnden Lauf aufhalten", so sind es — neben den vielen anderen Opferseelen — vor allem die Stigmatisierten, die für Gott diese gewaltige Sühneaufgabe zu leisten haben. Nur ihnen haben wir es in der Hauptsache zu verdanken, wenn die Welt bis zur Stunde noch vor dem Letzten und Schlimmsten bewahrt blieb.

In wie großer Zahl hat der Herr sie berufen gerade in unserer jüngeren und jüngsten Zeit! In ihnen setzt der Herr dem Überhandnehmen menschlicher Ungerechtigkeit und Verworfenheit, den tobenden Angriffen gegen Sitte und Gottesglauben die starken Dämme der Gnade, der Kreuzesliebe und des heroischen Opfersinnes entgegen. Galt es vor Jahrhunderten, durch Sühne, Buße und rückhaltlose Leidenshingabe die Schäden der Reformation und Renaissance und dann der Aufklärung auszumerzen — wie großartige Beispiele dieser welthistorischen Sühneaufgabe waren uns die italienischen und deutschen Stigmatisierten des 16.—18. Jahrhunderts! — so war das 19. Jahrhundert erfüllt mit heroischem Duldertum für die wachsenden Nöte und Anliegen der Kirche im Zeitalter des Materialismus. Eine Elisabeth Canori-Mora, eine Maria von Mörl und die Tiroler Stigmatisierten, wie sehr haben sie gelitten für den Sieg der Sache des Papsttums und der Kirche im Zeitalter des Umsturzes, wie furchtbar mußte eine Louise Lateau sühnen für die Frevel des Freimaurertums und der Kommune!

Auch in dem Kämpfen und Ringen der drei folgenden Stigmatisierten, zu denen wir jetzt schreiten, sehen wir erneute und immer größer werdende Aufgaben im Dienste der Heils- und Gnadengeschichte der Menschheit! Bezeichnend ist: mit ihnen stehen wir bereits an der Schwelle des 20. Jahrhunderts; denn ihre Todesdaten fallen schon in die Zeit nach 1900 und damit in die Jahre der immer bewußter sich steigernden „modernen" Welt, die sich immer konsequenter von Gott loslöst! —

Es möge übrigens zu Anfang dieses Abschnittes noch einmal gesagt sein, daß der Verfasser auch über die neueren Stigmatisierten, und zumal die noch lebenden, kein endgültiges Urteil fällen will, so sehr er dabei auf die bereits feierlich erfolgte kirchliche Anerkennung einer Gemma Galgani verweisen darf. Wie

Dominika Clara Moes O. P. (1832–1895)
Luxemburgische Stigmatisierte zu Limpertsberg

Ihre erste Klostergründung
Auf dem Limpertsberg (1861–1889) + Zelle der Mutter Clara

überhaupt auf jeden einzelnen dieser Fälle die ganze Strenge wissenschaftlicher, medizinischer und mystisch-theologischer Kriterien anzuwenden ist, wie wir bereits in der „Einführung" unseres Werkes mit aller Deutlichkeit dargetan haben [1]).

[1]) Vgl. „Größe, Erhabenheit und Beurteilung der Stigmatisation. Eine Einführung in die Geschichte der Stigmatisierten". S. 90 ff. (Waldsassen 1938) und ferner die strengen Maßstäbe, wie sie z. B. ein Scaramelli an die Träger der Stigmen angelegt hat, in dessen neuerdings in vorzüglicher Überarbeitung wiedererschienenem „Geistlichen Führer auf den Wegen zur Mystik" (Herausg. von P. Max Schmid S. J., Leutesdorf 1937).

Margareta Maria Alacoque (1647–1690). Text Seite 214.

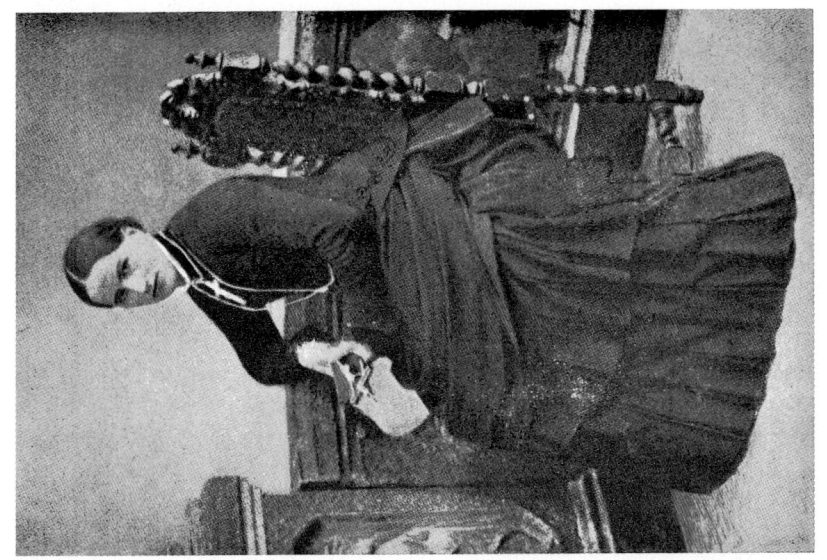

Katharina Filljung (1848–1915)
Nach einer Fotografie

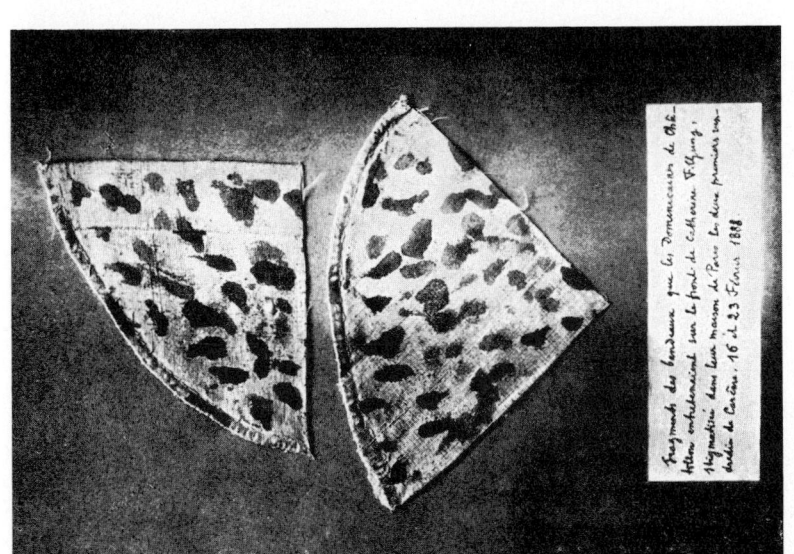

Teile der Stirnbinde der Katharina Filljung
(1848–1915)
von ihrer Stigmatisation zu Paris (1888)

34. Kapitel

Gemma Galgani

Die Apothekertochter von Lucca
Eine der liebenswürdigsten Stigmatisierten der jüngsten Zeit

Doch nun zu einer dritten großen Stigmatisierten in der Wende zum 20. Jahrhundert! Wohl die anmutigste Trägerin der Wundmale, die den Ruhm der jüngeren Kirche und einen weiteren Höhepunkt in der Geschichte der Stigmatisierten ausmacht, ist Gemma Galgani, die liebreizende Apothekerstochter aus Lucca in Italien, die als eines der edelsten Vorbilder der Heiligkeit bereits 30 Jahre nach ihrem zu frühen Tode zur Ehre der Altäre gelangt ist. Sie wird uns in mehrfacher Hinsicht anziehen. Drei Jahrzehnte später als ihre englische Schwester geboren, erblickte sie in Norditalien als viertes Kind unter acht Geschwistern am 12. März 1878 das Licht der Welt. Sie hat in den kaum 25 Jahren ihres Erdenlebens den Himmel geradezu im Sturm genommen. Als sie im Jahre 1903 starb, da hat der Herr wahrhaft eine der leuchtendsten Blüten der Frömmigkeit, die Italien seit langem hervorgebracht, zu sich in die Ewigkeit genommen: eine der Zartesten und Reinsten im Garten der Heiligen Gottes, deren Kanonisation innerhalb eines ähnlich kurzen Zeitraumes wie die einer Therese von Lisieux weithin den katholischen Erdkreis überraschte. Wie schrieb noch jüngst Beda Ludwig über die kleine Luccanerin, indem er auf die Wortbedeutung ihres Vornamens anspielte? „*Gemma* (eine Ableitung des Wortes ‚Gemme‘!) sollte ein herrlich leuchtender *Edelstein* sein, bestimmt, durch den Glanz ihrer Tugenden in der Kirche Gottes zu erstrahlen, durch ihre Schönheit viele jungfräuliche Seelen anzuziehen, durch ihr Beispiel viele Seelen zur Nachfolge und Nachahmung zu begeistern [1]." Fürwahr! Was Theresia vom Kinde Jesu für Frankreich gewesen ist, das sollte Gemma Galgani für Italien werden. Ja, sie scheint auch dem Weltruhm der ersteren nachzueifern: Wieviel Ungezählte haben schon durch die jugendfrische, kindlich-heitere Art ihrer Frömmigkeit den Weg zu Gott gefunden; wie vielen hat sie gerade auch in unserem deutschen Vaterlande den mutigen Aufschwung zu echter, tiefer Heilandsliebe vermittelt!

Was uns aber an ihrem Leben ganz besonders interessiert, das ist die Tatsache, daß wir in ihr nicht nur eine sehr deutliche und unbestechliche Einprägung der Wundmale aus modernster Zeit besitzen, die zudem aus Anlaß ihrer Selig-

---

[1] Vgl. dessen ansprechendes Werk „Die Tugendschule Gemma Galganis", Kirnach 1925, S. IX.

Gemma Galgani (1878–1903)
Apothekerstochter von Lucca in Italien
Heiliggesprochen am 2. 5. 1940

sprechung in gründlichster Weise von der Kirche überprüft und als frei von aller Täuschung befunden worden ist — nein, daß wir bei ihr zugleich auch eine Prüfung der Echtheit ihrer Wundmale und ihrer Begnadung finden, die schlaglichtartig die ganze Geschichte der Stigmatisierten erhellt. Zeigt sich doch hier, daß Gott die Stigmatisation vor allem als Ansporn des Glaubens und als Gegenstand der Sühne und nicht als Objekt wissenschaftlicher Experimente zugelassen hat. Durch all diese Momente und insbesondere die Erhebung der Seligen zur Ehre der Altäre rückt Gemma Galgani *in die Zahl der kirchlich anerkannten Stigmatisierten,* deren Reihe sich nunmehr von einem hl. Franz von Assisi über Sankt Katharina von Siena, Sankt Theresia die Große und Sankt Veronika Giuliani bis zu ihr, als der jüngsten kanonisierten Wundmalträgerin, erstreckt!

Ihr äußerer Lebenslauf wird schnell berichtet sein. Schon mit acht Jahren, am 17. September 1886, verlor Gemma ihre heiligmäßige Mutter, die, 39 Jahre alt, an Lungenschwindsucht dahinstarb. Es kamen die Jahre einer teils leidberührten und doch wieder so jugendfrohen Schülerzeit im Pensionate, gegen deren Ende die hochbegabte Schülerin (1893/94) die goldene Medaille errang. Da riß der Tod ihres Bruders, der sich für den priesterlichen Beruf entschieden hatte, das Kind aus der Schule mitten ins Leben. Ein schwerer Zusammenbruch war die natürliche Folge. Kaum aber genesen, mußte sie dem schwergeprüften Vater, über den zudem noch der wirtschaftliche Ruin hereinbrach, den Haushalt führen. Zu allem oblag es ihr, bei den verwaisten Geschwistern die Stelle der Mutter zu ersetzen. Als dann schließlich in ihrem 18. Jahre die väterliche Apotheke in Konkurs geriet und auch der Vater der Familie durch den Tod entrissen wurde, da standen die zurückgebliebenen Kinder wahrhaft vor einem Nichts. Zu allem kam, daß Gemma erneut auf das schwerste erkrankte. Und schon glaubte man, daß auch sie ihr junges, hoffnungsfrohes Leben aushauchen werde —, da wird sie in der Nacht zum 3. März 1899 durch die Fürbitte des *hl. Gabriel Possenti,* der ihr erschien, aus furchtbarer Todesnot plötzlich und völlig geheilt [2]). Und in jener Zeit war es, als sie der Himmel mit außergewöhnlichen Gnaden und Gunsterweisungen zu überhäufen begann...

Gemma, von frühester Jugend Gott auf das innigste ergeben, hatte das Gelübde abgelegt, im Falle ihrer Heilung in einen Orden einzutreten. So bat sie nunmehr um Aufnahme in die Genossenschaft der Salesianerinnen. Nach 20 Tagen aber bereits wurde sie wieder entlassen! Da erhielt sie plötzlich im Juni desselben Jahres die Wundmale des Herrn! Und damit stehen wir bereits vor dem zweiten großen Markstein ihres Gnadenlebens!

Erwähnen wir, daß diese hohe Gnade nicht gerade unvermittelt an sie herantrat. Denn Gott pflegt nie ohne innerste Vorbereitung diese Gabe zu schenken.

---

[2]) Über die Plötzlichkeit und Wunderbarkeit ihrer Heilung vgl. die große Biographie der Seligen aus der Feder ihres Seelenführers, des Passionisten P. Germanus vom hl. Stanislaus C. P.: „Gemma Galgani aus Lucca, das Leben einer Seligen. Stigmatisiert 1899, gestorben 1903, seliggesprochen 1933", deutsch von Friedr. Ritter v. Lama (Karlsruhe 1934, S. 60), der wir im weiteren folgen.

Während ihres Krankseins hatte Gemma die Übung der „Heiligen Stunde" kennengelernt, die der Betrachtung der Todesnot Jesu Christi am Ölberg gewidmet ist. Und jetzt, als sie diese Gründonnerstagsstunde — zum ersten Male außer Bett — feierte, sah sie sich dem blutüberströmten Gekreuzigten gegenüber; es war die Stunde ihrer *geistigen* Stigmatisation! Tief war ihre Erschütterung: von nun an „blieben die Wunden des Heilandes meinem Geiste so fest eingeprägt, daß sie sich nicht mehr verwischten" (Selbstbiographie S. 56 ff.) [3].

Am ergreifendsten aber ist ein drittes mystisches Erlebnis zur Vorbereitung des körperlichen Empfanges der Wundmale: An einem darauffolgenden Tage des April, als sie eben das Abendgebet verrichtete, sah sie sich plötzlich wiederum dem Gekreuzigten gegenüber! Er sprach zu ihr: „Blicke auf, meine Tochter, und lerne wie man liebt!" Dabei zeigte er ihr seine fünf offenen Wunden: „Siehst du dieses Kreuz, diese Dornen, diese Nägel, diese blutunterlaufenen Stellen, diese Risse, diese Wunden, dieses Blut? Sie alle sind Werke der Liebe, unendlicher Liebe. Siehst du, bis zu welchem Punkt Ich dich geliebt habe? Willst du Mich wirklich lieben? Dann lerne zuerst leiden! *Leiden lehrt lieben!"* (Selbstbiographie S. 65). Hierbei empfand sie einen derartigen Schmerz, daß sie sich nicht mehr aufrecht zu halten vermochte. Besinnungslos stürzte sie zu Boden, um, wie in ein Meer von Schmerz und Liebe versenkt, liegen zu bleiben und erst nach mehreren Stunden wieder zu sich zu kommen.

Dann aber nahte der große Tag ihrer vollständigen Stigmatisation! Am Vorabend des Herz-Jesu-Festes, am 8. Juli 1899, empfing sie die körperlichen Wundmale, die, wie wir noch sehen werden, Gegenstand der eigentümlichsten Prüfungen wurden: In ein namenloses Weh über ihre Sünden getaucht, erschien ihr aufs neue der Herr, dessen Wunden weit geöffnet waren. Aber aus seinen hl. Malen floß kein Blut mehr, „es ging etwas wie Feuerflammen aus ihnen hervor, die nur einen Augenblick lang meine Hände, meine Füße und mein Herz berührten." Als sie nach der Ekstase wieder zu sich kam, fühlte sie an den entsprechenden Stellen einen starken Schmerz, und zu ihrem Schreck sah sie, daß Blut aus ihnen herausfloß.

Was diese Stigmatisation für Gemma bedeutete, das kann nur der ermessen, der ihre näheren Lebensumstände kennt. Sie war als Waisenkind von der Familie Giannini adoptiert worden, und zweimal des Tages mußte sie das Haus verlassen, um zur Kirche zu gehen. Nach ratlos durchwachter Nacht versuchte sie sich am anderen Morgen zu erheben, um zur Messe zu gehen. Aber der leiseste Tritt verursachte ihr Schmerzen, wie wenn sie sterben müßte! Dennoch schleppte sie sich in ihrer inneren Bedrängnis zur Kirche, die Hände notdürftig in Handschuhe verhüllt, aus denen das Blut hervorquoll. Zu allem kam, daß sie die Zeichen der Wundmale nicht recht verstand und in ihrer Naivität glaubte, alle

---

[3] Wir finden in dieser Tatsache eine Bestätigung der Worte des hl. Johannes vom Kreuz, daß Gott nie die äußeren Wunden seiner Leiden einzuprägen pflegt, dem er sie nicht bereits geistigerweise verliehen hat. Vgl. unsere „Einführung" zu diesem Werk: „Von der Größe, Erhabenheit und Beurteilung der Stigmatisation", Kap. IV, 33.

Menschen, die sich Gott durch ein Gelübde versprechen, müßten solche „Risse und Wunden" an sich tragen. Bis sie schließlich der tiefbestürzten Tante ihre Wunden zeigte . . .

„Von jenem Tage an wiederholte sich (ihre Stigmatisation) periodisch jede Woche am gleichen Tag zur gleichen Stunde, nämlich am Abend des Donnerstags gegen 8 Uhr, und dauerte bis zum Freitag nachmittag 3 Uhr. Keinerlei Vorbereitung ging voran, kein Schmerzempfinden oder irgendwelcher Eindruck an den betreffenden Körperstellen kündigte sie an, nur ging der Ekstase ein Zustand innerer Sammlung voran. Sobald dieser Zustand eingetreten war, sah man mit einem Male auf dem Rücken beider Hände und inmitten der Handflächen einen rötlichen Fleck erscheinen und unter der Epidermis, d. h. der feinen durchsichtigen Membrane, die außen die eigentliche Haut überzieht, im lebenden Fleisch oder besser in der Haut einen kleinen Riß zutage treten, der am Handrücken länglich und im Handteller unregelmäßig gerundet war. Kurz nachher zerriß die Membrane selbst, und auf den Händen lag die Wunde mit dem ganzen Charakter einer solchen offen zutage; ihr Durchmesser betrug gut einen Zentimeter auf der Handfläche (unten) und zwei Millimeter auf dem Rücken (oben) bei einer Länge von 20 Millimeter [4]."

„Die Zerreißung war gemeinhin sehr tief, ja sie schien durch die ganze Hand zu gehen, indem sich die obere Wunde mit der unteren verband. Ich sage, sie schien es: denn aus jenen Öffnungen drang das Blut teils fließend, teils in geronnenem Zustande, und wenn es zu fließen aufhörte, zogen sie sich sofort zusammen, so daß es nicht leicht war, sie ohne Sonde zu untersuchen. Dieses Instrument selbst wurde nie angewandt, sei es aus Gründen der Ehrfurcht, die die Ekstatische unter solch mitleiderregenden Umständen einflößte, oder weil die Heftigkeit des Schmerzes sie die Hände krampfhaft zusammenballen ließ, oder auch darum, weil auf der Handfläche die Wunde mit einer Protuberanz (Wucherung) bedeckt war, die anfangs aus geronnenem Blut zu bestehen schien, dann jedoch sich fleischig und hart anfühlte; die Form war die eines erhöhten, nicht aber anhaftenden Nagelkopfes von der Größe eines Soldo (Zehnpfennigstückes). An den Füßen war, abgesehen davon, daß die Risse breiter und von schwarzblauen Wundrändern umgeben waren, der Größenunterschied umgekehrt wie bei den Händen, d. h. die Wunde war von größerem Durchmesser auf dem Rücken und von geringerem auf der Sohle. Außerdem war der auf dem linken Fußrücken so groß wie der auf der rechten Fußsohle, wie es wohl beim Heiland gewesen sein mag, wenn man annimmt, daß seine beiden Füße, der rechte über dem linken, mit einem einzigen Nagel an das Kreuz geheftet waren. Es wurde gesagt, daß die erwähnten Risse sich „nach und nach" bildeten, nämlich in fünf bis sechs Minuten, indem sie sich von innen heraus in der Haut unter der Epidermis entwickelten und mit der Zerreißung endeten. Manchmal jedoch war der Verlauf ein anderer: in diesem Falle war die sie hervorbringende Ein-

---

[4] Vgl. P. Germano, S. 76.

wirkung eine plötzliche und kam *nach Art einer gewaltsamen Durchbohrung von außen her (!)*, dann war es eine Qual zu sehen, wie die so unvermittelt überraschte, arme Märtyrerin sich wand und an allen Muskeln der Arme, der Beine und der Seite erzitterte [5]"

Auch die Seitenwunde war keineswegs oberflächlich, sondern mußte, nach der Heftigkeit des Schmerzes zu urteilen, den sie im Innern ihres Herzens empfand, bis tief in dieses hinabreichen [6]).

„Nicht weniger wunderbar war sodann die Art, wie die Wundmale verschwanden. Wenn die Freitagsekstase beendet war, hörte der Ausfluß des Blutes an der Seite, den Händen und den Füßen vollständig auf. Das lebende Fleisch trocknete, so zogen sich nach und nach die Maschen des zerrissenen Gewebes wieder zusammen und vernarbten, und am nächsten Tage oder spätestens am Sonntag war von den tiefen Rissen keine Spur mehr vorhanden, weder in der Mitte noch an den Rändern. Die Haut war darübergewachsen, natürlich und in allem der an den unverletzten Teilen gleich. Es blieb nur eine weiße Stelle zurück, die erkennen ließ, daß dort am Tage vorher die Wunde gewesen war. die sich nach weiteren fünf Tagen wiederum öffnen sollte, um sich alsdann von neuem in gleicher Weise zu schließen." Diese weißen Flecken aber waren auch nach dem Tode Gemmas noch an ihren Händen und Füßen sichtbar.

So weit die Schilderung ihrer Wundmale, die wir wenigstens mit einiger Ausführlichkeit geben wollten. Weit wichtiger aber für die Beurteilung ihrer Stigmatisation ist, auf welche Weise man sich der Echtheit ihrer Begnadung versicherte. Und hier treffen wir im Leben der Seligen auf Geschehnisse von so einziger Art, daß sie besonders im Hinblick auf die Beurteilung anderer Stigmatisierten unser größtes Interesse verdienen.

Wie war der Verlauf dieser Untersuchungen? Nachdem außer ihrem Beichtvater auch P. Pietro Paolo — der spätere Erzbischof vom Camerino — sich im August 1899 von der Tatsächlichkeit der Wundmale überzeugt hatte, wollte der zuständige Bischof, Monsignore Volpi, nichts unversucht lassen, um sich Gewißheit über Ursprung und Wesensart ihrer Stigmen zu verschaffen. Er bat einen tüchtigen Arzt, der sein volles und ganzes Vertrauen besaß, die Wundmale Gemmas in näheren Augenschein zu nehmen. Aber wie ganz anders, als von ihm beabsichtigt, sollte diese Prüfung verlaufen! Mit aller Deutlichkeit wollte der Herr offenbaren, daß die von ihm verliehenen Stigmata ganz anderen als experimentell-wissenschaftlichen Zwecken dienen!

Gemma selbst berichtet einleitend über dieses Ereignis: „Inzwischen dauer-

---

[5]) Ebenda S. 76—77.

[6]) Wie wir bei vielen Stigmatisierten schon gelesen haben (vgl. z. B. Theresia von Jésus, Johanna vom Kreuz usw.), ist diese ins Herz reichende Wunde, die an sich den Tod bringen müßte, eine ganz und gar übernatürliche Wunde: — Die Seitenwunde an sich, die die Form eines Halbmondes zeigte, war bei Gemma 6 cm lang und in der Mitte 3 mm breit. Man wunderte sich zunächst über ihre Form, stellte aber fest, daß man bereits im 17. Jahrhundert bei Diomira-Allegre zu Florenz die gleiche Form konstatiert hat, offenbar ein Hinweis auf die eigentümliche Form der hl. Lanze.

ten die Freitagsdinge fort, und Monsignore hielt es für gut, mich ohne mein Vorwissen von einem Arzt besuchen zu lassen; ich wurde davon durch Jesus selbst verständigt, der mir sagte: ‚Sage deinem Beichtvater, daß ich in Gegenwart des Arztes nichts von alledem tun werde, was er wünscht!' — Im Auftrage Jesu verständigte ich den Beichtvater." (Selbstbiographie S. 89) In der Tat schrieb sie an diesen: „Gestern abend sagte mir Jesus, ich solle Ihnen folgendes mitteilen: ‚Du mußt deinem Beichtvater sagen, daß ich ihm jedes Zeichen, das er von Mir haben will, geben werde, aber er muß allein sein; es genügt Mir, daß er allein sich vergewissert, daß keine Krankheit vorliegt, wie sie geglaubt haben [7])'."

Und Pater Stanislaus fügt dem hinzu: „Was sollte der Weihbischof tun? Eine einfache Inaugenscheinnahme würde ihn seiner Verantwortung nicht entheben; und wenn der Verdacht bestand, es handle sich um eine Krankheit, oder besser um eine Wirkung von Autosuggestion, so würde er aus sich selbst nicht imstande sein, den Zweifel zu zerstreuen. Er blieb also bei seinem Entschluß und sagte zu Frau Cecilia Giannini, Gemmas Adoptivmutter, die ihn immer über alles auf dem laufenden zu halten suchte, was mit ihrem Schützling vorging: ‚Ich möchte Gemma durch einen Arzt besuchen und die Stigmen durch ihn untersuchen lassen'. Es wurde nun vereinbart, daß er am nächsten Freitag mit dem Arzt erscheinen werde [8])."

Am 8. September 1899 schrieb Gemma gegen 11 Uhr, aus einer ersten Ekstase zurückkehrend, an Prälat Volpi einen Brief. Sie bemerkte darin, er möge allein kommen, und *daß es nicht der Wille des Heilandes sei, daß der Betreffende etwas sehe.* Er möge aber tun, wie er es für gut befinde. Um 1 Uhr fiel dann Gemma erneut in Ekstase; ihre Adoptivmutter sah sie, die Stirne von Blut triefend *und die Hände mit offenen Wundmalen,* aus denen Blut floß. Zeugen dieser Tatsache waren noch weitere Familienmitglieder, so deren Gemahl Matteo Giannini und Frau Giustina. *Da kam gegen 3 Uhr der Bischof zusammen mit dem Arzt!* „Frau Cecilia kam ihm hocherfreut mit den Worten entgegen: ‚Kommen Sie, kommen Sie, eben jetzt ist es am besten zu sehen!' und führte ihn zugleich mit den anderen ebengenannten Familienangehörigen in die Kammer. Der Arzt nahm ein Läppchen, tauchte es ins Wasser und wusch ihr Hände und Gesicht. *Sofort verschwand das Blut, und die Haut erschien ohne Narben, Schrammen oder Stiche, als ob sie niemals verletzt gewesen wäre!* Der Eindruck auf alle Anwesende läßt sich denken. Der Arzt nahm dann noch im alleinigen Beisein von Frau Cecilia eine Untersuchung der Füße und des Herzens vor, und auch sie verlief ergebnislos. So machte Gott, der in seinen Wegen wunderbar ist, die Probe menschlicher Wissenschaft zunichte und gestattete ihr keine Einmischung in seine erhabenen Geheimnisse, die er voll Herablassung auf übernatürlichem Gebiet wirkt, um in den Menschen den Glauben zu wecken. Gemma erzählt in ihrer Selbstbiographie voll natürlicher Einfachheit: „Er aber (der

---

[7]) Ebenda S. 86.
[8]) Ebenda S. 86 f.

Szene der Stigmatisation der hl. Gemma Galgani. Hinter ihr erhebt sich ein hohes Kreuz. Damit wird deutlich gemacht, daß die Stigmen Gaben des Gekreuzigten sind, daß sie Teilhabe an der Passion Christi bedeuten. Tröstlich ist, daß Gemma die Hilfe ihres Schutzengels erfahren darf. Dieses Gemälde befindet sich in der Grabkapelle der hl. Gemma Galgani in Lucca in der Toscana.

Beichtvater) tat nach seinem Gutdünken, und die Dinge gingen, wie Jesus es beschrieben hatte" (Selbstbiographie, S. 89). Noch an demselben Abend schrieb sie an den Prälaten: „Wenn Sie allein gewesen wären, würde Jesus Sie überzeugt haben, gestern abend hatte er mir angekündigt, daß Sie heute kommen würden".

Der Arzt aber hatte eilfertig erklärt, daß es sich bei Gemma um nichts anderes als „Wirkungen der Hysterie" handele und daß bei dieserlei „Krankheiten" sich die Betreffenden selbst Stiche mit Nadeln beibrächten!

Doch welches waren die Auswirkungen dieser Geschehnisse? Während des ganzen Verlaufes der Untersuchung war Gemma in Ekstase und ohne Wahrnehmung der Umwelt gewesen. Als sie wieder zu sich gekommen war, bemerkte sie eine gewisse Veränderung im Benehmen ihrer Angehörigen, die verstört und niedergeschlagen schienen. Gemma aber äußerte das Bedürfnis, einen Besuch in einer Kirche zu machen. Und hier geschah das Erstaunliche: als sie ihre Hände wie sonst an den Freitagen ausstreckte, sah Frau Giannini, daß diese von neuem bluteten! Sofort zum Bischof geführt, sah dieser nun mit eigenen Augen nicht nur das Blut, *sondern auch die wieder geöffneten Wunden!* Seine Bestürzung läßt sich begreifen. Der Herr aber hatte wahrgemacht, was er im voraus verkündet hatte und was der Bischof Volpi nunmehr einzusehen begann; der Prälat sagte sich mit Recht, es könne dies alles „so geschehen sein, weil der Herr das, was er in jenem guten Kinde wirkte, vor den Nachforschungen der Wissenschaft verbergen wollte".

Daß die vereitelte Untersuchung des Arztes eine schwere Prüfung für Gemma bedeutete, und daß sie in deren Folge ein wahres Martyrium durchlitt, ist allzu verständlich. Aber der Herr bedeutete ihr, daß er sie in diesem Zustande des erhöhten Leidens (da manche an ihr zweifelten) nur um so mehr liebe. Zwar wurde ihr Gebet, der Herr möge alle Erscheinungen von ihr wegnehmen, zeitweise erhört, bald aber schon zeigten sich an ihr alle Erscheinungen wie früher. Ja, gründlicher noch als seither konnten alle körperlichen und mystischen Phänomene an ihr beobachtet werden. Ein gewisser P. Gaetano, dessen Glaube durch die Bemerkung ihres Arztes stark erschüttert worden war, mußte damals zu seinem Erstaunen und mehrfach beobachten, daß die Wunden Gemmas tatsächliche und tiefe waren. Er schrieb in einem Briefe an ihren Beichtvater, daß er die gleiche Probe wie Dr. Agrimonti vorgenommen und die Wundmale drei- bis viermal habe waschen lassen. Sie habe in der Tat „in den Händen richtige Wunden gehabt"; „ich sage richtige, *weil sie tief waren und auch nach drei- bis viermaligem Waschen nicht verschwanden*". Auch P. Pietro Paolo überzeugte sich erneut von ihren Stigmen. Interessant ist dabei, was er über ihre Dornenkrönung berichtet: „Rings um den Kopf sah ich gleicherweise, daß verschiedene Blutstropfen erschienen, besonders über den Schläfen . . . Höchstens zwanzig Minuten, nachdem das Mädchen aus der Ekstase wieder zu sich gekommen war und sich auf Cecilias Wunsch die Hände gewaschen hatte, sah ich, daß die Leichenblässe des Gesichtes verschwunden war und dieses seine natürliche Farbe wiederbekommen hatte; zugleich erschien das Gesicht, wie bereits nach dem (verschwundenen) Blutschweiß, von einer engelgleichen Schönheit."

„Bei anderer Gelegenheit, als mir Frau Cecilia gesagt hatte, wie entsetzlich Gemma leide und wie sich an ihrem Leiden oft die Geißelung Jesu Christi, die Dornenkrönung und zuletzt die dreistündige Todesangst am Kreuz erneuerten; nachdem sie mir ferner gesagt, daß sie im Augenblick der Ekstase des Mädchens an deren Armen wie auch Beinen eine Art Blutstriemen bemerkt habe, wie wenn sie wirklich gegeißelt worden wäre, beschloß ich eines Abends, als ich im Hause Giannini war, jener Leidensszene beizuwohnen, um mit eigenen Augen zu sehen, wann das Blut aus dem Kopfe des Mädchens hervorbreche."

„Mehr als zweieinhalb Stunden verweilte ich im Zimmer, fest entschlossen, es nicht eher zu verlassen, bis ich mit eigenen Augen das Blut sähe, das nach der angeblichen Dornenkrönung aus dem Kopfe treten sollte. Das Mädchen war von so furchtbarem Herzklopfen befallen, daß sich das Bettuch und die Bettdecke, die sie bedeckten, über ihrem Herzen hoben und senkten, während beide Hände ausgestreckt und bewegungslos dalagen. Der Herzschlag war so heftig, daß das ganze Bett stark davon erzitterte, und ich gestehe, daß ich (bei dieser Wahrnehmung) Schrecken und Ehrfurcht zugleich empfand. Nach einer Stunde oder ein wenig mehr hörte das Herzklopfen auf, und nun begann lebendes Blut aus dem Kopf zu fließen, und zwar in so großer Menge, daß davon das Kissen und selbst das Leintuch durchtränkt wurde. An gewissen Stellen des Kopfes, besonders am oberen Teil der Stirne, war das Blut so stark, daß es nach dem Trocknen an mehreren Stellen eine Kruste bildete . . ."

„Nachdem endlich der Blutfluß aus dem Kopf aufgehört, blieb das Mädchen, das zuvor den Körper noch ganz leicht bewegt hatte, von da bis 3 Uhr nach Mitternacht gänzlich unbeweglich. Ihr Gesicht . . . bekam ganz das Aussehen einer Leiche, und wer sie in diesem Zustande gesehen hatte, totenblaß, Kopf, Augen, Nasenöffnungen, Ohren und Mund ganz von eingetrocknetem Blut bedeckt, hätte sie für tot gehalten, um so mehr, als man keinen Herzschlag mehr fühlte, wie auch der Pulsschlag am Arm und das Atmen kaum mehr wahrnehmbar waren. So verbrachte sie drei volle Stunden. Am folgenden Morgen gegen 6 Uhr sah ich sie wieder. Sie war bereits angekleidet, um in die Kirche zur Kommunion zu gehen, und die natürliche Farbe des Gesichtes war schon wiedergekehrt, als ob sie nichts gelitten hätte [9])".

Im Anschluß hieran sagt P. Germano über die wissenschaftliche Untersuchung der Stigmatisation Gemmas sehr richtig:

„Die Wissenschaft kann keinen Anspruch darauf erheben, uns die Erklärung des Übernatürlichen zu geben, sie kann lediglich die Tatsachen feststellen. Damit aber eine Tatsache als solche erkannt werde, ist es keineswegs unerläßlich, daß sie von Gelehrten beobachtet wird. Jeder, der Augen zum Sehen und Hände zum Greifen hat, kann die Wahrheit einer Tatsache bestätigen. Und da im vor-

---

[9]) Vgl. hierzu ebenda S. 93.

liegenden Falle das Phänomen kein konstantes ist, sondern sich nur an gewissen Tagen einstellt, kann sich der Vertreter der Wissenschaft darauf beschränken, uns zu sagen, daß es sich im Augenblick seiner Beobachtung nicht zeigte. Zu seiner Anerkennung muß es genügen, wenn durchaus glaubwürdige Zeugen bestätigen, daß sie es gewiß und wiederholt gesehen haben."

Zuverlässige Zeugen aber, die das Vorhandensein und Bluten ihrer Wunden untrüglich konstatierten, sind in reicher Zahl vorhanden! Auch P. Germano kommt auf Grund seiner langdauernden Untersuchungen, Vergleiche und Forschungen zu dem Ergebnis, daß ihre Wundmale von Gott gewesen sein müssen. — Damit aber ist die Ehre der Stigmatisierten von Lucca — trotz Versagens der ärztlichen Untersuchung — auf das glänzendste wiederhergestellt.

Noch eine Fülle merkwürdiger und hochmystischer Tatsachen müßten wir aus dem Leben Gemma Galganis anführen, um ihr Lebensbild als Trägerin der Wundmale unseres Herrn zu einem vollständigen zu machen. Wir müssen uns jedoch des knappen Raumes wegen auf einige der notwendigsten Angaben beschränken. Herrlich tritt uns in Gemma das klassische Beispiel der Ekstase, aber auch der höchsten mystischen Beschauung und Gottvereinigung entgegen. Mit Recht unterscheidet ihr Biograph, P. Germano, bei ihr die kleine, die große und die außerordentliche Ekstase. Die letztere nennt dieser trotz ihrer Häufigkeit „außerordentlich", „wegen der besonderen Stärke des göttlichen Lichtes, wegen der großen Dinge, die der Ekstatischen darin gezeigt wurden, und der wunderbaren Wirkungen, die sie in ihr hervorbrachten [10]." Eine der tiefgehendsten Folgen ist die leibliche Teilnahme an dem Leiden des Herrn, mit der sich auch bei Gemma — ähnlich wie bei Therese Neumann — große Visionen des leidenden Heilandes verbanden. Traten hinzu die wunderbaren himmlischen *Ansprachen* und *Erscheinungen* (insbesondere der Mutter Gottes), die Gemma hatte [11].

Wichtiger aber noch waren die Grade des eigentlichen inneren mystischen Lebens, die Gemma erklomm. P. Germano verzeichnet hier der Reihe nach bei

---

[10] Ebenda S. 279.

[11] Wir möchten es nicht versäumen, an dieser Stelle zu vermerken, daß Gemma, wie alle Stigmatisierten, eine innige Liebe zur allerseligsten Jungfrau hatte, die ihr ihrerseits diese vertrauende Liebe mit einer Anzahl bedeutsamer Erscheinungen belohnte. Marienfeste waren stets Hochfeste für die Selige. In wie großer Herrlichkeit, Liebe und Güte aber zeigte sich dann ihre himmlische Mutter! Nicht nur daß sie hierbei die Stigmatisierte durch ihre Worte ermunterte und zu allem Hohen und Heiligen begeisterte. Nein, Gemma wurde von ihr sogar der großen Gnade gewürdigt — was übrigens in gleicher Weise von einer ganzen Reihe von Trägern der Wundmale berichtet wird — daß sie ihr das Jesuskind in die Arme gab, was Gemmas Herz mit Schauern der Wonne erfüllte. — Nicht minder groß war Gemmas Verehrung für Maria als Schmerzhafte Mutter. Wie ergreifend weiß sie nach ihren Visionen die Schmerzen und Leiden der allerseligsten Jungfrau unter dem Kreuze zu schildern. Darob aber läßt sie Maria auch in wunderbaren Gesichten an der Herrlichkeit ihrer Glorie teilnehmen. Nicht zu verwundern, daß Gemma alle Personen ihrer Umgebung zu tiefer Marienliebe entflammte.

Kruzifixus der Gemma Galgani
vor dem sie öfters in Schwebeekstase gesehen wurde

Wohnhaus der Gemma Galgani in Lucca
+ *Zimmer Gemmas*

ihr die Stufen der *„mystischen Sammlung"*, des *„geistlichen Schweigens"*, der *„mystischen Ruhe"*, des sogenannten *„mystischen Schlafens"* bis zur *„mystischen Trunkenheit" und der „Entflammung der Liebe"*, welch letztere die Seele Gemmas in einen derartigen Grad innerer Liebesglut versetzte, daß ihr Herz einem wahren Glutofen glich und starke physische Auswirkungen zeigte, so daß Gemmas Haut über dem Herzen wie verbrannt schien und man die bloße Hand nicht an diese Stelle legen konnte. Die geistliche Liebeswunde, die sie durch diesen Glutenbrand empfing, war nicht nur — wie Johannes vom Kreuz sie schildert — geistiger sondern auch körperlicher Art, so daß man lange Zeit die Spuren dieser Verbrennung beobachten konnte. Gemma schreibt selbst über dieses Ereignis: „Seit etwa acht Tagen fühle ich auf der Herzseite ein geheimnisvolles Feuer, das ich mir nicht erklären kann. Die ersten Tage achtete ich nicht darauf, weil es mich ziemlich wenig belästigte; aber heute ist es der dritte Tag, und dieses Feuer ist so mächtig angewachsen, daß es fast nicht mehr zu ertragen ist; ich bräuchte Eis, um es auszulöschen. Es bereitet mir viel Unbehagen, hindert mich am Schlafen, am Essen usw. Es ist ein geheimnisvolles Feuer, das sich auch nach außen mitteilt..., ein Feuer, das mich nicht (nur) peinigt... sondern mich vernichtet, mich verzehrt... Grosser Gott, ich liebe dich! Ich will dich so sehr lieben [12])." Eine wahre Hochglut der Liebe war es, die in ihr flammte und brannte, so daß sie mit dem hl. Paul vom Kreuze hätte ausrufen können: „Ich fühle mein Inneres verdorrt. Ich habe Durst und möchte trinken, aber um diese Brände auszulöschen, möchte ich Feuerströme trinken." So zeigten sich bei Gemma mit dem Phänomen der Stigmatisation und anderer charismatischer Gnaden das der höchsten Stufe der Gottbeschauung und Gottesliebe vereinigt. Die von den mystischen Graden anderer Heiligen abweichenden Formen und Einzelgrade derselben aber können uns zeigen, mit welcher Vorsicht wir bei jeder einzelnen Stigmatisierten dem überfließenden Reichtum der Gnadenerweise Gottes gegenübertreten sollten, ehe wir dieselben in ein Schema zu pressen oder gar zu verwerfen suchen [13]).

Wir übergehen die Gabe ihrer fast völligen Nahrungslosigkeit, des mangelnden Bedürfnisses an Schlaf, ihrer Herzenskenntnis und die der Prophetie, um zu der großen Aufgabe, die Gemma im Gesamtrahmen der Geschichte der Stigmatisierten zu erfüllen hatte, zurückzukehren, zu der erschütternden Mission der *Sühne,* die ihr der Herr in ganz bestimmter Hinsicht vor Augen stellte.

An Pfingsten 1902 ließ der Herr sie in einer großen Vision die Schäden der Kirche und ihrer Diener sehen. Schon im Oktober 1901 hatte er ihr in eindringlichen Worten geoffenbart: „Meine Tochter, wieviel Undank und Schlechtigkeit gibt es auf der Welt! Die Sünder leben in hartnäckiger Verhärtung in ihren Sünden weiter, und Mein Vater will sie nicht mehr dulden. Die feigen und

---

[12]) Ebenda S. 258.
[13]) Wir denken hier vornehmlich an die Ausführungen Richstätters in „Stimmen der Zeit" (1930) über den „Kirchenlehrer der Mystik" Johannes vom Kreuz und an die Anwendung der Maximen desselben auf Konnersreuth.

schwachen Seelen wenden keine Kraft an, ihr Fleisch zu besiegen; die betrübten Seelen verfallen in Bestürzung und Verzweiflung; die eifrigen Seelen werden nach und nach lau, die Diener meines Heiligtums ...; die Gleichgültigkeit wächst mit jedem Tage mehr und niemand bessert sich. Und Ich spende vom Himmel aus allen Geschöpfen Gnaden über Gnaden, der Kirche Licht und Leben, ihrem Oberhaupte Kraft und Macht, Weisheit dem, der die im Dunkel wandelnden Seelen zu erleuchten hat, Beständigkeit und Festigkeit den Seelen, die mir folgen sollen, Gnaden aller Art allen Gerechten und sogar den in ihren finsteren Schlupfwinkeln versteckten Sündern: selbst dorthinein sende Ich Mein Licht, selbst dort rühre Ich ihr Herz und tue alles, sie zu bekehren. Und was gewinne Ich bei dem allen? Welche Antwort erhalte Ich von Meinen Geschöpfen, die Ich so sehr geliebt habe? ... Niemand kümmert sich mehr um Meine Liebe, und Mein Herz ist vergessen; es ist, als hätte Ich nie Liebe für sie gehabt, als hätte

Schriftprobe der Gemma Galgani

Deutsch:

Vor einiger Zeit kam mir in den Sinn, Jesus zu fragen, ob er mich Sie sehen lasse. Er entsprach meinem Wunsche nicht sogleich, allein nach einigen Tagen schien es mir, als sähe ich, während ich betete, einen Passionisten, der ebenfalls vor Jesus im heiligsten Sakramente betete. Da sagte Jesus zu mir: „Siehst du, wer P. Germano ist?" Ich betrachtete ihn, und wissen Sie, wie ich ihn sah? Er war etwas beleibt, lag auf den Knien in ruhiger, sehr ruhiger Haltung mit gefalteten Händen, und mir kam es vor, als sei sein Haar mehr ergraut als schwarz. Doch nun gehe ich zu etwas anderem über ...

Ich nie etwas für sie gelitten, als sei Ich allen unbekannt. Mein Herz ist vollständig in Trauer; Ich bin fast immer allein in den Kirchen, und wenn sich dort viele einfinden, haben sie ganz andere Beweggründe, und Ich muß es dulden, Meine Kirche zu einer Vergnügungsstätte herabgewürdigt zu sehen. Viele finde Ich, die Mich unter heuchlerischem Scheine in sakrilegischen Kommunionen verraten [14]. "

Im Mai des gleichen Jahres aber wurde sie in die höchste Ekstase erhoben, und der Herr bedeutete ihr: „Ich brauche eine große Sühne, insbesondere für die Sünden und Sakrilegien, mit denen Ich Mich von den Dienern des Heiligtums beleidigt sehe." Ferner sprach Er: „Wäre es nicht um Engel willen, die an Meinem Altare stehen, wie viele von ihnen würde Ich nicht auf der Stelle niederschmettern!" Bei diesen Worten und bei dem Anblick des erzürnten Gottes bebte das Herz seiner Dienerin vor Schrecken und Schmerz, ihr Antlitz wurde totenbleich und ihre Augen füllten sich mit Tränen. Als nun der Herr ihr die Frage vorlegte, ob sie selbst die Sühne für jene Sünden übernehmen wolle, nahm sie ihren ganzen Mut zusammen und rief aus: „Du erlaubst es, o Jesus, wenn ich annehme? Ja, Jesus, dann gieße rasch Deinen Zorn über mich aus und verherrliche Dich durch dieses Dein elendes Geschöpf [15])!"

Gott nahm ihr großmütiges Opfer an! Ihr Magen schloß sich und nahm keinerlei Speise mehr an. Nach zirka 60 Tagen völliger Nahrungslosigkeit war sie wie zu einer Leiche abgemagert. Sie litt schreckliche Qualen und innere Schmerzen. Am 21. September 1902 trat erneut Fieber auf; Blut trat aus ihrem Munde, es war nicht mehr Herzblut, wie es früher die Liebesglut ihrer Seele hervorgedrängt hatte, sondern frisches rotes Blut der Lunge. In ein Meer von Schmerzen getaucht, starb sie am 11. April 1903 im blühenden Alter von 24 Jahren. Es war an einem Karsamstag. Nach den furchtbaren Todesqualen des Karfreitags, in denen sie wirklich das Äußerste mit Christus durchlitten, lag ein himmlisches Lächeln auf ihren Lippen. Ihr Körper aber strömte jenen wunderbaren Duft aus, der sich oft und oft in ihrem Leben gezeigt, und Tage nach ihrem Tode gab ihr Herz noch frisches Blut...!

Im Sturmeslauf aber eroberte Gemma Galgani, die Frühvollendete, die Ehre der Altäre. Nach Einleitung ihres Seligsprechungsprozesses im Jahre 1920, der auf Grund ihrer heroischen Tugenden und der zahlreichen Gebetserhörungen, die man ihrer Fürbitte zuschrieb, erfolgte, wurde bereits am 29. November 1931 ihr Tugendleben durch die Kongregation der Riten als heldenmütig anerkannt. Und am 14. Mai 1933 läuteten die Glocken von St. Peter den großen Ehrentag ihrer Seligsprechung ein, der schon 1935 die Kanonisation folgte. Ihre Beatifikation aber ist für die Geschichte der Stigmatisierten von ganz besonderer Bedeutung geworden: Hat sie doch gleichsam auf die Echtheit ihrer Wundmale — die weder als betrügerisch noch als krankhaft erkannt wurden — das Siegel der Kirche gedrückt. Einer der jüngsten und größten Stigmatisierten der Kirche hat ihre Anerkennung gefunden!

---

[14]) Ebenda S. 306/07.
[15]) Ebenda S. 329.

Teresa Higginson

Die große Stigmatisierte Englands [1])

Maria Martha Chambon, der hochbegnadeten Tochter der Alpen, tritt zu fast gleicher Zeit eine andere nicht minder begnadete Seele an den Gestaden des nordatlantischen Meeres zur Seite, die der Herr in ähnlicher Weise zu erhabenen Gnaden berief und die mit der großen Heiligen von Paray-le-Monial und der Stigmatisierten von Chambery einen eigenen wunderbaren Dreiklang bildet. Überraschung und Freude muß uns zugleich erfüllen, daß mit dieser Trägerin der Wundmale auch England nach jahrhundertelanger Pause wieder in den Strom der mystischen Gnaden eingeschaltet wurde, ja daß es mit dieser Seele eine der erlesensten Kämpferinnen erhielt, die göttlichen Flammen der Liebe in wahren Feuergaben in die geistige Dürre des Jahrhunderts zu tragen. Seit den Zeiten eines Thomas Morus und John Fisher und der großen englischen Märtyrer, deren Heiligsprechung im Jahre 1935 der englischen, religiösen Bewegung mächtige Auftriebe verlieh [2]), hat England nach jahrhundertelangem Verebben keine so große Begnadete mehr sein eigen genannt, wie sie. Und wenn auch der britische Inselstaat im letzten Jahrhundert eine Reihe großer katholischer Charaktere hervorgebracht, die die Wiedergeburt des Katholizismus in England machtvoll beflügelten — wir brauchen hier nur an einen Wiseman und Newman, an einen Manning und Friedrich Wilhelm Faber zu denken, die die englische katholische Bewegung aus den Anfängen der Emanzipation von 1829 zu beachtlicher Höhe emporführen —, so werden diese Männer, so bedeutend sie waren, dennoch von jener einsamen Dulderseele übertroffen, die sie alle an Reichtum und Tiefe der Gnaden überragte. TERESA HIGGINSON, die Stigmatisierte der Diözese Liverpool, hat durch ihr sühnendes Beten und Leiden den vielleicht bedeutendsten Anteil zur inneren Erneuerung des englischen Katholizismus geleistet. Neben einem Matt Talbot, dem heiligmäßigen Arbeiter, und Margarete Sinclair, dem tapferen Fabrikmädchen, ist sie der Ruhm der jüngeren englisch-religiösen Bewegung!

---

[1]) Leider waren wir durch besondere Umstände genötigt, das vorstehende Kapitel um ein Wesentliches zu kürzen. Wir möchten dennoch nicht versäumen, da es sich um den seltenen Fall einer englischen Stigmatisierten handelt, über Teresa wenigstens das Wichtigste zu verzeichnen.

[2]) Man vgl. die aus diesem Anlaß von R. v. d. Wehd und dem Verfasser herausgegebene Übersetzung des Buches von Bremond: „Thomas Morus, Lordkanzler, Humanist und Märtyrer. Ein Hochbild heroischen Mannestums", Regensburg, 3. Aufl. 1950, mit 25 Bildern nach Holbein, Rubens und anderen, Verlag Habbel, das nunmehr in 3. Auflage (1950) erschien.

Nicht zuletzt aber wird es uns mit ganz besonderer Genugtuung erfüllen, daß Teresa Higginson als eine Stigmatisierte der nord-germanischen Völkerfamilie angehört und daß sie als solche nachdrücklichst jene haltlose These widerlegt, daß nur der südländische Mensch zu den außerordentlichen Gaben der Stigmatisation und Ekstase und den höheren Gnaden der Mystik berufen sei [3]). Christus leidet aufs neue auch in dem „nordisch-germanischen Menschen"! Aus seinen Stigmen fließt gleichfalls sein heiliges, kostbares Blut! Gibt es einen besseren Beweis für die Einheit von Christentum und germanischer Rasse, als daß hier wiederum ein Sproß ihrer Völkerfamilie mit seinen Wunden, mit seinem innersten Herzblut den leidenden Christus darstellt, ja dessen Kreuzestod verkündet?

Eine kleine bescheidene Lehrerin war Teresa Higginson [4]), die abseits vom großen Weltgeschehen tatkräftig ihrer Erziehertätigkeit nachging. Und doch, wenn wir der Geschichte ihres glühenden Opferlebens nachspüren, dann müssen wir, wie so oft in der Geschichte der Stigmatisierten, in den Ruf ausbrechen, „daß wir dich, o Vater des Himmels, preisen, daß du es vor Weisen und Klugen verborgen, den Kleinen aber geoffenbart hast". Denn wahrhaft: sie hat die Aufgabe seelisch-religiöser Erneuerung bis in ihre tiefsten Tiefen erfaßt und darf ihren englischen Landsleuten, darüber hinaus aber allen Katholiken, als großartiges Beispiel eines wirklichen Opfer- und Sühnegeistes vorgestellt werden. Dabei aber wächst sie in ihrer großen Gnadenmission weit hinaus über eine ganze Anzahl ihrer Mitgenossinnen, die wir kennen.

Das letzte Verständnis für ihre innere Bedeutung vermittelt uns jedoch ein tieferer Blick in ihr Leben, in ihr heroisches Kämpfen und Ringen [5]).

Therese Higginson war als Tochter einer englischen Konvertitin geboren, deren Bekehrungsgeschichte ebenso überraschend wie interessant ist. Mit mehreren Kusinen nach Rom gekommen, hatte diese in einer der Kirchen Roms einen englischen Priester getroffen, der die kunstbegeisterten Damen in liebenswürdiger Weise durch die Bauten und Denkmäler der Ewigen Stadt führte. Dem Theologen ihre Abneigung gegen alles Katholische und besonders den Jesuitenorden bekundend, war Miss Bowness — so war der Mädchenname von Mistress Higginson — außerordentlich erstaunt, in der Person ihres zuvorkommenden Führers selbst einen Priester der Gesellschaft Jesu zu erblicken. Ihre Vorurteile gegen den Katholizismus schwanden schnell dahin und — Miss Bowness wurde katholisch! Es war ein Akt heroischen Opfermutes, denn ihre Konversion bedeutete die sofortige Verstoßung aus ihrer Familie! Darauf einen trefflichen

---

[3]) Vgl. hierzu die haltlosen Bemerkungen von Jacobi, „Die Stigmatisierten", 1923.

[4]) Wir folgen in unseren Darlegungen der Biographie Cecil Kerrs: „Teresa Helena Higginson. Servant of God, The Spouse of the Crucified. (1844—1905)", London 1927, deren deutsche Herausgabe vorbereitet wird. Kerrs Arbeit enthält die amtl. theolog. Gutachten über ihre Begnadung und trägt die kirchliche Druckerlaubnis des Erzbischofs von Liverpool.

[5]) Wir benutzen im folgenden die deutsche Schreibweise Therese statt Teresa.

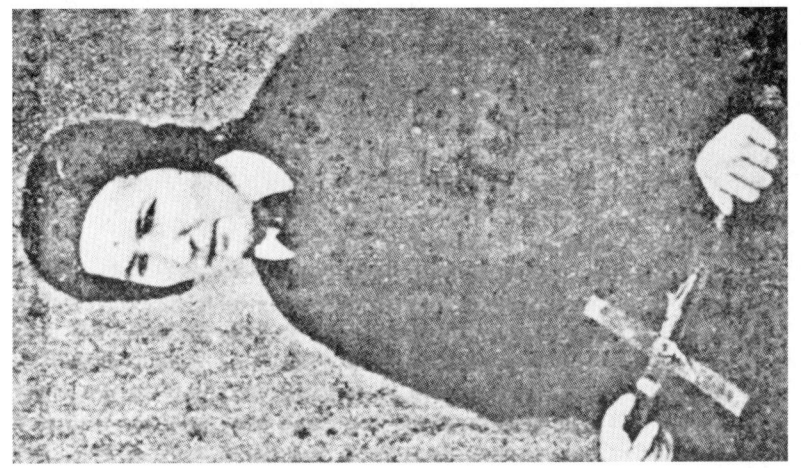

Mélanie Calvet (1831–1904),
die Seherin von La Salette,
trug im Verborgenen die Stigmata.

Teresa Higginson (1844–1905)
Nach einer Fotografie

411

englischen Katholiken heiratend, wurde sie Mutter von acht Kindern. Und unter ihnen befand sich als drittes *Therese Higginson,* die am 27. Mai 1844 zu Gainsborough in der Grafschaft Lincoln das Licht der Welt erblickte.

In härtester Abgeschiedenheit der Diaspora und unter den ungünstigsten Verhältnissen aufgewachsen, wurde sie schon seit frühester Jugend mit auffallenden Gnadenerweisen überschüttet, die das ebenso lebhafte wie zarte und oft kränkliche Kind auf den hohen Beruf vorbereiteten, der ihrer harrte. Erstaunliches wäre schon aus ihren ersten Lebensjahren zu berichten, Tatsachen, die uns zeigen, wie der Wille Gottes auch in einem ganz überwiegend protestantischen Lande *katholische Heilige, ja Mystiker* zu erwecken vermag! Deutlicher trat dann ihr Gnadenleben hervor, als sie, nach zehnjähriger Erziehung in der Klosterschule zu Nottingham, durch die plötzliche Verarmung der Familie gezwungen, den Lehrerinnenberuf ergriff. Einen Beruf, den sie trotz häufiger Schwäche und Erkrankung in zäher Ausdauer bis zu ihrem Tode ausübte. Gerade aber die durch ihn bedingte Lebensweise ermöglichte es, daß ihre Kolleginnen schon in ihren ersten Berufsjahren jene auffallenden Zustände zu beobachten vermochten, die sich mehr und mehr bei ihr einstellten. Bald als Ekstasen und erstaunliche Gesichte erkannt, gesellten sich ihren Gaben schwere diabolische Anfechtungen hinzu, für deren Tatsächlichkeit wir die besten Zeugnisse besitzen. Zudem merkte man, daß sie lange Zeit ohne Nahrung und ohne Trank zu leben vermochte und daß sie verschwindend wenig schlief und ihre einzige Lebenskraft aus der heiligen Kommunion zu nehmen schien. Kurzum, es war eine Fülle mystischer Tatsachen, die sich bereits damals bei ihr zeigten, und die ihrer Umgebung reichlich zu denken gaben. Dabei war Therese, wie Augenzeugen dem Verfasser berichten, ein ganz heiterer und froher Mensch, der ob seiner ungezwungenen Natürlichkeit die Herzen aller gewann, ja der etwas Anziehendes in sich trug, das sich niemand näher erklären konnte. Um so mehr erregten ihre merkwürdigen und auffallenden Zustände schon den Ansturm der Hölle. Mit Anwürfen der Verstellung und Heuchelei überschüttet, durfte die schwächliche, bescheidene Lehrerin bald in der Diözese Liverpool nicht mehr unterrichten. Sie fand dafür nach mancherlei Wechsel ein Unterkommen in der Klosterschule zu Edinburgh, die zum Bistum Birmingham gehört. Und hier wußte die verständige Oberin dafür zu sorgen, daß von ihren merkwürdigen Zuständen so wenig wie möglich an die Öffentlichkeit drang.

Schon in der Pfarrschule zu Wigan, wo sie ab 1872 beschäftigt war, wurde sie von Gott mit immer größerer Zielsicherheit auf den Weg des vertrauten Umganges mit Ihm und zur mystischen Vereinigung geführt. Die Ekstasen der in strengster Abtötung Lebenden wurden häufiger und häufiger. An äußeren Gaben traten die Bilokation und Herzenskenntnis hinzu; ferner die Gnadengabe der Prophetie; u. a. sagte sie den Weltkrieg voraus und daß man in der Luft und unter dem Wasser kämpfen werde.

Inzwischen aber war bereits bei ihr jenes Phänomen hervorgetreten, das sie (unseres Wissens) zur *ersten Stigmatisierten* ihres Vaterlandes werden ließ, —

Dieses Bild Christi entspricht einer Vision der stigmatisierten Theresa Higginson. Der Heiland will, daß dieses Bild verehrt werde als «Sitz der Weisheit». «Ich gebe euch mein heiliges Haupt, um euch aus der Not dieser Zeit zu erretten...»

eine Tatsache, die uns in unserem Zusammenhange entscheidend interessiert: In der Karwoche des Jahres 1874 erlebte sie zum ersten Male die Passion Unseres Herrn in ekstatischer und umfassender Weise; zwei ihrer Kolleginnen waren Zeugen derselben und schrieben den Verlauf ihrer Leiden mit aller Genauigkeit auf. Hierbei trifft sie zugleich in überraschender Weise die Einprägung der Wundmale des Gekreuzigten. Bereits am Freitag der Passionswoche, also acht Tage vor Karfreitag, empfing sie die Stigmata. Sofort bat sie inständig den Herrn, ihr die Wundmale wieder zu nehmen; aber die Zeichen der Passion Christi hielten bis zum Karfreitag bei ihr an, an welchem Tage Pater Wells, ihr damaliger Seelenführer, noch eines der Stigmen sah, während die anderen am Morgen desselben Tages verschwunden waren. Aber bei einer anderen Gelegenheit öffneten sich die Male erneut. Dazu wurden die betreffenden Stellen der Sitz starker Schmerzen. Therese Higginson schreibt selbst darüber: „In der Mitte der Hände, an den Füßen, am Kopfe und am Herzen waren sie zeitweise außerordentlich groß, aber ich empfand stets eine Linderung, wenn sie bluteten, was aber nicht sehr häufig geschah. Ich habe auch einen heftigen Schmerz auf den Schultern. Ich schäme mich, es Schmerzen zu nennen, denn ich weiß, daß es überaus große Gnaden sind, die ich niemals verdient, mit denen ich auch nichts zu tun habe. Sie sind alle dein, o mein Gott, wie all die Gnaden dein waren, die du mir gewährt hast. Ich wußte anfangs nicht, was die Ursache dieser Gnaden sei, aber vor ungefähr zehn oder zwölf Jahren merkte ich, daß sie an Freitagen, an Festen unseres Herrn und während der Fasten stets schlimmer wurden. Ich habe aus ihnen stets große, geistige Stärkung und Segen geerntet. Oft, wenn ich fühlte, daß ich meine arme menschliche Natur in keiner Weise mehr ertragen konnte, habe ich diese Stellen gepreßt, wie wenn sie Quellen des Lebens für mich wären, und ich war dann stets imstande, es zu ertragen. Ich glaube, daß mir der Heiland große Hilfe gewährte, wenn ich so tat[6].‟

Miss Ryland, ihre Kollegin, die auf dem gleichen Zimmer mit ihr wohnte, gibt einen genauen Bericht über alles das, was sie an ihr zur Zeit dieser Leiden wahrnahm. Zunächst schildert sie den Empfang der Dornenkrone, dann, wie Therese am folgenden Morgen die bereits am Freitag empfangenen Stigmata zu verbergen suchte, sich aber durch das Blut, das sich an ihrem Handtuche fand, verriet und wie die Erscheinungen jeden Morgen erneut auftraten. Miss Ryland fährt fort: „Am Karfreitag gingen wir zur Morgenandacht und ließen Miss Higginson im Bett und die Haustür verschlossen. Als wir zurückkamen, liefen wir beide sofort hinauf zu ihr und fanden sie auf dem Bett ausgestreckt. Sie hielt ihre Arme in Form eines Kreuzes, und an ihren Händen waren Wunden. Ich ging wie gewöhnlich nicht zu nahe heran. Ich sah eben noch, wie Miss Woodward die Kleider von dem unteren Ende des Bettes zurückzog, um zu sehen, ob die Füße ebenso wären; da lief ich fort, um Pater Wells zu holen. Er kam. Sie lag noch immer so, und er sagte zu mir: „Laufen Sie schnell zum Arzt.‟ Ich ging,

---

[6]) Vgl. Kerr, S. 76. Wir folgen der Übersetzung von Dr. Paul Reinelt.

und als ich in Begleitung des Dr. Hart zurückkam, war sie wieder in natürlichem Zustand und sprach mit Pater Wells. Dr. Hart fand sie außerordentlich schwach, aber er konnte, wie Pater Wells sagte, nicht erkennen, was ihr fehlte [7]."

Den schweren Prüfungen der Stigmatisation folgte noch im gleichen Jahre (1874) die mystische Verlobung und schließlich die mystische Vermählung (am 23. Oktober 1877/78), also höchste Stufen der Gottvereinigung [8].

Aber all diese Gnaden schienen sie nur in besonderer Weise auf die eigentliche Mission ihres Lebens vorzubereiten. So wie er einst einer hl. Gertrud und einer Margarete Alacoque durch den Anteil an seinen Leiden die innere Kraft und Glut gegeben, in ihrer Zeit für die Wiedererweckung der Gnadenkräfte der Erlösung in ganz bestimmter Art das Ihre zu tun, so sollte offenbar auch sie als Trägerin der Wundmale Christi und als Mitduldern seiner Passion das innere Rüstzeug empfangen, in ganz eigener Weise an der religiösen Erneuerung ihres Vaterlandes und unserer modernen Zeit mitzuwirken! Von Gott in schmerzensreicher Ekstase der Erkenntnis seiner unendlichen Liebe zu uns Menschen gewürdigt, schien sie um so tiefer und nachhaltiger zum Apostel seiner erhabenen Absichten berufen zu werden. Und hier stoßen wir auf jenen Punkt ihres Entwicklungsganges, den sie selbst als eine erhabene Aufgabe ihres Lebens bezeichnet hat und den wir um der historischen Treue willen wenigstens kurz hier erwähnen müssen: auf die ihr — nach ihren mannigfaltigen Aussagen — gewordene Mission der Verehrung des hl. Hauptes Unseres Herrn, die sie geradezu als Krönung der Herz-Jesu-Verehrung bezeichnete, jenes „Hauptes als Sitz der göttlichen Weisheit", in dem der Herr am meisten für das Heil der Seelen gelitten und dessen unermeßliche Leiden sie als Mitduldern der Dornenkrone und seiner Todesangst so recht in aller Tiefe ermaß. (Anklänge hieran finden wir auch bei Katharina Emmerich.)

Wir müssen es uns leider versagen, auf diese Verehrung weiter einzugehen, da seit Sommer 1938 ein Entscheid des Hl. Offiziums vorliegt, „daß eine besondere ‚Öffentliche Verehrung des hl. Hauptes' nicht einzuführen sei" (non introducendam esse, vgl. Acta Apostolicae Sedis, Dekret vom 18. Juni 1938), womit allerdings nach den Kommentaren von Ordinariaten und namhaften theologischen Autoritäten nichts gesagt ist über die private Verehrungswürdigkeit des hl. Hauptes Jesu Christi und der Schmerzen seiner Dornenkrone, die an sich uralt ist, wie auch die Verehrung des hl. Antlitzes. Man denke nur an die Andacht des deutschen Franziskaners Dietrich Kolde zum dornengekrönten Haupte [9]) und die — sogar öffentliche — Verehrung des Veronikatuches. Nichtsdestoweniger muß der kirchliche Erlaß als unbedingte rechtsverbindliche Tatsache gewürdigt werden, wobei sich allerdings der Kenner der Geschichte der

---

[7]) Kerr, S. 78.
[8]) Kerr, S. 210 ff.
[9]) Vgl. die Neuausgabe derselben, Werl 1937, und die Biographie über Kolde in der Sammlung „Deutsche Priestergestalten", Kevelaer 1937.

Mystik mit dem Gedanken beruhigen dürfte, daß auch die Herz-Jesu-Verehrung Jahrhunderte gebraucht hat, bis sie den ihr gebührenden Platz im Frömmigkeitsleben der Kirche errungen hatte. Wie andererseits bezeichnend ist, daß der Seligsprechungsprozeß Therese Higginsons durch obigen Erlaß keineswegs unterbrochen worden ist, wie der Vizepostulator des Prozesses gegenüber voreiligen Stimmen schon vor Jahren mit allem Nachdruck feststellen konnte [10]). Wir unterlassen somit auch eine weitere Diskussion der Offenbarungen der Dienerin Gottes, bis die zuständigen kirchlichen Behörden über dieselben entschieden haben [11]). Möge es uns also genügen, die Tatsache ihrer Stigmatisation, die uns naturgemäß in unserem Werk am meisten interessiert (und die zudem von obiger Frage unberührt bleibt), in der Reihe der neueren Stigmatisationen gebührend zu verzeichnen.

Schrecklich aber war — um nur eine ihrer prophetischen Visionen hier anzuführen —, was der Herr seiner Dienerin Therese über die Endzeit der Kirche und die damit zusammentreffenden „Tage des Hochmutes, des Eigenwillens, der Auflehnung gegen die Kirche und des intellektuellen Hochmutes" offenbarte — und um so tröstlicher war, was er über den Sieg der Verehrung seiner hl. Weisheit sagte:

„Wäre es nicht im Gehorsam, ich würde es nie wagen, die schreckensvollen Dinge zu beschreiben, die mir gezeigt wurden..."

„Ich weiß nicht, wie und wohin ich gebracht wurde, aber es schien mir, ich sei auf einem hohen Platze und sah auf die Erde hinab. Zuerst sah ich eine Wolke von Finsternis die Erde umfassen, eine wirkliche, dichte, materielle Finsternis, die, wie ich auch verstand, dazu noch die Geistesverfinsterung darstellte, in die sich der Mensch selbst gestürzt hatte. Dann hörte ich das Dröhnen mächtigen Donners und sah den Blitz leuchten, und es schien mir, wie wenn Bälle von Feuer auf die Erde fielen und sie in ihrem Mittelpunkte trafen [12]), Felsen in Trümmer zersplitternd. Und ich hörte das Rauschen von Wassern, und schreckliches Trauerklagen stieg von der Erde herauf. Und indem ich mich demütig niederwarf, flehte ich durch das kostbare Blut und das bittere Leiden Jesu Christi um Gnade, denn durch dieses Dunkel konnte man deutliche Sterne auf dem Grunde der Erde blitzen sehen (die heiligen Tabernakel seiner Liebe), und ich bat Gott, nicht auf uns zu schauen, sondern auf das Angesicht seines Sohnes. Und ich hörte eine mächtige Stimme sagen: „Ich will dieses Volk nicht retten, denn sie sind Fleisch. Bitte mich nicht in seinem Blute, denn sein Blut ist über ihnen."

„Ich kann nicht sagen, wie lange dieses dauerte, denn ich hatte ebenso sehr Angst wie ich niedergedrückt war. Dann aber hörte ich eine Stimme, und ich

---

[10]) Vgl. The Catholic Times vom 10. und 17. Juli 1938. In der letzteren Nummer sagte dieser ausdrücklich, daß der Prozeß keineswegs durch den Erlaß eingestellt worden sei.

[11]) Ebenda S. 105.

[12]) Wer denkt hier nicht an die Wirkungen der Atombombe?

wußte ganz bestimmt, es war die unseres lieben Herrn und Heilandes Jesus Christus, welche sprach: „Sage, daß nicht eines von diesen, die mir gegeben sind, verloren gehen soll." „Dann hörten die Erdbeben auf, und die Blitze erloschen, und ich gewahrte ausgehungerte, wahnsinnig blickende Gestalten, wie sie sich wankend auf ihre Füße erhoben, *und ich sah das Zeichen auf ihren Stirnen* [13]), und mit ihnen und dem ganzen Hofe des Himmels pries und lobte ich jenen Gott der unendlichen Weisheit, der in seiner Barmherzigkeit uns in seinem Blute erlöst hat."

„Das Zeichen, das die Stirn der Geretteten zeichnet, ist die Weisheit, deren Sitz (das Haupt), wie Er sagt, öffentlich verehrt werden wird. Nach diesen Schrecken wird, wie ich gewahrte, ein großer Friede folgen. Wenn diese Dinge vorüber sein werden, werden sehr wenige übrig sein, die nicht sein Siegel auf der Stirn haben, doch werden diese dazu gebracht werden, die Weisheit des Vaters anzubeten und den Hl. Geist, der in den Herzen und im Geiste seines Volkes wohnt. Die Kirche wird sich eines großen Friedens und der Ruhe freuen, und Gott wird angebetet, geliebt und erkannt werden, und man wird ihm dienen in der Wahrheit und der Tat [14])."

Noch viele herrliche Visionen und Offenbarungen, die der Herr Therese gegeben, müßten wir hier verzeichnen, um dem Leser die ganze Größe und Erhabenheit der Erleuchtungen vor Augen zu führen, die Gott seiner Dienerin — und damit auch der Welt — geschenkt hat. Genug, daß die ihr nahestehenden Personen und Priester diese mit erschütternder Klarheit begriffen.

Wichtig aber erscheint es, bei der Fülle ihrer Offenbarungen, uns das nüchterne und klare Urteil vor Augen zu führen, das ihr Seelenführer, Pater Snow, über diese im Laufe jahrelanger Beobachtungen und Untersuchungen gewonnen hat und das sich auch die zuständige bischöfliche Behörde zu eigen machte. Derselbe schreibt u. a.: „Seit Benedikt XIV. in seiner Abhandlung über die Heiligsprechung sagte, daß man großes Gewicht auf die Meinung des Seelenführers, des Dieners Gottes, legen müßte, würde ich unrecht zu handeln glauben, wenn ich stürbe, ohne eine Erklärung zu hinterlassen, die ich hiermit mache: daß es meine feste Überzeugung ist, daß Therese Higginson von ihrer frühesten Kindheit an zu einem außerordentlich hohen Grade der Heiligkeit berufen war und daß sie auf außergewöhnlichen Wegen geführt wurde; daß sie die verschiedenen Stufen des Gebetes und der Vereinigung eine nach der anderen durchmachte einschließlich der mystischen Vermählung... Diese Überzeugung gründet sich auf meine genaue Kenntnis von ihr, ihres Inneren, ihrer Lebensweise, ihrer heroischen Tugenden, ihrer Leiden und Versuchungen, ihrer Schriften, der Analogie zwischen ihrem Leiden und dem Leben der Heiligen, und dieses alles

---

[13]) Vgl. Geheime Offenbarung. „Aus dem Rauch (des Abgrundes) kamen Heuschrecken über die Erde, es wurde ihnen Macht gegeben... nur den Menschen (etwas anzutun), *die das Siegel Gottes nicht auf der Stirn tragen.*

[14]) Vgl. Kerr S. 322.

zusammen mit meiner Kenntnis der mystischen Theologie, die ich zum Gegenstand beständigen und ernsten Studiums machte [15]).“

Am 14. September 1904 erlitt die Begnadete einen Schlaganfall, an dessen Folgen sie am 15. Februar 1905 starb. Ihr zuständiger Bischof aber griff das Beispiel ihres Lebens auf: nicht nur daß der Seligsprechungsprozeß der Stigmatisierten eingeleitet wurde, nein, der jetzige Erzbischof von Liverpool trat persönlich für die Verbreitung ihrer Lebensgeschichte ein. In einem Brief, den er anläßlich der Übersetzung der großen Biographie von Cecil Kerr schrieb, heißt es: „Niemand kann ihre Schriften lesen, ohne den tiefsten Eindruck von ihrer Rechtgläubigkeit zu erhalten. Sie schreibt über erhabene Gebiete, aber sie verliert sich niemals in Redewendungen, die nach Irrtum klingen. Sie hat niemals mystische Theologie studiert, aber die Schilderung ihrer inneren Erlebnisse stimmt mit allem überein, was uns die Meister der Mystik darüber sagen. Als Seelenführer hatte sie Priester meiner Erzdiözese, die wegen ihrer Klugheit, Frömmigkeit und Gelehrsamkeit in hohem Ansehen standen. Deren Urteil über ihre Tugend ist schließlich von besonderem Werte...“

Die Verbreitung ihrer Lebensgeschichte auch in unserem Vaterlande begrüßend, schrieb er zudem die uns besonders interessierenden Worte: „Wir segnen daher die Übersetzung dieses Buches und beten von Herzen, daß es auf seinem Wege durch Deutschland für viele Seelen eine Anregung werden möge, unseren göttlichen Erlöser zu lieben und ihm zu dienen.“

Möge ihr Leben, dessen Darstellung inzwischen bereits in gekürzter Form in deutscher Sprache vorliegt [16]), immer mehr den Weg zum Herzen auch des deutschen Volkes finden, auf daß auch uns die hohen Gnaden, die in ihm beschlossen sind, zuteil werden.

Ob dann die Geschichte tatsächlich die Erleuchtungen einer Therese Higginson, die von einer Ideentiefe scheinen, wie wir sie selten in der Geschichte der Mystik treffen, als die Krönung der Mission zweier anderer Stigmatisierten (der hl. Margarete Maria und einer Martha Chambon) erweisen wird (betreffs der Verehrung des dornengekrönten Hauptes), wollen wir ganz der göttlichen Vorsehung überlassen.

---

[15]) Vgl. Kerr S. 11.
[16]) Wir erinnern an die Ausgaben des Kanisiuswerkes und des Johannesbundes, Leutesdorf.

IXΘYC ZⲰNTⲰN

Maria Martha Chambon

Die Vorkämpferin der Verehrung der hl. Wundmale

Welche gewaltige Aufgabe ist jener Begnadeten geworden, die wir hier als erste dieser drei Großen nennen wollen. Es ist, wie wenn in ihr der Herr noch einmal die erschütternden Mahnrufe an die Welt richte, doch seiner hl. Wunden und seiner Leiden auf Golgatha zu gedenken. Und gerade weil MARIA MARTHA CHAMBON VON CHAMBERY, die Stigmatisierte der savoyischen Alpen, in so ausgezeichneter Weise von Christus zur Schrittmacherin der Verehrung seiner hl. Wunden ausersehen wurde, ist sie in so besonderer Art mit der Geschichte der Stigmatisierten verknüpft, die einen einzigen großen Lobgesang auf die kostbaren Wunden des Herrn und seiner Kreuzestat auf Kalvaria darstellt. Gerade in ihr, aber auch in ihren großen Nachfolgerinnen, scheint es, wie wenn der Herr noch einmal seine heiligen durchbohrten Hände über alle Welt emporhebe, um sie an die Unermeßlichkeit seiner Liebe zu erinnnern!

Wie herrlich waren die Worte, die wir bereits in der Einführung unseres Werkes [1]) aus der Fülle der Offenbarungen des Heilandes an Martha Chambon vernommen haben. Worte, die uns mit erschütternder Deutlichkeit zeigten, welche Reichtümer und Werte in der Verehrung der Wunden des Herrn beschlossen sind. Dabei konnten die an jener Stelle zitierten Offenbarungen nur einen winzigen Ausschnitt aus der Fülle der ergreifenden Worte an die Begnadete darstellen [2]).

Einen noch tieferen Eindruck aber werden die Offenbarungen einer Maria Martha Chambon in unseren Herzen erwecken, wenn wir hören, daß auch diese Begnadete eine Stigmatisierte des Herrn, d. h. eine Trägerin der Wundmale Christi gewesen ist. Daß also der Herr seine Enthüllungen über die Gnadenkraft der hl. Wunden einem Menschenkinde gewährte, das jedes seiner Worte an der tiefgreifenden Erfahrung ihres eigenen Körpers ermessen und wägen konnte.

Wenigstens einige der wichtigsten Daten ihrer charismatischen Gnadengeschichte wollen wir hiermit notieren, auf daß sie die geistig-aszetische und mystische Bedeutung ihrer Offenbarungen noch weiter unterstreichen.

---

[1]) Vgl. Seite 190, Fußnote [1]).

[2]) Wir können nicht genug empfehlen, diese ausführlicher in dem von P. Schons O. S. B. herausgegebenen Buche, „Maria Martha Chambon, Apostel und Missionarin der hl. Wunden“, (Canisiuswerk, Freiburg 1932) und in der schon zitierten Auswahl (ebenda) nachzulesen. Vgl. hierzu auch des Verfassers Ausführungen in „Konnersreuther Lesebogen“ 1949, Nr. 2/3, Credo-Verlag, Wiesbaden.

Auch Martha Chambon wurde, wie so manche andere Stigmatisierte, aus allerärmsten Verhältnissen zu den höchsten inneren Gnaden berufen. Zu Croix-Rouge bei Chambery in Savoyen am 6. März 1841 geboren, sah das Hirtenmädchen bereits in einem Alter von acht oder neun Jahren in einer Vision den Gekreuzigten. Sie trat nach harter Jugend im Jahre 1862 in den Orden der Heimsuchung Mariä zu Chambery ein, der dort ein Pensionat mit 60 Schülerinnen unterhielt, und hier machte sie 1864 ihre Profeß. Eigenartig aber ist, daß sie wegen ihrer geringen Begabung und großen Ungeschicklichkeit nie zu verantwortungsvolleren Ämtern aufzurücken vermochte. Der Herr wollte unter dem Mantel ihrer rauhen und ungelenken Art um so sicherer die Gnaden verbergen, die er in weitschauender Absicht ihr zugedacht. Dabei litt sie trotz aller äußeren Hemmungen in keiner Weise an Schwermut, sondern war von froher, ja bezaubernder Einfachheit.

Da trafen sie die ersten Forderungen des Herrn; er verlangte gesteigerte Abtötung von ihr. Sie sollte auf dem Fußboden schlafen, einen Bußgürtel, ja eine Dornenkrone tragen. Als sich Ekstasen hinzugesellten, beauftragte man unverzüglich drei befähigte Theologen mit ihrer schärfsten Absonderung und Überwachung. Jetzt zeigte der Herr, daß er sie nicht nur zu einem Leben der Sühne, sondern zu einer hohen Mission ausersehen. Es war gut, daß ihre innere Entwicklung nunmehr streng unter der Leitung des Gehorsams stand, ihren Oberen aber unterwarf sie sich restlos. Im September 1867 überkam sie ein erstes ekstatisches Schauen der hl. Dreifaltigkeit und in dessen Gefolge das Erkennen ihrer großen säkularen Aufgabe: der weithin vergessenen Verehrung der heiligen Wunden des Herrn als den Quellen aller Gnaden wieder zur Anerkennung zu verhelfen. Es war eine wahrhaft außerordentliche Mission, die der Herr ihr übertrug und die sie würdig an die Seite einer hl. Margarete Maria stellt!

„Ich habe dich auserwählt, die Andacht zu Meinen Heiligen Leiden wieder neu zu beleben...", so sprach der Herr zu ihr. Ihr darauf seine hl. Wunden wie ein Buch öffnend, in dem sie lesen sollte, sagte er:

„Wende deine Augen nicht ab von diesem Buche, und du wirst mehr wissen und kennen als die größten Gottesgelehrten".

„Ich habe eine treue Dienerin in der seligsten Margareta Maria erwählt zur Verehrung Meines Heiligsten Herzens, und dich, meine Maria Martha, habe ich dazu auserkoren, Meiner anderen Wunden zu gedenken und ihre Verehrung zu verbreiten. — Unfehlbar werden diese Wunden dich retten und die sündige Welt erlösen." „Du bist die Auserwählte, um meiner Gerechtigkeit Genugtuung und Sühne zu leisten. Du sollst hier ein himmlisches Leben führen und durch deine Selbstkreuzigung, deine Abbitte und Meine Wunden die Gerechtigkeit Gottes besänftigen." „Ich will, daß durch diese Andacht nicht nur die Seelen, mit denen du lebst, sich heiligen, sondern noch viele, viele andere ..." „An mir wird es sein, später zu zeigen, daß die Welt durch dieses Mittel gerettet wird."

Zur Bekräftigung dieser gewaltigen Mission aber verlieh ihr der Herr die äußeren Zeichen seiner gekreuzigten Liebe. „Du bist eine Märtyrerin der Liebe Christi, mache dich bereit, alle meine Wunden eine nach der anderen zu empfangen."

Am 12. Juni 1874 fühlte sie während der Aufopferung der hl. Wunden den linken Fuß von der Spitze eines glühenden Eisens durchbohrt. Die Wunde, von der Größe eines 50 Rappenstückes, war bei ihrer Untersuchung ziemlich tief und sehr schmerzhaft. Vierzehn Tage später empfing sie die andere Fußwunde. Maria Martha war auf das äußerste bestürzt und beschämt. Sie bat um Wegnahme der Zeichen. Aber mehrere Wochen bluteten die Stigmen reichlich und durchnäßten Strümpfe und Schuhe. Erst im November erhörte sie der Herr, er ließ nur kleine Wundöffnungen zurück, die jedoch im Mai des folgenden Jahres wieder stärker bluteten; auch aus den Scheitelwunden der Dornenkrone trat das Blut[3]). Bald aber wandelten sich die äußeren Schmerzen in um so größere innere Qualen. So bewahrheitete sich an ihrem Leide das Wort, das einst die hl. Margareta Maria zu ihr gesprochen: „Den gekreuzigten Jesus und seine Wunden im Herzen tragen, ist noch eine größere Gnade als die äußeren Wundmale; sie ist nämlich verborgener[4])". Und in der Tat umgürtete sie von nun an das ganze Sühneleiden Christi. In den vorhergehenden Jahren hatte jedoch der Herr begonnen, ihr eine andere große Gnade zu gewähren: während vier Jahren genoß sie keine andere Nahrung als die hl. Eucharistie. Erstaunlich dabei war, daß sie trotzdem die schwersten Arbeiten mit großer Leichtigkeit verrichtete. Sie reinigte und wichste die Fußböden, half bei der wöchentlichen Wäsche und bei anderen beschwerlichen Arbeiten. In wunderbarer Weise wurde sie zu jener Zeit zugelassen, ähnlich wie Angela von Foligno und Sankt Petrus Canisius, an der hl. Seitenwunde des Herrn zu trinken, was ihr eine Fülle von Kraft verlieh. Endlich, es war am 20. September 1873, machte ihr das Zusichnehmen der Nahrung nicht mehr wie sonst Beschwerden — sie konnte wieder wie früher an den Mahlzeiten im Refektorium teilnehmen . . .

Die mannigfaltigen sichtbaren Gnaden aber, die der Herr ihr verlieh, waren nur Bestätigungen der außerordentlichen *inneren* Gnaden, deren er sie würdigte. In vorbildlicher Weise übte sie Gebet und Abtötung und die heroischen Tugenden der Selbstentäußerung und Nächstenliebe. So war ihr inneres und äußeres Gnadenleben darauf abgestimmt, ihre große Mission und das, was der Herr ihr mit so großem Nachdruck über die Verehrung seiner Wunden gesagt, zu unterstreichen und jener Botschaft Christi zur Anerkennung zu verhelfen, daß die „Anrufung der hl. Wunden der Kirche den dauernden Sieg verleihe" und ihr den Endtriumph erlangen werde.

Daß zu all diesen Gnaden noch eine große Anzahl anderer charismatischer Gaben traten, wie die der Prophetie und der Ekstase, und daß ihr ganzes Leben in nicht minderem Grade von den schwersten inneren Prüfungen begleitet war, ist nicht zu verwundern. Seit dem Jahre 1887 aber trat sie in den Zustand einer

[3]) Von den übrigen Wunden besitzen wir keine zuverlässige Nachricht.
[4]) Vgl. Schons S. 102—104.

großen Läuterung ein, um schließlich am 22. März 1907 von Gott in die ewige Glorie gerufen zu werden. Größer und gewaltiger aber wurde ihre Mission nach ihrem Tode. Wie vieles haben ihre Schriften schon gewirkt für die Verehrung der Hl. Wundmale Jesu Christi! Mögen ihr Leben und ihre Offenbarungen noch weit mehr in unserer Gegenwart und in der nächsten Zukunft Gnade um Gnade auf uns herabziehen und durch die Wunden des Herrn auch den Sieg Jesu Christi auf uns herabflehen helfen!

Martha Chambon von Chambery
(1841–1907)
Apostelin der heiligen Wunden

Barbara Pfister

Die Stigmatisierte der bayrischen Rheinpfalz
Ihre Leiden im Zeichen der Liturgie und des Meßopfers

Aber auch in jüngerer und jüngster Zeit hat der Herr große Zeichen gewirkt und uns eine erstaunliche Zahl von Stigmatisierten gegeben. Ja, je schwerer und stärker die Anstürme der gottesleugnerischen und antichristlichen Kräfte gegen Kirche und Christenheit zu toben begannen, um so erstaunlicher ist die Anzahl der Sühneseelen, die der Herr erweckte, um den Mächten der Finsternis die Dämme ihres Opferns und Sühnens entgegenzusetzen! Diese Opferseelen offenbaren sich gerade hier als die Hoffnung der Kirche und als eine starke Hilfe der Christen!

Mit den drei zuletzt genannten Trägern der Wundmale Christi haben wir bereits die Schwelle des 20. Jahrhunderts überschritten. Doch der Strom der göttlichen Gnade sollte sich immer noch steigern und steigern. Wer da glauben möchte, daß der Fall der großen Sühnerin von Konnersreuth in unseren Tagen vereinzelt dastehe, der irrt! *Denn wir besitzen in der Tat mehr lebende Stigmatisierte als viele erahnen* [1]! Dazu ist unter den jüngst verstorbenen Trägern der Wundmale die Zahl der Deutschen eine keineswegs geringe!

Denken wir zunächst, um einen der bevorzugtesten Namen zu nennen, an eine BARBARA PFISTER, die verborgene Stigmatisierte der bayerischen Rheinpfalz, die erst im Jahre 1929 durch das Buch ihres Seelenführers, Prälat Molz, weiteren Kreisen bekannt wurde [2]. Als Kind unserer deutschen Gaue und als ebenso heldenmütige wie hochbegnadete Opferseele dürfen wir sie als würdiges Glied in die Reihe ihrer großen deutschen Vorgängerinnen, wie einer Josefa Lindmayr, einer Katharina Emmerich und Maria von Mörl stellen. Aber nicht nur, daß sich an ihr ähnliche Sühneleiden vollzogen wie an diesen. Was ihr Leben noch über das jener Dulderinnen hinaushebt, ist die Tatsache, daß wir in ihr eine Stigmatisierte treffen, die ihre Leiden *in selten eindeutiger Weise, vereint mit der Liturgie der Messe und des ganzen Kirchenjahres, durchlitt;* so daß wir bei ihr geradezu von einer *„liturgischen Dulderin"* sprechen können, die unserer deutschen liturgischen Bewegung die bedeutsamsten Anregungen zu geben vermag. Das deutsche Volk hat *hervorragende Beispiele des Lebens mit der Kirche* unter sich und — ahnt es nicht!

---

[1] Eine Information einer großen Ordensgesellschaft sprach in den dreißiger Jahren allein von 30 lebenden Stigmatisierten.

[2] Vgl. dessen Biographie „Barbara Pfister, eine pfälzische Stigmatisierte", Speyer 1929 f., 3. Aufl. 1950 neu herausgegeben von Nikolaus Lauer.

Ergreifend ist, in wie geheimnisvoller und tiefer Vereinigung mit den Mysterien der hl. Messe sich ihre Dulderschaft vollzog. Bevor wir jedoch über diese ihre besondere Eigenart berichten, die sie vor allen anderen Trägern der Wundmale auszeichnet, sei ein kurzer Blick auf ihre allgemeine Lebensgeschichte gestattet.

Am 1. September 1867 zu Wattenheim in der bayerischen Rheinpfalz geboren, war sie das Kind ganz einfacher, aber arbeitsamer Schreinersleute. So streng wie ihre Erziehung, so bedeutsam waren die Gnaden, mit denen sie der Herr von frühester Jugend überschüttete. Im dritten Lebensjahre treffen wir bereits die gleichen Gnaden bei ihr, wie wir sie schon bei einer ganzen Anzahl ihrer Gefährtinnen und nicht zuletzt bei ihrer westfälischen Schwester entdeckten: Köstlich ist in ihrer Lebensgeschichte zu lesen, wie sie in Gottes freier Natur mit dem ihr erscheinenden Jesuskinde spielte, dem sich „Annkathrinchen" (die kleine Katharina Emmerich) hinzugesellte. Auch begann sie schon in ihrer Kindheit den Heiland in der hl. Hostie zu schauen. Aber nicht, daß dies die Erzählungen überfrommer Biographen wären! Nein, für diese frühen Visionen haben wir eine Reihe ganz untrüglicher Beweise und Zeugnisse: denn als sie von ihrem 16. Lebensjahre an plötzlich dieser Gesichte beraubt wurde, war sie auf das tiefste bestürzt: in dem Glauben, daß *jeder* Mensch diese Dinge sehe, eilte sie zu ihrem Pfarrer, der über ihre Frage mehr als betroffen war.

Das sehr lebhaft veranlagte, flinke Kind kam damals bereits als Postulantin in das Kloster der Dominikanerinnen zu Speyer. Und hier wurde sie bald ihrer ersten beiden Leidensvisionen gewürdigt. In schmerzensreicher Schauung sah sie den kreuztragenden Heiland vor sich. Darüber wie ohnmächtig zusammenbrechend — in Wirklichkeit in der Ekstase befindlich —, wurde sie zu Bett gebracht, und als der Arzt die Art ihrer „Erkrankung" nicht festzustellen vermochte, wurde sie ob ihrer merkwürdigen Zustände nach wenigen Monaten kurzerhand wieder entlassen. Eines aber hatte der Arzt — wenn auch unfreiwillig — während ihres Entrücktseins konstatieren müssen: die engelgleiche Schönheit ihres Antlitzes, das wie von übernatürlicher Klarheit erstrahlte.

Anders also als Barbara gedacht, hatte der Herr über ihr Leben entschieden. Noch 1883 kehrte sie in das Elternhaus zurück, nunmehr an das Krankenbett ihres Vaters, der unter der Last wirtschaftlicher Bedrängnis und Not zusammengebrochen war. Ein hartes Leben begann für sie. In schwerer Arbeit mußte sie den Unterhalt verdienen, sei es durch mühsames Blumenbinden oder durch Erdtransport in der Tongrube. Eine gewisse Erleichterung schien es für sie zu sein, als sie als Dienstmagd bei einem Schulrat in Speyer eintrat. Doch auch hier zeigten sich ihre ekstatischen Zustände. In das Städtische Krankenhaus verbracht, wurden ihre Ekstasen wieder nicht erkannt. Erneut mußte sie in die Heimat zurück zur inzwischen verwitweten Mutter, um nunmehr in der Kinderarbeitsschule und an der Strickmaschine ihr kärgliches Brot zu verdienen.

In Wattenheim war es auch, als man an ihr — bei ihrem langen Beten in der

Leiter   Schwamm   Nagel   Herz Jesu   Kreuz   Hammer   Nagel   Geißel   Strick   Geißelsäule

Stigmatische, in den «Körper eingeprägte Wunden in verschiedenen Formen
der Leidenswerkzeuge des Herrn.

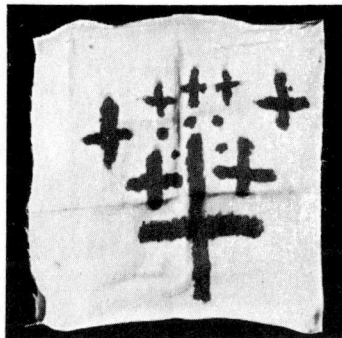

Barbara Pfister aus Speyer   Figürliche Stigmen der Barbara Pfister
(1867–1909)   *mit blutigen Kreuzabdrücken*

Kirche — zum ersten Male den Zustand der Ekstase entdeckte. Zugleich aber begannen ihre fortdauernden Sühneleiden, die von nun an bis zu ihrem Tode nicht mehr von ihr weichen sollten: Es war in ihrem 17. Lebensjahre, am 26. November 1884, als sie in dem ersten Seelenamt für ihren verstorbenen Vater, von Schmerzen überwältigt, zusammenbrach und in ein nahes Haus gebracht werden mußte. Fortan erduldete sie diese schweren Leiden vor allem für die Bekehrung der Sünder. Im übrigen aber führte sie ein Leben, das erfüllt war von Opfern und Arbeit, von tiefer Demut und inniger Verehrung des hl. Sakramentes. Es waren Jahre ebenso stiller wie herber Vorbereitung auf die hohen Gnaden, die ihr der Herr zugedacht.

Da traf mit dem Sommer 1890 die Zweiundzwanzigjährige das vielleicht entscheidendste und folgenschwerste Ereignis ihres Lebens: am Herz-Jesu-Feste empfing sie die Seitenwunde Christi und am Feste Peter und Paul die hl. fünf Wunden einschließlich der Wunden der Dornenkrone. Schwere Leiden setzten darauf ein, die sich besonders an den Freitagen und Sonntagen steigerten; oft aber wurde sie durch eine beglückende Vision wieder hergestellt. Der erste, dem ihre Stigmatisation bekannt wurde, war der Pfarrer ihres Dorfes, der sofort an den zuständigen Bischof von Erler, zu Speyer, berichtete. Dieser aber riet zu großer Vorsicht. Und so suchte der Dorfgeistliche die Sache nach Kräften geheimzuhalten. Aber vergeblich! Schon berichtete eine Zeitung über Barbara Pfister und noch dazu in einem außerordentlich üblen Sinne, und bald war das kleine Häuschen der Schreinerswitwe, in dem Barbara über einer Stiege wohnte, von Besuchern aus nah und fern überlaufen. Doch nicht genug damit! Der erwähnte Artikel machte die Runde durch die ganze deutsche Presse, und so entstanden für die Stigmatisierte eine Unzahl weiterer Zudringlichkeiten, besonders auch von ärztlicher Seite. Auch protestantischerseits war das Interesse groß, und schließlich wurden sogar Polizei und Gendarmen gegen Barbara aufgeboten! Es ist kaum glaublich, welchen Verleumdungen und Verspottungen sie in der Folge ausgesetzt war. Man zieh sie der unerhörtesten Vergehen, ja man spielte mit dem Gedanken, sie gewaltsam in eine staatliche Anstalt zu bringen. Bewundernswert aber waren ihre Geduld und ihre Demut. Und Gott fügte es, daß man schon bald die teuflische Bosheit ihrer Verleumder zu entlarven vermochte.

Das Eigentümliche ihrer Stigmatisation aber war, daß das Blut aus viereckigen Wunden hervordrang und daß es nicht nach den Gesetzen der Schwerkraft nach abwärts floß, sondern in der Richtung, wie es bei dem am Kreuze hängenden Heiland lief, also von den Reihen aufwärts zu den Zehen (wenn Barbara zu Bett lag), und ähnlich an den Händen. Dazu traten zu den fünf Malen und den Wunden der Dornenkrönung noch die der Geißelung und andere stigmatische Zeichen. Diese letzteren zeigten sich bei ihr in der Haut in der Form von stigmatischen Kreuzen (wie z. B. des sogenannten Gabelkreuzes, das 29 cm lang war) und der Leidenswerkzeuge, so daß sich oft die Abdrücke dieser blutigen Runen in ihrer Wäsche fanden. Dabei war das wohl schmerzhafteste unter all diesen Malen das eben erwähnte Brustkreuz, dessen Bild wir aus unserer „Einführung" bringen [3]). Darüber hinaus aber erschien auch u. a. das Bild des Herzens Jesu auf ihrer Haut (umgeben von Kreuz und Dornenkrone). Barbara Pfister wurde damit das Beispiel einer ganz bedeutenden „figürlichen Stigmatisation", für deren Tatsächlichkeit wir ausgezeichnete photographische Belege besitzen. Nicht weniger als 19 Jahre, d. h. von 1890 bis zu ihrem im Jahre 1909 erfolgten Tode, trug sie die Male des Herrn. — So viel an allgemeinen Daten über die Stigmatisierte.

Doch nun zur Hauptsache: auch Barbara Pfister schaute während ihrer Leiden wie fast alle Stigmatisierten die Passion des Herrn und erduldete sie in furchtbaren Schmerzen an ihrem eigenen Körper. Das Einzigartige ihres Falles aber war, daß sich ihr tägliches Duldertum in einem erstaunlich engen Miterleben der hl. Liturgie des betreffenden Tages vollzog. Es geschah in der Weise, daß sie z. B. während der ganzen Fastenzeit (einschl. der Vorfasten) von Tag zu Tag von einem Leidensgeheimnis des Herrn zum anderen fortschritt. Dabei erlitt sie die Passion Jesu Christi in innigem Anschluß an die *Texte* der Messe des jeweiligen Tages; eine Tatsache, die um so beachtlicher ist, als sie nie ein Meßbuch besessen oder deren Text gelesen hatte! Sie gab diese Texte während ihrer Leiden in einer Genauigkeit

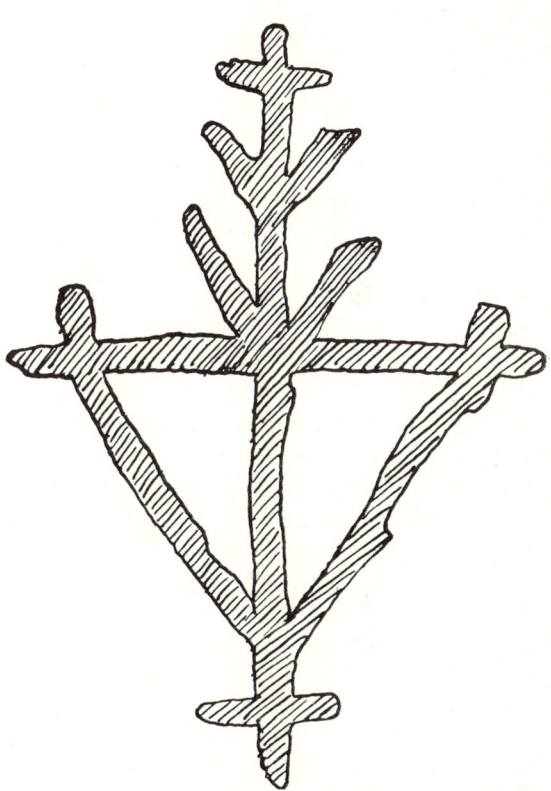

Figürliches Bruststigma (dreifaches Gabelkreuz) der Barbara Pfister (gest zu Speyer 1909) (nach der Fotografie von Prälat Molz von Leinwandabdrücken)

und in einer derartigen Schönheit der Sprache wieder, daß sie den Kenner in größtes Erstaunen versetzte! Am erschütterndsten hierbei war die einzigartige Aufdeckung der *Leidensgeheimnisse* in der Liturgie des betreffenden Tages, eine Eigenart, wie wir sie bei keiner Stigmatisierten sonst finden. Besonders ergreifend waren ihre Erklärungen von Septuagesima bis zum Osterfest, von der Todesangst Christi bis zum Triumph der Auferstehung. Schauungen, die zu den überraschendsten Durchblicken und zu einer Tiefe des Verständnisses für

[3]) Vgl. auch die Bilder bei Molz und Nikolaus Lauer.

die Gebete der Kirche führen, daß sich Messe und Fastenliturgie in ihrem innersten Aufbau als herrliche Verdeutlichungen der großen Opfertat Christi auf Golgatha erweisen. Barbara Pfister entwickelt hier Vorgänge, die wie ein roter Faden, nein, wie eine Symphonie von unendlicher Schönheit, die Meßfeier dieser langen Wochen durchziehen. Wir müssen es uns leider versagen, an dieser Stelle auf weitere Einzelheiten einzugehen. Einen wirklichen Einblick in das, was Barbara Pfister schaute und erlebte, vermag nur das Buch eines Prälaten Molz zu vermitteln [4]).

Wie war ein so tiefes Eindringen in die Liturgie der Kirche möglich und auf welche Weise zu erklären? Nun, hier kann nur *eine* Erklärung zum Ziele führen, und wir müssen der Stigmatisierten — ob wir wollen oder nicht — darin glauben: da sie natürlicherweise den Text der einzelnen Messen weder durch Hören noch Lesen kannte, so ist es schon so, wie sie sagte: „Sie behauptete wiederholt, sie habe in der Nacht vor dem betreffenden Tage die Messe des folgenden Tages in der Gesellschaft des Heilandes und der Mutter Gottes gehört und mit der Mutter Gottes und dem Heilande mitgefeiert [5])!" Daher ihre ausgezeichnete Kenntnis der Texte und deren innerer Bedeutung, die selbst den liturgischen Fachmann überrascht und die nur als übernatürlich zu erklären sein dürfte!

Was sie aber in diesen Tagen miterduldete und erlitt, das läßt sich schwerlich in Worte fassen. Aufschlußreich ist, daß sie dabei ihre Leiden im Vergleich zu denen des Heilandes und seiner hl. Mutter noch als ein Nichts bezeichnete. So schreibt sie z. B. am Freitag der Sieben Schmerzen 1893 die Worte nieder:

„Was ist das alles gegenüber den Schmerzen der Gottesmutter? Ich habe das Leiden der Mutter Gottes gesehen (am Freitag vor Palmsonntag) und empfunden, soweit ein Mensch es empfinden kann. Es war ein beständiges Sterben in mir. Hundertmal schien mir das Herz zu brechen. Ohnmächtig sank ich dahin. Es war der härteste Tag bis jetzt. Bis abends 7 Uhr lag ich auf der linken Seite, so daß die linke Wange keine Haut mehr hatte und jetzt mit großer Kruste bedeckt ist. Wenn ich daran denke, was mir in der Karwoche bevorsteht, so scheint es mir fast unmöglich, noch leben zu können und nicht sterben zu müssen. Solche natürliche Todesangst überfällt mich. Vorläufig ist nun die große Woche angebrochen."

Wir müssen es uns ersparen, auf ihr Miterdulden der Karfreitagsleiden einzugehen, geschweige denn, daß wir den unerschöpflichen Reichtum ihres Innenlebens auch nur annähernd zu zeichnen vermöchten. So manches Verwandte mit anderen Stigmatisierten, aber auch so manches Eigen- und Einzigartige würden wir hierbei zu schildern haben. Genug, daß Barbara im Jahre 1896 zu den Barmherzigen Schwestern nach Speyer zog, wo sich von Jahr zu Jahr ihre Leiden und

---

[4]) Vgl. das 14. Kap. desselben: „Schauen und Mitleiden der Passion Jesu Christi vom Sonntag Septuagesima bis Ostern 1897", wo der Seelenführer Barbaras zum ersten Male diese große Feststellung machen konnte, 3. Aufl., S. 97 bis 304.

[5]) Molz, S. 94.

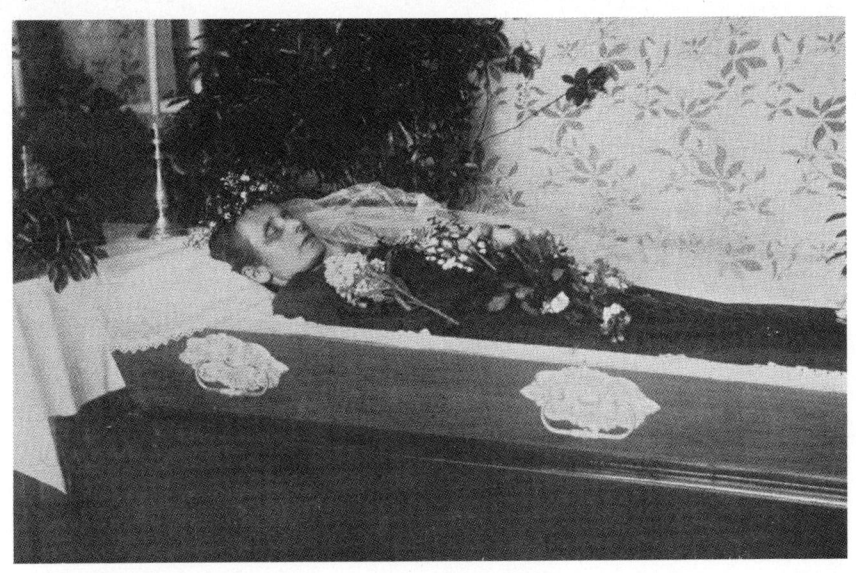

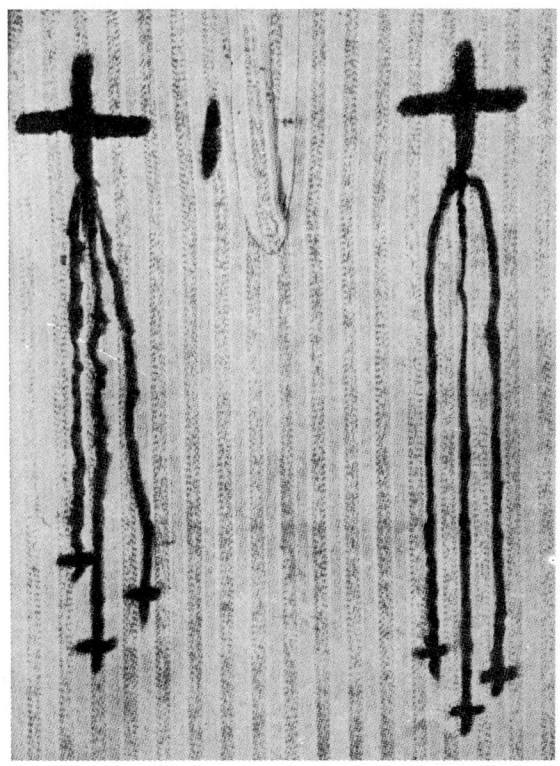

Oben:
Barbara Pfister auf
der Totenbahre.

Links:
Figürliche Stigmen
der Barbara Pfister
in einem bebluteten
Wäschestück.

Gesichte in immer stärkerem Ausmaße steigerten und wo sie nach jeder Fastenzeit den ergreifenden Osterjubel der Auferstehung erleben durfte. So wechselten auch bei ihr leidvolle und freudige Visionen. Wie viel mußte sie vor allem für die armen Seelen opfern und sühnen [6]).

Eigenartig aber ist der Verlauf ihres Lebens nach größeren Perioden betrachtet: da war zunächst die *erste* Epoche, die der freudenreichen Geheimnisse, die die ersten 16 Jahre ihres Lebens ausfüllten. Dann die Zeit der schmerzensreichen Geheimnisse, die 1897 einen gewissen Abschluß erreichten. Und schließlich die letzte, bis zu ihrem (1909 erfolgten) Tode: die Zeit schwerster Seelenleiden, der Verlassenheit und Trostlosigkeit, die sie in die sogenannte „dunkle Nacht der Seele" führten, d. h. in jenen Seelenzustand, der, so benannt nach dem hl. Johannes vom Kreuz, in schweren Läuterungsleiden zur endgültigen und vollkommenen Gottvereinigung führt.

Von Absonderlichkeit oder Weltfremdheit war jedoch bei Barbara Pfister nicht eine Spur zu finden und ebensowenig von Frömmelei oder Verstellung. Dagegen wuchs die Stigmatisierte mit fortschreitender innerer Läuterung zu immer größerer Sanftmut und Abgeklärtheit, zu wohltuender Opferfreude und Demut empor. Gott formte sie in aller Stille von innen heraus, und Schritt für Schritt kam sie den Hochzielen der Vollkommenheit näher. Im Jahre 1896 offenbarte ihr der Herr, daß er sie zur „Mystischen Vermählung" vorbereite. Und in den läuternden Leiden hierzu vergingen die letzten Jahre ihres Lebens, bis Gott seine Braut für bereitet hielt, ihre ewige Hochzeit im Himmel zu feiern: am 9. März 1909 ging sie in seine ewige Anschauung ein. Ihr Grab zu Speyer ist viel besucht und verehrt.

So ist ihr Leben das Bild kerngesunder Frömmigkeit und hoher Begnadung zugleich. In seinem Mittelpunkte stand eine tiefe Verehrung des hl. Sakramentes und die dogmatisch so tief begründete Hochschätzung der hl. Messe. In innigvertrauter Weise, oft Stunden und Stunden regungslos vor dem Allerheiligsten betend, bot sie das Bild eines ebenso natürlichen und ungekünstelten, wie ganz und gar von Gott erfüllten Menschen [7]). Als tief veranlagte eucharistische Opferseele ist sie eine würdige Nachfolgerin ihrer großen westfälischen Mitschwester, und nie mehr wird ihr Andenken, zumal als herrlicher Interpretin der Opfertat Christi im Mysterium der Messe, aus dem Denken und Fühlen unseres deutschen Volkes auszulöschen sein!

---

[6]) Eine ganz besondere Aufgabe fiel ihr übrigens im Hause der Schwestern zu Speyer zu. Sie hatte dort für eine verstorbene Oberin, *Lucia* mit Namen, Sühne zu leisten, *die ebenfalls stigmatisiert gewesen* und dort im Jahre 1885 verstorben war (sie trug die Seitenwunde und Dornenkrone). Zwölf Jahre weilte diese Arme Seele nach ihrer eigenen Aussage bereits im Fegfeuer, als im Jahre 1897 Barbara für sie zu sühnen begann. Sie hatte deshalb so schwer im Fegfeuer zu leiden, weil sie gegen ihre Untergebenen zu streng gewesen war. Nun aber wurde sie aus diesem an Weihnachten 1897 durch Barbaras Opfermut erlöst. Am 21. Dezember sah die Stigmatisierte sie in den Himmel eingehen.

[7]) Man beobachtete sie z. B. einmal, wie sie fast 92 Stunden in der Ekstase vor dem Tabernakel des Speyerer Domes kniete!

Neuere Stigmatisierte

An Pater Pio, den Mitgekreuzigten des Herrn im Süden, schließen sich noch eine ganze Reihe Träger der Wundmale aus unserer Zeit. Es ist, wie wenn der Kreis der stigmatisch Begabten und der Opferseelen sich gerade heute zu einer wahren Phalanx der Kreuzesträger erweitere und der Chor ihrer Stimmen und Offenbarungen wie gewaltige Weckrufe an unser Ohr drängen. Das grandiose augustinische Geschichtsbild, das uns einst der große Bischof von Hippo in seinem „Gottesstaat" enthüllte, es spielt sich heute furchtbarer denn je vor unseren Augen ab. Der Gemeinschaft derjenigen, „die nach dieser Welt leben", steht die Gemeinschaft jener, „die nach Gott leben", gegenüber: der Kampfesordnung der bolschewistisch-satanischen Mächte die wohlgeordnete Schar der Kämpfer Gottes. Und unter ihnen sind die Opferseelen als hervorragendste Träger des Kreuzes die Bannerträger des Sieges der Christenheit!

Nur einen kleinen Teil dieser verborgenen Mitdulder des Herrn vermögen wir auf diesen Blättern zu nennen, nur ein Mindestmaß der großen Mahnungen aus ihrem Munde wiedergeben. Genug, daß das Kreuz Jesu Christi hoch in ihren Seelen errichtet ist und daß sie in heroischer Geduld — und sei es auch in tiefer Abgeschiedenheit — an dem erhabenen und herrlichen Apostolat des Kreuzes in unserer Zeit teilnehmen. Denn nicht durch die großen äußeren Geschehnisse wird die Geschichte und die Zukunft der Menschheit entschieden, nein, durch den stillen Opferwillen der wenigen Einzelnen, auf denen das Auge Gottes mit ganzer Liebe ruht. *In ihnen* vollzieht sich der Menschheitsgeschichte größtes Geheimnis. Wie sagt doch ein Vincenz Bernadot O. Pr.? „Die geopferte Seele ist eine Hostie, ein Schlachtopfer. Sie muß nicht allein darein einwilligen, daß sich ihr Schlachtopfer mit dem Schlachtopfer Jesu vereinige, sondern auch, daß er es mit dem seinigen verschmelze: Sie wird mit Gott, mit Jesus, ein einziges herrliches Opfer. Die ganze hochheilige Dreifaltigkeit findet Gefallen an ihr. Der Vater, der in ihr die Züge seines vielgeliebten Sohnes erkennt, überschüttet sie mit seiner unaussprechlichen Zärtlichkeit. Der Sohn, der seine erlösende Passion fortsetzen sieht, zieht sie als bevorzugte Braut an sich, der hl. Geist liebt sie als ein vollkommenes Werkzeug seiner Gnade zur Heiligung der Kirche und wird ihr alleiniger Beeinflusser und Erzieher [1]." So sind sie

---

[1] „Von der Eucharistie zur Dreifaltigkeit" („Eucharistiebüchlein"), herausgegeben von P. Peter Lippert S. J., ein herrliches Buch über „Gott in uns" (München 1927, S. 136).

in Wahrheit die bevorzugten Träger und Künder der Gnade, die den Tod Jesu Christi immer aufs neue in die Welt rufen. Warnend stehen ihre großen Sühne-leiden vor unseren Augen. Und nicht minder eindringlich sind die erleuchteten Worte, die wir aus ihrem Munde erfahren. Möge die Welt daher immer bewußter aufhorchen und aus dem Beispiel ihres Lebens das „Eine, das nottut", erkennen, damit die Prüfungen, die über die moderne Welt kommen *müssen,* wenigstens an denen, die guten Willens sind, nicht fruchtlos verübergehen — und sie so die Stunde der Not und der Leiden gerüstet findet!

Es liegt uns dabei fern, irgendein umfassenderes Urteil über die Echtheit oder Unechtheit ihrer Gaben zu fällen. Darüber hat allein die Kirche zu befinden. Wir werden jedoch mit allem Freimut an die einzelnen Fälle kürzere oder längere Bemerkungen knüpfen, um dem kritischen Charakter unseres Werkes Genüge zu leisten; so sehr wir zu gleicher Zeit betonen, daß unser Urteil rein mensch-licher Art ist und auch nur als solches gewertet werden möge.

Rosalie Pütt (1868–1919)

Nicht vergessen wollen wir ferner die belgische Stigmatisierte ROSALIE PÜTT. Sie lebte in Lummen bei Hasselt in Belgien und trug alle Wundmale, sowie ein figürliches Stigma in Form eines Kreuzes auf der Brust. Während 25 Jahren litt sie die Passion des Herrn mit und hatte einen tiefgreifenden religiösen Einfluß auf ihre Besucher, die allerdings von ihren Angehörigen nur selten und unwillig vorgelassen wurden. Als ihr Seelenführer waltete ein Franziskaner, P. Januarus, seines Amtes. Viel umstritten und verkannt starb sie am 27. Februar 1919 im Alter von 50 Jahren.

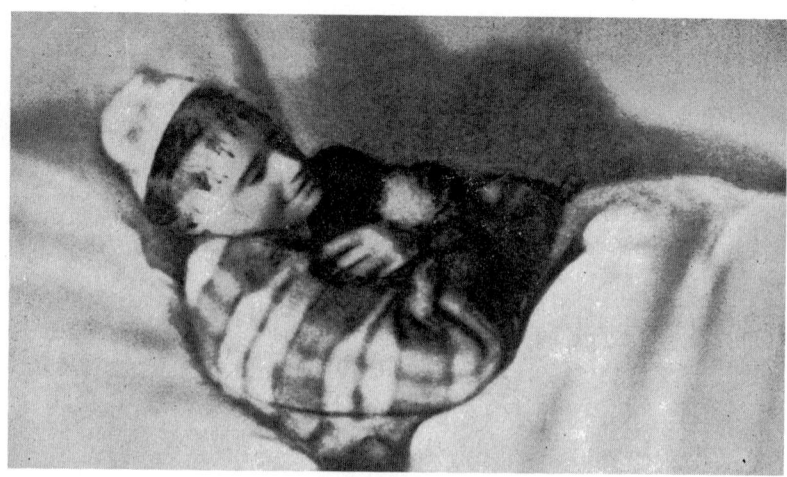

Rosalie Pütt aus Flandern (1868–1919)
Fotografie während der Leidensekstase

Salesia Schulten (1877–1920)

Ungleich wichtiger ist der Fall einer *geistigen* Stigmatisation, der, allseitig von Pater Richstätter S. J. untersucht, zu einem edelsten und bestgeklärten der jüngsten Zeit gehört. Es handelt sich um die Ursuline SALESIA SCHULTEN aus Osnabrück (1877—1920) [3]), die der Herr in geistig-fühlbarer Weise an seinen Leiden teilnehmen ließ. Ihr prägte er „die hl. fünf Wundmale in ihrem Geiste ein", die sie auch in leiblich fühlbarer Weise empfand. „Es war ein Schmerz — berichtet sie — so durchdringend und doch so wonnevoll, daß ich ihn nicht gegen die größten Freuden der Welt eintauschen möchte. Die Gnade war so gewaltig und die hl. Wundmale meinem Geiste und auch meinen Sinnen so fühlbar, daß es mir unmöglich war, troß aller äußeren Beschäftigung etwas anderes zu denken, als den gekreuzigten Heiland." Nichts Geringeres als die „Wunden der Liebe" waren es, die sie getroffen, ganz so wie sie ein hl. Johannes vom Kreuz in seiner „Geistlichen Liebesflamme" geschildert hat, und die sie zu glühender Gottesliebe entflammten [4]). Hochbegnadet ist Mater Salesia am 28. Februar 1920 zu Osnabrück entschlafen.

[3]) Vgl. Richstätter, Mater Salesia Schulten und ihre Psychologie der Mystik. Leben und Schriften einer Ursuline. Freiburg 1932.

[4]) Man vgl. zum Problem der „geistigen Stigmatisation" die Darlegungen unserer „Einführung" (Waldsassen 1938), Kap. IV, 3.

Benedikta Frey († 1921)

Zeitlich am weitesten zurück reicht das Leben der stigmatisierten italienischen Zisterzienserin BENEDIKT FREY, die über 50 Jahre (bis 1908) krank darniederlag und zum 50. Jubiläum ihres Leidens im Auftrag Papst Pius X. von einem vatikanischen Prälaten besucht wurde, der in ihrem Zimmer die hl. Messe las. Der Messingkörper eines Kruzifixes, das sie zeit ihres Lebens besaß, blutete am Pfingstmorgen des Jahres 1913, als es ein gewisser Priester bei einem Besuche im Vatikan vorzeigte. Als dieser 1906 die heiligmäßige Klosterfrau in Viterbo besuchte, hatte sie ihm dieses Kruzifix geschenkt. Es war dasselbe, das sie während ihres langen Krankenlagers stets in den Händen gehalten, und sie sagte ihm voraus, daß er ob gewisser übernatürlicher Geschehnisse noch einmal vieles zu leiden habe; das Kruzifix aber werde ihm dann Schutz und Trost sein. In der Tat zeigten sich bei ihm im Jahre 1911 und später blutende Hostien und Herz-Jesu-Bilder, wobei ihm erschütternde Prophetien über den Krieg und die Zukunft gegeben wurden[2]).

[2]) Es handelt sich um Abbé A. Vachère. Vgl. hierzu Grabinski, Wunder, Stigmatisation und Besessenheit in der Gegenwart, eine kritische Untersuchung, Hildesheim 1923.

Anna Schäffer

Die verborgene bayerische Stigmatisierte aus Mindelstetten

Wie so ganz anders und dennoch nicht minder packend und zu Herzen gehend ist das Geschick einer weiteren deutschen Stigmatisierten, die noch bis vor kurzem unter uns Lebenden weilte und die erst nach ihrem Tode durch das verdienstvolle Buch Ritter von Lamas bekannt geworden ist: die heldenmütige ANNA SCHÄFFER von Mindelstetten in Bayern [1]). Auch ihr Leidens- und Opfermut war ein über alle Maßen außergewöhnlicher, und gerade ihre Stigmatisation scheint zu beweisen, daß der Herr sie als eines seiner bevorzugten Werkzeuge in der Gnadengeschichte unserer jüngsten Tage erwählt hat.

Ein eigenartiger Lebensweg war Anna Schäffer beschieden, der so recht die Vielfalt der Wege der göttlichen Vorsehung und die Reichtümer der göttlichen Gnade einem *jeden* Menschen gegenüber, und mag er das Furchtbarste leiden, erkennen läßt. Dazu war es ein Weg, der sie schon früh zu einem wahren Martyrium führte. 1832 als fünftes von sechs Kindern geboren, war auch sie wie Barbara Pfister ein Schreinerskind. Durch den frühen Tod des Vaters mußte sie schon mit 16 Jahren eine Stelle bei einem Gerichtsrat in Landshut und zwei Jahre später eine ähnliche in Ingolstadt annehmen. Da fiel sie — es war am Feste *Maria Lichtmeß* — beim Waschen mit den Füßen *in einen Kessel kochenden Wassers*. Das wurde für sie der Ausgangspunkt schwerster Leiden, so daß sie in einem Grade zur Mitdulderin des Herrn ward, wie es vielleicht wenigen beschieden worden ist.

Sofort wurde sie damals in ein Krankenhaus gebracht. Als man sie vom Wagen aus hineintrug, schleiften verbrannte Fleischfetzen am Boden. Bis 1 Uhr nachts arbeitete der Arzt mit dem Messer an ihr, um das von den Knochen hängende Fleisch wegzuschneiden. Da aber die stehengebliebenen Reste sogleich zu faulen begannen, mußte sie sich weiteren schweren Operationen unterziehen. Ohne Narkose schnitt man ihr das Fleisch von den Knöcheln bis zu den Knien weg. Als man sie dann nach drei Monaten aus dem Krankenhause heim zur Mutter brachte, war man gezwungen, über ihre wunden Füße ein Drahtgestell zu stülpen, damit die Decke das rohe Fleisch nicht berührte. Trotzdem schrie die Kranke dauernd vor Schmerz. Wie besorgt man aber auch um ihre Heilung war: alle Versuche, ihre gräßlichen Wunden und Schmerzen zu lindern, blieben erfolglos. In aller Ratlosigkeit brachte man sie darauf zur Klinik, diesmal nach Erlangen. Doch auch hier waren alle Bemühungen vergeblich. Geradezu grauen-

---

[1]) Vgl. F. R. v. Lama, Anna Schäffer von Mindelstetten, eine unbekannte Stigmatisierte aus unserer Zeit (stigmatisiert 1910, gestorben 1925), Innsbruck 1930.

Anna Schäffer (1882–1925)
«Gern will ich tragen das Kreuz und die Pein,
Es führt nach dem Tod in den Himmel mich ein!»

haft hat sie dort unter zahlreichen Operationen und Heilversuchen gelitten. Unter dem angelegten Gipsverband faulte das wuchernde Fleisch von neuem. Auch hielt eine vorübergehende Besserung durch eine Salbe nicht an; wieder drang der Eiter unter dem Verband hervor. Und als man ihr darauf auf dem Operationstisch unter furchtbaren Qualen die Knochen abkratzte, standen die Ärzte schließlich vor dem traurigen Ergebnis, daß sie die Erfolglosigkeit ihrer „Heil"-Methoden einsehen mußten. Nachdem man sie dann wieder nach Hause gebracht, war man genötigt, ihre wunden Beine immer aufs neue mit Xeroformgaze zu verbinden, eine Behandlung, die man *22 Jahre* lang jeden fünften Tag trotz gräßlicher Schmerzen fortsetzen mußte. Nur so konnte man der Leidenden notdürftig das Leben erhalten. Es kam hinzu, daß sie in dauernder bitterster Armut lebte. Ganze neun Mark standen ihr für den Monat für Ernährung und Arzneien zur Verfügung! — Wenn je ein Mensch ein ganzes Lebensalter heroisch gelitten hat, so ist es Anna Schäffer gewesen!

Doch je schwerer dieses namenlose Kreuz auf der Dulderin lastete, um so höher waren die Gnaden, zu der sie der Herr berief. Und wirklich: nur in engstem Anschluß an Ihn vermochte sie ihr schweres Leben zu tragen. Nicht nur, daß sie ihren Beruf zur Sühne für die Menschheit erkannte, nein, Gott gab ihr durch zahlreiche Gesichte immer neuen Trost und immer größere Stärke — bis er sie schließlich nach fast zehnjähriger Prüfung einer ganz großen Gnade für würdig hielt: *Anna Schäffer empfing die hl. Wundmale des Herrn!*

Es war am 4. Oktober 1920, am Feste des hl. Franziskus. In einer gnadenreichen Erscheinung zeigte sich ihr der Heilige von Assisi. Er ließ sie seine heiligen Wundmale sehen, „von denen ein solcher Glanz ausströmte, daß sie fast ohnmächtig wurde". Darauf zeigte sich ihr der Heiland in ähnlicher Weise: von seinen Wunden gingen Strahlen aus, die sie an den entsprechenden Stellen der Hände und Füße trafen. Von dieser Stunde an trug sie die Wundmale sichtbar an ihren Gliedern. Die Stigmata der Füße hielt sie sorgfältig verborgen, und auch ihre Hände umwickelte sie, so daß die Wunden sogar dem Pfarrer ihres Dorfes für viele Jahre verborgen blieben. Schließlich aber erlangte sie nach mehrjährigem Gebete die Wegnahme derselben. Und so ist außer ihrer Mutter und einer Freundin, die sie pflegte, lediglich im Jahre 1915 ein sechsjähriges Mädchen, dem sie später bei ihrem Tode erschien, Zeuge derselben gewesen.

Außerordentlich aber waren die Gnaden, deren die Dulderin ob all ihrer Leiden gewürdigt wurde. Bereits im Jahre 1915 ward Anna Schäffer zur mystischen Vermählung zugelassen (1. Januar 1915). Aber noch lange nicht war ihr Dulder- und Läuterungsweg beendet. Ohne Unterlaß auf das Kreuz geheftet, erhielt sie von dem Herrn in immer zahlreicheren Gesichten und Gnaden die Kraft, ihr Leben weiter zu meistern: es sollte zu einem beispiellosen Opferleben werden, das in seiner sühnenden Bedeutung, zumal in den Kriegsjahren, weit über den engen Kreis der Heimat hinauswuchs. Denn damals wurden ihr die außerordentlichsten göttlichen Missionen zuteil, die das Schicksal ganzer Völker berührten. Wir erinnern an ihr betend-sühnendes Begleiten der Frie-

Das nebenstehende Photo entstand auf einem Jahrmarkt, wo sich Anna Schäffer auf Betreiben ihrer Schwester photographieren liess.

Handschrift von Anna Schäffer unter dem Titel «Im Geiste vor dem hlst. Sakramente am 4. August 1918.»

A. Sch.

densaktion des Papstes im Jahre 1917 [2]), an ihr übernatürliches Erleiden des
Umsturzes von 1918, den sie als einen großen Generalangriff auf Kirche und
Religion erkannte, und an viele andere Daten ihres hochbegnadeten Lebens.
Und je erschreckender die Gottlosigkeit in Europa wuchs, um so stärker mußte
sie für die Wiederherstellung der Ordnung Sühne leisten.

Wir erwähnten bereits, daß sie ihre äußeren Wundmale wieder auf ihre
inständigen Bitten verlor. Es war jedoch nur, um umso größere stigmatische
Schmerzen zu erdulden. Im Jahre 1922 aber, es war am 1. März, empfing sie —
gleichsam zur Krönung ihres heroischen Duldertums — die Dornenkrone unseres Herrn, deren Beschwerden sie bis zu ihrem Tode erlitt.

Endlich aber sollte sich ihr so schmerzensreiches Leben erfüllen. Nach 25
Jahren namenlosen Martyriums nahm sie der Herr am 5. Oktober 1925 zu sich
in die Ewigkeit. Ihr Begräbnis wurde zu einer machtvollen Kundgebung der
Verehrung, die sie genoß. Ungezählte Scharen gläubigen Volkes drängten sich
an ihren Sarg, um die Verstorbene noch einmal zu sehen. Und als ihre sterblichen Überreste in die Erde gesenkt wurden, da konnte sich kein Auge der
Tränen erwehren.

Daß aber Anna Schäffer auch von kirchlicher Seite hohe Verehrung genießt,
das beweisen die Worte der Anerkennung, die ihr zuständiger Bischof, Dr.
Buchberger, über sie im Jahre 1929 in der Cäcilienkirche zu Regensburg sprach:
„Franziskusseelen" — so sagte er — „gab es zu aller Zeit und gibt es auch in
unseren Tagen. Im Jahre 1925 starb in unserer Diözese eine Jungfrau namens
Anna Schäffer, die wegen ihres fünfundzwanzigjährigen Leidens der Wundmale Christi gewürdigt wurde. Sie hat während ihrer Leidenszeit von einer
monatlichen Rente von neun Mark gelebt, war dabei völlig zufrieden und trotz
aller Armut und Leiden von Dankbarkeit gegen Gott. Das ist die Armut, die
selig macht in diesem und dem anderen Leben."

Ihr Grab ist bei der Kirche von Mindelstetten. Möge es als Ruhestätte einer
wahrhaft heiligen Dulderin stets Gegenstand der aufrichtigen Hochschätzung
des gesamten deutschen Volkes sein!

Mit Anna Schäffer aber ist die Zahl der deutschen Dulderseelen der neueren
Zeit, die tief im Verborgenen ihr Apostolat geübt, bei weitem nicht erschöpft.
Wir werden noch auf weitere Beispiele zu sprechen kommen.

---

[2]) Ritter von Lama hat diese Vorgänge, die mit der Friedensaktion Papst Benedikts XV. bzw. des damaligen Nuntius Pacelli in Deutschland verknüpft sind, genau
geschildert. Vgl. a. a. O. S. 153 ff. Leider hatte ihr sühnendes Gebet in jenen Julitagen
nicht den gewünschten Erfolg, obwohl wir auch von mehreren Begnadeten wissen, daß
sie um den Frieden in besonderer Weise beteten.

Amalia von dem gegeißelten Jesus (um 1928)

In *Brasilien* erhielt im August 1928 Schwester Amalia von dem gegeisselten Jesus aus der Kongregation der Missionsschwestern vom gekreuzigten Jesus zu Campinas vorübergehend die Wundmale Christi. Zugleich wurden ihr angeblich Offenbarungen über den sogenannten „Rosenkranz von den Tränen" gegeben, der troß zuständiger bischöflicher Approbation sehr verkannt wurde. Ein Rundschreiben des Bischofs befaßte sich ausführlich mit der neuen Stigmatisierten, bei der kein Zweifel bestehe, daß es sich um eine in ihrer Gesundheit, ihrem Charakter, ihrer Sittlichkeit und ihren Tugenden tadellose Jungfrau handelt, es wäre daher ein Unrecht, bei dieser Seele anzunehmen, was ihr am meisten Abscheu verursacht, nämlich Ruhmsucht und Volkstümlichkeit, bzw. Täuschung oder Betrug [7]". Erst nach dreimonatigem Studium und persönlicher Beobachtung unter dem Beistande von zwölf Missionsschwestern, unter denen einige die akademischen Grade besaßen, unterrichtete er die Öffentlichkeit. Die Betreffende werde dauernd überwacht, um die strengen Regeln der Kirche solchen Fällen gegenüber zur Durchführung zu bringen. Schon jeßt aber könne er erklären, daß die Lehre, die aus ihren Visionsbetrachtungen spreche, durchaus reiner Art sei und ganz der Aufgabe des Institutes entspreche, dem sie angehöre: „Die Menschen wieder an die Liebe des gekreuzigten Jesus zu erinnern in einer Zeit, die so voll ist der Sinnlichkeit und der Verderblichkeit wie die unsere".

---

[7]) Wir zitieren aus dem in Bahia erscheinenden kathol. Blatte „Era Nova" vom 15. Dezember 1928 nach der Übersetzung von Lama im „Konnersreuther Jahrbuch 1929", S. 47 f.

Mary aus Earling (um 1928)

Zu fast gleicher Zeit wird in Nordamerika von einer Begnadeten berichtet, die in einem gewissen Zusammenhang mit Konnersreuth steht [8]. Als nämlich der deutsche Bischof Schrembs von Cleveland in den Vereinigten Staaten im Jahre 1926 am Leidensbette Therese Neumanns in Konnersreuth weilte, offenbarte sie ihm, daß in seiner Diözese über dem Meere eine Begnadete lebe, „an der bald große Dinge getan würden [9]".

---

[8]) Wir nehmen diesen Fall, obwohl er also erst im Gefolge von Konnersreuth auftritt, voraus, um dann in einem Schlußkapitel um so ausführlicher auf Therese Neumann eingehen zu können.

[9]) Vgl. hierzu Von Lama „Konnersreuther Chronik", 1928, S. 23 und S. 27 ff. Ferner „Konnersreuther Jahrbuch", 1931, S. 87 ff.

Zugleich enthüllte ihm Therese Dinge aus seinem eigenen Seelenleben, die nur er wissen konnte, und zwar in einer Genauigkeit und Ausführlichkeit, die denselben tief erschütterten. In die amerikanische Heimat zurückgekehrt, forschte Bischof Schrembs nach der fraglichen Persönlichkeit. In der Tat erhielt er hier Kunde von der Begnadung eines Mädchen namens MARY in Earling, «das vier Tage hindurch bei der hl. Messe während der Wandlung den göttlichen Heiland sterbend am Kreuz geschaut», wie er aus seinen fünf Wunden blutete. Beauftragt, den Heiland selbst über den Zusammenhang mit Konnersreuth zu befragen, schickte sie, als ihr der Herr mit dem heiligsten Herzen erschien, in rührender Bescheidenheit die Frage voraus: «Lieber Heiland, bezüglich der Frage, die ich jetzt an dich stelle, wünsche ich, daß ich es nicht bin». Und dann fragte sie: «Bin ich das Mädchen, von dem Therese Neumann zum Herrn Bischof Schrembs gesprochen hat?» Darauf entgegnete der Heiland, sich ihr nähernd: «Ja, du bist es, meine geliebte Tochter. Ich selbst habe es der Therese Neumann geoffenbart, was sie zum Bischof Schrembs gesagt hat, und auch das habe ich ihr geoffenbart, was sie zu andern über dich gesagt hat. Die Offenbarungen können mitgeteilt werden, aber von deinem Namen und Wohnort will ich nicht haben, daß sie bekanntgemacht werden. Dein Name soll noch geheim gehalten werden aus verschiedenen Gründen... Es würden sonst die Leute zu dir kommen wie zur Therese Neumann von Konnersreuth[10].»

Erschütternd ist, was er ihr bei einer anderen Ekstase während der hl. Messe offenbarte: bei der hl. Wandlung erschien ihr wiederum, aus allen Wunden blutend, der Heiland am Kreuze, und zwar so furchtbar leidend, daß kein Nagel mehr zu sehen war infolge des Blutes. Vier Tage lang sah sie ihn sterbend. Das brechende Auge vom Kreuze auf sie gerichtet, sprach er wehmutsvoll vom Kreuze herab: „Ach, so viele Menschen achten meiner Leiden und meines Kreuzestodes nicht. Sie verschmähen meine Leiden und meinen Kreuzestod; darum geht dieser Kreuzestod an so vielen verloren". Und dann lädt er sie ein, mit Ihm zu sühnen [11].

Diese nordamerikanische Begnadete erduldet zugleich zeitweilig die furchtbaren Qualen der Besessenheit. Oft mußte daher in den letzten Jahren der Exorzismus über sie gesprochen werden, der sich unter unerhörten Qualen bei ihr vollzog. Und hierbei erleidet sie zugleich — wenn auch nicht äußerlich stigmatisiert — in unaussprechlicher Weise die Passion des Herrn. Christus gab ihr die äußeren Wundmale, wie ihr Seelenführer berichtet, aus dem Grunde nicht, um ihre Mission durch diese äußeren Zeichen nicht unnötig zu erschweren. Aber bei ihrem Miterleiden der Passion mußte sie dafür — wie z. B. im Jahre 1928 — die gesamten Leiden des Herrn um so tiefer erdulden, angefangen von der Ölbergstunde bis zu dem Augenblick, da sein Leichnam im Schoße der Mutter ruht. Als der Herr unter dem Kreuze niedersank, rief er Mary zu, indem

---

[10]) Vgl. „Konnersreuther Jahrbuch" 1931, S. 90.
[11]) Vgl. ebenda S. 91.

er seine Hand gegen sie erhob: „Sieh mein Kind, wie ich Dich liebe, leide mit mir!" Mary ist also im innerlichen Sinne eine heroische „Mitdulderin" der Schmerzen des Herrn.

Am wichtigsten aber an dieser Begnadeten ist, daß sie in dem weiter oben gekennzeichneten Sühnezustand von Gott ergreifende Angaben über das Ende der Zeiten und den kommenden Antichrist erhielt, über die uns genaue Auskünfte ihres Seelenführers, P. Theophilus Riesinger O. M. Cap., vorliegen. Wir verweisen hierzu u. a. auf die bedeutsamen Schilderungen des Konnersreuther Jahrbuchs 1935. Mary spricht von einem schon baldigen Kommen des Antichrists und beschreibt auf das genaueste die Geschehnisse, die dessen Kommen vorausgehen und die zu seinem Sturze führen [12]).

---

[12]) Auf die Echtheit ihrer Begnadung und die Zuverlässigkeit ihrer Aussagen befragt, hat P. Riesinger O. M. Cap. — dieser starb übrigens 1946 — dem Verfasser mit allem Nachdruck geantwortet, daß er die Dulderin bereits im zweiten Jahrzehnt prüfe und daß die Furchtbarkeit ihrer Exorzismen, die in ihrer Art wohl bisher von keinem Fall, der bekannt ist, übertroffen wurde, auf die absolute Übernatürlichkeit ihrer Zustände schließen lasse. Insofern dürfte dieser Fall, über den wir an dieser Stelle leider nichts weiteres zu sagen vermögen, einer der außerordentlichsten der Jetztzeit sein. In diesen Offenbarungen spielt das baldige Erscheinen und der Sturz des Antichrist durch den kommenden christlichen Friedensfürsten eine große Rolle.

(Der authentische Bericht über den Besessenheitsfall «Earling» ist neu erschienen im Buch von Prof. Siegmund, «Von Wemding nach Klingenberg», Christiana-Verlag 1985.)

40. Kapitel

Marie Rose Ferron

«Little Rose» von Nordamerika

Von Arnold Guillet

Eines der hellsten Gestirne am Himmel der Mystik ist zweifelsohne die nordamerikanische Stigmatisierte Marie Rose Ferron (1902—1936). Die meisten Stigmatisierten haben nicht alle Wundmale des Herrn an ihrem Leib getragen. Die hl.
Franziska von Jesus trug die Schulterwunde, Ugolin von Mantua die Herzwunde,
John Cray die Wundmale der Füsse, der hl. Johannes von Gott die Dornenkrone,
die hl. Rita hatte eine Wunde an der Stirn. Christus lässt die Seinen an seiner Passion teilnehmen, aber ihr Anteil ist dosiert, so weit sie ihn ertragen können. Marie
Rose Ferron besaß alle Wundmale, sogar die Schulterwunde, die Spuren der
Geißelung und die Ähnlichkeit mit dem «Ecce homo».

Marie Rose Ferron wurde am 24. Mai 1902 in St.Germain de Gruntham in der
Provinz Quebec in Kanada geboren. Ihr Vater war Schmied, ein bärenstarker,
robuster Mann, praktisch veranlagt, cholerisch und doch von tiefer, männlicher
Frömmigkeit, ein Mann, der täglich die hl. Messe besuchte und anschließend den
Kreuzweg betete. Die Mutter war eine stille, bescheidene Frau, die als Mutter von
15 Kindern einen heroischen Einsatz leistete. Die Ferron waren Französisch-
Kanadier, die ihren Glauben auch in der Neuen Welt bewahrt hatten.

Erschütternd ist eines ihrer Jugendgeheimnisse, das Marie Rose Pfarrer Léonard
anvertraute: «Als ich einmal in meinem 'Traum' versunken war — sie pflegte ihre
Ekstasen als Träume zu bezeichnen — sah ich die allerseligste Jungfrau. Sie ließ
die fünfzehn Rosenkranzgeheimnisse an mir vorüberziehen. Nach dem fünfzehnten
war der Name meiner Mutter zu lesen. Ich konnte daraus entnehmen, daß meine
Mutter bei jedem Kind, das ihr geschenkt wurde — und es waren fünfzehn — an
eines der fünfzehn Rosenkranzgeheimnisse gedacht hatte. Die Bilder der Geheimnisse verschwanden und erschienen wieder; wie sie so vor meinen Augen
abrollten, standen sie beim zehnten Geheimnis still. Ich sah die Kreuzigung und
begriff, daß ich die Stigmata trage, weil ich das zehnte Kind der Familie bin.»

Schon in früher Jugend hatte Marie Rose mystische Erlebnisse. Als sie sieben
Jahre alt war, lehrte Jesus sie folgendes Gebet: «O, Herr Jesus, wenn ich über Deine
Worte nachdenke: 'Viele sind berufen, aber wenige sind auserwählt', so bin ich in
banger Sorge um jene, die ich liebhabe. Ich bitte Dich, schaue auf sie in Deiner
Barmherzigkeit. Siehe, mit unendlicher Liebe legst Du ihre Rettung in meine
Hände, denn alles ist dem verheißen, der mit Dir und für Dich zu leiden versteht.
Mein Herz blutet unter der Last der Trauer, mein Wille aber bleibt mit Dir ver-
eint, und ich rufe zu Dir: Ja, Herr, ich will für sie leiden. Ich will meine Tränen mit
Deinem kostbaren Blut mischen für die Rettung derer, die ich liebe. Du wirst
meinem schmerzlichen Aufschrei kein taubes Ohr entgegenhalten. Du wirst sie alle
retten.»

In diesem Gebet, das Marie Rose fortan täglich betete, wird die ganze Heils-
ökonomie Gottes sichtbar, aber auch das abgrundtiefe Geheimnis, das Pius XII.

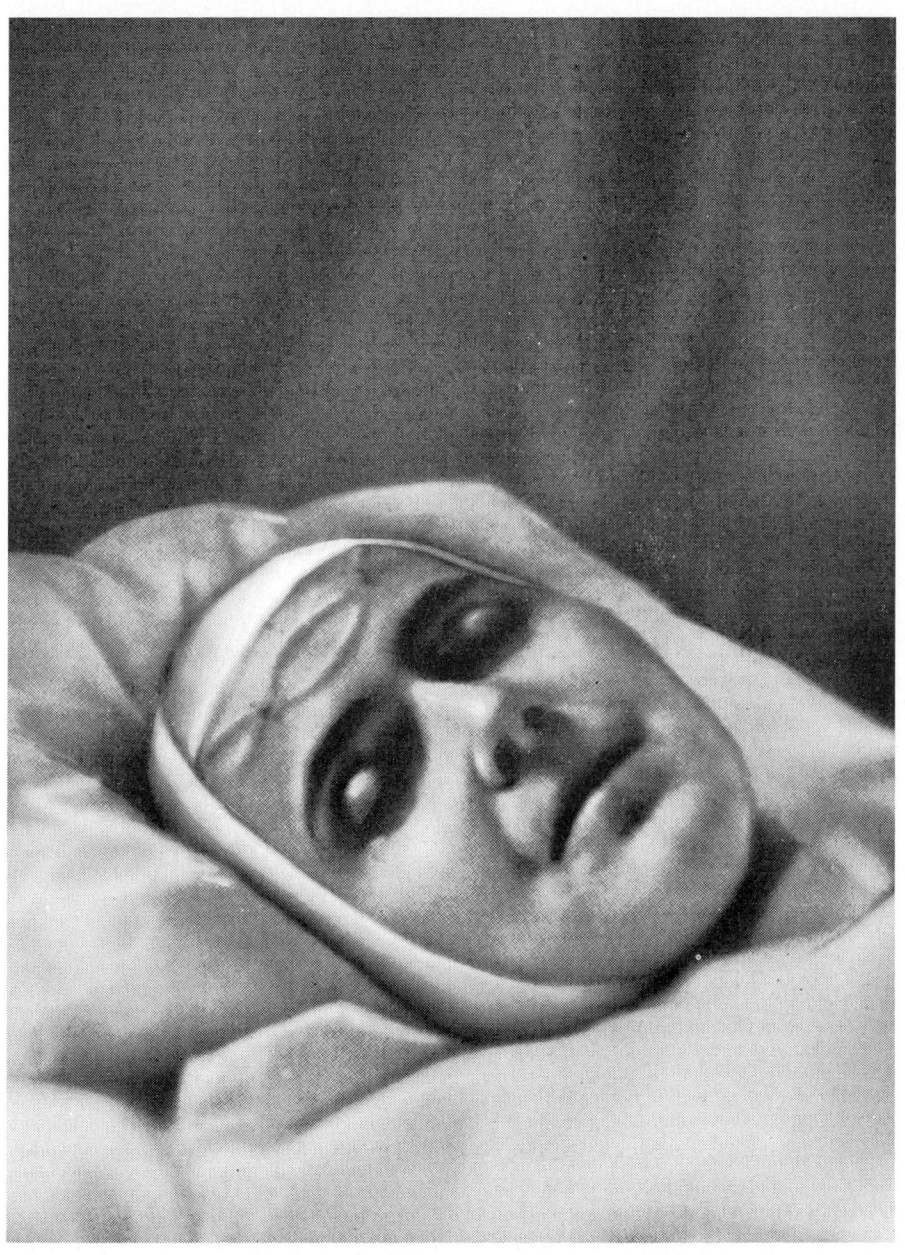

Marie Rose Ferron (1902—1936)

*Man beachte die Dornenkrone auf ihrer Stirn;
diese wurde 1929 sichtbar.*

mit Schauer erfüllte, daß das ewige Heil von Menschen vom Gebet einzelner abhängen kann.

Mit zehn Jahren durfte sie zum ersten Mal den Heiland empfangen. Sie wünschte sich die schönste Ausstattung, die möglich war; sie erhielt ein seidenes, schneeweißes Kleid und passende Schuhe und Strümpfe. Sie wußte dieses Geschenk ihrer Eltern sehr zu schätzen. Daß sie dieses Kleid aber nur für Jesus und nicht zu ihrer persönlichen Eitelkeit trug, geht daraus hervor, daß sie es nur zur heiligen Messe und Kommunion trug und es nach dem Gottesdienst wieder abzog. Das Kleid sollte Symbol der vollkommenen Reinheit sein, auf die Jesus so großen Wert legt.

Schon mit zwölf Jahren wollte sich Marie Rose nützlich machen und sie arbeitete während eines Jahres als Kindermädchen in der Familie eines Rechtsanwaltes. Infolge eines Unfalles wurden ihre rechte Hand und ihr linker Fuß gelähmt und sie konnte nur noch an Krücken gehen. Als sie fünfzehn Jahre alt war, wurde ihre Hand nach Novenen zum hl. Gerald plötzlich gesund, während sich der Zustand des Beines verschlimmerte.

1925 übersiedelte die Familie nach Woonsocket, einer Stadt im Staate Rhode Island am Blackstone River. Woonsocket liegt zwar bereits auf dem Gebiet der USA, doch sind die meisten Einwohner franko-kanadischer Abstammung. Marie Rose musste fast ständig das Bett hüten. Pfarrer A. Gauthier lehrte sie, wie sie ihre Leiden für das Reich Gottes verwerten konnte. Langsam wuchs sie in ihre eigentliche Lebensaufgabe hinein, eine Opferseele für Christus zu sein. Ihre glühende Liebe zu Jesus brachte sie dahin, daß sie aus eigenem Antrieb für ihn und mit ihm leiden wollte. Daß dies nicht leicht war, zeigt ihre Äußerung:

«An einem Sommertag — ich war siebzehn Jahre alt — hörte ich unter dem offenen Fenster lachen und plaudern. Ich beugte mich vor, um zu sehen, was es gäbe. Es kam von einer Gruppe Mädchen in meinem Alter. Meine Freundinnen und Schwestern waren im Begriff, in ihren Sonntagskleidern zur Kirche zu gehen. Ich hörte oben ihr Lachen und Scherzen. Das sprudelnde Leben dieser jungen Mädchen schien mir das beste, was die Welt zu bieten hatte. Ich verglich ihre Lage mit der meinen und — ich war buchstäblich vernichtet. Ich sah mich selbst elend, hilflos und von Gott verlassen; ich dachte an meine Leiden und meine Krücken. Mir brach fast das Herz und ich weinte bitterlich. Ach, wenn Sie wüßten, was in mir vorging.»

Kummer bereitete ihr auch ihre schulische Ausbildung, die durch ihre Krankheit zu kurz kam.

Auf die Frage, warum die ersten Christen frohlockend und singend das Martyrium erleiden konnten, antwortete sie:

«Ja, der Tod ist der Weg zum Leben.»

«Kannst du dir denken, daß es eine Wonne für sie war, zu leiden?»

«O ja, denn ich selbst hungere und dürste nach Leiden.»

«Und wenn du leidest, spürst du dann, wie deine Liebe zu Jesus zunimmt?»

«Gewiss, denn wenn sie nicht zunähme, könnte ich nicht mehr leben, ich müßte sterben.»

1927, in einem Alter, da sich ihre Altersgenossinnen verheirateten, prägte sie folgenden Satz, aus dem eine tiefe Lebensweisheit spricht:

«Zermahle deine Leiden in der Mühle der Geduld und des Schweigens; mische sie mit dem Balsam der Passion des Erlösers; forme daraus gleichsam eine kleine Pille und nimm sie mit Glauben und Liebe ein, dann wird das Feuer der Gottesminne sie verzehren.»

Daß die Familie ihren Wohnsitz nach Woonsocket verlegt hatte, sollte sich nachträglich als providentiell erweisen, denn diese Stadt wurde zum Mittelpunkt der sogenannten Sentinellisten-Bewegung. Welche Bewandtnis hatte es mit dieser Bewegung und was hatte Marie Rose damit zu tun?

Bischof Hickey von der Diözese Providence gab 1922 bekannt, daß die Abgaben für die höheren katholischen Schulen um eine Million Dollar erhöht werden müßten, vorerst auf freiwilliger Basis, notfalls auf dem Weg der Kirchensteuer. Es gab heftigen Widerstand und zwar von einer Gruppe, von der man es am wenigsten erwartet hätte, weil sie als gottesfürchtig galt, von der französischsprachigen Bevölkerung. Die französischen Katholiken zahlten ihre Steuern für die öffentlichen Schulen und unterhielten daneben noch ihre eigenen, katholischen, französischen Schulen. Sie weigerten sich, auch noch für die höheren, englischen Schulen zu zahlen, auch wenn diese katholisch waren. Elphege Daignault, Jurist und Richter beim Obersten Gerichtshof, gründete ein Wochenblatt, «La Sentinelle» (Die Wacht), unter deren Führung die Opposition gegen Bischof Hickey immer größer wurde und in Haß ausartete. Die Auflage von «La Sentinelle» stieg und gab der ganzen Bewegung den Namen. Hier waren offenbar nicht nur religiöse, sondern auch nationale Interessen im Spiel.

Der Riesenbrand warf seine Funken bis in den Kongreß. In seiner bedrängten Lage suchte Bischof Hickey Marie Rose Ferron auf, weil er wußte, daß das Gebet einer Heiligen bei Gott viel vermag: «Mein Kind, willst du für unsere Diözese leiden, für ihre Priester und für jene, die ich habe strafen müssen?» Marie Rose gab ihm die großmütige Antwort: «Exzellenz, ich will tun, was Sie wünschen, ich will gern für Ihre Anliegen leiden, damit jene wieder zurückkehren, die Sie exkommuniziert haben. Ich nehme den Auftrag an. Es soll meine Mission sein, für die Verirrten zu beten.»

Bald zeigten sich die Früchte ihres Gebetes, der Widerstand gegen die kirchliche Obrigkeit wurde aufgegeben, die Sentinellisten kehrten zurück und verherrlichten dadurch das Reich Gottes auf ungeahnte Weise.

Marie Rose gründete die Genossenschaft der «Sühnenden Schwestern von den heiligen Wunden Jesu», die von Bischof Hickey gutgeheißen wurde; am 8. Dezember 1928 legte sie als erste die Gelübde ab. Ihre mystischen Fähigkeiten wie Nahrungslosigkeit, Hierognosis und Ekstasen dürfen wir als Zeichen ihrer Echtheit ansehen. Wenn eine Anna Katharina Emmerich unter strengster Kontrolle des preußischen Staates während Wochen völlig nahrungslos lebte und dabei, wie Dr. med. Franz Wilhelm Wesener in seinem «Tagebuch» (Christiana-Verlag, 1973, 338 S.) feststellte, kein Gramm Gewicht verlor trotz normaler physischer und geistiger Tätigkeit, so ist das ein Beweis, der jeden ehrlichen Gottsucher in die

Knie zwingt. Marie Rose lebte zwar nicht völlig nahrungslos, aber seit 1925 lebte sie fast ohne jede feste Nahrung; trotzdem litt sie unter Hunger, besonders zur Essenszeit. Wenn auch das Hungergefühl mit der Zeit abnahm, steigerten sich die Durstqualen fast bis zum Wahnsinn. Jeder Versuch, zu trinken, löste Brechreiz aus.

1927 machte der Pfarrer einen bemerkenswerten Versuch. Er wußte, daß ihr die Kommunion nichts ausmachte. Einmal ließ er sie kleine Teilchen von nicht konsekrierten Hostien genießen; die Folge war, daß sie krank wurde.

O. A. Boyer schreibt in seinem Buch «Sie trug die Dornenkrone» (ins Deutsche übertragen von K. Koch, Imprimatur von Dr. Tuschen, Generalvikar der Diözese Paderborn, vom 7. Dezember 1955):

«Eines Tages versuchte Marie Rose, die noch in der Ekstase war, zu sprechen, aber sie war so schwach, daß die Worte auf ihren Lippen erstarben. Es war, als ob sie bewußtlos würde; sie atmete kaum mehr, sie schien zu sterben. Als man jedoch das Zeichen des Kreuzes über sie machte, lebte sie augenblicklich wieder auf. Die Worte strömten wie ein Gießbach aus ihrem Munde und schienen sich zu überstürzen. Dies wiederholte sich ungefähr fünfzehnmal. Manchmal zögerte ich absichtlich, sie zu segnen, um zu sehen, was nun geschehen würde: Da wurde ihre Stimme allmählich schwächer, bis kaum noch ein Zeichen von Leben in ihr war. Wenn sie aber wieder gesegnet wurde, beobachteten wir immer die gleiche Wirkung. Als später einmal ihre Nerven versagten, wurde auch dieser Zustand durch den Segen sofort überwunden. Ein Jahr vorher hatte Marie Rose mir erzählt, sie fühle den Segen des Priesters immer, auch außerhalb der Ekstase. Eine solche Fähigkeit, heilige Dinge zu unterscheiden, nennt man Hierognosis. Wie Anna Katharina Emmerich konnte auch Marie Rose unterscheiden, ob ein Gegenstand gesegnet war oder nicht. Wie Louise Lateau fühlte sie die Gegenwart Christi im hl. Altarssakrament, z. B. wenn ein Priester mit dem Allerheiligsten am Haus vorbeiging.»

Die Begleiterscheinungen ihrer Ekstasen waren Muskelstarre und das Phänomen der Schwere. Das letztere Phänomen wurde bei vielen Mystikern beobachtet: in der Ekstase wird ihr Körper schwer wie Blei; es scheint, wie wenn er von einer zusätzlichen Gravitationskraft festgehalten würde. O. A. Boyer machte 1933 einen interessanten Test und rapportierte denselben dem zuständigen Bischof:

«Freitag, den 25. November 1932. Ich verbrachte den Nachmittag bei Marie Rose Ferron. Um 15.30 Uhr fragte ich die Dame, die bei ihr wachte, ob Marie Rose noch in der Ekstase und unbeweglich sei. Sie antwortet: 'Ja!' Da versuchte ich, Marie Rose zu heben: Ich kreuzte zunächst beide Hände unter ihrem Hals; beim ersten Ansatz wurde sie steif, so daß ich fürchtete, ihr eher das Genick zu brechen, als sie emporzuheben. Nun legte ich meine Hände unter ihre Schultern und versuchte auf diese Weise, sie zu heben. Aber trotz größter Kraftanstrengung war ich dazu nicht imstande. Nach einer Viertelstunde tat ich es noch einmal, wieder hatte ich keinen Erfolg. Ich sagte nun zu der Dame: 'Sie läßt sich nicht bewegen.' Sie erwiderte: 'Wir haben es schon zu zweien versucht, aber es war unmöglich.' Frau Ferron, die inzwischen ins Zimmer gekommen war, fügte hinzu: 'Sie ist wie angenagelt.' Nun wollte ich noch einen Versuch machen ... So legte ich wieder meine Hände unter ihre Schulterblätter und versuchte mit aller Anstrengung, Marie Rose zu heben. Eher hätte ich eine 20-Zentnerlast heben können! Marie Rose blieb unbeweglich. Und doch wiegt das Mädchen sicherlich nicht mehr als 75 Pfund. Dieses staunenswerte Phänomen der Schwere tritt nicht etwa ausnahmsweise ein, sondern es ereignet sich an jedem Freitagnachmittag und kann deshalb von jedem als wahr bestätigt werden (a.a.O. S. 63). Dieses Phänomen der Schwere ist ein Beweis für den übernatürlichen Charakter ihrer Ekstasen. Während ihrer Ekstasen am Freitag erlebte sie die Leiden der Kreuzigung. Oft kam es auch vor, daß sie bei ihren Ekstasen sang; es waren zwanglose Texte, die sie rhythmisch vortrug.»

Marie Rose Ferron war eine Zeitgenossin der Therese Neumann von Konnersreuth. Interessant ist folgende Episode. Im Tagebuch des Pfarrers Léonard findet sich nachstehende Eintragung:

«Heute, am 23. Oktober 1930, höre ich, daß ein Mann aus Süd-Carolina an einem Freitag Therese Neumann besucht hat. Ohne ihn zu kennen, sagte Therese Neumann zu ihm: 'Weshalb kommen Sie zu mir? Warum besuchen Sie nicht meine kleine Schwester Marie Rose in Ihrem eigenen Land? Der Weg zu ihr ist kürzer als hierher.' Und sie gab ihm die Adresse von Marie Rose. Nach seiner Rückkehr nach New York fuhr jener Amerikaner tatsächlich an einem Freitag nach Woonsocket . . . Mit Erlaubnis des Pfarrers durfte er Marie Rose sehen. Als er aus ihrem Zimmer trat, sagte er unter Tränen: 'Ich habe hier dasselbe Wunder gesehen wie in Konnersreuth.'»

Wir haben bereits eingangs darauf hingewiesen, daß Marie Rose Ferron sämtliche Wundmale des Herrn trug. Im Interesse einer möglichst genauen Beschreibung lassen wir hier die Original-Akten sprechen:

«Einige Stigmata trug Marie Rose nach deren erstem Auftreten beständig an sich, wie die fünf Wunden und die Dornenkrone. Andere wurden nur am Freitag sichtbar und verschwanden am nächsten Tage, ohne eine Spur zu hinterlassen; alle verursachten große Schmerzen; einige saßen tief im Fleisch und bluteten. Sie verschwanden ebenso schnell, wie sie gekommen waren.

Im Dezember 1927 schrieb Pfarrer X.: 'Vorigen Freitag waren Marie Roses Wunden tiefer als gewöhnlich. Die Mutter hatte sie um 1 Uhr nachts umgekleidet und versicherte mir, sie habe bemerkenswerterweise zu der Zeit keine Wunden an ihr wahrgenommen. Um 8 Uhr morgens reichte ich Marie Rose die heilige Kommunion. Nachher ließ ich mir ihren rechten Arm zeigen. Ich zählte fünf große Wunden. Und das wiederholte sich jeden Freitag von der Zeit an, da die Stigmata zu bluten angefangen hatten, bis zum 1. August 1931, wo sie alle plötzlich verschwanden.'

Als erstes äußeres Zeichen ihrer Ähnlichkeit mit dem gekreuzigten Herrn empfing Marie Rose die Wundmale der Geißelung. Sie traten in der Fastenzeit des Jahres 1927 auf und erregten begreiflicherweise großes Aufsehen. Ich wandte mich an ihren Beichtvater, Pfarrer X., um die Gunst zu erhalten, sie anschauen zu dürfen. So zeigte mir Marie Rose ihren Arm. Er war an der Außenseite von purpurroten Streifen durchzogen, die ungefähr 1 cm breit waren. Die Streifen waren geschwollen und lagen dicht nebeneinander. Der Arm sah aus, als ob er mit Geißeln geschlagen worden wäre. Ich fragte Marie Rose, ob die Striemen sehr schmerzten. Sie antwortete, sie täten so weh wie Brandwunden. Ich fragte weiter, ob die Wäsche anklebe, wenn das Blut durchsickere. 'Ja', antwortete sie, 'und es dauert lange, wenn ich sie ablösen will. Der Schmerz ist so stark, daß ich die Ärmel immer nur ein Stückchen und nur ganz langsam heraufziehen kann; es ist, als ob ich die Haut wegrisse.' Als ich ihr riet, warmes Wasser dabei zu gebrauchen, entgegnete sie: 'O, das ist erst recht unerträglich, es brennt wie Feuer . . .'

Die Herzwunde verursachte Marie Rose große Qual; wurde der Schmerz heftiger, so verlor sie das Bewußtsein. Vergaß sie einmal, an sich zu halten, etwa wenn sie herzlich lachen mußte, so ging ein stechender Schmerz durch ihr Herz, und sie wurde ohnmächtig. Oft sah man sie die Hand aufs Herz legen, als ob sie dadurch den durchbohrenden Schmerz von sich abwehren könne . . .

Pfarrer Léonard beschreibt die Herzwunde wie folgt: 'Da die Kleider an der Herzwunde festklebten, war es nicht möglich, ihre Größe genau zu erkennen. Wir konnten zwar 7,5 cm davon sehen, aber infolge des vieles Blutes die Breite nicht feststellen. Das Blut sickerte durch die Oberfläche der Wunde . . .'

Am 14. November 1929 sah ich Marie Rose. Ihre Augen waren mit Blut gefüllt, ihr Körper blutete aus mehreren großen Wunden, und sie litt außerordentlich. Ich fragte sie nach der Herzwunde. In ihrer kindlichen Art antwortete sie: 'Manchmal kann man sie kaum sehen; aber der Schmerz ist trotzdem sehr schlimm, mitunter sitzt er im Rücken, dort, wo die Lanzenspitze war . . .'

Ende November 1929 war der Verfasser in Marie Roses Zimmer . . . Damals erzählte mir die Mutter zum ersten Mal, daß Marie Rose eine Dornenkrone trage. 'Es ist, als ob zwei dicke Stricke ihren Kopf umspannen', sagte Frau Ferron. Die Umrisse der Krone waren deutlich auf dem Verband sichtbar, den Marie Rose stets trug. Sie bot mir an, ihn zu lösen, doch ich verzichtete, um ihr zu zeigen, daß ich solch äußeren Zeichen keinen besonderen Wert beilege.

Am 3. Januar 1930 war Pfarrer Léonard zu Besuch bei Marie Rose. In seinem Notizbuch zeichnete er auf, daß die Krone aus zwei deutlich sich abhebenden Verzweigungen bestehe, hervorgerufen durch starke Schwellungen des Fleisches. Sie verliefen etwa 2,5 cm voneinander entfernt, und an den Kreuzungen zeigte sich ein Stigma. Als die äußere Zeichnung der Krone später verschwand, erhielt sich doch noch ein Zweig, der zwar schwächer wurde, aber deutlich sichtbar blieb. Nach Marie Roses Tode ließ man sie fotografieren. Mit Hilfe dieses Bildes kann man sich die Krone gut vorstellen. Der andere Zweig, der 2,5 cm von dem noch sichtbaren entfernt lag, verlief symmetrisch zu diesem. Die Zweige kreuzten sich bei jedem Stigma und wanden sich um das Haupt. Die Tatsache, daß die Zweige der Krone erst ein Jahr nach den Stigmen der Dornen erschienen und sich in vollkommener Symmetrie einfügten, ist höchst bemerkenswert. Aus ihrer Verbindung gerade entstand die klar erkennbare Krone.» (Zitiert nach Boyer, «Sie trug die Dornenkrone».)

Ab 1929 trat bei Marie Rose ein neues Phänomen auf: Sie bot das Bild des «Ecce homo», des blutig geschlagenen, mit Dornen gekrönten Christus, wie er vor Pilatus stand. Dazu zwei Zeugenaussagen:

«Heute morgen um 7 Uhr läutete das Telefon, ihre Mutter bat mich, herüberzukommen. Als ich eintrat, hörte ich Marie Roses Stimme: 'Kommen Sie herein, haben Sie keine Angst! . . .' Sie war ganz mit Blut bedeckt. Ihre Augen bluteten. Das war nicht mehr Marie Rose. Man konnte sie nicht erkennen. Wenn man dazu noch an ihre Schmerzen denkt, so kann man die Tränen nicht zurückhalten. Der Kopf schmerzte sie so sehr, daß sie ihn ständig hin und her bewegte.»

Ein anderer Augenzeuge schreibt: «. . . Ich stand jetzt am Bett . . . In meinem ganzen Leben war ich noch nie so erschüttert. Das war wirklich das Antlitz Christi, wie es auf dem Bilde 'Das heilige Antlitz' dargestellt ist. Marie Roses Gesicht war mit Blut bedeckt. Kann es überhaupt einen schmerzlicheren Anblick geben? Es zwingt einen förmlich in die Knie, wenn man sie sieht. Sie konnte nicht sprechen, und ich selbst wagte nicht, mich zu rühren. Am Samstagabend besuchte ich sie wieder. Da sah Marie Rose wie immer aus. Keine Spur von der Marter des vorigen Tages war ihr anzumerken. Es schien ihr gut zu gehen, denn sie sprach ohne Anstrengung eine halbe Stunde mit mir. Sie ist wirklich bewundernswert.»

So wechseln die Phasen im Leben der Stigmatisierten: Leuchtende Taborstunden wechseln mit der Nacht am Ölberg, auf das Drama von Kalvaria folgt der strahlende Ostermorgen. Die Heilung der Wunden verlief ebenso wunderbar wie ihr Aufbrechen und Bluten.

Zum Schluß bringen wir ein besonders wertvolles Zeugnis, das von ihrer protestantischen Hausbesitzerin stammt:

«Obwohl ich kein Mitglied der katholischen Kirche, sondern Protestantin bin, möchte ich ganz schlicht und einfach von meiner Bekanntschaft und Freundschaft mit Marie Rose Ferron erzählen, die unter dem Namen 'Little Rose' bekannt ist.

Ich lernte sie kennen, als sie nach Woonsocket, R. J., in die Asylstrasse zog. Sie wohnte mit ihren Eltern in einem meiner Häuser, und mehrere Jahre war ich in Freundschaft mit ihr verbunden.

'Little Rose' war wirklich eine Martyrin. Wie groß auch der Schmerz und die Seelenqualen waren, die sie litt, sie hatte immer ein liebes Lächeln. Ich habe sie Tag für Tag, Woche für Woche und Jahr für Jahr betreut und auf diese Weise viele Stunden während ihrer Krankheit bei ihr zugebracht. Ich habe ihre Wunden gesehen, die Wunden, die denen des gekreuzigten Herrn und Heilandes glichen.

An jedem Freitag waren die Wunden auffallend deutlich und bluteten stark. Während der Fastenzeit, besonders in der Karwoche und am Karfreitag, steigerten sich ihre Schmerzen, und die Qualen, die sie zeitweise litt, gingen über das menschlich Erträgliche weit hinaus. Dann bluteten auch die Wunden stärker.

Während vieler Leidensstunden bin ich bei ihr gewesen und habe sie umsorgt. Daher kann ich sagen, daß sie niemals klagte. Sie lächelte immer, auch im größten Leiden.

'Little Rose' hat viel für mich und die Meinen getan. Welche Hilfe ich auch immer von ihr erbat, sie wurde mir gewährt. Ich fühle, sie ist mir nahe, sie hört mich und antwortet mir. Immer bin ich bereit, nähere Angaben zu machen, denn 'Little Rose' war wirklich von Gott begnadet.»

Frau Louise C. Cole

Auch von ärztlicher Seite liegen verschiedene Zeugnisse vor. Allerdings ist zu sagen, daß die ärztliche Kunst angesichts der mystischen Phänomene versagt. Fachleute wie Louis Bertrand in seinem Buch «Leben der hl. Theresia von Avila» warnen energisch vor ärztlichen Eingriffen. Bekannt ist auch, daß der frühe Tod der Mystikerin Anna Maria Taigi in Rom auf eine Fehlbehandlung der Ärzte zurückzuführen ist. Vor dem Wegzug der Familie Ferron nach Woonsocket riet der zuletzt behandelnde Arzt dem Vater: «Lassen Sie keine Experimente mehr an Ihrer Tochter machen, Herr Ferron. Ich habe alle möglichen Versuche gemacht, ähnlich wie meine Vorgänger, die sich auch die größte Mühe gaben. Aber keiner von uns weiß, was ihr fehlt. Lassen Sie niemanden mehr an ihr herumpfuschen; Marie Rose hat genug gelitten.» Nun begreift man auch, warum der Vater von Therese Neumann sich so hartnäckig gegen eine Untersuchung im Krankenhaus wehrte.

Marie Rose Ferron starb am 11. Mai 1936 in Gegenwart ihres Seelenführers, Pfarrer A. Gauthier von Fall River, der sie zwanzig Jahre lang betreut hatte; nach dem Wegzug nach Woonsocket besuchte er Marie Rose trotzdem jede Woche, obwohl er 60 km entfernt wohnte.

15 000 Trauergäste trugen sich im Besucherbuch ein. Von ganz Neu-England kamen die Besucher und alle Straßen waren mit Autos verstopft. Marie Rose lag, wie eine Braut gekleidet, auf der Totenbahre, mit einem strahlenden Gesicht (wie es auf der Foto in diesem Buch sichtbar ist).

Die neutrale «Tribune» schrieb: «Mehr als 4000 Personen wohnten heute der Beisetzung von Fräulein Marie Rose Ferron bei, die nach allgemeiner Überzeugung die Wundmale Christi an ihrem Körper trug. Das Begräbnis der tieffrommen Dulderin zog ebenso viel Aufmerksamkeit auf sich wie die geheimnisvolle Natur ihres Leidens. Die große Kirche war gefüllt, lange ehe der Zug das Trauerhaus verließ . . .»

Der «L'Indépendent» schrieb: «. . . Solche Kundgebungen sieht man sonst nur bei den Großen und Mächtigen dieser Welt. Heute aber galt die Huldigung einem schlichten Mädchen, das berühmt geworden war, weil es still und freudig aus Liebe zu Gott gelitten hat.»

Die französische Zeitung «Le Messager» von New Bedford schrieb: «Die außerordentlichen Tatsachen ihres Lebens sind zu zahlreich, als daß wir sie erwähnen könnten; auch sind wir nicht fähig, einer Person gerecht zu werden, die in vieler Hinsicht menschliches Begreifen übersteigt. Sie starb mit 33 Jahren, wie Jesus es ihr sieben Jahre vorher in einer einstündigen Ekstase vorhergesagt hatte, in Gegenwart glaubwürdiger Zeugen.»

Arnold Guillet

Hl. Franziska Romana (1384–1440), Gründerin des weiblichen Zweiges des Oli-
vetanerordens. Sie war mystisch begnadet, hatte Verkehr mit ihrem Schutzen-
gel. «Bei der Betrachtung des Leidens Christi fühlte sie die Wunden an Händen,
Füssen und an der Seite» (Wimmer, Lexikon der Heiligen). Erwähnt auf den
Seiten 133 und 197.

Anastasia Woloschyn (geb. 1911)

Hier ist auch der Ort, eine andere neuere Stigmatisierte zu erwähnen, die, wenn auch außerhalb der deutschen Grenzen, bei Lemberg in Galizien, lebend, dennoch 1935 erhebliches Aufsehen bei uns erregte, gegenüber der aber ebenfalls große Zurückhaltung geboten ist. Wir meinen ANASTASIA WOLOSCHYN (Woloszyn) aus dem ruthenischen Ritus. Wären ihre Stigmen echt, so wäre sie, so weit wir sehen, außer Mirjam von Abellin eine der wenigen Begnadeten dieser Art unter der Glaubensfamilie der orientalischen Riten. Die Stigmen traten bei ihr am Feste Kreuzerhöhung 1935 auf, wurden jedoch sehr verschieden beurteilt. Bei einer mehrwöchigen Untersuchung im Krankenhaus heilten sie unter einem angelegten Verband ab, brachen jedoch unter großen Blutungserscheinungen immer wieder auf. Ein hautärztliches Gutachten, das in einer polnischen medizinischen Zeitschrift veröffentlicht wurde (Polska Gazeta Lekarska 1936 Nr 1) spricht von durch äußere Reize entstandenen Wunden, während Professor Dr. Kostelnik, ein Lemberger Priester, der den Fall Anastasia sehr gründlich und langdauernd studierte, behauptet, daß von den Ärzten keine genaue Untersuchung der Entstehungsart der Wunden vorgenommen worden sei. Die Stigmatisierte trat im Mai 1936 in das Kloster der Basilianerinnen in Lemberg ein, über ihr Schicksal während des Krieges liegen keine Nachrichten mehr vor. Wir verweisen auf die Übersetzung ihres Lebenslaufes durch F. R. von Lama im „Konnersreuther Jahrbuch" 1935 und 1936, sowie die polnische Schrift von Professor Dr. Kostelnik (Nastja Woloschyn, das Mädchen mit den Stigmen, Lemberg 1936), deren Übersetzung ins Deutsche vorbereitet war. Das Urteil von Erzbischof Dr. Teodorowicz, bekannt durch sein Konnersreuthbuch, war sehr zurückhaltend. Eine Prophetie von Anastasia, daß „Therese Neumann bald, 1936, sterben und sie (Anastasia) ihren Platz einnehmen werde", ist zudem nicht in Erfüllung gegangen.

Stefan Kowalskij (um 1940)

Auf den zu gleicher Zeit aufgetretenen Fall eines inzwischen verstorbenen männlichen Stigmatisierten aus Lemberg, des Subdiakons des uniierten Ritus STEFAN KOWALSKIJ, der auffallend zutreffende Prognosen über den Verlauf des Zweiten Weltkrieges machte, können wir hier nicht näher eingehen.

Aber wir haben nicht nur in den europäischen, sondern auch in den überseeischen Ländern in den letzten Jahrzehnten bedeutende Stigmenträger und Sühneseelen!

Anna Maria Goebel (1886–1941)

ANNA MARIA GOEBEL von Bickendorf in der Eifel erblickte am 22. März 1886 das Licht der Welt. Auch hier ein schwerleidendes Menschenkind, das während mehr als 20 Jahren eine Unsumme von Krankheiten (Gelenkrheumatismus, Nierenbeckenentzündung, Leberleiden, Blutbrechen, Lähmung, Erblindung, Taubheit usw.) mit großer Geduld ertrug. 20 Jahre betete sie um Gesundung, bis sie sich schließlich in ihre Leiden ergab. Am 24. Juli 1923 zeigten sich bei ihr die Wundmale, zu welcher Zeit auch Nahrungslosigkeit bei ihr einsetzte. Sie wurde daraufhin vom 21. April bis 20. Mai 1927 einer medizinischen Untersuchung unterworfen, die ihr große Qualen bereitete. Während derselben sollen keine übernatürlichen Tatsachen beobachtet worden sein. Trotzdem scheint auch von ihr ein sehr tiefgehender religiöser Einfluß, auch in den folgenden Jahren, ausgegangen zu sein. Sie starb am 19. Januar 1941. Wie auch bei Rosalie Püt enthalten wir uns hier eines Urteiles[6]).

---

[6]) Über sie ist ein kleines Buch erschienen von Georg Priller, Anna Maria Goebel, Die Stigmatisierte von Bickendorf, Eifel (Tirschenreuth 1928). Es erscheint sehr ergänzungsbedürftig. Daß es übrigens auch eine dämonische Stigmatisation geben kann, sei hier nur kurz erwähnt. Wir haben in unserer Einführung hierüber den Fall der Magdalena vom Kreuz (geb. 1487, nicht zu verwechseln mit einer neueren Stigmatisierten gleichen Namens, bekannt durch das «Büchlein von den Engeln» von F. R. von Lama) erwähnt, der uns zeigt, wie vorsichtig man in der Beurteilung sog. «Begnadeter» sein muß, deren gewissenhafte Beurteilung oft Jahre in Anspruch nimmt (vgl. hierzu Poulain, Handbuch der Mystik 1925, S. 331 f.). Ferner erschien: «Anna Maria Goebel, die stigmatisierte Opferseele von Bickendorf (Eifel)», von Kaplan Robert Ernst, Markus-Verlag, Eupen (1956); außerdem vom selben Verfasser: «Rosalie Püt – Eine Stigmatisierte des 20. Jahrhunderts.» Markus-Verlag, Eupen/Belgien (1954).

41. Kapitel

Marie-Julie Jahenny (1850–1941)

Was allerdings die Dauer einer Begnadung und die Ausgeprägtheit der Stigmatisation betrifft, so werden alle im Vorhergehenden bezeichneten Fälle durch den einer französischen Stigmatisierten übertroffen, der seit den siebziger Jahren des vorigen Jahrhunderts allergrößtes Ansehen besitzt. Es ist die älteste Stigmatisierte, die wir in neuerer Zeit treffen, die Bretonin MARIE-JULIE JAHENNY aus dem Weiler La Fraudais bei dem Dorfe Blain im Departement der „Unteren Loire" in Frankreich, die, am 12. Februar 1850 geboren, 1941 in einem Alter von 91 Jahren gestorben ist. Welch eine Fülle von Einzelheiten wäre über sie zu berichten! Ihr Fall machte bereits beim Auftreten ihrer Stigmata, im Jahre 1873, das größte Aufsehen. Auch der französische Arzt Professor Dr. Imbert-Gourbeyre untersuchte sie damals, und zwar im Auftrage des zuständigen Bischofs von Nantes. Er kam zu dem Schluß, daß ihre Stigmatisation über alle natürlichen Kräfte hinausgehe und frei von Betrug sei (qu'il n'y avais pas de fraude à La Fraudais). Auch Bischof Fournier kam bald zu der Überzeugung, daß es sich um einen Fall übernatürlicher Art handele. Unter dem 6. Juni 1875 schrieb er u. a. an Professor Imbert: „Die Berichte, die ich jede Woche über Marie-Julie erhalte, beweisen mir mehr und mehr die Einwirkung Gottes auf ihre Seele, sie gewährt ihr Gnaden einer augenscheinlich übernatürlichen Ordnung. Zu gleicher Zeit wächst sie in den Tugenden und in erhabenen Erleuchtungen. Das Natürliche und Menschliche verschwinden bei ihr, und oft hat sie für Personen, die sie sieht oder von denen sie spricht, Mitteilungen, die aus ihrem natürlichen Zustande nicht hervorgehen können. Seien Sie voller Vertrauen, lieber Herr Doktor; der Augenblick wird kommen, wo Marie-Julie selbst den Beweis antreten wird... Sie ist aufrichtig, und was sie nach außen zeigt, ist übernatürlich. Ich sehe nur Gutes und Erbauliches bei ihr, das mit den Prinzipien der höheren Geisteslehre übereinstimmt. So ist es Gott, der sie begnadet; man wird zur Erkenntnis kommen, des seien Sie sicher." Marie-Julie erhielt der Reihe nach die Wundmale der Dornenkrönung, der Kreuztragung und der Kreuzigung. Hinzu trat ein figürliches Stigma: ihre Brust wurde mit einem großen Kreuze gezeichnet mit tief in das Fleisch eingekrusteten Inschriften. Seit 1883 wurde sie bettlägerig und mußte auf dem Rücken liegen, ohne ihre Lage ändern zu können. Außer dem Kopf wurde der ganze Körper gelähmt. Darauf dennoch des Betruges bezichtigt, wurde sie zehn Jahre lang von kirchlichen Zensuren betroffen. Als man jedoch den Beweis für ihre Aufrichtigkeit erhalten hatte, wurde ihre Exkommunikation aufgehoben. Typisch waren zu jener Zeit auch bei ihr die Freitagsekstasen, bei denen sie unter gleichzeitigem

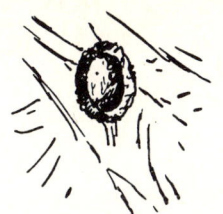

Stigma im Handteller
der
Marie-Julie Jahenny
(nach Prof.
Imbert-Gourbeyre)

Bluten ihrer Stigmata die Passion unter tiefen Schmerzen mitempfand. Sie hatte ferner — und das noch bis gegen 1940 — eine Fülle anderer charismatischer Gaben, die ganz außergewöhnlicher Natur zu sein schienen. Zur Herzenskenntnis trat die Kenntnis heiliger und geweihter Personen und Gegenstände. Ferner in außerordentlichem Maße die Gabe der Prophetie, die besonders durch ihre Gesichte über das Ende der Zeiten und den kommenden Antichrist bekannt geworden sind. Wichtiger ist, daß auch sie die höhere Gnade des mystischen Gebetes empfing, so am 20. Februar 1874 die Gnade der mystischen Verlobung, die sich auch äußerlich kundgab in dem plötzlichen Erscheinen des Ringes der mystischen Verlobung an ihrer Hand, der von vierzehn Zeugen beobachtet wurde. Auf Befehl des Bischofs hatte der zuständige Pfarrer, nachdem die Stigmatisierte das Datum dieses Ereignisses im voraus kundgab, diese große Zahl von Zeugen geladen. Es war ein großer Tag in La Fraudais. Um 8.30 Uhr morgens „wurde noch konstatiert, daß ihre Wundmale trocken waren und daß der Ringfinger ihrer rechten Hand, der blaß war, wie wenn er abgestorben sei, unversehrt war und ohne Spur eines Ringes. Nach 9 Uhr tritt das Bluten aller Wunden ein. Gegen 9.15 Uhr sah man den Finger anschwellen und unter der Haut rot werden. Gegen 9.45 Uhr rann das Blut über und unter dem Finger, und nach und nach sah man den Ring sich formen, und jetzt ist er wohlausgebildet für ihr ganzes Leben . . .", so berichtete Pfarrer David damals an Dr. Imbert. Dieser konnte das mystische Zeichen noch 1891 wohlausgebildet in ihrem Fleische beobachten, ähnlich einem Ring roter Korallen, der in die Haut eingelassen war [13])! Daß aber ein derartiger Ring durch einfache Anstrengung der Suggestionskraft natürlicherweise am Finger eines Menschen, noch dazu in der Ausgeprägtheit und vorhergesagten Form dieses Ringes, jemals entstanden wäre, ist unseres Wissens nirgends bisher bekannt geworden!

Nachdem Marie-Julie Jahenny für Jahrzehnte der Aufmerksamkeit der Welt entgangen war, hat sich ihr seit dem Beginn der Phänomene in Konnersreuth wieder erneut das Interesse der Fachgelehrten und breiterer Schichten zugewandt. Von außerordentlicher Eindringlichkeit ist, was eine Augenzeugin ihrer Ekstasen dem Verfasser vor einigen Jahren über ihre Begabung melden konnte.

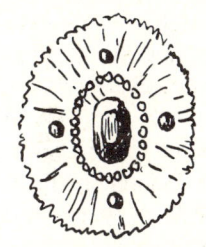

Stigma des Handrückens der Marie-Julie Jahenny nach der Umbildung vom 29. Juni 1880. Es bildete sich eine Art ovaler Kreis um die Stigmen der Hände und Füße mit vier großen Punkten am Ende jeder Achse. Man erkennt deutlich in der Mitte die Bildung einer Art von Nagelkopf, ähnlich wie bei den Stigmen des hl. Franz von Assisi. (Nach einer Zeichnung von Abbé Doullard, vergl. Imbert-Gourbeyre, II, 85)

[13]) In ähnlicher Weise vollzog sich das Erscheinen der Stigmen ihrer Dornenkrönung, die sich am 24. Mai 1883 in wunderbarer Weise umbildeten. Man vgl. hierzu unsere Zeichnungen.

Die betreffende Dame kennt Marie-Julie schon seit etwa 1925 und hat sie häufig besucht und hierbei eine außerordentliche Zahl bedeutsamer Tatsachen von ihr und über sie erfahren. Noch damals hatte die Stigmatisierte die sogenannten „sprechenden Ekstasen" ähnlich einer Magdalena von Pazzi [14]), die zwei bis zweieinhalb Stunden dauern. Im gewöhnlichen Leben spricht Marie-Julie Dialekt, in den Ekstasen aber ein wunderbar schönes, edles Französisch, so daß es schon vom rein ästhetischen Standpunkt ein Genuß ist ihr zuzuhören. Sie spricht alles laut, was der Heiland oder die Mutter Gottes ihr sagen. Die ganze Ekstase ist ein Zwiegespräch. In rührenden Worten bittet sie den Heiland oder die Mutter Gottes für die Anwesenden und trägt ihnen ihre

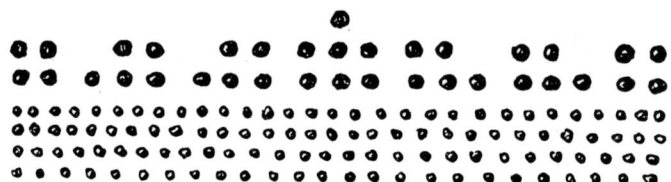

Stigmen der Dornenkrone der Marie-Julie Jahenny

nach der ersten Umbildung vom Dezember 1878. In einem Abstand von 1 cm von der alten Dornenkrone, die seit vier Jahren bestand (vgl. die dicken Punkte), bildete sich eine neue, sehr symmetrische Krone aus kleinen runden Krusten eingetrockneten Blutes (nach Prof. Dr. med. Imbert-Gourbeyre).

vielen Anliegen vor. Man erhalte oft in ganz überraschender Weise Antwort, so daß die Zuhörer oft tief ergriffen und zu Tränen gerührt sind. In den Ekstasen hat sie auch die Gabe einer ausgezeichneten Reliquienkenntnis und der Unterscheidung geweihter Personen und Sachen; dagegen besitzt sie die äußeren Zeichen der Wundmale heute nicht mehr — wie auch Dr. med. Witry nach gründlicher ärztlicher Untersuchung 1936 bestätigt hat [15]). — Auch hat sie schon lange nicht mehr ihre blutenden Freitagsekstasen. Marie-Julie wohnt nach der Schilderung der gleichen Zeugin in einer kleinen elenden Hütte, deren Boden aus festgestampfter Erde besteht. Der frühere Bischof von Nantes hat ihr ein Stückchen von dem Raum (die Hütte war ursprünglich nur ein einziges Ganzes)

Stigmen der Dornenkrone der Marie-Julie Jahenny

nach der abermaligen Umbildung am 24. Mai 1883. Die alte Krone verschwand plötzlich im Beisein mehrerer Zeugen, um der neuen Platz zu machen. Dieser Umbildung folgte eine wunderbare Kommunion der Stigmatisierten. (Die dargestellte Krone wurde von Prof. Imbert-Gourbeyre selbst beobachtet.)

[14]) Vgl. Bd. I unseres Werkes, Kap. 14.
[15]) Vgl. hierüber dessen ausführl. Bericht in „Le lieux médical", Paris, Okt. 1936.

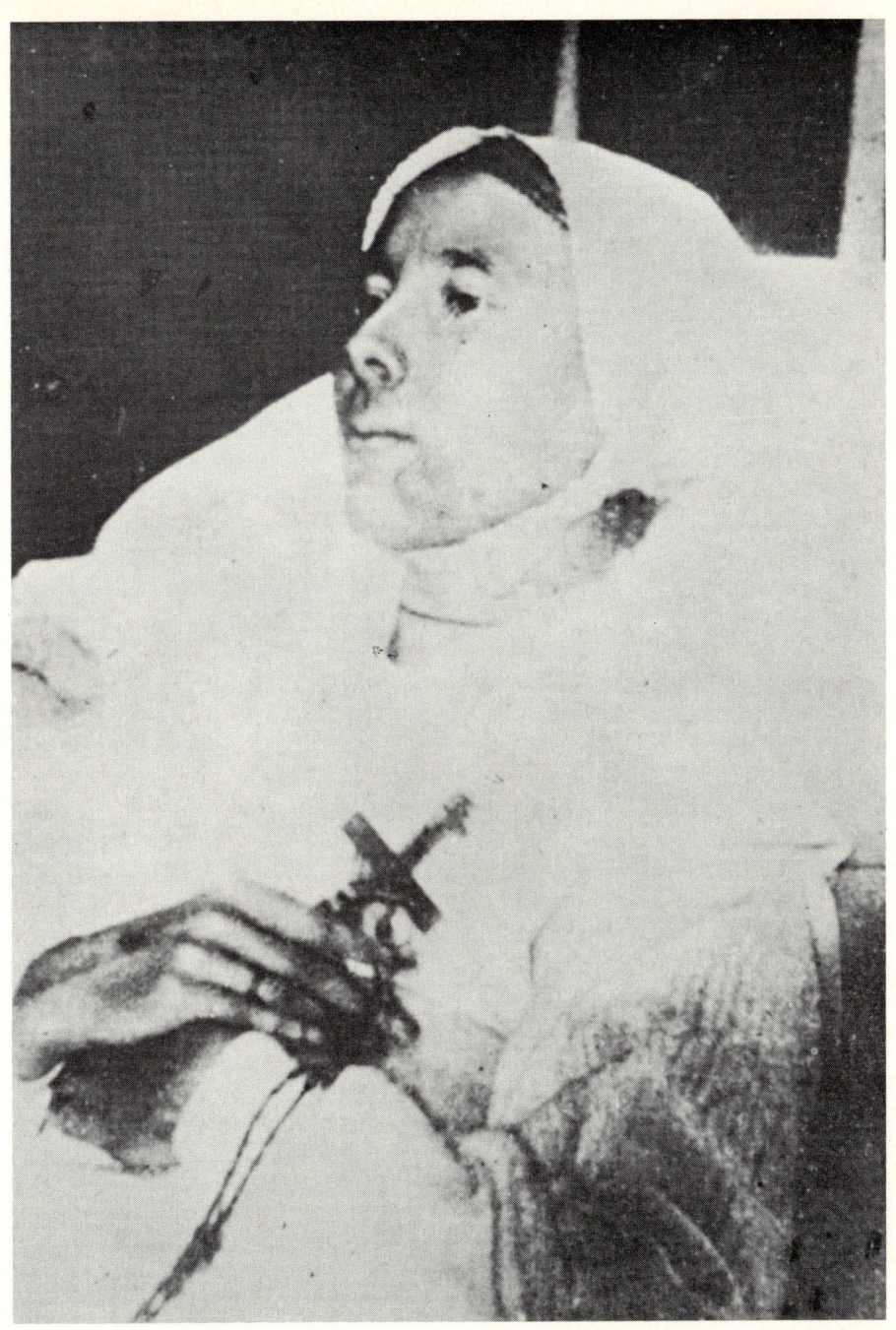

Marie-Julie Jahenny im Alter von 33 Jahren

durch Bretterwände abtrennen lassen. Dieser Teil ist nun ihr Schlafzimmer. An den Wänden hängen eine Reihe von Bildern, die alle ihre eigene Geschichte haben.

Marie selbst aber ist von außerordentlicher Güte und Liebenswürdigkeit. Sie hat ein wunderbares Verständnis für jedes Leid, doch hat ihr Gedächtnis in der letzten Zeit etwas nachgelassen. Aber in der Ekstase behält sie oft die Anliegen von 20 oder 30 Personen, ohne daß sie etwas durcheinander wirft. Dabei gibt sie durchaus nicht auf alle Fragen Antwort. In ihren Ekstasen äußert sie vor allem rührende Aufforderungen zum Gebet für die Sünder, für die Sterbenden und die armen Seelen. Nicht minder gibt sie Ermahnungen zur Buße, zur Geduld und zur Nächstenliebe. Am Schlusse ihrer Ekstasen beantwortet sie dann die Fragen der Anwesenden, wobei sie keine derselben durcheinanderbringt und mit verblüffender Richtigkeit antwortet, jedoch so, daß meist nur der Fragende den besonderen Zusammenhang und Sinn versteht.

Bezeichnend ist, daß auch sie des öfteren in der Ekstase packende Ermahnungen der Muttergottes wiedergibt, die sich auf die großen kommenden Prüfungen der Menschheit beziehen. Auch ihr gab die Gottesmutter dieselben Worte kund, die sie nunmehr so oft seit La Salette bis zu den Erscheinungen in Belgien (insbesondere in Onkerzele[16]) gebrauchte: Sie könne den strafenden Arm der Gerechtigkeit ihres Sohnes nicht mehr zurückhalten, wenn die Menschen nicht Buße tun! Die Stigmatisierte starb hochbetagt im Jahre 1941.

So steht Marie-Julie Jahenny sichtlich als ein Fall ganz großer Begnadung vor uns, an dem die heutige Zeit nicht vorübergehen sollte.

---

[16]) Man vgl. des Verfassers Buch „Die Wahrheit über die belgischen Muttergotteserscheinungen und außergewöhnlichen Heilungen", Abschn. Onkerzele (Verlag Albert Angerer, Waldsassen. Zur Zeit vergriffen).

42. Kapitel

Anna Henle (1871–1950)

Ebenfalls unserem deutschen Vaterlande gehört eine Stigmatisierte an, deren Fall weit schwieriger zu beurteilen und der heute mehr als umstritten ist. Wir bringen ihn nur deshalb, um anzudeuten, wie vieles bei Prüfung dieser Fälle zu beachten ist. Wir meinen ANNA HENLE aus Aichstetten, einem Dorfe unweit der Strecke Memmingen—Leutkirch im Allgäu. Die Dulderin wurde ebenda am 18. November 1871 als Tochter eines Bäckers und Taglöhners geboren [5]. Ihre erste Ekstase soll sich in ihrem 13. Lebenjahre gezeigt haben, und bereits mit 16 Jahren, im Jahre 1887, hat sie die Wundmale empfangen. Der protestantische Verfasser der zitierten Schrift, der sie im Jahre 1894 besuchte, berichtet, daß damals ihre Stigmatisation voll ausgeprägt und entwickelt war und daß sie sich täglich von 8 Uhr morgens bis spät in den Nachmittag in der Ekstase befand, ein Zustand, der an den Festtagen erst gegen 10 und 11 Uhr abends zu Ende ging. An den Feiertagen aber schaute und erlitt sie die Passion Christi bis zu den letzten Todesqualen, die bei ihr selbst stets gegen 3 Uhr mittags in Erscheinung traten. Auch sie zeigte bei diesen Passionsekstasen, ähnlich wie ihre Leidensgefährtin im bayrischen Fichtelgebirge, die Gebärden und Gesten eines tiefen Miterlebens aller Leiden des Herrn, bis sie um 3 Uhr das „Es-ist-vollbracht" sprach. Ihr Antlitz erstrahlte dann — wie der Augenzeuge berichtet — in edler und ungewöhnlicher Schönheit. „Die kurze Zeit ihrer Ruhe (bei der sie wie tot am Kreuze hängt) benutze ich, um mir von der Mutter die stigmatisierten Wundmale zunächst an den Füßen Annas zeigen zu lassen. Die Füße, wie auch die Hände, waren mit achtmal zusammengelegten Tüchern oder Leinwandstreifen kreuzweise verbunden. Die Wundmale an den Füßen waren nur an der Oberseite, nicht unter den Sohlen, während bei den Händen nur die Innenseite stigmatisiert war. Aus den Wunden war etwas wässerige Flüssigkeit und wenig frisches Blut geflossen."

Der Verfasser fügt hinzu, daß nach seiner Ansicht „die Wunden, wenn sie künstlich gemacht und jahrelang offen gehalten worden wären, längst in Eiterung hätten übergehen müssen". Nach der Ruhepause stellte sie darauf die Szene der „Kreuzabnahme" dar. Er berichtet dann noch von der Tatsache einer — angeblich übernatürlichen — Kommunion, der er beigewohnt habe und der die Darreichung des Kelches gefolgt sei, bei der die Stigmatisierte in halb erhobener Stellung eine schweißartige Flüssigkeit aus allen Poren ausschwitzte.

---

[5] Wir folgen im weiteren der Schrift von Hubbe-Schleiden, „Einige interessante Schilderungen über Anna Henle", Immenstadt 1894, bzw. Grabinski, Neuere Mystik, Hildesheim 1924, S. 441 ff.

— Ferner wird vielfach über ihre prophetische Gabe berichtet; auch sie habe von der großen Weltkatastrophe, die erfolgen werde, gesprochen und kenne die „drei schrecklichen Tage" (ähnlich wie Bartholomäus Holzhauser), auf die nach allgemeiner Ansicht das wunderbare Eingreifen Gottes und der Triumph der Kirche folgen werde. Wie ihr andererseits ein drastisches prophetisches Versagen, das mit ihrem Tode zusammenhängt, vorgeworfen wird.

Anna Henle lebte in dem langen Jahrzehnt ihres Krankseins sehr zurückgezogen und empfing nur wenige Besuche, die vielfach über eine Reihe außerordentlicher Tatsachen berichteten, unter denen eigenartige Licht- und Glanzerscheinungen an ihrem Leidensbette die merkwürdigsten gewesen seien. Anna Henle wird von diesen Zeugen als eine Opferseele von innerer Frömmigkeit und ernster Haltung geschildert; während andere wieder an ihrem Charakter ernstlich zweifeln, was dem Verfasser bei Anlaß ihres Todes eine Flut von Zuschriften sehr geteilter Art einbrachte. Sie starb am 20. Februar 1950. Der Fall bedürfte einer sehr gründlichen und ausgedehnten Nachprüfung.

43. Kapitel

Alexandrina Maria da Costa

Die Kranke von Balasar

Von Arnold Guillet

Auch in Portugal gab es in neuerer Zeit einen Fall von Stigmatisation, der an Intensität und dramatischer Wucht kaum noch zu übertreffen ist: Alexandrina Maria da Costa (1904—1955). Sie stammt von Balasar, Kreis Póvoa de Varzim, Bezirk Oporto, im nördlichen Portugal. Sie war ein lebhaftes, junges Mädchen, so lebhaft, daß man sie «Maria, der Lausbub» nannte, doch zwei Stürze in ihrer Jugend führten zu einer Lähmung, die sie ab 19 Jahren ans Bett fesselten.

Vor einiger Zeit wurde sie im Petersdom zu Rom selig gesprochen und dadurch wurde das Interesse der katholischen Weltöffentlichkeit erneut auf ihren Fall gelenkt. Zum Glück sind ihre zahlreichen Briefe an ihren Seelenführer, P. Marian Pinho SJ, erhalten, die uns Einblick in ihr Seelenleben gewähren. Alexandrina, die «Kranke von Balasar», wurde eine Leidensbraut des Herrn; ihre Liebe zu Jesus wurde immer ungestümer, der Drang, ihm im Leiden beizustehen und an seinem Erlösungswerk teilzunehmen, immer größer.

Normalerweise konnte sie kein Glied rühren, aber in ihren Ekstasen während des Passionsleidens nahm sie — wie unsere Foto zeigt — deutlich die Haltung des Gekreuzigten ein. Die Anfechtungen und Angriffe des Teufels nahmen bei ihr ein schreckliches Ausmaß an. Ihr Seelenführer, P. Marian Pinho SJ, schreibt in seinem Buch «Ein Sühneopfer der Eucharistie, Alexandrina Maria da Costa» (Credo-Verlag, Wiesbaden, vergriffen), wie der Teufel sie durch Stimmen, Drohungen, durch Gotteslästerungen und schmutzige Worte belästigte. Pinho fährt dann wörtlich fort:

«Fast ständig fühlt Alexandrina sich durch sie bedrängt. Besonders aber von Mittag drei Uhr bis zum Abend, und dann des Nachts von neun Uhr an. Bei diesen zwei größten täglichen Angriffen gab es nicht nur wahre teuflische Zwangszustände, sondern sogar Augenblicke der Besessenheit. Einige habe ich selbst beobachtet, so am 7. Oktober 1937. In solchen Kämpfen versuchte sie, obwohl verkrüppelt und ganz kraftlos, — sie wog sechsundsechzig Pfund — so heftig sich an dem Eisen des Bettes zu verwunden und sich zu beißen, daß selbst vier Personen sie nicht gänzlich zu halten vermochten.»

P. Pinho las die Messe für sie, daß sie von diesen teuflischen Quälereien befreit werden möge. Alexandrina aber sagte ihrem Beichtvater: «Der liebe Gott sagte mir, daß er Ihre Bitte nicht erfüllen könnte; daß er dieser Leiden bedürfe, um den Sündern zu helfen.»

Ihre Nahrungslosigkeit wurde amtlich festgestellt. Der ärztliche Attest lautet:

«Wir Unterzeichneten Dr. Dr. Carlos Alberto de Lima, Professor der medizinischen Fakultät von Oporto, und Manuel Augusto Dias de Azevedo, Doktor der Medizin genannter Fakultät, bezeugen, daß wir Alexandrina Maria da Costa, zweiunddreißig Jahre alt, gebürtig und wohnhaft in der Pfarrei Balasar, Kreis Póvoa de Varzim, untersucht haben. Wir haben festgestellt, daß sie Trägerin einer Entzündung oder eines Druckes im Rückenmark ist, die die Ursache ihrer Lähmung darstellt. Wir bezeugen ferner, daß sie sich vom 10. Juni bis zum 20. Juli des laufenden Jahres im Hospital für Kinderlähmung, an der Mündung des Douro, aufhielt, unter der Leitung des Dr. Gomes de Araujo und unter Aufsicht gewissenhafter Personen, bei Tag und Nacht, die die Wahrheit zu erforschen suchten; dabei wurde festgestellt, daß ihre Enthaltung von fester und flüssiger Nahrung während ihres Aufenthaltes im Hospital absolut war. Gewicht, Temperatur, Atmung, Blutdruck, Puls, Blut, ihre geistigen Fähigkeiten verhielten sich durchaus normal, beständig und licht. Während der vierzig Tage gab es keine Stuhlentleerung und nicht die geringste Wasserausscheidung.

Das Ergebnis der Untersuchung des Blutes, das drei Wochen nach ihrer oben erwähnten Einlieferung abgenommen wurde, liegt diesem Attest bei. Daraus sieht man, daß, in Anbetracht der Abstinenz von festen und flüssigen Speisen, die Wissenschaft den Befund dieser Untersuchung natürlicherweise nicht erklären kann. Desgleichen kann das Überleben der Kranken bei der absoluten Nahrungslosigkeit während der vierzigtägigen Internierung nicht erklärt werden, wenn man die Erkenntnisse der Physiologie und Biochemie zu Rate zieht. Dabei muß noch hervorgehoben werden, daß die Kranke während dieser Zeit täglich viele Fragen beantwortete, zahlreiche Unterhaltungen ausgehalten und die beste Disposition und Geistesklarheit bewahrt hat. In Hinsicht auf die Phänomene, die an den Feiertagen während ungefähr siebzehn Stunden beobachtet wurden, glauben wir, daß sie zur Mystik gehören, die sich über diese Dinge aussprechen wird.

Als Ausdruck der Wahrheit ließen wir dieses Attest niederschreiben und unterzeichnen es.

Oporto, den 26. Juli 1943   Carlos Alberto di Lima
                                             Manuel Augusto Dias de Azevedo.»

Charakteristisch für Alexandrina ist ein unstillbarer Liebeshunger nach dem, den ihre Seele liebt. Sie schreibt:

«Am 17. März 1938 fühlte ich lange größte Liebessehnsucht zum Herrn. Während der Zeit bat ich meinen Heiland, daß er mir Liebe schenke, aber nichts stillte den Liebeshunger. Endlich kam der Herr, ihn zu stillen, und sagte: 'O Meine Tochter, höre deinen Jesus! Wähle! Willst du jetzt schon sterben oder Mir mit deinen Leiden Seelen retten, Tausende von Seelen?' Und ich antwortete: 'O mein Jesus! Ich will alle Liebessehnsuchtsleiden ertragen, um Dir Seelen, viele Seelen zu retten.'»

Immer deutlicher sieht sie in ihren Visionen die Passion des Herrn. Jesus zeigt ihr die Mißhandlungen, die ihm durch die Sünder zugefügt werden. Am 25. Juli 1938 notierte ihr Seelenführer folgende Äußerung von ihr:

«Gestern, am Sonntag, änderte der Herr mein Leiden. Ich empfing den Heiland; da aber bemächtigte sich meiner eine so tiefe Traurigkeit, daß sie tödlich schien. Und dann begannen die Mißhandlungen des Herrn von seiten der Sünder.»

Dann sieht sie den Leib und das Herz Jesu wie mit allen Martern gepeinigt, und sie schließt: «Ich sehe dieses Schauspiel klar mit den Augen meiner Seele. Ich konnte nicht mehr. Das Herz krampfte sich mir zusammen, und ich war tief erregt. Es überkam mich Atemnot, und ich sagte zum Herrn: 'Genug Herr, genug! Leide nicht mehr!' Aber Er litt dennoch weiter. Dann sagte ich mit Tränen in den Augen:

Maria Alexandrina da Costa (1904—1955)

Die Kranke von Balasar in Portugal

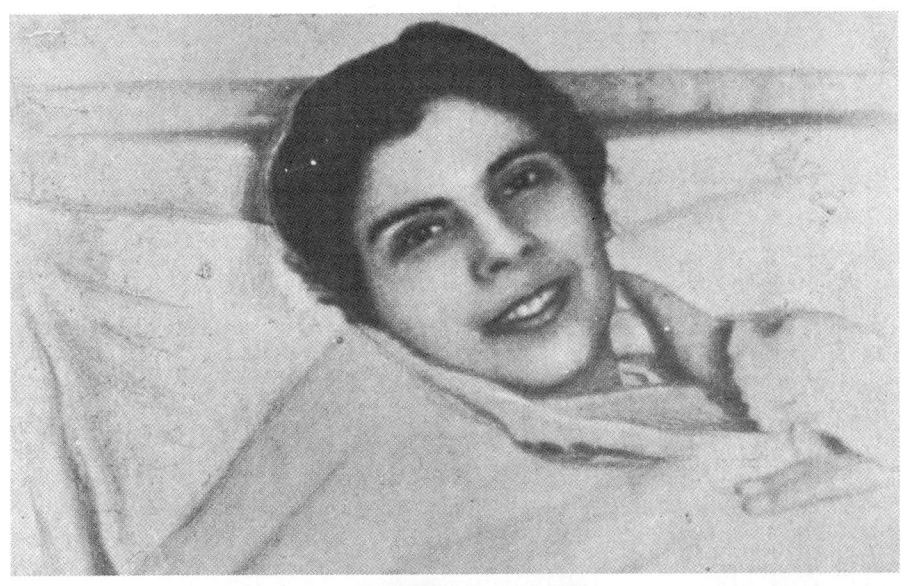

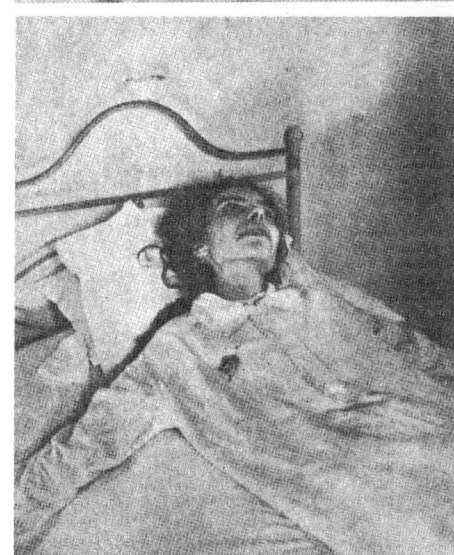
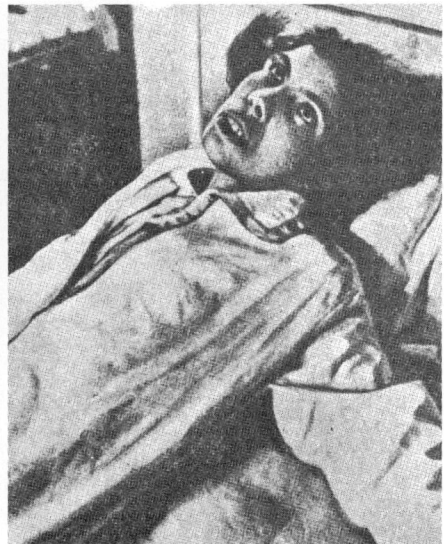

Während der Kreuzigung

*«Vater, in Deine Hände empfehle
ich meinen Geist»*

'Mein Jesus, ich kann Dich nicht mehr so leiden sehen, es ist genug, daß Du für mich gelitten hast. Ich liebe Dich, ich bin Dein Opfer; laß mich alles für Dich leiden.'»

1938 begann das eigentliche Passionsleiden, das sich jeden Freitag wiederholen wird. Am 24. August 1938 ließ der Herr sie wissen, daß er von ihr ein Golgatha fordern werde, wie er es noch von niemandem erbeten hätte, «weil zu keiner Zeit die Welt so gewesen wäre, wie sie es jetzt ist. Noch nie wäre die Bosheit und Verruchtheit der Menschen so groß gewesen».

Am 12. September 1938 schreibt sie: «Am Sonntag, dem 11. September, hatte ich kaum den Herrn empfangen, als sich meiner ein Druck bemächtigte, als wollte man mir das Herz aus der Brust reißen. Dann hörte ich den Herrn sagen: 'Wehe, wehe, Meine Geliebte, Meine Heldin! Höre deinen Jesus: Ich komme zu dir, nicht um dir Trost und Mut zu geben; Ich komme, Mich bei dir auszusprechen und in deinem Herzen Meine Tränen zu vergießen. Ich ertrage nicht mehr die Ungeheuerlichkeiten der Sünder. Buße fordere Ich in der ganzen Welt. Buße! Trauere mit Mir, wenigstens du, die Meine geliebteste Braut ist, Mein großmütigstes Opfer. Sage es schnell deinem Seelenführer: Ich will, daß die Welt es höre mit der Kraft des Donners und es erkenne mit dem hellen Licht des Blitzes: Buße! Buße! Buße! Schnell wird der Tag der Katastrophe kommen. (Man beachte, daß diese Worte ein Jahr vor Beginn des Zweiten Weltkrieges gesprochen wurden.) Ich gebe Meine Wünsche kund, aber man verachtet sie gegen Meinen Willen. Habe Mut und zweifle keinen Augenblick, daß dein Jesus zu dir spricht!'»

Die Stigmata traten bei Alexandrina nicht offen zu Tage. Hören wir ihren Kronzeugen, P. Pinho, der im erwähnten Buch schreibt:

«In Wahrheit, alles trat so ein, und wir, die wir zugegen waren, sahen aufs lebhafteste das Schauspiel der Passion sich entfalten. Doch blieben die Wundmale verborgen, hatte sie doch den Herrn gebeten, alles geheim zu halten. Das Leiden war äußerst heftig: die Anwesenden vergossen reichliche Tränen vor diesem so schmerzlichen Drama.

Danach blieb Alexandrina wie zerschlagen. Im Gespräch mit dem Herrn, das sich von drei bis sechs Uhr verlängerte, hörte man von ihr oft Ausrufe der Liebe: 'Ich möchte sterben vor Liebe' und ähnliche. Nach dieser ersten, so langwierigen und schmerzlichen Leidensekstase konnte sie verschiedene Tage weder essen noch trinken. Sie empfand Qualen im ganzen Körper. Von da an konnte niemand mehr in ihrer Gegenwart das Wort 'Sünder' aussprechen, ohne daß sie sich vor Schmerzen krümmte und sich von neuem wie zerschlagen fühlte.

Die Leidensekstase wiederholte sich ununterbrochen an allen Freitagen, bis zum Schmerzensfreitag des 27. März 1942 einschließlich. Was sie in diesen Ekstasen gesagt hat, ist in zwölf Heften, die ich aufbewahre, niedergeschrieben.»

Über Alexandrina existiert bereits eine umfangreiche Literatur. Als wichtige Quellenwerke zitieren wir:

P. Humberto M. Pasquale S. D. B., ALEXANDRINA, 340 Seiten, Edicoes Salesianas, Porto (diesem Werk sind die beiden Fotos entnommen).

P. Humberto M. Pasquale, Salesiano, Eis a Alexandrina, 344 Seiten, Edicao da Postulacao da Causa, Balasar, Portugal.

Arnold Guillet

44. Kapitel

Therese Neumann

und der Kampf um Konnersreuth

Nachdem so in der 700jährigen Geschichte der Stigmatisation eine über-
reiche Fülle mystischer Tatsachen an uns vorübergezogen ist und uns gerade
die Zahl der jüngeren Stigmatisierten zeigte, daß der Herr durch die Einprägung seiner hl. Wundmale in immer steigendem Maße unter uns wirkt, sind
wir schließlich zu jener Stigmatisation gelangt, die sich durch die Wucht ihrer
Geschehnisse und den Reichtum ihrer Phänomene mit so erstaunlicher Kraft
in das Bewußtsein der modernen Menschheit gegraben hat, und die darum
unserem Werke als psychologischer Ausgangspunkt gedient hat: zu THERESE
NEUMANN, der Trägerin der Wundmale Christi im bayrischen KONNERSREUTH.

Mit erstaunlicher Kraft — wir übertreiben nicht! In der Tat: wer in den
ersten Jahren dieser Stigmatisation ihre außerordentlichen Wirkungen in unseren Großstädten und in breitesten Schichten des Volkes beobachten konnte, wie
sie mit auffallendem Eifer, ja unverkennbarer Leidenschaft diskutiert wurde,
und wer verfolgt hat, wie über den Fall Konnersreuth im Laufe der Jahre eine
riesige Literatur entstand, die selbst das reiche Schrifttum um Louise Lateau
um ein Vielfaches übertrifft, der wird sich ein ungefähres Bild zu machen vermögen, welche Ströme und Wellen geistiger Anregung von dem einsamen
oberpfälzischen Dorfe ausgegangen sind [1]). Und selbst heute, nach dem Zweiten
Weltkrieg, ist das Interesse für Konnersreuth noch unvermindert wach [2]). Nie
ist bisher eine Stigmatisation mit solcher Gründlichkeit und in solchen Aus-
maßen diskutiert worden wie die von Konnersreuth!

Bei der Fülle des Schrifttums, das über die Stigmatisierte erschienen ist, und
der außerordentlichen Zahl der Geschehnisse, die aus ihrem reichbegabten
Leben bekannt geworden, hieße es daher oft Gesagtes wiederholen, wollten
auch wir noch einmal mit aller Ausführlichkeit auf die Ereignisse eingehen.
Erst recht nicht können wir uns unterfangen, auf den wenigen Seiten, die uns

---

[1]) Das Schrifttum wurde zudem bis in die entlegensten Sprachen übersetzt. Wir
erinnern nicht nur an die zahllosen Übertragungen in europäische Kultursprachen (in
das Englische, Französische, Polnische, Italienische, Spanische, Portugiesische), sondern
auch an die asiatischen, wie z. B. in das Japanische.

[2]) Wir erinnern hier z. B. an die Vortragsreihen von Dr. med. Fröhlich, Frank-
furt/M., der bei seinen über 40 Konnersreuther Vorträgen in den Jahren 1946 bis
1949 in den Städten des Mittelrheins an manchen Abenden bis zu 1600 Höhrer hatte!
Die Rede Dr. Fröhlichs wurde damals vom Credo-Verlag, Wiesbaden, unter dem Titel
„Konnersreuth heute. Ein volkstümlicher Vortrag nebst Anhang für medizinisch Interessierte" herausgegeben. (vergriffen)

zur Verfügung stehen, eine nur einigermaßen ausführliche Untersuchung der Echtheit ihrer Wundmale und ihrer Glaubwürdigkeit zu unternehmen. Geschweige denn, daß es uns im Rahmen unseres eng begrenzten Werkes möglich wäre, den „Beweis" für die Übernatürlichkeit der Phänomene von Konnersreuth anzutreten. Überlassen wir das den ausführlicheren E i n z e l untersuchungen über die Stigmatisierte und beschränken wir uns darauf, nur einige Etappen aus der Geschichte und Diskussion von Konnersreuth herauszugreifen, die — ohne systematisch sein zu wollen oder bis ins Letzte zu gehen — doch die Bedeutung dieser Stigmatisation in etwa herausheben.

Therese Neumann hat ein Alter von 63 Jahren erreicht und schon mit 28 Jahren die Wundmale empfangen. Geboren am 8. April 1898, einem Karfreitag, teilte das kräftig-robuste, seelisch völlig unverbildete Landmädchen das Geschick aller Bauernkinder: bei herber, karger Kost und fleißiger Arbeit hatte sie, oft in der Kriegszeit mit den schweren Pflichten eines Ackerknechtes betraut, keine Zeit, irgendwelchen hysterischen Träumereien nachzuhängen. Und als sie sich schließlich bei einem Brand am 10. März 1918 einen Unfall zuzog und durch weitere Fälle und Stürze im Winter 1918/19 bettlägerig wurde, ja völlig erblindete, da hatte dieses bedauernswerte Menschenkind, wie alle seelisch gesund veranlagten Menschen, nur einen Wunsch und Willen: wieder herauszukommen aus allem Elend und draußen im Leben wieder „ihren Mann zu stellen".

Doch Gott hatte es anders gewollt. Die Leiden nahmen zu statt ab. Zu Lähmungen und Schmerzen gesellten sich furchtbare Aufliegewunden: das Mädchen wurde über Jahre hinaus ein Bild des Jammers. Bis dann am 29. April des Jahres 1923, dem Seligsprechungstage der kleinen Heiligen von Lisieux, ihrer Schutzheiligen, ihre Blindheit plötzlich verschwand und an deren Heiligsprechungstag, am 17. Mai 1925, ihre Rückgratverrenkung. Und als sie schließlich durch ähnliche göttliche Fügung am 13. November des gleichen Jahres von einer schweren Blinddarmentzündung plötzlich genas, so daß sie nach siebenjährigem Liegen unvermittelt wieder aufstand, da ahnte sie nicht, daß der Herr ein noch viel schwereres Leiden als alle, die sie überstanden, für sie bereit hielt:

In der Fastenzeit 1926 erneut ans Bett gefesselt, hat sie am 4. März eine erste Schauung: sie sieht den Heiland am Ölberg. Nach dem Erwachen fühlt sie das Blut heiß aus ihrer Seite rinnen: ein erstes Stigma trägt sie, das der Seitenwunde! In der Nacht vom Gründonnerstag auf Karfreitag aber (d. h. vom 1. auf den 2. April) traten die Wundmale der Hände und Füße hinzu, ferner das Weinen blutiger Tränen. Mit blutüberströmtem Antlitz liegt sie unter entsetzlichen Schmerzen im Bett und leidet zum ersten Male in geistig-visionärer Schau die ganze Passion unseres Herrn auf Golgatha mit . . .

Was dann folgte, ist uns allen bekannt: ein gewaltiger Zustrom zu ihr setzte ein. An einem einzigen Tage sah das arme Schneiderhäuslein des Vaters Neumann 5 000 Besucher an ihrem Bette vorüberziehen. Eine Flut von Zeitungs-

Deinen Tod,
o Herr,
verkünden wir
und Deine
Auferstehung
preisen wir,
bis Du kommst
in Herrlichkeit.

Therese Neumann
von Konnersreuth.
Geboren am Karfreitag,
den 9. April 1898,
stigmatisiert 1926,
gestorben am
18. September 1962.

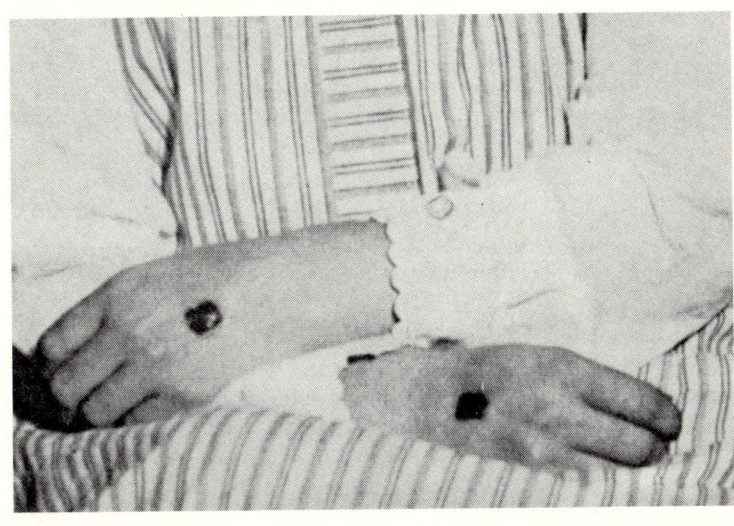

*Die Stigmata
der Hände*

467

artikeln, Broschüren und Büchern gingen über die deutschen Lande, ja, hinaus in alle Welt. Das abgelegene arme Fichtelgebirgsdorf war im Munde von Millionen.

Ein heißer Kampf aber entspann sich um ihre Wundmale, um ihre Leidensekstasen und Visionen, zu denen bald noch der ganze Umkreis mystischer Erscheinungen trat, den wir bei fast allen Stigmatisierten beobachten, wie Herzenskenntnis, Kenntnis geweihter Personen und Gegenstände, die Gabe der Sprachen (sieben nie gekannte Sprachen kamen über die Lippen des Bauernmädchens!) und schließlich die Nahrungslosigkeit und das fast völlige Unterbleiben des Schlafes. Eine Tatsache erstaunlicher als die andere gesellte sich hinzu — kurzum: Therese Neumann und die Erscheinungen ihres mystischen Lebens wurden das Gespräch ungezählter Menschen und aller Schichten des Volkes.

Und wie steht es heute um die Stigmatisierte? Nach vor 25 Jahren erfolgter Stigmatisation sind die Erscheinungen noch immer die gleichen. Und dennoch steht heute, trotz so mancher bedeutsamen historischen, medizinischen, psychologischen und religiösen Klärung noch vielen das Problem Konnersreuth in alter Größe vor der Seele.

Verzeichnen wir nur einige wenige Etappen aus dem erbitterten Kampfe, der seit Jahren um die Ereignisse von Konnersreuth entbrannte. Da war zunächst die ärztliche Untersuchung vom Jahre 1927. Fünfzehn Tage lang wurde Therese unter Leitung von Professor Ewald, Erlangen, und Sanitätsrat Dr. Seidl, Waldsassen, von vier Schwestern überwacht. Seidl schreibt darüber:

„Auf Anordnung des Bischöflichen Ordinariates Regensburg ließ ich Therese Neumann vierzehn Tage lang beaufsichtigen. Die ärztliche Untersuchung erfolgte durch mit höchster Umsicht und Vorsicht ausgewählte Mallersdorfer Schwestern. Die Schwestern hätten nicht besser ausgesucht sein können. Diese Aufsicht war eine derartige, daß nach menschlichem Ermessen irgendeine Täuschung nicht vorliegen kann. Die Beobachtung war denkbar streng. Therese Neumann war keine Sekunde des Tages und der Nacht allein. Zwei Schwestern zugleich beobachteten sie pflicht- und vorschriftsmäßig geradezu scharf. Ich habe das Interesse, der Wahrheit zu dienen, ich will nichts aus der Sache machen. Ich glaubte, der Kirche dadurch zu dienen, daß ich bei der Untersuchung rigoros war. Ich stehe für die Untersuchung auch vollkommen ein.

Eine Nahrungsaufnahme innerhalb dieser vierzehn Tage ist völlig ausgeschlossen . . . Die Nahrungslosigkeit der Therese Neumann vertrete ich glatt. Ich habe nicht den geringsten Grund, daran zu zweifeln. Ich persönlich glaube daran. Eintreten kann ich bloß für die Zeit der vierzehntägigen Beobachtung. Seit September 1927 nimmt Therese Neumann gar· nichts mehr zu sich, auch nicht mehr den Schluck Wasser." Und dem setzt er hinzu: „Das Phänomen Konnersreuth kann man medizinisch nicht erklären . . . Als Arzt, als Katholik und als Mensch habe ich die Überzeugung, daß der Kirche durch die Wahrheit am besten gedient wird. Naturwissenschaftlich muß alles getan werden, was man tun kann. Die Medizin kann aber die Phänomene von Konnersreuth nicht erklären [3])."

Prof. Dr. Ewald, ein Nichtkatholik, fügt dem in seiner Arbeit „Die Stigmatisierte von Konnersreuth. Untersuchungsbericht und gutachtliche Stellungnahme" (München 1927) ein rückhaltloses Lob der Tätigkeit und Haltung der überwachenden Schwestern hinzu, indem er sagt:

„Sie machten einen außerordentlich guten Eindruck und waren geschickt ausgewählt, medizinisch geschult, so daß sie durch die Erscheinungen nicht leicht düpiert werden konnten, eine frühere Operationsschwester, eine Röntgenschwester, eine Zahnarztschwester und eine stenographierende Schwester. Sie ließen sich auch durch den Anblick der Ekstasen nicht verblüffen... haben alle Anordnungen des Kollegen Seidl aufs pünktlichste befolgt, arbeiteten stets zu zweit und ließen Therese während der 14 Tage keine Sekunde aus dem Auge, überwachten die Ausscheidungen, machten das Bett, wogen, maßen das Mundspülwasser ab, kontrollierten Puls und Temperatur und führten genauestens Protokoll. Soweit ich über das Protokoll etwas erfuhr, war es sachlich, widerspruchslos und zeugte von gesunder Kritik... Den Versuch einer Einmischung in die Beobachtung von dritter Seite wiesen sie mehrfach entschieden zurück. Sie waren vor Beginn der Beobachtung vereidigt und wurden es nach dieser noch einmal. Bedenkt man, was ein Eid für Ordensschwestern bedeutet, so kann man wohl überzeugt sein, daß sie ihres Amtes gewissenhaft walteten. Vorweggenommen sei noch, daß von ihnen während der 14tägigen Beobachtungsdauer nicht bemerkt wurde, daß Therese irgendetwas anderes zu sich genommen hätte, als täglich ein Achtel Hostie mit 3 ccm Wasser, daß der spärliche Urin (meist an Ekstasetagen gelassen) quantitativ aufgefangen wurde, daß Kotausscheidung in der ganzen Zeit nicht erfolgte" (S. 9 f.).

Von kirchlich-amtlicher Seite aber wurde damals ein Protokoll veröffentlicht (vgl. Oberhirtl. Verordnungsblatt der Diözese Regensburg 10/1927), in dem das Resultat der Untersuchung dahin zusammengefaßt wurde, daß „nicht die geringste Nahrungsaufnahme stattfand" und „daß die ursprünglich angestrebte, aber nicht durchführbar gewesene Beobachtung in einem Spitale, in einer Klinik auch keinen besseren Erfolg hätte haben können" und „daß die somit gewonnene naturwissenschaftliche Grundlage erst den Boden biete für eine philosophisch-theologische Prüfung des Problems." Bleibt zu erwähnen, daß das Bischöfliche Ordinariat in einer Verlautbarung vom 10. 12. 1937 seine damalige Stellungnahme umstößt und eine abermalige Untersuchung der Stigmatisierten fordert.

Eine weitere Etappe des Kampfes war das große Werk *Gerlichs*, „Die stigmatisierte Therese Neumann von Konnersreuth" (München 1929), in dem dieser einerseits eine lückenlose Geschichte der Stigmatisation der Therese gab (Band I), zum andern aber in einem zweiten Bande den Nachweis versuchte, daß

---

[3]) Wir zitieren nach Konnersreuther Jahrbuch 1929, 89 ff.

die verschiedenen Krankheitsschäden der Therese organischer und nicht hysterischer Natur gewesen seien, um schließlich zu dem Schluß zu kommen, *daß der Gesamtfall der Therese Neumann „nicht natürlich erklärbar" sei.* Es darf nicht verschwiegen werden, daß gerade der zweite medizinische Teil der Arbeit Gerlichs bald Gegenstand heftiger ärztlicher Diskussionen geworden ist, die die organische Natur der Verletzungen Theresens abzuleugnen versuchten. (Vgl. hierzu die durchaus positive Stellungnahme von Dr. med. H. Fröhlich in „Konnersreuth heute" S. 65 ff.) Gerlich selbst aber trat, durch seine Studien tief von den Tatsachen von Konnersreuth aufgewühlt und erschüttert, zur Katholischen Kirche über.

Im Jahre 1936 folgte dann als weiteres bedeutsames Werk über die Stigmatisierte das Buch *Erzbischofs Teodorowicz* „Konnersreuth im Lichte der Mystik und Psychologie" (Salzburg 1936), das endlich einen abgerundeten universalen Überblick über die gesamten Erscheinungen zu geben versuchte und das, ebenfalls an Hand jahrelanger, immer erneuter Studien an Ort und Stelle, den Fall der Therese Neumann für echt und den erdrückenden Teil der Phänomene von Konnersreuth für übernatürlich erklärte. Das Werk Teodorowiczs ist u. E. in seiner Bedeutung von der Fachwissenschaft der Mystik unterschätzt worden [4]).

Kaum aber war das Werk des Lemberger Erzbischofs erschienen, da meldete sich ein alter, bereits längst hervorgetretener Widerstand von neuem. Mit großer Heftigkeit trat wiederum der Chefarzt Dr. Deutsch, Lippstadt, auf den Plan, der bereits früher Angriffe gegen Konnersreuth gerichtet hatte [5]). Nunmehr sandte er eine als Manuskript gedruckte Broschüre an höchste kirchliche Stellen und sonstige Interessenkreise [6]). Später ergänzte er diese Schrift durch eine andere Broschüre „Ärztliche Kritik an Konnersreuth, Wunder oder Hysterie"? (Lippstadt 1938). Die Arbeiten Dr. Deutschs haben in damaliger Zeit in manchen Kreisen, die — wie übrigens auch Deutsch selbst — Konnersreuth nie gesehen haben, großen Staub aufgewirbelt. Er wandte sich sogar gegen die Untersuchung von 1927, die er rundheraus als „wertlos" erklärte. Therese habe sowohl vor wie nach der Untersuchung nicht gehungert. Therese sei eine schwere Hysterikerin, die ebenso unglaubwürdig sei wie ihre Eltern. Ihre angeblichen wunderbaren Heilungen von schwerer, unheilbarer Krankheit seien durchweg Täuschungen und — ganz natürlich zu erklären. Ihre Wundmale und Blutungen seien wahrscheinlich auf betrügerische oder psychogene Weise entstanden und unterschieden sich in nichts von natürlich hervorgebrachten Wunden und Blutungen. Dabei zitierte er in seiner letzten Broschüre einen protokollarischen Bericht von Prof. *Dr. Martini, Bonn,* in dem dieser auf Grund einer 16stündigen Untersuchung in Konnersreuth (vom 22. und 23. März 1928) zu der Behauptung gelangte, der spontane *Beginn* der Blutungen aus den Stigmen Theresens sei nie einwandfrei

---

[4]) Vgl. des Verfassers ausführliche Würdigung in der Frankfurter Kirchenzeitung vom 4. und 11. Oktober 1936.

[5]) Vgl. seine Arbeit „Konnersreuth in ärztlicher Beleuchtung", Paderborn 1932.

[6]) Unter dem Titel „Wie stehts um Konnersreuth?", Lippstadt 1936.

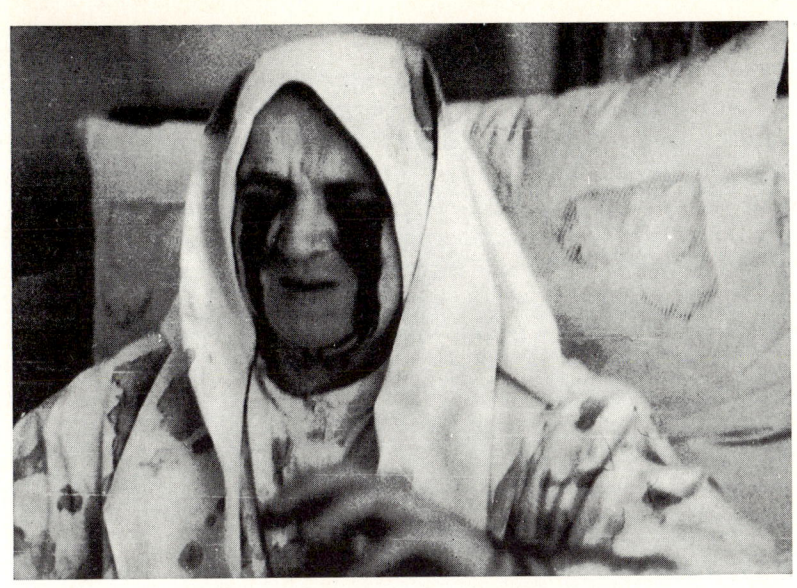

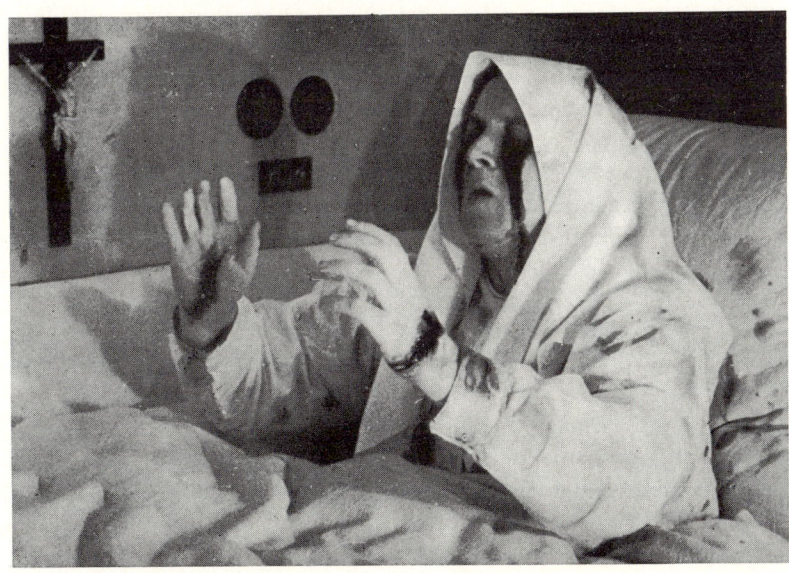

Therese Neumann von Konnersreuth (1898—1962)

Szenen des Miterlebens und Mitleidens bei der Kreuzigungsvision.

festgestellt worden; auch er habe lediglich *nach* den Beobachtungspausen, während der er ihr Zimmer verlassen mußte, vermehrte Blutausscheidungen bei ihr gesehen, was dieselben sehr verdächtig mache.

Es ist uns an dieser Stelle unmöglich, auch nur den kleineren Teil der Einwände Deutschs aufzuführen, die übrigens bereits 1932/33 in dem von Dr. Gerlich herausgegebenen „Geraden Weg" (Januar bis März 1933) durch namhafte Wissenschaftler und Kenner von Konnersreuth scharfe Zurückweisungen erfahren hatten. Aber zu ihrer Klarstellung wenigstens ziehen wir die Ausführungen eines anderen Arztes heran, dessen Zeugnis zudem den Vorzug hat, daß es auf zwölfmaligem Besuch, bzw. oftmaliger Untersuchung der Stigmatisierten an Ort und Stelle beruht — während man mit Recht Dr. Deutsch den Vorwurf macht, den Gegenstand seiner Angriffe nie gesehen, geschweige denn Therese je untersucht zu haben [7]). In einer Arbeit aus dem Jahre 1938 nimmt der besagte Verfasser, *Dr. med. R. W. Hynek, Prag,* unter dem Titel „Zur Abwehr, Neuer Beitrag zur Lösung des Konnersreuther Problems" (Karlsruhe, Badenia) ausführliche Stellung zu den Einwürfen Dr. Deutschs bzw. Prof. Martinis. Er schreibt — um zunächst mit den Argumenten Martinis zu beginnen —, daß der Beginn der Blutungen sehr wohl von ungezählten Zeugen, darunter einer ganzen Anzahl von Ärzten (wie Prof. Ewald, Sanitätsrat Seidl, Prof. Babor usw.) mit aller Sicherheit und als spontan beobachtet wurde. Was aber die Infrageziehung der Echtheit der Stigmen betreffe, so habe er, wie auch eine ganze Reihe medizinischer Autoritäten, oftmals die Möglichkeit gehabt, diese auf das genaueste zu untersuchen. Er selbst, dem als Kriegsarzt Tausende von Verwundungen unterlaufen seien, *habe nie die Möglichkeit gehabt, in der Natur auch nur annähernd ähnliche Wunden zu konstatieren, wie die Stigmen der Therese Neumann, die er für absolut echt und übernatürlich halte* [8]). Was aber die Nahrungslosigkeit der Therese betreffe, so halte er dieselbe für die 15tägige Untersuchung von 1927 für medizinisch sicher erwiesen. Denn nachdem Therese in dieser Zeit acht Pfund an Gewicht ab- und dann ohne neue Nahrungszufuhr nach der Leidensekstase wieder acht Pfund zunahm, wären, wissenschaftlich errechnet, 20 Kilo Nahrung notwendig gewesen, um ihr natürlicherweise zu dieser Gewichtszunahme zu verhelfen. Ein Einschmuggeln einer solchen Menge von Nahrung sei bei der scharfen Beobachtung der vier Schwestern, die keine Sekunde ihre Augen von der Stigmatisierten ließen, schlechterdings unmöglich. — Komme hinzu, daß die Getränkelosigkeit der Therese noch weit wichtiger sei, da der Mensch natürlicherweise nicht länger als acht Tage ohne Trank leben könne. *Schon allein die Tatsache, daß Therese 15 Tage gedürstet habe, führe alle natürlichen Erwägungen ad absurdum.* Aber nicht nur, daß der erwähnte

---

[7]) Es handelt sich also um den in der medizinischen Praxis so verpönten Versuch einer Ferndiagnose.

[8]) Vgl. des Verfassers gründliche Auseinandersetzung mit der Frage natürlicher und übernatürlicher Wunden in der „Einführung" zu diesem Werk (Waldsassen 1938), die sich vielfach an Hynek anlehnt.

Arzt die Echtheit der Stigmen wie auch die Tatsache der Nahrungslosigkeit für gut begründet und erwiesen hält. Auch die Anklage der Hysterie, die von einer Anzahl von Ärzten (zumindest für den Anfang) erhoben wurde, hält er in keiner Weise für zu Recht bestehend.

Zur Ergänzung können wir anführen, daß dann kurz vor dem Zweiten Weltkrieg durch drei bedeutende Gelehrte die Broschüren Dr. Deutschs einer geradezu vernichtenden Kritik unterzogen wurden, und zwar in dem Buche Dr. med. Radlos, Lemberg („Trug oder Wahrheit?", 338 Seiten, Karlsruhe 1938), das dieser befähigte Arzt unter Mitarbeit von Domherr Adam R. von Bogdanowicz und Prof. Dr. med. Stefan Dabrowski, Direktor des chemisch-physiologischen Institutes der Universität Posen, herausgebracht hat und in dem mit schneidender Schärfe die völlige Unhaltbarkeit und Unzulänglichkeit der Argumente Dr. Deutschs dargetan wird. Es bedeutet diese mit außerordentlicher Gewissenhaftigkeit, Exaktheit und Subtilität geschriebene Arbeit zugleich eine glänzende Rechtfertigung der langjährigen und gründlichen Untersuchungen des Lemberger Erzbischofs. Wir können die Lektüre dieses umfassenden Buches — auch in mystisch-theologischer Hinsicht -- dem tiefer Urteilenwollenden auf das nachdrücklichste empfehlen. Wie übrigens nicht weniger die gleichfalls sehr wertvolle Arbeit von Prof. Dr. Anton Seitz „Das Stigmatisationsproblem von Konnersreuth in Wahrheit und Klarheit" (Karlsruhe 1939).

So sind nicht nur die Angriffe Dr. Deutschs schon seit dem Ende der 30er Jahre völlig in sich zusammengebrochen, daran konnten auch Schriften wie die von P. Siwek S. J., Hilde Graef, Dr. de Poray-Madeyski, Prof. Lhermitte und Goemare nichts ändern.

Wir dürfen zur weiteren Ergänzung noch anführen, daß auch Dr. med. Fröhlich, der mehrfach (z. T. gemeinsam mit dem Verfasser) die Stigmatisierte in Konnersreuth aufgesucht hat, während seiner langjährigen Vorträge (von 1943 bis 1955) immer wieder betont, daß auch nach seiner Prüfung des Falles keine Spur von Hysterie bei Therese Neumann festzustellen ist und ihre Stigmatisation jede natürliche Erklärung weit hinter sich läßt. Dr. Fröhlich faßte sein Urteil in seinen Vorträgen wie folgt zusammen:

„Seit Jahren sind die gegnerischen Stimmen verstummt; die Betrugshypothese wie diejenige der Hysterie und alle anderen medizinischen Erklärungsversuche sind zusammengebrochen. Medizin und Naturwissenschaft sind hier nur in der Lage, eine Fülle rätselhafter Vorgänge zu konstatieren, aber nicht zu erklären; auch Psychologie und Parapsychologie führen nur an die Schwelle der mystischen Erlebnisse. Allein zuständig ist daher für die letzte Beurteilung des Phänomens die Wissenschaft der mystischen Theologie. Die fünf großen medizinischen Tatsachen — die exakt feststellbaren außergewöhnlichen Heilungen (insbesondere der Aufliegewunden), der übernatürliche Charakter der Wundmale, die Nahrungslosigkeit, das Aufholen des Körpergewichtes nach der Leidensekstase ohne zu essen und das Dürsten über 15 Tage hinaus — sind (so erklärt Dr. Fröhlich)

dabei nur unwesentliche äußere Kennzeichen eines wesenhaft inneren Gnaden-
geschehens, das klar in seiner für unsere Zeit bestimmten Symbolik hervortritt:
Das Kreuzesopfer Christi und das Geheimnis der Eucharistie, sichtbar dargestellt
am Leibe der Stigmatisierten im Zeichen der Wundmale und der Nahrungslosigkeit, als mahnende Botschaft und als Zeichen der Entscheidung gerichtet an
unsere Generation." (Vgl. auch sein Buch „Konnersreuth heute".)

So runden sich also — medizinisch gesehen — die großen Tatsachen der
Stigmata, der natürlich nicht erklärbaren Gewichtsschwankungen und ihrer
außergewöhnlichen Heilungen (vgl. an erster Stelle die plötzliche Heilung
der furchtbaren Aufliegewunden) zu einem einheitlichen Bilde ab, das durchaus
positiv zu bewerten ist und das über sich hinausweist.

Mithin muß sich nach Erörterung der medizinisch-naturwissenschaftlichen
Probleme um Konnersreuth die Fragestellung um Therese Neumann notwendig
der mystischen Theologie zuwenden, die sich in der Tat seit Jahren als letztlich
maßgebende Wissenschaft mit Konnersreuth befaßt hat.

Auch hier können wir sagen, daß die Beurteilung der Stigmatisierten nach
den furchtbaren Ereignissen des Zweiten Weltkrieges, die auch für Konnersreuth und Therese Neumann schwerste Belastungen und Prüfungen gebracht
hat, in ein wesentlich ruhigeres Fahrwasser gekommen ist. Schon durch Radlo
und Seitz hatten zudem die besonderen Einwürfe gegen den „Ungehorsam" der
Therese Neumann gegenüber der bischöflichen Behörde ihre Aufklärung
erhalten. Jahrelang hat man wieder und wieder gegen sie vorgebracht, sie sei
den Aufforderungen der kirchlichen Behörden zu einer abermaligen Untersuchung nicht weniger als zweimal schriftlich entgegengekommen, und zwar im
Dezember 1936 und am 21. November 1937, wo sie ihre Einwilligung zu einer
nochmaligen ärztlichen Untersuchung gab. Das erste Mal wurde die Durchführung allerdings durch den Widerstand des Vaters vereitelt. Während sich
Therese beim zweiten Male der kirchlichen Behörde auch auf die Gefahr hin
zur Verfügung stellte, das Haus der Eltern ohne deren Wissen verlassen zu
müssen, wovon ihr der Bischof jedoch — wohl unter dem Druck der damaligen
politischen Lage — abriet. Von einem bewußten Ungehorsam kann daher
durchaus nicht die Rede sein [10]).

So müssen wir zusammenfassend feststellen, daß heute die erdrückende Zahl
der Einwände, die in langen Jahren gegen Konnersreuth gemacht wurden und
die dabei vornehmlich von jenen ausgingen, die keineswegs aus eigener Erfahrung sprachen, sich als aufklärbar erwiesen haben. Zum anderen aber ist eine
Stigmatisation immer ein unsagbares Mysterium, d. h. ein tiefes Geheimnis

---

[10]) Man vgl. zu dem eben Gesagten die beiden erschütternden Briefe von Therese
und Vater Neumann an Bischof Dr. Buchberger, die Dr. Radlo veröffentlichte (S. 125 ff.
und 165 f.). Ferner zur Gesamtheit der mystisch-theologischen Beurteilungen die Feststellungen des gleichen Arztes, die an Deutlichkeit und Exaktheit der Beweisführung
nichts zu wünschen übrig lassen.

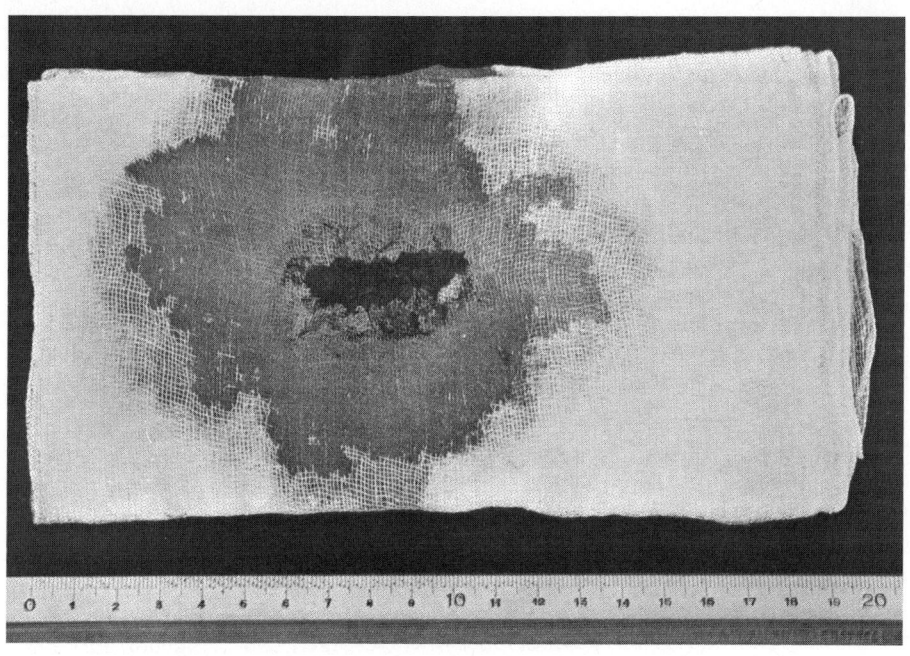

Therese Neumann von Konnersreuth (1898—1962)

*Mullkompresse, die während einer Passionsvision
auf das Herzstigma gelegt war*

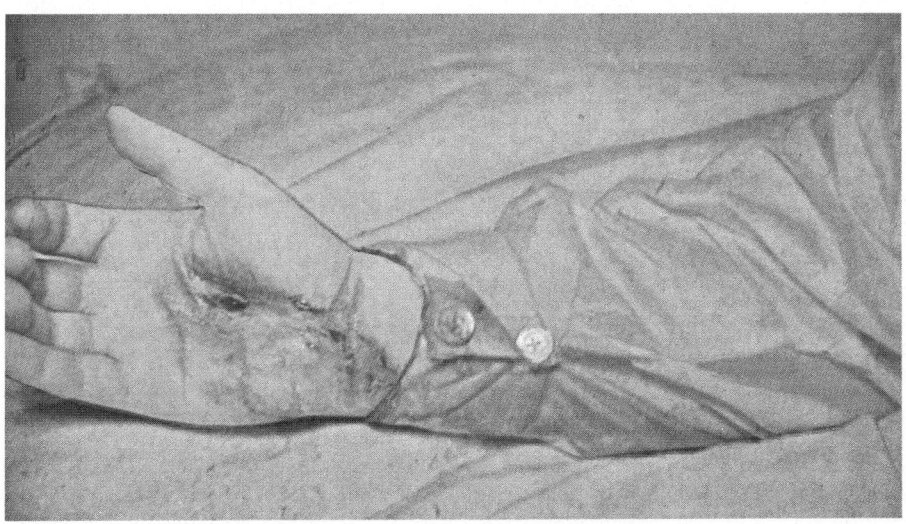

Innenseite der rechten Hand nach einer Passionsvision

Gottes. So schreibt auch der Biologe Prof. Dr. Mayr, Eichstätt, der die Stigmatisierte aus 37jährigem Studium und unzähligen Besuchen in Konnersreuth auf das gründlichste kennt, mit vollem Recht in einem umfassenden Gutachten, das er bereits 1937 erstellte, „daß man immer wieder die Erfahrung macht, daß sich gar viele Schwierigkeiten von selbst beheben, wenn man an Ort und Stelle der Sache auf den Grund geht. Für jeden, der über Konnersreuth schreibe oder spreche, sei es sehr schwer, in allen Einzelheiten ein klares und objektiv richtiges Bild zu geben. Es sei daher unglaublich, wie viele Unwahrheiten über Therese Neumann auch gutgläubig verbreitet und als Wahrheiten hingenommen werden. Wenn schon im allgemeinen Ferndiagnosen in wissenschaftlichen Kreisen verpönt seien, so dürfe sich vor allem in diesem so überaus komplizierten Falle keiner ein Urteil erlauben, der nicht die Verhältnisse an Ort und Stelle gründlichst studiert habe [11])". Prof. Mayr aber gelangt nach gründlicher Erörterung alles Für und Wider auf Grund seiner intimen und vielseitigen Sach- und Personenkenntnis zu einem positiven Urteil über Therese Neumann [12]). Und nicht minder bezeichnend für jeden nüchtern denkenden Beurteiler ist, daß alle jene Beobachter, die sich ähnlich wie er in Konnersreuth selbst mit wirklicher Ausdauer und kritischer Gründlichkeit dem Studium der Dinge hingeben, durchweg auf dem Standpunkt der Echtheit stehen, wir erinnern nur an Namen wie Gerlich, Seidl, Geiger, Theodorowicz, Hynek, Wutz usw.

Ganz in die gleiche Richtung verweisen die langjährigen und intensiven Studien des Verfassers, der nicht weniger als zwölfmal seit 1931 in Konnersreuth selbst — und z. T. in längerem Aufenthalt — Persönlichkeit und Umwelt der Therese studiert hat. Sogleich nach dem Ende des vergangenen Krieges, im April 1946, hat sich der Schreiber dieser Zeilen erneut nach Konnersreuth begeben, um den Fortgang der Dinge an Ort und Stelle zu untersuchen, und er wiederholte seitdem diesen Besuch noch mehrmals.

In welcher Verfassung traf ich damals Therese Neumann, und wie hatte sich ihr Zustand über die langen Kriegs- und Nachkriegsjahre hinaus bewährt oder auch sichtlich weiter entwickelt? Halten wir uns im wesentlichen an unsere Eindrücke bei unserer ersten Nachkriegsfahrt nach Konnersreuth [13]).

„Als ich mich an einem herrlichen Frühlingstage in der Nachosterwoche dem Dorfe näherte, wurde mir schon beim Eintritt bewußt, wieviel sich in Konnersreuth seit 1943 verändert hat. Schon die Fahrt durch die zerschossenen Straßen und Häuser war eine ganz andere als sonst. Aber merkwürdig, so ernst mich dies alles berührte, es wurde überstrahlt von einer Klarheit und Heiterkeit des Frühlingstages, die in einer eigentümlichen Harmonie stand mit der Verfassung,

---

[11]) Das gilt auch für die beiden neuerlichen Arbeiten von P. Siwek S. J., „Une stigmatisée de nos jours" (Lethielleux, Paris 1950) und Dr. Hilda Graef, The case of Therese Neumann (Cork 1950).

[12]) Das Gutachten Prof. Mayrs wurde zum ersten Male veröffentlicht von Vere mundus in dessen Broschüre „Weltbetrug in Konnersreuth?", Colmar 1937.

[13]) Vgl. Nr. 15 des „Katholischen Kirchenblatts", Wiesbaden, vom 14. Juli 1946.

in der ich Therese Neumann selbst vorfand. Dorf und Landschaft, wie auch Therese selbst atmeten trotz der Spuren der Verwüstung eine eigene Feierlichkeit aus. Es war, wie wenn sich in und um Konnersreuth durch die Schrecken des Krieges gar vieles geläutert hätte. Und war mir sonst der Weg nach Konnersreuth immer gewissermaßen wie ein schmerzensreicher Aufstieg nach Golgatha vorgekommen, jetzt erschien mir alles in einem Zustand auffallender Verklärung.

Als ich beim Pfarrhaus ankam, war dieses verschlossen. Dafür aber stand der Torbogen zum Pfarrhof weit geöffnet. Kurz entschlossen trat ich ein, um sofort auch hier auf die Spuren des Krieges zu stoßen. Pfarrhaus und Wirtschaftsgebäude hatten fünf Granattreffer erhalten, die Küche und das Schlafzimmer Pfarrer Nabers waren schwer getroffen. Die große Pfarrscheune war abgebrannt und eingestürzt. Durch ihre Trümmer hindurchschreitend, erschien mir alles menschenleer. Bis ich plötzlich in dem weiten Gelände des Pfarrgartens jemand arbeiten sah: eine Frau mit einer weißen Haube war eifrig beim Graben und Jäten. Ich steuerte auf dieses einzige Lebewesen zu, das ich weit und breit sah, bis sich die Betreffende plötzlich aufrichtete und mich mit ihren frischen Augen ansah. Da gewahrte ich zu meinem Erstaunen, daß es Therese selbst war. Eine Stigmatisierte bei so schwerer körperlicher Arbeit? Und die Hände, an denen man deutlich die viereckigen Stigmen sah, fest um ihr Werkzeug gelegt? Ich traute meinen Augen nicht. Aber sogleich sprach auch sie mich mit meinem Namen an und, ihre Arbeit unterbrechend, schien sie sehr erfreut über unser Zusammentreffen. Wir waren sogleich in lebhaftem Gespräch über Ereignisse der letzten Jahre.

Offen gestanden: ich war an diesem Tage mit gewissen Beklemmungen nach Konnersreuth gegangen, denn ich hatte kurz vorher einen ersten Aufsatz über Therese veröffentlicht und darin des 20. Jahrestages ihrer Stigmatisation (des 2. April 1946) gedacht. Nach den Erfahrungen früherer Jahre mußte ich fürchten, mit Vorwürfen empfangen zu werden, denn das Schreiben über sie war ihr schon immer unsympathisch. Aber nichts von alledem geschah! Ja, ganz im Gegenteil, ich habe Therese nie so froh und heiter, so abgeklärt und freundlich gesehen. Es war eine Freude, eine Ruhe und Ausgeglichenheit über ihr, wie ich sie kaum jemals gesehen habe. Das Naturkind, mitten im Jäten des Gartens begriffen, schien mit Natur und Landschaft auf das innigste verbunden. Ihrer Gestalt nach trotz des Krieges sehr stattlich geworden, war ihr Gesicht frisch und breit und gesund, wie von Milch und Blut; und ihre blitzenden Augen strömten eine bezaubernde Ruhe und Heiterkeit aus. Die schweren Kartage lagen hinter ihr und nicht minder die furchtbaren Prüfungen des Kriegsendes. Und jetzt schien sie in der frischen Frühlingsluft wie von allem genesen. Es war, wie wenn Mensch und Landschaft ineinander strömten.

Aber noch mehr als das! Nie habe ich Therese so natürlich, so ungezwungen gesehen. Es mochte das mit ihrer Arbeit zusammenhängen. Aber auch mit der natürlichen Art, wie sie ihr junges Füllen einfing, das Trümmer und Steine aus dem Garten zog und das sie dann in treuer Sorge zum Stall führte. Jedenfalls war sie so munter, so frisch, quicklebendig, daß es eine Freude war, ihr zuzuschauen.

Schon immer hatte ich in früheren Jahren bei ihr den Eindruck einer abgrundtiefen Echtheit gehabt. Und als ich vor drei Jahren mit ganz besonderer Absicht einen Arzt ihr zuführte, der sie auf ihren allgemeinen Zustand prüfen wollte (es war Dr. med. Fröhlich, der spätere Verfasser des genannten Buches), gab dieser nach dem ersten längeren Zusammentreffen mit ihr zur Antwort, er habe noch nie einen seelisch so gesunden Menschen gesehen. Und alle die Einwürfe der nie in Konnersreuth Gewesenen (auf Hysterie usw.) wies er als geradezu absurd zurück. Kurz, auch an diesem Frühlingstage ist mir Therese so ungekünstelt, so natürlich und munter vorgekommen, daß es eine wahre Lust war, mit ihr zu reden. Ganz unvermittelt spürte man, wie kerngesund dieser Mensch bis in die Tiefen seiner Seele ist, wie meilenweit entfernt von jeglicher „Verstellung" oder gar „Krankhaftigkeit". In ihrer Gegenwart nur allein daran zu denken, war mir eine Unmöglichkeit, weil Therese den genau entgegengesetzten Eindruck macht. Der wahre Kenner von Konnersreuth (auch der Schreiber dieser Zeilen kennt Therese nun seit 20 Jahren aus oftmaligen Besuchen) weiß allzu genau, daß sich ihr Seelenleben in so gänzlich anderen Bahnen bewegt.

Und dann erzählte mir Therese unvermittelt, wie es ihr und dem Dorfe in den letzten Tagen des Krieges ergangen. Therese Neumann war während des Krieges der Haussuchung durch die Gestapo und dann einer scharfen polizeilichen Überwachung ausgesetzt gewesen. Den Höhepunkt ihrer Verfolgung aber hat sie in den letzten Tagen des Krieges erlebt. Es war, wie wenn der Satan noch einen letzten großen Schlag gegen sie führen wollte, um sie nunmehr endlich unschädlich zu machen. Eine SS-Panzerabteilung hatte im Dorf gelegen. Beinahe wäre Therese das Opfer ihres teuflischen Anschlages geworden. Noch am Abend des 20. April, als das Dorf eben geräumt werden sollte, erschien ein SS-Chargierter im Hause Neumann und forderte in brutaler Form die Herausgabe Theresens. Er bedrohte die Anwesenden mit der Pistole (Therese war gerade nicht da), und beinahe wäre es noch — wie sie mir berichtete — in ihrem Hause zu einer Schießerei gekommen. Nur dem energischen Auftreten eines Stabsarztes war es zu verdanken, daß der maßgebliche Feldwebel das Haus verließ. Aber es geschah nur unter der wüsten Drohung, Konnersreuth dem Erdboden gleichzumachen. „Wenn ihr sie nicht herausgebt, werden wir euch eure Hütte über dem Kopf anzünden; dann wird sie schon herauskriechen aus ihrem Bau." Das waren seine Worte, wie mir eine Zeugin bekundete.

Noch in derselben Nacht aber setzte von vier Seiten das Feuer der SS-Panzer gegen Konnersreuth ein, dem 17 Wohnhäuser und 28 Scheunen zum Opfer fielen. Dabei war nicht ein einziger amerikanischer Soldat im Dorfe.

Die Amerikaner, die sich mit nur drei Panzern bei Arzberg befanden, hatten inzwischen Verstärkung erwartet. Und erst, als sie sich aus Konnersreuth beschossen glaubten, gaben auch sie einige Schüsse in Richtung des Dorfes ab, als

Kirche zu Konnersreuth

Vaterhaus der Therese Neumann
Giebelfront mit ihrem Stübchen (oberes Fenster)

dieses schon brannte. Sie taten es aber notgedrungen, da, wie ein amerikanischer Offizier an Hand der Karte sogleich entschuldigend im Pfarrhaus darlegte, Konnersreuth rot auf dieser eingekränzt und es den amerikanischen Truppen streng befohlen war, das Dorf auf das äußerste zu schonen.

Therese Neumann befand sich während des Feuers der SS im Keller unter der Pfarrscheune, die alsbald in Flammen aufging (wie zu gleicher Zeit auch Pfarrhaus und Kirche Treffer erhielten). Wenige Minuten vor ihrem Zusammenstürzen flüchtete sie aus dem Keller, so daß sie mit knapper Not dem Tode der Erstickung entging.

Daß es sich in der Tat aber um einen ganz abgefeimten Anschlag auf das Leben der Stigmatisierten gehandelt hatte, das beweisen einerseits die Worte jenes Feldwebels, der nach dem Überfall noch zigarettenrauchend am Brunnen gesehen wurde, wobei er höhnend sagte: „Jetzt ist sie dahin; da habt ihr's ja!" Es waren nämlich auch fünf Granaten vor dem Hause Neumann eingeschlagen und hatten ein Loch in die Giebelwand gerissen. Nur durch einen rechtzeitigen Entschluß waren Vater Neumann und Sohn, aus dem Keller in Resls Zimmer flüchtend, den Splittern entgangen.

Mit aller Deutlichkeit aber geht der Schutz, der Resl und Konnersreuth geworden war, aus einer Erscheinung der Schützerin des Dorfes, der kleinen Heiligen von Lisieux, hervor, der die Stigmatisierte an deren Seligsprechungstag, am 29. April 1945, im oberen Stock des Pfarrhauses gewürdigt wurde. Wiederum, wie früher, zeigte sich ihr Theresia vom Kinde Jesu in einer Flut von Licht und sagte zu ihr:

„Seid ruhig und habt Vertrauen, ihr konntet es doch mit Händen greifen, wie wunderbar euch geholfen wurde. Der große teuflische Plan wurde mit himmlischer Macht zunichte gemacht, ihr habt es ja gesehen und geahnt, in welch furchtbarer Gefahr ihr geschwebt. Der Herr nahm dein Opfer an. Es war nicht umsonst." Offensichtlich hatte sich Therese während der Beschießung in besonderer Weise zum Opfer angeboten.

Unterschrift der Therese Neumann

Auch bei einem weiteren Besuch in Konnersreuth im Juni des gleichen Jahres fand ich Therese in der gleichen Seelenverfassung wie an Ostern.

Inzwischen aber ist Therese Neumann Gegenstand des Besuches ungezählter Offiziere und Soldaten der Besatzungstruppen geworden, die alle in tiefer Ehrfurcht und Andacht ihren Passionsekstasen beiwohnten. Schon 1948 waren es nicht weniger als 12000 Mitglieder der amerikanischen Armee, bis 1951 mehr als 15000, die Konnersreuth aufgesucht haben und die in zahlreichen Berichten in der amerikanischen Presse ihre Eindrücke wiedergaben, so daß heute Konnersreuth in den USA bekannter geworden ist denn je, ja daß Therese Neumann geradezu eine neue große Mission jenseits des Atlantik zu erfüllen hat. Einen gewissen Höhepunkt bildeten bei diesen Besuchen die Kartage der Jahre 1948 und 1950. Wohl nie hat eine so ernste und aller Sensation abholde Schar von mehr als 3000 Besuchern das Neumannhaus umstanden als gerade 1948, um teilzuhaben an ihren geheimnisvollen Visionen und Leiden. Nie aber auch scheint die Ekstase so schwer und an der Grenze der physischen Leidensfähigkeit gewesen zu sein. Abgesehen von 1950, wo von 8000 Besuchern etwa 1500 wegen der Schwäche der Stigmatisierten nicht mehr zugelassen werden konnten. Das kam vor allem daher, weil die Stigmatisierte bereits in der Woche vorher in schweren Sühneleiden stand, so daß sie geschwächt in das Hauptleiden am Karfreitag eintrat. Viele Hunderte von Amerikanern nahmen in all diesen Jahren an der Passionsekstase teil, und fast an jedem Karfreitag konnten von den wartenden Besuchern ab nachmittags 2 Uhr die letzten 500 oder 1000 nicht mehr zugelassen werden. Konnersreuth aber hat an diesen großen Passionstagen ergreifende Stunden erlebt, die das Leiden und Sterben des Herrn tief in die Herzen und Seelen prägten.

Der Karfreitag 1951 brachte allerdings einen besonders merkwürdigen Einschnitt in das Konnersreuther Geschehen. Zum ersten Male seit 1926 — also genau am 25. Jahrestag der Stigmatisation — bluteten die Wundmale Theresens nicht, dagegen hatte sie in gewohnter Weise die Schauungen der Passion. Die Weltpresse versuchte eine Sensation aus dieser Tatsache zu machen, indem viele Zeitungen triumphierend meldeten, die Stigmatisation habe aufgehört und die Wundmale seien verschwunden. Pfarrer Naber aber stellte damals fest, Therese brauche in diesem Jahr die Passion nicht mitzuleiden, sondern werde sie nur als Schauung erleben. Dies geschehe mit Rücksicht auf die 25. Wiederkehr ihrer Karfreitagsleiden und auf die etwa 1000. Wiederkehr ihrer Passion überhaupt. Es sei aber eine Ausnahme, daß ihr die Leiden diesmal erspart blieben, zu gegebener Zeit würden sie wiederkommen. Tatsächlich aber hat sich das Bluten der Wundmale und die Passionsekstase nach dem Herz-Jesu-Fest 1951 in altgewohnter Weise wieder eingestellt.

Wie aber hat sich im letzten Jahrzehnt ihr Leben und ihr Sühnezustand entwickelt oder allenfalls verändert? Nach dem soeben berichteten Ausbleiben der Stigmen und Blutungen in der Karzeit 1951 war in dem gleichen Frühsommer die Stigmatisation in gewohnter Weise wieder aufgetreten und setzte sich in den folgenden Jahren ebenso fort, d. h. mit der üblichen Abstufung, so daß ihr Leiden immer in der Fastenzeit seinen Höhepunkt erreichte. Bluteten während des Jahres nur Hand-, Fuß- und Herzwunden (und zwar mit Ausnahme der Freitage, die auf Festtage fielen), so nahmen die Leiden zum Schmerzensfreitag immer mehr zu, um am Karfreitag, dem großen Tage der Kreuzigung Christi, in voller Wucht auf sie hereinzubrechen. D. h. an diesem Tage wurde sie außerdem der Geißelwunden, der Male der Kreuztragung auf der Schulter und in besonders eindringlicher Weise der Dornenkrönung gewürdigt. Hierbei steigerten sich jedoch in den letzten Jahren ihre Sühneleiden oft so stark, daß man sie am Rande des Todes glaubte. In der allerletzten Zeit zeigte sich dann auch, daß der Herr ihr an vielen Freitagen, ja, periodenweise, nicht mehr die Leidenspassion in ihrer ganzen Schwere wie früher auferlegte. Es zeigten sich dabei oft längere Schwächezustände des Herzens, die sie schwer belasteten.

Aber trotz aller Leiden war Therese unermüdlich im Sorgen um Kranke, Schwache und Arme und Empfangen der Besuche, im Versorgen der Kirche mit Blumen, deren Schmuck ihr ein großes Anliegen war, und im Beantworten der täglich eintreffenden Stöße von Briefen, mit denen sie unzählbare Hilfsbedürftige und Kranke aus aller Welt überschütteten, wobei sie mit ihrem Gebete und ihrer Sühne half, so viel sie nur konnte.

Zwei bedeutende Taten aber, die sie zustande brachte, werden auf immer in ihre Lebensgeschichte eingegraben sein. Es war zunächst die Rückführung des früheren Klostergutes von *Fockenfeld* in kirchlichen Besitz. Da gelang es ihr durch die Hilfe des Fürsten Erich von Waldburg-Zeil und der amerikanischen Behörde in Frankfurt, die außerordentlich hohe Ankaufssumme flüssig zu machen. Da ihr der Fürst nicht sofort zusagen konnte, sagte er zu ihr (wir zitieren nach dem jüngst erschienenen, vorzüglich dokumentierten Buch von Dr. Johannes Steiner „Theres Neumann von Konnersreuth, ein Lebensbild nach authentischen Berichten, Tagebüchern und Dokumenten", Verl. Schnell u. Steiner):

„‚Resl, die Franzosen haben für einige Millionen Mark Holz aus meinem Wald geschlagen; wenn du mir hilfst, daß die von mir beantragte Abfindung ins Rollen kommt, helfe ich dir in Fockenfeld.' Resl wußte, wieviel der Fürst für den ‚Geraden Weg' und auch für caritative Zwecke geopfert hatte, und zögerte nicht lange. Es waren zu ihr nach dem Kriege viele und auch einflußreiche Amerikaner gekommen, so daß sie ermutigt war, einen Bittgang für den Fürsten und damit für Fockenfeld zu wagen. Sie fuhr mit ihrem Bruder Ferdinand zum Sitze der entscheidenden amerikanischen Dienststelle. Die Reise wurde ein Erfolg: Der Abfindungsantrag des Fürsten wurde alsbald erledigt und der Fürst gab den Oblaten des Hl. Franz von Sales in Eichstätt das Geld zum Ankauf von Fockenfeld in einem sehr günstigen Darlehensvertrag. Diese haben dort inzwischen eine Spätberufenen-Schule errichtet, aus der bereits Priester hervorgegangen sind."

„Das zweite und letzte Anliegen der Therese Neumann entsprang einer Anregung des 1962 inthronisierten Diözesanbischofs Rudolf Graber. Dieser hatte ihr bald nach seiner Ernennung geschrieben, daß er es begrüßen würde, wenn in der Diözese ein *Anbetungskloster* entstünde, in dem täglich für die Anliegen des Bischofs und des Bistums gebetet würde. Das veranlaßte Therese sofort zu hoher Aktivität. So fuhr sie mit Pfarrer Naber in den letzten Wochen ihres Lebens zu einem hochherzigen Wohltäter ins Bodenseegebiet, der ihr großzügige Unterstützung zusagte."

Schon am 8. April konnte durch den neuen Bischof von Regensburg, Dr. Rudolf Graber, die Grundsteinweihe vorgenommen und das Kloster am 1. Jahrestag ihres Todes feierlich eingeweiht werden. In der erstaunlichen Zeit von fünf Monaten wurde es fertiggestellt und von den Marien-Schwestern vom Karmel in Regensburg bezogen. Dieses sog. *„Theresianum"* bietet zugleich etwa 28 Pensionärinnen Platz, die sich an dem täglichen Sühnegebet der Schwestern für die Anliegen des Bistums Regensburg beteiligen.

Aber noch müssen wir einiges über das schnelle Hinscheiden der Therese berichten. Nach ihrer Reise, die sie im Sommer 1962 zusammen mit Geistl. Rat Naber zum Bodensee unternahm, um die Finanzierung des Klosters zu sichern, kam ihr Tod für alle überraschend. Der Verfasser hat hierüber in seiner Zeitschrift „Der Große Ruf", die 1950 aus dem „Konnersreuther Lesebogen" hervorging, und im Anschluß im Anhang der 3. Auflage des Buches von E. Boniface, das nach dem Kriege die einzige zeitgemäße Biographie der Therese darstellte[1]), auf Grund ausführlicher Zeugenaussagen berichtet. Um zusammenzufassen:

Am 13. September 1962 hatte Therese das letzte Mal in der Kirche von Konnersreuth das große Missionskreuz und die zu ihren Füßen stehende Mater Dolorosa in liebevoller Weise mit Blumen geschmückt, und am 14. September, am Feste der Kreuzerhöhung, hatte sie nach dreistündigem Leiden zum letzten Male die Vision der Kreuzauffindung durch die Hl. Helena. Tags darauf, am 15. September, dem Feste der Sieben Schmerzen Mariä, aber traf sie beim Ankleiden ein furchtbarer Herzanfall, der sie in Form eines Herzstoßes oder Infarktes an den Rand des Todes führte. Trotz energischen Eingreifens des Arztes gab sie dann am folgenden 18. September gegen 1 Uhr mittags, nach dreitägigen entsetzlichen Schmerzen ihr heiligmäßiges Leben in die Hände ihres Schöpfers zurück. Bereits am 22. September wurde sie unter der Beteiligung einer vieltausendköpfigen Menge auf dem Konnersreuther Friedhof beigesetzt. Ihr Leichnam war bis zu dieser Stunde flecken-, geruchlos und geschmeidig geblieben, ohne jegliche Merkmale der Verwesung. Seitdem ist ihr Grab das Ziel vieler Tausende von Pilgern geworden, die sich ihr wie im Leben auch nach ihrem Tod im Gebete empfehlen, wie vielerlei Erhörungen bezeugen.

Aber kehren wir zum Schluß noch einmal zu den überwältigenden Karfreitagsleiden zurück, so wie sie Therese Neumann in fast 40jähriger Schauung immer wieder erleben durfte. Sollte derjenige, der die Begnadete je in ihren Leiden gesehen und das Ausmaß ihrer Schmerzen geschaut,

---

[1]) „Th. Neumann, die Stigmatisierte von Konnersreuth. Ein Bekenntnis", Credo-Verlag.

der Konnersreuth Jahr um Jahr auf sich wirken ließ und der die Fülle der übernatürlichen Verknüpfungen und Gnadenerlebnisse überdacht hat, die uns hier in erschütternden Tatsachen auf Schritt und Tritt begegnen, sollte er wirklich der Meinung sein, daß alles in Konnersreuth lediglich ein Erzeugnis hysterischpsychogener Kräfte sei? Ich denke an meinen Besuch am Leidensbette der Stigmatisierten im Jahre 1931 zurück. Am Vorabend, einem Donnerstag, hatte ich sie in ihrem Stübchen in froher Heiterkeit und geistiger Frische angetroffen. Auf ihrem Gesichte, das wie von Milch und Blut in voller Gesundheit blühte, und in ihren hellen, überirdisch klaren Augen lag ein solcher himmlischer Frieden, der von allem Krankhaften, Unnatürlichen oder Geheuchelten wie durch einen Abgrund getrennt schien, daß es wie wahre Fluten von froher Hingabe in den Willen Gottes in meine Seele drang. — Heute aber, am Freitage ihrer Schmerzen, lag sie dahingestreckt — ein Bild des Jammers und unbeschreiblicher Leiden ... Es war, wie wenn die ganze furchtbare Wucht der Tragödie von Golgatha über sie ausgegossen sei — ihre Gesichtszüge schmerzvoll verändert, das Auge seherisch in weite, unendliche Fernen gerichtet, in halb sitzender Stellung die Hände ringend und vor Schmerz verkrampfend, so lag sie da, dann und wann einen tiefen Seufzer oder Wehlaut hervorstoßend ...

Über ihr Antlitz rannen Ströme von Blut — ein erschütternder Anblick —, und in den Flächen ihrer Hände erglänzten, funkelnd wie Rubine, ihre Wundmale. Die linke Seite ihrer Jacke aber sah man bereits von dem Blut ihres Herzens gerötet und nicht minder ihr Kopftuch von den furchtbaren Wunden ihrer Dornenkrone — alles in starkem Kontrast zu dem blühenden Weiß des Bettes und noch mehr zu ihrem trauten Stüblein, das, lieb und innig mit Bildern geschmückt, die Schrecken dieser Leiden kaum zu umschließen vermochte ...

Mußten da nicht — in unserem Herzen — all jene Schmähungen und wunderlichen Theorien einer vermeintlichen Wissenschaft verstummen, die seit Jahr und Tag über die Stigmatisierte dahingegangen sind?

Und weiter: als ich dann um 12 Uhr zurückkehrte, um die letzten Stationen des blutigen Kreuzesdramas zu sehen, jene sieben letzten Worte Christi am Kreuze, die sie mit ergreifender Deutlichkeit hört und in ihren Gesten, ihrem Stöhnen und in den unwillkürlichen Bewegungen ihres Kopfes darstellt, da schreitet ihre Passion dem Höhepunkt entgegen: bei dem letzten, furchtbaren „Es-ist-vollbracht" geht ein jäher Stoß durch ihren Körper. Wie entseelt, sinkt sie in die Kissen. Des mystischen Todes gestorben, hat sie für Christus ihr Letztes gegeben ... Wer dies alles mit angesehen hat und nicht bis in die letzten Tiefen seiner Seele erschüttert ist, der wäre im Grunde kein wahrer Mensch ... Und wer da nicht innerlich zumindest ein wenig von der unerhörten Gnadenkraft verspürt hätte, die von den Wunden Christi in diese Welt hinausstrahlt, der müßte bis in das Innerste seines Wesens verhärtet sein!

Wahrlich, wer an dem Schmerzenslager einer so namenlos Leidenden, mit Christus Gekreuzigten und immer aufs neue Dahinsterbenden immer noch in zäher Eigenwilligkeit von Verstellung, Betrug oder krankhafter Zurschaustellung sprechen wollte, mit dem weiterzureden ist nutzlos. Einem solchen Menschen fehlt es an den notwendigsten Voraussetzungen und Eigenschaften, einem Menschenkinde wie Therese Neumann gerecht zu werden [14]).

Sollte der Fall Konnersreuth aber vielen durch das ergreifende Schauen und Miterleiden der Passion des Herrn ein Schritt vorwärts in der religiösen Erkenntnis, in der Gottes- und Christusliebe geworden sein, sollte er so manchem durch die demütige Hingabe der Stigmatisierten in den Willen Gottes, durch ihre in den kleinsten Geschehnissen ihres Lebens hervorbrechende übernatürliche Lebensauffasssung, durch die Schlichtheit und Einfachheit ihrer tief von Christus erfüllten Lebensart zu denken geben, ja zu einer inneren Umkehr verholfen haben — so sind das Wirkungen von Konnersreuth, die aller Beachtung wert sind! Wie allein schon hat sich die religiös-sittliche Haltung der Gemeinde Konnersreuth — wie zuständige Theologen erklären und wie wir es Tag für Tag bei der hl. Messe und an der überfüllten Kommunionbank feststellen — unter Theresens Einfluß um ein Bedeutendes gebessert!

Nicht umsonst kommt Pfarrer Naber immer wieder auf die schlichte und doch so eindringliche Einstellung Theresens zu sprechen, die sich um den tief gesunden Kern ihres seelisch-sittlichen Wesens konzentriert und die bei ihren Besuchern einen so tiefen Eindruck hinterläßt:

Alles, was der liebe Gott will, will auch sie; ihn lieben, ihn gernhaben, ihm Seelen zuführen, für sie opfern und sühnen — das ist der Zweck ihres Leidens und Ringens. Durch ihre Sühneleiden will sie ergänzen, was der Heiland für uns gelitten; und durch die Größe ihrer Schmerzen die Größe der Liebe erkennen, die er zu uns gehabt.

Wenn auch wir nur einiges aus dieser Liebes- und Opfergesinnung in unser eigenes Leben aufnehmen und in ihm verwirklichen würden, so wären das Früchte für uns aus Konnersreuth, die überreich sind! Vergessen wir doch über aller Diskussion um Therese Neumann nie das eine Große, das uns allen nottut: zu wachsen in der Liebe zu Gott. In dem *leidenden* Schmerzenskinde von Konnersreuth aber tritt uns diese opferbereite Liebe mit eindringlicher Wucht und in zu Herzen gehender Sprache entgegen. Und das sei genug!

---

[14]) Man lese hierüber auch in dem Buche von Franz Xaver Huber, Das Mysterium von Konnersreuth (Karlsruhe 1950), das vom menschlichen Standpunkt aus beachtenswert ist.

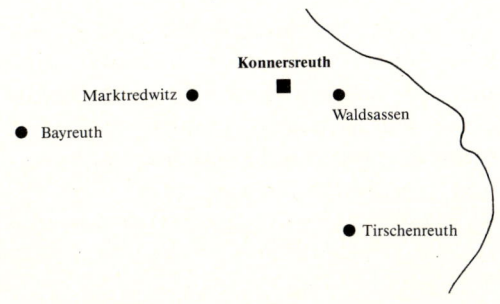

45. K a p i t e l
Barbara Brütsch
Eine Stigmatisierte der Ostschweiz
Von Arnold Guillet

Schon im Mittelalter gab es Stigmatisierte in der Schweiz, den Dominikanerprior Boland von Basel (um 1237), eine Sophie von Klingnau und eine Helena Brumsin O. P. († 1285) von Schaffhausen im dreizehnten Jahrhundert und eine Mechtild von Stans im vierzehnten Jahrhundert. 1817 starb im Dominikanerinnenkloster in Weesen am Walensee Maria Josepha Kümi O. P.; sie stammte von Wollerau, wo sie 1763 geboren wurde. Nach ihrem Tod wurde sie mit Billigung des Bischofs vom Volk wie eine Heilige verehrt.

Auch in der neueren Zeit gab es drei stigmatisierte Frauen: Margrit Bays (1815—1879), eine Freiburgerin, Adrienne von Speyr (1902—1967), von Basel, und Barbara Brütsch (1887—1966), die wir im folgenden kurz vorstellen möchten:

Auch Stein am Rhein hat eine Stigmatisierte: Barbara Brütsch. Wenn diese «Geschichte der Stigmatisierten» schon in Stein am Rhein verlegt wird, dann darf ihr Name darin nicht fehlen. Im Stadtfriedhof Stein am Rhein findet man ihr Grab vom Hauptportal her in der 22. Reihe, als zweitoberstes, dort wo der Friedhof an die katholische Herz-Jesu-Kirche angrenzt.

Barbara Brütsch entstammte der Fuhrhalterei in Hemishofen, einem Dorf von 400 Einwohnern, vier Kilometer von Stein rheinabwärts gelegen. Dort wurde Barbara Brütsch am 28. Juli 1887 als ältestes von neun Kindern in einer angesehenen Bauernfamilie geboren. Schon in frühen Jahren wurde sie von Gott in die Leidensschule genommen. Während ihrer Lehrzeit als Weißnäherin erkrankte sie im Jahre 1906 an den Folgen eines in ihrer Kindheit erlittenen Unfalls. Trotz zeitweiliger Besserung hörten die Schmerzen nicht auf; seit dem 4. Oktober 1913 konnte sie ihr Krankenlager infolge ihres Rückenmarkleidens während vollen 52 Jahren bis zu ihrem Tod nicht mehr verlassen.

Barbara Brütsch wurde in ihrer Umgebung und von allen Freunden und Bekannten nur «Babettli» genannt und dies nicht etwa, weil sie ein zierliches Persönchen gewesen wäre, im Gegenteil, sie war eine große, wenn auch sehr schlanke, aber stattlich gewachsene Frau mit einem durchgeistigten Gesicht. So wie Elisabeth von Reute unter dem Namen die «gute Beth» bekannt wurde, so würde es mich nicht wundern, wenn Barbara Brütsch, ihre alemannische Schwester, als «Babettli» in die Geschichte einginge.

Babettli wuchs in einem betont protestantischen Milieu auf. Der Reformator Ulrich Zwingli persönlich hatte damals in Stein am Rhein, zu dem Hemishofen kirchlich gehört, den neuen Glauben gepredigt. Um so mehr wundert es einem, daß Babettli schon in früher Kindheit eine unbeschreibliche Sehnsucht nach dem Heiland in der heiligen Kommunion hatte. Ohne jeden äußeren Einfluß, einzig durch Gebet und eigenes Nachforschen, kam sie zum Entschluß, katholisch zu werden. Am 7. Januar 1936 durfte sie zum ersten Mal den Leib des Herrn empfangen. Ihre Konversion machte die Trennung vom Elternhaus unvermeidlich, was für Babettli um so schmerzlicher war, als sie einen ausgesprochenen Sinn für

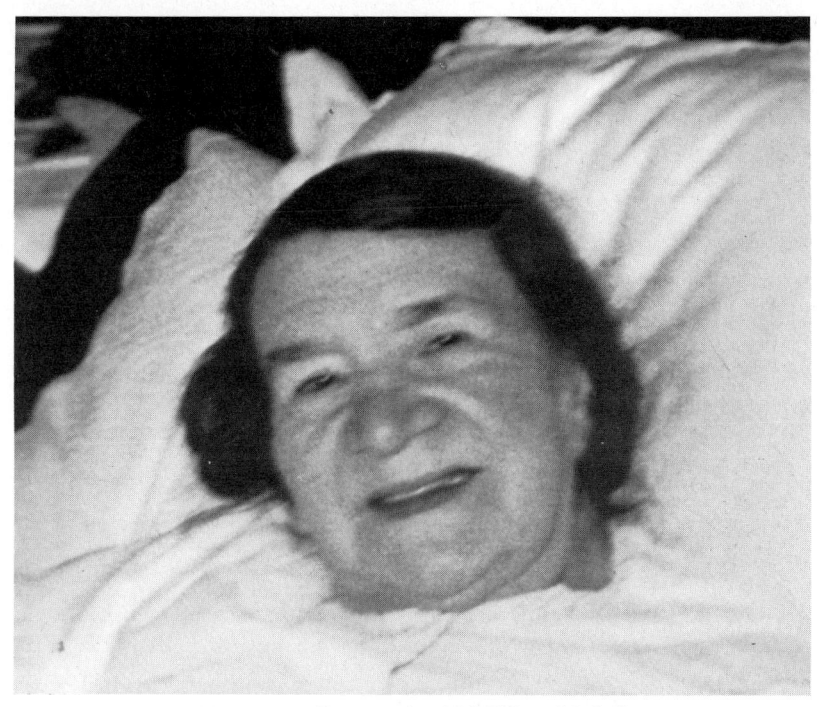

Barbara Brütsch (1887—1966)

Barbara Brütsch auf dem Krankenlager

Grab von Barbara Brütsch
auf dem Friedhof Stein am Rhein

Die Fuhrhalterei Hemishofen,
das Elternhaus von Barbara Brütsch

Familienzusammengehörigkeit hatte und diesen — auch nach ihrer Konversion — intensiv weiterpflegte.

Nach einem überaus schmerzlichen Abschied fand Babettli am 22. Mai 1936 Aufnahme in der Villa Diana in Stein am Rhein, wo sie während über drei Jahrzehnten von Fräulein Katharina Lüthi und deren Schwester Mina Lüthi in vorbildlicher christlicher Gastfreundschaft betreut und gepflegt wurde, ein Beweis dafür, wie echte Glaubensgemeinschaft stärker sein kann als die Blutsverwandtschaft. Fräulein Katharina Lüthi war eine edle, vornehme Persönlichkeit von echt fraulichem Charme, eine kräftige, gepflegte Erscheinung von tiefer Religiosität. Als Ministrant konnte ich feststellen, wie sie zusammen mit ihrer Schwester sozusagen täglich die Messe besuchte; sie war die Patin vom Babettli. Ein Besucherstrom von nah und fern setzte ein, der den Haushalt und den Terminkalender der Villa Diana zusätzlich belastete und der auch von Fräulein Katharina Lüthi viel Takt und Feingefühl verlangte.

Babettli hatte ihr Zimmer im ersten Stock an der Südostecke; von dort aus entwickelte sie ein stilles Apostolat. Mit vielen Menschen, die bei ihr Rat suchten, stand sie in persönlichem und brieflichem Kontakt. Für junge Mütter pflegte sie oft Bébésachen zu stricken. Babettli erhielt von Gott auch außerordentliche mystische Gnaden. So durfte sie jeden Donnerstag/Freitag das Passionsleiden Christi mitleiden und in ihren Visionen miterleben. Was die Art ihrer Stigmatisation anbetrifft, so möchte ich der kirchlichen Untersuchung in keiner Art und Weise vorgreifen. Sicher kann ich, auf Grund meiner Beobachtungen wenigstens, nur eines bezeugen, dass sie die Stigmata nicht äußerlich trug, wie ich es z. B. beim «Resl» anläßlich meines Besuches in Konnersreuth im Jahre 1950 feststellen konnte. Aber ihr Freitagsleiden stand fest und zwar das ganze Jahr hindurch; ebenso ihre ekstatischen und visionären Zustände. Während meiner Studentenzeit besuchte ich sie jeweils in den Sommerferien. Sie pflegte mir lange die Hand zu halten; sie erklärte, daß sie spüre, wenn jemand durch die hl. Kommunion mit dem Heiland verbunden sei; sie spürte auch die Segenskraft echter Reliquien. In ihrem Passionsleiden sah sie oft den Heiland, die Mutter Gottes und andere Beteiligte aus der Passionsgeschichte. Sie durfte auch Heilige sehen; ich erinnere mich z. B. genau, wie sie mir vom hl. Bruder Klaus erzählt hatte. Prof. Johann-Baptist Villiger vom Priesterseminar Luzern besuchte sie regelmäßig im Auftrag des Bischofs; er sammelte auch alle ihre Aussagen und ihren schriftlichen Nachlaß; in seinem Besitz befinden sich auch ihre 43 handschriftlichen Tagebücher. Eine Monographie über Barbara Brütsch ist in Vorbereitung.

In den Dreißigerjahren lebte auf der nahegelegenen Insel Werd Erzbischof Dr. Raymund Netzhammer OSB, der mit Babettli in engem Kontakt stand. Dann waren es die Pfarrherren von Stein am Rhein, die ihr regelmäßig die hl. Kommunion brachten, allen voran der tieffromme Albert Zuber (7. 1. 1873 — 24. 3. 1945), Pfarrer Josef Thoma, Adolf Ritz, Nicodemus Petermann. «Mein Leben war Gnade», gestand sie kurz vor ihrem Hinscheiden am 11. Juni 1966. Am 14. Juni wurde sie auf dem Gottesacker Stein am Rhein beerdigt.

Drei Jahrzehnte lang hatte Fräulein Katharina Lüthi Barbara Brütsch in ihrer Villa «Diana» in Stein am Rhein um Gotteslohn beherbergt und ihr so ihre Passion und ihre apostolische Ausstrahlung erst ermöglicht. Deshalb darf sie hier nicht unerwähnt bleiben.

Katharina Lüthi wurde am 19. Mai 1877 in Lanzenneunform bei Pfyn im Kanton Thurgau geboren. Ihre Ausbildung erhielt sie im Mädchenpensionat Mariahilf in Wiesholz bei Ramsen. Sie amtete als Verwalterin des Großgrundbesitzers Herrn Bébié von Schloß Liebenfels ob Mammern. Sie besaß keine leiblichen Kinder, aber 50 Patenkinder, darunter eine Heilige – Barbara Brütsch. Zwei Schwestern, eine von Baldegg und eine von Heilig-Kreuz Cham und ein Bethlehem-Missionar durften sie «Geistliche Mutter» nennen. Um Unstimmigkeiten nach der Konversion zu vermeiden, schlug sie der Familie Brütsch vor, das Babettli für zwei Monate zu sich in ihr Heim aufzunehmen. Aus den zwei Monaten sind dreißig Jahre geworden.

Mit den Jahren setzte ein großer Besucherstrom ein, Priester und Laien, die Rat und geistlichen Beistand suchten. Das erforderte von Fräulein Lüthi sehr viel Einsatz, Takt und Diskretion. «Ich war noch nie in Bern, noch nie im Tessin», gestand sie eines Tages, ausgerechnet sie, die andern Wallfahrten nach Lourdes, Rom oder ins Heilige Land mitfinanziert hat; an sich dachte sie immer zuletzt. In ihrer Heimatpfarrei Pfyn, in welcher sie als junge Tochter die Marianische Kongregation geleitet hat, fand sie an der Seite ihrer Schwester Mina ihre Ruhestätte. In seiner Grabrede bezog Pfarrer Leuthard von Herdern das alte Dichterwort auf Katharina Lüthi: «Fortis leo, fortior miles, fortissimus mulier – Ein Starker ist der Löwe, ein Stärkerer der Soldat, der Allerstärkste ist die Frau.»

Arnold Guillet

Pater Pio

Der stigmatisierte Kapuziner-Priester von Pietrelcina in Italien

Wir gelangen zu einem ganz besonders bedeutsamen Kapitel unserer jüngsten Stigmatisationsgeschichte. Es wäre falsch, zu der Vermutung zu kommen, daß fast ausschließlich das weibliche Geschlecht der hohen Gnade der Einprägung der Wundmale und des stellvertretenden Erduldens der Kreuzes- und Sühneleiden Christi gewürdigt werde. Nicht weniger als 41 Männer können wir in der Geschichte der Stigmatisierten verzeichnen, die dieser Gnade — wenn auch zum Teil nur als „Mitdulder" der Schmerzen Christi — gewürdigt wurden [1]). Und unter ihnen ist eines der leuchtendsten Beispiele der in Italien lebende Kapuziner PATER PIO aus dem Kloster San Giovanni Rotondo bei Pietrelcina, der schon seit dem Jahre 1918 die Stigmata trägt. Auch er nimmt teil an der großen Aufgabe der Opferseelen unserer Zeit!

Nicht leicht werden wir unter den Stigmatisierten der Vergangenheit und Gegenwart einen so heiteren und liebenswerten Charakter treffen, wie diesen Konventualen der franziskanischen Ordensfamilie, der, stets ein liebenswürdiges Lächeln auf den Lippen, den vollendeten Frohmut seines Ordensvaters Franziskus zu verkörpern scheint. Kommt hinzu, daß er ein *Priester* ist unter den Trägern der Wundmale, was uns innerlich noch tiefer für ihn erwärmen muß. Das aber ist das Hervorstechendste, das jene, die ihn kennen, an ihm rühmen: alles, was er an Seelsorglichem und religiös Ermahnendem seinen Besuchern in so reichem Maße mit auf den Weg gibt, ist nicht nur zutiefst vom Geiste des Übernatürlichen durchweht, nein, auch durch seine fein vergeistigte Art und die kostbare theologische Form, in der er es gibt, auf ein so anderes Niveau gebracht, als es sonst der Priester schlechthin zu schenken vermag. Das aber mußte ihm ungezählte begeisterte Zuhörer und Verehrer zuführen. Sie alle sind ergriffen von dieser erstaunlichen und sichtlich vom Hl. Geiste durchglühten Geistesart, die etwas Anziehendes und tief Erbauendes hat, ein feines Fluidum des Charismatischen und Übernatürlichen, wie es offenbar nur dem stigmatisierten Priester eigen ist.

Es ist das unstreitige Verdienst Ritter von Lamas, zum ersten Male in um-

---

[1]) Es gilt hier, die unzureichenden Studien Dr. F. L. Schleyers richtigzustellen (vgl. dessen Buch „Die Stigmatisation mit den Blutmalen"), der die männlichen Stigmatisierten überhaupt nicht gelten lassen möchte und auch P. Pio wegläßt. Wilhelm Schamoni hat in seinem Buche „Stigmata — Hysterie oder Gnade?" (Credo-Verlag, Wiesbaden 1951) hierauf eine gründliche Erwiderung gegeben.

fassender Art Pater Pio der deutschen Geisteswelt bekannt gemacht zu haben [2]). Der Übersetzer tut dies allerdings in dem streng umgrenzten Rahmen der medizinisch-psychologischen Untersuchung des Arztes, und auch wir möchten uns im folgenden an diesen begrenzten äußeren Rahmen halten.

Pater Pio stammt von armen, schlichten Kleinbauersleuten und ist am 25. Mai 1887 zu Pietrelcina in der süditalienischen Provinz Benevent geboren. Er ist also heute bereits über siebzig Jahre alt. Nachdem er bis zum 14. Jahre die primitive Dorfschule besucht hatte, trat er in das Noviziat der Kapuziner ein, um sich dort für das Priestertum vorzubereiten. Trotz einer gewissen Kränklichkeit erreichte er dieses hohe Ziel dank seiner tiefen Frömmigkeit und eines eifrigen Fleißes. Er erhielt am 10. Mai 1920 die Priesterweihe. Schon fünf Jahre vorher, am 20. September 1915, hat er die unsichtbaren Stigmen Jesu Christi empfangen. Er war in den Ferien auf dem väterlichen Anwesen. Die Schmerzen zeigten sich deutlich auch für die Außenstehenden. Ferner beobachtete man bereits damals ekstatische Zustände an ihm. Als außerordentliches Faktum gesellten sich unglaublich hohe Fiebergrade (bis zu 48°!) hinzu. Seine vermeintliche „Lungenkrankheit" hielt ihn damals vom Militärdienst fern, so daß ihn seine Oberen zu dem 567 m hoch gelegenen Kloster San Giovanni Rotondo sandten, wo er plötzlich, am 20. September 1918, auch äußerlich sichtbar, die hl. Wundmale Christi erhielt. Der Pater hatte am frühen Morgen die hl. Messe gelesen und seine Danksagung verrichtet, als man auf einmal Schmerzenslaute aus dem Chor vernahm und man ihn ohnmächtig am Boden liegen sah. Man richtete den Niedergestürzten auf und bemerkte zum ersten Male die blutenden Wundmale. Als man ihn in seine Zelle trug, sah man auch seine Füße und seine Seite stigmatisiert. Der Einprägung der Wundmale war das Erleben der Todesangst Christi am Ölberge vorangegangen, also keineswegs eine Vision der Kreuzigung, so daß also seine Stigmatisierung nicht psychologisch bzw. psychogen zu erklären ist. Pater Pio hatte vor dem Chorkruzifix gestanden, von welchem er plötzlich rote Strahlen auf die entsprechenden Stellen seines Körpers gerichtet sah.

Bald drang die Kunde von seiner Stigmatisation in weitere Kreise, und nicht minder Berichte von der Fülle der außerordentlichen Gaben, die mit dieser verbunden waren, wie der der Krankenheilung, der Herzens- und Seelenkenntnis, der Weissagung, der Bilokation, der Sprachenkenntnis und der Wohlgeruch verbreitenden Erscheinungen. Der Zudrang zu ihm ward immer größer, aber auch die Untersuchung seiner Stigmatisation wurde von seinen Oberen in jeder erdenklichen Weise gefördert. Nicht weniger als vier Ärzte

---

[2]) Vgl. das wahrhaft feinsinnige Buch „Pater Pio von Pietrelcina, der mit Christi Wundmalen gezeichnete Kapuziner-Ordenspriester in San Giovanni Rotondo", Karlsruhe 1936, das eine Übersetzung des Buches des italienischen Arztes Dr. Festa darstellt. Wir verweisen ferner auf das aus dem Italienischen übersetzte Buch von Piera Delfino Sessa „Pater Pio von Pietrelcina" (Rex Verlag, Luzern 1950) und das italienische Werk von Domenico Argentieri, „La prodigiosa storia di Padre Pio", Mailand 1951.

P. Pio von Pietrelcina, Kapuzinerpriester (geb. 1887)

Foto aus der Frühzeit seiner Stigmatisation (stigm. 1918)

Das Kapuzinerkloster San Giovanni Rotondo

bei Foggia, wo P. Pio lebte

wurden mit seiner Prüfung beauftragt, bis schließlich nach vierzehnjährigem Studium Dr. Festa seine Erfahrungen und Feststellungen in dem genannten Buche veröffentlichte.

Welches sind die Untersuchungsergebnisse dieses römischen Arztes? Was zunächst die hohe Übertemperatur betrifft, so ist diese in einem Grade exakt festgestellt und erwiesen, daß nicht mehr daran gezweifelt werden kann. Die sonst den Tod ankündenden Grenzen menschlicher Temperatur sind derart weit überschritten, daß hier nur an übernatürliche Ursachen gedacht werden kann. Auch der wunderbare Duft des stigmatischen Blutes, das aus den Wundmalen dringt, ist über jeden Zweifel und über jede Täuschung erhaben. Zahlreiche erstaunliche Erlebnisse, die Dr. Festa berichtet, bezeugen diese Tatsache auf das nachdrücklichste. Was schließlich die Wundmale selbst angeht, die an den Händen teils den Durchmesser von zwei Zentimetern erreichen, so zeigen sie auch bei Pater Pio nicht die Charakteristik gewöhnlicher Wunden, sondern sind mit ihrem Nichteitern, ihrem Fehlen jeglicher entzündlichen Reaktion an den umliegenden Hautteilen und ihrer Unheilbarkeit für Dr. Festa wissenschaftlich nicht erklärbare Phänomene. Von besonderem Interesse ist zudem für den Arzt das eigentümlich geformte Herzstigma, das die Gestalt eines regelmäßigen Kreuzes darstellt [3]).

Von hohem Interesse sind ferner die psychologischen Studien Dr. Festas. Da man von anderer Seite gegen Pater Pio den Vorwurf der Hysterie, ja des Betruges bereit hielt, so war es naturgemäß eine besonders delikate Frage, die genauere seelische Veranlagung des Stigmatisierten festzustellen. Mit tiefer Befriedigung vernehmen wir hier das Urteil Dr. Festas, daß er nach gründlichem und jahrelangem Abwägen und Vergleichen immer wieder zu der einen und eindeutigen Konstatierung kommen mußte, daß Pater Pio ein kerngesundes, tief demütiges und in jeder Hinsicht geradliniges Seelenleben führt, das ebenso weit von aller Abnormalität entfernt ist, wie von den Zuständen der Hysterie oder gar des direkt Pathologisch-Krankhaften. Diesen Eindruck der inneren Erleuchtung des Kapuzinerpriesters bestätigen zahllose Theologen und Laien und nicht zuletzt andere Ärzte. Und gerade von Andersdenkenden, die mit Pater Pio in Berührung kamen, werden die erstaunlichsten Tatsachen und Bekehrungen berichtet, die einzig und allein in dieser tiefen, reinen, lauteren und natürlich nicht erklärbaren Geistesart ihre Begründung haben.

Dabei tut Pater Pio bei starker körperlicher Behinderung, ja bei als ungenügend zu bezeichnender Ernährung, von Tagesanbruch bis in die späten Abendstunden — und das trotz seiner schweren stigmatischen Leiden, die ihm

---

[3]) Wenn von verschiedener Seite gesagt wurde, P. Pio halte seine Wunden durch scharfe Essenzen und Säuren offen, so weist Dr. Festa nach 14jähriger Beobachtung des Stigmatisierten dies als jedes Beweises entbehrend mit aller Schärfe zurück. Auch das Urteil eines P. Agostino Gemelli O. F. M., der P. Pios Wunden nie untersucht hat und der sie als eine „Krankheit" erklären möchte, beweist Dr. Festa als eine von medizinischem Standpunkt unhaltbare Theorie.

Pater Pio beim Zelebrieren der heiligen Messe
Fotos aus den Jahren 1945–1946 von Federico Abresch (San Giovanni Rotondo)

reichliche Schmerzen und oft Schwächen verursachen — seinen seelsorglichen Dienst. Eine erstaunliche Zahl von Stunden (man spricht von 14-16) hat P. Pio während vieler Jahrzehnte Tag für Tag in vorbildlicher Weise im Beichtstuhl für das Heil der Seelen gewirkt.

Wir müssen es uns ersparen, an dieser Stelle ausführlicher auf die zahlreichen, offensichtlich wunderbaren Tatsachen im Leben des schlichten Kapuziners einzugehen. Wir verweisen hier auf die zahlreiche Literatur, die in Italien, aber auch in deutscher Übersetzung erschienen sind. So erwähnen wir als die bekanntesten diejenigen von Lorenzo Patri, „Pater Pio. Ein stigmatisierter Kapuziner. Mit unveröffentlichten Briefen, sowie einem Anhang: Heilungen und Bekehrungen durch P. Pio" (3. Auflage, Credo-Verlag Wiesbaden); sowie das von Maria Winoswka, „Das wahre Gesicht des Pater Pio" (bei Pattloch, Aschaffenburg) und Dr. P. Parente, „Pater Pio, der Kapuziner mit den Wundmalen" (bei Kanisius, Fribourg). Für die weitere reiche Literatur vergleiche man unser Literaturverzeichnis im Anhang.

Und wie steht es heute um Pater Pio? Der Verfasser hatte das Glück, aus Anlaß der Credo-Wallfahrten etwa achtmal in San Giovanni zu weilen und dort oft den begnadeten Priester bei der hl. Messe zu erleben, aber auch mehrmals zu einer Rücksprache mit ihm zugelassen zu werden. Am tiefsten hat ihn die hl. Messe beeindruckt, die P. Pio stets unter ungeheuerem Andrang der Pilger um 5 Uhr in der Frühe liest und die sich meist bis zu $1^1/4$ Stunden hinzieht, so ergriffen ist er von der hl. Handlung. Er hat hierbei - wie auch sonst - bekanntlich keine eigentlichen Passionsekstasen wie etwa Therese Neumann, sondern leidet besonders während der hl. Messe seelisch-physisch für die Sünder, zu deren Bekehrung er sie aufopfert. Besonders bei der hl. Wandlung, die sich oft viele Minuten hinzieht, ist er auf das tiefste ergriffen und erschüttert, so daß man den Eindruck hat, er müsse wegen der Schmerzen seiner Stigmen öfters dazu ansetzen. Ja, ich erlebte mehrmals, daß er sich hierbei vor Tränen und Schluchzen kaum fassen konnte. Man muß ihn bei all diesen Handlungen in seiner tiefen mystischen Versenkung gesehen haben, die ihn immer wieder viele Minuten bei den einzelnen Abschnitten der Messe aufhält, so z. B. bei der Anbetung nach der Wandlung und ähnlich bei der hl. Kommunion. Diese kostbaren Minuten lassen seine Darbringung des hl. Opfers zu einem ungewöhnlichen Erlebnis werden, das die Mitfeiernden gleichsam in eine andere Welt versetzt und die Teilnehmer erahnen lassen, was es um den Opfertod Jesu Christi ist. Vielleicht am ergreifendstens war dann immer für mich, wenn er am Schluß den Altar verließ und sich einen Weg durch die Kopf an Kopf stehende Menge bahnen mußte und viele der Umstehenden noch sein Gewand zu erhaschen suchten, um dessen Saum in tiefer Ehrfurcht zu küssen. Ich hatte hierbei den spontanen Eindruck, ein Heiliger gehe vorüber.

Pater Pio hat etwa zwei Millionen „Geistlicher Kinder", die mit und für ihn beten, so sehr ist die Schar derjenigen im Laufe der Jahre angewachsen, die ihn besucht haben oder auch irgendwelche Gnaden- und Gunsterweise durch seine Fürbitte erbaten oder erlangten.

Groß ist daher auch der Opfersinn der Pilger, durch den es dem begnadeten Priester gelungen ist — freilich auch mit Hilfe hoher Summen amerikanischer Gönner —, ein mächtiges Krankenhaus neben dem armen alten Klösterchen zu erbauen. Es trägt den Titel „Casa Sollieva della Sofferenza" (Heim zur Betreuung und zur Linderung der Leiden). Dieses vorbildliche Krankenhaus, das innen prachtvoll mit italienischem Marmor ausgestattet ist (in Italien dem preiswertesten Baumaterial), hat Platz für viele hundert Kranke und mußte inzwischen bereits durch einen großen Anbau erweitert werden.

Der Zustrom an Almosen durch die opferfrohen Pilger war so stark, daß sich P. Pio selbst nicht mehr mit deren Registrierung befassen konnte und er in andere Hände gelegt werden mußte. Aus offenbaren Unregelmäßigkeiten, die sich hieraus ergaben, die jedoch in keiner Weise Pater Pio, diesem lauteren und wahrhaft heiligmäßigen Charakter, zur Last gelegt werden konnten, kam es dann zu einer Untersuchung von vatikanischer Seite, die die Dinge inzwischen aufs strengste geregelt hat. Die vielen Anwürfe der Presse, die die Sache weit übertrieben und an Verleumdungen nicht sparten, müssen seit Jahren als haltlos erachtet werden.[1])

Wertvoll ist übrigens zur Beurteilung Pater Pios ein Ausspruch Papst Benedikts XV., den dieser im Jahre 1921 einem früheren Freimaurer gegenüber tat, der durch die erstaunliche Herzenskenntnis des Kapuziners bekehrt worden war. Dem Hl. Vater den wohltätigen Einfluß schildernd, den Pater Pio auf seinen Geist ausgeübt hatte, zeigte er dem Papst einige Briefe des Stigmatisierten. Der Papst betrachtet sie, gibt seiner Freude darüber Ausdruck und ruft — angesichts der Verkennung, die damals auf Pater Pio lastete — mit einem Seufzer lebhafter Befriedigung aus: „O ja, Pater Pio ist wahrhaftig ein Mann Gottes; manche haben daran gezweifelt, du aber wirst dazu beitragen, daß man ihn kennenlernt."

Die Oberen hatten übrigens in durchaus zu würdigender Vorsicht Pater Pio einige Zeit lang dem Zugang der Laien entzogen. Auch hat er schon vor Jahrzehnten eine Zeitlang eine sehr scharfe Stellungnahme des hl. Offiziums erfahren. Er ist längst rehabilitiert und amtiert seitdem wieder in voller Freiheit. Wir sind von der Echtheit seiner Begnadung überzeugt. Das endgültige Urteil über seine Stigmatisation können wir voller Vertrauen den Instanzen der Kirche überlassen.

Unterschrift von Pater Pio

[1]) Der Verfasser hat hierüber des öfteren auf Grund genauer Nachforschungen in „Der Große Ruf" (1958—1963) berichtet.

Martha Robin (1902–1981)

Es ist hier der Ort, auf eine neuere französische Stigmatisierte hinzuweisen, die bis anno 1981 ganz im Verborgenen in Frankreich gelebt hat. Sie scheint noch schwerer gelitten zu haben als ihre deutsche Leidensgenossin Therese Neumann. Hatte ein Bericht der Gesellschaft Jesu gegen 1940 von etwa dreißig lebenden Stigmatisierten gesprochen, so scheint Martha Robin eine jener Dulderseelen gewesen zu sein. Sie lebte seit vielen Jahren nahrungslos, allerdings noch nicht in dieser Hinsicht überprüft wie eine andere spanische Stigmatisierte unserer Zeit, die in einem Kloster hermetisch abgeschlossen war und deren völlige Abstinenz von aller Nahrung restlos bestätigt wurde. Wir berichten über Martha Robin nach einer Darstellung eines Augenzeugen. Das letzte Urteil bleibt natürlich der kirchlichen Behörde vorbehalten:

„. . . die bischöfliche Behörde von Valence hat ihre Besuche einer Kontrolle unterworfen, die ohne Unterbrechung durch Priester, hohe Würdenträger und Laien, durch Gläubige und Ungläubige gemacht werden. Alle bezeugen die Wahrheit der übernatürlichen Tatsachen, die hier berichtet werden.

MARTHA ROBIN, die eben etwa 40 Jahre alt ist, ist seit dem 2. Februar 1937 stigmatisiert. Sie ist gelähmt und hütet immer das Bett, wobei die Beine unter ihr zurückgebogen sind; sie ist in sich zusammengezogen wie ein Nervenbündel. Sie leidet dauernde und heftige Schmerzen, als wenn sie auf einem Kreuz von Dornen und Feuer ausgestreckt wäre. Seit Beginn des letzten Krieges ist sie blind. „Jesus hat mir meine Augen gefordert", so sagte sie.

Jede Woche schaut sie aufs neue die Passion. Am Donnerstagabend spricht sie die Worte, die Jesus in Gethsemane in seiner Todesangst sprach, und sie kommt in eine ununterbrochene Ekstase, die 48 Stunden dauert. Sie „stirbt" am Karfreitag, und dieser mystische Zustand hört erst am Sonntag auf Grund der Bemühungen ihres Seelsorgers auf. Im Namen des Gehorsams nimmt sie dann wieder Verbindung mit der Außenwelt auf, aber sie ist noch wie vernichtet. Dann beginnen aufs neue die Besuche, die ihr keinen Augenblick Ruhe lassen. (Inzwischen ist der Zutritt völlig unterbunden worden, und es ist ungemein schwierig, zu ihr zu gelangen.) Als einfaches Landmädchen, ohne Bildung und als Waise, lebt sie bei ihrem Bruder auf einem kleinen Weiler des Dorfes Châteauneuf-de-Galaure, 30 Kilometer nördlich von Valence. Sie befindet sich in dauernder Gottvereinigung. Daher besitzt sie auch eine Weisheit, die sehr bewunderungswürdig ist. Zudem glaubt sie häufig, die Besuche unseres Herrn Jesus Christus und der hl. Jungfrau zu erhalten. Sie hat die sehr genaue Schauung gewisser Tatsachen, die in weiter Ferne geschehen. So hat sie u. a., wie auf einem Bildschirm, die Niederlage der französischen Armee 1940 geschaut und die dauernden Rückzüge der Soldaten usw. ihrem Beichtvater angezeigt.

Es wird versichert, daß Martha Robin keine Nahrung zu sich nimmt, ja man sagt, daß sie seit ihrer Stigmatisation am 2. Februar 1937 keinen Tropfen Wasser mehr zu sich genommen hat, kein Bröckchen Brot gegessen und keine Minute geschlafen hat. Die hl. Kommunion wird ihr zweimal in der Woche am Abend durch Kanonikus Finot gereicht, dem Direktor der Freien Schule zu Lyon, der durch die kirchliche Behörde zu ihrem Seelenführer bestimmt wurde. Nach dem Empfang der hl. Kommunion gerät sie sofort in Ekstase und bleibt darin, bis ihr Seelenführer ihr am folgenden Morgen gebietet, in diese Welt zurückzukehren. Die Kranke wird von großer Tugend erachtet durch alle Priester, welche sie besuchen. Man kann sie nur mit der Genehmigung ihres Seelenführers sehen. Obwohl sie durch ihr Leiden sehr geschwächt ist, versucht sie zu trösten und zu ermutigen.

„Ich leide", sagte sie, „aber ich bin glücklich, meine Leiden für das Vaterland anbieten zu können, für die Sünder und für die Kirche." Obwohl sie keinerlei Studien gemacht hat, soll sie mit Leichtigkeit Antwort über die delikatesten Fragen der Theologie geben. Die Kranke hat außerdem den Vorzug, in den Gewissen lesen zu können, und wenn Sünder eintreten, um sie zu befragen, sagte sie ihnen: „Sie kommen in der und der Angelegenheit, aber bringen Sie erst vor Gott ihr Gewissen in Ordnung." Ein Besucher sagte ihr z. B.: „Martha, seitdem ich das erste Mal hier gewesen bin, habe ich mich bekehrt. Ich lese in einem geistlichen Buch." — „In welchem?" — „,Christus, das Leben der Seele' von Don Marmion". „Ja", antwortete sie darauf, „aber warum haben Sie auf Seite 39 abgebrochen?"

Martha Robin lebt arm in einem kleinen Raum, der kaum erhellt ist und dessen Boden aus gestampfter Erde besteht. Der Körper der Stigmatisierten ist nur eine einzige Wunde, und zahlreiche Narben und Schorfstellen haben sich bei ihr infolge der langen Unbeweglichkeit gebildet.

Hören wir noch einige Worte, die Martha Robin in ihren Visionen vom Herrn gehört haben will: Der Krieg war ein Akt der Barmherzigkeit Gottes, man wird es später erkennen, und diejenigen, die gelitten haben, werden freudig und glücklich sein, an der Wiedergeburt mitgeholfen zu haben. Die Kirche selbst wird aus allen diesen Blutopfern verjüngt und geheiligt.

Ich werde der Herrschaft der Gottlosigkeit ein Ende setzen. Ich werde alle Hindernisse brechen und die Pläne jener zerstören, die das Licht hindern durchzubrechen. Frankreich wird gerettet werden durch Mittel außerhalb jeder menschlichen Erkenntnis. Gott behält sich das Geheimnis vor bis zum letzten Augenblick.

Ich spiele mit den Plänen der Menschen, meine Rechte bereitet Wunder vor, mein Name wird auf der ganzen Welt verherrlicht werden. Es wird mir gefallen, den Stolz der Gottlosen zu brechen, und zwar um so mehr, je mehr die Erde allem Übernatürlichen feindlich sein wird. Um so wunderbarer und außerordentlicher wird die Tatsache sein, die dem entgegenwirkt. An der Stelle des Thrones des Tieres (Apokalypse) werden sich zwei glorreiche Throne erheben, der des hl. Herzens Jesu und jener des Unbefleckten Herzens Mariens.

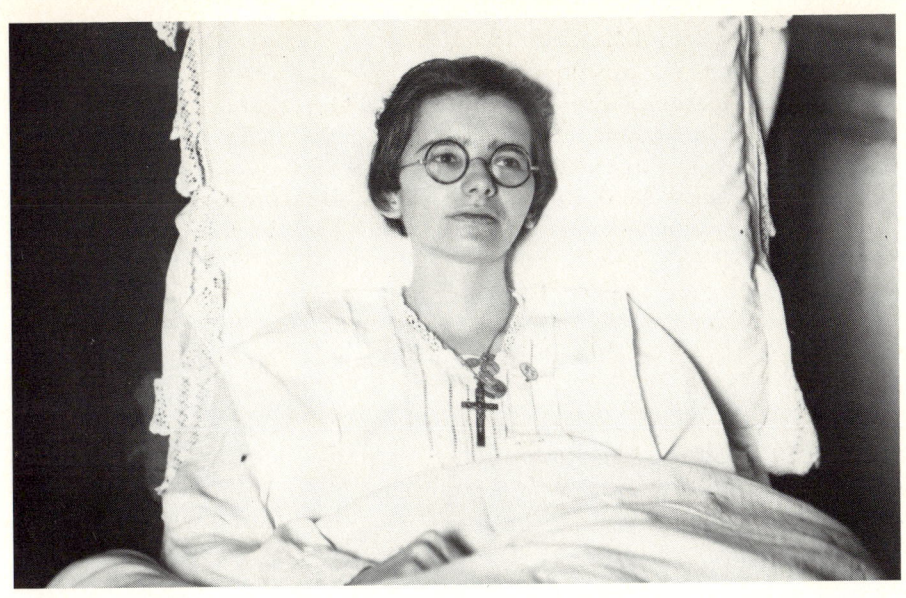

Martha Robin auf dem Krankenlager

Es wird erkannt werden, daß nicht die menschliche Macht noch die Dämonen, noch das Genie der Industriellen das Ende des Krieges herbeiführen, sondern er wird erst enden, wenn die Sühne vollendet sein wird.

Wenn man Eile damit hat, die Gottlosigkeit zu beenden, und Frankreich so sein wird, wie ich es zu sehen wünsche, werde ich die Dauer der Leiden mit größter Schnelligkeit beenden.

Habt Mut! Das Reich Gottes ist nahe. Es wird beginnen durch einen ebenso plötzlichen wie unerwarteten Akt.» (Vgl. den Bericht in «Konnersreuther Lesebogen», Beilage zum «Großen Ruf», 1951, Nr. 28.)[17]

Im Jahre 1984 erschien im Christiana-Verlag das erste Buch in deutscher Sprache über Martha Robin: Raymond Peyret, Martha Robin (1902–1981), Freude im Kreuz.

---

[17]) Von einer Behandlung des inzwischen bekannt gewordenen Falles des Hamburger Stigmatisierten, des Kaufmannes *Arthur Moock* (geb. 13. 5. 1902 in Hagenau i. E.), bei dem sich seit 1935 stigmatische Zeichen und Blutungen einstellten, wie der Verfasser bei seinem mehrstündigen Besuch Ende 1949 selbst feststellen konnte, und der inzwischen sogar im Film der deutschen Öffentlichkeit gezeigt wurde, sehen wir ab, da er offenbar entscheidend durch Krankheit bedingt ist. Wir verweisen auf unseren Artikel im „Konnersreuther Lesebogen" 1949, Nr. 4 und 1950, Nr. 16, ferner auf einen Aufsatz von Prof. D. Schütz in der Zeitschrift „Neue Wissenschaft" (Baden-Schweiz) 1950/51 Nr. 2 und 3, sowie die Artikel von Prof. Dr. Anschütz. Ein anderer ähnlicher Fall in Hamburg ergab sich sehr bald als plumper Betrug; wie auch der einer Elisabeth K. (1935 veröffentlicht durch Dr. Lechler), der damals als von sehr zweifelhafter Natur, ja sogar von Dr. Hynek als Mystifikation bezeichnet wurde (vgl. unsere „Einführung", S. 62 ff.)

„Wir aber verkünden Christus den Gekreuzigten . . . .
den Berufenen aber Gottes Kraft und Gottes Weisheit."

El Greco: Kreuzigung
Paulus, 1. Kor. 23, 24

Anhang

War der heilige Paulus stigmatisiert?

So mancher Leser mag ob dieser Frage überrascht sein. Gilt doch im allgemeinen der hl. Franziskus als der erste Stigmatisierte. Und doch, es ist so: Im Briefe an die Galater schreibt der heilige Paulus wörtlich: *er trage die Stigmata des Herrn Jesu Christi an seinem Leibe* (Gal. 6. 17.). War also Sankt Paulus der erste Träger der Wundmale Christi? Lassen wir zur Klärung dieser Frage den großen, von der Kirche anerkannten Lehrer der Mystik, den *hl. Johannes vom Kreuz* sprechen, der zu einer Beurteilung der Stigmatisation des hl. Paulus als einer offenbar tatsächlichen neigt. In seinem Werk „Lebendige Liebesflamme", das mit Recht als die hervorragendste seiner Schriften bezeichnet wird, da sie die Vereinigung der Seele mit Gott in vollendeter Weise schildert, schreibt er über die Glut der Liebe, mit der die mit Gott vereinigte Seele erfüllt ist und die sich oft nach innen durch die „Wunde der Liebe" oder physisch nach außen durch die Wundmale kundgibt:

„Anders aber ist es, wenn (bei der Stigmatisation bzw. bei den „Wunden der Liebe") die geistige Wirkung sich vom Geiste dem Sinne mitteilt; denn da kann es vielmehr geschehen, daß etwas von der übergroßen Fülle des Geistes überströmt, wie wir es angedeutet haben, als wir von den Wunden sprachen, die infolge der inneren Kraft sich nach außen bemerkbar machen. *So war es auch beim hl. Paulus der Fall, bei dem etwas von der tiefen, inneren Empfindung,* die ihm die Schmerzen in der Seele verursachten, *auf den Leib überströmte,* wo er es im Galaterbrief mit den Worten zum Ausdruck bringt: „Ich trage die Wundmale meines Herrn Jesus an meinem Leibe." [1])

Ob dieses große Geschehnis am Tage seiner Bekehrung zu Damaskus stattfand? Als der Herr ihm erschien und ihn ein gewaltiges Licht vom Himmel traf und zu Boden niederwarf? Und er sich fortan vornahm, statt den Herrn zu verfolgen, „nur noch Christus zu predigen, und zwar Christus den Gekreuzigten"?! Wir wissen es nicht. Auch werden wir heute — historisch gesehen — nicht mehr mit voller Sicherheit unterscheiden können, ob es sich um eine Stigmatisation in vollstem Sinne des Wortes handelte. Die Theologen neigen zu der Ansicht, daß unter seinen Wundmalen die Narben der Wunden zu verstehen seien, die er für Christus erlitt. Und doch gibt uns das Wort des Galaterbriefes immer wieder zu denken.

So ist es auch Dr. Gerlich gegangen, der es zum Anlaß nahm, Therese Neumann im Zustand der Ekstase über diesen Gegenstand zu befragen. Und eigenartig ist das Erlebnis, das er unter dem 17. September 1927 hierüber berichtet:

---

[1]) Wir zitieren nach der Ausgabe des Theatiner-Verlages, München 1924, (2. Str. 14) Der vorliegenden Stelle kommt offenbar um so höhere Bedeutung zu, als Johannes vom Kreuz das genannte Werk im „Gebetszustand" geschrieben hat, also augenscheinlich im Zustand übernatürlicher Erleuchtung (vgl. ebenda S. 1).

„Dieser Samstag war der Tag der Stigmatisation des hl. Franziskus ... Ich fahre beim Eintritt in Therese Neumanns Zimmertür überrascht zurück. Sie sitzt aufrecht im Bett und sieht, nach ihrem späteren Bericht, wie der Heiland dem hl. Franziskus auf dem Berge Alverna die Stigmata verleiht. Ihr Gesicht ist verwandelt, es strahlt von Glück, denn sie darf den verklärten Heiland sehen. Ich sah noch nie ein Frauenantlitz von einer solchen schier überirdischen Schönheit." Nach Vollendung der Vision aber schloß sich derselben jener ekstatische Zustand an, in dem sie in die Seelen blickt und in dem man mit ihr über die verschiedensten Fragen sprechen kann. Sie erzählte, sie habe einen Cherub, einen leuchtenden Jüngling, mit großen Flügeln gesehen, vor dem in noch hehrerem Glanze der Heiland gestanden habe, während der hl. Franziskus vor ihm kniete. Auf die Frage des Pfarrers, wer der erste Stigmatisierte sei, antwortete sie ohne Zögern: „Der hl. Paulus." Professor Wutz, zum Pfarrer gewendet, sagte sofort: „Frage sie doch, ob man am hl. Paulus die Stigmata gesehen hat." Sie antwortete: „Nein, man hat sie nicht gesehen, er trug sie nicht äußerlich, sondern in seinem Leibe, er hat sie nur gespürt." Worauf Wutz sagte: „Das ist Streitfrage." „Es ist sonst nichts überliefert, daß Paulus stigmatisiert war, nur er selbst erklärt im Galaterbrief, er habe die Stigmata, und zwar heißt es in der Vulgata ‚in corpore meo‘ (im griechischen Text: „Denn ich trage die Stigmata des Herrn Jesus in meinem Leibe")." Dr. Gerlich war von der Antwort Theresens so tief betroffen, daß er in der Folge eine ganze Reihe von Ausgaben und Übersetzungen des Galaterbriefes einsah — überall fand er in übereinstimmender Übersetzung „Denn ich trage die Stigmata des Herrn Jesus in meinem Leibe." Die Frage aber ließ ihn nicht mehr los, und so benutzte er bei einem weiteren Besuche die Gelegenheit, Therese in wachem Zustande zu befragen, wer der erste Stigmatisierte sei. Und unvermittelt gab Therese zur Antwort: „Der hl. Franziskus." Als aber Dr. Gerlich dies abstreiten wollte, gab sie erneut zur Antwort, sie wisse es bestimmt, der hl. Franziskus sei der erste. Und als er ihr nun ihre Worte aus der Ekstase vorhielt, der hl. Paulus sei der erste Stigmatisierte gewesen, denn „er trug die Stigmata, äußerlich nicht wahrnehmbar, in seinem Körper", sagte sie überrascht: „Davon weiß ich nichts." [2]

Ein merkwürdiges Erlebnis! — *Zwei* Gedanken jedenfalls bewegen uns bei der Lektüre desselben: *Zunächst, wir ersehen aus dem Gesagten, daß selbst der Hl. Schrift das Tragen der Wunden unseres Herrn kein fremder Begriff ist und daß es mit Ehrfurcht von ihr genannt wird!* Zum anderen aber: sollte es wirklich so abwegig sein, den hl. Paulus einen Stigmatisierten zu nennen? Sollte der Herr nicht gerade ihm, dessen Leben eine einzige glühende Predigt von Christus dem Gekreuzigten war, das Übermaß der Leiden und der Liebe zu verkosten gegeben haben, die er auf Golgatha für uns durchlitten und verschwendet hat?

Der gewaltige Völkerapostel — ein Stigmatisierter des Herrn!? — Nun, zu-

[2] Vgl. „Die Einkehr", Beilage der Münchener Neuesten Nachrichten vom 6. XI. 1927.

mindest war er ein Gezeichneter Jesu Christi, der die Opfertat Jesu auf Golgatha wie kaum ein anderer in Geist und Herz der Menschheit prägte. Und das rückt ihn zumindest geistigerweise in die Reihe jener, die durch das sichtbare Tragen der Wundmale des Herrn die Erinnnerung an die Erlösungstat Christi in uns wach erhalten: in die Reihe der Stigmatisierten. als der Apostel des Kreuzestodes unseres Herrn!

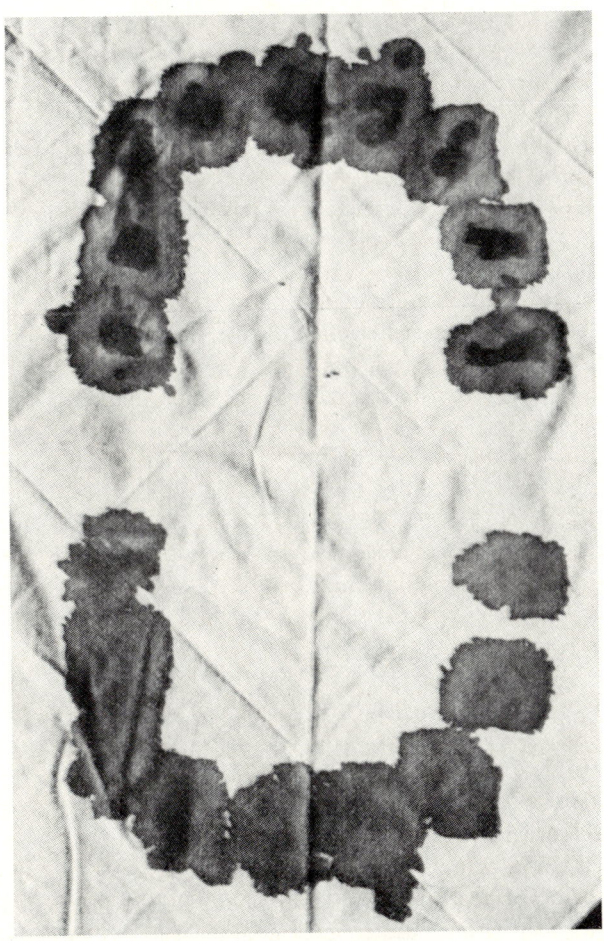

Blutspuren im Kopftuch der Therese Neumann
vom Karfreitag 1959.

Albrecht Dürer, Die Kreuzanheftung, Dresden

Albrecht Dürer, Christus am Kreuz, Dresden

Albrecht Dürer, Die Beweinung Christi, Dresden

Albrecht Dürer, Die Beweinung Christi für Familie Holzschuher, Nürnberg

Rückschau

In einem überwältigenden Reichtum der Gnaden, erstaunlicher Tatsachen und außergewöhnlicher Geschehnisse ist damit die Geschichte der Stigmatisierten vor unserem geistigen Auge abgerollt [1]). Es ist ganz, wie Görres im Eingange seines großen Werkes über die „Christliche Mystik" so treffend sagte: Wir sind in ein Land der Wunder und der Gnade getreten, dessen Schätze und Schönheiten wir kaum erahnen konnten, in jenes Reich der Übernatur und Mystik, das mit unerhörter Wucht den kleindenkenden Menschen erinnert an die Erhabenheit und Herrlichkeit Gottes selbst, der nicht nur das Reich der Natur, sondern eine noch viel höhere Stufe des Seins geschaffen hat, die gewaltige Ordnung des Übernatürlichen, vor der wir mit tiefem Erstaunen stille stehen!

Aber nicht nur, daß der Herr in der Geschichte der Stigmatisierten weit vor uns das Tor zu dieser höheren Ordnung aufstößt. Nein, wichtiger noch ist, daß er in ihr mit aller Deutlichkeit die großen *„Quellen der Gnade"* bloßgelegt! *Ist es nicht, wie wenn der Herr in der Einprägung der Wundmale seit 700 Jahren in immer gewaltigeren Rufen seine heiligen Wunden und seinen erschütternden Opfertod auf Golgatha der Menschheit vor Augen stelle, um sie des einen* g r o ß e n   E r e i g n i s s e s   d e r   G e s c h i c h t e, *seines Kreuzopfers auf Kalvaria zu gemahnen, aus dem alle Gnade und das Heil erfließt?* Um uns zu erinnern durch die immer stärkere Häufung der Stigmatisationen, des *Einen,* das da notwendig ist: der Heimkehr zu Ihm und der inneren Umkehr zum Kreuze und damit zum Heil der Erlösung? Und erscheint uns nicht, als wolle er die Völker durch die Erneuerung seiner Wunden, durch diese äußersten Zeichen seiner Liebe, mit einer letzten Anstrengung vor der völligen Abkehr von Ihm und damit vor dem rasenden Laufe zum Abgrunde zurückreißen? Vor einem Abgrunde, der sich in grauenhafter Tiefe vor ihnen auftut? ... So, als wolle er sie warnen mit letzter, inständiger Eindringlichkeit vor den furchtbaren Folgen des Abfalls von Christus? Eines Abfalls, der mehr und mehr die Strafgerichte seiner Gerechtigkeit herausfordert?

Hier aber rühren wir an — so scheint es — die apokalyptische Bedeutung der Stigmatisation! In einem gewaltigen Endkampf stehen heute Christentum und Gottesglaube den furchtbaren Mächten der Finsternis gegenüber, einer Finsternis, die von den bolschewistischen Zentren mehr und mehr die Welt zu überfluten versucht. Die Kräfte des Antichrists sind erwacht! Ist es da so erstaunlich,

---

[1]) Ergänzend sei hier vermerkt, daß das Verzeichnis der Stigmatisierten, das der Verfasser auf Grund seiner langjährigen Studien aufgestellt hat, nicht weniger als 360 Namen (einschließlich der sog. Mitdulder der Passion) umfaßt. Die wirkliche Anzahl dürfte noch ganz bedeutend größer sein. Wenn Schleyer in seinem Buch „Die Stigmatisation mit den Blutmalen" (Hannover, 1948) behauptet, daß alle blutenden Stigmenträger Frauen gewesen seien, so hat unser Werk genugsam diese Meinung widerlegt. Vgl. auch unsere Fußnote S. 228 u. Bd. I, S. 38 f.

daß die Wunden des Herrn als die Siegeszeichen seiner einstigen Opfertat in den Wundmalen seiner Auserwählten öfter denn je hervortreten?

Freilich, das eine müssen wir betonen: daß die Stigmata *an sich* nicht das Höchste und Letzte sind in der Ordnung der göttlichen Gnadengeschenke. Erhaben und groß ist an sich schon das Reich der normalen Gnade. Und nach ihr erst kommen die Gaben der Beschauung und dann erst die außergewöhnlichen charismatischen Gaben. Das aber hindert uns nicht, die Einprägung der Wundmale als äußersten, sichtbaren und vielleicht erschütterndsten Liebeserweis Christi zu werten, der hinlenken will von den äußeren Zeichen auf den i n n e - r e n Reichtum der Gnade als dem wesentlichen Vermächtnis der unermeßlichen göttlichen Liebe. Einer Liebe, die auch heute noch in unverminderter Kraft aus den Wunden seiner durchbohrten Hände und Füße und seiner heiligen Seite hervorbricht, um sich in das Innerste unserer Herzen zu ergießen und so auch u n s e r e Zeit aus der Kraft seiner Gnade zu heilen.

Und hier erwächst uns die außerordentliche Aufgabe der Geschichte der Stigmatisierten! Von den äußeren Zeichen verweist sie auf ein Höheres, Unsichtbares, das dennoch in den Herzen seiner Großen eine unerhörte Gewalt gewinnt: auf die erstaunliche Realität und die Wirkkraft der Gnade in den Tiefen der Seele! Denn nicht nur, daß Gott an den Stigmatisierten durch äußere Wunder seine barmherzige Liebe wirkt. Nein, größer noch ist das Gnadenwunder der Gotterfüllbarkeit ihrer Seele! In ergeifenden Beispielen zeigt uns der Herr in seinen Duldern und Auserwählten, bis zu welchem Grade diese Gnadenmacht zu reichen vermag: bis zum heroischen Erdulden der namenlosesten Leiden in innerster Hingabe an Gott, den Gekreuzigten. Christus und seine Gnade erweisen sich in ihnen als die äußersten Mächte, die auch unter schwersten Leiden und Widerwärtigkeiten die Seele mit unermeßlicher seelischer Kraft erfüllen, die somit sind der Siegesgesang der Menschheit und die sieghafte Macht und das Heil a l l e r Seelen! *Sturmrufe der Besinnung richtet der Herr an uns — durch die Geschichte der Träger der Wundmale Christi!*

Mögen wir darum stets von den Trägern der Wundmale Christi mit innerer Achtung und Ehrfurcht sprechen! Denn als Künder seiner Leiden und Offenbarer der Gnade sind sie zugleich auch Künder der göttlichen Macht und Herrlichkeit und des Endsiegs seiner Erlösung. Von Gott gesetzt, damit ihr Beispiel uns stähle, will er uns Kraft durch sie verleihen — für den großen Endkampf um den Sieg des Glaubens und der Gnade! Hoch hat der Herr das Kreuz unter uns errichtet, es ist uns innerste Stärke und einzige Hoffnung. Und wenn diese Seiten auch nur in einer einzigen Seele neue Zuversicht erwecken und ein unerschütterliches Vertrauen in die Größe der Liebe, die sich am Kreuze für uns verströmte, so wären sie nicht umsonst geschrieben.

Ruhm sei Gott in der Größe der inneren und äußeren Gnaden, die er den Trägern seiner heiligen Wundmale verlieh. I h m sei die Ehre! Gott sei gelobt!

D e o   g r a t i a s !

Christus sagte nach seiner Auferstehung zu Maria Magdalena: «Berühre mich nicht, denn ich bin noch nicht heimgegangen zum Vater» (Joh 20,17). Die Stigmata sind seine Siegeszeichen, die leuchten wie die Sonne. Zeichnung von Sulamith Wülfing.

Verzeichnis der Stigmatisierten

Anschließend bringen wir ein Verzeichnis von über dreihundert weiteren Stigmatisierten, die in diesem Buch nicht in einem eigenen Kapitel ausführlich behandelt wurden. Wir hielten uns dabei im wesentlichen an die Aufstellung, die August Ackermann in seinem Buch «Mystik und außerordentliche mystische Vorgänge» gegeben hat. Somit werden in diesem Buch über 370 Stigmatisierte namentlich erwähnt.

Der Herausgeber: Arnold Guillet

13. JAHRHUNDERT

Sel. *Dodo* von Haske (oder Hascha) † 1231, Einsiedler in Friesland

Boland O.P. Prior in Basel und Straßburg um 1237

Martyrer, Sklave, lt. Bericht von Thomas Chantimpré

Stigmatisierte von Brabant, junges Mädchen, lt. Bericht von Thomas Chantimpré

Margarete von Ypern O.P. (1216—1237)

Deutscher Dominikanerbruder, im Leben des sel. Jordan v. Sachsen († 1237) erwähnt

Hl. *Luitgardis* O.Cist. (1182—1246), Tongern in Brabant

Elisabeth von Spaelbeck O.Cist., um 1250, Belgisch-Limburg

Ida (Ita) von Leeuwen O.Cist., † 1260, zu Rameige (Rameye) bei Mecheln, Belgien

Lukardis von Oberweimar in Thüringen

Walter O.P., † 1264, Prior in Straßburg und Colmar

Beatrix von Nazareth O.Cist. (1212—1268), Priorin in Brabant

Katharina Perez von Carvalho O.Cist., im Kloster Casto in Portugal

Helena von Ungarn O.P., † 15. März 1270, im St. Katharinenkloster in Vesprim

Hl. *Margareta von Ungarn* O.P. (1247—1270), Tochter von König Bela IV. von Ungarn

Sel. *Emilie Bichieri* (1238—1278), Priorin in Vercelli

Sel. *Margareta Colonna,* † 1284, Klarissin

Sel. *Konrad von Ascoli* (1234—1289), Franziskaner

Sel. *Benvenuta dei Bojani* (1255—1292)

Hl. *Margareta von Cortona* (1247—1297)

Die *Stigmatisierte* des Peter von Dacia, 2. Hälfte des 13. Jahrhunderts

Sel. *Mechtildis von Hackeborn* O.Cist. (1241—1298), im Kloster Helfta

Hl. *Mechtild von Magdeburg* O.Cist., † 1293, im Kloster Helfta

Sel. *Ida (Ita) von Löwen* O.Cist., † ca. 1300, im Kloster Valrose

14. JAHRHUNDERT

Sel. *Johanna von Orvieto* O.P. (1264—1306)

Hl. *Clara von Montefalco,* Aug. Er. (1268—1308)

Sel. *Margareta von Città di Castello* O.P. (1287—1320)

Hl. *Rochus* (ca. 1295—ca. 1327), Patron der Pestkranken

Sel. *Margareta von Faenza,* † ca. 1330, Äbtissin des Ordens der Vallombroser in Florenz

Sel. *Klara von Rimini* (1300—1346), Franziskanerin

Sel. *Flora Corbie,* † 1347, im Kloster von Beaulieu (Corrèze)

Agnes von Bayern, † 1352, Klarissin, Tochter des Kaisers Ludwig IV.

Sel. *Gertrud von Oosten* (ca. 1300—1358), Begine in Delft

Sel. *Villana de Botti* O.P., † 1360, Florenz

Philipp von Aix (1269–1369), Franziskaner, gest. in Neapel

Brigitta von Holland O.P., † 1390

Johanna von Vercelli O.P., † 1390

Nikolaus von Ravenna O.P., † 1398

15. JAHRHUNDERT

Sel. *Johanna von Maillé* (1332–1414), in Tours

Lucia von Norcia, † 1430, Franziskanerin

Sel. *Robert Malatesta* (1412–1432), Franziskaner-Tertiar

Sel. *Juliana von Bologna,* † 1435

Hl. *Franziska Romana* (1384–1440), gestorben in Rom

Maria von Massa, Klarissin im Kloster von Foligno (um 1440)

Stiva von Hamm, in Westfalen

Hl. *Coletta* (1381–1417), Reformatorin der drei Orden des hl. Franziskus

Hl. *Rita von Cascia* (1386–1456), Augustiner-Eremitin in Umbrien, Witwe

Magdalena Beuttler (1407–1458), Klarissin im Kloster Freiburg i. Br.

Lukas von Pontecorvo O.P., † 1460

Unbekannter *Stigmatisierter,* † 1462, in Nozoreti in Sequanis, Savoyade

Christoph Crivelli, † 1467, Franziskaner

Franziska von Perugia, † 1468, Klarissin im Kloster Sta. Lucia in Foligno

Sel. *Matthias Carreri,* † 1470, von Viglevano, Provinz Mailand

Sel. *Ugolino von Mantua,* † 1471, in Cortena

Sel. *Christina von Hamm,* † 1471

Sr. *Pierrone Petronilla* (1422–1472), von Grammont, Belgien

Gabriella von Pizzoli, † 1472, Klarissin in Aquila

Allain de la Roche O.P., † 1475

Cherubin von Aviglana (1451–1479), Aug. Er.

Maria von Aliofrin, † 1489, in Toledo

Sel. *Eustochium* (1437–1491), Klarissin, Klostergründerin

Sel. *Veronika von Binasco,* † 1497, Aug. Er., im Kloster Sta. Maria in Mailand

16. JAHRHUNDERT

Sel. *Magdalena von Panateriis* oder Trino O.P., † 1503, bei Vercelli, Italien

Johanna Rodriguez, † 1505, Klarissin

Maria von Toledo (1437–1507), Klarissin

Cäcilia von Ferrara O.P., † 1507

Margareta Bruch, † um 1507, im Dorfe Endringen bei Konstanz

Elisabeth de Santiago, † 1510, Franziskanerin in Montilla, Spanien

Klara Bugni (1471–1514), Franziskaner-Tertiarin, von Venedig

Maria vom hl. Dominikus O.P., † 1515, Spanierin

Vincencia Ferrer O.P., † um 1515, Spanierin

Kolumba Rocazani O.P., † 1517, im Kloster San Lazaro in Mailand

Franziska Géréa (1520), Franziskanerin, von Lorca, Provinz Carthagena

Francesca Gargani O.P., † 1521, im Kloster Madre di Dio in Bergamo

Sel. *Battista Varani* (1458–1524), Klarissin, starb in Camerino

Sel. *Stephania Quinzani von Soncino* O.P. (1457–1530), von Brescia

Johanna vom Kreuz O.S.Fr. (1481–1534), im Kloster von Cubas in Spanien

Lucida Romana, † 1542, Franziskanerin im Kloster von Foligno

Christina von Aquila Aug. Er. (1480–1543), im Kloster von Aquila

Sel. *Lucia von Narni* O.P. (1476–1544), im Kloster in Viterbo

Philippa von Geldern (1462–1547), Klarissin, Königin von Sizilien und Jerusalem

Sel. *Katharina von Racconici* O.P. (1486–1547)

Hl. *Johannes von Gott* (1495–1550)

Dominika vom Paradies (1473–1553), Klostergründerin, bei Florenz

Sel. *Johann Marinon* (1490–1562), Regularkleriker

Apollonia Pichinesi, † 1563, Klarissin von Volaterra

Blanca Gusman (Maria von der Krone) O.P., † 1564, im Kloster von Sevilla

Anna von Vargas O.P., im Kloster Sta. Catharina in Valladolid, im 16. Jhdt.

Isabella Rodriguez O.P., im Kloster Jesus von Aguerro in Portugal, 16. Jhdt.

Isabella von Moraes O.P., im Kloster Corpus Domini in Villanova de Porte, Portugal

Maria vom hl. Georg O.P., † 1570, im Kloster von Castronuevo in Spanien

Maria von Mendoza O.P., † 1575, im Kloster Santarem in Portugal

Ehrw. *Guimar von Sousa* O.P., † 1578, im Kloster Santarem in Portugal

Gaspar von Laorté S.J., † 1578, in Valencia in Spanien

Johannes Gray, † 1579, Franziskaner in Schottland

Magdalena Angela Raphaela von Lorca O.P. (1540–1580), in Valencia, Spanien

Anna von Chagas, † 1580, Klarissin in Porto, Spanien

Sel. *Nikolaus Factor* (1520–1583), in Valencia, Spanien

Franziska vom hl. Dominikus O.P., † 1583, in Spanien

Nympha Scholara, † 1584, vom Orden der Minimen

Helena vom Kreuz, † 1585, portugiesische Franziskanerin

Hieronymus Carvalho O.P., † 1585, im Kloster Santarem in Portugal

Katharina von Jesus O.Carm., † 1586

Raniero von Borgo San Sepolcro, † 1589, Kapuziner-Laien-Bruder in Toscana

Briolanga von der hl. Klara, † 1590, Franziskanerin im Kloster Santarem, Portugal

Lukas von Méthymne, † 1590, Franziskaner, de Campo bei Salamanca

Johanna von Jesus, † 1591, Franziskanerin im Kloster von Aquilar, Spanien

Domitilla di Piero Coppini O.P., † 1591, in San Vincente di Prato, Spanien

Philipp von Barcelona, † 1591, Franziskaner im Kloster St. Antonio von Avila

Hl. *Johannes vom Kreuz* O.Carm. (1535–1591), Kirchenlehrer

Santi von Ripa Transone, † 1595, Franziskaner

Katharina Arias O.P., † 1595, im Kloster Madre de Dios in Valladolid, Spanien

Ehrw. *Johannes Karl von Pas* (Bruder Angelus) (1540–1596), Franziskaner

Hl. *Alfonso Rodriguez* (1531–1617)

Archangela Tardera (1539–1599), Franziskaner-Tertiarin, von Piazza, Sizilien

Johann von Sanctis, † 1599, Franziskaner von Penaranda, Spanien

Jakob Stephan, Theatiner

Melchior von Arazil

Agolini von Mailand

Maria Raggi (oder Razzi) (1552–1600), Tertiarin des hl. Dominikus, Rom

Franziska von Serrone (1557–1600), Franziskaner-Tertiarin, Diözese Severino

Anna von der Assumption, † 1600, Klarissin von Belvise in Spanien

Isabella von der Pietas O.P., † 1600, im Kloster in Evora in Portugal

Margareta Agullona (1536–1600), von Xativa, Spanien

Maria von Sarmiento, † 1600

17. JAHRHUNDERT

Benedikt von Reggio O.M.Cap., † 1602, in Bologna

Beatrix von Rovelledo, † 1605, Franziskanerin im Kloster St. Ludwig in Burgos, Spanien

Maria Magdalena der Ursini O.P. (1534–1605)

Franziska von Jesus O.Carm., † 1607, im Kloster Medina de Campo

Pudenziana Zagnoni d. Ältere (1583–1608), Franziskaner-Tertiarin

Isabella vom hl. Michael, † 1608, im Kloster St. Nicasius, Provinz Granada, Spanien

Diomira Bini, † 1608, Franziskaner-Tertiarin

Archangela von Assisi (1548–1608), Franziskanerin

Ursula Aguir O.P. (1554–1608), von Valencia, Spanien

Maria von Azevedo O.S.B., †1610, von Portugal

Maria vom hl. Franziskus O.P., † 1611

Johanna von Cespèdes O.P.

Louise de Carvajal (1532–1614)

Magdalena Caraffa O.P. (1566–1615)

Antonius von Parra O.P., † 1617, im Kloster der hl. Magdalena, in Lima

Anna Faulhaberin, † 1617, Franziskaner-Tertiarin

Sel. *Maria von der Menschwerdung* (Barbe Acarie) O.Carm. (1566–1618)

Katharina Ciaulina, † 1619, Franziskaner-Tertiarin

Prudentia Rasconi O.P., † 1620, im Kloster der Verkündigung in Palermo

Katharina Gentilo O.P., † 1620

Marianna von Jesus (1557–1620), Franziskaner-Tertiarin

Jean Léonard de Letteré O.P. (1569–1621), im Kloster Sta. Maria de la Salute bei Neapel

Agatha vom Kreuz O.P. (1546–1621), in Spanien

Franziska Antonia Masconi, † 1621, in Pernes bei Vaucluse, Frankreich

Ehrw. *Franziska Dorothea* O.P. (1558–1623), von Campostella, Spanien

Isabella Barillis, † 1623, Theatiner-Tertiarin

Hippolita von Jesus O.P. (1553–1624), von Barcelona

Theodor von Bergamo O.M.Cap., † 1625, im Kloster Puy in Frankreich

Ehrw. *Anna vom hl. Bartholomäus* O.Carm. (1550–1626)

Clemencia von Mourade (1600–1627)

Louise von Jesus O. Carm. (1589–1628)

Katharina von Gaumer, † 1628?, Ursulinin in Marseille

Franziska Federici (1590–1630), Franziskaner-Tertiarin

Louise Bourgeat O.P., † 1631, im Kloster der hl. Katharina von Siena in Puy

Sel. *Marina von Escobar* (1554–1633)

Susanna von Richon, † 1633, Ursulinin in Carcasonne

Paula vom hl. Thomas O.P. (1572–1634), geb. in Neapel

Ehrw. *Agnes von Jesus* O.P. (1602–1634), im Kloster von Langeac, von Puy

Jacquette de Bachelier (1559–1635), Franziskaner-Tertiarin, geb. in Béziers

Marie de Blondeau (1573–1635) Dominikaner-Tertiarin von Avignon

Martina von den Engeln O.P., † 1635, im Kloster in Benavare in Spanien

Isabella von Medine (1564–1636), von Villena in Spanien

Jaqueline vom Hl. Geist O.P. (1588–1638), im Kloster in Aumale, Frankreich

Marianna vom hl. Joseph, † 1638, Augustinerin

Bruder Humilis von Petralia Soprana, †1639, Franziskaner und Bildhauer, Diözese Massina

Onofrio von Fiamenga, † 1639, Franziskaner, im Kloster von Trevi

Hl. *Hyazintha von Mariscottis* (1585–1640), Klarissin

Asia, um 1640, maurische Sklavin

Ludovica Plazza, † 1641, Franziskaner-Tertiarin v. hl. Philipp in Sizilien

Delicia di Giovanni O.P. (1560–1642)

Charlotte von der Mutter Gottes, † 1642, Ursulinin in Mâcon, Frankreich

Katharina Paluzzi O.P. (1573–1645), im Kloster Sta. Maria in Morlupe bei Rom

Katharina vom hl. Lukas O.P., vor 1647, im Kloster Sta. Maria in Almagro, Spanien

Margareta vom hl. Sakrament O.Carm. (1619–1648), im Kloster von Baume, Frankreich

Katharina vom hl. Petrus Martyr O.P., † 1648, im Kloster in Neapel

Carolus a Saeta (oder Sazia), seit 1648 Herzwunde, Laienbruder

Lucia Gonzalès O.P., † 1648, im Königreich Neapel, geb. in Gallipoli

Germana Thiercelin, † 1649, Ursulinin, von Pontoise, Frankreich

Maria von der hl. Barbara, † 1649, Ursulinin in Pontivy, Frankreich

Etiennette von der hl. Katharina (1626–1649), Ursulinin von Autun, Frankreich

Christina Maria vom Kreuze (1585–1650), Franziskaner-Tertiarin, geb. in Mailand

Johanna von Jesus-Maria (1584–1650), Klarissin in Burgos

Franziska Klara vom hl. Livinus (1629–1652), Klarissin in Temsche in Flandern

Katharina von Chastelard, † 1652, Ursulinin von Die in der Dauphiné, Frankreich

Franziska de Marsillat, † 1653, Ursulinin in Clermont-Ferrand, Frankreich

Colomba Tofanoni, † 1655, in Siena

Raimund Rocco O.P. (1583–1655), Neapel

Caecilia Nobili (1630–1655), Klarissin in Nocera in Umbrien

Antoinette Miet, † 1657, Ursulinin in Roanne

Paula von der hl. Theresia O.P. (1603–1657), im Kloster Sta. Katharina in Neapel

Maria Benigna Pepe O.P. (1590–1654), im Kloster Maria in Trapani in Sizilien

Maria Margareta von den Engeln, O.Carm. Disc. (1605–1658), von Antwerpen

Maria Vittoria Angelini (1590–1659), Serviten-Tertiärin, von Perugia

Maria von der Hl. Dreifaltigkeit O.P. (1604–1660), Spanierin

Anna Margareta Clement (1593–1661), Visitantin

Angela vom Frieden (della Pace) O.P. (1610–1662), von Morchiano, Italien

Pudenziana Zagnoni die Jüngere (1586–1662), Klarissin in Bologna

Julian vom Kreuze O.Carm. (1633–1663), in Paris

Rosana Battista (1610–1663), Klarissin im Kloster Grottaglia bei Tarento

Maria Angela Gini (1630–1664), Klarissin

Feliziana von Jesus O.P., † 1664, von Lima

Ehrw. *Maria von Jesus* (1602–1665), von Agreda, Spanien, Äbtissin der Franziskanerinnen, Verfasserin des Buches «Das Innenleben Jesu»

Theresia von Montgolfier, † 1666, Ursulinin

Johanna Brunel vom hl. Joseph (1633–1667), Ursulinin in Clermont

Agatha Maria vom hl. Sakrament, † 1668, geb. in Marseille

Johanna von den Engeln, † 1669, Ursulinin in London

Sel. *Karl von Sezze* O.S.Fr., † 1670, in Rom

Sel. *Johanna Maria Bonomi* (1606–1670), Klarissin im Kloster in Bassano

Anna Maria Villani O.P. (1583–1670), geb. in Neapel

Helena Ostermayr (1624–1670), Franziskanerin im Kloster Bittrick

Franziska Maria Furia (1639–1670), Dominikaner-Tertiarin in Alexandria

Philippa vom hl. Thomas O.P., † 1670, von Montemor in Portugal

Domicilla Gallucci (1595–1671), Franziskanerin im Kloster in Pavia

Armella Nicolas (1606–1671), bretonische Magd, geb. in Campénéac

Ehrw. *Johanna Maria vom Kreuz* (1603–1673), Franziskaner-Tertiarin von Roveredo, Schweiz

Theresia vom hl. Kreuz O.P., † 1673, im Kloster in Lüttich, Belgien

Maria Paret (1636–1674), Dominikaner-Tertiarin von Clermont-Ferrand

Maria von der Reinigung (1624–1675), Ursulinin von Pertuis

Johanna Maria Pinczon de Cacé (Frau von Houx) (1616–1677), Visitantin, Rennes

Maria von Rosset, vom Kreuze, † 1679, Ursulinin in St. Marcellin, Dauphiné

Maria von der hl. Anna O.P. (1603–1681), Laienschwester im Kloster St. Thomas in Paris

Daniel Angelo Conti O.P., † 1683, Venedig

Anna Seraphina Boulier (1628–1683), Visitantin von Dijon

Maria Ock (1622–1684), in Liège, Belgien

Maria Angelica von der Vorsehung (1650–1685), von Evreux, Frankreich

Maria vom hl. Jakobus, † 1688, Dominikaner-Terziarin in Neapel

Maria Angelica de la Grave (1607–1689), in der Limagne d'Auvergne, Frankreich

Johanna Hernon de Peuprat, † 1690, Dominikaner-Tertiarin von Quimperlé

Johanna Benigna Gojos (1615–1692), Laienschwester in Turin, von Véronay bei Genf

Joseph Carabantes O.M.Cap. (1628–1694), Missionar in Indien

Anna von Torrez (1663–1698), von Antwerpen

18. JAHRHUNDERT

Anna Joseph Bintemer (1672–1707), Kapuzinerin im Kloster Altdorf, Uri, Schweiz

Anna Katharina Grassi, † 1708, Franziskaner-Tertiarin von Castelnuovo, Diözese Tortona

Marcellina Pauper (1668–1708), geb. in Saint-Saulge, Frankreich

Maria Magdalena Rialp (1668–1710), im Kloster St. Hieronymus in Barcelona

Maria Magdalena Cordier, † 1711, Visitantin, im Kloster in Moulins, Frankreich

Johann Baptist von Mastena O.S.Fr., † 1713, in Como

Elisabeth Abano (1660–1713), Franziskaner-Tertiarin in Neapel

Anna Le Bigot (Marianna von Jesus), lebte noch 1715, von Dinan in der Bretagne

Claudia von den Engeln O.P. (1675–1715), Gründerin des Klosters der Caritas in Anagni

Fialetta Rosa Fialetti (1663–1717), Dominikaner-Tertiarin in Venedig

Sel. *Maria von den Engeln* O.Carm. (1661–1717), geb. in Turin

Ehrw. *Benedicta de Laus* (Benoîte Rancurel) (1647–1718), Dominikaner-Tertiarin

Hieronyma Lobet, † 1718, geb. in Barcelona

Katharina vom Willen Gottes (1651–1722), Dominikaner-Tertiarin von Venedig

Gertrud Elisabeth von Origny, † 1724, Visitantin, geb. in Troyes, Frankreich

Susanna Maria de Riats von Villerey, † 1724

Claude François Dutronchet (1700–1726), Franzose, gest. in Neapel

Katharina Franziska Alain (1648–1728), Visitantin, geb in Nantes, gest. in Melun

Maria Johanna Neumair (1674–1729), Franziskanerin in Söll, Tirol

Anna Magdalena Rémusat (1696–1730), Visitantin in Marseille

Maria Magdalena Martinengo (1687–1737), Kapuzinerin in Venedig, geb. in Brescia

Sel. *Angelus von Acri* O.M.Cap. (1669–1739)

Perfectus Huber O.S.Fr. (1697–1741)

Sel. *Kreszentia Höß* O.S.Fr. (1682–1744), in Kaufbeuren

Maria Gertrud Salandri O.P. (1690–1748), in Valentino

Hl. *Gerardo Majella* C.SS.R. (1726–1755), Laienbruder von Muro, einziger stigmatisierter Redemptorist

Maria Euphemia Dorer (1667–1752), Ursulinin aus Freiburg i. Br.

Felicitas Bellon (1718–1762), Nassauerin?

Magdalena Morice (1736–1769), Lehrerin in der Bretagne

Maria Franziska von den Fünf Wunden (1715–1791), Alkanteriner-Tertiarin, geb. in Neapel

Rosa Serra, Kapuzinerin zu Ozieri, Sardinien, 8. Mai 1801 stigmatisiert

19. JAHRHUNDERT

Maria Louise Biagini (1770–1811), Franziskaner-Tertiarin im Kloster Micheletto in Lucca

Maria Josepha Kümi O.P. (1763–1817), von Wollerau, Schwyz

Maria die Gekreuzigte von den Wunden Jesu (1782–1826), von Neapel

Sel. *Anna Maria Taigi* (1769–1837), Tertiarin der Trinitarier, Rom

Maria B. Schumann, † 1837

Bernarda vom Kreuze (1820–1847), aus Lyon

Rosa Maria Andriani (1786—1848), Franziskaner-Tertiarin in Francavilla, Italien

Maria Domenika Lazzari (1815—1848), von Capriana, Südtirol

Maria Bertine Bouquillon O.P. (1800—1850), von Saint Omer

Crescentia Nierklutsch (1816—1855), Tirolerin

Emilie Schneider (1820—1859), von Düsseldorf

Maria Agnes Klara Steiner von der Seite Jesu (1813—1862), Tirol, gründete Kloster Nocera

Anna Rosa Josephine du Bourg (1788—1862), Französin

Hieronyma Strobl, Schwester des Kalterer Spitals

Juliana Weißkircher, Österreicherin

Ursula Mohr, Eppauer Bauerntochter, Tirol

Berta von Posch, Südtirolerin

Schustertochter von Jenesien bei Bozen

Das Gnadenkind von Lusern, deutsche Sprachinsel südlich von Levico

Das Rosenberger Hirtenmädchen, Tirol

Margarita Gschirr (1798—1869), von Steinach, Österreich

Johanna Boisseau (1797—1871), in Boussay, Vendée

Dorothea Visser, geb 1820, von Gendrigen, Holland

Maria Concetta Sarazeni (1823—1871), aus Assisi

Barbara vom hl. Dominikus O.P. (1842—1872), von Sevilla

Isabella Hendrickx (1844—1874), Flämin, Belgien

Maria Louise von Jesus (1799—1875), Dominikaner-Tertiarin, geb. in Barra bei Neapel

Magdalena Miollis (1806—1877), geb. in Marseille

Franziska Barthel (1824—1878), von Andlau im Elsaß

Viktoria Klara, † 1883, geb. in Coux bei Privas (Artèche)

Sr. Maria Katharina Putigny (1803—1885), Visitantin, geb. in Eply bei Metz

Palma Maria Matarrelli (1825—1888), von Ria, Italien

Sr. Maria Petrocinio (1811—1891), in Guadalajara, Spanien

Maria Dominika Clara Moes vom hl. Kreuz O.P. (1832—1895), Luxemburgerin

Helene von Bolawatta, auf Ceylon, Tochter buddhistischer Eltern

Sr. Esperanza von Jesus (eine geborene Vitaline Gazon), von Quebec in Kanada

20. JAHRHUNDERT

Coelestine Fenouil, geb. 1849, von Manosque, Frankreich

Myriam Teresa, † 1927, Karitas-Schwester in New Jersey, USA

Anastasia Woloszin, geb. um 1912, in Polen

Anna Maria Goebel (1886—1941), in Bickendorf, Diözese Trier

Salesia Schulten (1877—1920), Ursulinin, aus Osnabrück

Benedikta Frey, † 1908, ital. Zisterzienserin

Ein Mädchen Mary in Earling, Cleveland, USA

Sr. Amalia de Jesu Flegelado, von Campinas, Brasilien

Sr. Maria Josepha Menendez (1890—1923), zu Poitiers, Frankreich

Anna Henle (1871—1919), aus Aichstetten im Allgäu

Berthe Petit (1870—1943), von Enghien, Belgien

Sr. Maria Faustine Kowalska (1905—1938), von Glogowice, Polen

Marie Rose Ferron aus Kanada (1902-1936)

Adrienne von Speyr, Ärztin aus Basel (1902-1967)

Alexandrina Maria da Costa, Portugal (1904-1955)

Stefan Kowalskij aus Polen (um 1940)

Barbara Brütsch aus der Schweiz (1887-1966)

Therese Neumann (1898-1962)

Pater Pio (1887-1968)

Martha Robin (1902-1981)

Verzeichnis neuerer Literatur

I. Allgemeine Geschichte der Stigmatisation und Mystik

August Ackermann, Mystik und außerordentliche mystische Vorgänge, 442 S., Einsiedeln 1952.

René Biot, Das Rätsel der Stigmatisierten, Aschaffenburg 1957.

Études Carmelitaines, Sonderheft Douleurs et Stigmatisation, Paris, Okt. 1936.

Johannes Maria Höcht, Los Estigmatizados. Historia de los Estigmatizados mas celebres des de San Francisco Hasta la Epoca Actual, 2 Bände, Ediciones Fax, Madrid 1954 (Übersetzung des vorliegenden Werkes).

Jean Lhermitte, Prof. Dr., Echte und falsche Mystiker, Luzern 1953.

Jean Lhermitte, Prof. Dr., Le Problème des Miracles, Paris 1956.

Thurston, Herbert, S. J., Die körperlichen Begleiterscheinungen der Mystik (Kap. 2, Die Stigmatisation S. 53—163), Luzern 1956.

Lexikon für Theologie und Kirche. 2. Auflage, 9. Band. 1964, Spalte 1081/82.

Dictionaire de Théologie catholique. „Stigmatisation", XIV. 2616—24.

II. Zu Benedikta von Laus

Notre-Dame du Laus et la vénérable Soeur Benoite, 536 S., Le Laus 1895.

V. Estienne, Soeur Benoite et N. D. du Laus, 190 S., Le Laus 1954.

F. Pron, Histoire des merveilles de Notre-Dame du Laus. Avec approbation de l'Evêque de Gap., 382 S., Le Laus 1858.

Félix Vernet, La vénérable Benoite Rencurel, 180 S., Paris 1931.

III. Zu Therese Neumann

Helmuth Fahsel, Konnersreuth, Tatsachen und Gedanken, Basel 1949 f.

Goemare, Pierre, Thérèse Neumann. Visionnaire stigmatisée? Paris 1957 (ohne Imprimatur).

Hilde Graef, Konnersreuth, Einsiedeln 1954.

Louise Lateau ou la stigmatisée belge, Paris 1875.

Munter, P. Longinus de, OFM, De Strijd om Therese Neumann, De Gestimatiseerde van Konnersreuth, 344 S., Mechelen 1956. Mit dem wohl besten und umfangreichsten Literaturverzeichnis über Konnersreuth, das bisher erschienen ist.

Munter, P. Longinus de OFM, A propos de Thérèse Neumann. La visionnaire stigmatisée de Konnersreuth. Reponse à M. P. Goemare, 124 S., Lokeren 1959.

Dr. B. de Poray-Madeyski, Le cas de la Stigmatisée Thérèse Neumann de Konnersreuth. Étude analytique et critique du problème. Préface par le Dr. Jean Lhermitte. 300 S., Paris 1940.

Luise Rinser, Die Wahrheit über Konnersreuth, Einsiedeln 1954.

Paul Romain, La Crucifiée de Konnersreuth, Paris 1952.

Paul Siwek S. J., Une Stigmatisée de nos jours. Étude de psychologie religieuse, 174 S., Paris 1950.

Van der Veldt, Prof. Jac. OFM, Reply to Father Siwek. Americ. Eccles. Review 1954.

IV. Zu Pater Pio von Pietrelcina

Lingua Alessandro, Credo ... di Padre Pio da Pietrelcina, S. Giovanni Rotondo 1951.

Donato Apollonio, Incontri con Padre Pio, 128 S., Foggia 1951.

Domenico Argentieri, Prof. Dott., La prodigiosa Storia di Padre Pio, Milano 1951.

Michele Calbucci, La Passione di Padre Pio, Commentario di un pellegrino, 160 S., Bologna 1954.

Arnold Guillet (Hrsg.), Was ist die heilige Messe? Ein Gespräch mit Pater Pio, 125. Tausend, Christiana-Verlag, Stein am Rhein.

Maria Winowska, Das wahre Gesicht des Pater Pio, Aschaffenburg 1984, 23. Auflage.

Lorenzo Patri, Pater Pio, ein stigmatisierter Kapuziner. Ein Lebensbild mit unveröffentlichten Briefen. Mit einer Einführung von Johannes Maria Höcht, 110 S., 4. Auflage, Wiesbaden 1959 (Credo-Verlag).

Sven Loerzer, Pater Pio, Bild eines gottesfürchtigen Menschen, Christiana-Verlag, Stein a. R. 1985.

Katharina Tangari, Besuche bei Pater Pio, 5. Auflage, Verlag Franz Reisinger, Wels 1981.

V. Andere Stigmatisierte

O.A. Boyer S.T.L., Sie trug die Dornenkrone, Maria-Rose Ferron (1902–1936).

Clare Colettine, The last days of the servant of God, Theresa Helena Higginson, Ormskirk (England) 1937.

N.J. Cornet, Louise Lateau et la sciene allemande.

Dr. Lefèbvre, Louise Lateau, de Bois d'Hain, ses extases, ses Stigmates (1876).

Zevo Filsewil, Theresa-Helena Higginson et la Tête Sacrée de Jésus, Brüssel 1934.

Maria Veronika Rubatscher, Die Schmerzensreiche von Capriana, 138 S., Innsbruck 1936.

P. Willbrord Schons. O.S.B., La Stigmatisée de Luxembourg et sa Mission (Dominika Clara Moes), Brüssel 1934.

Herm. Jos. Seller OESA, Im Banne des Kreuzes. Lebensbild der Stigmatisierten Augustinerin A. K. Emmerich. Hrsgeg. von P. Ildefons Dietz OESA, Christiana-Verlag, Stein am Rhein 1974.

P. Enrico Zoffoli C.P., La povera Gemma. Saggi critici storicotheologici. Mit zahlreichen Bildern, Faksimiles und Dokumenten. 1050 S., Edizioni «Il Crocifisso», Scala Santa, Roma. Das weitaus umfassendste Werk über die Stigmatisierte.

Irmgard Hausmann, Berthe Petit und das schmerzvolle Herz Mariens, 111 S., 2. Auflage 1971, Christiana-Verlag, Stein am Rhein.

Dr. Johannes Steiner, Therese Neumann, Verlag Schnell & Steiner, München.

Dr. Johannes Steiner, Visionen der Theres Neumann, Erster Teil: Lichtvisionen Jesu und Mariä, 312 S., 2. Auflage 1974, Verlag Schnell & Steiner, München.

Dr. Johannes Steiner, Visionen der Therese Neumann, Zweiter Teil, Aus Heiligenleben, Gericht, Arme Seelen. Schnell & Steiner, München 1979.

Robert Loup, Margrit Bays, die stigmatisierte Näherin, 138 S., 1955, Paulus-Verlag, CH-Freiburg.

Pater Pio, Der Glaube und die Wunder eines Gottesmannes, Bildband, 128 S., 8 Farbtafeln, 100 Abbildungen, 1970, Christiana-Verlag, Stein am Rhein.

Raoul Villedieu, Das Geheimnis des Pater Pio, 136 S., 6. Auflage 1970, Christiana-Verlag, Stein a. R.

Benedikt Stolz OSB, Von Jerusalem nach Konnersreuth, Verlag Franz Reisinger, Wels 1968.

Benedikt Stolz, Teresa Musco, Mit Christus gekreuzigt, Miriam-Verlag, Jestetten 1983.

Erika Becker, Durch Resl bekehrt, Neue Zeugnisse aus Konnersreuth, Naumann-Verlag, Würzburg 1985.

Raymond Peyret, Martha Robin, 1902–1981, Freude im Kreuz, Christiana-Verlag, Stein a. R. 1984.

Brunot, Licht vom Tabor – Mirjam – die kleine Araberin, Schwester Maria vom Gekreuzigten, Christiana-Verlag, Stein am Rhein 1983.

A. M. Weigl, Geschichte einer Liebe, Anna Schäffer, 12. Auflage, Verlag St. Grignionhaus, Altötting 1983.

Ignaz Grandi, Maria von Mörl, die Stigmatisierte aus Kaltern in Südtirol, Parvis-Verlag, Hauteville 1977.

Ignaz Grandi, Dominika Lazzeri, die Stigmatisierte aus Capriana im Fleimstal, Provinz Trient, Parvis-Verlag, Hauteville 1978.

Pierre Roberdel, Marie-Julie Jahenny, Mystikerin – Stigmatisierte – Prophetin, Parvis-Verlag, Hauteville 1978.

Hans Urs von Balthasar, Erster Blick auf Adrienne von Speyr, Dritte Auflage, Johannes-Verlag, Einsiedeln 1968.

Jean-François Villepelée, Die Torheit des Kreuzes, Die hl. Gemma Galgani, Band 1: Der Aufstieg der Seele. Band 2: Die Versenkung in das Mysterium, Parvis-Verlag, Hauteville 1978.

P. Thomas Wegener, Anna Katharina Emmerich – Das innere und äußere Leben der gottseligen Dienerin Gottes, Christiana-Verlag, Stein am Rhein 1972.

P. Winfried Hümpfner, Tagebuch des Dr. med. Franz Wilhelm Wesener über Anna Katharina Emmerich, mit einem Bericht über die staatliche Untersuchung der Stigmatisierten, Christiana-Verlag, 2. Auflage 1973.

Hans Volmer, Das Leben der gottseligen Anna Katharina Emmerich, Paul Pattloch-Verlag, Aschaffenburg.

Bildverzeichnis und Fotonachweis

Porträt P. Pio
Strichzeichnung eines unbekannten
Künstlers. Seine Stigmen wegen
trug P. Pio stets wollene
Handschuhe, die den Oberteil
der Finger freiließen.

Namensregister

Emitte
spiritum tuum
et creabuntur
et renovabis
faciem terrae.

Geisttaube
Beuroner Kunstschule
Beuron

Sende aus
Deinen Geist
und Du wirst
das Antlitz
der Erde erneuern.